Britischer Imperialismus und englischer Freihandel.

Alle Rechte vorbehalten.

Britischer Imperialismus und englischer Freihandel

zu Beginn des zwanzigsten Jahrhunderts.

Von

Dr. G. v. Schulze-Gaevernitz,

o. Prof. der Nationalökonomie an der Universität Freiburg i. B.

Leipzig,
Verlag von Duncker & Humblot.
1906.

Gewidmet

seinem alten Freunde und Studiengenossen

Geoffrey Drage

in Erinnerung an die Tage des Temple's

vom Verfasser.

Inhaltsverzeichnis.

	Seite
Einleitung. Die Grundlagen der britischen Weltmacht	1
I. Kapitel. Neubritischer Imperialismus	69
1. Grundgedanken	69
2. Ein imperialistischer Typus	122
a) Rhodes als Finanzmann	123
b) Rhodes der Politiker	135
II. Kapitel. Imperialistische Wirtschaftspolitik	159
1. Vorgeschichte	159
2. Grundgedanken	167
3. Die einzelnen Wirtschaftsgebiete	180
4. Hilfstruppen	221
III. Kapitel. Der Freihandel	243
1. Das Freihandelsargument	243
2. Das Gegenargument	260
3. Belege	277
4. Bundesgenossen	298
5. Der Rentnerstaat	306
6. Kapitalistische Erschlaffung	333
7. Sozialpolitische Verschiebungen	364
Schluſs. Kulturzersetzung und Neubau	376
Anmerkungen	405

Altenburg
Pierersche Hofbuchdruckerei
Stephan Geibel & Co.

Einleitung.

Die Grundlagen der britischen Weltmacht.

Vom weltgeschichtlichen Standpunkt aus ist das wichtigste Ereignis des 19. Jahrhunderts die **Weltherrschaft des Angelsachsentums**. Zu Beginn des Jahrhunderts kamen auf zwei Engländer noch drei Franzosen; seitdem hat sich die Zahl der englisch sprechenden Menschen verfünffacht, und auf einen Franzosen, auf zwei Deutsche kommen heute sprachlich etwa drei Engländer. Die englische Sprache ist die verbreitetste Sprache der Welt — sie umfaſst 120 bis 130 Millionen Menschen — Menschen eines kulturell hochstehenden Durchschnitts. Man kann von einem angelsächsischen Meere reden, welches die Erdoberfläche überflutet und aus welchem die übrigen Völker und Kulturen teils als Inseln, teils als Kontinente — Ruſsland, China — hervorragen.

Politisch stehen an der Spitze der Welt zwei angelsächsische Groſsmächte, von denen uns im folgenden die britische Weltmacht beschäftigen soll. Das britische Reich ist zunächst eine politische Machtorganisation — und zwar die ausgedehnteste der Welt; als solche beruht es auf der Seeherrschaft der englischen Kriegsflotte. Es umfaſst ein Viertel der Erdoberfläche und nahezu ein Drittel der Menschheit[1]. Aber die britische Weltmacht ist nicht nur eine politische Organisation, wie etwa das russische Reich. Die politische Macht Groſsbritanniens ruht zugleich auf breitester wirtschaftlicher Grundlage. Zwar ist England nicht mehr wie in der Mitte des 19. Jahrhunderts die „Werkstätte", d. h. der Industriestaat der Welt, aber noch ist es in grofsem Mafsstabe der Frachtführer der Welt — mehr als 50% der Welttonnage sind englisch —, der Bankier der Welt, der Gläubiger der Welt; noch ist England ein Industriestaat ersten Ranges. Neben der politischen steht die wirtschaftliche Weltmacht Grofsbritanniens.

Hätte man einem gebildeten Deutschen vor etwa 50 Jahren die Frage nach den Gründen dieses wunderbaren Aufschwungs vorgelegt, so hätte er wahrscheinlicherweise auf die politische und wirtschaftliche Freiheit, die parlamentarische Verfassung, die Wertung der bürgerlichen Berufe und die Abwesenheit des Militarismus in England hingewiesen. Ein Marxist würde dieselbe Frage dahin beantworten, dafs in England die Bourgeoisie am reinsten zur Herrschaft gelangt sei und dafs das Kapital hier zuerst eine ganze Volkswirtschaft grofsen Stiles nach seinen Bedürfnissen gestaltet habe. Anders ein Deutscher der von Bismarck geprägten Generation: ein solcher würde betonen, dafs Grofsbritanniens Weltstellung bis zu Cobden und Bright vorwiegend mit politischen Machtmitteln verfochten worden ist. Die leitenden Köpfe Englands selbst haben bis zur Freihandelsära nicht viel anders gedacht; bekanntlich bezeichnet Adam Smith die seinem Denken so entgegengesetzte Navigationsakte als die weiseste aller englischen Handelsverordnungen.

In der Tat führt ein historischer Rückblick dazu, für jene langen Jahre des Werdens und Wachsens, denen die britische Weltherrschaft entsprang, das politische Element in den Vordergrund zu rücken. England besiegte seine Mitbewerber, unter anderem und in erster Linie um deswillen, weil es den stärkeren Staat, die überlegene Kriegsmacht sein eigen nannte.

Bekanntlich erwuchs Englands Weltstellung zunächst

aus einem kurzen, aber entscheidenden Kampfe mit Holland, sodann aus einem fast 200jährigen Kriege gegen Frankreich.

Holland besafs den Seehandel, England die Seemacht, indem es zuerst eigentliche Kriegsschiffe baute, welche den zu Kriegszwecken verwandten Ostindienfahrern Hollands überlegen waren. Aufserdem besafs England die bessere Schiffsartillerie[2]. Damit brach es die politische und wirtschaftliche Weltstellung Hollands, welches Wilhelm III. in die bequeme Rolle eines Bundesgenossen zweiten Ranges zurückdrängte. Seitdem verfiel Holland — das Land, welches einst die Welt politisch, wirtschaftlich und geistig beherrscht hatte — einem geschichtslosen Stillleben, aus dem es erst neuerdings durch den Aufschwung des deutschen Hinterlandes geweckt wurde.

Schwieriger war der Kampf mit Frankreich. Frankreich war zu Beginn dieses Kampfes England in wirtschaftlicher Beziehung überlegen. Frankreich war weit bevölkerter als England; Frankreich war seit Colbert der erste Industriestaat Europas, dem England nichts ähnliches zur Seite zu setzen hatte. Frankreich besafs die höheren Staatseinnahmen. Auch auf kolonialem Gebiete hatte Frankreich bekanntlich den Vorsprung. Die englischen Ansiedlungen an der Ostküste Nordamerikas waren durch Frankreich vom Hinterlande abgeschnitten: Canada, das Missisippital, Louisiana, das blühende Westindien bezeichnen den ununterbrochenen Zusammenhang eines gröfseren Frankreichs in Amerika. Auch in Indien war Frankreich früher aufgestanden als England, und die Eroberung Indiens durch England vollzog sich recht eigentlich in der Abwehr französischer Bestrebungen — bis zu den Kämpfen Englands gegen den „Citoyen Tippou".

Mehr noch als dies: Frankreich besafs die Genies, denen England nur Charaktere entgegenzustellen hatte. Dupleix entdeckte das Geheimnis, Indien zu erobern mittelst indischer Soldaten, indischer Steuerzahler und einer Handvoll europäischer Befehlshaber. Er erkannte, dafs Indien keine Nation, sondern nur ein geographischer Begriff war — ein Land, kulturell in sich gespalten, an Fremdherrschaft gewöhnt, dem Starken und Zugreifenden gehörig. Dupleix' Gedanken haben die Engländer später lediglich zur Ausführung gebracht, wie Seeley ausdrücklich anerkennt[3]. Noch während des amerikanischen Unabhängigkeitskrieges beherrschte der geniale Suffren den indischen Ozean, jene See, die wir heute als den eigentlichen Besitz Englands anzusehen gewohnt sind. Aber Frankreich vernichtete in der Revolution seine eigene Flotte, indem es zahlreiche Marineoffiziere der Schule Suffrens als Royalisten köpfte und die Tradition der Flotte planmäfsig zertrümmerte. Zwar konnte Carnot — den revolutionären Schwung und die vom Konvent auf die Spitze getriebene Staatsallmacht benutzend — das Landheer wieder aufbauen. Eine Flotte aber war nicht zu improvisieren. In dieser Lage erstand für Frankreich noch einmal ein unerhörtes Genie.

Napoleons scheinbar phantastische und auseinandergehende Politik ist nur dann in ihrer Einheit und Gröfse zu verstehen, wenn man den einen leitenden Gedanken erfafst hat: der Kampf gegen England beherrscht bei Napoleon alles — England, das er zu einer „zweiten Insel Oleron" herabdrücken wollte. Gegen England richtete sich der Zug nach Ägypten; gegen England die Eroberung des europäischen Festlandes, von dem er verächtlich sagte: „cette vieille Europe m'ennuie". Der Gedanke Napoleons, England in Deutschland zu schlagen, wird verständlich, wenn wir der damaligen Blüte des deutsch-englischen Handels gedenken. Seit der Eroberung Hollands durch Frankreich wurde Hamburg der Erbe Amsterdams. Gegen 1800 war Norddeutschland das wichtigste Handelsgebiet Englands. 1792 kam 9%, 1800 31½% der Gesamtausfuhr Englands auf diesen Handel, welchen die Neutralität Preufsens politisch deckte[4]. Der Schlacht von Jena folgte das Dekret von Berlin, das den englischen Waren die deutschen Küsten verbot. Zu Beginn des Krieges gegen

Rufsland schrieb Napoleon: „Es ist alles wie ein Stück in der Komödie, und die Engländer machen die Änderungen in der Szenerie." Gegen England richtete sich der Zug nach Moskau. Der Gedanke, Indien auf dem Landwege zu erreichen, hat Napoleon auch früher schon beschäftigt. Durch einen Vorstofs nach Indien hoffte Napoleon auch ohne Seemacht „die Freiheit der Meere zu erobern", wobei er sich über die Bedeutung Indiens für das damalige England wahrscheinlich täuschte[5].

In dem wechselvollen Kampfe gegen Frankreich hat England gesiegt. Frankreichs Niederlage wurde neuerdings durch Faschoda besiegelt. Seitdem ist Frankreich kolonialpolitisch das, was ihm England zu sein erlaubt — sogar unter Umständen, weil kein Rivale, ein Bundesgenosse. Englands Sieg beruhte augenscheinlich auf folgender Grundlage: seine geographische Lage erlaubte England, alle Kräfte auf die einseitige Ausbildung der Seemacht zu verwenden. Die Beherrschung der See, welche schon Bacon verlangte, welche seit den Stuarts das englische Volk als sein Erbteil ansah, wurde damit zur Tatsache — zur wichtigsten politischen Tatsache des 19. Jahrhunderts. Frankreich dagegen verzettelte, entgegen den Ratschlägen des auch als Politiker grofsen Leibniz, seine Kräfte in fruchtlosen Landkriegen, welche heute ungefähr zu den Grenzen zurückgeführt haben, mit denen sie begannen. England führte seine Landkriege durch festländische Mächte — Österreich, Preufsen —, welche es besoldete; es eroberte, während diese mit Frankreich rauften, die Welt. Bei Sedan donnerten die deutschen Kanonen auch zu gunsten Englands, und mit dem zweiten Kaiserreich brachen die deutschen Heere die Machtstellung der Franzosen in Ägypten, welche noch bei Eröffnung des Suezkanals so glänzend zur Schau gestellt worden war[6].

Dieser politische Sieg Englands über Frankreich hatte gewichtige wirtschaftliche Folgen. Im Verlauf dieses

Kampfes erwarben die Engländer ein ungeheures Kolonialreich, welches sie zunächst monopolistisch ausbeuteten. Während der napoleonischen Kriege monopolisierten sie zeitweise sämtliche überseeischen Märkte. Dagegen wurde die den Völkern Europas wider ihren Willen auferlegte Kontinentalsperre bekanntlich allenthalben — so von Helgoland, Sicilien, den Donaumündungen aus — durchbrochen. War doch im ostpreußischen Feldzug 1807 sogar die französische Armee großenteils in verbotene englische Tuche gekleidet, welche trotz des Berliner Dekrets über Hamburg eingeführt waren. Hierzu kam die Vernichtung aller außerenglischen Handelsflotten; während der napoleonischen Kriege soll England gegen 4000 europäische Schiffe seiner Handelsflotte einverleibt haben[7]. So wurde England der Mittelpunkt für die Aufstapelung und Verteilung der Welthandelswaren; bei den hohen Gewinnen, die damals noch der Handel bei geringem Volumen abwarf, ergab sich hieraus eine außerordentliche Vermehrung des englischen Volksvermögens. Daher konnte Pitt nach sieben Jahren des Krieges am 18. Februar 1801 im Parlament ausrufen: „Wenn wir dieses Kriegsjahr mit den zurückliegenden Friedensjahren vergleichen, so erblicken wir in dem Betrag unserer Einkünfte und in der Ausdehnung unseres Handels ein Bild, welches paradox und erstaunlich ist. Wir haben unseren äußeren wie unseren inneren Handelsverkehr auf eine höhere Stufe gebracht, als je zuvor, und wir können auf das gegenwärtige als auf das stolzeste Jahr blicken, das dem Lande jemals beschieden war."

Später freilich hat Napoleons Politik dem Reichtume Englands schwere Wunden geschlagen — schwerere aber gewiß dem Wohlstande Frankreichs, dessen Finanzen nur durch immer neue Kriegskontributionen aufrecht zu erhalten waren. Als England in jenen Kriegen zum Papiergelde überging, war es ein Zeichen großer wirtschaftlicher Kraft, daß der Kurs desselben auch in den schlechtesten Tagen (1813) nicht unter 71 herabsank. Dieser wirtschaftliche Aufschwung mufste natürlich auf das politische Gebiet stark zurückwirken. England war „allein reich"; schon im spanischen Erbfolgekriege, vor allem in den Revolutions- und napoleonischen Kriegen hielt es durch seine Subsidien mehr als einmal die festländischen Verbündeten zusammen.

Aber wenn England damals auch in wirtschaftlicher Beziehung seine Mitbewerber überflügelte, so wirkten zweifellos gewisse Faktoren mit, welche auf andere als die rein politischen Kausalreihen zurückweisen. Ich erinnere an den Aufschwung der Baumwollindustrie auf dem Boden des ersten modernen Fabriksystems. Wir wollen uns hüten, den sicherlich hoch bedeutsamen politischen Faktor einseitig zu betonen. Zweifellos liegt in seiner Hervorhebung eine gesunde Reaktion sowohl gegen den staatlosen Liberalismus der Vorzeit, wie gegen die marxistische Geschichtsauffassung, auch in ihrer neueren psychologisch gefärbten Form. In der Tat, graue Theorie wäre es, die frühzeitige und vielfach mustergültige Entwicklung des modernen Kapitalismus gerade auf englischem Boden allein aus dem „Verwertungsstreben des Kapitals" erklären zu wollen — ohne Nelson und Trafalgar. Aber ebenso unzulässig ist es, sich mit diesem politischen Faktor, überhaupt mit der Erklärung aus „einer einheitlichen Ursachenreihe" zu beruhigen. Die Geschichte, auch die Wirtschaftsgeschichte, wird damit ihrem Charakter als „Wirklichkeitswissenschaft" untreu[8]. Je wichtiger ein geschichtliches Ereignis ist, desto gebotener erscheint es, der Verzweigtheit seiner Ursachen nach verschiedenen Seiten hin nachzugehen — und gibt es in der neuesten Geschichte ein wichtigeres Ereignis als das Aufsteigen Englands zu politischer wie wirtschaftlicher Weltherrschaft?

England siegte über seine Mitbewerber, nicht nur, weil es den stärkeren Staat, sondern auch, weil es den **stärkeren Einzelmenschen** besafs.

Zunächst ist in dieser Hinsicht gewisser **natürlicher**

Vorzüge zu gedenken. Der Rassentheoretiker fände hier reiches Feld für seine Spekulationen, welche ich ihrer Unsicherheit wegen beiseite lasse. Nur soviel scheint zweifellos: alle Geschichte lehrt, dafs bisher wenigstens der Dienst an der Kultur die physische Grundlage der Völker aufgezehrt hat. Für England, dessen Dasein sich während des Mittelalters an der Peripherie des Kulturkreises bewegt hatte, handelte es sich vorwiegend um einen Kampf gegen ältere Völker. Romanen gegenüber besafs England den Vorzug des jugendlichen Gehirns.

Die geographische Lage wirkte mit. Nordische Seeluft weht über die britischen Inseln. Von ihren Bewohnern gilt das Wort Friedrich List's: „In der See nehmen die Nationen stärkende Bäder, erfrischen sie ihre Gliedmafsen und machen ihren Geist empfänglich für grofse Dinge, gewöhnen sie ihr körperliches und geistiges Auge, in weite Ferne zu sehen, waschen sie sich jenen Philisterunrat vom Leibe, der allem Nationalaufschwung so hinderlich ist." Jedenfalls ist der seegewohnte Nordengländer aus härterem Holze geschnitzt, als der schon mehr kontinentale Südengländer, besonders der Londoner. Was verdankt Grofs- und Gröfserbritannien nicht alles dem kleinen Völkchen der germanischen Schotten, welches innerhalb der angelsächsischen Welt den kräftigsten Typus darstellt?

Aber diese natürliche Grundlage war gewifs nicht allein entscheidend. Der neuzeitige Angelsachse besitzt eine bestimmte geistige Prägung[9]. Durch diese seine „Kultur" ist er von den Völkern des Festlandes heute mehr als etwa noch im Mittelalter unterschieden. Hier also ist es, wo die sog. „Geistesgeschichte" ursächlich für die Wirtschaftsgeschichte in Betracht kommt.

Um Mifsverständnisse zu vermeiden, sei folgende Zwischenbemerkung erlaubt: ich gebrauche hier, wie vielfach im folgenden, das Wort Kultur eindeutig und im Gegensatz zur

Technik und Zivilisation als Bezeichnung für den Besitzstand einer Nation an Idealen; unter Idealen verstehe ich nach Kant allgemeingültige (normativ, nicht faktisch allgemeine) Ziele, deren Verfolgung als Aufgabe feststeht, während ihre Verwirklichung auf dem Boden der Diesseitigkeit unmöglich ist; solcher Ziele gibt es wissenschaftliche, künstlerische, ethische, darunter politische und soziale, endlich religiöse, wonach die verschiedenen Seiten der Kulturentwicklung oder Geistesgeschichte zu unterscheiden sind.

Die angelsächsische Kultur der Neuzeit ist geprägt durch die **Kirchenreformation**, welche England spät, aber dann um so tiefer ergriff. Seit Carlyle ist man gewöhnt, zwei Seiten an dieser geistigen Umwälzung zu unterscheiden: eine negative und eine positive.

Die **negative** Seite bedeutet den Verfall der Traditionen und gesellschaftlichen Gebundenheiten, welche den Einzelmenschen des Mittelalters trugen, schützten, bevormundeten: die geistige und staatliche **Befreiung des Individuums**. Der Beginn dieser Bewegung liegt zeitlich weit zurück, örtlich in Italien. Schon Dante läfst die Vernunft zum Menschen sagen: „Sei du fortan dein Bischof und dein Fürst". Aber erst auf holländischem und englischem Boden wurde dieses Ziel für breitere, wirtschaftlich leitende Schichten eines Volkes, in England einer ganzen Nation erreicht[10].

Grundlage alles anderen war die Zertrümmerung des Traditionalismus im weitesten Sinne des Wortes. So lange Priester und Kirche den Menschen in religiöser Unmündigkeit hielten, so lange war er auch bereit, in wirtschaftlichen Dingen der Sitte und Autorität wahllos zu folgen. So lange steckte der neuzeitige self made man in den Kinderschuhen. Es mufste ein einschneidender Bruch mit der Vergangenheit, eine grofse geistige Erschütterung vollzogen sein, um den Menschen zu wirtschaftlicher Selbsthilfe und Selbstverantwortlichkeit zu erwecken, um den Boden zu bereiten, auf dem der „kapitalistische Geist" erblühte. Dieser kapitalistische Geist war dann ein wirtschaftliches und politisches Machtmittel ersten Ranges. Wenn das Festland die Engländer als „Krämervolk" schalt, so empfand es hierbei nicht nur Verachtung, sondern zugleich Furcht vor der geheimnisvollen Macht des Kapitals, welches den Kavalier umgarnt und aussaugt.

Aber es genügt nicht, sich mit Worten wie „Befreiung des Individuums", „kapitalistischer Geist" u. ä. als Erklärung für diese Überlegenheit zu beruhigen. Der kapitalistische Geist selbst ist das Ergebnis äußerst verwickelter geistesgeschichtlicher Entwicklungszeiten. Auf die Zusammenhänge mit der Kirchenreformation hat Max Weber neuerdings ein glänzendes Schlaglicht geworfen[11]. Altersgeheiligte Traditionen und Autoritäten liegen tief unter jenen einsamen Höhen, auf denen der Calvinist, losgelöst von allen menschlichen Banden, seinem Gott allein gegenübersteht. Wer weder vom Prediger, noch vom Sakrament Hilfe erwartet, wer die Bibel auf eigene Verantwortung auslegt[12], wer sich nicht auf Menschen verläßt und selbst die Freundschaft als Kreaturvergötterung beargwöhnt, der steht an der Schwelle auch der wirtschaftlichen Selbstbestimmung. Zweifellos sind solche „Ketzer-Kapitalisten", wie schon Petty weiß, wichtige Durchgangspunkte in der Entwicklung des Kapitalismus gewesen — eine Erscheinung, die sich für Rußland heute in den Starowjeren und Stundisten wiederholt. Später jedoch bedarf der kapitalistische Geist der religiösen Krücke nicht mehr und seine Vollendung findet er in dem neuzeitigen Finanzier, welcher auf dem Boden der reinen Diesseitigkeit sein Haus erbaut hat. Derselbe begnügt sich mit jener im wesentlichen negativen Weltanschauungsunterlage, welche als Bodensatz übrig blieb, nachdem die religiösen Brandungen des Reformationszeitalters abgeebbt waren[13]

Richten wir an einen solchen „modernen Geldmenschen" die unbequeme Frage der Weltanschauung, von welcher er gern zu „praktischeren" Fragen hinübergleitet. Leuchten wir in einen solchen Schädel hinein, welcher von den Fetzen einer religiösen Vorzeit gereinigt ist. Die wenigen und stereotypen Einrichtungsstücke, welche wir in ihm vorfinden, sind insgesamt „made in England" und zwar im Stile des 18. Jahrhunderts. Wir können dieselben mit folgenden Sätzen nach drei Richtungen hin kurz beschreiben.

a. So lange der Mensch das Diesseits als eine kurze und gleichgültige Pilgerfahrt zu dem allein wertvollen Jenseits auffaßte, so lange kümmerte ihn die Einrichtung seines irdischen Daseins ebenso wenig, wie den nach der Heimat eilenden Gast die Öde des Hotelzimmers. Der höher strebende Geist mündete in der Weltflucht des Klosters. Noch heute denkt und handelt so der Irländer alten Stiles[14], der russische Bauer, überhaupt der noch in vielen Fällen lebende mittelalterliche Mensch. Der kapitalistische Geist bedurfte einer Verdiesseitigung des Daseins. Max Weber zeigt, wie für den Puritaner das Jenseits zwar als Ziel bestehen blieb, das Diesseits aber als Feld der Bewährung des Erwählten und der Verherrlichung Gottes an Bedeutung gewann. Später verblaßte jedoch das Jenseits. Es stellte sich damit die naive Metaphysik des Kindes und Tieres wieder her, welche von der Aufklärung lediglich in eine theoretische Form gebracht wurde: das Reale sind die äußeren, von uns unabhängigen Dinge, welche durch die Empfindungen abgebildet werden. Dabei wird die Eigentätigkeit des Menschen als unwichtig betrachtet und mehr und mehr zurückgedrängt: Empirismus. Es war die Aufgabe der englischen Philosophie, für diese Beseitigung des Jenseits die Formel zu finden: die „reflection" wird letzthin aufgelöst in eine Kombination von „sensations".

In praktischer Beziehung führte die Entwicklung zu

einer Loslösung der Ethik von der Theologie und Metaphysik, zu einer Vernachlässigung der sympathischen gegenüber den egoistischen Beweggründen. Damit entstand jene Atmosphäre des praktischen Materialismus, in welcher der moderne Geldmensch lebt. Die ganze Entwicklung der ethischen Philosophie Englands ging, wie Hensel[15] hervorhebt, schrittweise in dieser Richtung, bis sie in Bentham ihren Gipfelpunkt erreicht.

Nicht Bentham, wohl aber der Geist Benthams, der in Tausenden von Köpfen lebt, „hat die alte Welt zersprengt, wie die gefangenen Wasser der Geologen die Erdrinde"[16]. Bei Bentham ist die Erinnerung an die religiöse Vorzeit völlig verloren, im Gegensatz zu den noch kurz vorhergehenden Vertretern des englischen Radikalismus. Seine Ethik ist rein diesseitig: die Triebe des Wohlwollens gehen auf egoistische Berechnung zurück. „Das Glück der gröfsten Menge" wird nur um deswillen verfolgt, weil seine Verfolgung dem aufgeklärten Egoismus des Einzelnen als nützlich erscheint[17]. Da bei den Regierern das Einzelinteresse von dem des Regierten gewöhnlich abweicht, so ist ein künstlicher Kontrollapparat nötig, um die staatlichen Machthaber an das Glück der gröfsten Menge zu binden[18]. Benthams Gröfse besteht in seiner starren, öfters pedantischen Einseitigkeit. Liebenswürdiger, aber weniger folgerichtig ist John Stuart Mill, der „das Glück aller Mitbeteiligten" zum sittlichen Mafsstab macht und aus dem Utilitarismus Opfer am Glück des Einzelnen herauszudestillieren versucht[19].

Die zu suchenden Lustgefühle können grob sinnlich gefafst werden, wobei der Vorteil der tatsächlichen Allgemeingültigkeit herausspringt: Essen, Trinken, Begattung. Verfeinerten, vielleicht schwächlicheren Naturen werden „höhere" Genüsse vorschweben: ästhetisch gestaltete Umgebung, künstlerische Lebensführung werden zu Schlagworten, hinter denen sich platter Utilitarismus verbirgt. Die Kunst — dereinst die „Tochter höherer Welten" — wird zur Magd des Luxus und sinkt auf eine Linie mit Kammerdienern, Maitressen, Rassepferden und der von vielen angebeteten „gesellschaftlichen Stellung". Am sichersten gehen diejenigen, welche beide Arten von Lustgefühlen, die groben und die feinen, weislich zu mischen verstehen. Am folgerichtigsten ist es, mit Bentham alle Lustgefühle als gleichwertig anzusehen. Es sei eine Phrase, meint Bentham, die Musik und Poesie für etwas höheres zu erklären als das Kegelspiel, das doch unter Umständen mehr Lust bereiten könne, als jene[20].

Die Durchführbarkeit dieser Lehre erfordert eine Systematisierung des Lebens, wofür die Selbstkontrolle des Puritaners das Vorspiel liefert. Die verschiedenen Lust- und Unlustgefühle sind ungleichartig; ihre qualitative Verschiedenheit verhindert jene vergleichende Abwägung, welche der Utilitarismus verlangt. Um denselben praktisch durchzuführen, bedarf es eines gemeinsamen Nenners. Diesen bietet auf dem Boden des kapitalistischen Wirtschaftssystems das Geld. Alle Genüsse, Ehre wie Liebe, sind mit Geld zu kaufen, in Geld schätzbar. „Indem das Geld überhaupt keine Beziehung zu einem einzelnen Zweck hat, gewinnt es eine solche zu der Gesamtheit der Zwecke." Geld wird der Zweck schlechthin. Indem im Gelde alle qualitativen Unterschiede der menschlichen Zielsetzungen in quantitative aufgelöst erscheinen, ist es möglich, eine mathematische Gewinn- und Verlustrechnung des menschlichen Lebens anzustellen, wozu die doppelte Buchführung die Anleitung gibt. Auf diesem Boden vollendet sich jener Typus Mensch, welcher — unbekümmert um Leidenschaften und Gefühle — Menschen und Dinge rein verstandesgemäfs unter dem Zwecke einer günstigen Buchbilanz behandelt. Dieser ökonomische Rationalismus ist, wie Simmel mit Recht hervorhebt, an sich ethisch indifferent. Aber gerade um deswillen entbehrt er der Willensimpulse, welche nötig sind, um eine Welt aus den Angeln zu heben.

Erst seine Verbindung mit dem praktischen Egoismus der utilitarischen Weltanschauung gibt ihm die Sprengkraft, die wirtschaftliche Vorzeit in Stücke zu schlagen [21].

Ihren Höhepunkt erreicht diese Auffassung bei Ricardo, für den die günstige Buchbilanz den Zweck alles menschlichen Daseins ausmacht. Im Widerspruch gegen Adam Smith erklärt er, das „Reineinkommen" sei nicht nur für den Einzelnen, sondern auch für ein ganzes Volk das entscheidende Interesse, gleichgültig, wieviel Menschen zur Hervorbringung jenes Einkommens beschäftigt worden sind [22].

b. Neben dem Abbruch der überlieferten Metaphysik und Ethik hat der moderne Kapitalismus auch die **politische Befreiung** zur Voraussetzung. Liberalismus aber wie Demokratie sind britisch-puritanischen Ursprungs.

Ein tiefgreifender politischer Einschnitt lag für Schottland im 16., für England im 17. Jahrhundert. Der Ausgangspunkt war der Widerstand der reformatorisch gesinnten bürgerlichen Klassen und Bauern, in Schottland des Adels [23] gegen eine katholische oder katholisierende Monarchie. Dieser Widerstand wurde mit dem Gedanken der **Volkssouveränität** gerechtfertigt. John Knox und Buchanan waren hier die großen Vorgänger, denen die englischen Presbyterianer und Independenten folgten; noch 1683 wurde das berühmte Werk Buchanans: „De iure regni apud Scotos" in Oxford als staatsgefährlich verbrannt [24]. Die Idee der Volkssouveränität fußt auf der Lehre vom allgemeinen Priestertum, aus der zunächst die Forderung einer Teilnahme der Laien an der Regierung der Kirche, sodann der Untertanen an Gesetzgebung und Verwaltung des Staates entsprang. Diese Forderung schien anfänglich mit einer konstitutionellen Monarchie wohl verträglich, wie sie Milton als Sicherheit den Fürsten empfahl, und Cromwell in zeitweisen Unterhandlungen mit Karl I. anstrebte, wie sie sich später als Mittellinie zwischen den streitenden Kräften tatsächlich durchsetzte. Nachdem sich alle Kompromisse mit dem Gottesgnadentume Karls I. als unmöglich erwiesen hatten, führte die Idee der Volkssouveränität zur Forderung der Republik, des Einkammersystems, des allgemeinen Wahlrechts, zweijähriger Parlamente usw. Diese Gedanken wurden in den berühmten Dokumenten: The Case of the Army und The Agreement of the People niedergelegt, welche von den Levellers im Herbst 1647 dem House of Commons überreicht wurden. Auch Milton hat die Republik als die „höhere Staatsform" erklärt, ohne auszuschliefsen, dafs der Monarch sich dem Ideale des „ersten Staatsdieners" nähern könne.

Wichtiger aber war eine zweite Seite der politischen Befreiungsbewegung. Es handelte sich um die Erringung der Gewissensfreiheit, welche mit dem politischen Umsturz noch keineswegs gegeben war. Bekanntlich waren gerade die englischen Presbyterianer mehr als andere geneigt, Gewissenszwang zu üben. Trotzdem ist Toleranz das unabweisbare Ergebnis des Protestantismus, insofern er eigenes Urteil verlangt und damit die Möglichkeit auseinandergehender Urteile in sich schliefst. Ich erinnere an das Wort Miltons im Areopagitica, welches den Grundgedanken des Protestantismus enthält: „Wenn ein Mensch Dinge glaubt, weil sein Seelenhirte so sagt oder eine Versammlung es so beschlossen hat, ohne andere Gründe für seinen Glauben zu haben, so mag sein Glaube wahr sein, aber gerade die Wahrheit ist dann seine Ketzerei." Indem England mit dieser Lehre Ernst machte, kam es zu einer grofsen Anzahl sektiererischer Bildungen, auf deren Boden das Independententum Gewissensfreiheit forderte. Dreier Persönlichkeiten ist hier zu gedenken, in denen die Bestrebungen des Zeitalters ihren höchsten Ausdruck gewannen.

Milton war der begeisterte Prophet der Gewissensfreiheit. Um jeden Gewissenszwang zu vermeiden, verlangte er völlige Trennung des Staates von der Kirche, Beseitigung der Zehnten, einen rein weltlichen Staat, eine weltliche Eheschliefsung und ein staatliches Unterrichtssystem. Das religiöse Leben und die Besoldung der Geistlichen wies Milton der freien Vereinsbildung zu [25].

Cromwells Gröfse bestand darin, dafs er die Alleinherrschaft ergriff, um die Gewissensfreiheit einer Minderheit zu schützen. Seine Militärherrschaft verhinderte die Ketzerverfolgungen, zu denen die presbyterianische Parlamentsmehrheit nur zu geneigt war. Aber als Herrscher einer grofsen Nation mit alter Geschichte war Cromwell an das Bestehende in gewissen Grenzen gebunden. Zwar hat er die bürgerliche Eheschliefsung eingeführt und die Juden in England aufgenommen. Dagegen hat er keineswegs den Zusammenhang zwischen Staat und Kirche beseitigt. Er liefs, im Gegensatz zum Parlament der Heiligen, die Zehnten bestehen. Er betrachtete „die Schaffung einer frommen Geistlichkeit" als Aufgabe des Staates. Aus politischen Gründen hat er den Katholiken die Toleranz versagt. Immerhin bedeutete der unter Cromwell erreichte Zustand einen ungeheuren Fortschritt. Wie unerhört neu war die Forderung und teilweise Verwirklichung der Gewissensfreiheit! Man wird sich dessen bewufst, wenn man der entsetzlichen Religionsverfolgungen in der auf Cromwell folgenden Restaurationszeit gedenkt, bei denen das Parlament vielfach die treibende Kraft war. Selbst die Toleranzakte Wilhelms III. war noch weit entfernt, die Gewissensfreiheit voll zu verwirklichen, während im damaligen Deutschland der Satz „cuius regio ejus religio" uneingeschränkt galt [26].

Auf dem Boden der neuen Welt und eines Kleinstaates hat Roger Williams die Grundforderung des Independententumes in die Tat übersetzt. Sein unvergänglicher Ruhm ist es, in Rhode Island seinen stolzen Ausspruch bewahrheitet zu haben: „Ich verlange keine Freiheit für mich, die ich nicht andern gönne." Die grundsätzlichsten Vertreter der

Toleranz wurden die Quäker durch ihre Lehre vom „innern Licht" — hier wie in anderen Punkten die Entwicklung gipfelnd. Die Quäker verlangten Anwendung der Toleranz auch auf die Katholiken. In ihrer gänzlichen Ablehnung des Staates gingen sie weit über den weltlichen Staat hinaus, wie ihn ein Milton oder Cromwell gedacht hatte. Sie sind hierin die unmittelbaren Vorläufer des Manchestertums [27].

Über die Forderung der Gewissensfreiheit gelangten die englischen Sektierer zu der Forderung der bürgerlichen Freiheit überhaupt, zu den Grundgedanken des Liberalismus. Der älteste Verfassungsentwurf, welcher die Gewalt des Staates grundsätzlich beschränkte und eine Anzahl unveräufserlicher Menschenrechte aufzählte, die von keiner gesetzgebenden Gewalt angegriffen werden dürfen, wurde im Oktober 1647 von den Levellers dem Armeerat des Cromwellschen Heeres überreicht. Dieses „Agreement of the People" enthält bereits neben der Forderung der Gewissensfreiheit auch die der Prefsfreiheit und des gleichen Rechtes für alle; der gleichzeitige „Case of the Army" wendet sich insbesondere auch gegen Monopolien und fordert Gewerbefreiheit. In John Lilburne war die Entwicklung vom religiösen zum allgemeinen Freiheitsinteresse vorgebildet [28].

Kein moderner Kapitalismus ohne diese Abgrenzung einer individuellen Rechtssphäre gegenüber dem Staat. So sagten die Torys, dafs ein Institut wie die Bank von England, welches Depositen annehmen, Noten ausgeben und dafür an Private Wechsel- und Lombardkredit erteilen sollte, unvereinbar sei mit der Monarchie. Tatsächlich war es unvereinbar mit einer Monarchie, wie der der Stuarts, welche bei Geldnöten souverän in das Privateigentum eingriff. Die mit Dampf getriebenen Fabriken erschienen im Anfang nicht weniger gegen die Staatsraison als später die Eisenbahnen, und nicht die Baumwolle, sondern das Wolltuch war der Günstling der englischen Regierung. Aber Arkwright begründete die erste moderne Großsindustrie auf dem Boden der Baumwolle, weil er Freiheit und Eigentum genügend entwickelt fand, um trotz des Staates Kapitalien in Spinnmaschinen ohne Furcht anlegen zu können. Wenige Jahrzehnte darauf war die Baumwollindustrie Lancashires das Rückgrat der englischen Volkswirtschaft. Mit Recht sehen Hume und Smith in der „Freiheit" — und sie denken an die Freiheit des einzelnen Wirtschafters gegenüber dem Staat — eines der wichtigsten Machtmittel im Kampfe Englands gegen Frankreich. Ich erinnere an jene berühmte Stelle aus A. Smith: die Sicherheit, mit welcher nach britischen Gesetzen jedermann die Früchte seiner Arbeit genieße, wird dort für die Grundlage der Blüte Englands erklärt[29].

Auch hier sind die religiösen Wurzeln allmählich verdorrt. Es genügt, an die Namen Bentham und Ricardo zu erinnern. War es beim Quäker die ausschließliche Beschäftigung mit dem ewigen Ich, so ist es nunmehr die ebenso ausschließliche Bejahung des irdischen Ich, der gegenüber alle historischen Kulturwerte, also auch der Staat, in das Nichts versinken. Auch die politische Befreiung hat ihre negative Seite: für den modernen Geldmenschen ist der Staat kein selbständiger Wert, dem der Einzelne zu dienen und sich unterzuordnen hat. Der Staat ist vielmehr um des Einzelnen willen da und lediglich zu schätzen als Werkzeug des Wirtschaftsinteresses, als Veranstaltung zu Zwecken des Gelderwerbs.

Aber indem der Geist der Entwicklung abstirbt, so ist in letzter Linie auch ihr Ergebnis gefährdet. Dereinst wurde der Kapitalismus vom Staate mehr gestört als gefördert; darum sagte er „laissez-faire". Wo später im demokratischen Staatswesen der Geldsack die Wahlen macht oder die Beamten besticht, wird der Kapitalismus wieder staatsfreundlicher. Seine eigene Freiheit zwar behält er sich vor, und auch ein Rockefeller sagt in dieser Hinsicht „laissez-faire".

Aber die Masse der Arbeiter und der Konsumenten knebelt der Kapitalismus in der Verkleidung des Parlamentariers oder des Strafsenpolizisten. Zur Macht gekommen, wird nur Derjenige die Menschenrechte anderer ehrlich respektieren, welcher an den absoluten Wert der menschlichen Seele glaubt. Dieser Wert ist nur teleologisch zu begründen: durch den Gedanken an das dem Menschen gesetzte absolute Ziel. Der Puritaner würde auf die Ebenbildlichkeit Gottes hinweisen, welche, der Anlage nach in jedem Menschen vorhanden, aus den Schlacken des Irdischen zu befreien sei. Die Lehre Kants von der „Menschenwürde" besagt in der philosophischen Sprache seiner Zeit im Grunde nichts anderes.

Aus der Verneinung aller politischen Werte als kultureller Selbstzwecke entspringt ein gewisser kosmopolitischer Zug des modernen Kapitalismus, welcher vom Weltbürgertum eines Goethe ebenso verschieden ist, wie die kapitalistische Freiheit von der Autonomie eines Kant oder Fichte. Das Internationale bedeutet für Ricardo und Bentham die Hinwegnivellierung nationaler Eigenart, die Herstellung des im wesentlichen überall gleichen Wirtschaftsatoms.

c. Während der kapitalistische Geist sich von seiner ursprünglichen Verknüpfung mit religiösen und politischen Kulturwerten losmacht, hält seine im wesentlichen negative Weltanschauung ein positives Element dauernd fest: den Glauben an die **Naturwissenschaft**. Der Kapitalismus bedarf zu seiner Entfaltung dieser spezialwissenschaftlichen Grundlage.

Die mittelalterliche Weltanschauung hatte in ihrer teleologischen Betrachtung zwar einen Zug grofsartiger Geschlossenheit besessen: die Menschheitsgeschichte ist der Zweck der Natur, das Reich Gottes der Zweck der Menschheitsgeschichte. Aber sie hatte keine Schwierigkeit empfunden, zu gunsten dieses Zweckzusammenhanges den Naturverlauf durch das Wunder beliebig zu zerreifsen. So lange der Mensch mit dem Eingriff übernatürlicher Mächte in das tägliche Leben rechnet, so lange ist zielbewufste wirtschaftliche Arbeit ausgeschlossen. Vielmehr sucht der Aberglaube nach geheimnisvollen Mitteln, die gewünschten Ziele durch jenseitige Hilfe ohne den Umweg durch die wirtschaftliche Arbeit zu erreichen; man denke z. B. an Viehbeschwörung, Goldmacherei, Schatzgräberei usw.

Statt dessen bedurfte der kapitalistische Geist jener rein kausalen Betrachtungsweise der Dinge, welcher englische Denker zuerst Ausdruck verliehen. Der wahre Zusammenhang der Dinge ist nach Bacon der Zusammenhang von Ursache und Wirkung. Aber noch verhielt sich Bacon ablehnend gegenüber der Mathematik, obgleich er die Bedeutung der Atomtheorie für die erklärende Naturwissenschaft anerkannte. Ihren Höhepunkt erreichte diese Betrachtungsweise erst in den Denkern, welche die Welt als ein System von Bewegungen zu betrachten lehrten — ein System, das durch die einfachen Gesetze der Mechanik überall, auch in seinen kompliziertesten Erscheinungen, unabänderlich beherrscht werde. Diese Gesetze aber sind mathematisch formulierbar, dem menschlichen Geiste prinzipiell zugänglich: Newton, die moderne Naturwissenschaft[30].

Setzten sich derartige Anschauungen in den Köpfen der Menschen durch, so war dies von gröfstem Einflusse auf ihr wirtschaftliches Handeln. Herrschen in der Aufsenwelt ausschliefslich Naturgesetze, so bleibt dem Menschen nichts übrig als wirtschaftliche Selbsthilfe. Das Wunder wird degradiert; die intensive Arbeit tritt an seine Stelle. Sehr bezeichnend sagt ein fortschrittliches russisches Bauernsprichwort: Der Mist ist kein Heiliger, aber er verrichtet doch Wunder.

Tatsächlich gelingt es, einen Teil der postulierten Naturgesetze wissenschaftlich zu erfassen, sogar mathematisch zu formulieren. Nunmehr braucht der Mensch nur die Aufsendinge in bestimmter Weise zu gruppieren, um die Wirkung der Naturgesetze auszulösen, den Naturverlauf für sich arbeiten zu lassen und die gewaltigsten Naturkräfte für seine Zwecke einzuspannen: Technik. Zunächst geschieht dies zufällig auf Grund roher Empirie, später methodisch, indem der wirtschaftliche Vorgang als Naturvorgang gefaßt und wissenschaftlich begriffen wird. Schon Bacon verlangte eine „Methode der Erfindungen". Sein Ideal war nicht Wissen als Selbstzweck, sondern die Unterwerfung der Natur unter menschliche Zwecke durch die Naturwissenschaft. Auch diese Auffassung ist seitdem Gemeingut breitester Kreise geworden — zunächst im England der Restauration, als die politischen und religiösen Interessen abwogten. Auf dem Boden der Technik reichten sich Kavaliere und Rundköpfe die Hand. Damals eroberte der Geist Bacons England und von England aus ergriff er die Welt. Unsere Gegenwart verdient am ehesten den Namen des „technischen Zeitalters", wenn man sie überhaupt mit einem Schlagwort bezeichnen will. Für diese Richtung ist es charakteristisch, wie z. B. Bentham, auch hier vorbildlich, in seiner Erziehungslehre Geschichte und alte Sprachen verwirft, allen Nachdruck auf Naturwissenschaft und Technologie legt und die Buchführung als besondere Wissensdisziplin befürwortet[31]. — —

Blicken wir zurück. Wir musterten den Hausrat des kapitalistischen Geistes. Was fanden wir anderes als die englische Aufklärung? England war es, welches die Bausteine zu jener Weltanschauung zusammentrug, in welcher der moderne Geldmensch seine geistige Hütte aufgeschlagen hat. England auch war es, welches Männer dieses Schlages zuerst an die Spitze seiner Volkswirtschaft stellte. Ein frühes Beispiel bietet William Petty.

Entfesselt von jeder moralischen wie dogmatischen Bindung, religiös indifferent, machte Petty die auri sacra fames zur Richtschnur seines Lebens wie seiner Lehre — ein rechnender Kopf, technischen Problemen geneigt, ein weitblickender Prophet der Zukunft. Er verherrlichte den

kommenden Industriestaat, die werdende Großsstadt — ein
London siebenmal so groß wie das seiner Tage — die gewerbliche Kinderarbeit, den Luxus als Antrieb zum wirtschaftlichen Fortschritt, ein staatliches Zwangserziehungssystem usw. — „bis wir mehr Geld haben, als irgend jemand
von unseren Nachbarn". Seit der Thronbesteigung des Hauses
Hannover herrschte in England das „monied interest", wie
die Thronrede des Jahres 1721 unumwunden erklärte.
Hundert Jahre später verherrlichte die Westminster
Review, in der alle diese Gedankenreihen gipfeln, die
„Mittelklassen" in dithyrambischer Begeisterung. Der religiös
wie politisch farblose homo oeconomicus gilt ihr als die
höchste Vollendung der menschlichen Kultur. Es ist die
Lebensluft, in welcher der jüngere Mill erzogen wurde, und
in der diesem feinen und gemütvollen Geiste beinahe das
Atmen verging[32].

In dieser geistesgeschichtlichen Entwicklung besaß England ein ungeheures Machtmittel für die wirtschaftlichen
Kämpfe. In einer naturalwirtschaftlichen oder feudalen Welt
haust der Wirtschaftsmensch wie der Wolf unter den Schafen.

Es ist bekannt, daß die französische Aufklärung
von der englischen abstammt. Erst in Frankreich wurde
der praktische Materialismus Englands zum theoretischen
Materialismus weitergebildet, womit man über den reinen
Empirismus hinausging. Während im Anschluß an Hume
auch noch der jüngere Mill die geistige und die körperliche
Welt als unvergleichliche Gebiete gesonderter naturwissenschaftlicher Erforschung unterwarf[33], haben bekanntlich schon
Franzosen wie Lamettrie, Condillac und Cabanis die Seelenvorgänge als Bewegungserscheinungen des Gehirns und der
Nerven betrachtet. Erst in Frankreich wurde die religiöse
Indifferenz der englischen Aufklärer zum „écrasez l'infâme"
gesteigert. Diese Leistungen Frankreichs blieben ohne Ergebnis für den homo oeconomicus. Der Geldmensch läßt den

lieben Gott auf sich beruhen, weil derselbe keine Dividende abwirft, aber es ebenso wenig etwas einbringt, ihn leidenschaftlich zu bekämpfen.

Seitdem haben sich die Fluten der Aufklärung über die Welt ergossen. Es ist ohne weiteres klar, dafs wir mit ihren Grundgedanken die mehr oder minder bewufste Weltanschauung der „Gebildeten" unserer Tage, vor allem die ihrer kapitalistischen Chorführer beschrieben. England verlor damit an wirtschaftlichem Vorsprung gegenüber seinen Mitbewerbern.

Insbesondere wurde erst Deutschland im 19. Jahrhundert von der Aufklärung voll ergriffen: Mammonisten und Socialisten plätschern selbstgefällig in dem schlammigen Nafs, ohne zu bedenken, dafs ihre Schwimmkünste an Originalität von den Engländern, an Eleganz von den Franzosen längst übertroffen wurden. Was ist in Deutschland heute populärer als Aufklärung? Vorkantianer sind die Sprecher des Tages: ein Haeckel, ein Nietzsche, ein Sombart.

Sombart insbesondere ist durchaus naturwissenschaftlich orientiert, indem er die Mannigfaltigkeit des wirtschaftlichen Rohstoffes durch „einheitliche Kausalreihen" zu beherrschen und in die „tötende Allgemeinheit" hineinzureifsen sucht. Es ist dies das Gegenteil aller historischen Methode, welche den westeuropäischen Kapitalismus als einmaliges Kulturphänomen betrachtet, in dem äufserst komplexe, wirtschaftliche, politische, religiöse usw. Kausalketten sich schneiden. Trotz bewundernswerter geschichtlicher Gelehrsamkeit ist Sombart genau so unhistorisch, wie die alten Aufklärer es waren. Methodologisch sind ihm die englischen Klassiker sogar überlegen, welche als echte Naturwissenschaftler Gesetze erstrebten, die hypothetisch, d. h. wie jedes Naturgesetz unter Ausschaltung störender Nebeneinflüsse, dann aber allgemein zu gelten hätten. Unter dem Namen „kapitalistischer Geist" ist das „Selbstinteresse" auch für Sombart die treibende Kraft aller neueren Zivilisation und damit ihr einheitliches

Erklärungsprinzip. Neu aufgezäumt, wird der alte Gaul geritten, den immer noch die Mandevilleschen Bienen umschwärmen[34]. Sombart will nicht loben, nicht tadeln, sondern lediglich erklären; er geht, um mit Mandeville zu reden, „als Naturforscher nicht als Maulwurfsfänger" vor. Trotzdem blicken überall zwischen den Zeilen die Wertungen hervor, ähnlich wie aus den Gesetzen Ricardos. Dieser Wert heifst Reichtum, Komfort, Genufs, letzterer ästhetisch verfeinert oder unverfeinert, wie es fällt. Daher die Verachtung der „Armeleutehaftigkeit" unserer Vorfahren, der Zeitgenossen eines Kant, Goethe und Bismarck. Die „Freiheit", welche Sombart nicht nur als Ergebnis der Entwicklung feststellt, sondern doch wohl auch verherrlicht, ist die „leere Freiheit" der Aufklärung: „die Befreiung von dem Zwange der Sippe, der Nachbarschaft, der Herrschaft." Mit Recht sagt daher Sombart, dafs die Heroen des 17. Jahrhunderts, Empiriker und Naturwissenschaftler, das Fundament der modernen Weltanschauung gezimmert haben — ihm, nicht uns![35]

Vielmehr wurde diese zunächst spezifisch britische Atmosphäre schon im 18. Jahrhundert von einem Briten zersetzt. In David Hume erreichte das philosophische Denken der angelsächsischen Welt, soweit es sich eigenständig entwickelte, den Höhepunkt, von dem es im 19. Jahrhundert, trotz Herbert Spencers, herabsank. Hume vernichtete die Grundlage der ganzen Aufklärungsphilosophie, indem er die Realität der Aufsendinge wie die Identität des psychologischen Ichs in Frage stellte. Er zeigte, dafs auf dem Boden des reinen Empirismus die moderne Naturwissenschaft unmöglich sei, indem die blofse Empirie nie zu einem notwendigen Zusammenhang der Erscheinungen führen, indem Kausalität nicht wahrgenommen werden könne. Die Motivenmühle Benthams stand bereits auf theoretisch schwankem Boden, nachdem Hume die Einheit der seelischen Substanz in Frage gestellt hatte. Weshalb sollen Genüsse von heute wegen möglicher Leiden von morgen gemieden werden, wenn die Identität des abwägenden Ich unsicher geworden ist? Gerade durch blinde Unterwerfung unter den jeweiligen Drang der Natur zeige ich, meint Hume, meine skeptischen Grundsätze am vollkommensten[86].

Allein praktische Bedeutung erlangten diese theoretischen Einwände nicht, wie reine Skepsis solche überhaupt nicht erlangen kann. Ihre weltbewegende Bedeutung bestand vielmehr darin, dafs sie Kant, dem die Naturwissenschaft als Kulturpflicht feststand, zu der berühmten Fragstellung führten: Wie ist Naturwissenschaft möglich? Indem Kant von hier aus die Aufklärung nicht nur erkenntnistheoretisch, sondern auch in ihren ethischen Grundgedanken überwand, eröffnete er ein neues Zeitalter des menschlichen Denkens, vielleicht auch des menschlichen Handelns. Zwar hielt er die Weltanschauung des Wirtschaftsmenschen in zweien ihrer wichtigsten Bestandteile fest, ja er sicherte sie hierin ganz anders, als die Aufklärung es je vermocht hätte: indem er alle Metaphysik beseitigte, lehnte er auch jeden Eingriff jenseitiger Dinge in das Wirtschaftsleben ab; indem er den gesetzlichen Zusammenhang des Naturgeschehens neu begründete, bejahte er die moderne Technik, welche Fichte als Herrschaft des Menschen über die Natur geradezu forderte. Aber Kant zerbrach die utilitarische Zielsetzung, indem er zunächst die Pflicht des kategorialen Denkens allem utilitarischen Relativismus enthob. Von ihm ausgehend, kommt man zur Einordnung auch des Wirtschaftslebens in das Reich der Kulturzwecke, zur Forderung eines „Überwirtschaftsmenschen". Aber man tritt damit aus der englischen Geistesgeschichte heraus.

England hat den homo oeconomicus nicht in eigenständiger Entwicklung zu überwinden vermocht; aber neben ihm stand und steht in England ein anderes, gleich mächtiges, ja vielleicht mächtigeres Ideal. Während die romanische

Renaissance lediglich befreite, hat die germanische Reformation zugleich neu gebunden. Man irrt ganz aufserordentlich, wenn man, wie dies heute vielfach geschieht, auf die negative Seite der grofsen Befreiungsbewegung allein den Blick richtet. Gewifs, England kam über seine Mitbewerber unter anderen Gründen um deswillen in die Höhe, weil es das freiere Individuum besafs. Diese Entfesselung von geistigen wie rechtlichen Bindungen hat zweifellos in vielen Fällen zu skrupelloser Wahrnehmung des Eigeninteresses geführt und damit wirtschaftlich grofses vollbracht, von Petty an bis zu der „smartnes" neuzeitiger Finanziers. Aber das wahre England liegt nicht bei Bentham und Ricardo, und nicht der kapitalistische Geist siegte bei Trafalgar. Gegenüber der massiven Wucht des Angelsachsentums ist der homo oeconomicus eine blasse Abstraktion, welche nur einer und nicht der wichtigsten Seite seines Wesens gerecht wird.

Jene Befreiungsbewegung hat noch eine andere positive Seite gehabt, welche für die Begründung der englischen Weltmacht von gröfster Bedeutung war: die Vertiefung des religiösen Interesses, welches mit der Reformation zeitweise in den Vordergrund des Volkslebens trat. Zwar scheiterte Englands Versuch, den irdischen Staat nach christlichen Idealen umzubauen. Aber auch nach dem politischen Zusammenbruch des Puritanismus blieb unter einer Oberschicht der Aufklärung der religiöse Faktor lebendig und lebt noch heute. Er lebt in den breiten Mittelschichten der Nation, wie in ihren gröfsten Vertretern, in ihren führenden Geistern. Die auf religiöser Grundlage ruhende pflichtmäfsige Lebensauffassung ist doch wohl die wichtigste Grundlage auch für den politischen wie wirtschaftlichen Aufschwung der angelsächsischen Welt. Durch sie wird der Erwerbssinn in Schranken gehalten, der, wenn frei entfesselt, zum Panama führt. Insbesondere bedroht er die geistigen Zusammenhänge der staatlichen Machtorganisation, von Heer und Flotte, auf deren Bestand die kapitalistische Gesellschaft in letzter Linie selber beruht.

Die besondere Form der angelsächsischen Religiosität fand ihre höchste Verkörperung im Puritanertum, unter welchem Namen wir alle religiösen Bewegungen des 17. Jahrhunderts zusammenfassen, welche über die episkopale Kirche hinausgingen: Presbyterianer, Independenten, Quäker. Das Puritanertum zeigt das merkwürdige Schauspiel des idealistischen Aufschwungs einer ganzen Nation, ähnlich wie die besten Zeiten des Mittelalters oder das Zeitalter der klassischen Philosophie und der Befreiungskriege Deutschlands. Dem Puritaner steht der absolute Gegensatz von Gut und Böse — in seiner Sprache Himmel und Hölle — unerschütterlich fest. Das Ziel des Menschenlebens ist ihm nicht günstige Buchbilanz oder größtes Glück der größten Menge, nicht irgendwelche abzuwägende Nützlichkeit, sondern — das Reich Gottes. Die jenseitige Welt ist ihm keine Fraglichkeit, sondern die gewisseste aller Tatsachen, der feste Leitstern in den Ungewißheiten dieses irdischen Lebens[37].

Aber im Gegensatz zum Mittelalter trägt der Puritanismus das Jenseits in das Diesseits hinein; er verfolgt das Jenseits nicht durch Weltflucht, sondern durch Verherrlichung Gottes in der Welt. Troeltsch und Max Weber sehen den Grund dieser Verdiesseitigung im Zentraldogma des Calvinismus, in der Lehre von der Prädestination, welche zeitweise die angelsächsische Volksseele tief beeinflußte. Indem der Calvinist den Beweis des Erwähltseins durch diesseitige sittliche Leistung sich selbst und andern zu erbringen hat, „geht die höchste Energie des Handels auf diese Weise vom Prädestinationsdogma aus".

Nirgends hat der Calvinismus so sehr die Volksseele geprägt, wie in Schottland, nirgends war der Bruch mit der Vergangenheit ein so vollkommener. Knox und Melville haben nicht Überkommenes „reformiert", sondern die vorgefundene kirchliche Organisation als das „Reich des Antichrist" von Grund aus abgebrochen. So atmen wir z. B. noch in der Jugendgeschichte Carlyles die unverfälschte Luft eines „grimmigen" Calvinismus. Starrer, alttestamentlicher Bibelglaube, ebenso starre Bibelherrschaft im täglichen Leben, dabei knorrige religiöse Individualität bezeichnen diese Welt, in der alles um den religiösen Mittelpunkt kreist. Auf dieser geschichtlichen, auch heute noch tragfähigen Grundlage fufst der Schotte — in allen Ländern und Zonen ein Pionier der britischen Weltherrschaft[38].

Der Boden Englands wurde erst später und nicht in gleicher Tiefe von der Pflugschar des Genfer Reformators durchfurcht. So ist das Grunddogma des Calvinismus von der englischen Entwicklung frühe verlassen worden. Bezeichnend hierfür ist der Werdegang des grofsen Wortführers des puritanischen Zeitalters: Milton hat zunächst vor Abschwächung des Prädestinationsdogmas gewarnt und sich zu den entschiedenen Gegnern der Arminianer gerechnet. Im verlorenen Paradiese sowie in seinem posthumen Werke, der „doctrina christiana", dagegen hat der ältere Milton vom Standpunkt der menschlichen Selbstbestimmung aus die Prädestination ausdrücklich verworfen. Gott habe in seiner Weisheit beschlossen, den Menschen als vernünftiges Wesen zu schaffen, frei zu handeln, also auch frei zu sündigen, „kräftig zum Stehen, doch fähig auch des Falls". Für Milton ist die Freiheit ein Mittel zur Zurückeroberung des Paradieses, das Böse eine Stufe zum Guten[39].

An Stelle des Prädestinationsdogmas wirkte bei den späteren in Fragen praktischer Lebensgestaltung mit gleicher Energie und in gleicher Richtung die Lehre vom „inneren Licht" — so vor allem bei den Quäkern.

Trotz verschiedener Abtönung in Einzelheiten bildete sich so ein T y p u s d e s n e u z e i t i g e n A n g e l s a c h s e n, der mit dem „Merry old England" noch der Elisabethischen Tage wenig gemein hat — ein historisches Kulturprodukt.

Selbstbeherrschung und Selbstvertrauen, Unabhängigkeit von der Meinung und der Hülfe anderer, Unabhängigkeit aber auch von den eigenen Affekten, Planmäfsigkeit der Lebensführung, Mifstrauen gegen alles rein Gefühlsmäfsige und Instinktive bezeichnen diesen stahlharten Menschen, welcher im 16. Jahrhundert auf die geschichtliche Bühne hervortritt. Bei jenseitiger Zielsetzung ergreift er die Zügel dieser Welt. Unheimlich, weil unverständlich, ist er den gewohnheitsmäfsigen Völkern des Ostens, den lebensfreudigen Südeuropäern, den gemütvollen Deutschen.

Zur Verherrlichung Gottes macht der Puritaner Ernst mit der Durchführung des biblischen Sittengesetzes, dessen Inhalt er, gerade wegen starker Benutzung des Alten Testamentes gegenüber dem Neuen, einer durchaus eigenartigen Prägung unterzieht. Das Entscheidende dabei ist, dafs er schon auf Erden einen gewissen Grad menschlicher Vollkommenheit für erreichbar hält. Es gilt dies sowohl für Gestaltung des privaten wie des öffentlichen Lebens. Der Erwählte bewährt sich durch treue Erfüllung seiner irdischen Berufspflicht. Als solche erscheint unter gegebenen Verhältnissen auch der bürgerliche Gelderwerb, womit, wie Max Weber gezeigt hat, der kapitalistische Geist seine pflichtmäfsige Grundlage findet. Der Kaufmann, welcher auf dem Kontorbock sitzt, füllt eine Stelle aus, an die Gott gerade ihn und keinen anderen gesetzt hat; er darf sich als kleines und doch wichtiges Rädchen in dem Wunderwerk des ökonomischen Kosmos fühlen, der wie der himmlische Kosmos den Ruhm Gottes verkündet. Aber der Puritaner wendet sich zugleich politisch handelnd nach aufsen. Jener Kaufmann dient auf seinem Kontorbock zugleich der britischen Weltherrschaft; wenn er Seehandel treibt und Matrosen beschäftigt, legt er die Grundlage zu Englands Kriegsflotte zur „Verteidigung des Protestantimus". Gerade aus diesem Gesichtspunkt wurde z. B. der ostindische Handel empfohlen, welcher Silber ausführte und daher vom merkantilistischen Standpunkt aus wenig wünschenswert war [40].

Eine etwas andere Färbung trägt der Typus des Quäkers, welcher einer der hervorragendsten Träger des aufkommenden Industriezeitalters werden sollte. Durch methodische Lebensführung bereitet der Quäker das Kommen des Herrn vor. Im Gegensatz zum Puritaner hier eine stillere, unpolitische Berufsarbeit im bürgerlichen Erwerb, Gewissenhaftigkeit im kleinen und grofsen, Vererbung ethischer Gebundenheiten durch Generationen bei irdischem Besitz, ja Reichtum.

Das Quäkertum bedeutet um deswillen den Schlufspunkt der Entwicklung, weil hier die Loslösung von überkommenen Gebundenheiten und äufseren Autoritäten bei völliger Sicherheit jenseitiger Zielsetzung am weitesten durchgeführt wurde. Die Quäker gelangten hierzu durch die Lehre vom „inneren Licht" oder vom „mystischen Christus": das leibliche Leben Christi in Galilaea gilt dem Quäker nur als ein Teil der ewigen Lebensbetätigung Christi in der Menschheit. Christus spricht im Gewissen des einzelnen Gläubigen und predigt daselbst das „innere Evangelium", welches allein im stande ist, das äufsere Evangelium, d. h. das Bibelwort, zu bewahrheiten. Der Quäker löste sich damit von der puritanischen Buchstabengebundenheit los. Die Erfahrung zeigte ihm, dafs das innere Licht durch die verschiedenen menschlichen Medien in verschiedener Brechung hindurchleuchtet. Er kam damit zur grundsätzlichen Toleranz aller ehrlichen religiösen Überzeugung und ebnete einer historischen Betrachtung der Dogmen wie der Bibel den Weg. Moderne Bibelkritik, welche so viele Frömmigkeit alten Stiles unterhöhlte, kann der Position des Quäkers nichts anhaben. Schon die älteren Quäker gingen über das Christentum im landläufigen Sinne hinaus, indem sie ausdrücklich erklärten, dafs „das innere Licht" auch einzelne grofse Heiden, z. B. den Sokrates, erhellt habe [41].

Freilich rückt mit dieser Befreiung von aller äufseren Autorität die Gefahr subjektivistischer Entgleisung bedenklich nahe. Aber der Quäker bewahrt sich dadurch, dafs er alles rein Gefühlsmäfsige in religiösen Dingen als gefährlich ablehnt, dafs er Verstand und Wissenschaft hochhält, vor allem aber dadurch, dafs er den Wert eines Glaubens nach seiner Betätigung in der Lebenspraxis beurteilt. Wer kein Rüstzeug Gottes im Wandel ist, kann keinen Anspruch darauf erheben, im Gottesdienst als Mundstück Christi zu gelten; daher der Ausschlufs aller Unreinen aus der Gemeinschaft.

Wo die Sicherheit der jenseitigen Zielsetzung beim Quäker verblafst, ist die Schwelle der Aufklärung überschritten[42]. In den besten Vertretern des Quäkertums dagegen klingt bereits etwas von der „Vernunftreligion" eines Kant und Fichte voraus, und quäkerischer Geist ist der Grundton aller wirklich modernen Religiosität. Obgleich die Quäker jede Propaganda für ihre Gemeinschaft ängstlich vermieden, so haben sie das religiöse Leben der angelsächsischen Welt weithin beeinflufst[43].

Da das letzte, von wenigen erreichte Ziel für eine ganze Kulturentwicklung besonders charakteristisch ist, so wollen wir den jüngsten der grofsen Vertreter des heroischen Zeitalters zu Worte kommen lassen: den Gründer Pennsylvaniens, William Penn. Ich erinnere an Penns köstliches Büchlein „Früchte der Einsamkeit", 1693[44]. Alles Schwärmerische ist hier abgestreift. Hier spricht nicht der Sektierer irgendwelcher besonderen Lehrmeinung, sondern ganz allgemein der religiös gegründete, welt- und lebenskundige Angelsachse — ein aufgeklärter, der Bildung seiner Zeit zugewandter Geist, „bei allem Ernst liebenswürdig im Umgange, anmutigen Gespräches, immer von bestem Ton" (Ranke). Solche Höhe geistiger Freiheit bei voller Lebendigkeit des jenseitigen Lebenszwecks bildet den Schlufspunkt, der in der Linie religiös-sittlicher Entwicklung dem Angelsachsen erreichbar ist.

Alle Moral ist bei Menschen dieses Schlages religiös untermauert. Das Gefühl der Abhängigkeit und des Dankes gegenüber Gott führt dazu, die von Gott verliehenen Kräfte zu seinem Ruhme zu verwenden (II, 9, 10). Alle Moral ist „Gottesdienst". Auf der anderen Seite aber besteht die Religion nicht etwa in dem Glauben an bestimmte Dogmen: „die demütigen, mildherzigen, die gerechten und frommen Seelen haben überall eine Religion". „Wenn der Tod die Maske abgenommen haben wird, so werden sie einander kennen, obgleich die verschiedenen Gewänder, welche sie tragen, sie hier zu Fremden machen" (I, 519). „Diejenigen, welche dasselbe Ziel haben, können nicht mehr auseinandergehen, nachdem sie sich auf dem Wege getroffen haben" (I, 521).

Penns Religion lehnt jede äußere Autoriät ab. „Christus ist unter uns und in uns, ein lebendiger und ewiger Prediger der Gnade durch seinen Geist in unserem Gewissen" (I, 456). Um seine Stimme zu vernehmen, haben wir die Leidenschaften zu bekämpfen, das „Tier im Menschen zu zügeln" (I, 312), was Jedem zuzumuten ist. „Kein Mensch ist gezwungen zum Bösen" (I, 449). Wer sich also auf den Herrn vorbereitet, den erfaßt Gott und öffnet ihm in der Wiedergeburt den Weg zum Heil. Der Wiedergeborene bewährt sich im Handeln als Christ. „Christ sein, heißt Christus ähnlich sein" (I, 468). Nicht einzelne gute Werke sind hierfür Beleg, sondern die ganze Lebenshaltung und die durch alles Einzelne hindurchgehende Gesinnung (I, 476). Demgegenüber versinken gottesdienstliche Formen ins Nichts. „Je weniger Form in der Religion, um so besser, denn Gott ist ein Geist. Je geistiger unser Gottesdienst, um so näher der Natur Gottes, je schweigender, um so angepaßter der Sprache des Geistes" (I, 507).

Auf dieser Grundlage entfaltet sich eine Sittlichkeit bewußter Selbstbestimmung, welche nichts von glücklicher „Naturanlage" erhofft (I, 443), eine Sittlichkeit methodischer

Selbstzucht. Penn empfiehlt drei Mittel der ethischen Disziplin.

Kühle und verstandesmäfsige Erwägung erleuchte den Weg unseres Handelns. Der Verstand ist die höchste Ausstattung des irdischen Menschen (II, 63). Er wählt unter unseren Obliegenheiten die zurzeit wichtigste; er bewahrt uns vor dem Zuvielerlei und damit der Kräftezersplitterung. Wer zu jeder Zeit nur einer Sache dient, ist „ein ganzer Mann" (II, 70, 72, 75). Indem wir den Verstand als eine Gottesgabe werten, haben wir die Pflicht, Kenntnisse zu sammeln, aber auch überkommene Meinungen kritisch zu prüfen (I, 163, 156). Vor allem erscheint die Pflege der Wissenschaft als Dankespflicht gegenüber Gott. Das Land ist „die Bibliothek des Philosophen".

Ein weiterer Wegweiser zur Sittlichkeit ist die Arbeit — harte, unausgesetzte Arbeit, „gesund für Körper und Geist" (I, 57; II, 71). Insbesondere gilt dies von einer gesunden Mischung körperlicher und geistiger Arbeit. Dem Reichen wird rationelle Landwirtschaft oder wissenschaftliche Tätigkeit im Laboratorium empfohlen (I, 58).

Als drittes Mittel der Selbstdisziplin erscheint die Vermeidung unnötigen Geschwätzes. „Schweigen ist immer sicher" (I, 129). „Sprich mit so wenigen Worten, als du kannst, aber immer deutlich." Der Zweck der Sprache ist nicht Prunk oder Witz, sondern verstanden zu werden (II, 122; I, 169/170).

Das Ergebnis dieser Arbeit an sich selbst ist ein starker und in sich gegründeter Charakter, welcher in kleinen Dingen nachgiebig, in grofsen Fragen aber „nicht neutral" ist. Am wenigsten neutral ist er dort, wo Recht und Religion in Frage stehen (I, 432). Wie bewährt sich, so fragen wir, ein solcher Charakter im Verhältnis zu seinem Mitmenschen, wie in den Fragen des bürgerlichen Erwerbs?

Zunächst bedarf er der Anderen nicht und steht auf

eigenen Füfsen. Er vertraut Niemandem als sich selbst
(I, 147), insbesondere lehnt er allen blinden Gehorsam ab
(I, 156). In politischen Dingen verwirft er alle Regierung
ohne Zustimmung der Regierten (I, 330). Er hafst allen fürst-
lichen oder aristokratischen Prunk und empfiehlt als Mittel
dagegen progressive Besteuerung (II, 222, 224, 227). Auf
der anderen Seite tritt er für straffe staatliche Disziplin ein
(II, 231). Der Zweck des Fürsten ist ihm das Wohl der
Untertanen (I, 350). Unter dieser Voraussetzung war Penn
Monarchist.

In den privaten Beziehungen zu seinen Mitmenschen
vermeidet er es, von Anderen ins Vertrauen gezogen zu
werden und übt Vorsicht bei Eingehung von Freundschaften.
Ist er aber einmal Freund geworden und hat er Vertrauen
empfangen, so tut er „sein Äufserstes" (I, 118, 191).
Auf diesem Boden erwächst jene Vertiefung der Freundschaft,
welche die angelsächsische Welt auszeichnet: „diejenigen,
welche über diese Welt hinaus lieben, können durch sie nicht
getrennt werden — Tod ist nur eine Überfahrt über diese
Welt, wie Freunde durch die See getrennt werden können,
sie leben noch ineinander — Freundschaft ist immer gegenwärtig, weil unsterblich" (II, 127, 131, 134). Ein solcher
Mensch ist mildtätig gegenüber den Armen und Verlassenen,
aber nicht aus mitleidiger Schwäche, sondern in unpersön-
licher Weise, zum Ruhme Gottes. Als Arbeitgeber übt er
Wohlwollen in dem Gedanken, dafs nicht sein Verdienst,
sondern Gottes „Güte" den Unterschied zwischen ihm und
dem Knechte aufgerichtet hat (I, 194, 197). Als Arbeiter
aber „dient er Gott, indem er seinem Herren dient". Der
höchste Ruhm eines Angestellten ist „Gewissenhaftigkeit".
Bezeichnenderweise warnt Penn den Diener vor Nachgiebigkeit gegenüber den Kindern des Herrn, wodurch die Er-
ziehungsarbeit des Vaters erschwert wird (I, 192, 202, 204, 207).

Von allen menschlichen Beziehungen aber ist es der Kreis

der Familie, welcher am meisten Befriedigung und Behagen gewährt (I, 327). Im Verhältnis der Geschlechter wird ein Glück „gegründet auf Vernunft" erstrebt. Weiblicher Schmuck erscheint als Verführung zur Sinnlichkeit (I, 78, 79, 94, 95, 96). In der Ehe gilt die Frau als völlig gleichberechtigte Genossin des Mannes: „Geschlechter machen keinen Unterschied, da zwischen den Seelen keiner besteht; sie sind die Träger der Freundschaft" (II, 94). In dieser Hinsicht ging Penn und mit ihm das Quäkertum weit über die älteren Puritaner hinaus, welche z. B. in Milton dem Weibe die Gleichwertung mit dem Manne noch versagten. Bekanntlich haben die Quäker auch als erste das „mulier taceat in ecclesia" beseitigt. In der Kindererzeugung hat verständige Sorgfalt zu walten, in der Kindererziehung Männlichkeit und die Gewöhnung an Weniges" (I, 85; II, 140, 141).

Der irdische Besitz wird bejaht, denn der Besitzer ist Beauftragter Gottes. Der sittliche Mensch benutzt den Besitz „zu guten Zwecken" (I, 242). Niemand soll freiwillig verzichten auf das, was ihm Gott zur Verwaltung anvertraut hat; dagegen ist unfreiwilliger Verlust dankbar entgegenzunehmen als Entlastung von göttlichem Auftrag (I, 38, 242). Hierbei mag Penn wohl an die Vermögenseinbußen denken, die er selber erfahren hatte; erst nach seinem Tode trug sein koloniales Unternehmen seinen Nachkommen reichlichste Frucht. Von Penns Standpunkt aus kommt der Mensch zu völligem Gleichmut gegenüber den Wechselfällen des Besitzes, den er „aus der Entfernung" betrachtet[45] (I, 40). Sein Gewissen ist im Besitz um so ruhiger, als er „nicht zu Festen geht", auch keine gibt, sondern „arbeitsame Arme" beschäftigt (I, 244). Im Geschäftsleben erspart er sich durch „methodisches" Vorgehen Unannehmlichkeit und Zeitverlust. Er bedient sich der Technik, er ergreift neue Erfindungen, welche nur der Unverstand verachtet, aber er vermeidet es, „auf eigene Tasche kostspielige Experimente zu machen" (I, 230,

231, 403). Im Vertrauen auf Gott versäumt er keine sich darbietende Gelegenheit (I, 303). Er verachtet vielmehr den Geizhals, der keinen Mut hat, sein Geld zu wagen, obgleich er Indiens Schätze erwerben könnte (I, 45). Als Geschäftsmann vertritt er loyale Konkurrenz und kaufmännische Ehre, um so mehr, als er weifs, dafs „Unehrlichkeit den Handel erschwert" (II, 185). Er verschmäht die Ausbeutung der Unwissenheit, Verschwendung oder Notlage anderer, welche im Geschäft „keinen Segen" bringt (I, 251). Er zahlt zuerst seine Schulden aus gerichtlichen Urteilen, dann die aus Wechseln, zuletzt seine Buchschulden; aber er bezahlt sie alle. In ähnlicher Weise erfüllt er zuerst seine Pflichten gegen Gott, sodann die Pflichten gegen sich selbst, zuletzt die gegen seine Mitmenschen, aber er wird ihnen allen gerecht. Dieser Vergleich ist charakteristisch für eine kaufmännisch bürgerliche Atmosphäre.

Indem wir William Penn folgten, sind wir in die verborgenen Grundgewölbe der britischen Weltmacht hinabgestiegen: auf festem Felsenboden sehen wir die gewaltigen Quadersteine gefügt, auf denen der so glänzende Oberbau zum Teil ganz anderen Baustiles errichtet ist. Sollten diese Quadern nachgeben, so geriete das Ganze in das Wanken.

Gemessen an den grofsen Gestalten des 17. Jahrhunderts tragen die religiösen Bewegungen der folgenden Jahrhunderte den Stempel des Epigonentumes. Es verblassen die Gegensätze, die den Altvordern Lebensfragen waren. Heute sind die innerlichen Gegensätze zwischen den verschiedenen Zweigen der angelsächsischen Religiosität — Kirche und Sekten — gering und grofsenteils nur historische Erinnerungen[46].

Nicht die Staatskirche, sondern die Sekten sind es gewesen, in denen das religiöse Leben sich sammelte. Ihnen ist es zu verdanken, dafs der aufkommende dritte Stand wie auch breite Teile der industriellen Arbeitermassen bei aller Loslösung vom Traditionalismus auf religiöser Grundlage fest-

gehalten wurden. Die politische und soziale Opposition —
ein Bedürfnis aller jungen und zur Herrschaft aufstrebenden
Klassen — erschöpfte sich in Angriffen auf die Staatskirche,
ohne zu Angriffen auf die Religion als solche zu führen.

Unter den sektiererischen Bewegungen trat im 18. Jahrhundert der Methodismus weitaus in den Vordergrund.
Wesley hat bekanntlich das Dogma von der Prädestination
fallen lassen und unter deutscher Einwirkung dem gefühlsmäfsigen Elemente, welchem die älteren Sektierer mifstrauten,
sein Recht gegeben. Immerhin stimmt der Methodismus in
seinem ethischen Ergebnis mit seinen Vorgängern überein:
die Bekehrung, deren Ort und Stunde womöglich anzugeben
ist, wird methodisch vorbereitet. Sie bewährt sich im Wandel.
Nach Wesley kann der Bekehrte aus der Gnade wieder
herausfallen; daher der Wert fortwährender Selbstkontrolle.
Auf der anderen Seite ist nach Wesley schon auf Erden in
einzelnen Fällen, als Ergebnis der Arbeit an sich selbst, volle
Heiligung: „der zweite Segen", erreichbar [47].

Eine Erneuerung methodistischen Enthusiasmus auf
durchaus verwandter Grundlage brachte im 19. Jahrhundert
die Heilsarmee, unter deren Offizieren man erfreulichen
Typen kräftigsten Angelsachsentums begegnet. In unseren
Tagen erlebten wir die der Heilsarmee nahe verwandte
„Wiedergeburt von Wales" (welsh revival). Unter den Kohlenbergleuten von Wales, einer der bestorganisierten und höchststehenden Arbeiterklassen Englands, erhob sich zu Beginn des
20. Jahrhunderts eine Welle religiösen Enthusiasmus. Die
Zeitungen berichteten von Hymnengesang und Gottesdiensten
unter der Erde, von tätlichen Angriffen auf die Wirtshäuser,
welche als die Bollwerke des Teufels gestürmt wurden, von
dem Ausfall populärer Sportbelustigungen, weil die Fufsballspieler und Boxer mitten im Spiel auf die Knie sanken und
sich für bekehrt erklärten.

Auch bei der Heilsarmee begegnen wir jener bis ins

einzelne gehenden sittlichen Disziplinierung, welche das Puritanertum wie das Quäkertum auszeichnete. Hunderte von Regeln ordnen das Leben der Heilssoldaten. Der General verlangt u. a. Mäfsigkeit der Diät, kräftige Kaubewegungen, tägliches kaltes Bad, Bewegung in frischer Luft, nicht minder kaufmännische Buchführung und Barzahlung. Durchaus im Sinne der alten Puritaner erklärt er die wirtschaftliche Tätigkeit für göttliche Berufung (vocation). Auch im Kochen eines anständigen Mittagmahles und im Festnähen eines Hosenknopfes könne Religion liegen[48].

Etwa die Hälfte der Nation soll heute den Sekten angehören. Der umfangreiche religiöse Apparat dieses Volksteiles beruht auf freiwilliger Selbstbesteuerung und wird daher ganz anders geschätzt als dort, wo der Staat für kirchliche Bedürfnisse aufkommt. Das grofsartigste Beispiel dieser Art bot die Gründung der schottischen Freikirche. Über die Frage des Patronatsrechtes haben 1843 fünfhundert Geistliche und zahlreiche Laien die schottische Staatskirche verlassen. Innerhalb dreier Jahre hatten die Anhänger dieser Absplitterung für Gehälter der Geistlichen, Erbauung von Kirchen und Schulen, für Predigerseminar und sogar für Heidenmission über eine Million ₤ aufgebracht, wobei zu berücksichtigen ist, dafs Schottland damals noch ein verhältnismäfsig armes Land war. „In solchen Ziffern liegt der Ernst der Sache." (Karl v. Hase.)

Viel weniger volkstümlich war die Staatskirche Lecky macht ihr den Vorwurf, lange Zeit „ein knechtischer Diener der Tyrannei" gewesen zu sein. Jedenfalls haben die anglikanischen Geistlichen zugleich mit dem göttlichen Ursprung des Bischofsamtes die „Gottähnlichkeit" des Königtumes verteidigt und sich in den Kämpfen, welche der Revolution vorhergingen, durchweg mit dem Absolutismus verbündet. Sie haben unter Laud die Lehre vom passiven Gehorsam vertreten und die Untertanen für verpflichtet erklärt, auch solche Steuern zu zahlen, welche vom Parlament nicht bewilligt seien[49]. Dafs die anglikanische Kirche sich an der Staatsumwälzung beteiligte, welche Wilhelm III. auf den Thron brachte, geschah lediglich aus Furcht vor der katholischen Thronfolge und aus Abneigung gegen die Toleranz, welche Jacob II. auch den Dissenters zuteil werden liefs. Während des 18. Jahrhunderts war die Staatskirche noch vorwiegend eine Versorgungsanstalt für die jüngeren Söhne der Gentry; man erzählt von Geistlichen, welche sich auf dem Parforcepferde sicherer fühlten als auf der Kanzel. Das geistliche Amt wurde nur allzu häufig von schlecht bezahlten Vikaren ausgeübt, während die Inhaber des Amtes reiche Renten bezogen und vielfach mehrere fette Pfründen in einer Hand vereinigten. Viele geistliche Ämter waren offenkundige Sinekuren, welche durch Günstlingswirtschaft verteilt wurden. Andererseits nahm der Utilitarismus, der Todfeind alles religiösen Lebens, in Paley und seinen Anhängern von der staatskirchlichen Kanzel Besitz. Nach Paley (1743—1805) erscheint als die Hauptlehre des Christentums die Hoffnung auf den Himmel und die Furcht vor der Hölle, und diese Lehre erweist sich zur Aufrechterhaltung der Ordnung und zur Unterstützung des Strafrichters so nützlich, dafs sie vom Weltschöpfer den Menschen offenbart sein mufs[50].

Aber schon in der zweiten Hälfte des 18. Jahrhunderts hat der um Lady Huntington sich sammelnde Kreis den Strom methodistischer Erweckung der Staatskirche zugeleitet. Von diesen Anregungen gingen die „evangelischen" Richtungen aus, welche die erstarrte Kirche mit neuem Leben durchtränkten. Daneben war es der Druck der demokratischen Bewegung im 19. Jahrhundert und die Furcht vor der Entstaatlichung, welche die Staatskirche zu ihrer Aufgabe und dem Volke zurückführte. Auch im 19. Jahrhundert hat die Staatskirche mancherlei religiöse Anregungen von den Sekten empfangen; ich erinnere an die Nachahmung der Heilsarmee durch die „Kirchenarmee". Der Standpunkt der meisten ihrer Anhänger ist mehr oder minder ausgeprägter Protestantismus: Broad Church-Richtungen.

Dagegen erhob sich seit den dreifsiger Jahren des 19. Jahrhunderts eine eigenartige hochkirchliche Bewegung, welche auf die vorreformatorische Vergangenheit zurückgriff. Ihr Brennpunkt war Oxford, weswegen man auch kurz von der Oxford-Bewegung spricht. Sie hat in der englischen Kirche als Puseyismus fortgewirkt, während der genialste ihrer Vertreter, Newman, als römischer Kardinal starb[51].

Die „Wiederbelebung der anglikanischen Kirche" war eine romantische Reaktion gegen die politische Demokratie, welche soeben die anglikanische Staatskirche in Irland beseitigte, gegen Utilitariertum in und aufser der Kirche, gegen deutschen Rationalismus, mit dem sich bezeichnenderweise Puseys Jugendwerk befafst. Diese Bewegung erwies sich auch darin als Romantik, dafs sie mit kirchengeschichtlichen und später kunstgeschichtlichen Studien reichlich verquickt war. Dogmatisch vertraten die Häupter der Bewegung, John Keble, Newman und Pusey, die katholische Lehre von der Kirche als Heilsanstalt zwischen Gott und dem Gläubigen. Gröfsten Nachdruck legten sie auf die Lehre von der apostolischen Succession, welche den Priester von der Gemeinde sondert, und auf die Bedeutung der Sakramente als selbständiger Gnadenmittel. Sie trennten sich damit scharf von allen Schattierungen des Protestantismus, betrachteten die Dissenters als „Personen verschiedener Religion". Diese Bewegung war, wenn man in der Selbstbestimmung des Einzelmenschen das wichtigste Kulturziel unserer Zeit erblickt, reaktionär.

Nun aber ist die englische Staatskirche in dogmatischer Beziehung der Oxford-Bewegung keineswegs gefolgt, um so weniger, je offenkundiger das romanisierende Endergebnis der letzteren wurde. Newman verliefs 1842 Oxford und vollendete 1845 die Entwicklung, welche ihn nach Rom führte. Pusey wurde 1843 zu Oxford der Heresie bezichtigt und von der Universitätskanzel entfernt. Die englische Staatskirche blieb im wesentlichen bei ihrem Protestantismus in katholisierenden Formen; ja neuerdings haben sogar die Gedanken der deutschen Bibelkritik auch in ihren geschlossenen Körper Eingang gefunden[52]. Trotz dieses scheinbaren Mißerfolges ist die Oxford-Bewegung hier nicht zu übergehen, da ihre kulturelle Nachwirkung für das moderne England nicht hoch genug angeschlagen werden kann. Ihr Einfluß kam erst dann voll zur Geltung, als die Kerntruppe in Oxford bereits geschlagen war. Damals war es, daß eine begeisterte Jüngerschar sich über das Land ergoß und von Kirchen und Pfarrhäusern Besitz nahm.

Die Bedeutung der Bewegung war zunächst eine sozialpolitische. Während die Sekten den auf Selbsthilfe gestellten Arbeiter berühren, wendet sich die Kirche als Heilsanstalt an die unterste Schicht, an die Proletarier der Großstadt. Einer der Männer, die für die Volkstümlichkeit der englischen Staatskirche in dieser Hinsicht großes geleistet haben, ist beispielsweise der gegenwärtige Bischof von London, A. F. W. Ingram. In vieljähriger Arbeit hat dieser ausgezeichnete Mann den Osten Londons — religiöses Neuland — bebaut. Sein Buch „Work in great Cities" gewährt einen Einblick in die Gedankenwelt des Ostlondoner Proletariers, dieses schwächsten und in mancher Hinsicht unenglischsten Gliedes der angelsächsischen Welt[53].

Wichtiger noch war die ästhetische Seite der Bewegung. Schon Laud und seine Anhänger hatten das Verdienst, „die Schönheit der Heiligkeit" festzuhalten, wie sie das Mittelalter empfand. Die Episkopalen haben gegenüber bilderstürmerischen Puritanern die alten Kathedralen, Skulpturen und Glasgemälde verteidigt und in den berühmten Kultusstätten der alten Kirche etwas von dem sinnenberauschenden Schauspiel des früheren Gottesdienstes zu retten gesucht[54].

Indem Pusey und die Seinen auf die „objektive Seite" der Religion allen Nachdruck legten, kamen sie zu der Forderung einer künstlerischen Gestaltung zunächst des kirchlichen, dann des ganzen Lebens. Die Oxford-Bewegung wurde damit der Nährboden, aus welchem der neuzeitige Ästhetizismus hervorwuchs. Ein Ruskin, ein D. G. Rosetti, ein Burne-Jones blicken nach der Welt der Frührenaissance und der Gothik zurück und wurzeln in einer romantischen Geistesbewegung. Auch wirtschaftlich wurde die Künstlerfirma Morris Marshal Faukner & Co., von der eine ästhetische Revolution des ganzen englischen Lebens ausging, zunächst durch kirchliche Aufträge über Wasser gehalten[55].

Die englische Staatskirche ist der einzige Zweig des Protestantismus, welcher die bildende Kunst nicht als gleichgültige oder gar störende Zutat empfindet, sondern als Ausdrucksmittel geradezu fordert. Dies wird um so wichtiger in Tagen, wie den unseren, in denen die religiösen Lehrmeinungen verblassen und für viele Leute lediglich das religiöse Bedürfnis übrig geblieben ist. Eine Durchschnittspredigt als Mittelpunkt des Gottesdienstes ist dem höher gebildeten Laien vielfach unerträglich geworden, während das Göttliche in der Form des Schönen ihn lebendig ergreift. Im Besitz der altehrwürdigen Kathedralen des Landes, der efeuumsponnenen Universitäten, der wunderbaren Erhabenheiten des Common Prayerbook übt die anglikanische Kirche ihren Zauber weithin auf historisch und künstlerisch veranlagte Naturen. Dem Proletarier aber naht sich die anglikanische Kirche inmitten der schmutzigen Alltäglichkeit des Großstadtdaseins als die einzige Trägerin der Schönheit. Alles in allem genommen: die englische Staatskirche ist heute vielleicht so volkstümlich wie nie vordem.

Die Einwirkung dieser religiösen Faktoren — Kirche wie Sekten — ist auch im heutigen England eindringlich genug. Sie ist um so wirkungsvoller, als sie den sozialen

Klassenschichtungen sich anpaſst. Für London gibt in dieser Hinsicht eine anschauliche Schilderung das bekannte Buch von Charles Booth, „Life and Labour of the People of London". Die Staatskirche blüht auf den Höhen der Gesellschaft, wo Besitz mit gesellschaftlicher Stellung, Bildung mit ästhetischem Empfinden sich verbindet; sie arbeitet erfolgreich in den Tiefen, wo der Proletarier der Hilfe und Erhebung von oben her bedarf. Ihr fruchtbarstes Arbeitsfeld sind sog. „gemischte" Gemeinden, welche einer scharfen Klassensonderung und eines ausgeprägten wirtschaftlichen Charakters entbehren. Unter den eigentlich Gebildeten konkurrieren mit der Kirche gewisse „intellektuelle" Sekten, insbesondere die Unitarier. Die proletarische Unterschicht irischer Abkunft ist unerschütterlicher Besitz der römisch-katholischen Kirche. Die Sekten haben dagegen ihren Halt in den Mittelklassen und zum Teil in der oberen Arbeiterschicht, während die breiten mittleren Arbeitermassen, insbesondere die der Groſsstadt, religiösen Einflüssen überhaupt wenig zugänglich sind. Das religiöse Leben der Mittelklassen bewegt sich überwiegend in methodistischen Bahnen. Auch die Wesleyaner arbeiten ähnlich wie die Kirche nur „unter" den Armen und „für" die Armen. Der Methodismus ist keine Bewegung der Arbeiter selbst. Dagegen werden die verschiedenen baptistischen Gemeinschaften, ferner die der primitiven Methodisten und eine Anzahl kleinerer Sekten von der besseren Arbeiterschicht selbst getragen. Es sind demokratische Organisationen der Arbeiterselbsthilfe. Die Prediger, soweit solche als besonderer Beruf existieren, gehen aus der Arbeiterklasse hervor und werden von ihr bezahlt. Vielfach überwiegt der Laienprediger im Nebenamt den berufsmäſsigen Geistlichen. In diesen Kreisen ist es, daſs das Prädestinationsdogma ebenso wie die Ausschlieſslichkeit der ersten täuferischen Gemeinden noch heute fortlebt. So brechen z. B. die „strikten Brüder" unter Ausschluſs aller Fremden sich allsonntäglich das Brot. Auch die tatkräftigsten Elemente der Heilsarmee rekrutieren sich grofsenteils aus der oberen Arbeiterschicht. Der Gewerkschaftsbeamte in der Woche ist nicht selten Laienprediger am Sonntag. In dieser Doppeltätigkeit stehen auch heute noch eine Anzahl der hervorragendsten englischen Arbeiterführer und Parlamentarier. Diese ganze religiöse Organisation in allen ihren vielgestaltigen Verzweigungen ist dem industriestaatlichen Charakter angepafst, wie er in England seit den dreifsiger Jahren des 19. Jahrhunderts zur Herrschaft kam.

Blicken wir zurück: Auch heute noch ist **Religion das Rückgrat der angelsächsischen Kultur.** Wer diese Tatsache verkennt, dem bleibt das innere Wesen dieser Kultur unverständlich. Religiöse Gewichte belasten das Schiff der „leeren Freiheit", welches die Aufklärung vom Stapel liefs.

Äufsere Belege dieser Tatsache treten dem festländischen Besucher auf Schritt und Tritt entgegen. Drückt doch der Sonntag dem ganzen Lande noch immer sein Gepräge auf. Neben den berufsmäfsigen Geistlichen kommen überall Laienprediger zu Wort — Ärzte, Juristen, Arbeiterführer —, nicht nur in geschlossenen Gotteshäusern, sondern mit Vorliebe unter offenem Himmel, z. B. in den grofsstädtischen Parks, wo Prellsteine oder Droschken als Kanzeln benutzt werden. Hier fahren Missionswagen durch das Land, ähnlich unseren Jahrmarktskarren, mit Bibelsprüchen bedeckt und statt des leichten Volkes Wanderprediger beherbergend; dort dringen Hallelujamädchen in Schnapskneipen und Verbrecherhöhlen — Trägerinnen eines „aggressiven Christentums". Pflastersteine hageln auf Heilssoldaten, welche um so freudiger — mit frisch verbundenen Wunden — dem Teufel die Feldschlacht schlagen. In stillen Konventikeln stärken sich Methodisten und Geistesverwandte durch Gebet und Bibel. Weit verbreitet ist die Sitte der Hausandacht. Sonntagschulen und Jünglingsvereine bedecken das Land mit dichtmaschigem Netz und sind von England aus erst auf den Kontinent übertragen worden[56]. Der sonntägliche Kirchgang ist in der oberen Gesellschaftsschicht auch für die Gleichgültigen noch „respektabel".

Wie die Masse des Volkes, so seine Führer. Wie immer sie sonst auseinandergingen, die Disraeli und Gladstone, die Peel, Bright und Salisbury, sie alle besafsen die Grundlage einer im wesentlichen gemeinsamen Weltanschauung. Disraeli wie Gladstone waren tägliche Bibelleser. In der Ablehnung der deutschen Bibelkritik stimmten die beiden politischen Antipoden überein. Im Gegensatz zum kontinentalen Judentum, welches nach Loslösung von seinen nationalen Traditionen einer religionslosen Aufklärung verfällt, war Disraeli — bei grofsem Stolz auf seine Abstammung — streng kirchlich. Er betrachtete die Kirche als die Fortsetzung und Vollendung der Synagoge, das Christentum als die grofse semitische Macht, „durch welche Gott auf die Menschheit wirke". Der Liberalismus eines Gladstone verdankte seinen inneren Schwung einem religiös begründeten Gerechtigkeitsgefühl. Gladstone der Staatsmann ist nur verständlich durch Gladstone den Prediger zu Hawarden und den Verfasser des „Unerschütterlichen Felsens der heiligen Schrift"[57]. Balfours „Grundlagen des Glaubens" liegen weit über dem Durchschnitt auch der Gebildeten seiner Landsleute; seine Kritik des Empirismus und Naturalismus ist von Hume stark beeinflufst — für einen Premierminister keine geringe Leistung[58].

Bezeichnenderweise machen auch die leitenden Naturwissenschaftler in England vor der Religion einen gewohnheitsmäfsigen Halt. Bekanntlich stand Darwin den religionsfeindlichen Folgerungen, welche man in Deutschland aus seiner Lehre zog, durchaus fern. Noch bestimmter und nicht gerade sehr philosophisch sagte Huxley: er empfinde keinen Widerspruch gegen die Behauptungen der Glaubensartikel, da die Wunder der Kirche Kinderspiel seien gegen die Wunder der

Natur. Nach dem Vorbilde Newtons erklärt Lord Kelvin es für unmöglich, die Welt aus einem „zufälligen" Zusammenstofs von Atomen zu erklären, und wird auf dieser Grundlage zum beredten Verteidiger einer religiösen Weltanschauung. Nach Ray Lankester hat „Religion von der Naturwissenschaft weder etwas zu fürchten, noch etwas zu hoffen". Entgegen diesem sehr verständigen Ausspruch hat Benjamin Kidd in echt englischer Weise den Versuch gemacht, die Religion geradezu darwinistisch zu begründen, womit er freilich, um mit Kant zu reden, nur die quaestio facti, nicht die quaestio juris anschnitt [59].

In der Schule religiöser Disziplinierung sammelte die angelsächsische Welt ein ethisch-politisches Kapital, das auch heute noch und auf lange hinaus ein Machtmittel ersten Ranges im Kampfe der Völker bedeutet. Zügellosigkeit ist Kraftvergeudung; Selbstzucht staut Kräfte, welche im politischen wie im wirtschaftlichen Leben allmählich zur Ausgabe gelangen. Auf angelsächsischem Kulturboden folgt das entfesselte Individuum nicht der Laune, Willkür und Genufssucht. Planmäfsige Lebensführung, Beherrschung der tierischen Triebe und freiwillige Unterordnung unter ideale Zwecke ist das Ergebnis jener religiösen Einwirkungen, welche seit Jahrhunderten auf breite Teile des Volkes wirksam wurden.

Dieser Satz läfst sich nach verschiedenen Seiten hin verfolgen. Die Bedeutung des Evangeliums der Berufsarbeit für die Entstehung des modernen Wirtschaftssystems hat Max Weber ins Licht gesetzt. Es genügt, auf diese ausgezeichnete Arbeit hier zu verweisen, aus der auf das deutlichste hervorgeht, wie die „innerweltliche Askese" des Puritanismus es war, welche Arbeitgeber und Arbeiter für das Industriezeitalter heranbildete [60]. In der methodischen Arbeitsleistung, wie sie der angelsächsischen Welt auch heute noch vielfach das Gepräge aufdrückt, lebt ein überempirisches Element.

Aber aus der Schule des Puritanismus brachte die angelsächsische Welt zugleich eine sexuelle, nationale und soziale Disziplinierung, welche dem kapitalistischen Geiste das Gegengewicht hält. England stieg zur Herrschaft unter anderem auch um· deswillen empor, weil es die Mitbewerber durch Reinheit des Familienlebens, durch Opferfähigkeit der Vaterlandsliebe, durch soziales Verantwortlichkeitsgefühl übertraf.

Der Puritanismus war es, welcher die **sexuelle** Enthaltsamkeit einzelner Zölibatäre durch eine allen zuzumutende innerweltliche Askese übertrumpfte. Der Begattungsakt, gleichviel ob innerhalb oder aufserhalb der Ehe, erscheint als sündhafter Genufs, wenn er lediglich zur Befriedigung des Geschlechtstriebes erfolgt. Die **Ehe** gilt als weltlicher Vertrag zum Zwecke der Kinderzeugung und Kinderaufzucht. Mit diesem Zwecke aber gewinnt sie zugleich eine ideale Bedeutung: sie dient der Ausbreitung des Reiches Gottes auf Erden durch die Ausbreitung der Menschheit. Der Puritanismus hat damit einer Betrachtung des sexuellen Verhältnisses die Wege gebahnt, welche die in der Zeugung liegende Verantwortlichkeit in den Vordergrund schiebt und eine ethische Konstruktion des Geschlechtsverhältnisses vom Standpunkt der Kinder aus ermöglicht.

Aber der Puritanismus ging in seinen besten Vertretern über diese immerhin nüchterne Auffassung hinaus, indem er die Gattenliebe als die höchste, weil konkreteste Form der christlichen Nächstenliebe auffafste. Ich erinnere an das Wort Cromwells zu seiner Tochter: „Das, was am würdigsten deiner Liebe an deinem Gatten ist, das ist das Abbild Christi, das er an sich trägt (die allgemein menschliche Ebenbildlichkeit Gottes). Blicke hierauf und liebe dies am besten und das übrige um deswillen"[61]. Gerade wegen der körperlichen wie geistigen Verschiedenheit der Geschlechter weist das Gattenverhältnis auf gegenseitige Hilfsleistung und Ergänzung und wird damit einer ethischen Vertiefung zugänglich. So erscheint bei **Milton**, vielleicht gerade auf Grund der Enttäuschungen seiner ersten Ehe, das eheliche Ideal hoch gesteigert. Das Wesen der Gattenliebe gipfelt ihm in „dem reinen und natürlichen Wunsche, sich in ehelicher Gemeinschaft mit einer zum Umgang passenden Seele zu verbinden". Nachdem Milton in seiner zweiten Ehe eines kurzen Glückes teilhaftig geworden war, setzte er in seinem Verlorenen Paradiese der fleischlichen Liebe nach dem Sündenfall das Gattenverhältnis des ersten Menschenpaares auf der Stufe der Sündlosigkeit gegenüber. Auch hier ist Ausgangspunkt das Gebot Gottes, die Erde mit einem Geschlecht zu erfüllen, das zu seiner Verherrlichung bestimmt ist. Aber hierzu tritt die Gattenliebe, in der „die anderen vertrauten Beziehungen von Vater, Sohn und Bruder" wurzeln, „die dauernde Quelle häuslichen Glücks". Die Ehe ist „das einzige Eigentum im Paradiese, wo alles sonst gemeinsam ist." Keineswegs im Gegensatz hierzu steht es, wenn Milton auch im Alter noch die Löslichkeit des ehelichen Bandes verteidigt. Denn bei unüberwindlicher Abneigung liegt die Ehe keineswegs mehr im Interesse der Volksvermehrung, und die christliche Nächstenliebe kann bei „Fesselung einer lebenden Seele an einen toten Körper" nur allzu leicht Schiffbruch leiden[62].

Auch in diesen Fragen bedeutet Penn einen Gipfelpunkt. Penns Beziehungen zu seiner schönen Guli hatten zunächst eine erotische Färbung, aber sie vertieften sich im Laufe eines wechselvollen Lebens und unter voller Gleichberechtigung der Gatten. Niemand hat das eheliche Ideal der Puritaner schöner zum Ausdruck gebracht, als dieser Staatengründer in seinem Abschiedsbriefe, den er in der Vollkraft der Jahre, die Trennung für das Leben in der Seele, an die Gattin richtete: „Vergiſs nicht, daſs du die Liebe meiner Jugend und die Hauptfreude meines Lebens warst, die geliebteste und die würdigste meiner irdischen Tröstungen; der Grund jener Liebe bestand mehr in deinen inneren als in deinen äuſseren Vorzügen, obwohl letzterer viele sind. Gott weiſs es, du weißt es und auch ich kann es sagen, daß unsere Verbindung ein Werk der Vorsehung war, und Gottes Ebenbild in uns war es, das uns zumeist anzog[63]."

Die ethische Gestaltung des Gattenverhältnisses auf dem Boden sexueller Selbstzucht bildete einen verborgenen, aber mächtigen Grundpfeiler der britischen Weltstellung. Ihr entsprang ein Geschlecht, das Genießen nicht „gemein" machte und das „im Befehlen Seligkeit empfand".

Auch heute wirken diese altüberlieferten Bindungen noch fort, wie viel von ihnen auch in den Staub gesunken sein mag. Immer noch spielt auf angelsächsischem Boden geschlechtliche Lüsternheit in der Belletristik, in den Witzblättern, in den Gesprächen junger Leute eine geringere Rolle als auf dem Festlande. Es gilt dies selbst von Vertretern der Decadence, wie einem Oscar Wilde. Inmitten eines Volkes stehend, das den lebenden Körper des Weibes zu wundervoller Vollendung ausgearbeitet hat, dient ein Rosetti, ein Burne-Jones, ein Watts durch keusche Behandlung des Nackten den Interessen wahrer Kunst, die über die Begierde emporhebt. Eine Kluft trennt sie von jenen Festländern, welche Dirnen malen und oft genug schlecht gewachsene.

Nicht nur sexuelle Bindung, sondern auch **nationale Disziplinierung** verdankt die angelsächsische Welt dem Puritanismus. Das englische Nationalgefühl ist seitdem etwas anderes als etwa der Fremdenhaß mittelalterlicher Völker, als das dynastisch versetzte Staatsgefühl des Elisabethischen Englands oder Altpreußens, als die aristokratische Selbstbehauptung des magyarischen Stammes in dem slavischen Meere. Das englische Nationalgefühl ist zugleich **Kosmopolitismus**: der Dienst an der eigenen Nation erscheint als Dienst an der Menschheit. Denn die eigene Nation gilt als Verwalterin der höchsten Kulturgüter, zu denen die übrigen Völker bewundernd und nachahmend aufblicken. Anglisierung der Welt bedeutet also Förderung der Menschheitskultur. Es ist überflüssig, darauf hinzuweisen, dafs ein solcher Glaube ein nationales Machtmittel ersten Ranges ist.

Dasjenige Kulturgut nun, durch dessen Besitz sich der Puritaner dereinst vor allen Völkern Europas ausgezeichnet fühlte, war die Gewissensfreiheit. Hierdurch glaubte er sich der Reformation eines Luther, noch mehr der romanischen Welt weit überlegen. Milton gibt diesem Gefühl einen klassischen Ausdruck im „Areopagitica"[64]. Er erinnert an das Schicksal eines Galilei und an die Knebelung der Geister im damaligen Florenz, um im Vollgefühl nationalen Stolzes von seinem eigenen Vaterlande zu sagen: „Mir däucht, ich sehe im Geiste eine edle, mächtige Nation sich gleich einem starken Manne aus dem Schlafe erheben und ihre mit simsonischer Kraft erfüllten Locken schütteln; mir däucht, ich sehe sie gleich einem Adler ihre mächtige Jugend zum Fluge gewöhnen und die geblendeten Augen stärken an den Strahlen der vollen Mittagsonne, ihr lange mifsbrauchtes Gesicht an dem Leuchten der himmlischen Klarheit läuternd, während der ganze Schwarm furchtsam gescharter Vögel und Dämmerungsgeschöpfe umherflattert, erstaunt über die ungewohnte Erscheinung und mit Neid erfülltem Geschrei, ein Jahr voll Sekten und Spaltungen weissagt." — „Erwägt es, Lords und Gemeine, welcher Nation ihr angehört, deren Regierer ihr seid; blickt hin auf diese gewaltige Hauptstadt, eine Statt der Zuflucht, das Wohnhaus der Freiheit, umgeben und umschlossen von Gottes Schutze. Wahrlich, es sind in ihr nicht mehr Ambosse und Hämmer tätig, um das Zeughaus des Krieges mit Panzern und Waffen zu füllen zum Schutze der bedrängten Wahrheit, als Federn und Köpfe, die beim Schein der Studierlampe neue Gedanken aufsuchen, um sie der nahenden Reform gleichsam zum Zoll der Huldigung darzubringen. — Es ist die Freiheit, Lords und Gemeine, welche eure eigene beherzte und glückliche Politik uns verschafft hat, die Freiheit, welche die Amme aller grofsen Geister ist."

Der Puritaner dankt Gott dafür, dafs er ihn in England habe zur Welt kommen lassen [65]. In der Absicht, „die Reformation zu reformieren", wandte sich Gott „an seine Getreuen, seine lieben Engländer". Mit Vorliebe kleidet sich diese Auffassung in die Idee des auserwählten Volkes, welche der Puritanismus dem alten Testament entnahm und unmittelbar auf England anwandte. Die Pilgerväter verliefsen das gastfreundliche Holland, um über dem Meer Engländer bleiben zu können.

Hierzu gesellt sich ein zweiter Gedanke, der dieses Gefühl göttlicher Bevorzugung zu machtpolitischer Kraftäufserung steigert. Im Gegensatz zur deutschen Reformation, welche demütige Schickung in das Gegebene lehrte, forderte der Puritanismus die Verherrlichung Gottes durch Eroberung und Umgestaltung der Welt, unter Umständen sogar „unter Zwang gegen die ziffernmäfsige Mehrheit". Dem Prinzip der Duldung wurde das Prinzip des Handelns gegenübergesetzt, der Pflicht knechtischer Unterwerfung das Recht des Widerstands gegen Gewissensbedrückung. Dulden, so meint der Puritaner, entspringt nur zu oft der Furcht vor Schwierigkeiten, also fleischlicher Erwägung; handeln verlangt tiefergreifende Selbstentäufserung, denn „der Handelnde mufs bereit sein, alles daranzusetzen" [66]. „Alles wider sich zu haben" und doch in ruhigem Gottvertrauen mitten durch Feinde und Hindernisse hindurchzuschreiten, das ist das Ideal der puritanischen Helden. Durch Gewaltmittel hat der Puritanismus drei getrennte Königreiche zu einem Grofsbritannien zusammengeschweifst; durch Gewaltmittel hat er die Grundlagen zu einem gröfseren Britannien gelegt und im Kriege das Zepter der Seeherrschaft an sich gerissen. Der revolutionäre Schwung wandte sich, nachdem er im Innern triumphiert hatte, in gewaltiger Kraftleistung nach aufsen.

Beide Gedankenreihen verschmolzen sich in Cromwell zu grandioser Einheit. Streng gegen sich selbst auch auf der Höhe der Macht, lag ihm der vornehmste Zweck der Revolution in der Freiheit, welche die Gläubigen erkämpften, Gott in ihrer Weise ohne Furcht anzubeten. Englands Ruhm war ihm „der freie Besitz der Bibel"[67]. Für dieses Ziel ward er zum handelnden Helden. Für dieses Ziel ergriff er die Alleinherrschaft, auch die Zügel der auswärtigen Politik.

Die auswärtige Politik einer Elisabeth hatte sich, insbesondere bis 1588, — entsprechend den schwachen Kräften des damaligen England — auf Defensive beschränkt. Sie erstrebte auf dem Boden friedlichen Abwartens politische Unabhängigkeit nach aufsen. „Protestantische Politik" lag ihr ebenso ferne, wie britisches Weltherrschaftsstreben. Die Seefahrten eines Drake waren private Raubzüge, an deren Gewinn die Königin sich gerne beteiligte. Aber sie selbst hielt sich im Hintergrund. Die kolonialen Erwerbungen Englands bestanden bis zur Revolution aus Gebieten, welche die stärkeren Nationen als wertlos liegen liefsen. Insbesondere erschienen die neuenglischen Siedelungen den volkswirtschaftlichen Auffassungen jener Tage als wertlos, weil sie weder Edelmetall noch tropische Produkte hervorbrachten[68].

Schwungvoller und grofszügiger war die auswärtige Politik des Commonwealth. Der Schutz und die Zusammenfassung des Protestantismus war Cromwells oft ausgesprochener und zäh verfolgter Leitgedanke[69]. In diesem idealistischen Moment lag gewifs die Gefahr unfruchtbarer Verzettelung englischer Kraft für fremde Zwecke. Hier aber brachte der Gedanke des auserwählten Volkes die Beschränkung auf praktische Ziele. Cromwell machte Menschheitspolitik als protestantische Politik, protestantische Politik aber als englische Politik. Wenn Cromwell immer ausschliefslicher englische Politik trieb, so wurde er damit seinem früheren Ideale nicht untreu; denn England war ihm der Mittelpunkt der Menschheit.

Selbst dem protestantischen Holland gegenüber hat Cromwell, nachdem der Plan einer politischen Verschmelzung gefallen war, harte Friedensbedingungen erpreſst und alle Folgerungen der Seesiege des langen Parlamentes rücksichtslos gezogen. Er zwang die Niederländer zur Anerkennung der Navigationsakte, zum Flaggengruſs vor englischen Schiffen, zum Ausschluſs des Hauses Oranien. Desgleichen hat Cromwell gemeinsam mit Schweden gegen Holland und Dänemark die Sundfreiheit durchgesetzt: die freie Schiffahrt auf dem baltischen Meere war Lebensfrage für Englands Kriegsflotte, die auf baltische Holzzufuhr angewiesen war[70]. Gegen Schluſs seines Lebens bereitete der Protektor wahrscheinlicherweise einen neuen Krieg gegen Holland vor.

Viel rücksichtsloser noch hat Cromwell gegenüber dem katholischen Spanien, dem „natürlichen Feinde" des Commonwealth, ausschlieſslich englische Interessen wahrgenommen. Wenn er dieser Macht gegenüber eine unbegrenzte Eroberungspolitik verfolgte, so flossen ihm gerade hier englisches Interesse und Menschheitsinteresse ununterscheidbar zusammen. Cromwell hat bekanntlich den Plan verfolgt, das gesamte spanische Amerika, das gröſste und wertvollste Kolonialreich jener Tage, mit Waffengewalt zu erobern. Cromwell hat schon 1653 den Niederlanden den Vorschlag gemacht, sämtliche portugiesischen und spanischen Kolonien unter sich zu verteilen. Wenn von diesen uferlosen Plänen auch nur die Erwerbung Jamaikas verwirklicht wurde, so faſste damit England nicht nur in dem reichsten Teile der damaligen Kolonialwelt Fuſs. Wichtiger noch war, daſs Cromwell als erster — für Jahrhunderte Richtung gebend — die maritimen Machtmittel des Staates zur Eroberung kolonialer Herrschaftsgebiete benutzte. Bei gewissen Richtungen der extremen Independenten erscheinen die

Welteroberungsgedanken durch eschatologische Vorstellungen in das ekstatische gesteigert — Quintomonarchisten[71].

Aber auch in anderer Beziehung war Cromwell der Vorläufer des späteren Imperialismus. Wenn unter ihm das ganze Britannien zum erstenmal durch einen einheitlichen Gedanken beherrscht war, in welchem alle Unterschiede der Herkunft und Gewohnheit verschwanden[72], so galt dies nicht nur von den drei Königreichen, sondern auch von den neuenglischen Siedelungsgebieten. Gerade mit letzteren pflegte Cromwell engste politische Verbindung auf Grund der Geistesverwandtschaft[73]. Auch in dieser Hinsicht finden sich bei ihm die Ansätze zu den gröfserbritischen Gedankengängen der späteren Zeit. Durch seine auswärtige Politik machte Cromwell England zur europäischen und übereuropäischen Grofsmacht[74].

Das „handelnde Prinzip" auf die Politik übertragend, kam der Puritanismus zu militärischer Machtentfaltung. Das lange Parlament hat das bisherige Söldnerheer, das stets zum Aufruhr bereit war, durch jene „Männer von Ehre und Religion" ersetzt, welche um einer nationalen Sache willen ihre Haut zu Markte trugen. Geschlossen und ruhig, mit streng verhaltener Leidenschaft — vielfach Psalmen singend — ritten Cromwells „Eisenseiten" gegen den Feind. Feudale Scharen zerstoben vor ihnen wie Spreu im Winde, indem sie bei gleichem Mute der gleichen Geschlossenheit und Disziplinierung entbehren. An Stelle der ritterlichen Ehre setzte der Puritanismus auch im Heerwesen die bürgerliche Pflicht, deren religiöse Untermauerung damals noch offenkundig zutage lag. So hat Cromwell das Duell nicht nur verboten, sondern auch streng bestraft, ohne der Todesverachtung seiner Leute dadurch Abbruch zu tun. Auch als die Militärherrschaft aufgerichtet war (zur Zeit der Generalmajore), hat Cromwell an der Disziplin des Heeres eisern festgehalten. Seine Soldaten zahlten, was sie verzehrten. Frauen wie

Eigentum waren vor ihnen sicher. Gewaltsam, wie sie war, war Cromwells Herrschaft nur gewaltsam innerhalb ihres Zweckes. Die Selbstzucht, welche er an sich übte, verlangte er auch von seinen Soldaten.

Auf maritimem Gebiete haben der Commonwealth und Cromwell ähnliches geleistet und damit Englands Zukunft auf das tiefgreifendste beeinflufst. Während man bisher die Seekriege vorwiegend mit armierten Kauffahrern führte, schuf England damals die „stehende Kriegsflotte". Während man früher Piraterei oder Schutz der heimischen Handelsschiffahrt als Aufgabe der Kriegsflotte betrachtete, enthüllte sich nunmehr als Ziel aller maritimen Machtentfaltung die Seeherrschaft, d. h. die Beherrschung der grofsen internationalen Verkehrsstrafsen, womit der Schutz der eigenen Kauffahrer von selbst gegeben ist. Nicht geringer waren die Neuerungen, die der Puritanismus in den inneren Zusammenhang der Flotte hineintrug. Eiserne Disziplin, aber reichliche Verpflegung der Mannschaften — die Heranbildung eines Offizierkorps aus Männern vielfach niederen Ursprungs, öfters Landoffizieren, zum Gefühl besonderer Standesehre, welche bald mit eifersüchtigem Stolz den Flaggengrufs in britischen Meeren von allen Ausländern forderten — eine Marineverwaltung, deren Ehrlichkeit und Sachkunde „nie vorher und nie nachher erreicht wurde" — hohe Löhnung der Werftarbeiter, „auf deren Schweifs nicht nur ihr eigener Lebensunterhalt, sondern die Existenz des Staates beruht", — dies sind die Erbstücke, welche der Puritanismus der „neuen Flotte" hinterliefs. Artilleristische Bestückung schwersten Kalibers, in deren Herstellung und Gebrauch England damals allen Nationen voraus war, verkündete das Aufsteigen des britischen Industriestaates. Dementsprechend eine Verschiebung des staatlichen Ausgabenbudgets, dessen Schwerpunkt von der Republik auf Flottenausgaben gelegt wurde. Keine britische Regierung hat jemals einen gröfseren Teil der

Staatsausgaben für die Flotte verwandt[75]. Unter Karl I. war man froh, wenn man jährlich zwei Linienschiffe von Stapel lassen konnte. Unter der Republik wurden sie zu zehnt auf einmal bestellt und in einem Jahre (1654) zweiundzwanzig neue Kriegsschiffe auf das Wasser gesetzt. Alles dieses zusammengenommen bedeutete einen Umschwung „wichtiger und tiefgreifender als jedes andere Ereignis in der Geschichte der britischen Kriegsflotte"[76].

So gerüstet, hat der Puritanismus das Zepter der Seeherrschaft an sich gerissen. Ein Mann, echt puritanischer Struktur, der in jedem Erfolge Gottes Hand erblickte, Robert Blake, hat die „neue Flotte" zur gefürchteten Herrscherin der Meere gemacht. Blake erschien als erster britischer Admiral gebietend im Mittelmeer; er fegte den als Reiterführer wie Seefahrer gleich kühnen Pfalzgrafen vom Meere und zwang Portugal, Spanien und Frankreich zur Anerkennung der Republik[77]. Durch regelmäfsige Geschwader fafste England damals im Mittelmeer und in Westindien festen Fufs. Mehr noch als dies: England hat Holland, die herrschende Seemacht jener Tage zum Kriege herausgefordert und überwunden. Was der Commonwealth mit kühnem Griffe errungen hatte, mufste in langem, wechselvollem Kampfe gegen Frankreich verteidigt werden. Erst Trafalgar hat Englands Seeherrschaft sichergestellt.

Eine ähnliche nationale Zusammenfassung auf **wirtschaftlichem** Gebiet. Das gesamte merkantilistische Zeitalter war von der Überzeugung durchdrungen, dafs das Ziel der wirtschaftlichen Tätigkeit nicht in dem Gewinn des Einzelunternehmers, nicht in dem gröfsten Glück der gröfsten Menge zu suchen sei, sondern in einem dem Untertanen übergeordneten, politischen Gesamtzweck. In diesem Endziel, für das die Regierung in das Wirtschaftsleben einzugreifen habe, sind sie alle einig: die Child[78], Defoe[79], Lindsay[80], Gee[81] u. a.

Dieser Gesamtzweck, in dessen Gängelbande der homo

oeconomicus noch einherschritt, war zunächst noch fiskal gefaſst und auf die Person des Monarchen zugespitzt — so unter den Stuarts, so unter dem „roi soleil". In der Welt der deutschen Kleinstaaterei galt, wie Seckendorfs „Teutscher Fürstenstaat" drastisch ausführt, als Zweck der Volkswirtschaft „fürstlicher Präminenz und Hoheit die Mittel zu seiner fürstlichen gebürlichen Unterhaltung und Ergetzlichkeit" zu verschaffen.

Erst wo die Berufsidee Fürsten wie Beamten disziplinierte, erhob sich der Mercantilismus auf seine höchste Stufe. Die Wirksamkeit Cromwells beruhte in ihrer Wucht zunächst auf einer gröſseren Ehrlichkeit und Pflichttreue des Beamtenapparates, während bisher die Bestechlichkeit der Beamten, z. B. in der Flotten- und Heeresverwaltung, bei der Erteilung von Gewerbe- und Handelsmonopolien usw., die Hand des Monarchen gelähmt hatte[82]. Aber auch der Monarch ordnete sich nunmehr einer Berufspflicht unter, zu der er sich von Gott beauftragt fühlte. Ein nationaler Gesamtzweck band Herrscher, Beamte, Nation — so wurde hier im Commonwealth das Beste des späteren Altpreuſsens vorgebildet, dessen monarchische Berufsauffassung ebenfalls auf protestantisch-reformierter Wurzel beruhte. In diesem Sinne bedeutete Cromwell den Höhepunkt der englischen Monarchie — über Elisabeth und Wilhelm III. gipfelnd. Ranke wie Gardiner datieren den ungeheuren Aufschwung der englischen Volkswirtschaft, der unter Karl II. einsetzte, von Cromwell: die Restauration erntete, was der Commonwealth gesät hatte.

Die Erlangung der Seeherrschaft war doch wohl das letzte Ziel, dem zu Liebe der englische Merkantilismus die Volksschaft gestaltete. Cunningham sagt, daſs jeder Zweig der Wirtschaftspolitik von diesem letzten Ziel berührt worden sei, so z. B. die industrielle wie die agrare Ausfuhrpolitik. Um Mannschaften für die Kriegsflotte heranzubilden, muſste die

Handelsschiffahrt rentabel gemacht und zu diesem Zweck die
Ausfuhr gefördert werden [83].

Für dieses machtpolitische Ziel aller Wirtschaftspolitik
hat man vielfach bereits die Entfesselung des Privatinter-
esses für nützlich gehalten. Zur Zeit der Elisabeth war
die Volkswirtschaft noch durchaus monopolistisch organisiert,
so der Handel in Salz, Stahl, Zinn, Stärke, Steinflaschen,
Gläsern, Branntwein, Essig usw. Der gesamte auswärtige
Handel befand sich, mit Ausnahme des Handels mit Frankreich, in der Hand von Kompagnien, welche den Zutritt mehr
oder minder erschwerten. Das Lehrlingsgesetz der Elisabeth
hat die städtischen Zünfte neu gefestigt. Der Sieg des Parlamentes bedeutete demgegenüber einen Schritt in der Richtung auf das laissez faire. Mit der Gewissensfreiheit meldete
auch die wirtschaftliche Freiheit ihre Ansprüche an. Das
17. Jahrhundert durchbrach die überlieferten Gebundenheiten
auch auf diesem Gebiet: Lohn- und Preisregulierungen ver-
fielen, ebenso wie die obrigkeitliche Aufsicht über die Qualität
der Waren. Kinder- und Frauenarbeit begannen auf dem
Boden ländlicher Hausindustrie ohne irgendwelche Organisation oder Lehrzeit um sich zu greifen. Während des
Commonwealth war der ostindische Handel tatsächlich frei-
gegeben. Immer mächtiger erhob sich im 17. Jahrhundert
der Ruf nach „Freihandel", womit man damals den un-
regulierten Handel des Einzelkaufmanns gegenüber dem
Kompagnienhandel verstand. Der Puritanismus erkannte das
Recht des Kapitalisten auf größtmöglichsten Gewinn an und
entschied im Zweifel zu seinen Gunsten. So war z. B. die
Pflicht der Tuchhändler, auch in schlechten Zeiten die Weber
zu beschäftigen, noch 1622 neu eingeschärft worden, ist aber
seitdem in Vergessenheit geraten [84].

Aber noch war der Wirtschaftsmensch kein Selbstzweck;
rücksichtslos machte sich der nationale Gesamtzweck geltend,
wo immer beide Interessen in Widerstreit traten. Ich er-

innere an hochmerkantilistische Mafsregeln Cromwells, wie das Verbot der Wollausfuhr.

Im Mittelpunkte dieser ganzen Politik aber steht die Navigationsakte — eine Mafsnahme nationaler Machtpolitik, die an Wucht und Bedeutung in der Wirtschaftsgeschichte ihresgleichen sucht. Ihr Zweck war es, nicht etwa einzelne Privatinteressen zu fördern, sondern Hollands See- und Weltherrschaft zu brechen. Nicht nur, dafs dieses Gesetz von der Restauration übernommen und weiter verschärft wurde; auch Wilhelm III. war aufser stande, die Aufhebung dieses Gesetzes zu gunsten seines Heimatlandes durchzusetzen. Die Navigationsakte hat einzelne Interessen, insbesondere die der Kolonien, schwer geschädigt; trotzdem aber hielt die englische Nation mit zäher Ausdauer an ihr fest, bis ihr Zweck — die Herstellung der britischen Seeherrschaft — völlig erreicht war. Auf dieses Gesetz wurde von den Sachverständigen des Council of Trade der Aufschwung der britischen Handelsflotte zurückgeführt, welche sich in der zweiten Hälfte des 17. Jahrhunderts an Tonnenzahl um das drei- bis vierfache vermehrte. Aber dieser wirtschaftliche Erfolg wurde von den Zeitgenossen nicht als der letzte Zweck der Navigationsakte empfunden, vielmehr wurde auf ihre machtpolitische Bedeutung aller Nachdruck gelegt. Aus diesem Grunde nannte Child sie die „magna charta maritima", indem ihr militärischer Nutzen die wirtschaftliche Schädigung einzelner Interessen weit überwiege[85].

Erst im 18. Jahrhundert begann die nationale Zweckbestimmung aller Wirtschaftspolitik zu verblassen, bei einzelnen Schriftstellern schon früher. So lehrte Dudley North schon 1691 die ganze Welt in Handelssachen als ein Land aufzufassen und Matthew Decker verfocht 1744 das „Freihafensystem", d. h. dasjenige, was das 19. Jahrhundert als Freihandel bezeichnete. Noch bei Adam Smith war die nationalpolitische Unterstimmung lebendig.

Trotz Bentham und Ricardo ist auch heute noch die Vorstellung des auserwählten Volkes und die Forderung handelnder Selbstbejahung nach aufsen nicht erstorben. Nur zeitweilig durch das Manchestertum verdeckt, arbeiten diese Gedanken in der Volksseele und gelangen in ihren grofsen Vertretern zum Durchbruch. Worin bestand das Wesen eines Cecil Rhodes anders als in der Verschmelzung jener beiden Grundgedanken? „Durchglüht vom Stolze auf seine Nationalität, wie ein Mädchen von dem Bewufstsein seiner Schönheit", so schildert Ruskin in „Praeterita" das Ideal des englischen Studenten. In der breiten Masse der Nation aber ist das Vaterlandsgefühl kein sog. Hurrahpatriotismus, der in lärmender Feststimmung zum Ausdruck kommt, sondern eine stille und selbstverständliche Unterstimmung des täglichen Lebens, dem religiösen Zentrum nahe benachbart. Keine Presse, kein Parlament, keine öffentliche Meinung ist nationaler diszipliniert als die britische. Der typische Engländer benimmt sich als Wirtschafter anders denn der homo oeconomicus: er kauft nicht im billigsten Markte, sondern der Engländer der Kolonien beim Engländer des Mutterlandes. Er bevorzugt, wenn irgend möglich, die englische Bankverbindung. Der Londoner Geldmarkt ist den politischen Feinden Englands verschlossen, wie ein Mann, der es wissen mufs, der russische Minister Witte, bestätigt [86]. Zwar sind die religiösen Unterlagen des britischen Nationalismus heute vielfach verblafst, aber noch trägt die Einordnung des Einzelnen in das nationale Ganze den Charakter eines kathegorischen Imperativs und steht Nützlichkeitserwägungen fern [87]. Sie bewährt sich gerade im Unglück.

Zu der sexuellen und nationalen Disziplinierung gesellt sich die **sozialpolitische** Erziehung, welche die britische Nation dem Puritanismus verdankt. Zwar standen auf der Höhe des Commonwealth nationale Aufgaben durchaus im Vordergrund, wenn auch schon damals Schriftsteller wie

S. Hartlieb[88] und P. Chamberlin[89] die Interessen der unteren Volksschichten wahrnahmen. Aber als der puritanische Staat zusammengebrochen war, als Genufssucht und Frivolität ihre Feste feierten, da sammelten sich die ernsteren Geister in der Gesellschaft der „Freunde".[90] Ihnen schlossen sich viele der überlebenden Wortführer der Revolution an, ein Lilburn, ein Winstanley u. a.; auch der ältere Milton stand durch seinen Freund und Vorleser Ellwood den Quäkern nahe. Von der Politik abgedrängt, übertrugen die Quäker das handelnde Prinzip des Puritanismus auf soziale Hilfstätigkeit. Sie suchten und fanden den Weg zu den Mühseligen und Beladenen und machten die christliche Nächstenliebe in dieser besonderen Anwendung zur Aufgabe ihrer Gemeinschaft[91]. Erleichtert wurde ihnen diese Arbeit durch den Reichtum, welchen sie ihrem Fleifse und ihren soliden Geschäftsgewohnheiten — feste Preise! — verdankten. Im 18. Jahrhundert fanden sich in den Reihen der Quäker hervorragende Industrielle und Bankiers; aber die Quäker galten damals nicht nur für die reichste, sondern auch die wohltätigste Sekte Englands.

Viele Fortschritte, welche später durch sozialpolitische Gesetzgebung verallgemeinert wurden, haben zuerst die Quäker in ihrem Kreise durchgeführt. So wurden 1710 Bestimmungen der Armenfürsorge für die Mitglieder der Sekte getroffen, welche den Gedanken des Unterstützungswohnsitzes vorweg nahmen. Hiermit wurde eine über das Land organisierte Arbeitsvermittlung verbunden. Desgleichen hat schon der Gründer der Quäker, G. Fox, die Erziehung der Jugend den „Freunden" an das Herz gelegt. Quäkerschulen erfreuten sich besonderer Berühmtheit zu einer Zeit, in der die grofse Masse des Volkes jedes Unterrichtes entbehrte. Der hohe Bildungsstand ihrer Mitglieder war für die Quäker um so unentbehrlicher, als sie ein geistliches Amt nicht kannten und in ihren gottesdienstlichen Zusammenkünften Jeden zu Worte kommen liefsen. Die Verfassung des Quäkerstaates Pennsylvanien enthielt die allgemeine Schulpflicht. Quäker forderten zuerst die Nationalisierung der Gesundheitspflege und ein planmäfsiges Krankenhauswesen. Quäker waren Vorkämpfer einer Reform des Strafvollzugs, indem sie die Gefängnisse ihrer Zeit als Verbrecherschulen verurteilten; sie haben diese Gefängnisse als Märtyrer ihres Glaubens in jenen Zeiten des Gewissenszwanges nur allzu häufig kennen gelernt. William Penn war es, der in diesen Bestrebungen voranging; William Allen, Elisabeth Fry und andere „Freunde" folgten.

Schon G. Fox hat die „Freunde" in Westindien aufgefordert, ihre Negersklaven als Brüder zu behandeln, sie zur Erkenntnis des Herrn zu erziehen und nach einigen Jahren des Dienstes frei zu lassen. Die ganze koloniale Befreiungsbewegung mit ihren weitreichenden Folgen geht auf Quäker zurück, in deren Kreisen schon frühe die Freiheit als allgemeines Menschenrecht proklamiert wurde. Politisch freilich waren die Quäker im 18. Jahrhundert noch entrechtet. Der parlamentarische Vorkämpfer der Negerbefreiung, Wilberforce, ist vom Methodismus ausgegangen. Es war der Erfolg seiner „Bekehrung", dafs er als einflufsreiches Parlamentsmitglied und Freund Pitts die Sache der Negersklaven 1787 aufnahm. Aus Furcht, an politischem Einflufs zu verlieren, hatte Burke diese Angelegenheit wenige Jahre zuvor fallen lassen [92].

Aber Quäker haben nicht nur für die Armen gearbeitet, sondern sie haben auch alle Bestrebungen der Arbeiterselbsthilfe gefördert, sobald mit dem industriellen Fortschritt die Arbeiter zur selbständigen Klassenbewegung erwachten. Ein Quäker prophezeihte die Umwälzung, welche das Genossenschaftswesen in die wirtschaftliche Welt hineinzutragen berufen ist. Quäker spielten unter Oweniten und Chartisten hervorragende Rollen. Ein Quäker war es, welcher die Mehrwertslehre nicht nur gedacht, sondern auch im Interesse der arbeitenden Klassen verwendet hat: John Bellers, 1654 bis 1724. Dieser höchst merkwürdige Freund William Penns wird von Karl Marx reichlich zitiert und hat die Grundgedanken des Marxismus beeinflufst[93]. Quäkerischer Geist hat, weit über die Kreise der Sekte hinaus, an der sozialpolitischen Erziehung des englischen Volkes wirkungsvoll gearbeitet.

So stehen die Väter der englischen Arbeiterschutzgesetzgebung durchaus auf dem Boden religiös untermauerter Sozialpolitik. Ich denke an den älteren Peel, an Richard Oastler und John Fielden, an den Grafen von Shaftesbury, an jene Männer alle, denen England die gesetzliche Durchführung des Zehnstundentages für Arbeiterinnen schon in den vierziger Jahren des 19. Jahrhunderts verdankte — eine Reform, auf welche wir in Deutschland zu Beginn des 20. Jahrhunderts noch warten.

Wichtiger aber als dies: die Idee des allgemeinen Priestertums und der christlichen Autonomie — diese angelsächsische Form der Religiosität — erleichterte die Anerkennung der Arbeiter als gleichberechtigter Staatsbürger und Arbeitsverkäufer. Wo der Einzelne seinem Gott allein ohne Patron und Mittler gegenübersteht, in einer solchen Welt ist auch patriarchalische Sozialpolitik innerlich unwahr und daher frühzeitig abgestreift worden. In der religiösen Selbsthilfe durch Sekten war die wirtschaftliche Selbsthilfe durch Gewerkvereine bereits vorgebildet.

Auf dieser Grundlage hob das 19. Jahrhundert den Arbeiter zum Gefühl des civis romanus sum[94]. Welches Machtmittel aber bedeutet diese nationale Geschlossenheit für eine Nation, welcher nunmehr auf breiter demokratischer Basis Weltpolitik zu treiben vergönnt ist! Der südafrikanische Krieg war — entgegen der Stellungnahme zahlreicher Gewerkschaftsführer — getragen von dem Willen und der begeisterten Zustimmung der Arbeitermassen. Nirgends war die nationale Erregung, die das Jameson-Telegramm des deutschen Kaisers auslöste, tiefgreifender als unter den „Baumwollhänden" Lancashires, welche 50 Jahre zuvor dem sozialrevolutionären Chartismus zugejubelt und alle nationalen Fragen für ein Interesse der ausbeutenden Kapitalisten erklärt hatten.

Fassen wir zusammen: Die Überlegenheit des angelsächsischen Typus beruht auf kapitalistischer, sexueller, nationaler und sozialer Disziplinierung. Der religiöse Faktor war es, welcher diese Kulturarbeit verrichtete und welcher den stärkeren Staat, von dem wir oben ausgingen, innerlich verankerte. Um so wichtiger ist es, festzustellen, dafs die Weltanschauungsgrundlage der angelsächsischen Kultur keineswegs auf die Dauer gesichert ist. Ihre Religiosität bewegt sich im wesentlichen in den Bahnen der altüberlieferten Dogmatik, d. h. der griechischen Philosophie, deren Gängelbande der menschliche Geist längst entwachsen ist[95]. Sie enthält eine ausführliche Lehre vom Jenseits, welche dem modernen Menschen früher oder später unglaublich und, was schlimmer ist, uninteressant wird. Diese Religiosität ist durchwachsen vom Wunderglauben und klammert sich an die wörtliche Inspiration der Bibel[96]. Solche Anschauungen waren der Vorzeit unanstöfsig; sie werden unhaltbar, je mehr eine kausale Natur- und Geschichtsbetrachtung an Boden gewinnt. Die angelsächsische Religiosität befindet sich in einem Alterszustand, in welchem sie die Anpassungsfähigkeit an die Fortschritte des wissenschaftlichen Geistes verloren hat. Sie ist in ihrer überlieferten Form der Aufklärung gegenüber wehrlos und mufs — wie zurückhaltend auch die englischen Aufklärer sein mögen — früher oder später in sich zusammenbrechen[97]. An ihre Stelle hat England in eigenständiger Entwicklung nichts anderes zu setzen, als jene von der Aufklärung ausgearbeitete naturalistische Weltanschauung, welche in der mathematisch-mechanischen Naturerklärung das „Welträtsel" gelöst zu haben glaubt.

Auf den Boden dieser Auffassung können ethische und

politische Bindungen der Vorzeit zwar mit hinübergenommen werden, aber sie müssen im fremden Erdreich allmählich verkümmern [98]. Aus sich heraus aber ist der Naturalismus unfähig, ethische Neubildungen zu erzeugen; denn folgerichtigerweise ist für ihn alles Sein gleich notwendig und gleich wertvoll, indem die gleichen mathematischen Gesetze alles Geschehen beherrschen.

Hier liegt die tiefste Gefahr der englischen Zukunft, nicht in amerikanischen Trusts und deutschem Flottenbau. Hier gähnt die unüberbrückte Kluft, die ihr Geistesleben zerschneidet. Die englische Nation führt in ethischer Beziehung ein Rentnerdasein, wenn auch das Dasein des reichsten Erben der Welt. Diese Tatsache wird dadurch dem oberflächlichen Blick verhüllt, daſs das Räderwerk menschlicher Motivation noch Generationen hindurch fortläuft, auch wenn die treibende Kraft im Innern allmählich erstarrt.

Besonders deutlich zeigt sich dies auf sozialem Gebiet. Ohne religiöse Grundlage schwebt das Gefühl sozialer Verantwortlichkeit in der Luft. Denn die Natur verdammt den Schwachen zur Vernichtung. Nur derjenige kann vernünftigerweise an der Hebung der Armen und der Befreiung der Entrechteten arbeiten, der an einen absoluten Wert der menschlichen Seele glaubt — an einen Wert, der selbst in Fällen gröſster Verwahrlosung aus den Schlacken des Irdischen herauszuarbeiten ist.

Werfen wir einen vergleichenden Blick auf **Deutschland**. Deutschland verfügt über ein geringeres ethischpolitisches Erbteil als England.

Das Luthertum nahm in wirtschaftlichen Dingen den standesgemäſsen Zuschnitt einer überwiegend agraren Gesellschaft als gottgewollt hin und predigte Bescheidung in kleinbürgerliche Ärmlichkeit. In sexueller Hinsicht verteidigte es die Ehe als Heilmittel gegen die sonst nicht zu überwindende Unzucht. Es war nicht ohne Bedeutung, daſs die wichtigste Dynastie Deutschlands, die Hohenzollern, zum reformierten Bekenntnis übertrat und sich damit dem Einfluſs der Sittenlosigkeit entzog, welche sich an den lutherischen Höfen vielfach breit machte. In politischer Beziehung vertrat das Luthertum Duldung kleinstaatlicher Misere. Es lieferte dem Fürsten als dem membrum praecipuum wichtige kirchliche Funktionen aus. In sozialer Hinsicht war es steril und erst der Pietismus brachte hier einen Fortschritt. Die deutsche Reformation hatte die religiöse Freiheit des einzelnen Gläubigen unverwirklicht gelassen: cuius regio, eius religio. Daher ist es dem deutschen Empfinden später schwer geworden, die sozialpolitische Freiheit des Arbeiters anzuerkennen. Gerade in den Kreisen der protestantischen Frömmigkeit hielt man lange die patriarchalische Gönnermiene fest, mit der man Wohltaten spendet. Die gewerkschaftliche Selbsthilfe des Arbeiters hat in den Kreisen des deutschen Katholizismus vielfach leichtere Anerkennung gefunden. Alles dies bleibt richtig, auch wenn man die Bedeutung Luthers weit über das Luthertum stellt; denn nicht Luther, sondern das Luthertum prägte zunächst Deutschland [99].

Auf der anderen Seite setzte erst im 19. Jahrhundert die Aufklärung in Deutschland voll ein und hat sich breiter verflacht als in England. Die mechanische Naturerklärung, die Ablehnung aller Wunder, sodann auf dem Boden der historischen Wissenschaft die kritische Prüfung der Bibel und ihres Inhaltes — das alles ist weithin Gemeingut und hat die alte Form des Christentums breitesten Kreisen zur Unmöglichkeit gemacht. Insbesondere verhält sich die bürgerliche Bildung gegenüber diesem Erbstück der Vergangenheit überwiegend ablehnend. Weit eifriger als in England sind in Deutschland die Naturwissenschaftler — meist Vorkantianer in der Art Häckels — an der Arbeit, die mechanische Naturerklärung zur Weltanschauung zu steigern. Willig folgt ihnen die kapitalistische Oberschicht wie die klassenbewuſste

Arbeiterschaft. Das deutsche Volk ist „wissenschaftlicher" als das englische. In vielen Arbeiterhäusern und sogar in manchen Bauernhäusern treten, wie ich aus Beobachtung weiſs, Häckels „Welträtsel" an die Stelle der Bibel.

Es wiederholen sich damit die wunderlichen Versuche, aus dem ewig und überall gleich notwendigen Sein der Natur Wertunterschiede herauszudestillieren und auf Naturwissenschaft eine Ethik und Politik aufzubauen [100]. Aber längst ist die Haltlosigkeit aller Sollsätze auf solcher Grundlage in weitesten Kreisen durchschaut. Die alten Bindungen sinken krachend in den Staub. Um so üppiger wuchern Genuſssucht und Streberei, grobes und ästhetisierendes Epikuräertum, engstes Selbst- und Klasseninteresse. Um so weiter dehnt sich der Flugsand der Indifferenz, allen Kulturwerten ein gemeinsames Grab bereitend. Unsere sog. „Kultur" gleicht einem riesigen Trümmerfelde, auf dem einige Säulen noch ragen, auch diese brüchig und tief gespalten. Gewiſs, wir sind den Engländern herrlich weit „voran"!

Und doch sind wir den Engländern voran. Auf deutschem Boden war es, daſs die Grundlinien jenes allumfassenden Gebäudes gedacht wurden, welches im stande ist, dem suchenden Menschengeiste eine Wohnstätte zu gewähren. Aus deutschen Gewässern tauchte jenes Felseneiland auf, auf dem eine Kulturwelt neu gegründet werden kann. Der deutsche Idealismus war es, welcher Puritanertum und Aufklärung dadurch überwand, daſs er sie beide zu höherer Einheit emporführte. Er sicherte auf der einen Seite die mathematisch-kausale Naturbetrachtung ganz anders, als es je der naive Empirismus vermocht hätte, der gegen spiritistische und ähnliche Einwendungen grundsätzlich machtlos ist. In den „gebildeten" Kreisen der angelsächsischen Welt schieſst heute mit dem Verfall der religiösen Gegebenheiten Spuk und Geistersehereiüppig in das Kraut. Für den deutschen Idealismus ist das Wunder nicht nur unglaublich; der Wunderglaube ist pflichtwidrig, weil er mit der Allgemeingültigkeit der Naturgesetze das Kulturgut Naturwissenschaft in Frage stellt. Aber indem er das kathegoriale Denken als die Voraussetzung aller Wissenschaft feststellte, wies der deutsche Idealismus auf die überempirische Grundlage des menschlichen Daseins hin und rettete jene Welt der Werte, welcher der Puritanismus in grofsartiger Einseitigkeit gedient hatte.

Niemand war sich dieser Zusammenhänge bewufster als Carlyle, von dem viele Deutsche erst wieder zum Verständnis ihrer eigenen Geisteshelden geführt worden sind. Im deutschen Idealismus verehrten Carlyle und Emerson den „Anfang einer neuen Offenbarung des Göttlichen"[101]. Wo immer wahrhaft moderne Religiosität mit wahrhaft moderner Wissenschaft einen Ausgleich sucht, kann dies auch auf angelsächsischem Boden heute nur durch Einkehr bei deutschen Denkern geschehen[102].

Noch ist die Menschheit jung und nicht auf der Höhe ihrer Kulturleistung. Wir vertrauen, dafs jenes Gebäude errichtet werden wird, dessen Grundrifs der deutsche Idealismus in kühner Voraussicht entwarf. Werden Deutsche oder Angelsachsen es bewohnen? Die zwei Dinge, welche Kants Gemüt mit immer zunehmender Bewunderung erfüllten, sind nicht nur auf der stillen Promenade zu Königsberg wahrnehmbar; sie leuchten unverrückbar auch über dem Getriebe von Charing Crofs und den Wolkenkratzern von Wall Street. In der philosophischen Welt Englands ist H. Spencer „tot" und unter der Führung Bradley's eine idealistische Richtung im Aufsteigen[103].

Hüten wir Deutsche uns vor dem Wahne, die Erbpächter des Idealismus zu sein! In Weltanschauungsfragen mufs jedes Geschlecht neu erwerben, um zu besitzen. Schon einmal wurden deutsche Gedanken, die auf deutschem Boden verkümmerten, von England übernommen und im Puritanismus zum unvergleichlichen Siege geführt. Als Denkmal dieses Sieges ragt noch heute — Länder und Zeiten überschattend — der Kolofs der britischen Weltmacht.

I. Kapitel.
Neubritischer Imperialismus.

I. Grundgedanken.

Aufklärung und Idealismus — Bentham und Carlyle — Ricardo und Ruskin — Cobden und Cecil Rhodes — Manchestertum und Imperialismus: dies sind die Gegensätze, in denen sich das politische und volkswirtschaftliche Denken des englischen Volkes im 19. Jahrhundert bewegt.

Das Manchestertum ist der jüngste und höchste Sproſs am Baume der englischen Aufklärung. Seine Grundgedanken lassen sich in folgenden Sätzen zusammenfassen: das Ziel des menschlichen Lebens ist der Höchstbetrag an „Glück" — ein Satz, in welchem diese individualistischen Aufklärer mit den sozialistischen Aufklärern unserer Tage übereinstimmen. Aber das Manchestertum denkt kapitalistisch: Glück ist ihm gleich Reichtum — gleich günstiger Buchbilanz. Das Manchestertum ist die Lehre des wirtschaftlich Starken: Mittel zur Erreichung seines Zieles ist ihm die freie Konkurrenz, die Beseitigung aller politischen und ideellen Faktoren aus dem Wirtschaftsleben und damit dem menschlichen Leben überhaupt. Folgerichtigerweise fordert das Manchestertum Beseitigung alles staatlichen Eingriffs auch im internationalen Güterverkehr, also Freihandel. Es predigt den grundsätzlichen Verzicht auf alle auswärtige Politik: veraltetes Diplomaten- und Soldatengezänk, stört dieselbe den Kaufmann, den Mann der Neuzeit. Das Manchestertum verlangt Loslösung der Kolonien von den Mutterländern, so bald die Kolonien es wünschen oder sobald sie den Mutterländern, rein fiskal betrachtet, nicht mehr rentieren.

So bekämpfte Cobden, der reinste Typus dieser Richtung, den von einer liberalen Regierung geführten Krimkrieg, gegen welchen er in erster Linie die enormen Kosten geltend machte. Cobdens Einfluſs zeigte sich nach John Morley in der Folgezeit darin, daſs England sich tatsächlich während mehrerer Jahrzehnte bewaffneten Eingriffs in auswärtige Händel enthielt, insbesondere den damals so unruhigen Kontinent sich selbst überlieſs. Ein Hauptvorteil des Freihandels bestand für Cobden darin, daſs er die Bande lockere, welche das britische Reich zusammenhielten. Dieses Reich bedeutete für Cobden lediglich eine finanzielle Belastung der englischen Steuerzahler zu gunsten aristokratischer Ruhmsucht und Rauflust. Cobden erklärte Englands Seeherrschaft für eine „Anmaſsung", den Besitz Gibraltars als ein „Beispiel brutaler Gewalt, welches durch keine Entschuldigung gemildert werde" und welches „voraussichtlich noch viel Geld kosten" würde. Für Cobden war die indische Herrschaft „eine schlechthin hoffnungslose Aufgabe", welche „weder zum Vorteil Indiens noch Englands gelöst werden" könne, „ein Abenteuer ohne jede Verbindung mit den Grundsätzen des Freihandels, welches nur zu Verwirrung, Enttäuschung, ja Verbrechen führen" könne. Cobden begrüſste die Federation der kanadischen Provinzen als den ersten Schritt zu „einer freundschaftlichen Ehescheidung" von England. Cobden fürchtete siegreiche Kriege eben so sehr wie Niederlagen, „weil man dann lebenslänglich vor Generalen den Hut abnehmen müsse". Cobden verlangte einseitige Verminderung der britischen Armee und Flotte, als den ersten Schritt zu internationaler Abrüstung. Als ihm die Gefahr einer Landung französischer Streitkräfte entgegengehalten wurde, rief Cobden aus: „Sind die Franzosen denn Diebe, Gauner und Mörder?" Cobden erklärte einen Krieg erst dann für berechtigt, wenn ein Teil des Staatsgebietes bereits von Feinden besetzt sei und glaubte in diesem Falle mit einer improvisierten Armee von Fabrikarbeitern jedem Angreifer den Garaus machen zu können [104].

Den Hintergrund dieser Anschauungen bildete bei Cobden jene einseitige Wertschätzung des Wirtschaftslebens und jene Weltanschauung naiver Diesseitigkeit, wie sie von der englischen Aufklärung ausgearbeitet war und bereits in Bentham und Ricardo lebte. Der Wirtschaftsmensch erscheint hier auf den Thron gesetzt. Er ist das Ziel, dem alles Menschendasein zustrebt; er ist zugleich, wenn man ihn nur ungehindert gewähren läfst, das Mittel seiner eigenen Verwirklichung.

Freilich klangen gerade in England die religiösen Unterstimmungen noch lange Zeit hörbar mit. Man denke an die Behauptung, dafs die rücksichtslose Wahrnehmung des Einzelinteresses zur Harmonie der Interessen aller oder doch der Mehrzahl führen werde. Diese Behauptung war nur dann keine Ungeheuerlichkeit, wenn sie, wie noch bei Adam Smith, theistisch fundiert war. „Indem der Reiche seinen eitlen und unersättlichen Begierden folgt, wird er durch eine unsichtbare Hand geleitet und befördert, ohne es zu wissen, das Interesse der Gesellschaft." Die menschlichen Instinkte arbeiten „ohne irgend welches Bewufstsein der wohltätigen Zwecke, welche der grofse Leiter der Natur mit ihnen hervorzubringen beabsichtigt"[105]. In John Bright, dem ersten Sektierer, welcher seit der Restauration zu einem leitenden Staatsamt aufstieg, verbanden sich Quäkertum und Manchestertum zu geschlossener Einheit. In seinem Munde hatte das „Friede und guter Wille unter den Völkern" einen biblischen Klang, welcher dem Weltmann Lord Palmerston mehr als einmal höchst unbequem in die Ohren dröhnte. Brights Widerwille gegen den Krieg baute sich auf dem vielleicht zukunftsvollen Gedanken auf, daſs die Beziehungen der Völker untereinander ethischer Gestaltung fähig seien; hierzu trat jedoch die völlig aus der Luft gegriffene Annahme, daſs diese Grundsätze einer künftigen internationalen Ethik dieselben seien, wie die der Staatsbürger im friedlichen Verkehr untereinander. Dahinter stand der durchaus orthodoxe Gedanke, daſs das Evangelium für alle Verhältnisse — private wie öffentliche — und für alle Zeiten einen festliegenden Sittenkodex enthalte[106]. Die geistige Welt eines Gladstone zeigte eine durchaus ähnliche Struktur. Das einzige, worin dieser an Wandlungen so reiche Staatsmann sich während seines Lebens treu blieb, war der Glaube an das Dogma seiner Kirche. „Das tief innerliche Sehnen nach Gerechtigkeit, das seiner religiösen Grundanschauung entsprang", war der Lebensnerv von Gladstones Finanzpolitik[107].

Dagegen wird man doch wohl sagen dürfen, daſs diese religiösen Beziehungen des Manchestertums bei den meisten seiner Anhänger verblaſst oder gänzlich abgestorben waren. Ihrer groſsen Mehrzahl nach standen die Manchesterleute auf dem Boden einer naturalistischen Weltanschauung. Trotzdem appellierten sie an die Ideale der Menschlichkeit und Gerechtigkeit, obgleich diese letzteren auf naturalistischem Boden ein exotisches Dasein führen. Denn die Natur enthält kein Recht auf individuelle Freiheit und demokratische Gleichheit. Aber gerade diese Inkonsequenz gab jenen Bestrebungen die Schwungkraft. Die Manchesterleute von gestern glichen hierin den Sozialisten von heute, deren Ideale auf dem Boden einer rein naturwissenschaftlichen Weltanschauung sinnlos sind. Wie der Löwe und das Lamm des Apokalyptikers schlummern die unversöhnlichsten Gegensätze des Denkens in beiden Fällen friedlich nebeneinander; es dauert Jahrzehnte, bis eine solche unwahre Zusammenkoppelung von Gedanken auseinandergesprengt wird[108].

Für die Zeitgenossen dagegen zeigte die Manchesterlehre

eine wunderbare Geschlossenheit. Nicht so die Manchesterpolitik. Die orthodoxe Lehre wurde nämlich dort vor allem ins Leben überführt, wo sie mit den britischen Interessen übereinstimmte. Der gesunde Menschenverstand der Parlamentswähler lehnte dagegen die extremen Einseitigkeiten der Lehre dort ab, wo sie den britischen Interessen widersprach. Bezeichnend hierfür war die Niederlage Brights gegen Palmerston bei den Wahlen unmittelbar nach Beendigung des Krimkrieges. Weit entfernt, den Staat aus dem Wirtschaftsleben zu beseitigen, hat England nach aufsen niemals auf die Anwendung politischer Machtmittel verzichtet: 1840 bis 1842 führte es den berüchtigten Opiumkrieg gegen China. 1856 verteidigte es auf dem Pariser Kongrefs das Recht der Kaperei. In der Freihandelsära hat es seine Flottenausgaben stark gesteigert (1837 —3 sh 3 d, 1890 —10 sh pro Kopf der Bevölkerung). Von 1866 bis gegen Ausgang des Jahrhunderts hat es sein koloniales Herrschaftsgebiet an Fläche mehr als verdoppelt.

Wo dagegen die Manchesterpolitik durchdrang, handelte es sich im wesentlichen um die Fortführung bereits vorhandener Tendenzen. Schon im 17. und 18. Jahrhundert hatte der wirtschaftliche Individualismus ein breites Feld in England erobert. Die englische Grofsindustrie war privatem Unternehmungsgeiste entsprungen, zu einer Zeit, da auf dem Festlande Staatsmanufakturen und gewerbliche Reglements in Blüte standen. Private Kapitalisten errichteten und leiteten die Bank von England, und ein Verein von Rhedern besorgte in Trinity House die Einrichtung der Leuchthäuser und die Anstellung der Lotsen.

Hierzu fügte die Manchesterpolitik den Freihandel. Dafs diese Reform zuerst wohltätig gewirkt und Englands Stellung als Mittelpunkt des Welthandels gestärkt hat, dürfte auch von denen nicht bestritten werden, welche heute den Freihandel als überlebt ansehen. Auch ermöglichte der Freihandel erst jenen Ausbau des englischen Steuersystems, das sich gerade in Zeiten politischer Krisen als Machtmittel ersten Ranges bewährte. Ich denke an die Verbindung von Einkommen- und Erbschaftssteuern mit Verbrauchssteuern auf Gegenstände des Massenluxus (Branntwein, Tabak, Bier, Tee) und an die fortlaufende Schuldentilgung in Friedenszeiten. In seiner berühmten Budgetrede von 1853 hat Gladstone selbst auf die Einkommensteuer als Kriegssteuer hingewiesen.

Das Ergebnis der Gladstoneschen Finanzpolitik trat neuerdings in der Leichtigkeit zutage, mit welcher der südafrikanische Krieg finanziert wurde. Von nahezu 4 1/2 Milliarden Mark Kriegsausgaben hat England etwa 1/3 durch Steuern, 2/3 durch Anleihen (zunächst schwebende, später fundierte) aufgebracht. Das englische Steuersystem bewies eine aufserordentliche Elastizität, welche vor allem in der Beweglichkeit der Einkommensteuer ihren Grund hatte. In vier Jahren wurde der Ertrag dieser Steuer von 367,2 auf 797,5 Millionen Mark pro Jahr gesteigert. Sodann hatte England in Friedenszeiten nur wenige indirekte Steuern gehabt und das Lebensminimum des Volkes frei gelassen; es konnte also für Kriegszwecke ertragsreiche Verbrauchssteuern neu einführen, insbesondere die Zuckersteuer. Endlich erwies sich der englische Kredit infolge der regelmäfsigen Schuldentilgung in Friedenszeiten kräftig genug, um trotz niedrigsten Zinsversprechens englisches und ausländisches Leihkapital reichlich anzulocken. Die ganze Stärke der englischen Finanz zeigt folgender Vergleich: 1901 emittierte England eine 2 3/4 % (von April 1903 an 2 1/2 %) Kriegsanleihe von 1200 Millionen Mark zum Kurse von 94 1/2; um dieselbe Zeit konnte das deutsche Reich eine 3 prozentige Anleihe von 300 Millionen Mark nur zum Kurse von 87 1/2 unterbringen, obgleich Deutschland sich vollsten Friedens erfreute [109].

In der Kolonialpolitik hat England die strenge

Manchesterlehre nur dort befolgt, wo sie den britischen Interessen angepaſst war. „Spanisch-Amerika frei und, wenn wir unsere Angelegenheiten nicht sehr schlecht führen, englisch." (Canning). Dagegen gab England, trotz Cobdens, seine eigenen Kolonien keineswegs auf. Der leitende liberale Staatsmann jener Tage, Lord John Russell, mochte die Meinung seiner Partei zum Ausdruck bringen, wenn er die Zeit der Loslösung für noch nicht gekommen erklärte. England habe inzwischen alles zu tun, um die Kolonien zur Selbstregierung zu erziehen[110]. In der Tat verzichtete England unter dem Einflusse der Manchesterlehre auf die bisherige Auffassung, welche in den Kolonien nutzbaren Besitz erblickte. Noch Sir Robert Peel hatte gesagt: „In jeder unserer Kolonien besitzen wir ein zweites Irland." Nunmehr gründete England die Beziehungen zu seinen überseeischen Siedlern auf Freiwilligkeit und gab ihnen parlamentarische Verfassungen. Damit wurden die Manchesterleute — ohne es zu wollen — Neubegründer des britischen Reiches, welches durch Rotröcke nicht zusammenzuhalten gewesen wäre.

Besonders charakteristisch hierfür ist die Entwicklung Kanadas, welches sich 1837 in vollem Aufruhr befand, 1840 eine repräsentative Verfassung erhielt, nach welcher die Minister von der Mehrheit des Parlamentes abhängig sind. Der Gouverneur, Lord Elgin, ein peinlich konstitutioneller Monarch, fand schon damals Worte, welche weit über die manchesterliche Kolonialpolitik hinausgingen: volle Reife und volle Selbstregierung der Kolonien sei durchaus vereinbar mit der freiwilligen Aufrechterhaltung des Reichsverbandes[111]. Auch die Reformen eines Lord Ripon in Indien waren undenkbar ohne die unermüdliche Kritik, welche ein John Bright an der indischen Verwaltung seiner Tage geübt hatte.

Aber sowohl Manchesterlehre als Manchesterpolitik, wie wir sie soeben geschildert haben, gehören heute der Vergangenheit an. An ihre Stelle trat — eingeleitet durch eine Ära zunehmenden Staatseingriffs in die innerstaatlichen Wirtschaftsverhältnisse — der nach aufsen gerichtete Imperialismus. Dieser **neubritische Imperialismus** unterscheidet sich von den früheren Weltherrschaftsbestrebungen Englands dadurch, dafs er auf demokratischer Grundlage ruht. Er ist hierdurch eben so scharf vom merkantilistischen Zeitalter geschieden, wie von dem aristokratischen Parlamentarismus des 18. Jahrhunderts.

Wenden wir uns zunächst zu der **Stimmungsgrundlage** des neubritischen Imperialismus.

England war, wie Kant mit Recht bemerkt hatte, die „kriegerregendste" aller europäischen Nationen gewesen. Nahezu 200 Jahre fast ununterbrochener Kriege gingen zu Ende, als der Freihandel zur Herrschaft aufstieg. Ist es denkbar, dafs die Predigten der Nichteinmischungspolitiker eine grofsartige Tradition der Eroberung und der Weltherrschaft in wenigen Jahren hätten hinwegwischen können? Man liefs sich diese Predigten gern gefallen, so lange sie dem britischen Interesse entsprachen. Aber unter der dünnen Oberschicht des Manchestertums lebte der alte politischmilitärische Geist fort. Der Durchschnittsengländer hat niemals seine Beziehungen zum Weltreich ausschliefslich nach den Grundsätzen der doppelten Buchführung gewertet. Für ihn handelt es sich um ein gottgewolltes Herrschaftsverhältnis, das, abgesehen von seinem wirtschaftlichen Nutzen, etwas wert ist [112]. Mit diesen alten Überlieferungen verflossen Stimmungen ganz anderer und neuer Art.

Die breite Masse des englischen Volkes ist Industrievolk und lebt eng zusammengedrängt in häfslichen und rauchgeschwärzten Städten. Landschaft und Landleben sind ein Luxus der Wenigen. Daher jener sehnsüchtige Zug nach dem Lande und der Natur, welcher das ganze englische Volk durchzieht, jene Stimmung, welcher Landleben und Landbesitz als das höchste Ziel alles irdischen Strebens erscheint. Schon mitten in der Blütezeit des Manchestertums war Wakefield ein Vorläufer dieser Auffassung: als bestes Heilmittel der sozialen Not der Heimat empfahl er Auswanderung in die kolonialen Neuländer und kam damit zu einer hohen Wertschätzung des britischen Kolonialbesitzes. Ist es möglich, ruft Froude aus, dafs die Mehrzahl eines weltbeherrschenden Volkes in Städten wie Birmingham und Glasgow aufwächst, und, durch die Peitsche des Hungers getrieben, ewig Hemden und Röcke für andere Völker herstellt? Was liegt näher, als in den breiten, jungfräulichen Flächen der Kolonien die Natur zu suchen, welche der Grofsgrundbesitz und das Fideikommifs in der Heimat dem Engländer verschliefsen? Dort winkt die eigene Scholle, der eigene Herd, dort die unbeschränkte Natur. Kipling hat dieser Stimmung einen prächtigen Ausdruck verliehen. In dem Gedichte „the Native born" trinkt er mit den kolonialen Genossen auf die weite baumlose Ebene, den Staub unbeschlagener Hufe, die meilenlange Pflugfurche, das Volk mit einem Landbesitz von Millionen Acres; er trinkt auf die Männer mit fünf Fleischmahlzeiten am Tag und auf die hohen, tiefbusigen Weiber mit neun und zehn Kindern[113].

Mit diesen Stimmungen vermischten sich abermals andere Einflüsse. Ein scharfer Luftzug, der vom Festlande herüberwehte, kräftigte seit den 60. und 70. Jahren die zarte Pflanze des Imperialismus. Das nationale Prinzip gestaltete das alte Europa um. Die Gründung des deutschen Reiches — eine politische Tat — war augenscheinlich die Grundlage für den wirtschaftlichen Aufschwung, welcher Neu-Deutschland emportrug. Damals überschattete der Bismarcksche Kolofs Europa: ein lebendiger Einwand gegen die Lehre vom homo oeconomicus. Diese Tatsachen wiesen England zur nationalen Selbstbesinnung und zur Pflege seiner politischen Machtmittel.

Freilich hatte die Sache auch ihre Kehrseite. Auch wir in

Deutschland kennen jene Übermenschlein, die Bismarck ewig im Munde führen: blinde Verherrlicher des Erfolgs ohne Verständnis für die sittliche Grundlage aller politischen Macht, für welche Bismarck nicht blind war. „Realpolitiker" nennen sie sich und belächeln den Idealismus ihrer Väter und Grofsväter. Auch in England erstand neben den Männern der Volksfreiheit und des sozialen Fortschritts, welche bisher die besten Bestrebungen der Nation verkörpert hatten, ein neuer Typus, „halb Börsenjobber, halb Seeräuber", wie Brentano gesagt hat [114].

Aber es wäre ungerecht, wollten wir die gewaltige Bewegung des neuzeitigen Imperialismus nach solchen Auswüchsen beurteilen. Ja wir werden ihr nicht gerecht, wenn wir sie lediglich auf veränderte Stimmungen zurückführen. Wieder einmal hat die Volksseele — von der Tiefe aufwogend — die dünne Oberschicht der Aufklärung durchbrochen. Wieder einmal war es ein an religiösen Quellen genährter Geist, welcher der Gewinn- und Verlustphilosophie überwirtschaftliche Ideale entgegensetzte. Carlyle ist der Vater der imperialistischen Gedankenwelt. Carlyle aber war seiner leiblichen, wie seiner geistigen Abstammung nach ein Puritaner [115].

Ein wahrer und selbständiger Geist, welchem die Weltanschauungsfrage die wichtigste Angelegenheit des Menschen erschien, hat Carlyle die Aufklärung zunächst voll in sich aufgenommen und bei seiner mathematischen Veranlagung von der naturalistischen Weltanschauung tiefen Eindruck empfangen. Aber für Carlyle war Denken und Handeln eine unzertrennliche Einheit. Carlyle hat die Unvereinbarkeit der Aufklärung mit dem Bestande sittlicher und politischer Ideale, den er nicht aufgeben wollte, tief innerlich erlebt. Unter schwersten Kämpfen und durch gewaltigen Entschlufs ist er der Aufklärung Herr geworden. Darin aber besteht Carlyles einzigartige Stellung in der englischen Geistesgeschichte dafs er seine „Bekehrung" nicht mehr mit den Formeln der alten Kirchenlehre, sondern durch die Gedanken des deutschen Idealismus zum Ausdruck brachte, zu dem ihm Novalis ein Wegweiser gewesen war. Insofern wären die Formen, in die er das Denken der Besten seines Volkes prägte, „made in Germany", wenn Kant und Fichte, Goethe und Schiller nicht der Menschheit angehörten. Als Keimpunkt des kommenden Imperialismus scheinen mir folgende Leitsätze Carlyles in Betracht zu kommen:

1. Die klassische Nationalökonomie hatte die individuellen Unterschiede der Menschen vernachlässigt — aus methodologischen Gründen so lange mit Recht, als sie Naturwissenschaft und nicht Weltanschauung sein wollte. Carlyle war demgegenüber ein durchaus historisch denkender Geist, welchen das einmalige Kulturphänomen interessierte. Dem Wirtschaftsatom gegenüber betonte Carlyle die starke einzigartige Persönlichkeit, welche, um innere Ideale zu verwirklichen, selbstätig in das äufsere Leben der Menschheit eingreift. Er wies auf den „Helden", der die Geschicke seines Volkes umbiegt, ja neu gestaltet. Damit trat für Carlyle **der politische und geistesgeschichtliche Faktor** in den Vordergrund auch der Volkswirtschaft.

2. Die äufsere Natur ist dem Menschen zur Bearbeitung, „Kultivierung", gegeben. Raum und Zeit sind „Saatfeld" für den menschlichen Geist, oder, um mit Fichte zu reden, dem Carlyle viel verdankt, „der Gegenstand der Pflichterfüllung". Für den Engländer ist dieses Saatfeld der weite und unberührte Raum seiner **Kolonien**. Eine Bevölkerungsfrage existiert so lange nicht, bis diese unermefslichen Flächen urbar gemacht worden sind.

3. Über dem Einzelnen steht die **Nation**. Der nationale Zusammenhang beruht nicht auf Berechnung von Gewinn und Verlust. Fragt Middlesex, ob Surrey rentiere? Ähnlich ist England mit dem „**Allsachsentum**" über

See durch gemeinsame Sprache, Geschichte, Kulturideale verbunden — nicht nur durch Interesse, sondern durch Gefühl und Willen.

4. Die stärkere Nation hat nicht nur das Recht, sondern sogar die Pflicht, die schwächeren Völker teils zu beherrschen, teils zu verdrängen. Sie ist in letzter Linie geschickter zu jener Urbarmachung der Welt, welche die Aufgabe des Menschengeschlechts darstellt. Der Farbige ist vom Europäer zur Kulturarbeit anzuleiten, wofür er eine gerechte und wohlwollende, aber patriarchalische Behandlung verdient. Diese Gedanken hat Carlyle in seiner Besprechung der Negerfrage des weiteren ausgeführt und damit seine manchesterliche Mitwelt vor den Kopf gestofsen.

5. Die stärkere Nation ist vor allem diejenige, welche für ihre Zwecke den stärkeren Staat in Tätigkeit setzt — diejenige, welche staatlicher gesinnt ist. Carlyles Staatsauffassung ist der des Manchestertums völlig entgegengesetzt. „Angenommen ein Staat beschränke sich auf den Schutz des Eigentums, so wird er auch das nicht tun und seinen eigenen Bestand nicht lange schützen können." Von allen Seiten der Staatstätigkeit aber ist die militärische Machtentfaltung die älteste, wie geschichtlich weittragendste.

Diese Grundgedanken scheinen mir wichtiger, als einzelne Sätze Carlyles, insbesondere aus „Chartism" und „Past and Present", welche zu gunsten des Imperialismus angeführt zu werden pflegen. Immerhin sind die wichtigsten dieser Stellen hier nicht zu übergehen: „Überall sehen wir Eroberung, die reines Unrecht und Gewalt scheint, sich als ein Recht unter den Menschen geltend machen. Prüfen wir jedoch, so finden wir, dafs in dieser Welt keine Eroberung dauernd werden konnte, die sich nicht daneben als wohltätig für die Besiegten wie für die Eroberer erwies. Die Römer unterwarfen die Welt und hielten sie unterworfen, weil sie am besten die Welt regieren konnten. Wessen Land war das britische? Gottes, der es geschaffen hat, sein und keines anderen war und ist es. Welche von Gottes Geschöpfen hatten das Recht, davon zu leben? Die Wölfe etwa und Auerochsen? Sicherlich; bis sich einer mit einem besseren Recht zeigte. Der Kelte kam an und gab ein besseres Recht vor; und demgemäfs suchte er dasselbe zu beweisen — nicht ohne Schmerz für die Auerochsen. Er hatte ein besseres Recht zu diesem Stück von Gottes Land — nämlich eine bessere Macht, es nutzbar zu machen — wenigstens eine Macht, sich dort anzusiedeln und zu versuchen, welchen Nutzen er daraus ziehen könnte. Die Auerochsen verschwanden. Die Kelten ergriffen Besitz vom Boden und pflügten ihn. Sollte das für immer sein? Ach, für immer ist keine Kathegorie, die sich in dieser zeitlichen Welt behaupten kann. Kein Eigentum ist ewig, aufser dem Gottes, des Schöpfers. Wem der Himmel erlaubt, Besitz zu ergreifen, der hat auch das Recht." „Übervölkerung? Und doch, wenn dieser schmale westliche Rand Europas übervölkert ist, ruft nicht gleichsam überall sonst eine ganze leere Erde uns zu: Kommt und pflügt mich, kommt und erntet mich! Kann es ein Unglück sein, dafs auf einer Erde, wie der unseren, neue Menschen sind? Als Handelsware, als Arbeitsmaschinen betrachtet, gibt es in Birmingham oder sonstwo eine Maschine von solchem Wert? Gütiger Himmel, ein weifser Europäer, auf seinen zwei Füfsen stehend, mit seinen zwei fünffingrigen Händen an den Armen und seinem wunderbaren Kopf auf den Schultern ist etwas Beträchtliches wert, möchte man sagen. Der dumme schwarze Afrikaner erzielt einen Preis auf dem Markte, desgleichen das dümmere vierfüfsige Pferd, — nur wir haben noch nicht die Kunst gelernt, unseren weifsen Europäer zu verwenden." „Ach, wo sind jetzt die Hengiste und Alariche unseres noch immer glühenden und sich ausdehnenden Europas, die, wenn ihre Heimat zu eng geworden ist, diese überflüssigen Massen unbezwingbarer lebender Tapferkeit anwerben und wie Feuersäulen vorwärtsführen — ausgerüstet nicht mit der Streitaxt und dem Kriegswagen, sondern mit der Dampfmaschine und der Pflugschar? Wo sind sie?"

In „Vergangenheit und Gegenwart" verlangt Carlyle staatliche Organisation der Auswanderung. Er träumt von einer grofsen, Mutterland und Kolonien verbindenden Gemeinschaft. welcher er bereits eine gewisse handelspolitische Färbung gibt. „Mykale", ruft er aus, „war das Pan-Jonion, das Stelldichein aller Stämme des Jon für das alte Griechenland: warum sollte nicht London auf lange das Allsachsenheim, das Stelldichein aller Kinder des Harzfelsens bleiben? — — — Welch eine Zukunft! weit wie die Welt, wenn wir nur das Herz und den Heroismus dafür haben — was wir mit Gottes Segen haben werden." Hören wir noch eine Stelle aus den „Pamphleten des jüngsten Tages", in denen sich das Wiedererwachen des militärischen Geistes ankündigt: „Wenn ich in diesen Tagen leidvollen Todes und leidvoller Geburt jene zwei statuengleichen Garde du corps in ihren finsteren Bärenmützen und gekreideten Hosen auf ihren kohlschwarzen Tieren vor den „Horse-Guards" die Wache reiten sehe, so überkommt mich eine Art trauriger Verwunderung darüber, wie in diesen Tagen des Zusammenbruchs und elender Impotenz fast aller alten Institutionen diese älteste Institution noch jung ist. Rotbäckig, festknochig, sechs Fufs hoch steht sie vor mir, während so vieles andere blofser Schein geworden ist. — — Der Rotrock ist ein Faktum, kein Schatten. Er tut tatsächlich, wozu er da ist. Erhält er Befehl, so zieht er sein langes Schwert nnd tötet mich."

Es ist hier nicht unsere Aufgabe, eine Literaturgeschichte des imperialistischen Gedankens zu geben. Als Romanschriftsteller und Staatsmann hat Disraeli in dieser Entwicklung eine bedeutsame Rolle gespielt. Als Schriftsteller bekämpfte Disraeli jenen rein verstandesmäfsigen Aufbau der Gesellschaft, den Utilitarier und Manchesterleute vertraten, und betonte die Bedeutung der Mächte des Gefühls und Willens als sozialer Bindungen. Als Staatsmann löste Disraeli einen Lord Granville ab, den ersten britischen Kolonialminister, welcher die friedliche Abschichtung der Kolonien für die Aufgabe der britischen Politik erklärte. Dem hat Disraeli die „Aufrechterhaltung des Reiches" entgegengehalten und seiner Königin die indische Kaiserkrone auf das Haupt gesetzt. Aber Disraelis Imperialismus trug, wie Lord Roseberry sagt[116], „eine asiatische Färbung", vernachlässigte die Siedelungskolonien und schillerte in romantischem Lichte. Unter den liberalen Staatsmännern war es W. E. Forster, dessen Rede über die angelsächsische Einheit einen Markstein in der Entwicklung des imperialistischen Gedankens bildet. Forster trat hier den kolonialpolitischen Auffassungen der Manchesterschule direkt entgegen. Er erklärte, daſs die Vereinigung zwischen England und seinen zur Selbstregierung emporgestiegenen Siedelungskolonien um so dauerhafter sein könne, wenn das Mutterland die Kolonien nicht mehr als Dependenzen behandele, sondern sie zur Teilnahme an einem mächtigen und gemeinsamen Reiche einlade. Forster wurde später Begründer der Imperial Federation League (1884)[117].

Das Entscheidende aber war der Umschwung an den englischen Universitäten. Auch diese hatten der Manchesterlehre ihren Tribut gezahlt. In den sechziger Jahren hatte der bekannte Oxforder Professor Goldwin Smith das britische Kolonialreich als eine Gefahr für die Gegenwart, eine Illusion für die Zukunft bezeichnet. Seit den siebziger Jahren war eine neue Zeit an den Universitäten im Aufsteigen. Unter ihren Vertretern überragt an geistesgeschichtlicher Bedeutung alle anderen der bekannte Cambridger Geschichtsprofessor Seeley. Auf Grundlage breitester historischer Kenntnisse hat er altererbte Traditionen und zeitgenössische Stimmungen zu einem glänzenden Kuppelbau zusammengefügt. Seeleys

„Ausdehnung Englands" (gedruckte Universitätsvorlesungen), 1883, ist das einflufsreichste Buch, welches in den letzten Jahrzehnten in englischer Sprache veröffentlicht worden ist — das Textbuch des Imperialismus.

Die von Carlyle und Seeley ausgehende Bewegung hat sich, zum Teil unter Verschmelzung mit darwinistischen Gedankengängen, aufserordentlich verbreitet. Ausgezeichnete Zeitschriften haben es sich zur Aufgabe gemacht, den imperialistischen Gedanken dem Gehirn ihrer Leser einzuhämmern, so der „Outlook", der „Spectator", die „National Review", das „Nineteenth Century and After" und andere. Eine Literatur des Imperialismus ist emporgewachsen. Auf Grund dieser verschiedenartigen Quellen, welche ich nach Kräften benutzte, ohne sie auch nur entfernt zu erschöpfen, versuche ich im folgenden, die Leitsätze des neubritischen Imperialismus kurz zu umreifsen [118].

1. Das Manchestertum bedeutete in erster Linie ein volkswirtschaftliches, erst in zweiter Linie ein politisches Programm. Anders der Imperialismus. Er erklärt ausdrücklich, keine „Messer- und Gabelfrage" zu sein. Mögen auch wichtige volkswirtschaftliche Forderungen ihm entnommen werden, an seiner Spitze steht der Satz, dafs im Vergleich mit den wirtschaftlichen Interessen die nationale Organisation den höheren Kulturwert verkörpere; ihr zu Liebe seien die wirtschaftlichen Verhältnisse zu gestalten, wenn erforderlich, neu zu prägen. Der Imperialismus ist ein Glaube, der zu Opfern befähigt. Er gehört zu jenen **Kulturbestrebungen**, welche nach Disraeli „Nationen grofs machen und allein den Menschen vom Tier unterscheiden". Gerade darin liegt seine Macht.

2. Der ältere Imperialismus betrachtete die Kolonien als nutzbaren Besitz (estate). Das Manchestertum war im Grunde derselben Ansicht: die Kolonien seien ein unrentabler Besitz und daher aufzugeben. Demgegenüber scheidet der

neuere Imperialismus zwischen europäerfähigen Siedelungskolonien und tropischen oder subtropischen Herrschaftsgebieten und legt allen Nachdruck auf erstere. Diese Scheidung, welche sich bei Disraeli noch nicht findet, ist heute geistiges Gemeingut des politisch denkenden Teiles der Nation. England und seine drei grofsen Siedelungsgebiete, Australien, Kanada, Südafrika (dazu etwa noch Westindien), sind Glieder **eines lebenden nationalen Ganzen**, welches durch gemeinsame Sprache und Abstammung, durch gemeinsame Geschichte, Religion, Literatur und politische Institutionen zusammengehalten wird. Von besonderer Bedeutung sind die letztgenannten Zusammenhänge. Es ist für den Gefühlsgehalt des Imperialismus von gröfster Bedeutung, dafs der Engländer auch heute noch **seine** politische Kultur als die höchste empfindet, welche von der Menschheit bisher erreicht sei. Die britische Flagge gilt ihm als die Trägerin des Friedens und des gleichen Rechtes für alle; sie scheint ihm persönliche Bewegungsfreiheit und demokratische Selbstregierung zu gewährleisten. Indem er seine Institutionen verbreitet, glaubt der Engländer der Menschheit zu dienen. Dieser Glaube ist ein Machtmittel ersten Ranges im Wettkampfe der Nationen und fördert Englands Weltpolitik gegenüber dem Imperialismus bureaukratisch bevormundeter oder gar despotisch regierter Völker.

Auf der anderen Seite erfordern diese Auffassungen insofern eine gewisse Einschränkung, als es schon heute ein Anachronismus ist, von der **einen** britischen Nation zu sprechen. In Kanada wie in Australien sind neue, eigenartige Nationen in Bildung begriffen. Der nicht britischen Welt gegenüber aber empfinden sich Koloniale und Engländer immerhin und heute mehr denn früher als nationale Gemeinschaft[119].

Neben diesen Kulturzusammenhängen der angelsächsischen Welt stehen für den Imperialisten wirtschaftliche Erwägungen erst in zweiter Linie; aber auch sie sind für den Reichszusammenhang von gröfster Bedeutung. Der beste Markt des Mutterlandes ist das von Engländern besiedelte Kolonialgebiet. Der Engländer ist der geborene Abnehmer des Engländers — auf Grund gemeinsamer Lebens- und Verbrauchsgewohnheiten. Der britische Kolonist verbraucht zehn- bis zwanzigmal so viel an britischen Waren als der farbige Untertan des Königs. Mit wenigen Millionen Einwohnern ist Australien heute als Markt dem ganzen indischen Kaiserreich nahezu gleichwertig.

3. Die Bejahung dieser kulturellen wie wirtschaftlichen Zusammenhänge erfordert politische Machtmittel. Das britische Reich ist die gröfste Machtorganisation, welche die Weltgeschichte bisher hervorgebracht hat. Als solche gibt es für Flotten- und Heereszwecke fast doppelt so viel aus als die nächstfolgenden sog. „Militärstaaten"[120]. In dem letzten Jahrzehnt des 19. Jahrhunderts haben sich diese Ausgaben ungefähr verdoppelt. Sie beliefen sich 1891 auf 33,5 Millionen ₤, für das Budget des Jahres 1904 wurden sie auf 78 Millionen ₤ geschätzt, davon 34 Millionen ₤ für das Landheer (1891 — 17,9) und 44 Millionen ₤ für die Flotte (1891 — 15,5). Hierzu kommt das indische Heeresbudget von ca. 13 Millionen ₤ 1904. Man sieht, der Imperialismus prägt seinen Stempel tief in das britische Finanzwesen.

Das britische Reich ist zunächst eine maritime Verteidigungsorganisation. Denn es ist eine „Oceana"[121] und Weltmeere sind seine verbindenden Strafsen. Auf der britischen Kriegsflotte beruht nicht nur die Verteidigung des Mutterlandes gegen feindlichen Einfall und die Sicherung seiner Nahrungszufuhr, nicht nur die Truppenzufuhr nach Indien im Kriegsfall, sondern ebenso auch die Zukunft des Angelsachsentums in Südafrika und Australien. Der südafrikanische Krieg wurde in letzter Linie durch die britische

Kriegsflotte gewonnen, obgleich dieselbe gar nicht in Aktion trat; aber ihr stillschweigendes Vorhandensein verhinderte die Einmischung fremder Mächte. Dieses Interesse an der Verteidigung ist es, welches England und die Kolonien in erster Linie zusammenbindet. Es ist von gröfstem Interesse, sich diese innige Verkettung gegenseitiger Interessen zu vergegenwärtigen. Kann Kanada mit seiner zukunftsvollen pazifischen Küste den Rückgang des britischen Einflusses in China als gleichgültig ansehen? Ist es für Australien und Kanada nicht Lebensfrage, dafs der britischen Flotte im Kriegsfalle die kürzere Mittelmeerroute nach dem Pacific offen steht statt des langen Weges um das Kap? Hat dies nicht die Herrschaft in Ägypten zur Voraussetzung? Verbietet nicht ein gleiches Interesse aller Glieder des Reiches, dafs zwischen England und die koloniale Welt sich ein unabhängiges oder gar feindliches Irland einschiebt?

Aber eine Zusammenballung politischer Macht, wie das britische Reich, ist nicht auf Verteidigung beschränkt. Das beste Mittel der Verteidigung ist in vielen Fällen die Ausdehnung. Wie oft wurde nicht die „Ära der Expansion" für geschlossen erklärt, meist wenn man einen tüchtigen Brocken im Leibe hatte und eine Pause zur Verdauung benötigte. Gerade gegen Ausgang des 19. Jahrhunderts hat das britische Reich einen unersättlichen Appetit bewiesen: Birma, Belutschistan, Ägypten, der Sudan, Uganda, Rhodesia, die südafrikanischen Republiken wurden verspeist. Heute reizt der Kongostaat den Appetit des britischen Leviathan. Man hat mit Recht gesagt, dafs das britische Reich selbst gegen den Willen der Zentralregierung sich ausdehnt, wo immer es auf schwache, verteidigungsunfähige Nachbarn stöfst. Neuerdings war Downingstreet selbst nicht mehr zurückhaltend: Chamberlain hat ausdrücklich erklärt, dafs neue „claims" für die Zukunft abzustecken seien. Gerade diese Eroberungs- und Herrschaftsgewohnheiten sind ein weiteres Band, welches das britische Herrenvolk innerhalb des Reiches zusammenhält. Sir Henry Parkes verlangt für Australien „Teilnahme an einer ruhmreicheren Herrschaft als sie die Menschheit je gesehen hat".

Für Verteidigungs- wie Angriffszwecke ist England gewillt, um jeden Preis seine **Seeherrschaft** zu behaupten, wofür die Verdreifachung der Marineausgaben von 1891 bis 1904 ein unzweideutiger Beweis ist. Man hat zu diesem Zweck die „Norm der zwei Mächte" aufgestellt, welche besagt, daſs die britische Flotte mindestens so stark sein müsse als die Flotten der beiden nächstfolgenden Seemächte zusammengenommen. Tatsächlich hat England diese Norm der zwei Mächte sogar überschritten, wie folgende Ziffern belegen. In den neun Jahren, welche mit dem 31. März 1904 endigen, haben für Marineneubauten ausgegeben[122]:

   Groſsbritanien . . . . 69 981 708 £
   Frankreich . . . . . 32 499 491 £
   Ruſsland . . . . . . 28 667 102 £
   Deutschland . . . . . 22 153 247 £

Hierzu kommen die zahlreichen — 1904 ca. 50 — Personenschnelldampfer, welche für Kriegszwecke gebraucht werden können. Das Parlament hat bei der ersten Naval Works Bill die Hafenbauten zu Dover und ein zweites Dock in Gibraltar der Admiralität geradezu aufgedrängt.

Auch ein liberales Kabinett ist zunächst nicht in der Lage, die Norm der zwei Mächte offiziell aufzugeben. Schon Gladstone wäre bald nach Antritt seines letzten Ministeriums beinahe darüber gestürzt, daſs er die Flottenausgaben zu niedrig zu bemessen schien. Neuerdings haben Radikale, wie Sir Charles Dilke, dem riesigen Flottenbudget der letzten Jahre rückhaltlos zugestimmt[123]. Auch Sozialisten und Arbeitervertreter können nicht anders, wenn sie eine ihnen nahestehende Regierung nicht ohne weiteres ruinieren wollen. Der internationale Abrüstungsvertrag, der von liberaler Seite verlangt wird, dürfte auf maritimem Gebiete noch viel aussichtsloser sein als eine vertragsmäfsige Beschränkung der Landheere unter den europäischen Festlandstaaten. Im letzteren Falle handelte es sich um Festlegung eines Gleichgewichts, im ersteren Fall um die freiwillige Anerkennung der Alleinherrschaft Eines seitens derer, gegen welche sich diese Alleinherrschaft wendet.

Von hier aus müssen sich gewichtige Einflüsse auf die Handels- und Finanzpolitik des Landes ergeben. Die Tragfähigkeit auch der britischen Finanzen ist keine unbeschränkte. Der einmalige Bedarf für aufsergewöhnliche Kriegszwecke war verhältnismäfsig leicht zu beschaffen. Dagegen gefährdet die dauernde Belastung mit nahezu kriegsmäfsigen Flotten- und Heeresausgaben das budgetäre Gleichgewicht. Die zu Kriegszwecken eingeführten Zuckerzölle und Kohlenausfuhrzölle bestehen weiter fort und der Satz der Einkommensteuer, welcher 1895—1900 auf 8 d. sich belief, steht mehrere Jahre nach Beendigung des Krieges nicht viel unter Kriegshöhe (11 d. 1904). Eine weitere Anspannung der Einkommensteuer ist undenkbar, ja ihre Herabsetzung wünschenswert, wenn man ihren Charakter als Kriegssteuer für kommende Verwickelungen festhalten will. Von hier aus können freihändlerischen Imperialisten Schutzzölle als Finanzzölle annehmbar werden[124].

Etwas weiteres kommt hinzu: Auf die Dauer ist die Norm der zwei Mächte schlechthin undurchführbar, da die Vereinigten Staaten und Deutschland an Reichtum und Menschen schneller zunehmen als Grofsbritannien. Geld und Menschen aber sind die Grundlagen aller maritimen Machtentfaltung. Insbesondere ist es ganz unmöglich, dafs Grofsbritannien auf die Dauer den Vereinigten Staaten den Rang abläuft, wenn anders das amerikanische Volk die Seeherrschaft ernstlich will. Kriegsschiffe sind Maschinen und zwar die kostspieligsten aller Maschinen. Damit mufs die Seeherrschaft früher

oder später dem kapitalistisch höchst entwickelten Volke in
den Schofs fallen. Auch das Menschenmaterial fliefst der
britischen Kriegs- und Handelsflotte spärlicher zu als den
Mitbewerbern: Englands Seeherrschaft beruht heute zum
grofsen Teil auf ausländischen Seeleuten.

Es liegt für den britischen Imperialisten also der Gedanke nahe, die britische Seemacht durch Beiziehung der
kolonialen Kräfte — Steuer- wie Menschenmaterials — auf
breitere Basis zu stellen. Diese finanzielle Unterlage der
imperialistischen Federationsbestrebungen ist nicht aus den
Augen zu verlieren, obgleich sie vielfach im Hintergrunde
gehalten wird. Um die finanzielle Beihilfe der Kolonien zu
erlangen, schildert man u. a. den Ehrgeiz Deutschlands den
Kolonialen in den schwärzesten Farben. Immer wieder wird
der deutschen Flotte, welche selbst für die Verteidigung des
heimischen Handels noch ungenügend ist, die absurde Bestimmung untergeschoben, Australien zu erobern. Die Imperialisten erinnern die überseeischen Brüder daran, dafs
Frankreich trotz der Entente seiner Flotte weitere Beachtung
schenke. Die bisher amorphe Masse der gelben Menschheit,
so fahren sie fort, beginne sich nach eigenen Gesetzen zu
krystallisieren, womit die britische Vorherrschaft im Pacific
bedroht sei. Allen diesen Verschiebungen gegenüber müsse
das alte Grofsbritannien früher oder später zu beschränkt
europäischer Bedeutung herabsinken; nur das „Gröfsere
Britannien" könne sich als erstklassige Weltmacht behaupten.
Hieraus entspringt die Forderung eines „Reichswehrvereins",
welcher in erster Linie maritim gedacht ist[125].

Auf Seiten der Kolonien finden diese Vorschläge um so
weniger Gegenliebe, als sie zur Zeit von militaristischer Belastung noch ziemlich frei sind. Auf der Kolonialkonferenz
des Jahres 1902 führte Chamberlain aus, dafs die Flotten-
und Heeresausgaben pro Kopf der Bevölkerung in Grofsbritannien 29 sh. 3 d. betrügen, dagegen in Kanada 2 sh.,

in Neu-Seeland 3 sh. 4 d., in Natal und Kapkolonie 2 sh. bis 3 sh., in Australien 4 sh. Bisher steuern die Kolonien feste, aber unerhebliche Beiträge zu der britischen Kriegsflotte bei; dieselben betragen gegenwärtig ungefähr 1% der Gesamtausgaben. Aber auch dieses System „einer Flotte auf Miete" widerstreitet dem kolonialen Selbstgefühl. Wie man zu eigenen Milizen übergegangen ist, so will man für das koloniale Geld auch eigene Flotten errichten. In der Richtung dieser Politik liegt die Übernahme der Flottenstationen zu Halifax und Esquinault durch die kanadische Regierung, welche dagegen alle direkten Beiträge für die Londoner Admiralität ablehnt. Seitens der fortgeschrittensten Imperialisten hat man daher den Gedanken einer durch koloniale Beihilfe erweiterten Reichsflotte fallen lassen und erhofft eine Stärkung der englischen Seemacht durch eine Anzahl „eng alliierter Flotten, welche dieselbe Sprache sprechen und in Flottenmanövern zusammenzuwirken gewöhnt sind". Demgegenüber hält die Londoner Admiralität zurzeit noch an dem Programm „einer gemeinsamen Flotte unter einer Führung" fest. Die maritime Verteidigung des britischen Reiches bestehe in der Vernichtung der feindlichen Hauptmacht durch Offensivstofs, wozu eine straff einheitliche Zusammenfassung aller vorhandenen Streitkräfte Not tue[126].

Noch nebelhafter sind die Pläne einer gemeinsamen Heeresorganisation, welche es dem britischen Reiche ermöglichen soll, an jeder Stelle der Erdoberfläche eine Landmacht von einer halben Million Kombattanten einzusetzen. Demgegenüber ist sogar der mindere Vorschlag einer besonders ausgebildeten „Imperial Reserve Force", welche jede Kolonie für Reichszwecke aufzustellen hätte, von den kolonialen Regierungen glattweg verworfen worden. Die Kolonien bevorzugen die Entwicklung ihrer heimischen Milizen, und dies um so mehr, als nach den Erfahrungen des Burenkrieges — gleichviel ob mit Recht oder Unrecht — der koloniale Rauhreiter auf den britischen Rotrock wie auf das Londoner War Office mitleidig herabsieht. Auch die britische Reichsregierung hat sich mit diesem System, wie es scheint, abgefunden, in der gewifs wohlbegründeten Annahme, in jedem grofsen Notfall auf diese kolonialen Streitkräfte zählen zu dürfen. Die ziffernmäfsige Entwicklung dieser Milizen, deren militärischer Wert verschieden beurteilt wird, hängt augenscheinlich von der Bevölkerungszunahme, also der Wirtschaftentwicklung der Kolonien ab[127].

4. Die verfassungsmäfsigen Formen für die **politische Konsolidation** des britischen Reiches zu finden, ist eine schwierige Frage konstitutioneller Technik. Der Gedanke, Vertreter der Antipoden im Parlament zu haben, erschien einem Burke noch mit dem Fluche der Lächerlichkeit behaftet. Nachdem Dampfschiff und Kabel die entferntesten Länder zusammengerückt haben, ist das früher Undenkbare heute technisch möglich geworden. Um so gröfser sind die inzwischen erwachsenen politischen Schwierigkeiten, nachdem die günstige Gelegenheit einmal versäumt ist. Schon 1872 hat Disraeli in einer berühmten Parlamentsrede über Kolonialpolitik ausgeführt: das Zugeständnis der Selbstverwaltung an die Kolonien hätte der wohlüberlegte Teil eines Planes der Reichskonsolidation sein sollen. Ein gemeinsames konstitutionelles Organ wäre zu schaffen gewesen. Ein gemeinsames Zollwesen hätte eine gemeinsame Kasse und damit die sicherste Grundlage eines gemeinsamen Heer- und Flottenwesens ergeben.

Auch heute noch schwebt vielen als letztes Ziel eine bundesstaatliche Verfassung vor mit einem gemeinsamen Reichsparlament, welchem das englische, irische, schottische und walliser Parlament, daneben sämtliche kolonialen Parlamente untergeordnet wären. Dieses Reichsparlament hätte, ähnlich den Bundesorganen der Vereinigten Staaten, die auswärtige Politik, Heer- und Flottenwesen, die Handelspolitik und das Kommunikationswesen zu beherrschen. Sobald man jedoch den Weg zu diesem Ziele zu beschreiten sich anschickt, erheben sich unübersteigliche Hemmnisse. Alle Sachkenner warnen zum mindesten vor hastigem Vorgehen, das auf diesem dornigen Gebiete mehr schaden als nützen könne.

Zwar drängt auf der einen Seite Grofsbritannien selbst zur bundesstaatlichen Verfassung. Das Londoner Parlament ist mit englischen, schottischen, irischen Lokalfragen überhäuft, welche seine besten Kräfte in Anspruch nehmen. Ein grofser Teil seiner Gesetzgebung ist Sondergesetzgebung für eines der drei Königreiche, welche die Mehrzahl der Mitglieder wenig berührt und besser von örtlichen Versammlungen erledigt würde [128].

Besonderen Zwang nach der Richtung der Dezentralisation übt die irische Frage. Irland hat heute durch Gesetzgebung vieles erreicht, was es durch Revolution durchzusetzen beabsichtigte. Der einst so hoffnungslose irische Kleinpächter ist durch staatlichen Auskauf des Grofsgrundbesitzes im Begriff, Kleineigentümer nach französischer und westdeutscher Art zu werden. Er bedient sich der genossenschaftlichen Organisation zwecks wirtschaftlicher Selbsthilfe [129]. Ein „neues Irland" ist im Aufsteigen begriffen. Aber politisch ist dieser werdende Kleinbauer nicht loyaler als sein proletarischer Vorfahr — ein Beleg von der Wahrheit des Wortes, dafs der Mensch nicht von Brot allein lebt. Auch er folgt der „grandiosen Illusion" der Freiheit und verlangt nicht weniger und nicht mehr als volles Homerule, wenn auch unter bundesstaatlicher Angliederung an Grofsbritannien.

Viel weiter dagegen in dezentralistischer Richtung sind die grofsen Selbstverwaltungskolonien bereits entwickelt. Sie empfinden sich als selbständige Nationen mit eigener Organisation. Sie lehnen es ab, ihre Legislaturen zu Lokalparlamenten herabdrücken zu lassen und irgend welchem Zentralorgan die wichtigen Fragen der Handelspolitik oder Einwanderungsgesetzgebung abzutreten. Selbst Verteidigungswesen und auswärtige Politik beginnen sie in die eigenen Kreise zu ziehen. Nach aufsen hin bestehen sie darauf, als politische Einheiten aufzutreten und lediglich durch ihre Ministerien zu verhandeln, auch mit dem Mutterlande „Verträge" zu schliefsen. Selbst die Forderung besonderen diplomatischen und Konsulardienstes beginnt in den gröfseren Kolonien aufzutauchen, insbesondere seit den schlechten Erfahrungen Kanadas in der Alaskagrenzfrage.

Alle Versuche, welche in der Richtung einer verfassungsmäfsigen Konsolidation des Reichs auf den „kolonialen Konferenzen" gemacht wurden, sind bisher fehlgeschlagen. Die kolonialen Minister lehnten den Reichswehrverein in letzter Linie doch wohl deswegen ab, weil sie sich durch die britische Kriegsflotte genügend geschützt glaubten. Als Voraussetzung des Reichszollvereins aber verlangten sie, dafs England zuvor zum Schutzzoll übergehe. Selbst wenn diese Bedingung erfüllt würde, wären sie keineswegs geneigt, sich durch „Reichsfreihandel", d. h. durch Aufhebung der Zollschranken zwischen den einzelnen Reichsgliedern, handelspolitisch die Hände zu binden [130].

Angesichts dieser Schwierigkeiten auf konstitutionellem Gebiet haben die Imperialisten das Gebiet der behördlichen Organisation, zwecks einer näheren Zusammenfassung des Reiches, in erster Linie in das Auge gefafst. Ihre Vorschläge bewegen sich hier in drei Richtungen.

Zunächst befürworten sie unter der Führung von Sir Frederick Pollock die Errichtung eines „Imperial Council". Dasselbe ist als Ausschufs des Privy Council gedacht, zu welchem koloniale Vertrauensmänner von der Krone reichlich beizuziehen wären. Dieser Ausschufs ist lediglich als beratendes Organ denkbar. Er soll zur Besprechung wichtigerer Reichsangelegenheiten unter dem Vorsitz des britischen Premierministers tagen. Als Vorbild für die zu schaffende

Behörde gilt das bereits bestehende ebenfalls nur konsultative Committee of Imperial Defence, über dessen Nutzen die Urteile auseinandergehen. Sir Frederick Pollock will diesem Ausschuſs ein ständiges Bureau beigeben zur Sammlung kolonialpolitischer Information. G. Drage schlägt vor, diesen Ausschuſs mit der Kodifikation eines allbritischen Strafrechts, Handels- und Wechselrechts zu beschäftigen [131].

Als weiteres Organ der Vereinheitlichung des Reiches nehmen die Imperialisten ein gemeinsames Obergericht in Aussicht, das durch Zusammenfassung der richterlichen Befugnisse des Hauses der Lords und des Judicial Committee des Privy Council zu bilden wäre. Zur Zeit funktioniert die erstgenannte Behörde als Obergericht für Groſsbritannien, die zweitgenannte, in die bereits von Chamberlain mehrere koloniale Mitglieder berufen wurden, als Obergericht für die Kolonien. Da die britischen Gerichte bekanntlich eine bedeutsame Tätigkeit der Rechtsentwicklung ausüben, so sind diese Vorschläge nicht ohne materielle Bedeutung. Zugleich aber hofft man auf die Stimmung der Kolonien einzuwirken, indem man ihr höchstes Gericht mit dem historischen Glanze des House of Lords bekleidet und dem Ehrgeiz kolonialer Juristen die Aufnahme in die erlauchte Gesellschaft der britischen Peers in Aussicht stellt [132].

Viel repräsentativer als die genannten Behörden sind die „kolonialen Konferenzen". Unter diesem Namen tagen seit einiger Zeit die Premierminister der Kolonien unter dem Vorsitz des Kolonialsekretärs in unregelmäſsigen Zwischenräumen. Hier kommen die leitenden Männer der jeweils herrschenden Mehrheitsparteien zusammen, welche die öffentliche Meinung der verschiedenen Reichsteile hinter sich haben. Die Imperialisten schlagen vor, diese Zusammenkünfte zu einer ständigen Einrichtung zu machen — „einem erweiterten Kabinett für das Reich", dem „Keim eines künftigen Bundesrates". Aber die Aktionsfähigkeit dieser Behörde wäre dadurch beschränkt, dafs ihre Mitglieder verschiedenen Parlamenten verantwortlich wären und nur etwas zu stande gebracht werden könnte, wenn alle diese Parlamente zustimmten. In grofsen auswärtigen Fragen könnte allerdings die Stellung des britischen Kabinetts unter Umständen dadurch gestärkt werden, dafs die kolonialen Parlamente auf dem laufenden erhalten würden und ihre Zustimmung zur Beschreitung eines Weges gäben, der möglicherweise zum Kriege führen könnte. Grofsbritannien könnte dann auf die Kriegshilfe der betreffenden Kolonien mit Sicherheit zählen. Aber gerade diese Erwägung zeigt, wie lose der konstitutionelle Zusammenhang des britischen Reiches auch unter einem solchen „Reichskabinett" bliebe, so lange nicht eine gemeinsame parlamentarische Instanz das Licht der Welt erblickt hätte, wovon zurzeit keine Rede sein kann.

Angesichts dieser Schwierigkeiten ist es verständlich, wenn liberale Imperialisten alle weitergehenden Pläne fallen lassen und sich auf die Erhaltung des bestehenden Zustandes zurückziehen. Es sei eine gefährliche Rhetorik, meint Lord Rosebery, wenn Chamberlain davon spreche, dafs man die Reichsteile näher aneinander bringen müsse, um ihren Auseinanderfall zu verhüten. „Man könnte ebenso gut sagen: wenn man die Pfeiler eines dorischen Tempels nicht immerfort aneinander drücke, so werden sie nach aufsen fallen und das Gebäude zerstören. Das Reich ruht auf der Festigkeit, Dichtigkeit und Substanz der einzelnen Teile..."

Jedenfalls wollen wir uns hüten, diese verfassungstechnischen Schwierigkeiten der Reichszusammenfassung in ihrer Bedeutung zu überschätzen. Sie bedeuten keine Gefahren für den Reichszusammenhang als solchen. Denken wir an die Hartnäckigkeit, mit welcher Australien auf der unveränderten Annahme seiner Bundesverfassung bestand, an die Beschränkung der richterlichen Gewalt des Privy Council und die Errichtung eines Departements für auswärtige Angelegenheiten durch diese Verfassung. Denken wir an die noch weitergehenden Bestrebungen der australischen Arbeiterpartei, welche einen von den Australiern gewählten Generalgouverneur verlangten. Dies alles scheint auf separatistische Neigungen zu deuten. Trotzdem steht die Tatsache fest, daſs gerade in Australien der imperialistische Gedanke tiefe Wurzel geschlagen hat. Daſs Australien für den Reichszusammenhang auch Opfer zu bringen bereit ist, hat es im Burenkriege bewiesen, wie denn überhaupt dieser Krieg die Stimmungsgrundlage auſserordentlich gestärkt hat, aus welcher — vielleicht in Tagen groſser Krisen — ein engerer Zusammenschluſs des Reiches einmal herauswachsen könnte [133].

Dieses Bündnis durchaus selbständiger Staaten auf Grund gemeinsamen Interesses wird durch das einzige noch bestehende staatsrechtliche Band, die Krone eines rein konstitutionellen Monarchen, immerhin erleichtert. Denn diese Krone wiegt schwer im Gefühlsleben des Volkes und ihr Träger kann auf mittelbarem Wege einen weitgehenden Einfluſs üben, wie die letzte Regierungszeit der Königin Victoria bewies. Die Frage ist nur: liegt ein solches Bündnis dauernd im Interesse der kolonialen Nationen? Auch hier können neben Erwägungen des Interesses unter Umständen Elemente des Gefühls und des Willens von Einfluſs werden.

5. Die angelsächsische Kulturgemeinschaft geht nach Auffassung vieler britischer Imperialisten weiter als das britische Reich; sie umfaſst auch die **Vereinigten Staaten.**

Während des 19. Jahrhunderts herrschte zwischen den beiden angelsächsischen Nationen politisch zumeist ein gespanntes Verhältnis, kulturell ein geringes Verständnis. Unvergessen war in Amerika die werktätige Hilfe, durch welche Frankreich einst die Unabhängigkeit der Vereinigten Staaten mitbegründete. England galt als der Erbfeind. Auf der anderen Seite sympathisierte England, mit Ausnahme einiger

Manchestermänner, während des Sezessionskrieges offen mit den Südstaaten. Neuerdings ist ein engeres Einvernehmen zwischen den beiden angelsächsischen Nationen eingetreten. Um diese Tatsache zu verstehen, denken wir an gewisse politishe und wirtschaftliche Verschiebungen der Neuzeit.

England ist heute gegenüber den Vereinigten Staaten wehrlos: es besitzt sein kanadisches Kolonialgebiet auf Gnade des mächtigeren Nachbarn [134]. England ist deshalb zu grundsätzlicher Nachgiebigkeit gezwungen. In einem Kriege mit den Vereinigten Staaten wäre nicht nur Kanada ein verlorener Posten, sondern es könnte auch die viel besprochene Gefahr der Aushungerung für England am ehesten praktisch werden. Jedenfalls würde in solchem Falle nicht nur die Getreidezufuhr aus den Vereinigten Staaten, sondern auch die von Kanada ausbleiben.

Aber auch die Vereinigten Staaten befinden sich England gegenüber in einer gewissen Abhängigkeit. Die Erschliefsung und der fabelhafte Aufschwung der westlichen Prärien datiert von der Aufhebung der englischen Getreidezölle. Auch heute noch ist die Offenhaltung des englischen Marktes für die amerikanischen Farmer von gröfster Bedeutung. Im Fall eines Krieges dritter Seemächte gegen England würde die erfolgreiche Behandlung des Getreides als Kriegskonterbande von Amerika schwer empfunden werden. Hierzu kommt noch ein weiterer Umstand: ein hochgespannter Imperialismus treibt die Vereinigten Staaten zu überseeischer Ausdehnung, zur Pflege pazifischer und ostasiatischer Interessen. Damit legt Amerika Pfänder in die Hand der zur Zeit noch überlegenen britischen Seemacht.

Daneben steht die Zunahme gesellschaftlicher Beziehungen, welche die amerikanische Plutokratie mit der als vornehmer geltenden englischen „Gesellschaft" verbinden: das soziale Aufsteigen von Wallstreet zu Rotten Row, die Vergoldung englischer Adelsschilder mit dem Golde nicht nur reicher, sondern oft auch schöner Amerikanerinnen, das Studium junger Amerikaner an den englischen Universitäten, welches durch das Testament Cecil Rhodes' neuerdings belebt wurde. Amerikanische Millionäre kennen nichts höheres als den Erwerb der englischen Scholle: landwirtschaftlich ist sie unrentabel, gesellschaftlich die Trägerin unbezahlbarer Privilegien.

Aber man irrt, wenn man das Verhältnis des britischen Imperialismus zu den Vereinigten Staaten lediglich aus diesen Gesichtspunkten beurteilt. Die besten und geistig leitenden Engländer betrachten dieses Verhältnis etwa mit denselben Augen, wie der Reichsdeutsche oder der Deutschösterreicher das Bündnis zwischen den beiden mitteleuropäischen Kaiserreichen ansieht: es ist ihm nicht eine Interessenkonstellation, die sich ändern kann, sondern der politische Ausdruck dauernder Kulturgemeinschaft. So mancher britische Imperialist empfindet Zugeständnisse an die Vereinigten Staaten nicht als Einbuſse an Macht und Ehre, sondern als Opfer zu gunsten des „All-Angelsachsentums", des höchsten politischen Wertes, der beide Völker verbinde. Ein „brudermörderischer" Streit zwischen den beiden stammverwandten Nationen erscheint dem britischen Imperialisten als Verbrechen; mit Stolz und Freude dagegen erfüllt ihn, wie Chamberlain ausruft, die Vorstellung, daſs der „Union Jack und das Sternenbanner zur Verteidigung einer gemeinsamen Sache flattern könnten, die durch Humanität und Gerechtigkeit geweiht ist". Ernsthaft und ohne Bedauern sprechen Engländer von der Möglichkeit, daſs in Zukunft einmal das Angelsachsentum einen einzigen politischen Schwerpunkt finden könne und diesen über dem groſsen Wasser. Fragen wir, wie weit hinter diesen Stimmungen dauernde Tatsachen stehen [185].

Zwar ist Sprachgemeinschaft noch keine Kulturgemeinschaft. Man denke an die nach Millionen zählende irische

Diaspora, welche trotz der Sprachgemeinschaft ihren Einfluſs stets gegen England in die Wagschale wirft und alle Feinde Englands bejubelt. Ein Haupthindernis der dauerhaften Annäherung der beiden angelsächsischen Mächte liegt bekanntlich in dem Einfluſs, welchen die irische Organisation in den Vereinigten Staaten ausübt [136]. Aber sicherlich erleichtert die Sprachgemeinschaft eine Kulturgemeinschaft, indem sie die gegenseitige Literatur ohne weiteres zugänglich macht und ein gemeinsames Lesepublikum schafft.

Wichtiger aber als die Sprachgemeinschaft sind für den englisch-amerikanischen Kulturzusammenhang gemeinsame geistige Wurzeln, welche tief in die englische Vorzeit hinabreichen und sich von Neu-England her über die ganze Breite des amerikanischen Festlands verzweigen. Nach Münsterberg ist das Wesen der amerikanischen Geisteskultur aus dem Zusammenwirken des puritanischen und des utilitarischen Faktors zu verstehen, von denen der erstere als der einfluſsreichere bezeichnet wird.

In Neu-England war es, daſs die religiösen Bewegungen der englischen Reformation sich am reinsten auslebten. Die Pilgerväter prägten dem Leben von Massachusetts den puritanischen Stempel auf. Ihre Hauptstadt Boston — noch heute die englischste unter den amerikanischen Städten — wurde für die Kultur des Ganzen bestimmend. In Rhode-Island wurde die Gewissensfreiheit — der stolzeste Ruhmestitel des englischen Puritanertums — zuerst verwirklicht. Auch später haben die religiösen Volksbewegungen Englands ihre Wellen nach den Vereinigten Staaten hinübergeworfen und dort vielfach breitere Flächen in ihre Kreise gezogen, als in ihrer Heimat selbst. Man gedenke der Quäker, der Methodisten, der Heilsarmee, auch der „Sekte der Gebildeten", der Unitarier. Selbst die anglikanische Kirche hat eine nicht unbeträchtliche Organisation in den Vereinigten Staaten, welche der Erzbischof von Canterbury durch persönlichen

Besuch neuerdings auszubauen bemüht war. Die Methodisten, mit ihren 16 Millionen Angehörigen, haben für das religiöse Leben der breiten unteren Schichten des amerikanischen Volkes die leitende Bedeutung. „Dafs ein Ton der Andacht in jedermanns Leben klingt, dafs der Werktagswoche eine Stunde der Weihe vorangeht und jeder, inmitten der irdischen Zeit den Gedanken der Ewigkeit in seiner eigenen Geistessprache vernimmt, dafür wird mit rein sozialen Mitteln energischer gesorgt, als wenn die Staatsgewalt dahinter stünde"[187].

Auf der anderen Seite fanden Utilitariertum, Kapitalismus und Technik, wie sie in England erfunden waren, in Amerika ihre höchste Verkörperung. Nirgends in der Welt ist Gelderwerb so sehr verselbständigster Lebenszweck, als in New-York und Chicago. Schon Benjamin Franklin war ein typischer Vertreter dieses Utilitariertums mit der in England so beliebten, leicht theistischen Färbung[188]. Henry George ist ein gesteigerter Ricardo[189]. Der amerikanische Imperialismus von heute, in welchem kapitalistische und ideelle Motive sich kreuzen, ist den Gedanken eines Seeley und Cecil Rhodes eng verschwistert. In Roosevelt fand er seine glänzendste, schriftstellerische wie staatsmännische Verkörperung[140].

Trotz alledem ist es irrig, eine gesamt-angelsächsische Kulturwelt der übrigen Menschheit entgegenzusetzen. Selbst Carnegie, ein Mann, der den Zusammenhang mit seiner schottischen Heimat besonders festhält, spricht von der „britisch-deutschen Zusammensetzung der neuen Welt"[141].

Im 19. Jahrhundert sandte **Deutschland** mehr Einwanderer nach den Vereinigten Staaten als England und Schottland[142]. Qualitativ stand diese Einwanderung auf hoher Stufe. Neben wirtschaftlichen lagen ihr ideale Motive zugrunde. Goethe, hierin vorbildlich für das Denken seiner Landsleute, verlegte seine soziale Utopie nach Amerika. Um die Mitte des Jahrhunderts waren es die besten und geistig

regsamsten Söhne des Vaterlandes, welche über dem grofsen
Wasser das Land der Freiheit suchten und fanden. Der
Aufschwung des amerikanischen Westens, welcher die Vereinigten Staaten zur Weltmacht emportrug, hatte nicht nur
die Aufhebung der englischen Getreidezölle zur Voraussetzung,
sondern nicht minder die massenhafte Einwanderung rein
landwirtschaftlicher Elemente aus Deutschland und die Be-
harrlichkeit des deutschen Farmers. Daneben haben deutsche
Gedanken mächtig auf das amerikanische Geistesleben ein-
gewirkt, seit jenen Tagen, da Ticknor und Everett 1815 in
Göttingen studierten. Gröfste Amerikaner, wie Emerson und
Longfellow, sind von deutscher Bildung durchtränkt — jener
als Abkömmling des deutschen Idealismus, dieser als Ver-
mittler deutscher Dichtung. Amerika wäre ärmer, wenn diese
deutsche Wurzel verdorrte; ihr Erdreich zu pflegen, ist
vor allem der Amerikaner deutschen Ursprungs berufen. Sobald er aus der wirtschaftlichen Arbeit emportaucht, kann
er seinem neuen Vaterlande dadurch am besten dienen, dafs
er der geistigen Kultur seiner Vorfahren eine Heimstätte bereitet. Diese Verbindung mit dem deutschen Idealismus wird
für Amerika um so wichtiger, als heute die alte dogmatische
Wurzel des Puritanertums langsam, aber sicher abstirbt. Die
Aufgabe Amerikas scheint es, die gesamtgermanische
Kultur in eigener Betätigung zu erfassen und das
britisch-deutsche Element zu höherer Einheit zusammenzuschmelzen [143].

Um so weniger sind diese kulturellen Zusammenhänge
im stande, auf die Dauer die harte Tatsache zu verschleiern,
dafs von keiner Seite der britischen Weltstellung gröfsere
Gefahr droht als von den Vereinigten Staaten. Letztere
waren gestern die Kornkammer der Welt; heute sind sie
daran, der Industriestaat, morgen das Clearing-house der
Welt zu werden. Auch auf maritimem Gebiet sind sie die
ernstlichsten Mitbewerber. Der Verfall der britischen See-

macht würde sie zur Schirmherrschaft über Kanada und Australien, damit zur Leitung der Welt emporheben [144].

6. Aber „Nation" ist ein hohes und spätes Ergebnis der Kulturentwicklung, das nur von einem kleinen Teile der Menschheit erreicht ist. Ihr gegenüber steht die unendliche Mannigfaltigkeit der Rassen, Sprachen, Religionen, neben- und vielfach übereinander geschichtet: asiatische Halbkultur, afrikanische Barbarei — Gebiete der Beherrschung und Ordnung durch die Kulturwelt. Wichtiger freilich vom nationalen Standpunkt aus ist die Besiedelung der gemäſsigten Zone, die Erweiterung der eigenen Nation über Alt-Europa hinaus. So war die fast stillschweigend vollzogene Kolonisierung Australiens, wie Seeley hervorhebt, für das britische Volk bedeutsamer, als die ganze glänzende Geschichte der Briten in Indien. Zwar beherrscht England durch Indien einen groſsen Bruchteil der Menschheit überhaupt; aber über dem asiatischen Massendasein bildet die englische Herrenkaste doch nur eine unendlich dünne Oberschicht und ihre Herrschaft ist nicht mehr als eine — vielleicht bedeutsame — Episode in der tausendjährigen Geschichte des Ostens.

Wenn England mit der angelsächsischen Welt durch nationale Bande innig vereint ist, so ist es mit seinem asiatischen Herrschaftsgebiet nur lose verbunden. Seeley sagt einmal mit Recht, England könne Indien verlieren, ohne durch diesen Verlust in seiner inneren Natur verändert zu werden. Bei der Beherrschung asiatischer und afrikanischer Gebiete steht für England offenkundig das wirtschaftliche Interesse voran.

Zwar bezieht England keinen Tribut von Indien, aber es beherrscht die Handelspolitik eines riesigen Marktes, der sich mit der Geldwirtschaft und der Europäisierung der Verbrauchsgewohnheiten zusehends verbreitert. Nach Mac Culloch überstieg 1811 der Handel Englands mit Indien kaum den Handel mit Jersey oder der Isle of Man; als Seeley schrieb, war Indien neben den Vereinigten Staaten das wichtigste Ausfuhrgebiet britischer Waren und übertraf selbst Deutschland an Aufnahmefähigkeit. England verhindert im Interesse seiner Industrie, insbesondere der Baumwollindustrie, das beherrschte Indien industrialistische Schutzzollpolitik zu treiben — „ein substantieller Vorteil". Die indischen Verwaltungsbehörden und öffentlichen Korporationen bevorzugen zudem grundsätzlich britische Waren. England bezieht aus Indien grofse Summen an Gehalten und Pensionen, während es für seine Beamte und Offiziere in Indien eine Hochschule der Politik, der Verwaltung, des kriegerischen Geistes besitzt.

Aber der Engländer von heute glaubt an die Kulturmission seiner Herrschaft. Hierin liegt ein bedeutsames Machtelement des Imperialismus. Durch seine Herrschaft glaubt er auch den Beherrschten und der Menschheit zu dienen[145]. Diese Behauptung ist insofern einwandfrei, als selbst eine europäische Kolonialregierung, wie sie etwa Multatuli schildert, immer noch besser ist als die Eingeborenenregierung, die sie ersetzt; und die britische gehört sicher nicht zu den schlechtesten Kolonialregierungen. Mit Stolz weist der britische Imperialist auf die „immensa majestas pacis britanicae", die dort herrsche, wo früher ein bestechlicher und raubgieriger Despotismus nur allzu oft zu einem Kriege aller gegen alle ausartete. In ruhiger Sicherheit ziehe der Landmann heute die Pflugfurche. Die unterste, bisher von allen getretene Klasse, welche hilflos die Eroberer kommen und gehen sah, gewinne am meisten von der britischen Herrschaft. Ihr dienen mächtige Kulturwerke, insbesondere der Eisenbahnbau, welcher der bisher fast unbeweglichen Unterschicht die Aussiedelung aus übervölkerten Gebieten ermöglicht.

Mit Stolz weist der britische Imperialist auf die grofsartigen Bewässerungsanlagen. Bis zu Ende des Jahres 1904/5 waren von der anglo-indischen Regierung in runder Summe 24 Millionen ₤ auf Bewässerungsanlagen verwendet, welche die Fruchtbarkeit des Bodens so sehr erhöhten, dafs sie nicht nur das aufgewandte Kapital mit 4% verzinsten und noch nahezu 4% Gewinn an die Staatskasse abwarfen, sondern auch das Reinerträgnis des Bauern beträchtlich steigerten. Greifen wir ein Beispiel glänzender Rentabilität heraus: die jährliche Ernte desjenigen Gebietes, welches durch den Chenabkanal bewässert wird, ist heute auf einen durchschnittlichen Wert von 3 Millionen ₤ zu veranschlagen, während die Anlagekosten des Kanals eine einmalige Ausgabe von nicht ganz 2 Millionen betrugen; dieses Gebiet war vorher unergiebiges Weideland. Im ganzen waren 1904 gegen 29 Millionen acres durch Bewässerungsanlagen der Kultur zugänglich gemacht [146]

Mit besonderem Hochgefühl preist der Imperialist den Reorganisator Ägyptens, Lord Cromer, als den glänzendsten Vertreter des kolonisatorischen Genius der britischen Rasse in neuerer Zeit.

Der Sudan erzählt von den Schrecken einer fanatischen Eingeborenenherrschaft. In den zwölf Jahren, da er der blutigen Faust des Mahdi gehorchte, ist seine Bevölkerung von 8½ Millionen auf 1,8 Millionen gesunken. Weite Strecken Kulturlandes sind Wildnis geworden; in einem einzigen Distrikte wurden z. B. 800 Dörfer buchstäblich vernichtet. Dem vergleicht der Imperialist mit Stolz die Fortschritte Ägyptens unter britischer Herrschaft. Als die Engländer Ägypten besetzten, war die Bewässerung des Delta, von welcher die Baumwollkultur abhängt, ein „Chaos", der Rückgang der Ernten ein offenkundiger. Eine Million ₤ E., welche für Bewässerungszwecke geborgt wurde, rettete das bankerotte Ägypten, das bis dahin Millionen geborgt und vergeudet hatte. Diese letzte Million kam in die Hände englischer, in Indien vorgebildeter Bewässerungstechniker, welche die geniale Idee des Franzosen Mougel Bey, die halb liegen gebliebene Nilsperre oberhalb des Delta, zur Durchführung brachten. Wo die Franzosen nur Rat erteilten, hatten die Engländer zu befehlen — dieser politische Unterschied, sagt Milner, war der Grund ihres Erfolges, der in seinem Verlauf die agrare Produktion Ägyptens um ein mehrfaches hob, Quadratmeilen Wüstenbodens der Kultur gewann und die überschuldeten Finanzen in eine Überschufswirtschaft verwandelte [147].

Freilich könnte der Skeptiker demgegenüber einwenden: Was das „Glücksquantum" angehe, so sei das Ergebnis der britischen Herrschaft für die Eingeborenen doch ein zweifelhaftes. In alt-asiatischen Verhältnissen drängen die von Zeit zu Zeit üblichen Massenschlächtereien die Bevölkerung auf den Nahrungsspielraum zurück; der britannische Friede führt zu einer zum Teil sehr drückenden Übervölkerung [148]. Ferner lag früher in der Naturalwirtschaft ein Schutz der bäuerlichen Massen. Der Despot verlangte Abgaben und Frohnden, aber seine Begehrlichkeit fand ihre Grenze in der Schwierigkeit des Transports und der Speicherung von Rohstoffen. Anders das britisch-indische Kaiserreich, welches durch Eisenbahnbau und Welthandel die Massengüter des Landmanns verkäuflich macht und zugleich auf dem Boden europäischer Finanz Geldabgaben verlangt, welche den Zwecken britischer Weltpolitik dienen. Der Schwerpunkt des indischen Ausgabebudgets liegt im Militäretat [149]. Hierdurch wird der Eingeborene gezwungen, einen wachsenden Bruchteil des Erzeugnisses seiner Arbeit zu verkaufen, womit er der Gefahr chronischer Unterernährung verfällt. Die britische Herrschaft reifst die naturalwirtschaftlichen Millionen Asiens und Afrikas in die Geldwirtschaft, welche sie ohne diesen Zwang noch Jahrhunderte vermieden hätten. Es ist aber eine feststehende Tatsache, dafs der Ansturm der Geldwirtschaft breite Teile der gewohnheitsmäfsigen Massen proletarisiert, nur kleinere Teile dagegen emporhebt. Dies ist der Preis, der für die britische wie für die russische und japanische Weltpolitik gezahlt wird. Dem Bauern, der nichts von ihr weiſs und will, naht sie in der unabweislichen Gestalt des Steuererhebers[150].

Aber auf „Glücksquanten" kommt es für Kulturzwecke wenig an. Vielmehr mag Rousseau recht behalten, daſs das „Glück" als physisches Lustquantum mit steigender Kultur abnimmt — es gilt dies wahrscheinlich für Herrscher wie für Beherrschte. Trotzdem ist diese Kultur entgegen Rousseau zu bejahen, weil sie unsere Ideale — besseres denn Glücksquanten — umschlieſst. Für die welthistorische Bilanz der britischen Herrschaft ist lediglich entscheidend, ob und in welchem Maſse sie das Kulturniveau des asiatischen Massendaseins hebt.

In dieser Hinsicht darf man sich bei dem Verlust an malerischer Staffage nicht lange aufhalten, welchen die Europäisierung Asiens unvermeidlich bedeutet. Selbst das Dahinschwinden altererbter Kunstformen ist nicht entscheidend; vielmehr gilt es hier wie in Europa für eine neue Kultur neuen künstlerischen Ausdruck zu suchen. Das Entscheidende liegt demgegenüber in folgendem Punkte: durch europäische Finanz und Technik erzwingt Europa die Geldwirtschaft. Zweifellos aber liegt die kulturelle Bedeutung der Geldwirtschaft darin, daſs sie die Herrschaft dumpfer Gewohnheit und geistiger Gebundenheiten zerreiſst. Zwar mag der gierige und sich selbst suchende Typus des Winkelwucherers, welchen sie zuerst schafft, unerfreulich genug sein (von den Russen „Kulak", von den Anglo-Indiern euphemistisch „local banker" genannt). Trotzdem bedeutet sein Erscheinen einen Fortschritt, indem er die erste Stufe individueller Selbstbestimmung darstellt.

Auf Grundlage dieser wirtschaftlichen Verschiebungen kann auch die unmittelbare Zuleitung europäischer Bildung und Wissenschaft für Asien von kultureller Bedeutung werden. Während die ostindische Kompagnie ihren Untertanen jede

Form von Bildung ängstlich fernhielt, entschloſs sich England seit Beginn des 19. Jahrhunderts, das Unterrichtswesen den Aufgaben der britisch-indischen Verwaltung einzureihen, wobei man der westeuropäischen Bildung vor der arabischen und brahminischen grundsätzlich den Vorzug gab. Dieser Weg wurde seitdem nicht mehr verlassen und hat manchen Indier auf die Höhen der europäischen Wissenschaft geführt. An den indischen Universitäten graduierten 1892/93 5609, 1901/02 8270 Personen. Damit wird die ungeheure Summe von Einzelkenntnissen, die der Westen seit Jahrhunderten aufgespeichert hat, mit einem Schlage dem Osten übereignet. Wichtiger aber als dies: willigen Eingang in das Ohr des Asiaten findet jene groſse Botschaft Europas vom Rechte der Denkfreiheit und der Pflicht der individuellen Selbstbestimmung. Geistige Bindungen unvordenklichen Alters brechen in den Staub. Es entsteht die als Ferment politischer Umwälzungen so bedeutsame Literatenklasse, welche Lord Curzon durch Übernahme des englischen Kollegesystems an die indischen Universitäten im britischen Sinne zu disziplinieren hoffte[151].

In besonderen Bildungsanstalten sucht man den indischen Hochadel zum „model-maharajah", zum Gentleman, Sportsman und britischen Offizier, heranzubilden.

Nicht minder prägt sich auch die politische Kultur des Westens in den starren Körper des asiatischen Despotismus. Europäische Gesetze und Gerichtshöfe, Kodifikationen des Strafrechts und der Prozesse vermitteln europäische Rechtsanschauungen. Neu auf asiatischem Boden ist die Sicherung von Eigentum, Erbrecht und persönlicher Freiheit; neu die Rechtsprechung ohne Ansehen der Person; unerhört ein Recht, dem selbst der Eroberer sich unterwirft. Seit Jahren sprechen eingeborene Richter in Zivilsachen Recht über Eingeborene wie Europäer. Auch in den höchsten Gerichtshöfen des Landes arbeiten indische Mitglieder zu gleichem Recht mit europäischen Kollegen.

Hierzu kommen die Anfänge der Selbstverwaltung. In den Städten befindet sich die Verwaltung in den Händen eines vorwiegend aus Wahlen hervorgehenden Stadtrates. Die „Local Government Acts" des Lord Ripon, 1882—1884, übertrugen den Selbstverwaltungsgedanken von den Städten auf das platte Land (District Boards). Die Provinzen haben gesetzgebende Ausschüsse erhalten, an denen eingeborene Mitglieder teilnehmen, die nach Lord Crofs Act 1892 aus Wahlen wenigstens hervorgehen können. Diesen Ausschüssen werden die Provinzialbudgets zur Begutachtung vorgelegt. Freilich wurde vorsichtigerweise eine offizielle Majorität gewahrt; aber die eingeborenen Mitglieder haben unter Kautelen wenigstens das Recht, Fragen an die Regierung über Finanz und Verwaltung zu richten. Auch in dem gesetzgebenden Rat des Vizekönigs sitzen acht Indier[152].

Eine politische Erziehung von nicht minderer Bedeutung ist darin zu erblicken, dafs die gesamten mittleren und unteren Stufen der Bureaukratie von Indiern besetzt sind. Insbesondere finden sich die wenig volkstümlichen Geschäfte der Steuerhebung ganz in eingeborenen Händen. Nicht mehr als 1000 englische Zivilbeamte beherrschen eine Bevölkerung von gegen 300 Millionen Menschen! Dasselbe Prinzip hat Lord Cromer, womöglich noch ausgeprägter, für Ägypten zur Anwendung gebracht. Eine eingeborene Bureaukratie vom Minister bis zum Subalternbeamten wird allein dem Volke sichtbar; hinter den Kulissen stehen einige wenige Vertreter des Herrenvolkes — ausgewählte Persönlichkeiten —, welche den ganzen Apparat in Bewegung setzen. „Suaviter in modo, fortiter in re" — englische Köpfe, eingeborene Hände, dies sind die durch den Erfolg glänzend gerechtfertigten Leitsätze der britischen Verwaltungspraxis in Ländern orientalischer Halbkultur[153].

Freilich führt diese Praxis zu Bestrebungen gerade der loyalen Eingeborenen, auch in die höheren und höchsten Beamtenstellungen einzurücken. Je weiter die Schul- und Universitätsbildung fortschreitet, um so mehr muſs diesem Wunsche, wenn auch zunächst in bescheidenen Grenzen, Rechnung getragen werden.

Alles in allem: auch auf politischem Boden reifen langsam aber sicher europäische Ideale heran, wofür insbesondere die Entfaltung einer politischen Tagespresse in Indien den unzweideutigen Beleg liefert. Seit Jahren fordern jene privaten Zusammenkünfte, die sich „Nationale Kongresse" nennen und in der Tat die öffentliche Meinung der intellektuellen Oberschicht vertreten dürften, parlamentarische Verfassung für Indien. Wenn man dagegen englischerseits erklärt, daſs man den Indiern den politischen Streit um deswillen fern halte, damit sie sich ungestört philosophischen Spekulationen widmen könnten, so wird das wenig verfangen; man könnte ebenso gut erklären, daſs man die eingeborenen Soldaten um deswillen von der Artillerie fern halte, damit sie sich nicht die Finger verbrennen. Daſs die öffentliche Meinung Indiens heute nicht mehr ganz bedeutungslos ist, zeigte der Boykott englischer Waren in Bengalen, womit die Verwaltung Lord Curzons zu Ende ging[154].

Es ist augenscheinlich, daſs die Europäisierung Indiens (und Ägyptens) für die britische Herrschaft Gefahren in sich birgt, obgleich die militärische Lage heute besser ist als je zuvor[155]. Vielleicht erzieht gerade England seine indischen Untertanen zum Gefühl ihrer Einheit und Nationalität. Entsteht aber ein indisches Nationalgefühl, so ist, wie jeder Kenner Indiens zugibt, die britische Herrschaft gefährdet. Derartige melancholische Betrachtungen liegen gerade den glühendsten Imperialisten nicht ferne. „Nehmt auf euch die Bürde des weiſsen Mannes," ruft Kipling in einem seiner schönsten Gedichte, „schickt eure Söhne in die Verbannung, um eurer Gefangenen Not zu dienen! Wacht über verworrenes, wildes Volk — halb Teufel und halb Kind. Baut die Häfen, in die ihr nicht einfahren, die Wege, die ihr nicht betreten werdet, baut sie mit eurem Leben und bezeichnet sie mit euren Toten! Bei allem, was ihr tut und laſst, sollen die dumpfen, schweigenden Völker eure Götter und euch wägen." Denken wir auch an das reizende Gedicht, in dem England zum Pharao sagt: „Ich will einen Mann aus dir machen, der seinen Unterdrücker mit Maximkanonen bedient, wie es ein Christ tun sollte", und hierzu den kleinen Sergeanten Whatshisname ausschickt, der das Wunder versteht, „aus Schmutz Scharfschützen zu kneten [156].

Trotz alledem dient England seinem eigenen Interesse wahrscheinlicherweise am besten, wenn es mutig den Weg vorwärts schreitet, welcher Asien mit der politischen und geistigen Kultur Europas verbindet. Indem der englische Liberalismus diesen Weg einschlug, hat er Englands Herrschaft über ein bloſses Ausbeutungsverhältnis emporgehoben [157]. Auch vom Nützlichkeitsstandpunkt aus empfiehlt sich eine Politik, welche den gebildeten Indiern kosackische Verlockungen und eingeborenen Despotismus am ehesten verleidet. Auch für die Machtfragen Asiens bedeuten heute die freieren Institutionen einen Vorsprung, wie der Kampf zwischen Ruſsland und Japan bewies. Nach der russischen tritt die indische Verfassungsfrage als groſses, die ganze Menschheit interessierendes Problem auf die Tagesordnung. Die Frage dürfte dann um so eher ins Rollen kommen, wenn China sich nach japanischem Vorgang einmal verfassungsmäſsig europäisieren sollte. Wie dem auch sei, vom welthistorischen Standpunkt aus wäre es der britischen Herrschaft gröſster Triumph, wenn sie Indien zu einem sich selbst regierenden Rechtsstaate erziehen und seine Stellung innerhalb des Reichsverbandes auf den Boden der Freiwilligkeit empor erheben könnte.

7. Nachdem der Kampf gegen Frankreich endgültig zu Englands Gunsten entschieden ist, nachdem England den Aufstieg der Vereinigten Staaten wohl oder übel anerkannt

hat, empfindet sich der neubritische Imperialismus im Gegensatz zu Rufsland und zu Deutschland. Da der britisch-deutsche Gegensatz überwiegend wirtschaftlicher Natur ist, so werden wir erst am Schlufs dieser Arbeit nach Vorführung des wirtschaftspolitischen Materials davon handeln. Dagegen entspringt das britisch-russische Problem dem geographischen Aufbau des russischen Reiches. Zwar sind wiederholt und in neuerer Zeit mehr denn früher Stimmen laut geworden, welche den russisch-britischen Gegensatz durch Verabredung von Interessensphären aus der Welt schaffen möchten. In dieser Richtung arbeitet z. B. die National Review, welche das „Germaniam esse delendam" für den Leitpunkt aller britischen Politik erklärt.

Ist der russisch-britische Gegensatz, der gewifs durch vertragsmäfsige Abgrenzung zeitweise verschleiert werden kann, als dauernde Tatsache des 20. Jahrhunderts zu betrachten? Es ist dies eine der wichtigsten Fragen der grofsen Politik überhaupt und insbesondere für den britischen Imperialismus. Man könnte demgegenüber einwenden, dafs Rufsland durch den Zusammenbruch in der Mandschurei und innere Wirren genügend geschwächt sei, um jener Frage ihre Wichtigkeit zu benehmen. Aber dieser Einwand fällt in sich zusammen, wenn man bedenkt, dafs es sich — abgesehen von den nichtrussischen „Nationalitäten" — in Rufsland um eine kompakte, nationale Einheit von gegen 80 Millionen hochbegabter europäischer Menschen handelt. Eine solche Macht kann zeitweilig von der Bühne abtreten, aber nicht dauernd aus dem weltgeschichtlichen Drama ausscheiden. Mehr als dies: Wenn sich in Rufsland heute das ancien régime überlebt hat, so geht dies für jeden Kenner russischer Verhältnisse gerade auf gewisse hoffnungsvolle Verschiebungen der russischen Volkswirtschaft zurück, welche in letzter Linie für die Zukunft keine Machtminderung, sondern eher einen Machtzuwachs versprechen.

Um eine Weltmacht zu sein, warf sich Mütterchen Rußland gegen Ausgang des 19. Jahrhunderts einem energischen Merkantilismus in die Arme und gebar eine neue Volksklasse, welche heute nach Millionen zählt: die Klasse des Industrieproletariats. Aus dem Schafspelz des russischen Bauern schält sich der Fabrikarbeiter als ein europäisch gekleideter und europäisch denkender Mensch, welcher den Zusammenhang mit der Scholle verliert. Während das „Volk" alten Stiles kein größeres Vergnügen kannte, als zu Ehren des Zaren Studenten durchzuprügeln, reift die neue städtisch-gewerbliche Masse zur Kerntruppe der Intelligenz im Kampfe gegen Bureaukratie und Despotismus. Aber auf der anderen Seite bildet dieser homo novus eine sehr viel geeignetere Grundlage der industriellen Entwicklung als der frühere Artellgenosse, der widerwillig und vorübergehend in die Fabrik eintrat, um immer wieder in das ländliche Meer zurückzutauchen.

Um eine Weltmacht zu sein, zerbrach Mütterchen Rußland durch Steuerdruck die dumpfe Gebundenheit mittelalterlichen Bauerndaseins. Auf dem Lande handelt es sich um den Aufbau größerer landwirtschaftlicher Betriebe zwecks Steuerzahlung und Ausfuhr, um die Abschiebung naturalwirtschaftlicher Zwergwirte von der Scholle, um die Anfänge sozialer Klassenbildung. Es sondert sich der Rahm von der ländlichen Masse. „Schließlich", sagt Postnikoff[158], „müssen wir unvermeidlich zu jener Wirtschaftsordnung gelangen, die gegenwärtig die Wirtschaftsordnung Westeuropas ist, mit ihrem wohlhabenden Bauernstand, mit ihren ländlichen Lohnarbeitern, mit ihrem städtischen Proletariat." Unabhängig vom Willen der Menschen, der Literaten wie der Staatsmänner, vollzieht sich langsam diejenige Europäisierung, welche wichtiger ist als alles, was in den oberen Schichten vor sich geht: in der breiten Tiefe des Volkes entwickelt sich der geistige Typus des Europäers[159].

Diese wirtschaftlichen Verschiebungen ringen heute nach politischem Ausdruck, den sie im Laufe des 20. Jahrhunderts finden werden. Auf der anderen Seite aber liegt die parallel laufende geistige Entwicklung in der Richtung gesteigerter Arbeitsleistung und vermehrter volkswirtschaftlicher Produktion. Jener werdende Europäer ist der aufkeimende Wirtschaftsmensch, der die lastende Decke unvordenklicher Gewohnheit durchbricht. Extensive Wirtschaftsformen fallen unter dem Streben nach gröfstmöglichem Gewinn. Das Privateigentum ringt sich aus dem Gemeindebesitz sieghaft an das Licht der Sonne. Privateigentum aber bedeutet eine gesteigerte Wirtschaftsintensität.

Auf finanziellem Gebiete aber hat Rufsland das letzte ungeheure Machtmittel des Staatsbankerotts an der Hand. Wie immer man über diese Möglichkeit denke, so dürfte eine konstitutionelle Regierung nach Durchhauung des gordischen Knotens, für dessen Schürzung sie die Verantwortung ablehnen könnte, auf europäischen Märkten unter Umständen eher Kredit finden als zuvor. Mancher Geldgeber hält heute den Beutel zu: ob er ihn nach Entlastung des russischen Budgets von einem Teil der Zinslast nicht öffnen würde? Wie dem auch sei! Sollte sich auf russischem Boden ein halbwegs geordnetes konstitutionelles Staatswesen entwickeln lassen, so bedeutete dies unter allen Umständen eine finanzielle Stärkung.

Alle diese Punkte machen einen dauernden Rücktritt Rufslands aus der Reihe der Weltmächte undenkbar, eine dauernde Abschwächung seines Gewichtes unwahrscheinlich.

Es erhebt sich damit die Frage: kann irgend welche russische Regierung Rufslands asiatische Machtstellung auf die Dauer vernachlässigen? Unmöglich — die asiatische Herrschaft ist für Rufsland unentbehrlich, weil die russische Industrie auf neutralem Markte auf lange hinaus konkurrenzunfähig ist und daher Absatzmärkte lediglich durch Vorschiebung der russischen Zollinie erwerben kann. Durch den

Besitz breiter ungewerblicher Absatzmärkte im Osten ist zudem der polnische Industriestaat an Rufsland gekettet.

Hierzu kommen kulturelle Gesichtspunkte. Anders als im fernen Osten gegenüber Japan ist Rufsland in Zentralasien tatsächlich der Kulturträger. So schlecht und bestechlich die russische Verwaltung sein mag, so ist sie doch besser als 'die Eingeborenenherrschaft, die sie ersetzt. An Stelle des unaufhörlichen Blutvergiefsens in Raubzügen und Kriegen setzt Rufsland den Frieden und damit die Möglichkeit wirtschaftlichen Aufschwungs. Einer der schönsten wirtschaftlichen Erfolge des neueren Rufslands ist der Aufschwung der Baumwollkultur in Transkaspien. Die transkaspische Eisenbahn, die schnurgerade geführt ist, ohne Rücksicht auf anliegende Ortschaften, lediglich nach strategischen Gesichtspunkten, entwickelt sich zu einer kommerziellen Ader grofser Bedeutung, weit über Erwarten ihrer Erbauer. Der Kaukasus ist der gröfste Naphtaproduzent der Welt. Naphta und Gold können mit der Zeit in Rufslands Zahlungsbilanz den Agrarprodukten die Alleinherrschaft streitig machen. Auch ist kein Zweifel, dafs die russische Herrschaft dem Asiaten verständlicher ist als die englische. „Die Verschlagenheit und Passivität des Orientalen, welche eine so mächtige Scheidewand zwischen uns selbst und unseren indischen Untertanen errichten," sagt Drage[159], „sind Eigenschaften, welche der Russe für natürlich und normal ansieht. Sie erregen keine Abneigung, ja sie bilden eine Grundlage gegenseitiger Verständigung". Die russische Regierung verlangt zwar vollste Unterwerfung, aber der einzelne Russe mafst sich als Mensch keine Überlegenheit über den Orientalen an.

Hierzu kommt eine dritte Tatsache. Mit dem Fortschritt des asiatischen Eisenbahnnetzes (etwa Ausbau der Bahn Tomsk—Samarkand) erfährt die zentralasiatische Stellung Rufslands eine Verstärkung durch das sibirische Hinterland. Vom weltgeschichtlichen Standpunkt aus ist die Besiedelung

Sibiriens — diese stillschweigende Tat des Mujik — das wichtigste Ereignis der neueren russischen Geschichte. Hier entsteht ein zweites Rufsland; hier vollzieht sich eine ungeheure Ausdehnung der slawischen Rasse, der einzigen Europäer, welche Asien besiedeln. Diese Tatsache ist für Jahrhunderte hinaus von Bedeutung. Zudem ist die Besiedelung Sibiriens eine durchaus einheitliche und nationale. Die Verschmelzung fremder Elemente mit einem herrschenden Typus, die den Vereinigten Staaten so viel Mühe macht, ist für Sibirien keine Aufgabe: die spärlich gesäten Eingeborenen ziehen sich vor den russischen Bauern einfach zurück. Eine andersartige Einwanderung existiert nicht. Nach der Meinung bester russischer Sachkenner kann Sibirien, selbst bei dünner Besiedelung, 50 Millionen Einwohner beherbergen. Hierzu kommen die natürlichen Reichtümer Sibiriens, in denen es Kanada übertrifft, seine Mineralien, seine unermefslichen Wälder, seine landwirtschaftlich besonders begünstigten Gebiete, wie der Altai. Wichtiger noch als dies: der „Sibirjak" verkörpert einen Typus von Menschen, der über dem westuralischen Mujik steht. Sind doch die Bewohner Sibiriens gröfstenteils Abkömmlinge von Bauern, die der Leibeigenschaft, der Landenge, dem Religionszwang der Heimat entflohen — gewifs nicht die schlechtesten Elemente der russischen Bauernschaft, darunter viele Sektierer. Beispielsweise wäre der in wenigen Jahren vollzogene Aufschwung der westsibirischen Molkerei und Butterausfuhr, die schon jetzt den Londoner Markt erreicht, westlich des Urals mit dem Durchschnittsmaterial russischer Bauern nicht möglich gewesen [160]. Diese werdende sibirische Nation mufs früher oder später ihre geschichtlichen Ansprüche anmelden und — ein Kind des harten Nordens, verlangend nach dem Süden — als rein kontinentales Geschöpf sehnsüchtig nach dem Weltmeer blicken.

Alles in allem genommen: die Krisis, welche Rufsland heute durchlebt, bedeutet vielleicht auf Jahre hinaus eine politische Schwächung; sie kann keinen dauernden Verzicht auf asiatische Machtstellung bedeuten. Auch ein konstitutionelles Rußland müßte die nach Asien gerichtete Politik des Zarentums fortführen, was Leute wie Struve anerkennen. Durch welche Katarakte immer der Strom der geschichtlichen Entwicklung hindurchschießen, durch welche Dammbauten er noch gestaut werden mag, er wird — wenn er das neue Bett gefunden hat — das Schiff der russischen Weltpolitik tragen. Vielleicht wird dieses Schiff dann gerade von denjenigen Volksklassen bemannt sein, welche vor kurzem jeden Sieg Japans bejubelten.

Angesichts dieser Sachlage muß der britische Imperialismus doch wohl dauernd mit dem russisch-britischen Gegensatz rechnen, wie Balfour und andere denkende Engländer auch nach dem Zusammenbruch in der Mandschurei ausdrücklich erklärt haben. Aber der Schauplatz dieses Gegensatzes ist geographisch beschränkt worden.

Im äußersten Osten ist Rußland auf feste Grenzen gestoßen, mit denen es sich früher oder später abfinden muß. England ist hier in der angenehmen Lage, sich der aufstrebenden Macht Japans zu bedienen, welche freilich einmal später die Herrschaft im Pacific streitig machen und die Politik des „weißen Australiens" als Beleidigung empfinden dürfte[161]. Nachdem Japan sogar die Verteidigung Indiens für zehn Jahre gewährleistet hat, bleibt für den russisch-britischen Gegensatz nur der Balkan und das westliche Asien.

Bis vor kurzem betrachtete es der britische Imperialismus als ein Lebensinteresse seines Weltreichs, Rußland von Konstantinopel und vom Mittelmeer fernzuhalten. Disraeli war bereit, für diesen Zweck das Schwert zu ziehen. Aber während Disraeli den „unaussprechlichen" Türken stützte, hat Salisbury die nationalen Staaten der Balkanhalbinsel als Schutzwall gegen Rußland gefördert.

Neuerdings tritt der gegen Deutschland gerichtete Flügel des britischen Imperialismus dafür ein, auf der Balkanhalbinsel dem russischen Ehrgeiz freie Hand zu geben. Freilich hat England hier nicht mehr allzuviel zu bieten. Die Öffnung der Dardanellen wird von Rufsland selbstverständlicherweise erreicht werden. Ob ein Mehr in Rufslands Wunsche und Interesse liegt, ist zweifelhaft geworden angesichts der kräftigen Entwicklung der jugendlichen Balkanstaaten, die in England meist unterschätzt wird. Schon heute sind Rumänien und Bulgarien nicht zu verachtende Militärmächte. Die militärische Front Rumäniens ist mit starken Verteidigungswerken gegen Rufsland gerichtet. Bulgarien ist ein straffer Militärstaat, der im Kriegsfall an 300 000 Mann aufstellen kann. Alle Sachkenner stimmen dahin überein, dafs im Balkan die bulgarische Nation die tüchtigste und zukunftsvollste ist. Ihr gehört national schon heute Makedonien und Adrianopel; selbst in der Unterschicht Konstantinopels spielt sie eine beträchtliche Rolle. Gleich den Russen aber hält auch das bulgarische Volk sich für den Erben der „Kaiserstadt". Der „Balkan den Balkanstaaten" scheint der Lauf einer natürlichen und unaufhaltsamen Entwicklung. Es ist fraglich, ob Rufsland geneigt ist, in den Aufschwung freier und aufstrebender Nationen gewaltsam einzugreifen [162].

Weicher und kulturloser sind Rufslands Nachbargebiete im westlichen Asien, welches europäischer Organisatoren augenscheinlich bedarf. Ist es, so könte man in diesem Zusammenhang fragen, für das britische Reich nicht von Vorteil, wenn sich in der asiatischen Türkei das deutsche Interesse zwischen Rufsland und die britische Sphäre einschiebt? Der Nutzen eines solchen Puffers an einer verwundbaren Stelle des britischen Reiches sollte deutsch-englische Handelseifersüchteleien zum Schweigen bringen. Eine in deutschen Händen befindliche Bagdadbahn wäre augenscheinlich ein Grenzwall Englands gegenüber russischen Expansionsbestrebungen, die sich unter kirchlichem Gewande in Syrien, Palästina, Abessinien geltend machten. Dafs Rufsland auch den afrikanischen Kontinent nicht aufserhalb seiner Berechnungen läfst, zeigt die Tatsache, dafs es eine nähere Verbindung der orthodoxen mit der abessynischen Kirche anstrebt. Liegt es wirklich im Interesse des britischen Reiches, dem Ausdehnungsbedürfnis Deutschlands überall hemmend in den Weg zu treten, selbst dort, wo es sich, wie im vorderen Asien, um rein wirtschaftliche Bestrebungen handelt?

Weiter östlich beginnt das Reich jener asiatischen Staaten, welche Lord Curzon als „Glacis der indischen Festung" bezeichnet hat: Persien, Afghanistan, Tibet und Siam. Lord Curzon erklärte, dafs England zwar nicht das Interesse habe, diese Länder zu besetzen, aber ebenso wenig dulden könne, dafs „fremde Einflüsse herankriechen und sich unter unseren Mauern festsetzen". Hier aber handelt es sich um militärisch schwache Staaten, vielleicht mit Ausnahme Afghanistans. Hier mufs England bereit sein, seine Interessen mit eigener Hand zu verteidigen. Mit aller Gewalt drängt Rufsland hier nach dem „warmen Wasser", dessen Besitz seine zentralasiatischen Interessen gebieterisch erheischen.

Rufsland beherrscht Nordpersien kommerziell und militärisch. Welche Fortschritte Rufsland bis zum Ausbruch des japanischen Krieges hier gemacht hatte, ergibt die Tatsache, dafs für ganz Persien zusammengenommen britische und russische Wareneinfuhr sich damals etwa die Wage hielten, während England früher schlechthin vorherrschte. Dabei hat Rufsland sich das Recht ausschliefslichen Eisenbahnbaues in Persien vorbehalten und das Land mit russischen Bankagenturen durchsetzt. Für den britischen Imperialisten bedeutete die Festsetzung Rufslands in Persien — sei es durch Eisenbahnbauten, sei es durch Waffen — eine unerträgliche Bedrohung, welcher er durch offensives Vorgehen in Persien am besten zu begegnen meint [163].

Was endlich das eigentliche Grenzproblem angeht, so ist der Hindukush zwar ein gewaltiger Schutzwall für Kabul und damit den vielbesprochenen Khaiberpaſs. Dagegen liegt Herat und das westliche Afghanistan einem schrittweisen Vorgehen Ruſslands gegenüber offen. Ein hervorragender militärischer Sachverständiger bezeichnet auf Grund genauer Ortskenntnis die Route Sabzawar—Adraskand—Farah—Kojak—Kandahar, welche das Massiv des Hindukush umgeht, für die Linie des geringsten Widerstandes und Quetta als den Schlüssel Indiens [164].

Der japanische Krieg hat gelehrt, daſs Ruſsland ohne Schwierigkeit eine Armee von über einer halben Million Streiter mittelst einer eingeleisigen Bahn 6000 englische Meilen weit nach der Mandschurei werfen und dort monatelang unterhalten konnte. Wie viel näher liegt das nördliche und westliche Afghanistan der russischen Basis, mit der es durch doppelte Eisenbahnlinie in Verbindung steht! Das nördliche Persien ist sogar durch einen unvergleichlichen Binnenwasserweg, die Wolgastraſse und das Kaspische Meer, mit dem Herzen Ruſslands auf das engste verknüpft. Der Besitz Indiens wird mehr und mehr zur „Frage der Landmacht" [165]. Denn nirgends kann Ruſsland das Weltmeer so leicht erreichen als am Persischen Meerbusen, und der Gedanke liegt nahe, das im Osten verlorene Prestige nach dem weicheren Süden hin wieder herzustellen.

Unter diesem Gesichtspunkt verstehen wir die starke Bewegung, die auf Einführung der allgemeinen Wehrpflicht in England hindrängt. Nachdem der Burenkrieg gezeigt hat, daſs es heute möglich ist, mehrere hunderttausend Mann in weiteste Fernen über die See zu werfen, ist es angesichts des indischen Eisenbahnsystems kein phantastischer Gedanke mehr, mit dem englischen Volksheer das britische Reich in Asien zu verteidigen. Es liegt dies um so mehr im Bereich der Möglichkeit, als bei der Länge der Verpflegungslinien in

Asien allerhöchstens mit Hunderttausenden, nicht mit Millionen europäischer Truppen gekämpft werden kann. Noch liegen aufserordentliche Schwierigkeiten einer grundlegenden Neugestaltung des englischen Heerwesens im Wege, selbst wenn man die zwangsweise Wehrpflicht mit Kipling unter dem Namen „staatlich unterstützter Freiwilliger" verbirgt. Trotzdem strebt die Entwicklung diesem Ziele zu, das langsam, aber sicher an Anhängern gewinnt [166].

Es hilft nichts, sich dem verschliefsen zu wollen: auch in der industrielle Welt Englands arbeiten, entgegen den Prophezeiungen Herbert Spencers, neuzeitige Tendenzen in der Richtung des Militarismus, wobei vielfach das deutsche Beispiel vorschwebt. Der neubritische Imperialismus, welcher in seinen Grundgedanken an die idealistischen Denker des älteren Deutschlands anknüpfte, mündet in einer Forderung, welche die Grundeinrichtung des militärischen Neu-Deutschlands zum Vorbilde hat.

Recht charakteristisch für die Beurteilung, welche das deutsche Heerwesen in wachsendem Mafse seitens englischer Patrioten findet, sind folgende Worte eines Oxforder Gelehrten, Dr. Shadwell (Times, Dezember 1903): „Man übertreibt kaum, wenn man sagt, dafs der Militärdienst mehr als irgend ein anderer erzieherischer Einflufs das industrielle Deutschland macht. Unternehmer und Arbeiter sind zusammen durch ihn gegangen; sie haben in derselben Schule gelernt und sie verstehen beide gleich, dafs Ordnung für jede organisierte Kraft, sie sei nun industriell oder militärisch, wesentlich ist. Wenn das einzige Ziel der militärischen Ausbildung sozialer oder industrieller Natur wäre, könnte man vielleicht mit Vorteil die Zügel etwas lockerer halten; wie die Dinge aber liegen, kann keinem vorurteilslosen Beobachter entgehen, eine wie grofse Quelle physischer und industrieller Stärke sie ist [167]."

In letzter Linie ist es die Weltanschauungsfrage, welche hier entscheidet: hat die britische Nation die utilitarische

Ethik und den ökonomischen Atomismus tief genug überwunden, um sich für politische Ideale das ungeheure Opfer der allgemeinen Wehrpflicht aufzuerlegen? Auch das deutsche Heerwesen wäre nie und nimmer aus wirtschaftlichen Erwägungen herausgeboren worden. Es entsprang jener tiefgreifendem Woge idealistischen Aufschwungs, welche — durch die Namen eines Fichte, Scharnhorst und Clausewitz bezeichnet — für den einzelnen an Stelle der Ratschläge des Nutzens die Gebote der Pflicht gesetzt hat [170].

II. Ein imperialistischer Typus.

Parallel mit der Gedankenentwicklung, welche wir soeben verfolgten, vollzieht sich ein nicht minder bedeutsamer wirtschaftlicher Umschwung, auf den wir weiter unten eingehen werden: England wächst aus dem Industriestaat allmählich in den Gläubigerstaat. Trotz absoluter Zunahme der industriellen Produktion, auch der industriellen Ausfuhr, steigt die relative Bedeutung der Zins- und Dividendenbezüge, der Emissions-, Kommissions- und Spekulationsgewinne für die Gesamtvolkswirtschaft. Es ist diese Tatsache meiner Meinung nach die wirtschaftliche Grundlage des imperialistischen Aufschwungs. Der Gläubiger hängt mit dem Schuldner dauernder zusammen als der Verkäufer mit dem Käufer.

Diese Strukturverschiebungen in der englischen Volkswirtschaft wurden durch ein wirtschaftliches Ereignis ersten Ranges beschleunigt: durch den Aufschwung der Minenindustrie Afrikas. Mit der Eröffnung des Suezkanals schien Südafrika einem Stilleben verfallen und lediglich im Kriegsfalle als Flottenstation von Bedeutung. Wenige Jahre darauf begann seine montane Erschließung und bald ergossen sich von Afrika aus befruchtende Ströme über die britische Volkswirtschaft. Dies war die Welle, welche den neuzeitigen Imperialismus emportrug.

Der historische Materialismus könnte also mit einem Anschein von Recht behaupten, dafs auch hier der Umschwung in der „ideologischen Welt" von den Verschiebungen des wirtschaftlichen Untergrundes abhängig gewesen sei. Anders derjenige, welcher, einer Erklärung aus metaphysischen Wesenheiten abhold, dem „diskursiven Verstande" folgt, welchem nach Kant die Welt der Erscheinung allein zugänglich ist. Ein solcher Beobachter sieht, wie im vorliegenden Falle eine mächtige Gedankenwelt sich selbständig entfaltet und in ihren wesentlichen Zügen bereits feststeht, als sie mit einer ihr zusagenden wirtschaftlichen Entwicklung zusammentrifft. Er sieht, wie die Gedanken nunmehr in die Wirtschaftsbewegung einschlagen und von ihr emporgetragen werden, aber auch auf sie zurückwirken und die Wirtschaftsentwicklung selbst tiefgreifend beeinflussen.

Fast scheint es, als ob die Geschichte die selbständige Bedeutung des politischen Faktors für das Wirtschaftsleben an einem Schulbeispiel habe erläutern wollen: Inmitten des afrikanischen Goldwirbels steht der Mann, zu dem nicht wenige Engländer von heute als der Verkörperung ihres politischen Ideals emporblicken: Cecil Rhodes, der Typus des neubritischen Imperialisten [171]. Wir betrachten zuerst Rhodes den Finanzmann und sodann Rhodes den Politiker.

a) Rhodes als Finanzmann.

Cecil Rhodes wurde am 7. Juli 1853 als der Sohn eines kinderreichen Landgeistlichen geboren. Aus Gesundheitsrücksichten ging er mit 17 Jahren nach Südafrika, in dessen warmem und trockenem Klima er Heilung für ein Lungenleiden suchte. Einem älteren Bruder folgend, kam er 18jährig nach Kimberley, welches damals die ersten Tage des Aufschwungs erlebte. Nur durch mehrtägige Reise im Ochsenwagen zu erreichen, ein Lager von Glücksrittern und Abenteurern mitten in der Wildnis — wurde Kimberley in wenigen

Jahren die lebhafteste Stadt Südafrikas, die hohe Schule, durch welche fast alle „grofsen Südafrikaner" hindurchgingen. Kimberley wurde zeitweise der Mittelpunkt der gesamten südafrikanischen Politik. Auf diesem Boden, bei körperlicher Arbeit und frugalem Leben, gewann Cecil Rhodes jene breite, muskulöse Statur, die auf seinen späteren Bildern auffällt; auf diesem Boden gewann er historische Gröfse.

Als ein geschäftliches Genie ersten Ranges hat sich Rhodes in Kimberley aus völliger Mittellosigkeit zu ungemessenem Reichtum emporgearbeitet. Zunächst hat er die Diamantgräberei, wie jeder andere Anfänger, im Kleinbetriebe ausgeübt. Anfang der siebziger Jahre sah man den künftigen Beherrscher Südafrikas unter glühendem afrikanischen Himmel die „blaue Erde", welche seine Kaffern herbeischaufelten, auf einfachem Holztisch durchmustern und höchst eigenhändig die Edelsteine herausklauben. In allen Sätteln gerecht, hat er es damals mit einer Eisfabrik und einem Wasserpumpwerk für die emporstrebende Diamantstadt versucht. Sobald die gesetzliche Bestimmung gefallen war, welche nur einen Besitztitel (claim) pro Kopf erlaubte, und sobald damit diese Besitztitel Spekulationsobjekt geworden waren, galt der junge Rhodes als einer der glücklichsten Spekulanten.

Mit den so erworbenen Mitteln hat Rhodes zwei Grundgedanken sicher und zielbewufst verfolgt, denen er sein unerhörtes Aufsteigen verdankte: Überführung des damals noch ganz zersplitterten Kleinbetriebs zum maschinellen und bergmännischen Grofsbetrieb und Vertrustung der ganzen Diamantgräberei zu einem Riesenunternehmen, welches der Welt den Diamantpreis zu diktieren hätte. Fünfzehn Jahre lang hat Cecil Rhodes an dieser Aufgabe gearbeitet, welche 1888 zum Ziele geführt wurde.

Um die zu überwindenden Schwierigkeiten zu ermessen, werfen wir einen Blick auf die Diamantindustrie Kimberleys[172].

Im August 1870 wurden die ersten Diamanten auf der Farm Jagersfontein im Oranje-Freistaat gefunden. Einige Wochen darauf wurde ein noch bemerkenswerterer Fund in Dutoitspan auf der Farm Dorstfontein, etwa 20 Meilen südlich von Klipdrift am Vaal, gemacht. Im Frühjahr 1871 kamen zwei weitere Fundstellen auf der benachbarten de Beersfarm hinzu, von denen die eine den Namen de Beers beibehielt, die andere nach dem damaligen britischen Kolonialminister Kimberley genannt wurde. Auf diesen vier Minen beruhte bis in neueste Zeit Südafrikas Diamantproduktion. Die Diamanten finden sich in trichterförmig gelagerten Massen vulkanischen Ursprungs. Diese Massen weisen in der Tiefe einen ziemlichen Härtegrad auf und müssen mit dem Hammer zerkleinert werden, zerfallen aber unter Berührung mit Licht und Luft. Es ist dies die berühmte „blaue Erde". Der Bezirk galt zunächst als herrenloses Gebiet. Die aus aller Herren Länder herbeigeströmten Diamantgräber organisierten sich zunächst als selbständige Republik. Der Bezirk wurde später durch einen nicht einwandfreien Schiedsspruch der britischen Kapkolonie angegliedert.

Der Bergbau ging zunächst in höchst primitivem Kleinbetriebe vor sich. Jeder Diamantgräber erhielt ein Los (claim)[178] von ca. 900 Quadratfuſs, und hier begann er mit Schaufel und Hacke, mit Sieb und Waschkufe sein mühevolles, an Aufregungen reiches Gewerbe. Die Vereinigung mehrerer Lose in einer Hand war zunächst im Interesse demokratischer Gleichheit verboten. Charakteristisch für diese erste Periode war eine weitgehende Zersplitterung der Produktion, indem die claims noch weiter geteilt wurden. Die Zahl der Anteilseigner stieg zeitweise bis auf 3600.

Diese Art regellosen Kleinbetriebes erwies sich jedoch als unmöglich, sobald man bei gröſserer Tiefe bergmännischen Schwierigkeiten begegnete. Nun hieſs es durch Pumpmaschinen die Minen wasserfrei zu halten, den gehauenen Blaugrund

mittels der Dampfkraft emporzuheben und zur Wäscherei zu
führen, endlich durch seitliche Schachte gröfsere Tiefen der
Mine anzubohren. Letztere Arbeit benötigte die Wegschaffung
beträchtlicher Erdmengen. Ganz besonders erschwerten die
seitlich nachfallenden Massen den Kleinbetrieb. Die Diamantgräber wählten daher aus ihrer Mitte eine Minenbehörde
(1874), welche Entwässerung und Erdbeseitigung auf ge-
nossenschaftlichem Wege vornehmen sollte. Diese Minenbehörde machte 1883 Bankerott. Die Abhilfe kam auf
anderem Wege. Bereits 1874 erlaubte die Minenbehörde
angesichts der zunehmenden Zersplitterung des Betriebes,
dafs mehrere Lose in einer Hand vereinigt werden durften.
Von dieser Zeit an begann ein Prozefs der Zusammenlegung
der Lose. Je mehr man zum unterirdischen Bergbau übergehen mufste, desto unmöglicher wurde der kapitallose Einzelunternehmer, desto rascher vollzog sich die Ansammlung der
Lose in wenigen starken Händen. Diese Zusammenlegung
wurde dadurch erleichtert, dafs die claims im Preise vielfach
stark sanken wegen Nachfallens des seitlichen Gesteins, wozu
eine Baisse der Diamantenpreise sich gesellte. Aber noch
im Jahre 1885, nachdem bereits mehr als 1000 Unternehmungen aufgesogen waren, bestanden über 40 Gesellschaften
und 50 Einzelunternehmungen.

Aus dieser Zahl hoben sich zwei Mächte hervor, welche
die Alleinherrschaft beanspruchten: Rhodes und Barnato, der
eine in der de Beers-, der andere in der Kimberleymine mafs-
gebend.

Damals sammelte sich um Rhodes jene Gruppe von
Männern meist deutschen Ursprungs, wie Alfred Beit, Julius
Wernher u. a., deren Namen mit dem Aufschwung Südafrikas
unlöslich verknüpft sind. Insbesondere schlofs Alfred Beit
mit Rhodes jenes Bündnis fürs Leben, ja über Rhodes' Leben
hinaus. Mit Hilfe dieses Mannes fafste Rhodes zuerst Fufs
in der Kimberleymine, indem er die „französische Minen-

gesellschaft" zum Anschluſs bewog, in welcher die Firma Jules Porges & Co., später Wernher, Beit & Co. ein Hauptinteresse besaſs[174]. Überhaupt war Rhodes äuſserst glücklich in der Wahl seiner Freunde und Bundesgenossen. Es gelang ihm, Gardner Williams zu engagieren, einen vortrefflichen Mineningenieur, welcher anfangs der achtziger Jahre im Auftrage der Rothschilds Transvaal bereiste; hierdurch verband sich Rhodes nicht nur mit Wissenschaft und Technik, sondern gewann zugleich Fühlung mit dem Hause Rothschild.

Ein anderer Luftkreis wehte um Barnato, welcher in der moralisch nicht besonders anspruchsvollen Gesellschaft Kimberleys als „Schnorrer schlechtesten Rufes" bezeichnet wurde. Er hieſs eigentlich Isaac und war einem älteren Bruder nach Südafrika gefolgt, der als Taschenspieler in Kimberley debutierte und den Künstlernamen Barnato angenommen hatte. Taschenspielerei ist in einer Diamantstadt ein bedenkliches Gewerbe. Der jüngere Barnato hat ursprünglich nicht nur mit Zigarren, sondern auch mit Diamanten gehandelt. Seine Karriere machte er dadurch, daſs er Rhodes' Amalgamierungsbestrebungen frühzeitig erkannte und im Wettlauf mit Rhodes Minenshares um jeden Preis zusammenkaufte. Die Shares der Kimberleymine stiegen zeitweilig von 25 £ auf 600 £, als Barnato und Rhodes um dieselben konkurrierten. Wenn Rhodes im Kampfe mit Barnato schlieſslich siegte, so ist dies — wie er selbst sagt — darauf zurückzuführen, daſs er die reicheren Hintermänner besaſs und länger aushalten konnte. Die Rhodesanbeter pflegen in dieser Hinsicht zu behaupten, daſs „das angelsächsische Genie die jüdische Schlauheit besiegt habe"; aber Rhodes wurde gegen Barnato von Rothschild finanziert. Einer nach dem anderen der Mitaktionäre Barnatos fiel um. Endlich verkaufte Barnato sich selbst, wobei er nicht nur Millionen einstrich, sondern auch „Respektabilität" eintauschte, „eine Ware, die Rhodes in unbeschränktem Maſse zur Verfügung stand". Barnato wurde Mitglied des Kapparlamentes und de hochangesehenen Verwaltungsrates von De Beers[175].

Der Erwerb der beiden minder ergiebigen Minen war dem gegenüber eine leichte Sache; er vollzog sich so, dafs Rhode den keineswegs verwöhnten Aktionären dieser Minen eine fest jährliche Dividende gewährleistete. Die Diamantpreise ware in jener Zeit erbitterten Konkurrenzkampfes tief gesunken, ur nach der Verschmelzung aller Mineninteressen wieder an zuziehen und seitdem eine gewisse Stetigkeit aufzuweisen.

Unter dem weltberühmten Namen De Beers wurd nunmehr Cecil Rhodes der Beherrscher „des gewinnreichstei Bergbauunternehmens der Welt". Die Diamantausfuhr be trug schon in den achtziger Jahren — wie Rhodes in seinei Reden öfters hervorhebt — zwei Drittel der Gesamtausfuh der Kapkolonie, obwohl sie in wenigen Paketen vor sicl ging. In den neunziger Jahren produzierte Kimberley gegei 2—3 Millionen Karat alljährlich, wogegen die sonstige Diamant erzeugung Brasiliens, Neu-Südwales und Borneos nicht ii Betracht kam. Rhodes beherrschte also die Diamantpreise der Welt, die seitdem auf bewufster Beschränkung der Pro duktion beruhten. Rhodes hielt das Angebot stets unter de Nachfrage, für welche die schwankende Kaufkraft der Ver einigten Staaten entscheidend ist. Technisch und kommerziel trat an Stelle des Kleinbetriebes ein höchstentwickelter Grofs betrieb mit allen Vorteilen des Trusts. Weit herum um Kim berley kaufte die De Beers-Company riesige Landstrecken auf um sich gegen das Aufkommen neuer Minen zu sichern. Voi der Chartered erhielt sie später das ausschliefsliche Rechi auf Diamanten in Rhodesia. Eine Reserve von 700 000 ₤ englischer Konsols stärkte ihre Stellung gegenüber den Diamantmarkte. Das Syndikat der Diamantgrofshändler wai identisch mit dem Board von de Beers. Gegen Ausgang dei achtziger Jahre konnte Rhodes von de Beer ssagen: „Es gehi wie ein Uhrwerk."

Kimberley war organisiert. Da vollzog sich ein Ereignis, das den dort angesammelten Energien und Kapitalien ein Feld erweiterter Tätigkeit öffnen sollte — ein Ereignis das Südafrika umgestaltete und für das ganze britische Reich von gröfster Bedeutung wurde: die Entdeckung der **Goldfelder am Witwatersrand 1886**. Die Magnaten von Kimberley waren es, welche Johannesburg schufen. Als Beit und Eckstein 1888 nach Transvaal kamen, war der Rand eine wertlose Weide. In wenigen Jahren wurde er das „Herz Südafrikas", von dem nunmehr alles weitere — der landwirtschaftliche wie der gewerbliche Fortschritt — abhing, dessen Bedarf die weit entfernten Häfen belebte und das Eisenbahnsystem des Landes ertragreich machte[176].

Die Organisation der Johannesburger Industrie vollzog sich in der Weise, dafs ein kleiner Kreis von leitenden Männern — unter ihnen Cecil Rhodes einer der wenigen autochtonen Engländer — Territorialgesellschaften (trusts) gründeten. Diese Gesellschaften betreiben zunächst den Kauf und Verkauf von goldhaltigem Terrain, sodann die Gründung, Inbetriebsetzung und Kontrolierung von Bergwerksgesellschaften; auch besorgen sie dauernd die Kreditvermittelung für die von ihnen abhängigen Unternehmungen. Vielfach befassen sie sich auch mit spekulativer Kursmanipulation der von ihnen emittierten Minenshares.

Die wichtigsten dieser Firmen tragen weltbekannte Namen: H. Eckstein, die Johannesburger Filiale von Wernher, Beit and Co., Barnato Brothers, J. B. Robinson, Consolidated Gold Fields of South Africa, Neumann and Co., A Goerz and Co., General Mining and Finance Corporation Lim. (Nachfolgerin von G. and L. Albu), Farrar Brothers u. a. Um diese grofszügigen Unternehmungen sammelte sich ein bunt zusammengewürfeltes Volk von Glücksrittern, Spekulanten und Abenteurern. Aber jenen leitenden Persönlichkeiten kann man die Anerkennung nicht versagen, dafs sie die tatsächliche Erschliefsung des Randes mit bewundernswerter Tatkraft ins Werk setzten, wobei die Erfahrungen und Kapitalien von Kimberley ihnen zu Hilfe kamen. Johannesburg zählte 1896 bereits über 100000 Einwohner, davon etwa die Hälfte Weifse. 1894, also acht Jahre nach Entdeckung der Goldfelder, waren 141 Bergwerksunternehmungen bereits im Betriebe mit einem eingezahlten Kapital von 22,9 Millionen $\mathcal{L}$; 1893 wurden 3,5 Millionen Dividende verteilt[177].

Nach Sidney Goldmann beruht der Erfolg des Bergbaues am Rand auf dem Zusammentreffen folgender Umstände: das Vorkommen teilweise hochgradiger Golderze in sedimentären Lagern von grofser Regelmäfsigkeit und Ausdehnung weist auf bergmännischen Grofsbetrieb; hierzu kommt Kohle in nächster Nähe der Goldfelder, genügendes Wasser und ein dem Weifsen zuträgliches Klima. Die örtliche Konzentration der Minen unter gleichartigen Naturbedingungen ermöglicht gemeinsame kommerzielle und technische Methoden und eine straffe Interessenvertretung nach aufsen. Der genannte Sachkenner erklärte 1904 eine weitere Steigerung der Goldproduktion des Randes auf das Doppelte der bisherigen Ausbeute für wahrscheinlich und auf Jahrzehnte hinaus gesichert. Die Goldproduktion Transvaals 1904 übertraf die höchste Ziffer vor dem Kriege[178].

Aber diese natürlichen Bedingungen hätten allein nicht genügt. Es bemächtigte sich ihrer der gröfste und spekulativste Geldmarkt der Welt. Aus dem Zusammenwirken dieser beiden Faktoren ergab sich jener fabelhafte Aufschwung des Transvaaler Bergbaus, welcher für das ganze britische Reich tief einschneidende Bedeutung erlangte. Die riesigen Vermögen der leitenden Südafrikaner wären nicht über Nacht gemacht worden, wenn sie auf das Erträgnis der in Betrieb befindlichen Minen angewiesen gewesen wären; sie beruhten vorwiegend auf Gründungs- und Spekulationsgewinnen.

Worauf beruhte das Interesse des Londoner Geldmarktes am Transvaaler Bergbau? In erster Linie gewifs auf den hohen Dividenden einzelner leitender Unternehmungen. Dividenden von 100 % und weit darüber waren vor dem Kriege nichts seltenes; nach Goldmann betrug 1892 und 1893 die Rentabilität der in Betrieb befindlichen Unternehmungen im Durchschnitt 20—21 % des Nominalwerts. Diese hohen Dividenden einzelner Unternehmungen boten die Grundlage gewaltiger Kurssteigerungen, wobei allerdings meist vergessen wurde, die beschränkte Lebensdauer der Minen für ihre Bewertung mit zu berücksichtigen. Die leitenden transvaaler Werke repräsentierten z. B. am 1. Oktober 1895 bei einem Nominalkapital von 18,8 Millionen £ einen Kurswert von 125 Millionen £[179]. Selbstverständlich wurde die erwartete Rentabilität von der Börse vielfach vorweggenommen und überschätzt. Die besten Minenaktien der Wernher-Beitgruppe warfen z. B. nicht mehr als 6—7 % ihrer Kurswerte ab. Diese Verzinsung erscheint niedrig, wenn man bedenkt, daſs in der Dividende der sich allmählich erschöpfenden Mine auch Kapitalquoten mit zurückbezahlt werden.

Anziehender aber noch als hohe Dividenden und hohe Kurse erwiesen sich für die Börse die jähen Kursschwankungen, welchen diese Minenaktien ihrer Natur nach ausgesetzt sind und welche sie zum eigentlichsten Spielpapier machen. Das Unternehmen liegt fern, ist unkontrollierbar, gelegentliche Depeschen bringen aufregende Meldungen über Ausbeuteverhältnisse u. a., die oft genug nur einen vorübergehenden Charakter tragen. Nach Mermeix hatten im Juli 1894 107 arbeitende Bergwerksgesellschaften des Witwaterrandes ein Nominalkapital von 500 Millionen frs. mit einem Kurswerte von 625 Millionen; Juli 1895 war dieser Wert unter starken Schwankungen auf 1750 Millionen Franks gestiegen, um wenige Monate darauf auf 1000 Millionen Franks herabzusinken[180].

Wenn nun aber gerade London Transvaal finanzierte und damit auch politisch überschattete, so beruhte dies auf gewissen Eigentümlichkeiten der Londoner Börse und der sie beherrschenden Rechtssätze. Ohne Sentimentalität fördert England grundsätzlich die Börse als eines der wichtigsten nationalen Machtmittel.

In erster Linie steht die $\mathcal{L}$-Aktie, welche Georg von Siemens mit Recht als die Trägerin des neubritischen Imperialismus bezeichnet[181]. Ihr wird die überraschend schnelle Erschließung Südafrikas und Australiens, ihr die gewaltsame Einbeziehung dieser riesigen Neuländer in die Weltwirtschaft in erster Linie verdankt. Des weiteren kannte die Londoner Börse bis 1900 nur einen rein formalen Prospektzwang und auch diesem entzogen sich viele Minenunternehmungen dadurch, daß sie sich in Transvaal registrieren ließen. Gerade bei weit aussehenden, überseeischen Unternehmungen ist es häufig unmöglich, von vornherein genaue Angaben über den Stand des Unternehmens zu machen; so kann der Prospektzwang unter Umständen ein Hindernis praktischer Kolonialpolitik werden. In Deutschland darf des weiteren ein Industriepapier erst zwei Jahre nach Gründung des Unternehmens an der Börse eingeführt werden. Diese Frist ist in London unbekannt. Wichtiger aber als alles dies: England kennt jene Einengung des Termingeschäfts nicht, durch welche Deutschland den Effektenmarkt beschnitt und damit das Emissionsgeschäft erschwerte.

Wenn die Londoner Börse der nationalen Expansion großartig gedient hat, so beruhte das des weiteren auf ihrem **spekulativen Charakter**: Werte, die auf Jahre hinaus Rentabilität nicht versprachen, wie dies vielfach bei kolonialen Unternehmungen der Fall ist, wurden erwarteter Spielgewinne wegen willig geschluckt. Das Kapital des europäischen Kontinents wurde dadurch britischen Zwecken dienstbar gemacht. Nahezu die Hälfte aller afrikanischen Minenshares soll sich heute in nicht englischen Händen befinden[182]. Aber diese Werte werden in London emittiert und gehandelt, die Leitung der Unternehmungen befindet sich in London, welches dadurch Emissionsgewinne und Kommissionen in weit stärkerem Verhältnis bezieht, als seiner Kapitalbeteiligung entspricht. England besitzt dadurch nicht nur einen weiten Vorsprung in der Bedarfsdeckung des Randes, sondern verfügt auch über den politischen Einfluſs Johannesburgs in der südafrikanischen Politik.

Cecil Rhodes war ein Mann dieser Welt. Als einer der ersten faſste er am Rande Fuſs und war als Vorsitzender der Consolidated Goldfields einer der leitenden Persönlichkeiten Johannesburgs vor dem Kriege. Durch dieses Unternehmen hat Rhodes gleich den anderen Minenmagnaten eine groſse Anzahl von Tochterunternehmungen in das Leben gesetzt. Mehr als irgend ein anderer Name wirkte der Name eines Rhodes faszinierend auf die Londoner Börse. Seinen Namen umgab ein romantischer Schimmer, dem gerade der Börsianer unter Umständen leicht unterliegt. Auf Rhodes wurde das Schlagwort zurückgeführt: „Imperialismus ist gut, Imperialismus plus Dividende ist besser." Leider hat Rhodes diese Worte keineswegs immer bewahrheitet und sich in vielen Fällen um die Rentabilität seiner Gründungen geringe Skrupel gemacht. Emissionskredit brauchte er nicht — er, der alles auf die wenigen Jahre seines nur zu kurzen Lebens setzte. Die Bergwerksunternehmungen Rhodesias wurden gegründet, ehe überhaupt das Vorkommen abbaufähiger Goldlager durch Fachmänner festgestellt war, und doch mit fabelhaftem Optimismus von der Börse aufgenommen. Die $\mathcal{L}$-Aktien der Chartered wurden zu mehr als 4 $\mathcal{L}$ auf den Markt gebracht, obgleich auf Jahre hinaus von Rentabilität nicht die Rede sein konnte [182]. Mochten die deutschen Kolonialpolitiker jener Tage einem Rhodes an Tatkraft zum Teil ebenbürtig sein, ihnen gegenüber war Rhodes der Mann mit dem groſsen Portemonnaie. Dieses Portemonnaie wurde durch einen gläubigen und spiellustigen Geldmarkt immer wieder neu aufgefüllt.

Alles in allem genommen: Cecil Rhodes war eine der gewaltigsten Verkörperungen des „kapitalistischen Geistes" — ein Mann von unermüdlicher, dem Gelderwerbe zugewandter Tatkraft. Dabei war er rücksichtslos in der Wahl seiner Mittel, wie der homo öconomicus sein soll. Wird ihm doch der Ausspruch zugeschrieben, daſs er nie einem Menschen begegnet sei, der nicht zu kaufen gewesen wäre. In einer Welt von Geldjägern stehend, hat Rhodes dieselbe mit den in ihr üblichen Mitteln unterworfen. Prüft man die geistige Struktur dieses merkwürdigen Mannes, so steht so viel fest: Rhodes suchte das Geld nicht als Mittel des Genusses. Luxus ist zeitraubend. Der ungekrönte König von Afrika lebte nahezu so einfach, wie der Anfänger in Kimberley. „Diese seltsame Persönlichkeit", sagt ein Franzose, „liebt nichts von dem, wonach die anderen Menschen trachten: weder den Luxus, noch die Frauen, noch den geräuschvollen Ruhm. Über sein nachlässiges Äuſsere, über seine abgetragenen Kleider, über die Abneigung, die er gegen Frauen zeigt, über die Listen, die er anwendet, um sich den Kundgebungen und der Öffentlichkeit zu entziehen, erzählt man sich in der Wüste Afrikas hundert belustigende Geschichten."

Aber Rhodes diente dem Gewinn auch nicht um des Gewinnes willen, wie es von der Reinzucht des kapitalistischen Geistes verlangt wird. Er arbeitete nicht als frugaler Unternehmer im Dienste der Buchbilanz. Rhodes hat Geschäfte nicht gescheut, die offenkundig verlustbringend waren und hat, wenn die Börse einmal die Taschen zuhielt, gerade für solche Zwecke eigene Mittel reichlich aufgewandt. So baute Rhodes den Telegraphen nach Uganda, weil er annahm, daſs die britische Regierung dieses Land nicht mehr aufgeben werde, nachdem der Telegraph erst einmal dort sei. Für Rhodes war das Geld Mittel, in der heutigen Zeit vielleicht das wichtigste Mittel; aber jene Verschiebung des Mittels zum Zweck, die für unser Zeitalter charakteristisch sein soll, ist bei ihm nicht zu beobachten[188]. Sein letzter Zweck war ein konkreter: die Überführung eines politischen Gedankens aus der Welt seiner Träume in die Welt der Tatsachen. Schon der arme und schwächliche Student war von dem wahnsinnigen Ehrgeiz erfaßt, seinen Namen in das Buch der politischen Geschichte einzuschreiben und nur ein Gedanke beherrschte den Mann auf der Höhe seiner Triumphe: der Wunsch, die Zukunft eines Kontinents politisch zu binden. In einer Rede zu Kapstadt, Januar 1894, vergleicht sich Rhodes mit einem Manne, der Eichen pflanzt; ihren Schatten wird er nicht mehr erleben, aber „er legt die Linien der Zukunft fest". In einer Welt reiner Wirtschaftsmenschen stehend, hätte Rhodes als Träumer gegolten, wenn er es nicht in wenigen Jahren in ihr zum ₤-Millionär gebracht hätte.

b) Rhodes der Politiker.

Man kann Rhodes nur verstehen, wenn man bedenkt, daß er seine Umgebung an Bildung übertraf. Zu seinem Glück war diese Bildung eine solche, welche ihm überwirtschaftliche Zielsetzung ermöglichte. Cecil Rhodes wurzelte tief in der Kultur seines Volkes. Nicht umsonst war er ein Angehöriger der englischen Universitäten gewesen, auf denen die neue Zeit damals in vollem Aufgange begriffen war. Die Zeit von 1876—81 teilte er zwischen Oxford und Südafrika. Während des Semesters drückte er die Schulbank mit Bürschchen, die ein halbes Dutzend Jahre jünger waren als er; während der Ferien war er in Kimberley bereits mit Finanzunternehmungen größten Stils beschäftigt. Auch dieses Doppeldasein offenbart jene wunderbare Tatkraft, welche seinem Charakter trotz mancher Flecken solche Anziehungskraft verleiht. Von Oxford her begleiteten ihn durch die Aufregungen des Gelderwerbs und der Politik als Lieblingsschriftsteller Carlyle und die großen nationalen Historiker — gewiß keine Erzieher des kapitalistischen Geistes.

Der Leitstern in Rhodes' Leben war der **Imperialismus**. Klein-England war ihm hoffnungslos, das gröfsere Britannien dagegen gleichbedeutend mit der Zukunft der Menschheit. Der britischen Herrschaft unterworfen zu werden, schien ihm — ein fabelhafter Aristokratismus! — der gröfste Segen für alle nicht britischen Völker, schwarze wie weifse.[184]. Dies war Rhodes' Religion, wie sie Stead verkündigte: sein Israel seien die englisch redenden Menschen — das Volk der Vorsehung, die vorausbestimmten Herrscher der Welt. Daher gibt es nach Rhodes kein besseres Mittel, Gott zu dienen, als möglichst viel von der Landkarte britisch rot zu färben. Schon als Student soll Rhodes, über der Karte Afrikas brütend, „alles rot" ausgerufen haben, und auf dem Höhepunkt seiner geschäftlichen Laufbahn bestand er in der Schlufsverhandlung mit Barnato hartnäckig auf der Klausel, wonach der Gegenstand des amalgamierten Unternehmens aufser dem Diamantbergbau auch der Erwerb und die Regierung von Land im Innern sein sollte. „Gut", sagte Barnato, „die Einen haben eine Liebhaberei für dieses, die Anderen für jenes Ding. Ihre Phantasie ist es, ein Reich aufzubauen (build an empire), und wir werden Ihnen die Mittel dazu bewilligen müssen."

Rhodes Imperialismus war ein expansiver. Heute, da die europäischen Völker sich über die Erdoberfläche ergiefsen, legen sich die Linien der Geschichte für Jahrhunderte fest. „Ausdehnung ist alles" — dieses Wort eines Rhodes ist bezeichnend für unsere Zeit, da die europäische Geschichte zur wahren Weltgeschichte ausreift. „Wo wollen Sie stehen bleiben?" Dieser erschreckten Frage der Regierungsvertreter pflegte Rhodes dadurch auszuweichen, dafs er die Grenzen seiner Annexionen nach dem Hinterlande zu unbestimmt hielt. Dabei darf nicht verkannt werden, dafs über dem Ausdehnungsstreben die kulturelle Vertiefung bei Rhodes zu kurz kam. Daher hat jene geistige Elite, welche unter dem

Einfluſs von Ruskin und Morris die höchsten Ideale Englands vertrat, den Imperialismus eines Rhodes groſsenteils abgelehnt. Nicht wenige dieser eigentlichsten Vertreter der englischen Kultur waren, wie z. B. Burne-Jones, ausgesprochene Burenfreunde, indem sie intensive Vertiefung statt extensive Erweiterung des nationalen Daseins erstrebten [185].

Rhodes' politische Ziele lassen sich in folgende Leitsätze zusammenfassen:

1. An der Spitze steht die Forderung: „Ein Südafrika bis zum Tanganica." Rhodes erstrebte die Föderation der südafrikanischen Kolonien und Republiken zu einem sich selbst verwaltenden Staatenbunde oder Bundesstaate. Als Durchgangsstufe dachte Rhodes an eine Eisenbahn- und Zollunion, auch an Münzeinheit und ein gemeinsames Obergericht auf Grund des in Südafrika geltenden römischen Rechtes. Es war nur eine höfliche Redensart, wenn er trotz alledem den Burenrepubliken eine „beschränkte Souveränität" vorbehalten wollte. Dieses eine Südafrika ist für Rhodes die Erbin des unbegrenzten Hinterlandes und hat zunächst die Aufgabe, die fruchtbaren und für Europäer wohl bewohnbaren Hochflächen von Matabeleland zu besiedeln und zur Selbstverwaltung zu erheben, sodann die nördlich des Zambesi liegenden tropischen Gebiete zu erschlieſsen und zu beherrschen. Bis zu diesem Punkte gingen Rhodes' Gedanken mit denen seines groſsen Antagonisten, Paul Krüger, parallel.

2. Aber dieses eine Südafrika dachte sich Rhodes als ein Glied des britischen Reichs. Die „Flaggenfrage" war es, welche die beiden groſsen Führer trennte, welche höchst unwirtschaftlicher Weise Afrika in zwei Lager spaltete und in einem der gröſsten und kostspieligsten Kriege der Neuzeit entschieden werden muſste. In diesem Punkte war Rhodes, der Cyniker und Finanzmann, unerbittlich. „Nehmen Sie mir die Flagge und Sie nehmen mir mein Alles" — diese Flagge, welche für den Wirtschaftsmenschen nichts als ein

Lappen bunten Kalikos ist. Rhodes wertete seine unermüdliche Arbeit nur insofern, als sie, der Arbeit Kitcheners und Cromers in Ägypten begegnend, in dem stolzen „Vom Kap zum Nil" gipfelte [186].

Aus diesen Grundgedanken heraus bestimmte sich Rhodes' Verhältnis zu den afrikanischen Holländern. Rhodes war für die friedliche Verschmelzung beider Rassen, aber er setzte dabei stillschweigend voraus, dafs das Angelsachsentum seine Eigenart und Vorherrschaft zu bewahren habe. Auch als er vom Afrikanerbund auf den Schild gehoben wurde, hat Rhodes allezeit nicht nur „verdammt englisch" ausgesehen, sondern auch britisch-imperialistisch gedacht. So berechnete er auf das sorgfältigste alle Aussichten, welche zu gunsten der Anglisierung Südafrikas in Frage kamen. Aus diesem Grunde begrüfste er die Eröffnung des Randbergbaus, weil er Tausende städtischer und englisch sprechender Menschen auf das Hinterwäldertum Transvaals aufpropfte. Aus gleichem Grunde beschleunigte er die Erschliefsung des späteren Rhodesia. Dieser seiner eigensten Gründung prägte er — ohne holländische Ansiedler auszuschliefsen — einen ausgesprochen englischen Charakter auf. Durch die wirtschaftlichen Vorteile, welche in dem zollfreien Zugang zu diesem gewaltigen Hinterlande lagen, hoffte er die Kapholländer an den britischen Interessenkreis zu fesseln. Man überlasse Transvaal sich selbst, meinte Rhodes; wer das Innere hat, hat Afrika [187].

3. Als echter Imperialist erstrebte Rhodes lieber Siedelungs- als Herrschaftsgebiete, lieber „Land als Eingeborene". Weidegebiete mit dünner und rückgehender Eingeborenenbevölkerung, wie sie beispielsweise in Deutsch-Südwestafrika und Betschuanaland vorherrschen, schienen ihm trotz der Schwierigkeiten, die sie der ersten Besiedelung bieten, besonders wertvoll, weil sie eine „weifse" Zukunft besitzen. Rhodes wertete Ackerbau- und Viehzuchtskolonien am höchsten, weil sie den nationalen Besitzstand eines Landes am sichersten festlegen. Den

Bergbau schätzte er als das Mittel, um ein Land schnell zu erschliefsen, Ackerbauer anzulocken und grofse Kapitalien für nationale Zwecke flüssig zu machen.

Dabei verschlofs sich Rhodes der Tatsache nicht, dafs die eigentliche Unterschicht Afrikas für alle Zeiten farbig sein wird. Rhodes hatte ein offenes Auge für die ungeheure Bedeutung der Eingeborenenfrage. Er wies darauf hin, dafs die in Südafrika vorherrschende Banturasse unter europäischer Herrschaft an Zahl zunimmt, seit Beendigung der Stammeskriege beschäftigungslos ist und über den Nahrungsspielraum ihrer Reserven hinauswächst.

In dieser Frage stand Rhodes zwischen der altholländischen Auffassung, welche im Schwarzen ein Haustier erblickt, und der englischen Gesetzgebung, welche — um die Macht der holländischen Wähler zu bekämpfen — den Eingeborenen der Kapkolonie sogar das Wahlrecht gegeben hat. Dafs sich Rhodes gegen letzteren Unfug wandte, durch Ausschlufs der Analphabeten vom Wahlrecht und Festlegung eines ziemlich hohen Zensus (50 £ Jahresverdienst oder 75 £ Eigentum), hat gewifs mehr als alles andere dazu beigetragen, ihn zeitweise bei den Holländern beliebt zu machen. Auf der anderen Seite aber war Rhodes keiner jener Gewaltmenschen, welche in Afrika ihren tierischen Instinkten freien Lauf lassen, weil es ihnen in Europa schlecht bekommt, indem der europäische Arbeiter, wenn geohrfeigt, glücklicherweise wieder ohrfeigt. Rhodes besafs, wie übereinstimmend berichtet wird, die Verehrung seiner farbigen Diener und Arbeiter und war einer der wenigen Europäer, die in die Negersprache einzudringen sich bemühen. Ganz gewaltig mufs der Eindruck seiner Persönlichkeit auf die Eingeborenen gewesen sein. So begab er sich 1896 zur Zeit des Matabeleaufstandes allein in das Lager der Aufständischen und erreichte durch diese Furchtlosigkeit Frieden und Unterwerfung. Nach Rhodes' Meinung sind die Schwarzen „Kinder", „Briten zur Zeit der

Druiden", „im Grunde dem Weifsen wesensgleich", daher zur Gleichberechtigung empor zu erziehen. Als ersten Schritt hierzu befürwortete Rhodes die gesetzliche und tatsächliche Fernhaltung des Alkohols vom Schwarzen. Wenn Rhodes stets gegen den Alkohol gekämpft hat, so wird man ihm dies um so höher anrechnen müssen, als er nicht nur das allenthalben starke Händlerinteresse, sondern auch die weinbauenden Wähler der Kapkolonie damit vor den Kopf stiefs[188].

Rhodes' Eingeborenenpolitik ist niedergelegt in dem sog. Glen Grey Act 1894 und in den Parlamentsreden, in denen er als Premierminister dieses Gesetz verteidigt hat. Die Grundgedanken desselben sind um so interessanter, als sie von einem der besten Kenner des südafrikanischen Negers ausgehen. Das Gesetz führt seinen Namen von demjenigen Teil der Kapkolonie, für welchen es ursprünglich erlassen wurde.

Zunächst schützt das Gesetz den Eingeborenen in dem Besitz seines Reservatlandes. Da er für Freihandel in Land nicht reif ist, so wird der Verkauf, sogar die Verpachtung des Reservatlandes verboten. Unbebautes Land wird von der Regierung eingezogen und an geeignete Bewerber neu ausgeteilt. Das alte Stammeseigentum wird beseitigt. Das Land wird in Individualbesitz zerlegt und vererbt unteilbar vom Vater auf den ältesten Sohn. Wenn ich nicht irre, liegt hierin das Bestreben, die zuwachsende Bevölkerung vom Lande loszulösen und zur Lohnarbeit zu zwingen. Des weiteren wird der Eingeborene durch das den Lokalbehörden überlassene Verbot des Alkoholverkaufs geschützt, wobei eine Entschädigung der Händler und Wirte vorgesehen ist. In Kimberley hat Rhodes die völlige Abstinenz der schwarzen Arbeiter erzwungen. Zur Arbeit angehalten wird der Eingeborene durch eine Arbeitssteuer von 10 sh. pro Kopf, die von allen erwachsenen Männern erhoben wird, welche keine regelmäfsige Arbeit nachweisen können. Diese letztere Bestimmung hat augenscheinlich die jüngeren, nicht in das Land erbenden Söhne im Auge, welche, wie Rhodes sich drastisch ausdrückt, „jenen jungen Herren in London gleichen, die den Tag über im Klub herumlungern, am Nachmittag für den Abend Toilette machen, am Abend zu viel trinken und wahrscheinlich in Immoralität enden". Rhodes hielt einen derartigen indirekten Zwang zur Arbeit für erforderlich. In der Tat zeigt die Erfahrung auch in Afrika, dafs Lohnsteigerungen nicht genügen, um den primitiven Menschen zu intensiverer Arbeitsleistung zu veranlassen, vielmehr nur allzuleicht durch Verminderung der Arbeitsleistung beantwortet werden. Von grofser Bedeutung sind endlich die Bestimmungen des Gesetzes, welche den Eingeborenen zur Selbstverwaltung erziehen sollen. Rhodes legte grofsen pädagogischen Wert auf die Bestimmung, dafs in den zu bildenden Distriktsausschüssen Weifse und Schwarze nebeneinander zu sitzen hätten. Die örtlichen Angelegenheiten interessieren den Eingeborenen, während ihm die grofse Politik unverständlich ist[189].

Fragen wir nunmehr: Welche Mittel verwandte Rhodes zur Durchführung dieser seiner Afrikapolitik?

Zunächst hat Rhodes für seine imperialistischen Ziele grofse persönliche Geldopfer gebracht. Von der Telegraphenlinie nach dem Tanganika war bereits oben die Rede. Auch die Eisenbahn Beira—Salisbury hat Rhodes grofsenteils mit eigenem Gelde gebaut. Aus eigenen Mitteln hat er — ein moderner Conquistador — den Matabelekrieg 1893 geführt, wahrscheinlich billiger, als die Reichsregierung es getan hätte. Auch die grofsen Bergwerksgesellschaften, welche unter seinem Einflufs standen, behandelte Rhodes als melkende Kühe zu gunsten seines Imperialismus. Für die zu gründende Chartered Company hat die de Beers-Gesellschaft 200000 ℒ Aktien gezeichnet[190]. Auch in der Politik des Mutterlandes hat Rhodes den Einflufs des Geldbeutels reichlich benutzt.

Er zahlte an Parnell 10000 ℒ, damit die erwartete Homerulebill eine imperialistische Färbung erhielte: in dem Reichsparlament sollten eine Anzahl irischer Mitglieder verbleiben und koloniale Mitglieder auf Antrag der Kolonien zugezogen werden. Zugleich hoffte Rhodes den Einfluſs Parnells zu Gunsten der Charter im Parlament zu sichern. Rhodes zahlte an die liberale Parteikasse 5000 ℒ, damit Gladstone Ägypten fest hielte. So hat der montane Reichtum Südafrikas, der groſsenteils in der Hand Rhodes' und seines engsten Kreises zusammenfloſs, den Imperialismus der Heimat bewässert.

Im Interesse der Diamantindustrie, insbesondere zur Abwendung des Ausfuhrzolles auf Diamanten, wurde Rhodes Kappolitiker. Aber er hat seinen Einfluſs im Kapparlament sehr bald auch seinen gröſseren, imperialistischen Zwecken dienstbar gemacht. Zeitweise war Rhodes der leitende Politiker Südafrikas. Ein Meisterstück politischer Taktik war es, daſs Rhodes, der Fanatiker des britischen Imperialismus, den allzeit antibritischen Afrikanerbund als Staffel zur Macht benutzte. Bald schreckte Rhodes die Kapholländer mit dem Gespenste „des eisernen Bureaukratismus Berlins", dem sie ohne Anschluſs an das britische Reich verfallen seien; bald spielte er ihren Nativismus gegen die europäischen Beamten Krügers aus, bald die groſsafrikanische Idee gegen die Prohibitivzölle und Verkehrserschwerungen Transvaals, welches die Verbindung mit der Delagoabai aus politischen Gründen bevorzugte. Vor allem aber suchte Rhodes die wirtschaftlichen Interessen der Kapholländer an die britische Sache zu fesseln. Rhodes verfocht vor Chamberlain den Gedanken, durch Differentialzölle den Reichsverband zu festigen. Für seine ländlichen Wähler war Rhodes Agrarschutzzöllner. Erst als nach dem Jamesoneinfall die Gegensätze sich zuspitzten, wurde er Freihändler, indem er auf die überwiegend englischen Wähler der Städte zurückgriff[191].

Es ist hier nicht unsere Aufgabe, Rhodes' politische Laufbahn zu verfolgen oder gar die verworrenen Fäden der südafrikanischen Politik zu entwirren. Dagegen müssen wir auf dasjenige Unternehmen einen Blick werfen, welches sich in der Hand eines Rhodes als das wichtigste Mittel südafrikanischer Ausdehnungspolitik erwies. Die Chartered Company war es, welche den Höhepunkt dieses Lebens bildete. In ihr reichten sich Rhodes der erfindungsreiche Finanzmann und Rhodes der glühende Patriot die Hand.

Auch hier war der Ausgangspunkt ein nationalpolitischer Gedanke. Schon frühe erkannte Rhodes, dafs das Hinterland der Kapkolonie — Betchuana-, Matabele-, Maschonaland — den „Schlüssel Südafrikas" bedeuten. Setzte sich der Brite in Besitz dieser Länder, so legte er einen „eisernen Ring" um Krüger herum, wie dieser selbst einmal treffend sich äufserte. Transvaal, in britischem Besitz eingekapselt, mufste zur Bedeutungslosigkeit herabsinken.

Aber gerade darum war das Kapparlament jeder Annexion im Norden abhold. Die in ihm vorherrschenden Holländer betrachteten den Norden als das natürliche Erbteil Krügers, womit sie den Sieg ihrer eigenen Nationalität für ganz Südafrika entschieden glaubten. Die britische Reichsregierung aber war in den siebziger und achtziger Jahren jeder „Ausdehnung ihrer Verantwortlichkeiten" abhold. Rhodes überzeugte sich hiervon zu seinem Leidwesen sofort nach seinem Eintritt in die Politik. Als Grenzkommissär für Griqualand-West hatte er 1881/82 die erste Ausdehnung nach Norden durch einen Unterwerfungsvertrag mit dem Häuptling Mankoroane angebahnt. Weder das Kapparlament noch die Reichsregierung wollten diesen Besitz antreten. Dagegen fand Rhodes nördlich von diesem Landstrich bereits zwei Miniaturrepubliken Krügerscher Bürger etabliert, Stellaland und Gosen, welche ihm den Weg nach dem Innern versperrten und augenscheinlich im geeigneten Augenblick mit Transvaal vereinigt werden sollten. Alles schien gegen Rhodes bereits festgelegt.

Da brachte ein durchaus unerwartetes Ereignis von aufsen den Stein der südafrikanischen Politik ins Rollen: die Annexion der südwestafrikanischen Küste durch Deutschland Mai 1883 bis August 1884 — eines Ländergebietes, das Rhodes keineswegs verachtet, zu dessen Besitzergreifung er vielmehr dringend, aber vergeblich geraten hatte[192]. Nunmehr war die Gefahr dringend, dafs Deutschland und Transvaal sich territorial die Hand reichten. Englands südafrikanische Vorherrschaft wäre damit zu Ende gewesen. In der Tat annektierte Krüger am 16. September 1884 beträchtliche Teile von Betchuanaland. Um die Kapholländer gegen Deutschland in Bewegung zu setzen, erklärte Rhodes, dafs Deutschland Transvaal zu überrennen beabsichtige, um von Meer zu Meer zu herrschen. Mehr Eindruck als bei den sich selbst vertrauenden Bürgern machte diese weit übertreibende Behauptung auf den Vertreter der Zentralregierung in der Kapkolonie, Sir Hercules Robinson. Durch ihn gelang es, das Kabinet Gladstone zu überreden, Krüger unter Kriegsandrohung zum Rückzuge aus Betchuanaland aufzufordern (8. Oktober 1884) und dieses Gebiet als britische Kronkolonie bis zum 22. Breitengrade zu annektieren. Die militärische Expedition Warren's zwang die daselbst ansässigen Buren, sich der britischen Herrschaft zu unterwerfen. Rhodes hat damals, getreu seinem vermittelnden Standpunkt, das Privateigentum der burischen Ansiedler an dem von ihnen in Besitz genommenen Lande gegen Warren verteidigt.

Aber die Gefahr war damit nur aufgeschoben. Transvaal wie Deutschland strebten weiter nach dem Norden. Hier erhob sich auf fruchtbarem, für europäische Besiedelung wohl geeignetem Hochlande ein mächtiges und weit ausgedehntes Reich kriegerischer Zulus, welche weithin die Negerstämme in Unterwerfung und Schrecken hielten: das Reich der

Matabele oder der „schrecklichen Männer". Wer dieses Matabeleland erwarb — so erkannte Rhodes — gewann die Vorherrschaft Südafrikas. Während der Kriegsruhm der Matabele die Transvaalburen noch in heilsamer Entfernung hielt, war der deutsche Graf Pfeil als Unterhändler dahin schon auf dem Weg.

Aber weder die Zentralregierung, noch das Kapparlament waren zu bewegen, ihre Hand auf Matabeleland zu legen. So beschloſs Rhodes diese wichtigste Ausdehnung, die das britische Reich ihm verdankt, als Privatmann in die Wege zu leiten, wobei ihm augenscheinlich das Beispiel der Eroberung Indiens vorschwebte. Der auf Afrikas Gold- und Diamantenfeldern üppig gediehene Groſskapitalismus wurde von Rhodes an den Wagen des Imperialismus gespannt.

Der erste Schritt war die Sendung einer Mission an Lobengula, den König der Matabele. Daſs es sich von vornherein um ein nationalpolitisches Unternehmen handelte, ergibt sich daraus, daſs Nichtengländer von der Teilnahme an der Expedition ausgeschlossen wurden. Gegen die üblichen Schnäpse, Kalikos, Zylinderhüte usw. sowie gegen eine Monatsrente von 100 £ erteilte der unglückliche Monarch am 30. Oktober 1888 seinen liebenswürdigen Besuchern das ausschlieſsliche Recht auf den Erwerb aller Mineralien zunächst in dem von ihm eroberten Maschonalande. Diese Konzession war von der schwarzen Majestät schon wiederholt an frühere Bewerber erteilt worden, ohne daſs sich daraus irgend etwas weiteres ergeben hatte. Aber diesmal stand hinter den weiſsen Besuchern des Königskraals ein Mann beispielloser Tatkraft. Nachdem Rhodes die eigene Konzession in der Tasche hatte, kaufte er als gewiegter Finanzmann die früher erteilten Konzessionen um ein billiges auf, amalgamierte sie mit der seinen zu der United Concession Company, welche die ihr zustehenden Rechte später in die Chartered gegen eine Million £ (!) einwarf.

Nach diesen Vorbereitungen begab sich Rhodes nach London und erwirkte hier vom Parlament den Freibrief, welcher der zu gründenden Handelskompagnie unter britischer Oberhoheit die Rechte einer Staatsgewalt verlieh, so die Rechte der Gesetzgebung, Rechtsprechung und Verwaltung, sowie das Recht der Aufstellung einer bewaffneten Macht. Für Rhodes war es von entscheidender Wichtigkeit, daſs der Freibrief territoriale Grenzen nur im Süden, Osten und Westen feststellte, dagegen nach Norden für weitere Ausdehnung über den Zambesi hinaus freien Raum lieſs. Der Freibrief („charter") wurde am 30. Oktober 1889 unterzeichnet und nach ihm wurde die „British South Africa Company" kurzweg die „Chartered" genannt. Das Gebiet der Chartered erhielt später nach ihrem Gründer den Namen Rhodesia. Es umfaſste Gebiete von dem Umfang Frankreichs, Deutschlands und Österreich-Ungarns zusammengenommen, darunter Hochflächen mit einem für Europäer wohl geeigneten Klima, so ziemlich die wertvollsten Teile des noch unvergebenen Südafrika.

Mit fabelhaftem Geschick verstand es Rhodes, sein Unternehmen finanziell flott zu machen. Das Grundkapital der Chartered, welches zuerst auf 1 Million £ bemessen war, wurde im Laufe der folgenden Jahre auf 5 Millionen £ erhöht. Aber damit sind die Summen bei weitem nicht erschöpft, welche Rhodes seiner Lieblingsschöpfung zuleitete. Die Chartered war, wie die groſsen Johannesburger Trusts, eine Gründungsgesellschaft, welche sich auſser mit dem Erwerb und der Regierung des Landes mit der Gründung von Eisenbahn- und Bergwerksgesellschaften befaſste. In seiner berühmten Rede an die Aktionäre der Chartered vom 2. Mai 1899 berechnet Rhodes, daſs er allein in den letzten sieben Wochen (!) gegen 10 Millionen £ für rhodesische Zwecke flüssig gemacht habe [193].

Woher stammten diese gewaltigen Summen? Die ersten Beträge, so die Anfangsmillion, mit der die Chartered in das

Leben trat, wurden von Rhodes und den ihm nahe stehenden Minenmagnaten aufgebracht. Später als die Mittel der Chartered erschöpft waren, ist wiederholt Rothschild eingetreten, so z. B. bei dem Bau der Bahn Beira—Salisbury. Aber entscheidend war doch der Londoner Geldmarkt, von welchem die gröfste Masse der benötigten Mittel herbeigepumpt wurde. Der Besitz einer aktionsfähigen Börse ermöglichte es, das Publikum breiten Stiles, auch das festländische Publikum, dem britischen Imperialismus dienstbar zu machen. Gegen Ausgang der neunziger Jahre rühmte sich Rhodes, eine Armee von 30000 Aktionären hinter sich zu haben, darunter 16000 mit einem Aktienbesitz unter 500 Mark[194]. Nach Mermeix besafs die Chartered 1896 allein gegen 3000 französische Aktionäre mit 252000 Aktien.

Welche Gründe veranlafsten das Publikum, sein gutes Geld für die Chartered und ihre Tochterunternehmungen herzugeben? Zunächst imperialistische Stimmungen, welche den blau-weifsroten Fetzen, die sich Aktien der Chartered nannten, ein imaginäres Leben einbliesen. Aber nicht nur imperialistische Stimmungen, wie die Beteiligung zahlreicher Ausländer bewies. War es die Aussicht auf Dividende? Durch die politische Verwaltung eines Reiches, durch die Steuern der Eingeborenen, durch den Verkauf städtischer und ländlicher Grundstücke — durch derartige Eingänge wird keine Dividende gemacht. Im günstigsten Falle konnten hierdurch die Ausgaben der Chartered notdürftig gedeckt werden. Aber Rhodes hatte — auf Grund ziemlich oberflächlicher Zeugnisse, insbesondere verlassener Goldbergwerke der Vorzeit[195] — das Land für „mineralisch" erklärt. Er hatte seine Aktionäre an den erhofften Ergebnissen des Bergbaues durch die Bestimmung beteiligt, dafs die Chartered von jedem auf ihrem Gebiete gegründeten Bergwerksunternehmen als Entgeld für die Herstellung geordneter Rechtszustände die Hälfte der zu emittierenden Aktien vorweg erhalten sollte. Durch den Vertrieb dieses in ihrem Portefeuille sich ansammelnden Effektenbesitzes konnten sich einmal reiche Gewinne ergeben. Aber diese Aussichten standen noch in weitestem Felde; noch fehlte die technische Untersuchung der vermeintlichen Goldfelder, noch fehlten die Verkehrswege, ohne welche maschineller Bergbau unmöglich ist. Rhodes selbst erklärte, dafs auf Jahre hinaus an Dividenden nicht zu denken sei.

Aber jene unbestimmten Gewinnaussichten wurden durch den Glanz, der von Kimberley und vom Witwatersrand ausstrahlte, in bengalisches Licht gesetzt. Vielleicht waren Kurssteigerungen, jedenfalls waren starke Kursschwankungen zu erwarten und lockten die Spiellust des Publikums an. Rhodesische Werte wurden spekulative Werte erster Ordnung; so wurden die Aktien der Chartered zeitweise bis auf die achtfache Höhe ihres Nominalbetrages emporgewirbelt; noch 1902/03 war ihr höchster Kurs, nachdem die Gesellschaft seit ihrem Bestehen, also 13 Jahre, keine Dividende gezahlt hatte, $4^{1}/_{2}$ £. Daneben ereigneten sich jähe Kurssenkungen, welche dem Optimisten zu spekulativen Meinungskäufen Anreiz gaben.

In noch höherem Mafse galt das gleiche von den rhodesischen Bergwerksgesellschaften. Nachdem die Berichte sachverständiger Geologen nicht ganz ungünstig ausgefallen waren[196] und einige wenige Unternehmungen zur Produktion übergegangen waren, eröffnete sich eine Periode wilder Kurssteigerungen und jäher Kursschwankungen, welche die Finanzmagnaten dazu benutzten, ihren Aktienbesitz weithin in das Publikum auszustreuen. Hierzu wurden öfters die gewagtesten Schiebungen angewandt. So hat die de Beers-Company die ihr als Gründeranteil zugefallenen Aktien der Chartered als Dividende an ihre Aktionäre ausgeschüttet; wenn letztere diese Aktien rechtzeitig verkauften, so hatten sie kein schlechtes Geschäft gemacht. Die Chartered hat die Aktien ihrer Tochterunternehmungen öfters an diese selbst zurückverkauft — gelegentlich das £ nominal zu einem Kurse von 4—5 £. Obligationen der Betschuana-Eisenbahngesellschaft brachte man dadurch unter, dafs man den Geldgebern ein Optionsrecht auf neu auszugebende Aktien der Chartered zusicherte, wobei man sich noch für begünstigt zu halten hatte, dafs man die £-Aktie der Chartered mit 5 £ bezahlen durfte [197].

In allen diesen Dingen zeigte sich Rhodes als der vielgewandte und skrupellose Finanzmann, dem die Börse folgte, wohin er wollte. Aber Rhodes war mehr als ein Gründer papierner Kartenhäuser, etwa nach der Art des Whittaker Wright. Mit den flüssig gemachten Summen verrichtete Rhodes sofortige und tatsächliche Arbeit. Drei Tage nach Unterzeichnung des Freibriefs in London wurden die ersten Schienen von Kimberley nach dem Norden gelegt.

Wenige Monate nach Unterzeichnung der Charter trat Rhodes an die militärische Okkupation des zu gründenden Reiches. Im Juni 1890 sandte Rhodes die erste Expedition in das Innere. Es waren Abenteurer im verwegensten Sinne des Wortes, Goldgräber, Sportsleute, Polizeisoldaten, welche sich vorsichtig an dem noch ungebrochenen Matabelereich vorbei schlängelten und am 30. September das Ziel ihrer Bestimmung, Mount Hampden im Maschonalande, erreichten, wo die Stadt Salisbury gegründet wurde. Bald darauf folgte der unerläfsliche Krieg, ohne welchen ein aristokratischer Eingeborenenstamm seine Rechte dem weifsen Manne nicht abtritt. Dieser Krieg wurde von der Chartered als Privatunternehmen geführt. Die Matabele, sieggewohnt, wie sie waren, taten ihren Gegnern den Gefallen, sich europäischen Maximkanonen in offener Feldschlacht zu stellen. An Stelle des Königskraals entstand die Hauptstadt Rhodesias, Buluwajo, welches in wenigen Jahren zu einer Stadt mit Banken, Zeitungen, Kaffeehäusern und steigenden Grundrenten emporwuchs.

Rhodes aber hielt erst mit dem Bau von modernen Verkehrsmitteln die Besitzergreifung eines Landes für tatsächlich vollzogen. Diese Aufgabe ging bei ihm allem voran. Rhodes hat das gewaltige System der rhodesischen Eisenbahn ohne Staatshilfe und ohne Staatsgarantie gebaut. Und um welche Aufgaben handelte es sich! Die zuerst erbaute Teilstrecke Kimberley—Buluwayo entspricht ungefähr der Entfernung Berlin—Frankfurt—Luzern. Diese Linie wurde Ausgang 1897 vollendet und war für Rhodes das erste Glied des von ihm erträumten Schienenweges vom Kap zum Nil. Die Gründung geschah in der Weise, daſs die Magnaten Kimberleys und des Randes, sowie die an der Herstellung der Bahnen höchlichst interessierten rhodesischen Bergwerksunternehmungen die Aktien zunächst übernahmen, um sie später, wenn ein „boom" inszeniert war, abzustoſsen. Die groſse Masse der Gelder dagegen wurde durch Obligationen der Eisenbahngesellschaften aufgebracht und von der Chartered garantiert. In eingeweihten Kreisen behauptete man, daſs Rhodes seine Eisenbahnen dadurch rentabel mache, daſs er auf den bereits gebauten Strecken das Material der weiter zu bauenden transportiere. Gebiete, die er noch nicht durch die Schiene anschmieden konnte, hat Rhodes zunächst durch den Telegraphendraht an die britische Sphäre geknüpft.

Fragen wir in letzter Linie: Gehörte der Krieg zu den Mitteln von Rhodes Afrikapolitik? Diese Frage ist insofern zu bejahen, als Rhodes den Krieg unvermeidlich machte.

Unmittelbar vor dem Jamesonraid stand Rhodes auf der Höhe unglaublicher Arbeitsleistung und unerhörter Erfolge. Als Premierminister der Kapkolonie und als der maſsgebende Direktor der de Beers und der Chartered war er neben Krüger die einfluſsreichste Persönlichkeit Südafrikas; als einer der leitenden Männer des Londoner Geldmarktes war er seinem Rivalen weit überlegen. In Rhodes und Krüger aber verkörperten sich zwei unversöhnliche nationalpolitische

Ideale. Rhodes war es, welcher mittelbar die Republiken zum Kriege zwang, indem er Rhodesia vom Norden her um ihren Nacken legte und damit ihnen die Ausdehnung in das Hinterland abschnitt. Die Aufrichtung einer unabhängigen Afrikander Grofsmacht in Südafrika, das Ideal Krügers, wurde damit auf dem Wege einer friedlich wirtschaftlichen Entwicklung unmöglich. Diese grofse nationalpolitische Streitfrage konnte nur noch durch die Waffen entschieden werden. Alles andere, z. B. die Beschwerden der Ausländer und der Minenbesitzer gegen die Transvaalregierung, war demgegenüber nebensächlich und Vorwand[197]. Zweiten Ranges ist auch die Frage, ob und in wie weit Rhodes beim Jamesoneinfall die Hand im Spiel hatte und damit an der Veranlassung des Krieges beteiligt war oder nicht[198]. Der Krieg enthüllte eine militärische Stärke der Buren, welche bei ungünstigerer Weltlage dem britischen Reiche hätte gefährlich werden können. Insofern war der Krieg vom Standpunkt des britischen Imperialismus aus eine Notwendigkeit.

Rhodes hat den Ausgang des Krieges nicht mehr erlebt. Nachdem er die Verteidigung Kimberleys durchgeführt hatte, wurde er noch während des Krieges durch einen jähen Tod grofsen Plänen entrissen. Am 10. April 1902 wurde er in der granitnen Einsamkeit von Matoppos im Herzen Rhodesias beerdigt. „Lebend war er das Land und tot soll seine Seele die Seele des Landes sein"[199].

In seinem Testament wirkte Rhodes über sein Leben hinaus. Der unermüdliche Arbeiter machte seinen leiblichen Erben ein Rentnerdasein unmöglich; dagegen schuf der glühende Imperialist 162 Universitätsstipendien von je 300 £ jährlich für Angehörige der britischen Kolonien und der Vereinigten Staaten. Junge Männer, welche in der weiten angelsächsischen Welt zu führenden Stellungen aufzusteigen die Aussicht haben, sollen sich in Oxford mit den geistigen Traditionen des Mutterlandes durchtränken; die hier angeknüpften

Freundschaftsbande sollen später einmal den Globus umspannen. Rhodes war bemüht, die Einheit der Nation durch unsichtbare Bande gemeinsamen Denkens, Wollens und vor allem gemeinsamen Empfindens zu sichern. Zu diesem Zweck legte er allen Nachdruck auf das in Oxford voranstehende Studium der Geisteswissenschaften (humanics) gegenüber den kulturell neutraleren Gebieten der Naturwissenschaft und der Technik [200].

Fragen wir nunmehr rückblickend, was bleibt als dauerndes Ergebnis der Lebensarbeit eines Rhodes? Zunächst steht heute fest, daſs Rhodesia kein Börsenschwindel, sondern eine bleibende und tatsächliche Leistung gewesen ist. Zwar ist das Ergebnis des rhodesischen Bergbaues noch immer fragwürdig; nur wenige Minen haben bisher Dividende gezahlt; viele wurden wegen mangelnder Ausbeute ganz geschlossen; die meisten leiden an zu hoher Kapitalisation. Der Bergbau scheint auf dem unsicheren Quarzgold zu beruhen. Immerhin weist die Goldproduktion des Landes in den letzten Jahren eine steigende Richtung auf [201].

Landwirtschaftlich dagegen scheint Rhodesias wohl bewässerte Hochfläche dem sonst ziemlich sterilen Südafrika überlegen [202]. Weizen, Tabak und Baumwolle sind als geeignete Kulturen erprobt worden. Die weiſse Bevölkerung Rhodesias bezifferte sich Anfang 1904 auf 12 623 Seelen; sie hat sich im Jahre 1903 um etwa 1500 vermehrt, ein Zuwachs, der in der Hauptsache auf ländliche Distrikte entfällt. Die Frage der Selbstverwaltung Rhodesias ist damit auf die Tagesordnung gesetzt, wobei die finanzielle Auseinandersetzung zwischen der Chartered Company und dem künftigen kolonialen Staatskörper nicht ohne Schwierigkeiten ist.

Rhodes' Traum einer Eisenbahn vom Kap zum Nil ist heute, wenige Jahre nach seinem Tode, der Verwirklichung erheblich näher gerückt. Bald werden die Schienen die Grenzen des Kongostaates erreicht haben. Die Victoriafälle sind überbrückt worden und damit ist eine ungeheure Quelle mechanischer Kraft der wirtschaftlichen Erschliefsung zugänglich gemacht. Ihre Ausnutzung für industrielle Zwecke kann nur eine Frage der Zeit sein. Sogar eine Kraftübertragung von den Viktoriafällen nach Johannesburg liegt im Kreise technischer Erwägung. Sind doch die Viktoriafälle etwa 2 mal so breit und 2^1/$_2$ mal so hoch als der Niagarafall und werden bei guter Jahreszeit auf eine Leistung von 35 Millionen Pferdekräfte veranschlagt. Wenn angesichts der Fälle, welche in leichtem Bogen die Brücke aus britischem Stahl überspannt, Watts Statue „Physical Energy" errichtet sein wird, so feiert hier im Innersten Afrikas der britische Imperialismus einen Triumph, auf welchen er stolz sein kann.

Die weiteren Ziele von Rhodes' Afrikapolitik sind nur teilweise verwirklicht. Das „alles rot" wird auf der Landkarte Afrikas durch einige nicht unbeträchtliche Flecken unterbrochen, welche Bismarck — fabelhafterweise ohne das Mittel einer nennenswerten Kriegsflotte — durch die Kunst seiner Diplomatie zur rechten Zeit preufsisch blau färbte. Rhodes hatte ein offenes Auge für die aufsteigende Macht Deutschlands und hielt es, wie seine Verhandlung mit dem deutschen Kaiser über den transkontinentalen Telegraphen, vor allem auch sein Testament beweist, für praktisch, lieber mit als gegen den deutschen Vetter zu arbeiten.

Neben der Angliederung und Erschliefsung des Innern erstrebte Rhodes die Verschmelzung der Briten und Holländer Südafrikas zu einer Nation unter Vorherrschaft des britischen Elementes. In dieser Hinsicht hat Rhodes an einem schweren und verhängnisvollen Irrtum seiner Landsleute teilgenommen, indem er die Widerstandskraft des Gegners weit unterschätzte. Er hielt es für undenkbar, dafs Krüger einen Krieg wagen könne. „Wenn es sich erweist, dafs irgend ein eingeborener Häuptling in Samoa der Regierung Ihrer Majestät ernstliche Schwierigkeiten bereitet, dann erst bin ich bereit, die Behauptung zu diskutieren, daſs Transvaal eine Gefahr für das britische Reich sein könne." „Diese Vorstellung ist zu lächerlich; ich denke, daſs Präsident Krüger sehr stolz darauf sein kann." „Ich verlasse diese Frage, weil sie nur eine vorübergehende Beunruhigung bedeutet" — solche Worte sprach Rhodes in öffentlicher Rede am 20. Juli 1899[203], also wenige Wochen vor Ausbruch des schwersten Krieges, den das britische Reich seit den Tagen des ersten Napoleon durchgemacht hat. In einer Welt reiner Kapitalisten stehend und gewohnt, die Gegner nach der Gröſse ihres Geldsackes abzuschätzen, war Rhodes für die idealen Mächte blind, welche die Kräfte der Buren verzehnfachten. Die Schwierigkeit und die lange Dauer des Krieges führte auf beiden Seiten zu hochgradiger Verbitterung. Zweifellos hat damit der Krieg die nationalen Gegensätze, deren Ausgleichung Rhodes erstrebte, auſserordentlich verschärft. Statt mit den Männern hat England jetzt mit dem schwer vergessenden Gedächtnis der Frauen zu rechnen; und diese Frauen sind gefährliche Gegnerinnen. Denn mehr als durch die Todesverachtung der Männer auf dem Schlachtfelde werden die groſsen nationalen Streitfragen der Gegenwart durch den Opfermut der Frauen im Wochenbette entschieden; die Frauen der Buren aber sind gebärwilliger als die kolonialen Britinnen und stellen damit das ganze Ergebnis des Krieges in Frage[204]. Hat Rhodes wirklich die Linien der Zukunft festgelegt? Ernst zu nehmende Engländer sind der Meinung, daſs der Krieg die gänzliche Loslösung Südafrikas vom britischen Reich beschleunigt habe[205].

Wenn Rhodes die nationalen Gegensätze bei seinem Tode verschärft zurückließ, so hat er auch für die andere Lebensfrage Südafrikas einen endgültigen Ausweg nicht gefunden. Drohender denn je erhebt das schwarze Gespenst sein Haupt[206]. Das „Afrika für die Afrikaner" gewinnt an Bedeutung, je mehr die Eingeborenen geschult und christianisiert werden. Nach dem Cape Government Education Report von 1904 empfingen in der Kapkolonie Ende 1903 91313 farbige und nur 60 849 weiſse Kinder Schulunterricht. 1892 wurde von einem eingeborenen Methodistenprediger namens Mokone die „Kirche von Ethiopia" gegründet, welche nur schwarze Kommunikanten zuläſst. 1896 gewann diese Bewegung Rückhalt durch Anschluſs an die „African Methodist Episcopal Church of America", die mächtigste ethiopische Organisation der Welt. 1898 bereiste der Bischof Turner, ein amerikanischer Neger, Südafrika und ordinierte eine Menge schwarzer Priester und Diakonen[207]. Diese kirchliche Organisation mag keineswegs direkt reichsfeindlich sein, aber sie ist die Grundlage eines nationalen Zusammenschlusses der Schwarzen. Auch politisch beginnt der Eingeborene zu erwachen, um so mehr, als in der Kapkolonie wenigstens beide politischen Parteien um die Gunst des farbigen Wählers werben. Besonders weit geht hierin die britisch-imperialistische Partei der Progressisten, an deren Kongressen schwarze Delegierte in voller Gleichberechtigung teilnehmen.

Um so wichtiger wird damit eine wahrhaft kulturelle Hebung des Eingeborenen. Nicht Bücherwissen kommt hierfür in Betracht, noch weniger eine Überproduktion an schwarzen Theologen[208]. Auf Erziehung zur Arbeit, und zwar zu gelernter Handarbeit legt der leitende Kopf der Schwarzen, Booker Washington, allen Nachdruck — ausgehend von dem auch hier richtigen Satz, daſs der wirtschaftliche Aufstieg dem politischen Fortschritt voranzugehen hat.

Wird nun diese Erziehung zur Arbeit, so könnte man fragen, in Südafrika nicht dadurch verlangsamt, daſs der Kuli sich in die Arbeitsplätze einnistet, welche der Eingeborene ausfüllen sollte? Zwar mag die Chineseneinwanderung, welche die Minenbesitzer als Siegespreis des südafrikanischen Krieges einheimsten, die Ziffer der weiſsen Bevölkerung am Rande eher erhöhen als herabdrücken; denn der weifse und der farbige Mensch sind keine Mitbewerber um dieselbe Arbeit. Man kann Milner zugeben, dafs die Chineseneinwanderung das britische Element gegenüber dem landsässigen Holländertum stärkt und die Goldproduktion des Randes steigert [209]. Blickt man aber weiter in die Zukunft hinaus, so ist doch folgende Frage nicht zu unterdrücken: Ist es nicht ein Unding, dafs in demselben Lande Hunderttausende von Schwarzen müfsig herumlungern, während Ladung auf Ladung gelber Menschenware an das Land gesetzt wird? Wird dadurch die Erziehung der Schwarzen zur Kultur gefördert [210]?

So scheint das Lebenswerk eines Rhodes nach verschiedenen Richtungen hin noch keineswegs gesichert. Dies soll uns jedoch nicht hindern, der eigenartigen Gröfse dieses Mannes gerecht zu werden. Wenn die öffentliche Meinung Deutschlands während des Krieges gegen Rhodes Stellung nahm, so lag hierin eine Anerkennung für die Gröfse des Mannes. Man empfand dunkel, dafs durch Rhodes die koloniale Ausdehnung Deutschlands weiter zurückgeschnitten worden ist, als es die Londoner Zentralregierung je vermocht hätte.

Auch für uns braucht Rhodes nicht ohne Nutzen gelebt zu haben. Von allen Dächern herunter wird uns heute das alte Bentham-Ricardosche Lied gepfiffen: der Kapitalismus erzeuge mit Notwendigkeit jene Grundstimmung des praktischen Materialismus, die unser ganzes Leben durchdringe — das Streben nach Besitz, die Jagd nach Genufs. Das Persönliche habe die Tendenz, allgemeine Züge anzunehmen; das Individuum verschwinde in der Masse der Wirtschaftsatome; die Eigenarten der verschiedenen Nationen träten zurück. Damit gewönnen die Wirtschaftsinteressen überragende Bedeutung für unser gesamtes Kulturdasein; bewufst oder unbewufst hätten wir alle nach der Pfeife des

Kapitalismus zu tanzen[211]. Obgleich diese Lehre als das Ergebnis geschichtlicher Untersuchungen auftritt, bedeutet sie methodologisch doch einen Rückschritt gegenüber der älteren historischen Schule der deutschen Nationalökonomie. Letztere hat wenigstens das Politische als einen selbständigen Kausalstrang für die wirtschaftlichen Geschehnisse anerkannt. Praktisch aber ist jene Lehre um so gefährlicher, als sie nur allzu leicht in eine Ethik und Politik für unsere Gegenwart umschlägt. Glücklich das Volk, glücklich das Zeitalter, das die Lehre vom kapitalistischen Geist durch die harte Tatsache der Einzelpersönlichkeit zerbricht, das den Helden besitzt, der über das Faktisch-allgemeine hinauswächst, um das Normativ-allgemeine zu verwirklichen.

War Rhodes eine solche Persönlichkeit? Hat er Ideen gedient oder hat er sich ihrer bedient? Ist — um einen Ausdruck Goethes zu gebrauchen[212] — in seinem Werke Gott gewesen oder nicht? Diese Fragen drängen sich auf; aber ich wage sie nicht gegenüber einem Menschen zu beantworten, bei dem ungebändigter Wille zur persönlichen Macht und schrankenloser Glaube an die Mission seines Volkes ununterscheidbar zusammenflossen. Der Verlauf der Geschichte wird ein endgültiges Urteil fällen.

Eines aber steht fest. Rhodes war kein Junker, noch weniger ein „Kleinkapitalist". Als selbstgemachter Archimillionär stand Rhodes in einer Welt des durchgeführten Kapitalismus. Seine Umgebung bildeten Geldjäger, die nach Erwerb der ersten Million £, Sklaven der zu erwerbenden zweiten und dritten Million wurden. Aber die letzten Ziele eines Rhodes lagen jenseits des Gelderwerbs. Die Überschätzung des Reichtums und der durch ihn zu erlangenden Genüsse bezeichnet die Stimmung eines Geschlechtes kapitalistischer Parvenus, so der Engländer Ricardos, so vieler Deutschen von heute[213]. Rhodes wuchs über die Geldsäcke hinaus. Nach seiner Pfeife tanzte der Kapitalismus, und Rhodes machte das Kapital **politischen** Zwecken dienstbar. Der Kapitalismus hatte bei Rhodes die massive Wucht nationaler Selbstbejahung keineswegs gebrochen. Dafs er uns hierin noch auf lange Jahre hinaus ein Vorbild sein kann, hierfür sind gerade jene Männer deutschen Ursprungs Beleg, welche als reine Wirtschaftsmenschen einem Rhodes und dem britischen Imperialismus Handlangerdienste verrichteten.

II. Kapitel.
Imperialistische Wirtschaftspolitik.

a) Vorgeschichte.

Im Mittelpunkt der inneren Geschichte des neueren England steht die vornehme edle Gestalt Sir Robert Peels, des grofsen konservativen Führers, des gröfseren Reformers. Nachdem die Reformbill 1832 durch Neuverteilung der Wahlsitze die agrarische Parlamentsmehrheit gebrochen hatte, befreite Peel in den vierziger Jahren den englischen Industriestaat von den gesetzlichen Fesseln, welches das Agrariertum um seine jugendlichen, nunmehr voll ausgewachsenen Glieder gelegt hatte.

Zunächst verschob Peel durch die Einkommensteuer den steuerlichen Schwerpunkt des Staates auf die durch die Industrie emporgehobenen Träger des beweglichen Besitzes. Sodann machte Peel durch die theoretisch nicht einwandfreie Bankakte die englische Goldwährung zur praktischen Unumstöfslichkeit, indem er dem Inflationismus einen eisernen Riegel vorschob. Er erhob damit das £ zum Weltgelde — eine Stellung, die es bis gegen Ausgang des 19. Jahrhunderts monopolisierte. In letzter Linie kam der entscheidende Kampf der um die Frage der Getreidezölle ausgefochten wurde. 1846 fielen die Getreidezölle und damit das Agrariertum. Der Freihandel war, wenn auch noch nicht völlig durchgeführt, so doch erobert. Alles weitere war Folgerung.

Peel hatte die grofse Reform gegen die Mehrheit der konservativen Partei — unter dem Drucke der liberalen Agitation sowie einer hochanschwellenden Arbeiterbewegung — durchgesetzt. Die Regierung Englands geriet damit für Jahrzehnte in liberale Hände. Diese liberale Ära glich einem sonnigen Tage des Frühherbstes, an dem freudige Schnitter eine überreiche Ernte einbringen, die in langen Zeiten des Werdens und Wachsens herangereift ist. Die Stürme und Gewitter, die ihre Jugend umbrausten, sind vergessen; vergessen sind die Männer, die in bewufster Arbeit den Boden pflügten und die Saat streuten. Damals feierten nationaler Stolz und kosmopolitisches Menschheitsideal ihre Vermählung, und im Vollgefühl dieses Feiertages konnte Lord Palmerston ausrufen (am 25. Juni 1850): „Es ist etwas Erhabenes, die Geschicke eines **solchen** Landes zu leiten, und wenn es dies jemals war, so ist es dies vor allem in dem Augenblicke, da ich rede. Während Europa wankte, Throne stürzten und von der Ostsee bis zum Mittelmeer, vom Ozean bis zum Schwarzen Meere Kampf und Blutvergiefsen herrschte — da bewies England der Welt, dafs persönliche Freiheit verträglich ist mit Gehorsam gegen das Gesetz. England hat der Welt eine Nation gezeigt, in der jede Klasse heiter das Los erträgt, welches die Vorsehung ihr zuweist, während zugleich jeder Einzelne auf der gesellschaftlichen Stufenleiter rastlos emporstrebt — nicht durch Ungerechtigkeit und Gewalt, sondern durch Ausharren und gutes Betragen, durch eine unermüdliche Anwendung der Fähigkeiten, mit welchen sein Schöpfer ihn begabte. Ich sage, ein solches Volk zu regieren, ist fürwahr des Ehrgeizes der Edelsten des Landes wert."

Aut dem Boden verbilligter Nahrungsmittel und allgemeinen volkswirtschaftlichen Aufschwungs (an dem bis in die siebziger Jahre auch die Landwirtschaft teilnahm) wurden die Arbeiter aus Revolutionären zu praktischen Gewerkschaftern und Genossenschaftern. Sie wurden zu Kämpen des Freihandels und der liberalen Wirtschaftsordnung. Ohne merkliche Erschütterung des Staatswesens, ja ohne den Verband der beiden geschichtlichen Parteien zu sprengen, konnten die weiteren Reformbills 1867 und 1884/85 breiteste Massen dem politischen Wahlrecht zuführen. Das England der zweiten Hälfte des 19. Jahrhunderts zeigt das Bild einer fortlaufenden Demokratisierung der Verfassung und Verwaltung. Die Demokratie, so konnte Arnold Toynbee ausrufen, „hat England gerettet" — gerettet vor der sozialen Revolution, der es zur Zeit des Chartismus verfallen schien [214]. Gladstone wurde der Erbe und Testamentsvollstrecker Peels, zugleich der Treuhänder jenes beispiellosen Aufschwungs der Arbeiterklasse, welchen wir von Deutschland aus bewundernd beobachtet haben.

Aber das Werk Peels sollte sich weiter befestigen. Disraelis Bedeutung bestand darin, daſs er die Tories zur Anerkennung der neuen Zeit erzog. Disraeli legte damit den Grund zu einem neuen Aufschwung der konservativen Partei, welche den Freihandel als Selbstverständlichkeit behandelte, aber durch eine aktive auswärtige Politik und durch Pflege des Reichszusammenhanges ihren manchesterlichen Gegnern überlegen war. 1876 setzte Disraeli seiner Königin die indische Kaiserkrone aufs Haupt. 1878 brachte er auf dem Berliner Kongreſs Ruſsland um die besten Früchte eines schwer errungenen Sieges. Auf diesem Boden ruhte Disraelis unerhörte Volkstümlichkeit. Von Disraelis Traditionen lebte Salisbury.

Im letzten Viertel des 19. Jahrhunderts war die konservative Partei wieder im überwiegenden Besitz der Regierung. In ihr bildeten die Schutzzöllner, besonders solche agrarischen Gepräges, eine kleine und hoffnungslose Minderheit. In Zeiten wirtschaftlicher Depression wurden sie auf der politischen Bühne sichtbar, um in Tagen des Aufschwungs wieder von der Bildfläche zu verschwinden[215].

Eine Veränderung aber bereitete sich aus der Ferne vor: in den achtziger Jahren tauchten die kolonialen Gestirne am Horizonte der britischen Handelspolitik auf. Zunächst unbeachtet, in den neunziger Jahren sichtbarer, rückten sie gegen Ausgang des Jahrhunderts in den Mittelpunkt des Interesses. Ihre Annäherung bedroht den Gleichgewichtszustand des mutterländischen Freihandelssystems.

Werfen wir einen Blick auf die Kolonien. Bis zu den Peelschen Reformen bestand ein System gegenseitiger Differentialbegünstigung in den Zolltarifen der Kolonien und des Mutterlandes[216]. Dieses System fiel mit der Durchführung des britischen Freihandels, welcher keinen Raum für die Bevorzugung irgend eines Landes hatte. Als Ersatz für den Wegfall der Differentialbegünstigung erhielten die Kolonien handelspolitische Autonomie, welche sie ihrer grofsen Mehrzahl nach durch Übergang von reinen Finanzzöllen zu einem protektionistisch gefärbten Finanzzollsystem ausnutzten. Jedoch erhielt sich die Erinnerung an den alten Zustand. Je mehr sich als Folge der Freihandelsreform der britische Markt entfaltete, um so lebhafter wurde in den Kolonien der Wunsch nach einer Differentialbegünstigung auf diesem Markte gegenüber kräftigeren Konkurrenten, insbesondere den Vereinigten Staaten.

1887 fand die erste von der britischen Regierung berufene Kolonialkonferenz statt. Obgleich die britische Regierung zollpolitische Gegenstände den Verhandlungen fern zu halten beabsichtigte, so haben doch die Vertreter der sich selbst regierenden Kolonien diese erste Gelegenheit ergriffen, um die Forderung der Vorzugszölle auf mutterländischem Markte offiziell zu erheben. Damals machte der bekannte Afrikander J. H. Hofmeyer den Vorschlag eines allgemeinen Reichszuschlagszolls von 2% des Wertes der Waren. Dieser

Zoll sollte von aller Einfuhr ausländischen Ursprungs erhoben werden — im Mutterlande ebenso wie in den Kolonien. Der Ertrag sollte für Zwecke der Reichsverteidigung verwendet werden. Dieser Vorschlag war für England technisch unannehmbar. England erhebt bekanntlich wenige Zölle und Gewichtszölle. Sein Welthandel wäre durch ein Zollsystem, welches die Bewertung jeder einzelnen eingeführten Ware benötigt hätte, unerträglich belästigt worden. In England wurde das handelspolitische Programm der Kolonien damals noch einfach ad acta gelegt. Nur wenige Männer nahmen bereits die kolonialen Gedankengänge auf. So erklärte Lord Dunraven 1891 den Freihandel zwischen Mutterland und Kolonien für einen Traum, befürwortete aber gegenseitige Vorzugszölle als eine praktische Politik, welche den Reichszusammenhang stärken würde[217]. Diese Stimmen wären in England wirkungslos verhallt, wenn nicht die Kolonien dafür gesorgt hätten, sich selbst in den Mittelpunkt der handelspolitischen Diskussion zu schieben.

Kanada wurde das vorwärts treibende Element der Bewegung. Schon seit Jahren verlangte es als Voraussetzung der erstrebten Zollbevorzugung die Kündigung der entgegenstehenden Handelsverträge Englands mit Deutschland und Belgien. Dieses Verlangen war um so stärker, als auch das Recht der handelspolitischen Selbstbestimmung der Kolonien durch diese Verträge verletzt schien. War es doch den Kolonien verboten, Großbritannien Vorzüge einzuräumen, welche Deutschland und Belgien nicht mit zuteil wurden. Auf Einladung Kanadas vereinigten sich daher 1894 die Vertreter der britischen Kolonien zu Ottawa. Das wesentliche Ergebnis dieser Konferenz enthält folgender Beschluß: „Die Konferenz spricht ihre Überzeugung aus, daß ein Zollabkommen zwischen Großbritannien und seinen Kolonien ratsam sei, durch welches der Handel innerhalb des Reiches gegenüber dem Handel mit fremden Ländern begünstigt werde

Solange das Mutterland es nicht für möglich hält, ein derartiges Zollabkommen mit seinen Kolonien zu treffen, ist es wünschenswert, daſs diese — oder diejenigen unter ihnen, welche dazu geneigt sind — Maſsregeln ergreifen, um gegenseitig ihre Produkte ganz oder teilweise vor denen anderer Länder zu begünstigen"[218].

Indem die Kolonien erklärten, auch ohne England unter sich vorgehen zu wollen, suchten sie auf das Mutterland einen Druck in der Richtung ihrer Wünsche zu üben. Die praktische Bedeutung etwaiger interkolonialer Begünstigung muſste gering bleiben, wie sich dies aus der Natur der kolonialen Volkswirtschaften mit Notwendigkeit ergiebt.

Bisher hatte die groſsbritannische Regierung dem handelspolitischen Programm der Kolonien jede Diskussion verweigert. Da trat in den neunziger Jahren der Staatsmann auf die politische Schaubühne, der sich die Aufgabe setzte, das Werk Peels wieder aufzulösen. Nicht mehr die sonnige Stimmung Palmerstons liegt über der politischen Landschaft. Herbstnebel verhüllen die Aussicht, und das Frühjahr, von dem Chamberlain in begeisterten Worten spricht, soll in überseeischen Fernen erblühen. Bezeichnenderweise war es der **Kolonialminister**, von welchem die neuere handelspolitische Bewegung in das Rollen gebracht wurde.

Dem Verlangen der Kolonien nach Vorzugszöllen setzte Chamberlain — 1895 zum Kolonialminister ernannt — zunächst auf einem Festessen des Londoner Kanadaklubs 1896 die Herstellung des gröſserbritischen „Zollvereins" entgegen: Freihandel im Innern des Reiches, gemeinsame Zollpolitik nach auſsen. Dieser Gedanke war nicht neu. Schon 1891 hatte ihn z. B. ein überzeugter Freihändler wie Goschen vertreten; neu aber war er als offizielles Programm der britischen Regierung. Als solches bedeutete er eine Abweichung von der bisherigen Freihandelspolitik, da der gröſserbritische Zollverein nach auſsen nicht rein freihändlerisch zu denken war.

Ein derartiger Zollverein wurde jedoch von den Kolonien wiederholt, einstimmig und auf das entschiedenste verworfen. Aus finanziellen und schutzzöllnerischen Gründen wollen und können die Kolonien auf ihre Zölle gegenüber England nicht verzichten. „Interkolonialer Freihandel" ist damit, wenigstens für alle praktische Zukunft, aus der Reihe der Möglichkeiten ausgeschieden[219].

1897 gab die in Kanada ans Ruder gekommene liberale Regierung einseitig und ohne Gegenkonzessionen abzuwarten der englischen Einfuhr einen Vorzugszoll, welcher später auf $33^{1}/_{3}$ % des autonomen Zolltarifs gesteigert wurde. Es handelte sich hierbei seitens Kanadas um eine freihändlerische Mafsregel, die zugleich als handelspolitischer Schachzug gegen die Vereinigten Staaten gemeint war. England kündigte hierauf die Handelsverträge mit Belgien und Deutschland, welche kolonialen Vorzugszöllen entgegenstanden, und ist seitdem auf kanadischem Markte im Genusse einer bevorzugten Stellung. Später sind Barbados, Neu-Seeland und Südafrika dem kanadischen Beispiel gefolgt. So lange die Vorzugszölle einseitige Rechtsetzung sind, so lange können sie von den kolonialen Regierungen jederzeit zurückgezogen oder auf andere Staaten ausgedehnt werden. Insbesondere besteht die Möglichkeit eines Sonderabkommens Kanadas mit den Vereinigten Staaten. Daher erklären die britischen Imperialisten Gefahr im Verzuge: man solle zuschlagen und die Kolonien vertragsmäfsig binden. Die Gelegenheit, wenn einmal verscherzt, werde nicht so leicht wiederkehren.

Vorzugszoll, als das zu erreichende Minus, wurde nunmehr unter dem Namen „Finanzreform" das Programm der britischen Imperialisten. Dieses Programm ist ihnen an Stelle des Reichszollvereins von den Kolonien aufgenötigt worden oder, um Chamberlains stimmungsvollere Worte zu gebrauchen: „Diese Politik kommt zu uns von unseren Kindern über See." Es handelt sich nicht mehr um eine allgemeine, das ganze

Reich umfassende Mafsregel, sondern um Handelsverträge mit
den einzelnen Kolonien[220].

Die mit dem Burenkriege geschaffene Finanzlage schien
der Verwirklichung dieser Pläne besonders günstig: bekanntlich führte England während des Krieges zu Finanzzwecken
einen Getreidezoll von 1 sh. pro quarter ein. Nach Beendigung des Krieges verlangte Kanada, dafs dieser Zoll für
koloniales Getreide aufgehoben, dem Auslande gegenüber beibehalten werde. Kanada stellte als Gegengabe eine weitere
Begünstigung der britischen Einfuhr in Aussicht. Der Versuch, die Finanzreform durch diese Hintertür einzuschmuggeln,
scheiterte bekanntlich an der Gewissenhaftigkeit des freihändlerischen Finanzministers Ritchie. Der Kornzoll wurde
nach Beendigung des Krieges wieder aufgehoben. Darauf trat
Chamberlain aus dem Ministerium aus und entfesselte die
umfangreichste Agitation, die England seit den Tagen Cobdens
erlebt hat. Ihre Niederlage bei den Wahlen Januar 1906
befestigte die Stellung des kurz vorher ans Ruder gekommenen liberalen Kabinetts, scheint aber auf der andern
Seite die Finanzreformer in den Besitz der konservativen
Parteiorganisation gesetzt zu haben — unter Ausschaltung
der „Tory free traders".

Was immer das weitere Ergebnis sein möge, eines steht
fest: jedenfalls ist eine Bewegung von so gewaltiger Schwungkraft durch freihändlerische Wahlsiege nicht ohne weiteres zu
beseitigen. In England, als einem demokratischen Lande, reifen
Fragen von tiefgreifender Bedeutung, wie die vorliegende,
nur allmählich in den Köpfen der Massen zur Entscheidung.
Auch der Freihandel gelangte erst nach langjähriger Agitation
und nach wiederholten Niederlagen zum Siege. Der überwältigende Wahlerfolg der Liberalen Januar 1906 war für
den tiefer blickenden Beobachter eine geringere Überraschung
als die grofse Zahl der gegen den Freihandel abgegebenen
Stimmen[221].

b) Grundgedanken.

Welches ist der bewegende Grundgedanke in den politisch und literarisch leitenden Köpfen, von denen die Bewegung für Finanzreform ausstrahlt? Dieser innerste Beweggrund, welcher sorgfältig von allen Argumenten zu scheiden ist, ist nicht wirtschaftlicher, sondern politischer Natur. Es ergiebt sich dies schon aus folgender Tatsache. Die Sache der Finanzreform gewann erst von dem Zeitpunkt ab greifbare Gestalt, als der Imperialismus einen breiteren Platz im Denken der Nation sich erobert hatte und für den Engländer damit, neben heimischen Wirtschaftsinteressen, Weltreichsgesichtspunkte wirksamer wurden.

In einer seiner besten Parlamentsreden[222] sagt Balfour ausdrücklich: „Keine Nation, die des Namens einer Nation würdig ist, berücksichtigt wirtschaftliche Erwägungen allein. Wir haben für Finanzzwecke (während des Burenkrieges) einen Getreidezoll eingeführt; wir könnten ihn auch für andere Zwecke einführen, die ebenso grofs, vielleicht gröfser als Finanzzwecke sind." Noch deutlicher sagt Chamberlain[223]: „Ich habe immer anerkannt, dafs unter Beibehaltung des Freihandels mehr Checks durch das Clearinghouse gehen und die Erträgnisse der Einkommensteuer wachsen mögen. — Aber gibt es nichts gröfseres als dies? Wir können an Reichtum zunehmen; trotzdem kann unsere nationale Mission zu Ende gehen. Hiergegen protestiere ich mit der ganzen Kraft meiner Natur." Immer wieder ruft Chamberlain seine Landsleute auf, „imperialistisch", d. h. politisch zu denken. Sir Robert Giffen, der ausgezeichnete Statistiker, dessen langjährige Arbeiten die Freihandelspolitik glänzend rechtfertigen, erklärte aus nationalpolitischen Gründen Abweichung vom Freihandel heute für notwendig[224].

Cecil Rhodes war ein imperialistischer Privatunternehmer gröfsten Stiles, welcher den Kapitalismus Südafrikas vor den

Wagen seines politischen Ehrgeizes spannte. Aber der Imperialismus greift höher. Er beansprucht die Volkswirtschaft des Mutterlandes selbst für nationalpolitische Zwecke umzuprägen. Ihm ist der vaterländische Wert, dem alles andere unterzuordnen ist, nicht mehr das vereinigte Königreich, sondern das Weltreich[225]. Die grofsbritannischen Interessen erscheinen ihm als provinziale, als Interessen minderer Bedeutung, welche über die Zukunft des Ganzen nicht mehr in erster Linie entscheiden. Unaufhaltsam verschiebt sich — so erklären die Imperialisten — der Schwerpunkt des Ganzen nach den Kolonien. Darum habe schon heute der weitsichtige Patriot die kolonialen Interessen als die wichtigeren zu fördern, selbst wenn dies nur mit Opfern des Mutterlandes möglich wäre. Vollziehen sich doch jederzeit wirtschaftliche Verschiebungen, welche bewirken, dafs der eine Landesteil auf Kosten des andern leidet; entscheidend ist nur, dafs das Ganze vorwärts kommt. Selbstverständlich können derartige Gedanken in Rücksicht auf die britischen Wähler nicht ganz unverhüllt ausgesprochen werden; aber sie stehen wirksam im Hintergrund. „Wir sind alt," ruft Chamberlain aus, „mit Ehren und Lasten beladen. Unsere Zukunft kann nicht an die Gröfse unserer Vergangenheit heranreichen. Aber das Reich ist jung und in diesem Reiche können wir eine Zukunft finden, gröfser als irgend etwas, auf das wir zurückblicken[226]."

Anders die freihändlerischen Gegner. Ihre Ziele liegen, bei aller Sympathie für die Kolonien, innerhalb der alten, „kleinbritannischen" Welt. Wo man in den Zielen so völlig auseinandergeht, kann man selbstverständlicherweise durch keine noch so eingehende Diskussion sich über die zu ergreifenden Mittel verständigen.

Die über Grofsbritannien hinausgehenden Ziele, denen die Finanzreform dienen soll, werden mit dem Worte „Imperium" (empire) zusammengefafst. Mit diesem Ausdruck verknüpfen sich zwei Gedankenreihen, welche keineswegs ganz gleichartig sind, jedoch im wesentlichen parallel gehen.

Einmal denkt man hierbei an die **Weltherrschaft der angelsächsischen Rasse und Kultur**, welche durch möglichst schleunige Besiedelung der bisher nur politisch in Besitz genommenen Siedelungsflächen Kanadas, Australiens, Südafrikas gesichert werden soll. Bis dieses Ziel erreicht ist, ist die Machtorganisation des britischen Reiches unentbehrlich; nach Erreichung dieses Zieles würden die Kolonien selbst verteidigungsfähig und damit der politische Zusammenhang mit dem Mutterlande entbehrlich werden.

Hierzu gesellt sich ein zweiter Gedanke: die **politische Organisation des Weltreichs** erscheint als selbständiger Kulturwert. Ohne diese staatliche Zusammenfassung wären Großbritannien und jedes einzelne der englisch redenden Kolonialgebiete nur Staaten zweiten Ranges. Aber die Zeit der kleinen Staaten ist vorüber. Nur eine Nation, welche als Weltreich ersten Ranges organisiert ist, hat noch die Aussicht, selbsttätig in die Menschheitsgeschichte einzugreifen. Darum erscheint dieses Weltreich selbst und die Seeherrschaft, auf der es beruht, als der höchste politische Wert.

Welches — so fragen wir weiter — ist nun der Zusammenhang zwischen diesen durchaus politischen Zielen und der Frage: Freihandel oder Finanzreform in England?

Unter der glänzenden Oberfläche des britischen Reiches — so erwidern hierauf die Wortführer des Imperialismus — offenbaren sich dem sehenden Auge bedenkliche Anzeichen drohender Gefahren, denen allein durch Umbau der mutterländischen Wirtschaftspolitik zu begegnen ist. Gefährdet ist die Zukunft der Rasse, gefährdet das Imperium.

Die größte Enttäuschung, welche die englische Kolonialpolitik des 19. Jahrhunderts aufwies, war die äußerst langsame Bevölkerungszunahme der leitenden Selbstverwaltungskolonien. Der Grund dieser Erscheinung lag nicht nur in der gröfseren Anziehungskraft, welche die Vereinigten Staaten auf die englische Auswanderung ausübten[227], sondern auch in der Tatsache aufserordentlich niederer Geburtenziffern angelsächsischer Bevölkerungen auf kolonialem Boden. Es erscheint fraglich, ob unter Fortbestand der bisherigen Verhältnisse die Kolonien je zu dichter angelsächsischer Bevölkerung aus sich selbst heraus gelangen können.

Demgegenüber hat man die Politik der Finanzreform in erster Linie unter dem Gesichtspunkt der Auswanderungs- und Siedelungspolitik zu verstehen. Die Kolonialen verhalten sich gegenüber direkten Einwanderungsaktionen der britischen Reichsregierung mehr oder minder ablehnend, weil sie Überschwemmung mit unerwünschten Proletariern fürchten. Nicht weniger argwöhnischen Auges betrachten sie jene englischen Wohltätigkeitsgesellschaften, welche Auswanderung auf ihre Fahne geschrieben haben. Eine Ausnahme läfst man am ehesten zu gunsten der Heilsarmee zu, weil man ihr eine vernünftige Auswahl ansiedlungsfähiger Elemente zutraut. So hat die kanadische Regierung der Heilsarmee ein Anerbieten von 250000 acres in Saskatchewan, Alberta und Manitoba gemacht[228]. Die australischen Kolonien haben bis auf unbedeutende Ausnahmen jede Unterstützung der Einwanderung zur Zeit aufgegeben[229].

Die Auswanderung ist heute eine private. Für ihren Umfang sind die Schwankungen der Erwerbsverhältnisse in den Einwanderungsgebieten entscheidend. Darum verlangen die Imperialisten, dafs man durch einen Umbau der Handelspolitik des Mutterlandes die Erwerbsverhältnisse in den britischen Kolonien gegenüber den konkurrierenden Einwanderungsgebieten des Auslands verbessere. Nur so sei zu erwarten, dafs die Masse der britischen Auswanderer unter britischer Flagge bleibe[230].

Es ist hier nicht der Ort, die Frage zu prüfen, ob England überhaupt noch imstande ist, der hiermit gestellten Aufgabe gerecht zu werden. Auch Englands Geburtenziffer ist herabgegangen. Seine Bedeutung als Auswanderungsherd ist dadurch vermindert. Das soziale Niveau der Massen ist in England gestiegen und hält gerade die besseren Arbeiterschichten am Heimatsboden fest. Hierzu kommt die wirtschaftliche Struktur des englischen Volkes. Der Landarbeiter ist an Zahl stark zurückgegangen (1871: 938530; 1901: 631728)[231], während der Farmer als Auswanderer ziffernmäfsig kaum in Betracht kommt. Kann ein Volk überwiegender Industriearbeiter noch die Massen landwirtschaftlicher Auswanderer stellen, welche bereit sind, den Kampf mit dem afrikanischen Veldt, mit dem australischen Busch aufzunehmen? Der englische Einwanderer sucht auch über See mit Vorliebe ein städtisches Dasein[232].

Es ist unsere Sache nicht, diese Frage zu beantworten. „Schwierigkeiten sind dazu da, um überwunden zu werden" — eines jener prächtigen Schlagworte Chamberlains, das für den Einzelnen, wie für Nationen gilt. Es ist das Recht des Staatsmannes an die Zukunft seines Volkes zu glauben. Mit diesem Glauben tut er den ersten Schritt zur Verwirklichung selbst hochgespannter Ideale.

Aber nicht nur die Weltherrschaft der britischen Rasse und Kultur ist noch keineswegs für alle Zukunft gesichert. Dringlich sind die Gefahren, welche die politische Organisation des Weltreichs bedrohen. In Kanada und Australien sind selbständige Nationen emporgereift, Nationen mit eigenen Idealen der inneren, ja allmählig auch der auswärtigen Politik. Hierauf beruhen die politischen Loslösungstendenzen, welche zweifellos in allen gröfseren Selbstverwaltungskolonien an der Arbeit sind. Chamberlain, der als mehrjähriger Kolonialminister mit den Kolonien in enge Berührung kam und sich ihrer Loyalität zur Zeit des Burenkrieges erfreute, hat immer wieder erklärt: das gegenwärtige Verhältnis zwischen Kolonien und Mutterland sei auf die Dauer unhaltbar; entweder müsse das bestehende Band verstärkt werden oder gänzlich dahinschwinden. Zur Auflösung des Reiches führe, wie Cobden ausdrücklich vorhergesehen habe, die Freihandelspolitik[238]. Wolle man zu engerer Zusammenfassung gelangen, so sei das Band des Blutes und der Kulturgemeinschaft durch das „Band des Interesses" zu stärken, d. h. durch ein besonderes Interesse der Kolonien am mutterländischen Markte. Die wirtschaftlichen Beziehungen der einzelnen Reichsteile zum Auslande sollen nach Absicht der Finanzreformer demgegenüber zurücktreten.

Ich halte es für eine auf die Zuhörer berechnete Übertreibung, wenn Chamberlain die wirtschaftliche Selbstgenügsamkeit des Reiches als letztes Ziel hinstellt. Ein gewiegter Geschäftsmann wie er, kann einer solchen Utopie nicht im Ernste anhängen. Sogar ein „Neomerkantilist" wie Schmoller erklärt das „autarke Weltreich" für ein Hirngespinnst[234]. Aber immerhin ist ein wirtschaftlicher Rückzug des britischen Reiches auf sich selber in Frage. Die meisten Imperialisten betrachten diese Politik als die Voraussetzung aller politischen Federation. Die Frage der Finanzreform entscheidet nach ihrer Meinung über die Zukunft des britischen Reiches.

Hierzu tritt ein Gesichtspunkt der auswärtigen Politik, der zumeist im Hintergrunde gehalten wird, aber doch die treibende Kraft der wirtschaftspolitischen Reformbewegung bedeutet. England fürchtet von der Alleinherrschaft der See zur Stellung des „primus inter pares" herabzugleiten; es fürchtet die Entwicklung neuer Seemächte zur Gleichberechtigung.

Um diese Besorgnisse zu begründen, brachte ein kürzlich veröffentlichter Artikel der „National Review" folgende interessante Tabelle, welche die bevölkerungspolitischen und finanziellen Machtverhältnisse der mitbewerbenden Seemächte in das Licht stellt.

	England	Deutschland	Frankreich	Vereinigte Staaten
Bevölkerung	43 000 000	61 000 000	39 000 000	83 000 000
	Millionen ℒ			
Dienst der Staatsschuld	27,0	5,2	48,8	32,8
Heeresausgaben . . .	29,4	28,9	27,1	24,0 (einschl. Pensionen)
Flottenausgaben . .	36,9	11,7	12,7	24,0
Sa. dieser Ausgaben	93,3	45,8	88,6	80,8

Für Deutschland sind die Schulden der Einzelstaaten hierbei nicht berücksichtigt, da ihnen bekanntlich das werbende Eisenbahnvermögen gegenübersteht.

Das britische Reich hat eine weiße Bevölkerung von 54 Millionen; aber hiervon kommen jedoch zurzeit als Träger der Seemacht nur 43 Millionen — die Bewohner Großbritanniens — in Betracht. Demgegenüber haben die Vereinigten Staaten 73 Millionen weiße Bevölkerung, Deutschland 61 Millionen.

Garvin, einer der geistvollsten Imperialisten, blickt sorgenvoll in eine Zukunft von ein bis zwei Jahrzehnten, wenn die Vereinigten Staaten 100 Millionen, das Deutsche Reich 70 Millionen weiße Einwohner haben würden, denen dann nur 48 Millionen Großbritanniens gegenüberstünden. Um seine Landsleute in Bewegung zu setzen, erklärt er die Bildung eines Großdeutschlands für wahrscheinlich, das bis an die Adria reichen und etwa 15 Millionen cisleithanischer Untertanen seiner Bevölkerung hinzufügen werde. Er verschweigt, daß ernste deutsche Staatsmänner selbst gegen eine solche Entwicklung schwerwiegende Bedenken hegen. Der britische Freihandel, fährt Garvin fort, habe die Volkswirtschaft der Vereinigten Staaten und Deutschlands aufwärts getragen und ihre Bevölkerungsziffer wie Finanzkraft — die Grundlagen aller Seemacht — entwickelt. „Unter Bedingungen des Friedens und der Wirkung ökonomischer Kräfte muß unsere Seeherrschaft im Verlaufe eines Menschenalters dahinschwinden, wenn nicht die Kolonien und das Mutterland in naher Zukunft ihre Energien zusammentun und ihre Hilfsquellen gegenseitig entwickeln [235]."

Darum die Finanzreform. Ihr Zweck ist in diesem Zusammenhang ein dreifacher. Einmal soll sie durch Besiedelung der Kolonien die weifse Bevölkerung des Reiches schleunigst vermehren und die Kolonien wirtschaftspolitisch stärken. Sodann soll sie die Kolonien durch handelspolitische Begünstigung in das militaristische Fahrwasser drängen, sie insbesondere geneigt machen, für Zwecke der Seemacht dem Mutterlande, finanziell zu Hilfe kommen. In letzter Linie soll sie durch Sperrung der britischen Märkte die Wirtschaftsentwicklung und damit die maritime Machtentfaltung des Auslandes hemmen. Derjenige Flügel des Imperialismus, welcher einem Krieg gegen Deutschland abhold ist, sieht in der Finanzreform einen Ersatz, um die aufstrebende Wirtschaftsentwicklung Deutschlands lahm zu legen und damit die Grundlage der werdenden deutschen Seemacht zu brechen. Zur Begründung dieser Gedankengänge verweist man auf die Schädigung der deutschen Ausfuhr nach Kanada durch die imperialistische Zollpolitik. Kanada sei das einzige Land der Welt, in dem Deutschlands Handelsausdehnung neuerdings stagniere, gegenüber einem mächtigen Aufschwung des britischen Handels, sowie zugunsten der westindischen Zuckerproduzenten.

	Ausfuhr nach Kanada		Deutsche Zuckerausfuhr nach Kanada
	Britische	Deutsche	
	Millionen £		Millionen Mark
1898	5,8	1,2	—
1899	7,0	1,2	—
1900	7,6	1,0	4,3
1901	7,8	1,3	6,2
1902	10,3	1,9	9,2
1903	11,1	1,8	2,4
1904	10,6	1,2	0

Wir kommen nunmehr zur Frage der technischen Durchführbarkeit der Finanzreform. Die Prämiierung der kolonialen Volkswirtschaft liefse sich auf doppeltem Wege vornehmen: entweder durch Ausfuhrprämien, welche England der kolonialen Ausfuhr unmittelbar gewährte, oder durch Vorzugszölle für die koloniale Ausfuhr auf englischen Markt.

Ausfuhrprämien empfehlen sich dadurch, dafs sie England erlauben würden, beim altgewohnten Freihandel zu verharren. Dieser Weg findet daher mehrfach warme Befürworter[236]. Er erweist sich jedoch bei näherem Zusehen als ungangbar — wenigstens für Erzeugnisse, welche die englische Landwirtschaft in Konkurrenz mit der kolonialen Produktion herstellt. Durch solche Prämiierung würde ein Druck auf die Weltmarktpreise der landwirtschaftlichen Produkte ausgeübt werden, welchem die ohnehin schwer kämpfende englische Landwirtschaft schutzlos gegenüberstünde. Man kann die Freihandelslage der englischen Landwirtschaft nicht durch Staatsmafsnahmen künstlich verschlechtern.

Auch stehen einer wirksamen Beschreitung dieses Weges unüberwindliche, finanzpolitische Schwierigkeiten entgegen: das englische Budget mit seinen kolossalen Militär- und Flottenausgaben verträgt eine starke Mehrbelastung für imperialistische Zwecke nicht. Nichts wäre dem Imperialismus schädlicher, als aus der Tasche des britischen Einkommensteuerzahlers zu nehmen, um dem „Bruder über See" unverhüllt zu schenken[237].

So bleibt also nur das Mittel der Vorzugszölle, welches durch Gegenseitigkeit zwischen Kolonien und Mutterland dem englischen Wähler versüfst werden kann. Es würde damit im wesentlichen der Zustand wiederhergestellt, welcher vor 1846 und zum Teil noch später bestand[238].

Cecil Rhodes hat auf diesen Weg zwar nicht als erster hingewiesen. Aber er hat den ersten praktischen Schritt zur Durchführung dieser Politik getan. In die Verfassung von

Rhodesia brachte er die Bestimmung, daſs der Einfuhrzoll auf „britische" Waren niemals die Höhe der gegenwärtigen Einfuhrzölle der Kapkolonie übersteigen solle, wobei er Zollerhöhungen gegen das Ausland vorbehielt. Er hoffte damit einem Vorzugszollsystem zwischen England und den Kolonien die Wege zu bahnen und kolonialer Schutzzöllnerei einen nicht unwirksamen Riegel vorzuschieben. Rhodes erklärte, die Kriege der Zukunft würden vorwiegend Zollkriege sein und hoffte, daſs in diesen Kämpfen die Kolonien dem Mutterlande hilfreich zur Seite stehen würden. Rhodes war kühn genug, als Gegenstand britischer Retorsionspolitik die Vereinigten Staaten ins Auge zu fassen [239].

Welcher Gestalt müſste ein Vorzugszoll sein, um das imperialistische Endziel zu fördern? Da die Kolonien Rohstoffe und Nahrungsmittel produzieren, so hätte England Rohstoff- oder Nahrungsmittelzölle einzuführen, welche den Kolonien gegenüber entweder gar nicht oder nur gemildert zur Anwendung kämen.

Die Grenze zwischen Nahrungsmittel und Rohstoff ist flüssig: das Getreide, welches die Arbeiter essen, ist eigentlich nicht weniger Rohstoff, als Kohle, Wolle oder Baumwolle, welche die Maschinen verbrauchen. Wenn die Finanzreformer ihre Vorschläge auf Rohstoffe nicht ausgedehnt haben, so ist dies ein taktisches Zugeständnis an die von der englischen Exportindustrie ausgehenden Widerstände. In der Folge ihres Gedankens liegen auch Rohstoffzölle für koloniale Stapelartikel, z. B. Wolle, Baumwolle, Bauholz. Ohne Rohstoffzölle wäre, wie Lord George Hamilton ausführt, die Begünstigung der Kolonien eine ungleiche [240]. Höchstens wäre aus bevölkerungspolitischen Gründen eine besondere Bevorzugung solcher kolonialer Produkte erwünscht, welche im Mittel- oder Kleinbetrieb vom weiſsen Farmer hergestellt werden; hierzu gehören allerdings Getreide, Molkereiprodukte,

Wein u. a. in erster Linie. Wie dem aber auch sei, jedenfalls stehen Rohstoffzölle nicht in Frage.

Es erhebt sich damit die grundlegende Frage: wären englische Nahrungsmittelzölle, welche den Kolonien gegenüber nicht zur Anwendung gebracht werden, in der Tat geeignet, die oben aufgestellten Ziele des Imperialismus zu fördern? Es ist von der Tatsache auszugehen, daſs heute und auf Jahre hinaus die Kolonien bei weitem nicht imstande sind, den ganzen Bedarf des Mutterlandes an Nahrungsmitteln zu decken[241]. Ich entnehme folgende Ziffern der Statistik des englischen Handelsamtes. 1902 bezog England in 1000 £:

	Aus den britischen Besitzungen	Vom Auslande
An Getreide und Mehl	9 448	51 492
Davon Weizen in Körnern	7 669	19 397
- - als Mehl	883	8 035
An lebenden Tieren	1 757	6 507
An Fleisch	7 002	32 640
An Molkereiprodukten	7 412	33 669
An frischen Früchten	1 250	7 921

Die Ausfuhr der britischen Besitzungen überwog lediglich bei folgenden wichtigeren Artikeln:

Tee (vorwiegend von Indien u. Ceylon)	7 976	805
Hammelfleisch (vorw. von Australien)	3 763	3 151
Käse (vorw. von Kanada)	4 443	1 974

Hieraus folgt, daſs die innerbritischen Preise um den ganzen oder nahezu ganzen Betrag des Zolles über die Weltmarktpreise gehoben würden[242]. Insbesondere gliche die Wirkung des Getreidezolles zunächst mehr dem deutschen als dem französischen Beispiele. Frankreich ist infolge seines nordafrikanischen Besitzes nahezu selbstversorgend; 1901 kamen 97% der französischen Weizeneinfuhr aus Algier und Tunis. Die Weizenpreise Frankreichs stehen daher trotz höherer Zölle vielfach unter den deutschen. Deutschland bedarf dagegen beträchtlicher Zufuhr vom Auslande, weshalb der Zoll in den Preisen meist voll zum Ausdruck kommt. Die britischen Kolonien also hätten zunächst den vollen Vorteil englischer Vorzugszölle und dieser Vorteil wäre selbst bei niederen Zöllen nicht unbeträchtlich, weil er der Produktion auf billigem Neulande zugute käme; er würde sich selbstverständlicherweise mit der Zeit in koloniale Grundrentenbildungen umsetzen.

Dieser Vorteil bliebe selbst für den Fall bestehen, daſs das konkurrierende Ausland ganz oder teilweise „den Zoll trüge", d. h. um den britischen Markt zu halten, Preisreduktionen bewilligte, was einen allgemeinen Druck auf die Weltmarktpreise bedeuten würde. Ob dieser Fall einträte oder nicht, hinge von der Lage der Welternten und des Weltverbrauchs ab[248]. Der steigende Eigenverbrauch der Vereinigten Staaten wirkt einem Sinken der Weltmarktpreise entgegen, könnte aber durch die zu erwartende weitere Erschliefsung Argentiniens mehr als ausgeglichen werden. Wie dem immer sei, jedenfalls stünden die kolonialen Getreidepreise über den Weltmarktpreisen um den ungefähren Betrag des englischen Zolles. Erst allmählig, mit stark wachsender kolonialer Produktion und bei Annäherung an die Selbstversorgung des Reiches in einzelnen Produkten würde dieser Vorteil der Kolonien verschwinden. In diesem Falle würden sich inner- und aufserbritische Preise ausgleichen. Es ist wichtig, sich darüber klar zu sein, daſs Selbstversorgung des Reichs und koloniale Begünstigung Widersprüche sind. Ist die erstere voll erreicht, so muſs die letztere wegfallen. Daſs die Selbstversorgung des britischen Reiches in Weizen nicht aufserhalb des Bereiches der Möglichkeit liegt, ergibt folgende Tabelle:

Weizeneinfuhr in das Vereinigte Königreich:

	Vom Auslande		Von britischen Besitzungen	
	Millionen Zentner	Prozent der Gesamteinfuhr	Millionen Zentner	Prozent der Gesamteinfuhr
1900	58,5	84	10,2	16
1901	52,9	76	16,9	24
1902	58,3	72	22,7	28
1903	60,2	68	27,9	32
1904	55,4	57	42,4	43

In ähnlicher Weise würden präferentielle Fleisch- und Viehzölle die Konkurrenzlage der britischen Kolonien insbesondere gegenüber Argentinien zunächst verbessern.

Auf Grund vorstehender Erwägungen ist in der Tat anzunehmen, dafs die Politik der „Finanzreform" die wirtschaftliche Entwicklung der britischen Kolonien beschleunigen müfste. Sie würde ihnen wahrscheinlicherweise einen Einwanderungsstrom zuführen, vielleicht auch ihre Geburtenziffer beleben; sie würde den politischen Zusammenhang insofern befestigen, als und so lange sie ihn wirtschaftlich prämiierte. Die Finanzreform dient also in der Tat dem letzten Ziel der Imperialisten, denen das Reich alles, das Mutterland nur ein dienendes Glied des Reiches ist. Wir haben damit den Kernpunkt festgestellt, um welchen ungeheure Massen von Gedanken und Redensarten in wachsender Fülle und Nebelhaftigkeit kreisen. Es ist keine Frage, dieser Grundgedanke ist grofszügig gedacht: Beschleunigung der kolonialen Ausbreitung der angelsächsischen Rasse und Neuverkittung des Reichs unter Belastung des Mutterlandes.

Alles andere ist demgegenüber für den Imperialismus entweder nur Argument, um die öffentliche Meinung zu bearbeiten, oder Zahlungsmittel, um Hilfstruppen auf die Beine zu bringen. Von diesen Hilfstruppen wird unten die Rede sein. Unter den Argumenten spielt folgende oft gehörte, dabei wenig stichhaltige Ausführung eine Rolle: für den Kriegsfall müsse England in die Lage gebracht werden, sein

Getreide aus dem eigenen Reiche zu beziehen. Aber im Falle des Krieges mit europäischen Mächten wäre für England nichts angenehmer, als die Vereinigten Staaten am Schutz des nach England gehenden Getreides zu interessieren. Im Interesse ihrer Ausfuhr würde die Union vielleicht sogar verhindern, daſs Getreide als Kriegskontrebande erklärt würde, was für England von gröſstem Nutzen wäre. Dagegen würde im Fall eines Krieges mit den Vereinigten Staaten kanadisches Getreide England überhaupt nicht erreichen. England wäre auf russische, argentinische, indische Zufuhr angewiesen. Das Kriegsargument wäre nur dann nicht unvernünftig, wenn auch gegenüber den Kolonien ein Getreidezoll in Aussicht genommen würde, hoch genug, um die Getreidefläche Altenglands beträchtlich zu erweitern. Eine solche Maſsregel ist aber politisch undurchführbar [244].

c) Die einzelnen Wirtschaftsgebiete.

Für die Durchführung der imperialistischen Wirtschaftspolitik handelte es sich — da der Zollverein Chimäre ist — um Einzelverträge zwischen England und den leitenden Kolonien. Der erste Schritt hierzu war, daſs sich die zahlreichen Kolonien mit ihren verschiedenartigen, zum Teil sehr komplizierten Zollsystemen zu wenigen groſsen Wirtschaftsgebieten zusammenschlossen: Britisch-Nordamerika, Australien, Süd-Afrika. Dieses Ziel ist mit geringen Ausnahmen (Neu-Fundland, Neu-Seeland) im wesentlichen erreicht. Werfen wir einen Blick auf die in Betracht kommenden Gebiete.

1. **Kanada.** Die politische Verbindung Kanadas mit dem britischen Reiche gilt seit lange als prekär, augenscheinlich, weil England hier auſserstande ist, die militärische Verteidigung in gleicher Weise zu gewährleisten, wie etwa in Australien oder Südafrika. Zudem ist in Kanada die nationale Entwicklung am weitesten fortgeschritten. Sir Wilfried Laurier, der erste Staatsmann französischen Ur-

sprungs, welcher zur leitenden Stellung emporstieg, will aus den beiden Nationen, die Kanada bewohnen, eine neue Nation schmieden. Deswegen sandte er ein aus französischen und englischen Kanadiern bestehendes Kontingent nach Südafrika und erklärte nachdrücklichst: ein gemeinsames Grab bedeckt unsere früheren Streitigkeiten. Diese werdende Nation glaubt an eine aufserordentliche Zukunft[245]. Sie besitzt, wie Earl Grey hervorhob, ein gröfseres Areal als die Vereinigten Staaten, weite Strecken fruchtbarsten Bodens, ein Klima, welches eine kräftige Rasse hervorbringt, unerschöpfte Schätze an Mineralien und Bauholz, ungeheure Wasserkräfte. Kanada nimmt heute germanische Einwanderer bester Qualität auf, gegenüber der süd- und osteuropäischen Einwanderung, welche die Vereinigten Staaten überschwemmt. Es hat keine Negerfrage. Ohne Krieg ist es in der Lage, in dem britischen Westindien die erforderlichen tropischen Kolonialgebiete sich anzugliedern, während es in dem lateinischen Mittel- und Südamerika natürliche Bundesgenossen besitzt[246]. Alles in allem genommen: Kanada glaubt Grund zu der Hoffnung zu haben, mit der Zeit den Vereinigten Staaten es gleich zu tun. Es fühlt sich als werdende Weltmacht.

Dieser hochgespannte politische Ehrgeiz wendet sich auch gegen England: Kanada macht den Anspruch, mit dem Mutterlande als gleichberechtigter Staat zu verhandeln. Es erhebt insbesondere die Forderung, seine Handelsverträge ohne Vermittlung des Mutterlandes abzuschliefsen, wozu ihm heute noch die staatsrechtliche Befugnis abgeht[247]. Aber auf der anderen Seite wirkt sein Ehrgeiz zugunsten des britischen Imperialismus: er trennt Kanada von Washington und weist auf Anlehnung an Westminster.

Hierzu kommt ein von Alters wirkendes Bindeglied: der französische Kanadier glaubt seine Nationalität besser unter britischer Flagge als unter dem Sternenbanner gesichert[248]. Das französische Kanada wäre in den Vereinigten Staaten eine bedeutungslose Sprachinsel. In der kanadischen Dominion stellt es heute 41% der Bevölkerung; seine Geburtenziffer ist sehr viel höher als die der englisch sprechenden Kanadier. Unter Angliederung der katholischen Einwanderung vom europäischen Kontinent und Irland hegt es die Hoffnung, das herrschende Element in einem Grofskanada der Zukunft zu werden. Die katholische Kirche hofft auf die Entstehung einer neuen, überwiegend katholischen Grofsmacht.

Dies ist der Untergrund des „britischen" Imperialismus eines Laurier, welcher offenbar nur einer zeitweiligen Situation entspringt. Diese Stellungnahme liegt keineswegs für alle Zukunft fest. Als einwandernde Unterschicht schiebt sich das kinderreiche Franzosentum auch nach den Neuenglandstaaten vor. Hierzu kommt, dafs die Vereinigten Staaten nicht mehr die Puritanerrepublik von ehedem sind, dafs in ihnen die katholische Kirche eine gewaltig aufsteigende Macht ist, womit die Kluft, welche Unterkanada vom Süden trennt, sich verringert. Daneben wirkt die Anziehung des gröfseren und näheren politischen Körpers. Kanada fürchtet, dafs England als der schwächere Teil in allen Streitfragen mit den Vereinigten Staaten wohl oder übel nachgeben müsse, und dafs es alsdann unter Wahrung des Scheines stets kanadische Interessen opfern würde. Man denkt hierbei an die Nachgiebigkeit, welche die englische Diplomatie in der Grenzfestsetzung Alaskas bewiesen hat, obgleich es sich in dieser Frage um wichtige Interessen Kanadas — pacifische Küstenstrecke — gehandelt hat. Es werden Stimmen laut, welche fragen, ob man sich nicht vorteilhafter der Grofsmut der Vereinigten Staaten anvertraue[249].

Auch die wirtschaftliche Lage ist für England zur Zeit nicht ungünstig; aber freilich handelt es sich auch hier um eine vorübergehende Konstellation, nicht um ein dauerndes Band der Interessen.

Zwar sind die Vereinigten Staaten für Kanada handelspolitisch wichtiger als das Mutterland; sie nehmen nicht nur in der Einfuhr und im Gesamthandel Kanadas die erste Stelle ein, sondern sie entwickeln sich auch zu kaufkräftigen Abnehmern kanadischer Rohstoffe. Es wird dies in Zukunft um so mehr der Fall, als die Amerikaner beispiellosen Raubbau an ihren Naturschätzen getrieben haben und die Industrialisierung der Vereinigten Staaten rasch fortschreitet.

	Kanadas Einfuhr von Großbritannien in £	Kanadas Ausfuhr nach Großbritannien in £	Gesamthandel in £
1887	9 238 185	9 158 598	18 396 783
1901	8 839 349	21 642 936	30 482 285

	Kanadas Einfuhr aus den Ver. Staaten in £	Kanadas Ausfuhr nach den Ver. Staaten in £	Gesamthandel in £
1887	9 268 575	7 738 397	17 006 973
1901	22 702 399	14 873 061	37 575 460

Aber auf der anderen Seite ist Kanada keineswegs geneigt, sich als Rohstoffgebiet von den Vereinigten Staaten ausbeuten zu lassen. Es erstrebt eine eigene Industrieentwicklung im Osten, welche es auf den agraren Aufschwung seines Westens aufzubauen beabsichtigt.

Während früher ein Zollverein mit den Vereinigten Staaten in Kanada zahlreiche Befürworter fand und die liberale Partei noch in den achtziger Jahren offen dafür eintrat, so haben sich gegen Ausgang des 19. Jahrhunderts die beiden Nachbarländer handelspolitisch auseinanderbewegt. Der Grund liegt augenscheinlich in einer hochmerkantilistischen Industriepolitik Kanadas. Kanada ist nicht nur zu hohen Schutzzöllen, sondern auch zu Ausfuhrzöllen auf Holz, zu Ausfuhrprämien auf Eisen und ähnlichen Mafsregeln geschritten. Ausfuhrzölle auf unvermahlenen Weizen und Rohnickel werden verlangt, desgleichen ein Verbot der Fortleitung elektrischer Energie von den Wasserfällen und Stromschnellen Kanadas in die amerikanischen Industriegebiete[250]. In dieser Tendenz liegt der Hauptanlafs zu vielfältigen Reibereien Kanadas mit den Vereinigten Staaten, aus welchen die Vorzugszölle für England 1897 entsprangen.

Politisch kommt diese Entwicklung Kanadas dem britischen Imperialismus zugute, obschon vorwiegend amerikanisches Grofskapital industriegründend auf kanadischem Boden auftritt. Wirtschaftlich jedoch wendet sich der kanadische Industrieschutz ebenso gegen England wie gegen die Vereinigten Staaten. Da England nach Kanada Industrieartikel einführt, welche Kanada selbst produzieren möchte, so ist trotz der Begünstigung von $33^1/_3 \%$ des Zolls, die England geniefst, sogar die Zollbelastung des britischen Imports eine höhere als die durchschnittliche Zollbelastung des Imports aus den Vereinigten Staaten. Es rührt dies daher, dafs über die Hälfte des amerikanischen Imports nach Kanada Zollfreiheit geniefst, da bei ihr schutzzöllnerische Absichten nicht in Frage stehen.

Dagegen gewährt der herabgesetzte Zoll des Präferentialtarifs, welcher gegenüber der britischen Einfuhr zur Anwendung gebracht wird, der heimischen Industrie noch reichlichen Schutz. Kanada hat sogar neuerdings seine Zölle auf gewisse Industrieartikel, z. B. auf Wollwaren, fertige Kleider, Taue, erhöht. Ein englisches Blaubuch stellt fest, dafs trotz des Vorzugszolls britische Textilwaren in abnehmender Menge pro Kopf von Kanada verbraucht werden. Eine Reihe wichtiger Industrieartikel werden überhaupt nicht mehr von Grofsbritannien nach Kanada versandt. Hierzu gehören: landwirtschaftliche Werkzeuge, Fahrräder, Uhren, Möbel, Eisen und Stahl, Eisenbahnmaterial, Draht, Papier, musikalische Instrumente u. a. Immerhin hat der Vorzugszoll dem Rückgang der britischen Einfuhr nach Kanada Einhalt getan. Tatsächlich hat 1900/01 die Ausfuhr Englands nach Kanada wieder die Höhe erreicht, welche sie gegen Ausgang der achtziger Jahre aufwies, und sie seitdem nicht unbeträchtlich überschritten. Dem Vorzugszoll ist es zu verdanken, dafs England mit den Vereinigten Staaten in Kanada überhaupt konkurrieren kann und dafs die aufkommende deutsche Konkurrenz nicht unerheblich zurückgeschnitten wurde[251].

Von viel gröfserer Bedeutung wären die Vorzugszölle, welche Kanada von England erwartet; sie würden eine Bewegung mächtig fördern, welche schon heute in vollem Gange ist.

Was sich in den Vereinigten Staaten vor einigen Jahrzehnten vollzog, das wiederholt sich in der ersten Hälfte des 20. Jahrhunderts in Kanada: **Aufsteigen der Prärie des Westens** gegenüber dem altbesiedelten Osten. Es eröffnen sich damit glänzende Aussichten dem britischen Nordamerika, selbst wenn man sich von Überschwänglichkeiten fernhält[252].

Zwar sind Schätzungen unerschlossener Getreideflächen mit Vorsicht zu gebrauchen, insbesondere wenn sie von Eisenbahndirektoren ausgehen. Soviel jedoch steht fest, dafs Kanada seine Weizenproduktion in den letzten Jahren bereits enorm gesteigert hat. Manitoba und die nordwestlichen Territorien produzierten Ende der achtziger Jahre 7—12 Millionen, 1901 63 Millionen bushels Weizen[253]. Unzweifelhaft besteht die Möglichkeit, diese Produktion noch aufserordentlich zu steigern. Eine offizielle Äufserung sagt in dieser Hinsicht vielleicht etwas übertreibend: „Nicht zu reden von den Flächen zwischen dem Nord-Saskatchewan und dem Quellgebiet des Churchillflusses, von dem Peaceriver-Distrikt, von den Tälern des Athabasca und des oberen Mackenzieflusses, welche alle besten Weizen produzieren, aber für Export noch zu weit von den Weltmärkten entfernt liegen, so umfafst allein die Fläche von Manitoba, Assinibosa, Alberta und Saskatchewan 242168000 acres, von denen bei weitem der gröfsere Teil für Weizenproduktion geeignet ist. Berücksichtigt man nur die Hälfte dieser Fläche und rechnet so 10 bushels pro acre, so ergiebt dies mehr als ³/₅ des gegenwärtigen Weltverbrauchs an Weizen." Wm. Saunders schätzt als landwirtschaftlicher Sachverständiger die noch unbebaute getreidefähige Fläche der Nordwestprovinzen auf 171000 acres. Sollte nur ein Viertel dieses Landes bebaut sein, so würde Kanada damit nicht nur 30 Millionen eigener Einwohner ernähren, sondern aufserdem den ganzen heutigen Einfuhrbedarf Englands dreimal decken können. Dabei sind die weiter westlich und nördlich gelegenen Flächen von Athabasca und Mackenzie aufser Ansatz gelassen, die streckenweise wenigstens als weizenfähig sich erwiesen haben. Insbesondere liegen die fruchtbaren Gebiete von Athabasca bereits unter dem wärmenden Einflufs des Pacific.

Die westliche Prärie Kanadas ist ein Boden von überwiegend bester Qualität und erfordert, weil unbewaldet, lediglich Bepflügung und Einsaat. Charakteristisch ist jener tiefschwarze Lehmboden, welcher jahrelangen Körnerbau ohne Düngung verträgt. Die Bodenpreise sind zur Zeit noch sehr niedrig. In Manitoba und in den nordwestlichen Territorien ist Land in abgelegeneren Gegenden noch nahezu umsonst zu haben. Farmen in der Nähe von Städten kosten einschliefslich Gebäude und Verbesserungen 5—10 ℒ pro acre. Wenig Meilen von der Eisenbahnstation entfernt sinken diese Preise auf 2—4 ℒ. Qualitativ rechnet der kanadische Weizen zu dem besten der Welt. Manitoba No. 1 Hard erzielt einen höheren Preis als irgendwelcher andere Weizentypus. 1902 erreichte mehr als die Hälfte der Ernte von Manitoba diesen hohen Grad, weitere 30 % waren No. 1 Northern, was der höchste Typus der Vereinigten Staaten ist. Die beiden gröfsten Hartweizenmärkte in Nordamerika sind Winnipeg in Kanada und Minneapolis in den Vereinigten Staaten; im Jahre 1902 wurden inspiziert in:

Winnipeg		Minneapolis	
	Per cent.		Per cent.
No. 1 Hard . . .	50,75	No. 1 Hard . . .	1,09
No. 1 Northern . .	30,64	No. 1 Northern . .	22,06
No. 2 Northern . .	9,79	No. 2 Northern . .	37,44
All other grades . .	8,82	All other grades .	39,41
	100,0		100,0

Der kanadische Weizen ist hart und kleberreich, besonders geeignet zur Vermischung mit Weizen geringerer Grade. Der Grund der hohen Qualität des kanadischen Weizens liegt in klimatischen Verhältnissen. Ein heifser Sommer, eine lange Sonnenbelichtung während der Sommertage, ein feuchter Untergrund wegen langsam schmelzenden Winterfrostes in der Tiefe — alle diese Vorzüge kontinentaler und nördlicher Lage begünstigen den Anbau des Weizens, dessen Vegetationsperiode mit nördlicher Breite abnimmt (Fort Vermillion 101 Tage).

Dieser Aufschwung des westlichen Kanadas, dessen Anfänge wir heute erleben, erfüllt ein dringendes Bedürfnis der britischen Kolonialpolitik: er bringt Menschen auf menschenleere Flächen. Trotzdem hat er für England seine höchst bedenkliche Seite: Träger dieses Aufschwungs sind grofsenteils Bevölkerungswellen, welche von den Vereinigten Staaten her über die kanadische Grenze schlagen. Diese Einwanderer sind zweifellos allen anderen Einwanderern wirtschaftlich überlegen, da sie die Landwirtschaft der westlichen Prärie aus eigenster Erfahrung kennen. Die Bemühungen der Regierung der Vereinigten Staaten haben sich aufserstande erwiesen, diese spontane Bewegung zurückzudämmen[254].

Nach einem Spezialbericht des Standard, November 1905, befanden sich damals gegen 250 000 frühere Amerikaner in Kanada und bildeten damit fast ein Drittel der Bevölkerung der westlichen Provinzen der Dominion. Der Berichterstatter schildert diese amerikanische Invasion aus dem Augenscheine mit folgenden Worten: „Ein grofser amerikanischer Landspekulant kaufte im westlichen Kanada 50 000 acres und verkaufte sie sofort wieder an amerikanische Ansiedler. Dann gründete derselbe Spekulant eine Gesellschaft, die eine Million acres von der kanadischen Pacificbahn kaufte und jeden einzelnen acre davon bereits wieder verkauft hat. Ein anderer amerikanischer Spekulant kaufte eine Million acres und lud amerikanische Farmer ein, auf seine Kosten das Land zu besichtigen. 200 000 acres wurden während der Reise verkauft und die übrigen 800 000 in weniger als einem Jahr. Nahezu 10 000 Farmen, fast alle in amerikanischen Händen, erheben sich jetzt an der Stelle einer früheren Wüstenei. Diese amerikanischen Ansiedler sind ein eigentümlicher, unternehmender Schlag von Menschen, denen jede Anhänglichkeit an den Boden abgeht. Es sind darunter Familien, die ursprünglich in einem der Oststaaten der Union wohnten, ihre Farmen mit Gewinn an Neuankömmlinge verkauften und selbst neue Farmen in Ohio errichteten. Als der Wert des Grund und Bodens auch in Ohio stieg, verkauften sie wieder und zogen weiter westwärts nach Illinois oder Michigan usw. Auf diese Weise sind Minnesota, Nebraska, die Dakotas, Jowa, Idaho und der Westen überhaupt besiedelt worden, und jetzt wenden sich diese rastlosen Elemente nach Kanada. Die Wirkungen dieser amerikanischen Einwanderung sind erstaunlich. In Alberta z. B. haben sich zwischen Kalgary und Edmonton, auf einer Strecke von etwa 320 Kilometern, 30 000 Leute niedergelassen, und fünf von sechs davon sind Amerikaner." Nun sprechen diese Einwanderer zwar überwiegend englisch. Die zahlreichen Deutschen unter ihnen sind der Anglisierung oder besser gesagt Amerikanisierung verfallen. Die Aufnahme in den britischen Untertanenverband läfst sich durch sanften Druck befördern. Aber kein „Band des Gefühls" verbindet diese Neukanadier mit dem englischen

Mutterlande. Freundschaftliche und verwandtschaftliche Beziehungen aller Art knüpfen sie vielmehr an die Vereinigten Staaten. Ähnlichen Naturbedingungen und gleichartigen Wirtschaftsmethoden entsprechen am besten die landwirtschaftlichen Werkzeuge und Maschinen der Vereinigten Staaten. Amerikanische Zeitschriften, welche in Kanada reichlich zirkulieren, verbreiten die Reklame, in der die amerikanische Geschäftswelt unerreicht dasteht, die englische dagegen altväterisch zurückhält. Eine langgestreckte willkürliche Landgrenze weist auf gegenseitigen Warenaustausch, nicht minder ein gemeinsames System grofsartiger Binnenseen.

Die Erschliefsung des kanadischen Westens belebt daher die in Kanada nie ganz erstorbenen Neigungen zu den Vereinigten Staaten — zunächst auf wirtschaftlichem Gebiete. Sie bildet ein Gegengewicht gegen den kanadischen Industriestaat, der in Verteidigung gegen die Vereinigten Staaten notgedrungen britisch-imperialistisch gestimmt ist. Die Vereinigten Staaten hätten es in der Hand, diese agrare Bewegung zu stärken, wenn sie den Getreidezoll gegen Kanada aufhöben; diese Mafsregel wäre für die britische Finanzreform ein höchst unbequemer Gegenzug. Damit erhebt sich wiederum das Gespenst eines Zollvereins Kanadas mit den Vereinigten Staaten. Ein solcher Zollverein aber wäre auch politisch das Ende des britischen Reichs in Amerika. Der wirtschaftlichen Vereinigung müfste, wie allseitig zugestanden wird, die politische folgen. Es entstünde damit eine Machtorganisation, die alles in der Weltgeschichte dagewesene weit hinter sich liefse: ein einheitliches Nordamerika, das den Stillen wie Atlantischen Ozean überschattete, dessen mächtige Massen das dünne Balkenwerk des britischen Reiches zu Boden drücken müfsten. Darum liegt in der Zukunft Kanadas die Zukunft des britischen Reichs beschlossen.

In Rücksicht auf Kanada eilt also für den britischen

Imperialisten die Finanzreform: durch Vorzugszölle will man das werdende Kanada des Westens an den englischen Markt ketten und damit Zeit gewinnen, die Neuansiedler allmählich in den britischen Reichsgedanken einzuarbeiten[255]. Diese Aufgabe ist um so dringlicher, als die Einwanderer „britischen" Ursprungs vorwiegend Irländer sind, deren Beziehungen zu England zwar auch in einem „Band des Gefühls", aber nicht eben dem der Zuneigung bestehen.

Allerdings stellen sich dem System der geplanten Vorzugszölle gewisse technische Schwierigkeiten entgegen. Im Sommer verschiffen die Vereinigten Staaten Getreide über das kanadische Flufssystem; im Winter geht kanadisches Getreide über die Eisenbahnen der Vereinigten Staaten. Trotzdem dürften diese Schwierigkeiten, so erklären die britischen Imperialisten, nicht unüberwindlich sein, da Kanada selbst an ihrer Behebung das gröfste Interesse habe[256]. Dagegen halten die Freihändler einen Kampf gegen die natürlichen Entwicklungstendenzen für aussichtslos[257].

2. In Kanada handelt es sich um eine aufsteigende Welle wirtschaftlicher Entwicklung. Die britische Finanzreform soll dazu dienen, diese Welle in ein politisch erwünschtes Bett zu lenken. Anders Australien. Politisch liegen die Aussichten für England hier weit günstiger: Australien beherbergt eine rein englische Bevölkerung einheitlichen Ursprungs. Dem britischen Wesen wird die spärliche Einmischung deutschen und skandinavischen Blutes ohne weiteres eingegliedert. Alle Reisenden stimmen dahin überein, dafs keines der britischen Kolonialgebiete einen so „englischen" Eindruck mache, wie der fünfte Kontinent. Bei insularer Lage ist Australien in seiner Verteidigung von der britischen Kriegsflotte völlig abhängig. Dieser politische Rückhalt an England wird umso unentbehrlicher, als eine „gelbe Seemacht" im Stillen Ozean heute aufsteigt[258].

Dagegen ist die innere Entwicklung Australiens von

jenem gewaltigen Aufschwung weit entfernt, der das neuzeitige Kanada emporträgt. Australien ist nicht der robuste Emporkömmling wie der kanadische Westen. Australien gleicht einem verfeinerten Knaben, in dessen Antlitz ein Zug des Alters geprägt ist.

In erster Linie ist auf die merkwürdigen Bevölkerungsverhältnisse Australiens zu verweisen. Zu ihrer Erklärung kommt zunächst in Betracht, dafs der in den fünfziger Jahren kräftige Einwanderungszuflufs heute nahezu versiegt ist, wie folgende Ziffern dartun[259].

Wachstum der Bevölkerung durch Einwanderung:

	In den Jahrzehnten				
	1851—60	1861—70	1871—80	1881—90	1891—99
Australien (einschl. Neu-Seeland) ...	613 253	291 342	336 297	386 018	61 824

Während der neunziger Jahre überwog sogar die Zahl der Ausreisen wiederholt die Zahl der Ankünfte.

Australien ist also zur Zeit vorwiegend auf eigenen Bevölkerungszuwachs angewiesen. Für ein riesiges, dünnbesiedeltes Neuland bedeutet dies in allen Fällen eine sparsame Quelle der Volksvermehrung. Infolge einer fabelhaft niederen Sterbeziffer ist Australiens Geburtenüberschufs im Vergleich mit Europa nicht ungünstig, so wenigstens, wenn man das Jahrzehnt 1889—1898 zur Vergleichung herbeizieht.

	Geburtenziffer	Sterbeziffer	Bevölkerungszuwachs
Australien (einschl. Neu-Seeland)	30,68	12,85	17,83
Grofsbritannien und Irland ..	29,45	18,37	11,08
Deutschland	36,20	22,69	13,51
Preufsen	36,90	22,26	14,64
Frankreich	22,41	21,67	0,74
Italien	36,90	24,94	11,96

Die australische Sterbeziffer erscheint um so niederer, wenn man bedenkt, dafs die höheren Altersstufen hier verhältnismäfsig stark besetzt sind. Immerhin dürfte hinsichtlich der Sterbeziffer Australiens eine weitere namhafte Abnahme in Zukunft kaum zu erwarten sein. Hierauf deutet wenigstens die Tatsache, dafs die Kindersterblichkeit in Süd-Australien, wie Süd-Wales, West-Australien und Tasmania, sowie in ganz Australien neuerdings wieder eine leise Steigerung aufweist. In Viktoria blieb in den Jahren 1895—1900 bei stark herabgehender Geburtenziffer die Kindersterblichkeit unverändert. Auf 1000 Geburten kamen in Australien (einschliefslich Neuseeland):

	Im Jahresdurchschnitt		
	1886—90	1891—95	1896—99
Todesfälle von Kindern unter 1 Jahr	113,71	105,51	110,11

Um so bedeutsamer ist die Tatsache, dafs die Geburtenziffer seit 1881 einen fortschreitenden und neuerdings beschleunigten Niedergang aufweist. Diese Tatsache tritt um so deutlicher zutage, wenn man die leitenden Kolonien ins Auge fafst. Auf 1000 der mittleren Bevölkerung kamen Geburten:

	1866—70	1871—75	1876—80	1881—85
Australien (einschl. Neu-Seeland)	40,9	37,34	36,38	35,21
Neu-Südwales	41,7	39,05	38,53	37,65
Victoria	41,3	35,69	31,43	30,76
Süd-Australien	42,37	37,24	38,28	38,52
Neu-Seeland	40,25	40,02	41,32	36,50
England und Wales	—	35,5	35,4	33,5
Irland	—	27,1	25,5	23,9
Frankreich	26,3	25,5	25,3	24,7
Italien	37,5	36,8	36,8	37,9
Deutschland	37,2	39,0	39,3	37,0
Preufsen	38,3	38,8	39,2	37,4

	1886—90	1891—95	1896—1900	1901/02
Australien (einschl. Neu-Seeland)	34,43	31,52	27,31	26,72
Neu-Südwales	36,36	32,85	27,98	27,37
Victoria	32,72	31,08	26,22	25,50
Süd-Australien	34,48	31,24	26,59	24,79
Neu-Seeland	31,22	27,66	25,74	26,09
				1901/03
England und Wales	31,4	30,5	29,4	28,5
Irland	22,8	22,9	23,3	22,9
Frankreich	23,1	22,6	22,3	21,8
Italien	37,6	36,3	34,4	32,9
Deutschland	36,5	36,3	36,0	34,9
Preußen	37,5	37,2	36,6	35,4

In einem Lande mit Einwanderung und abnehmender Sterbeziffer, in dem also die Altersstufen von 15—40 Jahren besonders reichlich besetzt sind, besagen die absoluten Geburtenziffern aber noch wenig[260]. Die Tatsachen treten stärker in das Licht, wenn man die Zahl der Frauen in gebärfähigem Alter mit der Geburtenziffer vergleicht (sog. allgemeine Fruchtbarkeitsziffer).

	Anzahl der Frauen im Alter von 15—50 Jahren im Jahre 1901	Zahl der Geburten im Jahre 1901 (ohne Totgeburten)	(Geburten auf 1000 Frauen im Alter v. 15—50 Jahr.) Allgemeine Fruchtbarkeitsziffer im Jahre 1901
New-South Wales	337 324	37 875	112
Victoria	317 040	31 008	98
Queensland	110 037	14 303	128
South-Australia	92 409	9 111	99
Western-Australia	39 967	5 718	150
Tasmania	42 157	4 930	117
Common-Wealth	939 004	102 945	110
New-Zealand	197 384	20 491	104
Australasia	1 136 388	123 436	109
Großbritannien	10 479 884	1 162 955	110,9
Frankreich	9 978 000	854 274	85,6
Italien	7 791 883	1 057 763	135,7
Belgien (1900)	1 696 508	193 789	114,2
Schweiz (1900)	856 492	94 316	110,1
Oesterreich (1900)	6 819 617	967 939	141,9
Deutsches Reich (1900)	14 111 007	1 996 139	141,4

Der bekannte Mr. Stead bringt zu diesem Gegenstand folgende Bemerkung, welche nachzukontrollieren ich aufserstande bin. „1885 hatten in Neusüdwales 546000 Frauen zwischen 18 und 50 Jahren ebenso viel Kinder, wie 665767 Frauen im Jahre 1896. Im Durchschnitt kommen auf jede Frau in Australien 3,5 Kinder, in Frankreich 3,4. Vor dreifsig Jahren betrug die Durchschnittszahl in Australien 5,31 [261]".

Selbst der gegenwärtige Stand der Geburtenziffer erscheint für die Zukunft noch keineswegs gesichert. Wenigstens steht die Tatsache fest, dafs die in Australien geborene Frau, deren Bedeutung mit abnehmender Einwanderung stetig wächst, weniger Geburten aufweist, als die in Europa geborene Australierin. Es ist diese Tatsache um so merkwürdiger, als das Heiratsalter der letzteren ein höheres ist, als das der ersteren. Mit einem weiteren Rückgang der Geburtenziffern ist um so mehr zu rechnen, als für die Bevölkerungsvermehrung die in Irland geborene Australierin zurücktritt, deren Fruchtbarkeitsziffer am widerstandsfähigsten sich erweist.

Aus diesen Verhältnissen ergibt sich eine äufserst merkwürdige Erscheinung: zwar wächst die Bevölkerung Australiens immer noch etwas rascher als in Europa. Trotzdem weist Australien neuerdings in seinen wichtigsten Bundesstaaten nicht nur eine relative, sondern sogar eine absolute Abnahme der Zahl der Geborenen auf:

	Bevölkerung		Geburten	
	1888	1901	1888	1901
Victoria	1 090 869	1 208 700	34 503	31 008
Neu-Südwales . .	1 085 740	1 379 700	38 525	37 875
Queensland . . .	387 463	510 515	14 247	14 303
Süd-Australien . .	318 308	364 795	10 510	9 079

Es erhebt sich die Befürchtung, daſs die Schulkinder nicht mehr zahlreich genug sein werden, um die vorhandenen Schulen zu füllen — eine Möglichkeit, die in einem offiziellen Bericht ernsthaft in das Auge gefaſst wird [262].

Im Rückblick auf das von ihm bearbeitete Ziffernmaterial sagt der ausgezeichnete Regierungsstatistiker T. A. Coghlan: „Das Problem der niedergehenden Geburtsziffer ist von einer alles überragenden Bedeutung und für Australien mehr als für irgend ein anderes Land. Von seiner befriedigenden Lösung hängt ab, ob unser Land jemals einen Platz unter den groſsen Nationen der Welt einnehmen wird." Coghlan macht seine Landsmänninnen darauf aufmerksam, daſs nicht weniger als alles in Frage stehe. Es handele sich um gesunde, jungheiratende Frauen mit niederer Sterilitätsziffer, welche sich in auskömmlichen, der Aufzucht von Kindern günstigen Verhältnissen befänden. Der Niedergang der Geburtenziffer beruhe nachgewiesenermaſsen auf beabsichtigter Beschränkung des Empfängnisses durch präventiven Geschlechtsverkehr. Daher könne nur ein bewuſster Entschluſs der australischen Frau die Zukunft der Nation retten. —

Die Gefahren, welche die Bevölkerungsverhältnisse Australiens für das britische Interesse in sich bergen, werden verschärft durch die Eigenart der politischen wie sozialen Struktur des Commonwealth.

Australien ist bekanntlich das Eldorado des Arbeiters. Die Lebenshaltung der arbeitenden Klassen Australiens ist die höchste der Welt, wofür insbesondere der Fleisch- und Zuckerverbrauch bezeichnend ist. Die Australier sind die ausgesprochensten Fleischesser unter allen Völkern. Auf den Kopf der Bevölkerung, einschlieſslich der Kinder, kommen ³/₄ Pfund Fleisch pro Tag. Ich entnehme dem angeführten Werke von Coghlan folgenden auf das Ende der neunziger Jahre bezüglichen Vergleich.

13*

Jährlicher Verbrauch pro Kopf in Pfund nach
Mulhalls Dictionary of Statistics:

	An Fleisch	An Zucker
Grofsbritannien	109	75
Frankreich	77	20
Deutschland	64	18
Italien	26	8
Vereinigte Staaten	150	53
Australien	264	100

Der australische Statistiker ist in der ungewöhnlichen Lage, von unwirtschaftlicher „Überernährung" seines Volkes zu sprechen. Ob zwischen diesen aufsergewöhnlichen Ernährungsverhältnissen und der niederen Geburtenziffer ein Kausalzusammenhang besteht, lasse ich dahingestellt; unmöglich ist es nicht, dafs in der verlachten Ansicht Bebels ein richtiger Kern noch anerkannt wird[263].

Politisch besitzt der gewerkschaftlich organisierte Arbeiter Australiens den ausschlaggebenden Einflufs auf dem Boden vollster demokratischer Rechtszustände, einschliefslich des Referendums und Frauenstimmrechts. Gefördert wird diese Machtstellung der Arbeiter durch Anhäufung der Bevölkerung in den Hauptstädten. Dies gilt insbesondere von den drei leitenden australischen Bundesstaaten: 1899 lebten in Neu-Südwales 32,3%, in Südaustralien 40,1%, in Viktoria gar 41,1% der Bevölkerung in der Hauptstadt. In diesen Städten ist „Trades Hall", das Gebäude des Gewerkschaftskartells, der wichtigste politische Mittelpunkt, zu dem die in ihnen mafsgebliche Arbeiteraristokratie nur solche Gewerkschaften zuläfst, die sich im Besitz des Achtstundentages befinden. In diesen hauptstädtischen Gewerkschaften sind die Arbeiter des Bau- und Hafengewerbes, sowie die Arbeiter der aufstrebenden Metall-, Schiffsbau- und Textilindustrie zusammengefafst. Die Macht dieser städtischen Gewerkschaften ist um so gröfser, als ihr auf dem Lande kein breiter Kleinbesitzerstand die Wage hält. Die Urproduktion Australiens, Bergbau und Schafzucht, geht im Grofsbetrieb vor sich. Auch auf ihrem Boden entfalten sich mächtige Arbeiterverbände, welche mit den hauptstädtischen Genossen sich solidarisch fühlen — insbesondere die Gewerkvereine der Bergleute und der Schafscherer.

Die Herrschaft des Arbeiters trat bald nach Errichtung des Bundesstaates im Ministerium Watson offen zutage. Es klingt wie aus einer sozialen Utopie, wenn man hört, dafs dieser Herr Watson vom Buchdrucker zum Premierminister Australiens aufstieg, und dafs sämtliche Mitglieder seines Ministeriums mit einer einzigen Ausnahme aus dem Arbeiterstande hervorgegangen waren.

Auf die Bedürfnisse der herrschenden Arbeiteraristokratie ist die ganze innere Politik Australiens zugeschnitten. Sie ist darauf gerichtet, den hohen sozialen Standard des Arbeiters nicht nur zu verteidigen, sondern durch die Mittel der Gesetzgebung weiter zu erhöhen. Das soziale Ideal ist der Leitstern dieses Staatswesen. Hieraus entspringt ein hochgespannter Staatssozialismus. Nach Pearson befinden sich 8 % der erwachsenen männlichen Bevölkerung Viktorias in Staatsanstellung; ihre hohen Löhne und kurzen Arbeitszeiten, in denen die politische Herrschaft des Arbeiters zum Ausdruck kommt, sind vorbildlich für die Arbeiter in Privatbetrieben. Weitere Verstaatlichungsideen liegen in der Luft; so verlangt das Programm der Arbeiterpartei Verstaatlichung der gesamten Tabak- und Eisenindustrie[264].

Aber auch in den privaten Arbeitsvertrag greift in Australien der Staat tiefer ein, als irgend wo sonst. Australien ist das Land obrigkeitlicher Festsetzung von Minimallöhnen, welche in manchen Gewerben die Höhe von 8 sh. pro Tag erreichen. Das neuerdings eingeführte Bundesschiedsgericht hat die Aufgabe, diesen Standard gleichmäfsig für den ganzen

Kontinent durchzuführen. In Neuseeland können nach dem Gesetze von 1901 alle „gelernten oder ungelernten Personen, welche Handarbeit oder Bureauarbeit gegen Lohn verrichten," den staatlichen Schiedsgerichtshof zwecks Lohnfestsetzung anrufen — prinzipiell sogar die Minister.

Grundlage dieser australischen Arbeiterdemokratie ist Politik des „weifsen Australiens"[265]. Australien liegt vor den Thoren der asiatischen Welt, deren ungezählte Millionen den australischen Kontinent ohne weiteres überschwemmen würden, wenn nicht die australische Gesetzgebung alle Farbigen ausschlösse. Wie rigoros dieses Verbot durchgeführt wird, zeigen Fälle wie folgende: der Sultan von Johore, welcher auf seiner Vergnügungsjacht der australischen Küste sich näherte, mufste, ehe ihm die Landung gestattet wurde, sein Wort geben, dafs er den gastlichen Kontinent wieder verlassen würde. Um die farbigen Untertanen und Bundesgenossen Seiner britischen Majestät nicht zu kränken, hat dieses Verbot durch Gesetz vom Oktober 1901 die Forderung eines Bildungsnachweises erhalten. Jeder Einwanderer mufs imstande sein, fünfzig Worte englischer Prosa auf Diktat des Zollbeamten fehlerfrei zu schreiben. Aber trotz aller gesetzlichen Mafsnahmen ist die „gelbe Gefahr" nicht beseitigt. Wie Pearson betont, erscheint die Zukunft Australiens auch heute noch völlig ungewifs. Schon heute sind beträchtliche Bruchteile der australischen Bevölkerung Asiaten oder Mischlinge. Die Farbigen überwiegen im nördlichen Territorium und machen in Queensland 47 %, in Neusüdwales 11 % der Bevölkerung aus. Auch gegen „die geschätzten Bundesgenossen Englands" wenden sich die Besorgnisse der Australier. Im Hinblick auf die Japaner äufserte sich neuerdings ein australischer Staatsmann in der Daily News: „Wenn Australien die Barrieren niederreifst, so hört es auf, das Australien zu sein, das wir kennen; es wird asiatisch. Das Gesetz zur Beschränkung der Einwanderung ist als ein Akt der Selbsterhaltung zu betrachten. Einige Jahre asiatischer Einwanderung nach Queensland würden die Gesetzgebung dieses Staates an die Asiaten ausliefern. Es würde ganz unmöglich sein, den asiatischen Einwanderern das Stimmrecht zu verweigern, wenn man sie überhaupt zuläfst[266]."

Angesichts der niederen Geburtenziffer der australischen Angelsachsen handelt es sich in der Tat um ein starres Entweder — Oder. Die gelbe Gefahr ist um so gröfser, als die privatrechtlichen Interessen der Kapitalisten auf Einführung farbiger Arbeiter in Bergwerke und Zuckerplantagen drängen. Demgegenüber rief ein Arbeiterführer im ersten Bundesparlament aus: „Besser wir lassen unsere Hilfsquellen unentwickelt, als wir entwickeln sie mit farbiger Arbeit, welche niedere Lebensbedingungen annimmt und die sozialen Verhältnisse des ganzen Gemeinwesens herunterdrückt." Durch den Pacific Island Labourers Act von 1901 wurde bestimmt, dafs alle farbigen Saisonarbeiter bis zum 31. Dezember 1906 aus Queensland verschwunden sein müssen. Es ist kein Zweifel, dafs das streng durchgeführte Prinzip des „weifsen Australiens" die Entwicklung eines Kontinents verlangsamt, der weite subtropische Gebiete umfafst.

Aber die australische Arbeiteraristokratie betrachtet auch europäische Einwanderer mit scheelem Auge, indem sie lohndrückende Konkurrenten fürchtet. Ja sogar gegen englische Einwanderer sind die gesetzlichen Einwanderungsbeschränkungen gelegentlich zur Anwendung gekommen. Bekannt geworden ist der Fall der sechs englischen Hutmacher, welche von der Landung um deswillen ausgeschlossen wurden, weil sie entgegen der Contract labour clause mit festem Arbeitsvertrage nach Australien gekommen waren. Die Regierung hat dann zu ihren Gunsten eine Ausnahme vom Gesetz zugelassen. Ein deutscher Matrose, welcher wegen Schmuggels in ein australisches Gefängnis gesteckt worden war, wurde nach seiner Haftentlassung noch einmal eingekerkert, weil er ohne Erlaubnis „eingewandert" sei. Selbst Schiffbrüchigen wurde die Landung verweigert und Unterkunft in Schleppschiffen angewiesen.

Selbstverständlicherweise liegt auch der Schutzzoll in der Konsequenz dieser Zustände [267]. Ebenso wie durch proletarische Einwanderung glaubt sich der Australier durch die Erzeugnisse proletarischer Arbeit gefährdet. Als Proletarier aber gilt ihm sogar der englische Gewerkschafter. Letzterer, zuhause entschiedener Freihändler, wird auf australischen Boden verpflanzt, in kurzem rabiater Schutzzöllner. So sind amüsanterweise die beinahe ausgeschlossenen sechs Hutmacher Mitglieder der nativistischen Arbeiterpartei, zum Teil in leitender Stellung, geworden [268]. Man könnte diese Abschliefsung als „sozialen Schutzzoll" bezeichnen und daran denken, dafs Fichte seine soziale Utopie auf den Boden des geschlossenen Handelsstaates verlegte. Die australischen Arbeiter sind sich dieses Zusammenhanges bewufst. So sagte der Gewerkvereinsführer und zeitweilige Ministerpräsident, Mr. Watson, in seinem Antwortschreiben auf den freihändlerischen Brief der englischen Gewerkvereine: „Als Gewerkvereinler bin ich jeder Einschränkung unerwünschter Konkurrenz, also auch dem Schutzzoll, geneigt."

Schon 1877 ist Viktoria zu einem hochgespannten Schutzzollsystem übergegangen; die meisten anderen australischen Kolonien sind gefolgt, zunächst mit Ausnahme von Neusüdwales, wo die grofsen Wollproduzenten lange Zeit die freihändlerische Fahne hochhielten. Viktoria ist bereits heute in der Lage, den Bedarf an gröberen Fabrikaten für sich zu decken und auch seine Nachbarkolonien zum Teil versorgen zu können. Gerade diese Entwicklung Viktorias zwang Neusüdwales, den altgewohnten Freihandel ebenfalls aufzugeben. Auch Australien hat den Ehrgeiz, Industrieland zu werden. Der soziale Staat aber, an dessen Hand es diesen Weg beschreiten will, müfste eher noch schutzzöllnerischer gestimmt sein als der privatkapitalistische Trust, welcher die Vereinigten Staaten auf die Höhen der modernen Grofsindustrie emporführte.

Selbstverständlicherweise wendet sich auch hier das Schutzzollinteresse hauptsächlich gegen die britische Einfuhr, da die grofse Masse aller Einfuhr britischen Ursprungs ist (70—75% der Gesamteinfuhr 1900); 90% des Eisenbahnmaterials kommen aus England. „Die Berücksichtigung der Industrie von Neu-Sceland verbietet irgend welche Zollherabsetzung für britische Waren." Diese Worte des Premiers von Neuseeland bezeichnen auch die Stimmung Australiens. Das günstigste, was England von der australischen Zollpolitik zu erwarten hat, sind differentielle Zollerhöhungen gegen das Ausland. So ist der Neuseeländer Vorzugstarif, welcher England 1903 zuteil wurde, in der Tat in dieser Weise gewährt worden: neben starken Erhöhungen der Zölle für ausländische Produkte wurde nur ein einziger Zoll zugunsten der britischen Einfuhr herabgesetzt und diese Herabsetzung betraf den Teezoll, kam also Ceylon und Indien, nicht aber England zugute. Mit Recht sagt der „Argus", eines der leitenden Blätter der öffentlichen Meinung Australiens: „Ein Präferentialabkommen zwischen Grofsbritannien und den Kolonien bedeutet einen steigenden Protektionismus in Australien. Die Protektionisten werden mit Erhöhung der Zölle einverstanden sein, aber niemals mit einer Herabsetzung. Der bestehende Tarif ist tatsächlich gegen den britischen Produzenten gerichtet und die Protektionisten wenden alles auf, ihn noch zu erhöhen."

Auch zwei weitere Gründe verschlechtern die Aussichten Englands auf wirksame Einfuhrerleichterungen in Australien durch die Präferentialpolitik. Australiens Handelsbilanz gegenüber England ist stark passiv; es bedarf der wachsenden Ausfuhr in das Ausland, insbesondere nach dem europäischen Kontinent, um seine ungeheure Zinsenlast zu bezahlen[269].

Deshalb fürchten die australischen Staatsmänner, durch wirksame Vorzugszölle, welche dem Mutterlande gewährt würden, ausländische Einfuhrerschwerungen gegenüber australischen Rohstoffen heraufzubeschwören. Australien ist, wie Mr. Jenkins, der Premier von Südaustralien ausführte, gegen Vergeltungsmaſsregeln des Auslandes keineswegs gesichert[270].

Hierzu kommen finanzpolitische Gesichtspunkte. Zölle sind die bei weitem wichtigste Einnahmequelle des Commonwealth, neben denen etwa nur die Posteinnahmen eine Rolle spielen. Da nun 70—75% aller Einfuhr britischer Herkunft sind, so verbietet schon die Rücksicht auf das budgetäre Gleichgewicht irgend welche namhafte Zollherabsetzungen für britische Waren.

Hat also England nicht allzu viel von australischen Vorzugszöllen zu erhoffen, so steht es ganz anders mit Vorzugszöllen, welche England zugunsten Australiens einführen würde. Um ihre Bedeutung zu verstehen, werfen wir einen Blick auf die **agrare Grundlage** der australischen Volkswirtschaft.

Australien ist ein menschenleerer Kontinent mit einigen Großstädten an der Küste und dünner Landbevölkerung auf der südöstlichen Abdachung. In den weiten Steppen des erst teilweise erschlossenen Innern herrscht das Wollschaf, hier wie überall menschenfeindlich. In Neu-Seeland, welches klimatisch für Wollproduktion weniger geeignet ist, überwiegt das Fleischschaf (Croſs-bred). Queensland ist das Weidegebiet millionenköpfiger, halbwilder Rinderherden. 1899 zählte Australien einschließlich Neu-Seelands 93 Millionen Schafe (davon 36 Millionen in Neu-Südwales), 11 Millionen Rinder (davon 5 Millionen in Queensland), dagegen nicht ganz 4½ Millionen Menschen. Dementsprechend besteht der Hauptreichtum Australiens in Produkten der Viehzucht. Für 1899 bewertet der Regierungsstatistiker von Neusüdwales die Produkte der australischen Viehzucht auf 51 Millionen ℒ, die des Ackerbaues und des Bergbaues auf je 25 Millionen, denen er 33 Millionen £ als Wert der industriellen Erzeugung gegenüberstellt.

Extensiv betriebene Viehzucht aber bedeutet landwirtschaftlichen Riesenbetrieb. Dies um so mehr, als die australische Weidewirtschaft zwar wenig Menschen, aber in Zäunen und artesischen Brunnen immerhin beträchtliche Kapitalfixierung erfordert[271]. Die Eigentümer dieser Weidegroßbetriebe sind vielfach Absentisten. Eine spärliche Bevölkerung wandernder Hirten und Schafscherer steht ihnen als Arbeiterklasse gegenüber. Die Landgesetze, welche einen selbstwirtschaftenden Eigentümerstand schaffen wollten, haben zugestandenermaßen bisher wenig Erfolg gehabt. Betriebe über 1000 acres bedecken den größten Teil der landwirtschaftlich benutzten Fläche[272]:

Größe der Betriebe	Neu-Südwales 1900		Süd-Australien 1891		Neu-Seeland 1899	
	Zahl der Betriebe	Flächenraum der Betriebe in 1000 acres	Zahl der Betriebe	Flächenraum der Betriebe in 1000 acres	Zahl der Betriebe	Flächenraum der Betriebe in 1000 acres
1—100 acres	36 291	1 171	6 804	183	36 932	955
101—1000 -	26 223	9 177	10 618	4 711	22 249	7 089
1001—5000 -	4 323	8 771	2 394	4 624	2 589	5 364
5000—20 000 -	927	9 179	481	4 737	589	5 854
Über 20 000 -	334	16 789	58	1 975	280	15 123

Neu-Seeland, dessen Klima für landwirtschaftliche Kleinkultur geeigneter ist, als das Australiens, geht neuerdings an die Schaffung einer selbswirtschaftenden Farmerklasse. Nach einem Gesetz von 1892 kauft der Staat Großgrundbesitz auf und gibt ihn als Rentengut in kleineren Betrieben an bona fide Landwirte aus. Er behält sich ein Einspruchsrecht bei späteren Verkäufen vor, um die Person des neuen Erwerbers zu prüfen. Es wird versichert, der Kolonie würde mehr Land angeboten, als sie kaufen könne. Trotz alledem bedeuten die 43 000 Farmen, welche Neuseeland gegenwärtig etwa aufweist, in einem Lande von der Gröfse Italiens, das ausgezeichnetes Klima mit grofser Fruchtbarkeit verbindet, eine äufserst dünne Besiedelung [273].

Australiens Volkswirtschaft beruht also auf einer aufserordentlich dünnen agraren Grundlage. In Verbindung mit den abnormen Bevölkerungsverhältnissen und den sozialen Institutionen bedeutet dies eine ernste Gefährdung für die Zukunft, wenigstens die „weifse" Zukunft des fünften Kontinents. Können diese wenigen Küstenbewohner hoffen, das riesige Hinterland auf die Dauer der nachdrängenden Menschheit zu verschliefsen, während sie selbst sich weigern, es aus eigenem Zuwachs zu bevölkern? Unter Umständen mag es als letzte Aufgabe einer reifen Kulturnation gesetzt sein, die soziale Demokratie einer städtischen Arbeiterklasse zur vollen Durchbildung zu bringen. Für ein wenig besiedeltes Neuland ist der soziale Staat ein waghalsiges Experiment, da er bis zu einem gewissen Grade einen stationären Zustand voraussetzt. Nun erst verstehen wir die britischen Imperialisten, welche durch Vorzugszölle den agraren Unterbau der australischen Volkswirtschaft verstärken und damit die Struktur der australischen Gesellschaft umschichten möchten.

Hindernis einer intensiveren Kleineigentümerkultur war bisher der niedere Preisstand der landwirtschaftlichen Produkte, welcher — verbunden mit hohen Löhnen und Marktferne — Bewässerungsanlagen (artesische Brunnen) vielfach unrentabel erscheinen liefs. Darum befürwortet man die Steigerung der innerbritischen Nahrungspreise, um mit Menschen und Kapital den australischen Busch zu bezwingen. Die klimatische und geologische Möglichkeit, den eigentlichen Ackerbau weit auszudehnen, wird von keiner Seite bestritten.

So hat die Weizenproduktion, welche immerhin gegenüber der Weidewirtschaft einen Fortschritt zum kleineren Betrieb bedeutet, neuerdings beträchtliche Ausdehnung gefunden und dürfte in Zukunft noch gewaltig auszudehnen sein. Australien ist in Weizen selbstversorgend geworden und in die Reihe der Exportländer eingetreten, ohne unter ihnen bislang eine leitende Rolle zu spielen. Es produzierte 1901 38,5 Millionen bushels (dagegen Kanada 84,5). Australischer Weizen ist auf dem Londoner Markte bekannt und qualitativ geschätzt. 1904 schnellte die Weizeneinfuhr Englands aus Australien auf 10,6 Millionen Zentner, das Doppelte des früher erreichten Höchstbetrages, empor. Dabei bleibt das Weizenerzeugnis Australiens pro bebaute Fläche sogar noch hinter dem Rufslands und Argentiniens zurück[274].

Weizenernte pro acre im Durchschnitt der Jahre 1894—98 in Millionen bushels.

Australien (ohne Neu-Seeland)	7,3	Vereinigte Staaten	13,2
Rufsland	9,3	Deutschland	25,7
Argentinien	9,3	Grofsbritannien und Irland	30,9

In Hafer besitzt Neu-Seeland schon heute bedeutende und steigerungsfähige Ausfuhr. Dagegen ist Australien in Mais noch auf Zufuhr angewiesen; aber Queenslands Maisproduktion könnte ganz aufserordentlich gesteigert werden. Dasselbe gilt von Gerste und Malz, deren Erzeugung in Süd-Australien und Victoria ihren Sitz hat.

Besonders aussichtsvoll erscheinen die Erzeugnisse intensiverer Viehwirtschaft: Butter und Käse. Australische Butter hat bereits eine ansehnliche Stellung auf Londoner Markte erkämpft. Für Wein- und Obstbau ist das Klima breiter Gebiete Australiens besonders geeignet. Die Äpfel Tasmaniens, der Wein und Kognak Victorias und Süd-Australiens sind in England gut eingeführt. Alle diese Zweige intensiveren Landbaus gelten für aufserordentlich zukunftsvoll[275].

Angesichts dieser Tatsachen hofft der britische Imperialist durch Vorzugszölle die australische Landwirtschaft vom Grofsbetrieb der Schafherdenbesitzer zum Kleinbetrieb der Getreide- und Fruchtbauern zu entwickeln. Er hofft damit die Bevölkerung Australiens zu vermehren und von der Stadt auf das Land zu locken. Er beabsichtigt, dem hauptstädtischen Arbeiter den ländlichen Eigentümer als Gegengewicht zur Seite zu setzen. Nur auf diesem Wege glaubt er die britische Zukunft Australiens festlegen zu können.

3. Anders liegen die Verhältnisse Südafrikas, welches neuerdings zu einem Zollverein zusammengefaſst wurde. Infolge des Krieges übt England die autokratische Herrschaft über wichtige Teile dieses Zollgebietes aus und hat für seine Einfuhr eine Bevorzugung von 25 % des Zollbetrages als Siegespreis eingeheimst. Im Jahre 1904 wurden über 200000 ℒ, im Jahre 1905 nahezu 400000 ℒ als Zollrabatt den Importeuren für Waren britischen Ursprungs zurückerstattet. Diese Vorzugszölle verbessern Englands Stellung gegenüber den ausländischen Mitbewerbern und haben um so gröſsere Bedeutung, als ein einheimisches Industrieinteresse in Südafrika noch kaum besteht. Sie sind weiter um so wertvoller, als Südafrika infolge der Kaufkraft des Randes einer der besten Märkte Englands ist, der an Aufnahmefähigkeit für britische Waren Deutschland, die Vereinigten Staaten und Australien überholt hat und nur noch von Indien übertroffen wird. Dieser Markt ist zudem auſserordentlich ausdehnungsfähig. Denn die goldhaltigen Lager des Randes, von denen das Wohl und Wehe ganz Südafrikas, insbesondere seine Kaufkraft, abhängt, erweisen sich von gröſserer Ausdehnung, als noch vor wenigen Jahren für möglich gehalten wurde. Dabei ist die Goldgewinnung nur unter Anwendung kostspieliger Maschinerie möglich, welche durchweg importiert wird. Insbesondere gilt dies von dem Tiefbergbau (deep level mining), zu dem in wachsendem Maſse übergegangen wird. Die Minenbehörde Johannesburgs erklärte 1902, daſs die bestehenden Bergwerke in den nächsten zehn Jahren für 50 Millionen ℒ neues Kapital anlegen würden, wovon nahezu die Hälfte auf eingeführte Maschinerie auszugeben wäre. Im Jahre 1902 haben die

Minen für Materialverbrauch über 3 Millionen ₤ aufgewandt, darunter für Maschinen 333000 ₤, für Explosivstoffe 359000 ₤. Der Löwenanteil von dieser Einfuhr wird England schon durch die Tatsache gesichert, daſs die Minen von London aus finanziert wurden. Dasselbe gilt von der Erweiterung des Eisenbahnnetzes, von munizipalen Wasser- und Elektrizitätswerken — alles Aufgaben, welche mit dem Aufschwung des Goldbergbaues in groſsem Stile durchführbar werden. Gegenwärtig kommt gegen 80—75 % aller Industrieeinfuhr nach Südafrika auf Waren britischen Ursprungs[276]. Die Vorzugszölle sollen dazu dienen, Englands Stellung weiter zu befestigen.

Die Schwäche dieser britischen Vorzugsstellung auf südafrikanischem Markte besteht darin, daſs sie lediglich auf einem politischen Gewaltverhältnis beruht. Selbst wenn wir die englische Finanzreform durchgeführt denken, so hätte England kaum eine gewichtige Gegengabe an Südafrika zu bieten. Englische Vorzugszölle für die Einfuhr kolonialer Nahrungsmittel würden Südafrika überhaupt kaum berühren. Südafrikas Ausfuhr ist im wesentlichen eine montane: Gold, Diamanten, Kupfer, daneben Wolle, Häute, Srauſsenfedern spielen die Hauptrolle. Dagegen führt Südafrika Getreide, Mehl, Fleisch, Butter usw. in beträchtlichen Mengen ein. Nur minime Ausfuhrinteressen, wie z. B. die der Kapländer Weinbauern, Rhodesischer Tabak- eventuell Baumwollpflanzer hätten von der englischen „Finanzreform" etwas zu hoffen. Wollte Südafrika seine Landwirtschaft durch Zölle fördern, so müſste es selbst zu Einfuhrzöllen auf Getreide, Fleisch, Butter usw. übergehen. Diese Maſsregel liegt jedoch in der Ferne; denn sie käme mehr den holländischen Ackerbauern als dem englischen Elemente zugute. Letzteres, welches im Goldbergbau und den Städten seinen Schwerpunkt findet, ist überwiegend freihändlerisch interessiert. Ein industrielles Schutzzollinteresse ist in Südafrika noch in den Kinderschuhen und das Zollsystem trägt zur Zeit noch einen rein fiskalen Charakter.

Wenn einmal der politische Zwang hinwegfällt, so wäre in Südafrika vielleicht ein schutzzöllnerisches Bündnis zwischen agrarem und langsam heranwachsendem industriellem Schutzinteresse denkbar, wobei die Minen die Belastung zu tragen hätten. Diese Politik wird von der Bondpartei sowie einem Teil der eingesessenen Briten befürwortet und hat mit der Finanzreform Englands nicht die geringste Berührung. Südafrika durch Zollpolitik dem britischen Reiche angliedern zu wollen, erscheint aussichtslos.

4. Abermals anders liegen die Verhältnisse Indiens. Indien ist neben Grofsbritannien eines der wenigen grofsen Freihandelsgebiete der Welt. Der gegenwärtige indische Zolltarif erhebt hohe Finanzzölle auf Petroleum, Salz und Spirituosen, ferner niedrige Finanzzölle von ungefähr 5 % des Wertes auf eine gröfsere Anzahl von Einfuhrartikeln. Die Zollsätze sinken auf 3½ % des Wertes bei Baumwollgeweben, bei Eisen und Stahl auf 1 % des Wertes; Baumwollgarn und Maschinen sind zollfrei. Damit auch die 3½ %, welche Baumwollgewebe zu zahlen haben, nicht schutzzöllnerisch wirken, hat man der indischen Baumwollindustrie eine entsprechende Verbrauchssteuer auferlegt. Es handelt sich um einen Freihandelstarif, den die Interessen der britischen Ausfuhrindustrie, vor allem die Lancashires beherrschen. Dafs Lancashire auf seine Rechnung gekommen ist, ergeben die Ziffern für 1901. Bei einer Gesamtausfuhr Englands nach Indien von 35,7 Mill. ℒ hat Lancashire für mehr als 21 Mill. ℒ Baumwollwaren nach Indien ausgeführt.

Wenn man die gewaltige Einfuhr Englands nach Indien mit den geringen Einfuhrposten der anderen leitenden Industrieländer vergleicht, so ergiebt sich, wie sehr England vom indischen Freihandel nahezu allen Vorteil gehabt hat.

Indiens Ausfuhr und Einfuhr 1901/02 in 1000 £[277]:

	Ausfuhr nach Indien	Einfuhr von Indien
Vereinigtes Königreich . . .	43 304	22 843
Deutschland	2 024	6 785
Frankreich	919	5 930
Belgien	2 008	3 152
Italien	650	1 960
Vereinigte Staaten	786	5 593

Daſs bei dem gewaltigen Unterschiede der in Betracht kommenden Quanten die Aus- und Einfuhrziffern des Auslandes prozentual stärker wachsen als die Groſsbritanniens, ist selbstverständlich. Mit solchen prozentualen Ziffern einen Rückgang des britischen Handels nachweisen zu wollen, ist Irreführung der öffentlichen Meinung. Zwei Drittel der englischen Ausfuhr nach Indien sind noch heute ohne eigentliche Konkurrenz. In der Einfuhr aus Europa und den Vereinigten Staaten stehen Zucker und Erdöl obenan, die England überhaupt nicht produziert[278].

Die öffentliche Meinung Indiens, auch soweit sie durchaus loyal ist, betrachtet den indischen Freihandel als eine Belastung, welche Indien zu Gunsten Englands, vor allem Lancashires, zu tragen hat. Ein so gemäſsigter Politiker wie der Richter Ranade erklärte: „Vor fünfzig Jahren kleidete sich Indien in seine eigenen Gewebe; heute wird es von seinen entfernten Beherrschern bekleidet." Bei Gelegenheit einer groſsen Protestversammlung gegen den Freihandel 1894 erklärte der Vorsitzende, Sir Jotindro Mohan Tagore, die leitende Persönlichkeit unter den Eingeborenen Calcuttas: „Ich erinnere mich keiner Gelegenheit, bei welcher eine solche Stärke und Einmütigkeit des Gefühls in allen Teilen unseres Gemeinwesens obgewaltet hat." Ein so gelehrter und hochstehender Kritiker wie der Maharadja Gaekwar von Baroda, ein Führer Jung-Indiens wie Sir Phirozshah Mehta machen sich in beredter Weise die Ausführungen Friedrich Lists gegen den einseitigen Agrarstaat zu eigen. Kurzum, Indien ist — wie auch die mit Indien vertrauten britischen Freihändler, z. B. Lord George Hamilton, zugeben — durchaus schutzzöllnerisch gestimmt. Es ist sich mit Stolz bewufst, eine zur Industrie, insbesondere zur Textilindustrie hoch befähigte und altgelernte Bevölkerung zu besitzen, und erstrebt den Industrieschutzzoll als wichtigen Durchgangspunkt auf dem Wege zu nationaler Selbstbestimmung.

Diese Gefühle werden im wesentlichen von der in Indien ansässigen, britischen Beamtenschaft geteilt, welche gegenüber der Londoner Zentralregierung die schutzzöllnerischen Wirtschaftsinteressen Indiens vielfach lebhaft verteidigte. Schon als 1879 der Vizekönig unter starkem Drucke des Londoner Staatssekretärs den freihändlerischen Tarif einführte, konnte er diese Mafsregel nur gegen den Widerspruch der Mehrheit seines Kabinettes durchsetzen. Vorurteilsfreie Engländer erkennen ohne weiteres die Tatsache an, dafs Indien nie zum Freihandel gekommen wäre ohne den Druck, welchen die Parlamentsvertreter Lancashires auf alle Londoner Regierungen in dieser Richtung ausübten[279].

Welche Bedeutung hätte auf Grund dieser Sachlage die britische Finanzreform für Indien[280]?

Eine imperialistische Handelspolitik bedeutet für England nicht nur Nahrungsmittelzölle, sondern zugleich den Übergang zum industriellen Schutzzoll. Wenn England selbst schutzzöllnerisch würde, so verwirkt es, wie Lord George Hamilton ausführt, das moralische Recht, Indien am Freihandel festzuhalten. Der indische Freihandel wäre dann ein nacktes Gewaltverhältnis. Ohne den guten Willen Indiens aber kann England nicht hoffen, Indien auf die Dauer festzuhalten[281]. England also müfste wohl oder übel dem Drängen der öffentlichen Meinung Indiens, die sich heute mehr denn früher bemerkbar macht, in gewissen Grenzen entgegenkommen und Indien gestatten, in schutzzöllnerische Bahnen, wenn auch mafsvoll, einzulenken. Dafs in der Tat der industrielle Schutzzoll im Interesse Indiens liegt, ist nicht zu bezweifeln; denn auch Indien fühlt sich berufen, vom reinen Agrarlande zum „Agrikultur-Manufakturstaat" aufzusteigen, wofür Rufsland das nächstliegende Beispiel bietet. Durch Industrie hofft es, für seinen Bevölkerungszuwachs, welchen Hungersnöte von Zeit zu Zeit dezimieren, eine festere Grundlage zu schaffen und seine Zahlungsbilanz zu verbessern. Aus diesem Grunde erklärten sich autoritative indische Stimmen zu Gunsten der britischen Finanzreform. Selbstverständlich würde ein indischer Schutzzoll, wie der „Bengalee" vom 11. November 1903 nachdrücklich hervorhebt, sich nicht gegen Deutschland oder Amerika, sondern gegen das Haupteinfuhrland, gegen England, richten. Indien erinnert daran, dafs Englands Baumwollindustrie dereinst durch Schutzzoll gegen Indien in die Höhe gebracht worden ist[282]. Auch finanzpolitisch versagt die indische Grundsteuer, und die Steigerung der Einfuhrzölle erscheint aus fiskalen Gründen erwünscht[283].

Einer schutzzöllnerischen Entwicklung Indiens gegenüber könnte zwar England den Versuch machen, sich durch Vorzugszölle für britische Waren auf indischem Markte schadlos zu halten. Man denkt an Vorzugszölle für Metalle, Maschinen, Farben, Seiden-, Woll- und vor allem Baumwollwaren, für Salz und Kolonialzucker. Jedoch hätte eine solche differentielle Begünstigung britischer Waren schon um deswillen eine geringe Bedeutung, weil England in den meisten der genannten Waren den indischen Markt auch unter Freihandelsbedingungen so ziemlich ausschliefslich beherrscht. Es ergiebt dies folgende Tabelle auf Grund der Ziffern des Statistical Abstract von 1903, S. 173 ff.

Einfuhr nach Indien im Jahre 1901/02 in 10 Rupien:

	Aus Großbritannien	Aus Deutschland	Aus Frankreich	Aus Belgien	Aus den Vereinigten Staaten
Baumwollwaren . .	20 921 550	133 483	78 341	88 013	84 491
Seidenwaren	158 973	—	159 664	—	—
Wollwaren	799 516	372 600	—	—	—
Metalle	2 645 901	226 116	—	1 112 974	95 042 (inkl. Stahl u. Eisen)
Maschinen u. Eisenbahnmaterialien .	2 853 519	—	—	—	—
Salz	264 391	86 657	—	—	—
Fertige Kleider (einschließl. Schuhe .	591 471	68 042	175 005	—	—

Hierzu kommen weitere Umstände, welche einer Politik britischer Vorzugszölle auf indischem Markte enge Grenzen setzen. Indien hat gegenüber England eine stark passive Handelsbilanz. Außerdem muß Indien alljährlich gewaltige Beträge an Zins und Pensionen nach England remittieren — Summen, welche das Blaubuch (cd. 1931) auf 16 Mill. £ das Jahr schätzt. Nach G. P. Gooch wird fast ein Drittel der gesamten indischen Staatseinnahmen nach England abgeführt[284]. Dieses Verhältnis ist nur dadurch haltbar, daß Indien nach den übrigen Industrieländern weit mehr ausführt, als es von ihnen einführt (vgl. obige Tabelle). Mit seinen Forderungen gegen Deutschland, Belgien, Frankreich, Italien, die Vereinigten Staaten, zahlt Indien seine Verpflichtungen an England. Jede Störung dieses Verhältnisses müßte die indische Währung, das indische Budget, die Zahlungsfähigkeit Indiens gegenüber England gefährden. Die mit so großen Opfern und Schwierigkeiten gefestigte indische Valuta würde, wie die indische Regierung fürchtet, durch jeden Zollkrieg berührt werden, selbst wenn derselbe schließlich siegreich für Indien verliefe. Die indische Regierung scheut Zollkriege um so mehr, als ihr für die Durchführung solcher Kämpfe kein Nativismus einer öffentlichen Meinung zur Seite stünde, welcher in den englisch sprechenden Kolonien stets aufflammt, sobald es gegen das nicht britische Ausland geht. Die Lage der indischen Regierung würde in solchem Fall, wie sie selbst in einem Blaubuche ausführt, dadurch weiter verschlechtert, dafs Indien nur für wenige seiner Erzeugnisse ein Naturmonopol besitzt, z. B. für Jute, Lack, Teakholz. Die meisten Ausfuhrartikel Indiens können dagegen auch von anderen Produktionstätten bezogen werden. Hierzu gehören: Ölsaaten, Rohbaumwolle, Reis, Tee, Häute, Weizen, Kaffee. Bei diesen Rohstoffen dürften geringe Vergeltungszölle des einführenden Auslandes schon genügen, um unliebsame Marktverschiebungen herbeizuführen. Indien hat die Retorsionsmafsregel der Einfuhrgebiete zweifellos mehr zu fürchten als die anderen grofsen britischen Kolonialländer[285].

So hätte England von Vorzugszöllen auf indischem Markte schwerlich eine Verbesserung der Lage zu erhoffen, die der indische Freihandel ihm heute gewährt. Im Gegenteil hätte der englische Industriestaat die schutzzöllnerische Entwicklung Indiens zu fürchten, auch wenn man dieselbe zunächst auf Gebiete wie Zucker, Papier usw. abzudrängen versuchte. Immer wird die Frage der Textilzölle sich in den Vordergrund schieben.

Dagegen könnten Vorzugszölle auf britischem Markte für Indien von erheblicher Bedeutung sein. England bezieht zwar schon heute seinen Tee vorwiegend aus Indien und Ceylon. Immerhin würde eine Herabsetzung des englischen Teezolles, wie sie als Gegengabe für die Einführung des Getreidezolles an den englischen Arbeiter unvermeidlich wäre, den Teeverbrauch Englands und damit die indische Teeerzeugung steigern. Zwei Drittel der Reiseinfuhr Englands kommt aus Indien; Vorzugszölle könnten Indiens Stellung auch hier erheblich verbessern. Die indische Weizenausfuhr hat beträchtlich geschwankt: 1891/92 9,5, 1901/02 2,2 Mill. £. Da Weizen in Indien fast ausschliefslich auf bewässerten Feldern gebaut wird, so setzt die Ausdehnung dieser Kultur gewisse Minimalpreise voraus; sie unterbleibt als unrentabel, wenn diese Preise nicht erreicht werden. „In der Weizenzone Indiens liegen 31 Mill. acres brach, weil die Kosten der Bewässerung sich nicht bezahlt machen"[286]. Jede auch nur geringfügige Steigerung der innerbritischen Weizenpreise würde die indische Weizenerzeugung, wie Sir G. Moleworth in einem Vortrage (November 1904) ausführte, beträchtlich ausdehnen. Die indischen Beamten erblicken in der Erweiterung der Weizenfläche eine Sicherung gegen Hungersnöte. Diese Annahme dürfte nach russischen Erfahrungen als unbegründet erscheinen; vielmehr würde vermehrte Weizenproduktion zunächst vermehrten Export bedeuten, bis ein indischer Industriestaat heranreifte. Nicht minder könnten englische Vorzugszölle für Kaffee, Tabak und Ölsaaten die Urproduktion Indiens fördern und ihr Ersatz für die Indigokultur schaffen, welche durch die deutsche Chemie schwer geschädigt worden ist.

Fassen wir zusammen: die britische Finanzreform würde in ihrer Anwendung auf Indien die indische Volkswirtschaft fördern, welche für den Freihandel noch keineswegs reif ist. Dagegen würde sie für den englischen Industriestaat wahrscheinlicherweise eher mit Nachteilen als Vorteilen verknüpft sein. Anders, wenn man sich auf den Standpunkt jener Rentnerschicht stellt, welche Indien politisch und militärisch beherrscht und für britische Weltmachtszwecke benutzt, welche von Indien Gehalte und Pensionen, Dividenden und Zinsen einheimst. Eine Entwicklung des indischen Industriestaates unter mafsvollem Schutzzoll würde das indische Budget verbessern und damit eine reichere Dotierung des indischen Militäretats möglich machen[287]. Sie würde neue Gelegenheiten für britische Kapitalanlagen in Indien erschliefsen und Englands Rentnerstellung weiter ausbauen. Sie würde vielleicht auch dem indischen Volke, das den Freihandel als Tribut an

Lancashire empfindet, die britische Herrschaft annehmbarer machen.

5. Blicken wir in letzter Linie auf das Mutterland selbst. Eine imperialistische Wirtschaftspolitik, wie wir sie soeben geschildert haben, zwänge England, den alt eingewurzelten Freihandel zu verlassen. Dieser Schritt wäre von tiefgreifendster Bedeutung. Wir werden die im wesentlichen noch unerschütterte Stellung des englischen Freihandels in einem besonderen Kapitel besprechen.

Hier handelt es sich zunächst um die Beantwortung folgender Frage: Was wögen für England die von den Kolonien teils gewährten, teils in Aussicht gestellten Gegenleistungen, wenn England sich entschliefsen sollte, unter Aufgabe seines Freihandels zur zollpolitischen Bevorzugung kolonialer Produkte auf britischem Markt zurückzukehren?

Englands Industrie besitzt gegenwärtig die Vorherrschaft auf kolonialen Märkten[288]. Die blofse Tatsache des politischen Zusammenhanges erweist sich von gröfster wirtschaftlicher Bedeutung: nirgends in der Welt spielt der Handel der übrigen Industriestaaten eine so geringfügige, nirgends der britische Handel eine so herrschende Rolle, als auf dem Boden der britischen Kolonien. Die britische Flagge ist ein Hindernis für die Ausbreitung fremden Handels, weshalb die europäischen Industriestaaten die ungeheure Ausdehnung des britischen Reiches gerade in den letzten Jahrzehnten als Benachteiligung empfinden mufsten. Dies gilt zunächst von den „farbigen Märkten", wo der Staat als Eisenbahnerbauer usw. stets ein Hauptkonsument ist. Insbesondere aber sind die englisch sprechenden Kolonialgebiete durch persönliche Beziehungen und gleichartige Verbrauchsgewohnheiten auch wirtschaftlich an England gebunden[289]. Jeder Reisende erstaunt beispielsweise über den durchaus englischen Lebenszuschnitt Australiens. — Nach den Angaben der Chamberlainschen Tarifkommission betrug 1902 der Wert der Einfuhr aus Grofsbritannien pro Kopf:

  In Deutschland, Holland, Belgien . £ 0.11.8
  In Frankreich . . . . £ 0. 8.0
  In Vereinigte Staaten . . . . . £ 0. 6.3
  In Natal . . . . £ 8. 6.0
  In Kapkolonie . . . . £ 6.19.6
  In Australien . . . . £ 5. 5.6
  In Neu-Seeland . . . . . . £ 7. 5.7
  In Kanada . . . . £ 1.18.4

Die britischen Kolonien führten im Jahre 1901 ein:

  Vom Mutterlande . . . . 123,5 Mill. £
  Von anderen britischen Besitzungen . 68,0 - £
  Vom Auslande . . . . 90,0 - £

Ein grofser Teil der letztgenannten 90 Millionen aber betrifft Nahrungsmittel und Rohstoffe, tropische und subtropische Erzeugnisse, die England überhaupt nicht ausführt. Das wahre Verhältnis zeigt erst folgende Tabelle der Gesamteinfuhr, vermindert um die Einfuhr von Rohstoffen und Nahrungsmitteln:

In 1000 £.

	Aus England	Aus nicht britischen Ländern
Nach der Kapkolonie . . .	11 053	2 092
- Natal	3 726	539
- Australien	25 113	8 007
- Neu-Seeland	6 453	1 276
- Kanada	8 829	15 954
- Neu-Fundland . . .	458	220

Dafs die Ziffern der Einfuhr vom Auslande her prozentual rascher wachsen als die der Einfuhr von Grofsbritannien, ist angesichts der Verschiedenheit der absoluten Ziffern selbstverständlich. Die einzige Konkurrenz, welche auf kolonialem Boden der britischen Einfuhr bisher den Rang abgelaufen hat, ist die der Vereinigten Staaten in Kanada; aber diese ist mit den geographischen Verhältnissen unvermeidlich gegeben.

Ein Vergleich mit der Vergangenheit zeigt, dafs die kolonialen Märkte zurzeit die entwicklungsfähigsten britischen Absatzgebiete sind und Verluste Englands in dritten Ländern mehr als ausgeglichen haben.

Ausfuhr des Vereinigten Königreichs in Mill. ℒ.:

	1866	1872	1882	1902
Nach den britischen Besitzungen . .	53,7	60,6	84,8	109,0
Nach Europa	63,8	108,0	85,3	96,5
Nach dem nicht britischen Asien, Afrika und Südamerika	42,9	47,0	40,3	54,1
Nach den Vereinigten Staaten . . .	28,5	40,7	31,0	23,8

Man kann also den Imperialisten in der Wertschätzung der kolonialen Absatzgebiete voll beipflichten, aber den Finanzreformern gegenüber feststellen, dafs England zur Beherrschung dieser kolonialen Märkte bislang der Vorzugszölle nicht bedurfte. Das beste, was England von solchen Vorzugszöllen erwarten kann, ist die Einschnürung der langsam vordringenden Konkurrenz des Auslandes für die Zukunft.

Nicht nur auf kanadischem, sondern auch auf australischem und südafrikanischem Markte sind die Vereinigten Staaten die gefährlichsten Mitbewerber, gegen welche sich koloniale Vorzugszölle in erster Linie wenden würden. Folgende Artikel sind es, in denen die amerikanische Industrie die britische zurückdrängt: landwirtschaftliche Werkzeuge und Maschinen, Maschinen des Bergbaus, elektrische Maschinen und Apparate, Werkzeuge aller Art, Eisenkonstruktion für Häuserbau, Draht, Schuhe, billige Möbel, Fuhrwerke und sonstige Artikel, bei deren Herstellung Holz eine Rolle spielt. Demgegenüber ist die deutsche Konkurrenz zwar allgemeiner; sie ist fast auf jedem Handelsgebiete fühlbar, aber weniger eindringlich [290]. Deutschland hat nicht die gleichen natürlichen Vorteile wie die Vereinigten Staaten, deren Produktionsmethoden in Landwirtschaft wie Bergbau zudem den Methoden der britischen Kolonien nahe verwandt sind. Deutschland begegnet auf dem Boden des britischen Reiches nationalistischen Vorurteilen; jeder Schritt muſs durch Anstrengung und Intelligenz seiner Industriellen und Kaufleute mühsam errungen werden, so daſs Mr. Birchenough begründetermaſsen erklären kann: „Ich sehe keinen Grund, weshalb die deutsche Konkurrenz nicht auf unbeschränkte Zeit durch die britische Aktivität im Hintergrund gehalten werden könnte." Neben den Vereinigten Staaten und Deutschland konkurrieren auf britischem Kolonialboden mit England Belgien, die Schweiz, Österreich und in Spezialitäten Frankreich [291]. Kolonialen Vorzugszöllen für britische Waren sind dadurch enge Grenzen gesetzt, daſs die britischen Kolonialgebiete mehr und mehr in die Weltwirtschaft hineinwachsen und die ausländischen Industriestaaten als vortreffliche Abnehmer ihrer Rohstoffe zollpolitisch nicht vor den Kopf stoſsen dürfen. Insbesondere werden sie durch die wachsende Kaufkraft des deutschen und belgischen Industriestaates befruchtet. Die weltwirtschaftliche Verflechtung der Kolonien ist in Zunahme begriffen: der Gesamtauſsenhandel der britischen Besitzungen wächst in rascherer Progression als ihr Handel mit Groſsbritannien. Im Durchschnitt der Jahre 1872—79 nahm das Vereinigte Königreich noch 52,1 % aller kolonialen Ausfuhr auf, 1896—99 nur mehr 34,9 %. Insbesondere wird Deutschland mehr und mehr ein Hauptabnehmer der australischen Wolle [292].

Tatsächlich droht auf kolonialem Boden der britischen Ware eine Gefahr, gegen welche Vorzugszölle ohnmächtig sind. Nicht etwa deutsche oder französische Konkurrenz hat England auf dem Markte der Vereinigten Staaten zurückgedrängt, sondern die Schutzzöllnerei der Vereinigten Staaten selbst. Auch die britischen Kolonien haben sich nach dieser

Richtung hin freie Hand vorbehalten; sie lehnen jede materielle Bindung ihrer Zölle nach oben auf das entschiedenste ab und haben zum Teil ausdrücklich erklärt: Vorzugszölle an England seien dadurch zu gewähren, daſs die Zölle auf ausländische Waren noch weiter heraufgesetzt würden. Ein prohibitiver Zoll aber wirkt darum nicht milder, weil dem Ausland ein noch höherer Zoll auferlegt wird. Jedenfalls ist es gänzlich verkehrt, in kolonialen Vorzugszöllen den Anfang zu innerbritischem Freihandel zu erblicken.

Im besten Falle könnten die englischen Finanzreformer hoffen, das agrare Ausfuhrinteresse in den Kolonien zu stärken, sowie die industrielle Schutzzöllnerei abzumildern und zu verzögern, insbesondere hinsichtlich hochverarbeiteter Qualitätsware. Für den britischen Imperialisten drängt die Finanzreform auch deshalb, weil sich mit jedem Jahre neue Industrien auf kolonialem Boden festsetzen, welche den Schutzzoll als wohlerworbenes Recht ansehen.

Fraglich dagegen erscheint es, ob es gelingen dürfte, die Einwurzelung sog. „unnatürlicher" Industrien auf die Dauer zu verhindern. Dem Mutterländer gelten ursprünglich alle kolonialen Industrien als „unnatürlich", keine dem Ehrgeiz des Kolonisten. Kein Australier wird z. B. zugeben, daſs die Baumwollindustrie auf australischem Boden ein unnatürliches Gewächs sein würde. Alle praktische Erfahrung zeigt, daſs emporsteigende Rohstoffgebiete bislang nur durch politischen Zwang gehindert worden sind, den von Friedrich List vorgezeichneten Weg des „Erziehungsschutzzolls" zu gehen. Diesen Zwang kann England den Selbstverwaltungskolonien gegenüber nicht mehr anwenden. England ist nur mehr auf die Künste der Überredung angewiesen. Aber die Furcht vor der „sozialen Frage", mit der man in England die Brüder über See zu schrecken sucht, wird die Kolonien von bewuſster Industriepolitik nicht zurückhalten. Die englischerseits an die groſsen Selbstverwaltungskolonien gerichteten Warnungen

vor zu rascher industriestaatlicher Entwicklung erinnern, wie
Adolf Wagner mit Recht hervorhebt, „an den alten Sirenengesang der Freihändler", dafs reine Agrarstaaten in ihrem
eigenen Interesse eine Industrie nicht entwickeln sollten[293].
Je gröfser die Wirtschaftsgebiete sind, welche die koloniale
Federation geschaffen hat, desto erfolgreicher wird diesen
Warnungen entgegen gehandelt werden[294].

Wie dem auch immer sei, sicheren Vorteilen der Kolonien
stehen ungewisse Vorteile des Mutterlandes gegenüber. Die
Gegner der Finanzreform nehmen hieraus den Anlafs, von
einer drohenden Ausbeutung des Mutterlandes durch die
Kolonien zu sprechen. Man erinnert an die vor der Freihandelsära in Übung befindliche Bevorzugung der Kolonien
auf britischem Markte, welche den Handel aufserordentlich
belästigt und die Kolonien in der englischen Geschäftswelt
unpopulär gemacht habe. Gerade in diesen Mifsständen habe
Cobdens Ablehnung aller Kolonialpolitik gewurzelt[295]. Bezeichnend ist auch ein Schreiben hervorragender englischer
Gewerkschafter an die australische Arbeiterschaft[296].

Die Anhänger der Reform erwidern, dafs grofse nationale
Ziele niemals und nirgends ohne Opfer erreicht worden seien.
In der Tat dürfte nicht ruhig utilitarische Erwägung der
Geburtshelfer der Finanzreform sein. Viel eher könnte sie
in Augenblicken tiefgreifender nationaler Erregung einmal
zum Durchbruch kommen, wie solche bei jeder internationalen
Verwicklung aufflammen kann[297]. Denken wir an das Beispiel der Vereinigten Staaten. Die politische Erbitterung
gegen England hat dort, sowohl zu Beginn des 19. Jahrhunderts als nach dem Sezessionskrieg, die schutzzöllnerische
Bewegung ausgelöst. Diese enge Verknüpfung zwischen auswärtiger Politik und Finanzreform führt skrupellose Politiker
in schwere und gefahrvolle Versuchung; gewissenhafte Staatsmänner aber mahnt sie an die ungeheure Verantwortung,

welche verbietet, bei der Behandlung auswärtiger Fragen innerpolitische Wünsche irgendwelcher Art mit zu berücksichtigen.

d) Hilfstruppen.

England ist ein demokratisches Land. Kein politischer Gedanke wird in England Gesetz, der nicht zuvor in den Köpfen der Masse zur Herrschaft gelangt ist. Bei der eigentümlichen Natur des englischen Wahlrechts, welches vom allgemeinen Wahlrecht immerhin noch entfernt ist, ist diese Masse die gewerkschaftlich und genossenschaftlich organisierte Ober- und Mittelschicht der Arbeiterwelt. Der Imperialismus verlangt, daſs der britische Wähler sich Opfer auferlege zu Gunsten des „Gröſseren Britannien". Dieses Verlangen wäre nicht nur für heute, sondern auch für alle Zukunft aussichtslos, wenn ihm nicht in England selbst gewisse autochthone Strömungen zu Hilfe kämen.

In erster Linie steht der auch in England nie ganz ausgestorbene industrielle Protektionismus[298].

Selbstverständlicherweise vollziehen sich in England wie überall und jederzeit volkswirtschaftliche Verschiebungen, auf Grund deren neben aufsteigenden auch niedergehende und damit schutzzöllnerisch gestimmte Industriezweige vorhanden sind. So war Coventry einst der Mittelpunkt der Seidenindustrie. Als diese niederging, nahm es die Uhrenfabrikation auf und ist seitdem unter dem Drucke der amerikanischen Konkurrenz zur Herstellung von Fahrrädern übergegangen. Das Städtchen ist heute blühender denn je zuvor. Derartige Anpassungsfähigkeit ist ein Zeichen wirtschaftlicher Lebenskraft; denn ein Organismus ist erst dann greisenhaft, wenn „er ist wie er ist oder nicht ist". Trotzdem rufen die niedergehenden Privatinteressen allemal nach staatlichem Schutz.

Chamberlain hat — zunächst ohne Erfolg — alles aufgeboten, um solche offenen oder verschämten Schutzzöllner zu sammeln. So hat er z. B. die Porzellan- und Tafelglasindustrie, die Kleineisen-, die Uhren- und Fahrradindustrie, die Müllerei und ähnliche Sonderinteressen aufgerufen. Er hat auf Fälle, wie folgende, ein Schlaglicht geworfen: England produzierte 1882 227000 Stück Taschenuhren, 1902 226000 Stück, während die Produktion des Festlandes von 3½ auf 6 Millionen Stück, die der Vereinigten Staaten von 1¼ auf 2¾ Millionen Stück in der gleichen Zeit gewachsen ist. England führte 1876 Taschenuhren im Werte von 450000 ₤, 1904 im Werte von 888000 ₤ ein. Vor 25 Jahren, sagt Chamberlain, habe die Stadt Worrington mehr Draht ausgeführt, als ganz Deutschland erzeugte; jetzt führe Deutschland mehr Draht aus, als die ganze englische Drahtindustrie hervorbringe[299]. Selbstverständlicherweise sind derartige Einzelfälle durchaus ungeeignet, ein allgemeines Schutzzollinteresse der britischen Industrie nachzuweisen; die aufgerufenen Interessenten sind nicht mächtig genug, um einen Umschwung der britischen Handelspolitik herbeizuführen. Wir werden im folgenden Kapitel die grofsen und ausschlaggebenden Mächte der britischen Industrie auf ihre handelspolitische Parteistellung prüfen und ihr freihändlerisches Interesse begründen.

Je weniger zahlreich die ausgesprochenen Schutzzollinteressen in der industriellen Welt Englands sind, um so weiter tuen ihre Vertreter den Mund auf. Bei einigen ihrer Wortführer, z. B. Byng, steigert sich die Furcht vor fremder Ware bis zur Gespensterseherei. Ein liebenswürdiger Schutzzöllner, bei dem ich frühstückte, deutete mir jeden Gegenstand seiner geschmackvollen Zimmereinrichtung, jedes Gericht seines reich besetzten Frühstückstisches mit dem stereotypen „made in Germany". In der Tat kann man in diesen Kreisen vielfach die Lage Englands nicht pessimistisch genug malen: England bezahle den riesigen Einfuhrüberschufs durch Kapitalausfuhr; es zehre von seinen Ersparnissen. Die politische Ausdehnung des britischen Herrschaftsgebietes nutze dem Mutterlande nichts: „der britischen Flagge folgt der fremde Handel."

Aber derartige Deklamationen ruhen auf ganz aufserordentlich dünner statistischer Grundlage, wie insbesondere Sir Robert Giffen in zahlreichen ausgezeichneten Aufsätzen nachgewiesen hat, welche um so schwerer wiegen, als der Verfasser aus reichspolitischen Gründen Abweichungen vom Freihandel mitmachen würde. Keineswegs läfst sich z. B. ein überwiegendes Schutzzollinteresse der britischen Industrie aus jenen Ziffern der Handelsstatistik ableiten, welche eine wachsende Einfuhr von „Fabrikaten" nach England zum Ausdruck bringen. England nämlich entwickelt sich immer weiter in der Richtung der Fertigfabrikate. Die Rohstoffe der englischen Industrie werden in wachsendem Mafse vom Auslande mehr oder minder verarbeitet eingeführt und erscheinen in der Statistik als „Fabrikate". Es ist dies eine durchaus sachgemäfse und den englischen Interessen dienliche Verschiebung. So hat man z. B. viel Wesens daraus gemacht, dafs die Vereinigten Staaten nach Grofsbritannien heute ebensoviel Fabrikate einführen, wie Grofsbritannien nach den Vereinigten Staaten. Sieht man jedoch das betreffende Warenverzeichnis näher durch, so findet man u. a. folgende Hauptposten auf seiten der amerikanischen Ausfuhr: Leder, unverarbeitetes oder halbverarbeitetes Kupfer, Öl und Ölkuchen, gesägtes Holz, Draht, Bleche, Garn usw.[300].

Ein wirkliches und unzweifelhaftes Schutzzollinteresse besteht dagegen bei einem Teil der englischen Landwirtschaft. Selbst Freihändler leugnen diese Tatsache nicht, wie z. B. Armitage Smith, welcher behauptet, dafs das in Landwirtschaft angelegte Kapital bis 1872 eine steigende Gröfse gewesen, dagegen heute auf den Stand von 1846 zurückgegangen sei.

Sieht man jedoch näher zu, so gehen die Wünsche der englischen Agrarier und der britischen Finanzreformer weit auseinander. Letztere wollen die koloniale Entwicklung vorwärts treiben. Der Agrarier aber verlangt Schutz, gleichviel, ob gegen fremde oder koloniale Konkurrenz.

Am ehesten hätte der Getreidebauende „gentlemanfarmer" alten Stiles von der Finanzreform etwas zu hoffen. Hinter ihm, dem „notleidenden Agrarier" Englands, steht der Landlord, welcher mit des Pächters Gewinn die Rente steigert. Beide, Landlord wie Farmer, haben sich grofsenteils in die Schlachtreihe der Finanzreform eingeordnet, von der sie eine leise Steigerung der innerbritischen Getreidepreise erhoffen. Aber diese Hoffnung steht auf schwachen Füfsen. Im Verlauf einiger Jahre könnte die steigende Produktion der Kolonien bereits einen Druck auf den Weltmarktpreis ausüben. Im letzteren Fall würden die englischen Getreidepreise zwar um den Zollbetrag über den Weltmarktpreisen, nicht aber über dem Durchschnitt der bisherigen Preise stehen. Der englische Getreidebauer ginge leer aus. Allerdings kann er sich damit trösten, dafs der erste Schritt auf der schutzzöllnerischen Bahn der schwerste ist: wenn Getreidezölle erst einmal eingeführt sind, so wäre es nur ein zweiter Schritt, sie auch gegen die Kolonien zur Anwendung zu bringen. Garvin und andere Finanzreformer schlagen schon heute einen allgemeinen Getreidezoll vor mit differentieller Begünstigung der Kolonien.

Aber die Anhänger dieser Forderung sind sich wahrscheinlich darüber im Unklaren, dafs zwischen britischen Getreidezöllen und der Förderung des ländlichen Kleinbetriebs, wie sie Chamberlain und viele andere anstreben, ein unlösbarer Widerspruch besteht. Britische Getreidezölle von irgendwie erheblicher Bedeutung würden die bisherige Struktur der englischen Landwirtschaft verewigen: den Mittel- und Grofsbetrieb des Farmers auf dem Lande des Landlords. Insbesondere dem rückständigen, am Getreide hängenden „gentleman-farmer" würden sie das Dasein fristen. Ist doch dieser Farmer bekanntlich dereinst durch Getreideausfuhrprämien und Getreidezölle über den Kleineigentümer in die Höhe gekommen.

Anders der neuere Typus des englischen Farmers, welcher den Kampf auch unter Freihandelsbedingungen siegreich aufgenommen hat. In Südengland vielfach schottischen Ursprungs, fußt er auf kleinerem Betriebe. Dieser Farmer sowie seine Familienangehörigen legen selber Hand an (working-farmer) und leisten jene qualifizierte Arbeit, die von Lohnarbeitern überhaupt nicht erhältlich ist: Vertreter der Davidschen „Viehethik". „Kühe lieben freundliche Behandlung, und wir können sicher sein, daß dieselbe sich bezahlt macht. — — Von Tagelöhnern ist eine Freundschaft mit den Kühen nicht zu erwarten." Dieser Reformfarmer legt sein Schwergewicht auf die Herstellung von Fleisch, Milch, Butter, Käse, Gemüse, Obst u. ä. Sein Betrieb wird von der geplanten Finanzreform nur wenig berührt, weil er gegen die zu Freihandelsbedingungen hereinströmenden Erzeugnisse der Kolonien nach wie vor nur durch die Güte seiner Waren ankämpfen könnte. (Qualitätsfleisch!) Das gleiche gilt von jenem zukunftsvollsten Zweige des landwirtschaftlichen Großbetriebs, dessen wachsende Ausfuhr kein ausländischer Schutzzoll bedroht: der Zucht von Stammbaumvieh.

Ist schon die Stellungnahme des Farmers zur Finanzreform eine zweifelhafte, so liegt die Gegnerschaft des ländlichen Tagelöhners mehr oder minder fest, wenigstens soweit an Stelle patriarchalischer Abhängigkeit Klassenbewußtsein getreten ist. Denn diese breiteste Unterschicht der Landbevölkerung hat durch den Freihandel zweifellos gewonnen.

Während dereinst das Arbeitsangebot auf dem Lande die Nachfrage weit überstieg und in proletarischem Elend zutage trat, hat sich dieses Verhältnis seit Einführung des Freihandels und Eisenbahnwesens völlig verschoben. Der stetig zunehmende Abfluſs ländlicher Elemente nach der Stadt war für die Zurückbleibenden günstig. Die Arbeitsnachfrage überwog seitdem das Arbeitsangebot. In der zweiten Hälfte des 19. Jahrhunderts hat der englische Landarbeiter auſserordentliche Fortschritte gemacht: gesteigerte Löhne, verminderte Frauenarbeit, verbesserte Wohnungen sind hierfür ein unzweideutiger Beleg. Nach Herrn Little, dem sachkundigen Berichterstatter der Royal Labour Commission, hat sich in den letzten Jahrzehnten eine landwirtschaftliche Revolution vollzogen, „welche dem ländlichen Tagelöhner ein Drittel bis ein Viertel des Gewinnes zugebracht hat, den früher Eigentümer und Farmer vom Landbau bezogen". Es ist nicht abzusehen, was den Landarbeiter zu einer protektionistischen Massenbewegung begeistern könnte.

Mag übrigens Farmer und ländlicher Tagelöhner noch stellenweise als Wähler in den Grafschaften von Wichtigkeit sein, im allgemeinen sind beide weder als Bundesgenossen noch als Gegner mehr ausschlaggebend. Die Entscheidung liegt beim städtisch-gewerblichen Volksteil. Hat doch die englische Landbevölkerung in den letzten 50 Jahren etwa um die Hälfte abgenommen[301]. 1851 waren in der Landwirtschaft beschäftigt 1 904 000, 1901 nur 988 000 Personen.

Übrigens wird der eigentliche Krebsschaden der englischen Landwirtschaft weder durch Freihandels- noch durch Schutzzollmaſsregeln ernstlich berührt. In einem Lande, in welchem die gröſsten Rentenbeträge der Welt verzehrt werden, hat der Boden einen Luxuswert, der vielfach hoch über seinen landwirtschaftlichen Ertragswert emporsteigt. Ein Beispiel für viele: in manchen Fällen wurde Getreideland um deswillen nicht in Weide verwandelt, weil Getreide der Rebhuhnjagd günstiger ist; vielleicht verfuhr der Besitzer dabei nicht einmal unwirtschaftlich — in Rücksicht auf die hohen Preise der Jagdpachten, die für den Eigentümer vielfach wichtiger sind als irgendwelches landwirtschaftliches Erträgnis. Ein

Sportsmann erzählte mir von Mooren in Schottland, welche früher für 15—20 ℒ verpachtet wurden und jetzt eine Jagdpacht von 1200—2000 ℒ einbringen, und setzte hinzu: „Moorhuhn und Salm haben die schottischen Grundbesitzer vom Bankerott gerettet." Ich hörte von Fällen, in denen jedes geschossene Moorhuhn dem Jagdpächter 1 ℒ und mehr kostet; in diesem Fall ist Haide die ertragreichste Form der Bodenverwertung, worauf nach R. Somers schon K. Marx aufmerksam gemacht hat[302].

Das englische Landhaus wird mehr und mehr zum Anhängsel von City und Hydepark, von amerikanischen Trusts, afrikanischen und australischen Minen, von internationalen Finanzunternehmungen aller Art. Gerade auch das Emporsteigen der britischen Kolonialgebiete befördert diese Entwicklung. Eine neue Bewohnerschaft schiebt sich auf das platte Land: städtische Arbeiter und Rentenempfänger. Kleinkaufleute, Handwerker usw. folgen. Die Grofsstädte dezentralisieren sich, wozu Eisenbahn, Tramway, neuerdings das Automobil beitragen. Der unmittelbare Einflufs von London reicht 50 engl. Meilen im Radius von Charing Crofs. Zwischen 1881 und 1901 sind in England 244 neue städtische Ansiedlungen gegründet worden, vorwiegend Ausstrahlungen benachbarter Grofsstädte. Kropotkin findet bereits 10 Meilen von London ausgedehnte Jagdgründe, während die Fünfmillionenstadt französischen Salat, flämisches Gemüse. kanadische und kalifornische Äpfel verzehrt[303].

Damit geht die Klasse urwüchsiger Agrarier zurück, jene Squires und Farmer alten Stiles. Es treten jene Elemente zurück, welche als bona fide Landwirte Träger einer kräftigen Agrarbewegung sein könnten. Am wenigsten haben die vornehmen Lords das Zeug dazu, an der Spitze einer solchen Bewegung einher zu marschieren. Sie haben sich für das Sinken der landwirtschaftlichen Pachtrenten durch städtisch-gewerbliche Grundrenten und Mitgiften in vielen

Fällen mehr als entschädigt. Sie sind — in ihren typischen Exemplaren — satt. Es fehlt ihnen jene Rücksichtslosigkeit des Ertrinkenden, mit welcher z. B. das ostelbische Agrariertum sich an den Strohhalm der Getreidezölle klammert. Alles in allem genommen: die englische Landwirtschaft hat weder für noch gegen die Finanzreform ein erhebliches Gewicht in die Wagschale zu werfen. —

Aber neben diesen eigentlichen Schutzzollinteressen stehen gewichtigere Stimmungen, mit denen auch eine liberale Regierung wird rechnen müssen — Stimmungen, die unter Umständen für die Finanzreform eingespannt werden könnten. Niemand kann die Tatsache leugnen, dafs weithin, in handeltreibenden und industriellen Kreisen, die alte Freihandelsstimmung an Intensität verloren hat. Der Freihandel hat nach gewissen Richtungen hin zu **Enttäuschungen** geführt, die auch seine Anhänger nicht leugnen. Cobden hatte erklärt, dafs fünf Jahre nach Annahme des Freihandels in England die ganze Welt freihändlerisch geworden sein würde. Das Gegenteil war eingetroffen. Auch nach einer anderen Richtung hin war man enttäuscht worden, ohne dafs Cobden hieran schuld gewesen wäre. Cobden hat die industrielle Zukunft der Vereinigten Staaten gelegentlich vorhergesehen; die Mehrzahl seiner Anhänger vermeinte jedoch, dafs England der einzige Industriestaat der Welt bleiben und die übrigen Länder sich dauernd auf die Produktion von Rohstoffen beschränken würden. Statt dessen sind bekanntlich die wichtigsten europäischen Länder und die Vereinigten Staaten zu industriellen Erziehungszöllen übergegangen, welche sie auch dann nicht aufhoben, als ihre Industrie exportkräftig, also freihandelsfähig geworden war. Das Wort Lists: „Schutzzoll unser Weg, Freihandel unser Ziel", schien vergessen.

Der Engländer — gleichviel ob Schutzzöllner oder Freihändler — empfindet es als ungerecht, dafs diese Staaten der englischen Ausfuhr oft sehr beträchtliche Hindernisse in den Weg stellen, während sie selbst auf britischem Markte ungehindert ihre Überproduktion absetzen. Der „einseitige Freihandel" erscheint dem Durchschnittsengländer als unbillig, auch wenn seine Nationalökonomen ihn auf sein Konsumenteninteresse verweisen. Dieses Gefühl wird dadurch verstärkt, dafs einzelne dieser protektionistischen Staaten immer breitere Rohstoffgebiete in Besitz nehmen und für ihre eigene hochgeschützte Industrie und Schiffahrt monopolisieren. Mit Recht erscheint es dem Engländer als widersinnig, wenn z. B. die Seereise von Riga nach Wladiwostok oder von New York nach Kalifornien und den Philippinen unter den Begriff der „Küstenschiffahrt" gebracht wird. Es ist kein Zweifel, dafs die Neubelebung merkantilistischer Kolonialpolitik die Welle des britischen Imperialismus aufserordentlich verstärkt hat.

Besonders rücksichtslos sind in dieser Hinsicht die Vereinigten Staaten vorgegangen. Der Verkehr zwischen Westindien und den Vereinigten Staaten vollzog sich früher ausschliefslich unter britischer Flagge. Indem Porto Rico in den Zollverband der Vereinigten Staaten einbezogen und der amerikanischen Küstenschiffahrt vorbehalten wurde, ist der britische Frachtführer mit einem Schlage ausgeschaltet worden. 1900 gingen 97 % des Aufsenhandels der eroberten Insel auf amerikanischen Schiffen. Ähnliches gilt von der je 10 Meilen breiten Zone auf beiden Seiten des Panamakanals, welche von Amerika auf ewige Zeiten gepachtet wurde, ähnliches von Hawaii. Die Einfuhr aus den Vereinigten Staaten nach diesen Gebieten ist zollfrei, während gegenüber dritten Staaten der Dingleytarif Anwendung findet. Vom 1. Juli 1906 an wird die Schiffahrt zwischen den Vereinigten Staaten und den Philippinen als Küstenschiffahrt betrachtet, womit abermals dem britischen Frachtführer ein empfindlicher Schlag versetzt wird[304].

Nicht weniger rigoros war in vielen Fällen das Vorgehen

Frankreichs. So machte es z. B. auf Cecil Rhodes den gröfsten Eindruck, als Madagaskar, ein aufblühender englischer Markt, durch die französische Annexion einfach geschlossen wurde. Die Franzosen, sagt Rhodes, hätten die Millionen zur Eroberung dieser Insel nicht zum Spafs ausgegeben; da sie unfähig seien, mit England unter gleichen Bedingungen zu konkurrieren, so sei ihnen nichts als ein prohibitiver Zolltarif übrig geblieben. Gerade die Überlegenheit Englands unter freiem Wettbewerb zwänge die übrigen Kolonialmächte dazu, Frankreichs Beispiel zu folgen. Darum müsse England soviel wie möglich von der Erdoberfläche politisch für sich beschlagnahmen. Denn dies sei das einzige Mittel, die Märkte zu sichern[305].

Der Gerechtigkeit halber sei hier festgestellt, dafs im Vergleich mit Frankreich, Rufsland und den Vereinigten Staaten Deutschland die gröbsten Auswüchse des Neomerkantilismus vermieden hat. Deutschland gibt seine Küstenschiffahrt allen Nationen frei und behandelt in seinen Kolonien den Ausländer auf gleichem Fufse wie seine eigenen Angehörigen. In seinem chinesischen Hafenplatze unterwirft Deutschland die eigenen wie die fremden Waren in gleicher Weise den chinesischen Seezöllen. Der bisherige deutsche Zolltarif erhob, wie ein englisches Blaubuch feststellt, etwa 25% vom Werte der hauptsächlichsten englischen Ausfuhrwaren, dagegen Frankreich 34%, die Vereinigten Staaten 73%, Rufsland 131%. Dafs dieser deutsche Zolltarif nicht prohibitiv war, beweisen die hohen Summen englischer Ausfuhr nach Deutschland, welches nächst Indien und Südafrika immer noch der aufnahmefähigste Markt für britische Waren ist. Auch das vielgeschmähte Vorgehen Deutschlands gegen Kanada beruhte keineswegs auf besonderer Feindseligkeit. Kanada ist für Deutschland ein autonomes Zollgebiet, das selbständig seine Angelegenheiten regelt. Als daher die Meistbegünstigung wegfiel, welche Deutschland in Kanada bisher genofs, brachte Deutschland seinen autonomen Tarif zur Anwendung, der nichts von Strafabsichten enthält. Nur die liberale Publizistik Englands hat dieses Sachverhältnis anerkannt[306].

Dagegen wird der neueste deutsche Zolltarif in einigen seiner wichtigsten Positionen von den Engländern als eine feindliche Mafsregel empfunden. Es gilt dies insbesondere von den Zöllen für feines Baumwollgarn über Nr. 102 s, welche im Generaltarif eine Erhöhung von 66% aufweisen und durch den Verhandlungstarif nicht herabgesetzt wurden. Dieser Zoll ist den Engländern um so unangenehmer, als die feinsten Baumwollgarne mehr von den reichen Märkten der alten Kulturwelt als von den farbigen Märkten und den Kolonien aufgenommen werden[307]. Angesichts der ungeheuren Beträge zollfreier deutscher Ausfuhr nach England wird dieser neue deutsche Zolltarif von den Engländern als ungerechte Benachteiligung betrachtet.

Noch von einer anderen Seite her erhoben sich Zweifel gegen das System des „einseitigen" Freihandels. Cobden selbst hatte den englisch-französischen Handelsvertrag auf dem Wege gegenseitiger Konzessionen zustande gebracht. Seitdem besafs England keine Verhandlungsobjekte mehr und war, wie Fuchs hervorhebt, nur dort noch in der Lage, günstige Handelsverträge abzuschliefsen, wo es schwachen Staaten gegenüber politische Druckmittel anwenden konnte[308]. Bezeichnenderweise zeigen von allen fremden Märkten Ägypten und die portugiesischen Kolonien die gröfste Zunahme britischer Einfuhr. Im übrigen blieb England auf die blofse Meistbegünstigungsklausel angewiesen. Letztere Klausel ist nun unzweifelhaft für England von Bedeutung, indem sie ermäfsigend auf das internationale Zollniveau einwirkt. Aber auf der anderen Seite steht fest, dafs ausländische Staaten bei ihren Verträgen nur ihre eigenen Interessen, nicht die englischen mit berücksichtigen. So werden z. B. viele Zölle, welche die englischen Interessen schwer schädigen, von Österreich-Ungarn oder Rufsland überhaupt nicht empfunden. Es ist daher ein Zufall, wenn die Zugeständnisse, welche die Vertragsstaaten sich untereinander abmarkten, zugleich britischen Ausfuhrinteressen dienen, wie dies z. B. bei der Erniedrigung der Baumwollgarnzölle in den Caprivischen Handelsverträgen der Fall war.

Auf der anderen Seite ist sich England der aufserordentlichen Verhandlungskraft bewufst, welche ihm als dem reichsten Markte der Welt zur Seite stünde, sobald es zu Vergeltungszwecken Abweichungen vom reinen Freihandel ernsthaft andruhte. Man weifs in England sehr wohl, dafs in solchem Falle z. B. die Widerstandskraft der soeben berührten deutschen Zölle für feine Baumwollgarne wahrscheinlich eine recht geringe wäre. Daher kam auch in England der Gedanke auf, sich „handelspolitische Waffen" im Sinne der offiziellen deutschen Handelspolitik zu schmieden.

Balfours bekannte Schrift „Insular Freetrade" beruht auf diesen Gedankengängen, welche der Marquis von Landsdowne recht drastisch mit folgenden Worten zum Ausdruck brachte: „Wir gleichen einem Mann, der in einem gesetzlosen Lande in ein Zimmer kommt, wo jeder mit einem Revolver bewaffnet ist; der Mann ohne Revolver wird nicht gerade rücksichtsvoll behandelt werden"[309]. Nicht das Ausland, so fuhr der edle Lord fort, sei schuld, wenn England in der internationalen Handelspolitik zu kurz komme, sondern England selbst, welches sich freiwillig jeder Waffe begeben habe.

Eine weitere Tatsache hat diese Stimmungen ganz aufserordentlich verschärft: die sog. „aggressive Schutzzollpolitik", welche Deutschland und die Vereinigten Staaten in den neunziger Jahren einschlugen. Man versteht darunter die sattsam bekannte Gepflogenheit deutscher Kartelle und amerikanischer Trusts, auf dem inneren Markte die Konkurrenz auszuschalten, die inländischen Preise — häufig um den vollen Betrag des Zolles — zu steigern und auf Grund dieser inländischen Preissteigerungen die Auslandspreise herabzusetzen. Der Engländer behauptet, daſs die ausländischen Waren öfters sogar unter ihren Produktionskosten in England verkauft würden. Trotz dieser Verlustverkäufe habe das kartellierte Ausland, wie sich in einigen Fällen rechnerisch nachweisen lasse, von diesem Verfahren einen doppelten Vorteil: einmal könne es — des Inlandsmarktes sicher — die Produktion auf vergröſserter Grundlage aufbauen und Groſsbetriebe zu Gröſstbetrieben steigern. Sodann gelinge es ihm, die vorhandenen Produktionskräfte auf das höchste auszunutzen; es könne seine Werke ununterbrochen und bis zur höchsten Leistungsfähigkeit beschäftigen. Hierdurch würden die Produktionskosten herabgedrückt und bei gleich bleibenden Inlandspreisen die Gewinne so sehr gesteigert, daſs selbst Verlustverkäufe ins Ausland mehr als aufgewogen würden. Demgegenüber herrsche ein kleinerer Betriebsumfang in den durch ausländisches „dumping" (Schleuderverkäufe) bedrohten englischen Industrien. Hierzu kämen häufige Feierschichten wegen unregelmäſsiger Beschäftigung, was mehr als alles andere die Produktion verteuere[810].

Der erste Bericht der Chamberlainschen Tarifkommission ist voll von diesbezüglichen Beispielen aus dem Gebiete der Eisen- und Stahlindustrie. Selbst wenn diese Veröffentlichung mit gröſster Vorsicht benutzt wird, so bleibt doch zweifellos ein berechtigter Kern an den dort vorgebrachten Klagen. Es ergiebt dies die weitgehende Übereinstimmung der englischen Aufstellungen mit dem in Deutschland nunmehr massenhaft zusammengetragenen Material über Kartelle und Syndikate. Insbesondere zeigt der angeführte Bericht, daſs die von deutschen Kartellen öfters gezahlten direkten Ausfuhrprämien nur in zweiter Linie von Bedeutung sind; vielmehr legen alle Zeugen den Hauptnachdruck auf die in viel weiterem Umfange vorhandene Preisdifferenz zwischen Auslands- und zollgeschütztem Inlandsmarkte. Es steht hiermit in Übereinstimmung, wenn deutscherseits erklärt wird, daſs die direkten Ausfuhrvergütungen eine verhältnismäſsig bescheidene Rolle spielen. Die gemischten Werke z. B., die aus eigenen Kohlen- und Erzgruben ihre Rohstoffe gewinnen und in eigenen Hochöfen und Walzwerken ihre Verkaufsartikel herstellen, erhalten von niemand direkte Ausfuhrvergütungen; trotzdem können auch sie auf Grund hoher Inlandspreise ihre Auslandspreise herabsetzen[311].

Durch „Schleuderkonkurrenz" — so klagt man in England — bedrohe das Ausland zahlreiche, an sich lebenskräftige englische Industrien. Beispiele werden vornehmlich dem Gebiete der Eisen- und Stahlindustrie, daneben der Glas- und Porzellanindustrie, der Uhrenfabrikation entnommen[312]. Zwar muſs auch der britische Finanzreformer zugeben, daſs manche weiter verarbeitende Industrien durch Verbilligung ihrer Rohstoffe gefördert werden. Trotzdem bedeutet „dumping" nach seiner Meinung jähe und kostspielige Verschiebungen im volkswirtschaftlichen Organismus, denen Arbeit und Kapital nicht ohne weiteres folgen können. Für fixiertes Kapital und gelernte Arbeit sei der Satz der alten Nationalökonomen unrichtig, daſs Kapital und Arbeit einfach dorthin strömen, wo sie die gewinnreichste Beschäftigung finden. Im Gegenteil verliere der Arbeiter durch unregelmäſsige Beschäftigung an Arbeitswilligkeit und Arbeitsgeschicklichkeit, das Kapital aber an Unternehmungslust und an Mut, dem technischen Fortschritt auf groſser Skala zu folgen.

Freihändlerischerseits gibt man den Rat, die durch „dumping" bedrohten Industrien fallen zu lassen, das billige Halbfabrikat vom Ausland zu kaufen und darauf weiter verarbeitende Industrien zu gründen. Dieser Rat wäre — so erwidert der Finanzreformer — dann nicht schlecht, wenn man sich darauf verlassen könnte, das ausländische Material dauernd zu billigem Preise zu erhalten. Aber das Gegenteil sei zu fürchten. Das Ausland gewähre jene niederen Preise nur so lange, als englische Konkurrenz noch vorhanden sei. Sei die betreffende Industrie in England vernichtet, so sei zu befürchten, daſs das Ausland die Preise wieder anziehe. In dem angeführten Berichte der Tarifkommission wird ein derartiges Beispiel aus dem Gebiete der Nägelfabrikation angeführt. Mit den durch „dumping" verbilligten Preisen könne kein verständiger Unternehmer als einem sicheren Posten kalkulieren[313].

Es ist hier nicht zu prüfen, ob die soeben angeführten Tatsachen gewichtig genug sind, um das Interesse der englischen Volkswirtschaft auf die Seite des Schutzzolles zu verschieben. Jedenfalls liegt in diesen Ausführungen ein berechtigter Kern. Dadurch, daſs die Freihandelsländer „zu Ablagerungsstätten der aus den Schutzzollgebieten mit Exportprämien fortgeschleuderten Überproduktion" werden, kann ihre eigene produktive Arbeit für die Volkswirtschaft leiden und ihr Reichtum geschädigt werden. Wie dem auch sei, erst „dumping" erzeugte in England jene Bewegung für Vergeltung (retaliation), welche mit durchaus freihändlerischer Grundüberzeugung vereinbar ist. Die Überredungskünste der alten Freihändler, so führen diese Vergeltungspolitiker aus, haben sich dem Auslande gegenüber als wirkungslos erwiesen; es bedarf wirksamerer Mittel, um zu wahrem und gegenseitigem Freihandel zu gelangen.

Nichts ist diesen Stimmungen so förderlich, als wenn auch deutscherseits dem Schutzzoll ein aggressiver Charakter beigelegt wird. So spricht z. B. Martin von der „eisernen Kontinentalsperre", welche „in die wirtschaftliche Weltmachtstellung Groſsbritanniens die schwerste Bresche gelegt" habe[314]. Unzweifelhaft ist, daſs die durch „dumping" ausgelösten Stimmungen die Zukunft des britischen Freihandels mehr als alles andere bedrohen.

Es erhebt sich hiermit die theoretisch wie praktisch wichtige Frage: ist England in der Lage, unter grundsätzlicher Beibehaltung des Freihandels die von ausländischen Kartellen und Trusts geübte Ausfuhrpolitik zu bekämpfen? Oder sind überzeugte Freihändler diesem Problem gegenüber zu Laissez-faire verpflichtet?

In der Tat stimme ich mit Dietzel dahin überein, daſs eine Politik reiner Retorsion vom freihändlerischen Standpunkt aus nicht unter allen Umständen verwerflich und aussichtslos ist[315]. Hierfür bietet die jüngste Vergangenheit ein treffendes Beispiel.

Nirgends wurde die Verschleuderung ausländischen Produktes auf englischem Markte stärker betrieben als auf dem Gebiete des Zuckers; sie ist hier bekanntlich auf Veranlassung Englands durch internationalen Vertrag beseitigt worden. Die Ausfuhrstaaten haben die Prämienwirtschaft aufgegeben, weil sie englische Strafzölle, also „retaliation", fürchteten. Kurzsichtigerweise haben die englischen Freihändler im Interesse der zuckerverarbeitenden Industrien sowie der Verbraucher die Brüsseler Zuckerkonvention bekämpft, während doch nichts den Freihandel in gleicher Weise stärkt als die Verbreiterung seines Anwendungsgebietes. In dieser Hinsicht aber bedeutet die Brüsseler Zuckerkonvention vielleicht den wichtigsten Erfolg des Freihandels seit Jahrzehnten. Sie ist ein Ereignis, dessen Bedeutung weit über den Kreis der Zuckerindustrie und des Zuckerhandels hinausreicht.

Bekanntlich ist von autoritativer Seite, insbesondere von dem russischen Minister Witte, auf die Möglichkeit hingewiesen worden, die Grundsätze der Brüsseler Zuckerkonvention auf andere analoge Fälle anzuwenden, insbesondere auf die versteckten Exportprämien der Kartelle[316].

In der Tat hat England auf der Brüsseler Zuckerkonferenz nicht nur die direkten, sondern auch die indirekten, nicht nur die öffentlichen, sondern auch die privaten (von Kartellen gewährten) Ausfuhrprämien erfolgreich bekämpft.

Artikel 1 der Konvention besagt: „Die vertragschliefsenden Staaten verpflichten sich von dem Zeitpunkte an, wo dieses Abkommen in Kraft tritt, die direkten und indirekten Prämien aufzuheben ... Es fallen unter diese Bestimmungen ... die Vorteile, die sich aus jedem Überzoll ergeben, dessen Höhe die in Artikel 3 normierte Grenze überschreitet ... Artikel 3: Der Überzoll ... ist auf den Höchstbetrag von 6 Frks. für 100 kg raffinierten und mit diesem gleichhaltigen Zucker zu begrenzen." Die Konvention also wendet sich ausdrücklich auch gegen diejenigen Ausfuhrerleichterungen, welche ein Zuckerzoll und ein auf seinem Boden aufgebautes Zuckerkartell gewährt.

In ihrer Gegenagitation haben die deutschen Zuckerindustriellen nicht so sehr die Aufhebung der direkten Exportprämie, als die Herabsetzung des Zuckerzolls bekämpft, welche das Kartell zurückschnitt und die wichtigeren indirekten Exportprämien beseitigte. Ihr Widerstand war verständlich, wenn man erfuhr, dafs das Zuckerkartell in neun Monaten gegen 60 Millionen Mark verdient haben soll[317].

Setzen wir statt des Zuckers Eisen, so sind die Tatsachen in mancher Beziehung ähnlich gelagert.

1. Die Interessen Englands, welche durch ausländische Kartelle bedroht werden, sind beim Eisen zweifellos viel gewichtiger als beim Zucker. Beim letzteren handelte es sich um den westindischen Pflanzer; beim Eisen steht eine der wichtigsten englischen Stapelindustrien in Frage.

2. Das Druckmittel, dessen sich England bedienen könnte, ist beim Eisen nicht weniger vorhanden als beim Zucker: der englische Markt ist für die Eisenindustrie und die Eisen weiter verarbeitenden Industrien des Auslands von gröfster Bedeutung, wenn auch vielleicht nicht ganz so unentbehrlich wie beim Zucker. Immerhin nimmt der englische Markt mit starken Schwankungen ein Drittel der gesamten deutschen Eisenausfuhr und fast ein Fünftel der Maschinenausfuhr auf.

3. Dafür sind die den englischen Wünschen parallel gehenden Interessen im Auslande beim Eisen stärker als beim Zucker. Zuckerzoll und Zuckerkartell schädigten lediglich den Konsumenten, der daran gewöhnt ist, allgemeiner Prügelknabe zu sein. Eisenzoll und Eisenkartell belasten die das Eisen weiter verarbeitenden Industrien des Auslandes. Insbesondere erinnere ich an die Klagen einer der wichtigsten deutschen Industrien, des Maschinenbaues[318].

4. Das technische Verfahren, das beim Zucker eingeschlagen wurde, könnte möglicherweise für das Eisen nachgeahmt werden. Nur ein Mittel gab es, die indirekten Exportprämien der Zuckerkartelle zu beseitigen: die **Herabsetzung der Zuckerzölle**, welche durch Artikel 3 der Konvention an eine obere Grenze gebunden wurden. Jeder Versuch, diese Grenze auch nur versteckterweise heraufzuschieben, etwa durch staatliche Kontingentierung der Produktion, ist als vertragswidrig abgelehnt worden[319]. Auch die Stellungnahme der internationalen Kommission gegen den russischen Zucker bezog sich nicht auf direkte Ausfuhrprämien, sondern auf indirekte, welche aus der Differenz zwischen hohem Inlands- und niederem Auslandspreise erwuchsen.

So wäre das, was England im Kampfe gegen „dumping" zu erstreben hätte, in erster Linie Herabsetzung und vertragsmäfsige Festlegung der ausländischen Eisenzölle. Es besteht in der deutschen Kartellliteratur kein Zweifel darüber, dafs nicht das Kartell an sich, sondern der Schutzzoll Ursache der billigeren Auslandsverkäufe ist. So sagt einer unserer besten Spezialisten für Kartellwesen. „Ohne Schutzzoll sind billigere Auslandsverkäufe auf die Dauer unmöglich, ausgenommen solche Fälle, wo ein natürliches Monopol oder die Höhe der Transportkosten wie ein Schutzzoll wirken"[320].

5. Die englische Regierung hat sich schon gelegentlich des Zuckers auf den Standpunkt gestellt, dafs Ausgleichszölle gegen offene wie versteckte Ausfuhrprämien keine Verletzung

der bestehenden Meistbegünstigungsverträge enthalten[321]. So erhebt die indische Regierung tatsächlich Ausgleichszölle gegen die versteckten Ausfuhrprämien des russischen Zuckers, ohne daſs die russische Regierung darum die Meistbegünstigung mit Indien gekündigt hätte.

Wollte die englische Regierung den beim Zucker als erfolgreich erprobten Weg weiter beschreiten, so müſste ihr Vorgehen sich etwa in folgenden Linien halten: Sie hätte zu erklären, daſs sie gegen die Einfuhr von Eisen und Eisenfabrikation aus denjenigen Ländern, deren Eisenzoll eine bestimmte Höhe überschreite und damit versteckte Exportprämien möglich mache, in Zukunft Ausgleichszölle erheben werde. Die Höhe dieser Ausgleichszölle wäre ungefähr durch die Differenz der Preise bestimmt, zu welchen Eisen in seinem Erzeugungslande und in England verkauft wird.

Allerdings ist die technische Durchführbarkeit derartiger Ausgleichszölle bezweifelt worden[322]. Demgegenüber erklärte der kanadische Finanzminister, William S. Fielding, in seiner Budgetrede vom 7. Juni 1904, daſs die Marktpreise des Erzeugungslandes ohnehin von den kanadischen Zollbehörden bei Berechnung aller Wertzölle festgestellt werden müſsten. In ähnlicher Weise haben die Zollbehörden von Philadelphia bei importierten deutschen Stahlknüppeln den Zoll nicht nach dem Exportpreis, sondern dem deutschen Inlandspreis berechnet. Immerhin wäre ein solcher Ausgleichszoll, welcher nach der Differenz der Inlands- und Ausfuhrpreise des Auslands schwankte, nur als Wertzoll denkbar; er wäre lästig, gehässig und ein Anlaſs zu Streitigkeiten und Schikanen[323]. Es scheint aber nicht unmöglich, daſs der Ausgleichszoll als feste Gröſse und als Gewichtszoll ungefähr der Höhe des zu bekämpfenden ausländischen Zolles angepaſst würde. Es ist ja für die Wirkung des Zolls als Druckmittel auf das Ausland völlig gleichgültig, ob er mathematisch genau jener Differenz zwischen inländischem Marktpreis und Ausfuhrpreis des Auslandes angepafst ist oder nicht. Man könnte auch an einen allgemeinen, mäfsig bemessenen englischen Eisenzoll denken. Aber England wäre damit keineswegs beim Schutzzoll angelangt; denn dasselbe Gesetz — wenn wirklich freihändlerisch gemeint — müfste zugleich mit Einführung des Zolles etwa folgendes erklären: der Ausgleichszoll fällt demjenigen Staat gegenüber von selbst hinweg, welcher seine Eisenzölle auf ein bestimmtes Niveau herabsetzt, das wesentliche Unterschiede zwischen inländischem und ausländischem Eisenpreise unmöglich macht.

Zweifellos würden hierauf zwar Proteste erfolgen, welche die Meistbegünstigung für verletzt erklärten. Trotz dieser Proteste aber dürfte die ungeheure Bedeutung des englischen Marktes die leitenden Industrieländer von Repressalien fernhalten. Möglicherweise würde der eine oder andere betroffene Staat seine Eisenzölle alsbald herabsetzen, um gegenüber dritten, schutzzöllnerisch mehr festgelegten Mitbewerbern auf englischem Markte vorzustofsen. Früher oder später müfste es sich jedenfalls auch hier zeigen, dafs es unsinnig ist, die Ausfuhrpreise einer Ware herabzusetzen, wenn diese Preisherabsetzungen durch Ausgleichszölle vom Einfuhrlande aufgehoben werden[324]. So sagte schon einmal die „Rheinisch-Westfälische Zeitung", welche der deutschen Eisenindustrie nicht ferne stehen soll: „Deutschland müfste, um dem drohenden Abschlufs Grofsbritanniens entgegenzutreten, seinerseits seine Tore öffnen, die Schutzmauer einreifsen, seinen Zoll England und dessen Kolonien gegenüber bedeutend ermäfsigen"[325].

Wie immer man sich die technische Durchführung denkt, jedenfalls wäre ein von England ausgehender Druck am ehesten im stande, **eine internationale Festlegung der Eisenzölle** herbeizuführen — eventuell in direkter Angliederung an die Brüsseler Zuckerkommission[326]. Es sind dies Möglichkeiten, über welche die englischen Freihändler nicht ernst genug nachdenken können. Der gröfste Triumph des Freihandels seit Cobden wäre ein solcher Vertrag, welcher zunächst für einige der wichtigsten Welthandelswaren und im Kreise der meistbeteiligten Nationen den Freihandel oder wenigstens ein mäfsiges Zollniveau auf völkerrechtliche Basis stellte. Britische Vergeltungspolitiker in der Art Balfours müfsten — wenn anders sie ihren Freihandel ehrlich meinen — diesen Weg erst ungangbar befunden haben, ehe sie sich dem Schutzzoll in die Arme werfen [327].

Die von Parteirücksichten unabhängige indische Regierung steht dem hier vorgetragenen Standpunkt am nächsten. Man vergleiche das Schreiben der indischen Regierung an den Staatssekretär für Indien vom 22. Oktober 1903. Dieses Schriftstück atmet durchaus Freihandelsgeist, erklärt aber, wirksamere Methoden zu seiner Durchführung zu verfechten, als die des alten, einseitigen Freihandels. Um seine Absatzmärkte zu sichern und zu erweitern, verlangt Indien freie Hand in der Androhung und Anwendung, aber auch in der Aufhebung von Ausgleichszöllen, und lehnt daher jede Bindung durch Differentialzölle an die übrigen Reichsteile ab. Denselben Standpunkt vertrat wiederholt der frühere Staatssekretär für Indien, Lord George Hamilton [328].

Anders die beiden grofsen politischen Parteien Englands. Parteipolitische Hindernisse sind es, welche der Beschreitung des bezeichneten Weges entgegenstehen.

Zu ihrem eigenen Schaden verharren die englischen Liberalen auf dem Boden der einseitigen „freien Einfuhr" und drücken damit ihren Gegnern die besten Waffen in die Hand. Es ist kaum zu erwarten, dafs eine liberale Regierung den Bann der Überlieferung soweit durchbreche, um mit Ausgleichszöllen gegen fremde Kartelle und Trusts vorzugehen. Wenigstens sind die Stimmen, die man als Vorboten einer derartigen Wendung ansehen könnte, auf liberaler Seite zur Zeit noch durchaus vereinzelt, wenn auch Männer wie Haldane „retaliation" keineswegs unter allen Umständen ablehnen.

Die Finanzreformer dagegen verschmähen, von ihrem Standpunkte aus durchaus folgerichtig, diesen Weg, welcher, wenn erfolgreich beschritten, von ihren eigenen Zielen weit abführen würde. Offenbar nämlich sind **reine Ausgleichszölle und innerbritische Vorzugszölle unversöhnbare Gegensätze**. Ziel der Ausgleichszölle ist es, wegzufallen, wenn sie ihren Zweck erreicht haben, womöglich gar nicht in Kraft zu treten, indem ihr Zweck schon durch blofse Androhung erreicht wird. Wenn man dagegen, um die Entwicklung der Kolonien zu beschleunigen, Nahrungsmittelzölle erstrebt, so mufs man britische Industriezölle als ihre Ergänzung ins Auge fassen, und zwar als dauernde Einrichtung. Ein Nahrungsmittelzoll ohne Industriezoll ist in England sachlich unmöglich, politisch undurchführbar — eher ein Industriezoll ohne Nahrungsmittelzoll.

Stellt man jene imperialistischen Ziele in die erste Linie und sucht „dumping" lediglich dafür nutzbar zu machen, so kommt man zu folgender Forderung: England bedarf eines dreifachen Zolltarifes, eines autonomen oder Maximaltarifes, eines Vertragstarifes für das zollbefreundete Ausland, eines Vorzugstarifes für die britischen Kolonien. So denken sich die nationalökonomischen Gelehrten der Finanzreform, z. B. die Professoren Ashley und Hewins, die handelspolitische Zukunft ihres Vaterlandes. England wäre damit beim Schutzzoll angelangt, auch wenn er sich unter dem Namen „retaliation" einführte[329].

Trotz des überwältigenden Wahlsieges der Liberalen, womit die erste Kampagne Chamberlains abschlofs, haben die englischen Freihändler auch in Zukunft mit der Entrüstung zu rechnen, welche die Ausfuhrpolitik ausländischer Trusts und Kartelle in England hervorruft. Immer wieder wird der englische Freihandel um sein Dasein zu kämpfen haben, so lange er nicht mit diesem seinem gefährlichsten Gegner erfolgreich die Waffen gekreuzt hat.

III. Kapitel.
Der Freihandel.

1. Das Freihandelsargument.

Die imperialistischen Wirtschaftspolitiker verbünden sich zwar mit Stimmungen und Verstimmungen, welche der britischen Wirtschaftssphäre entspringen, aber ihr letztes Ziel liegt über den britischen Inseln hinaus im gröfseren Britannien. Wie jedoch der Wille des Einzelnen in die ihn umgebende natürliche und gesellschaftliche Gesetzlichkeit eingeschlossen ist, so ist der des Staatsmannes an die Verhältnisse seiner Zeit und seines Volkes gebunden[330]. Er gleicht darin dem Schiffer: durch Strömungen und Untiefen verfolgt er ein selbstgesetztes Ziel, das von fern über den Gewässern leuchtet. Aber er wird dieses Ziel nur dann erreichen, wenn er Winde und Strömungen klüglich benutzt, Untiefen vermeidet und sein Fahrwasser kennt. In ähnlicher Weise begrenzt die wirtschaftliche Gegebenheit den politischen Willen. Zwar sind diese Grenzen elastisch: sie können durch den Genius des Staatsmannes oder durch den nationalen Aufschwung des Volksganzen unter Umständen weit hinausgeschoben werden; aber beseitigen lassen sie sich nicht.

Es erhebt sich hiermit die Frage: Wurzelt der Freihandel auch heute noch so fest in den Bedürfnissen Englands, dafs es hoffnungslos ist, gegen ihn anzukämpfen?

Soweit der Freihandel dereinst als einzelner Bestandteil eines allumfassenden Systems der unbeschränkten Konkurrenz gedacht war, ist er heute zweifellos veraltet. Man hat Arbeiterschutzgesetzgebung und staatliche Erziehung. Seit Mill und Toynbee ist gerade auch die liberale Partei zu sozialpolitischem Staatseingriff erzogen[881]. Vielfach greift das Politische wieder mächtig in das Wirtschaftsleben ein. Der homo oeconomicus wird nirgends mehr als Ideal empfunden, wo immer die klassische Philosophie Deutschlands auch nur schwache Spuren hinterlassen hat.

Aber der Freihandel Englands stünde um so fester, wenn es ihm gelänge, sich von der Gedankenwelt unabhängig zu machen, welche ihn einst emportrug. Zu diesem Zwecke hätte er den Beleg zu erbringen, dafs er für das England des zwanzigsten Jahrhunderts die praktisch wünschenswerte Form der Wirtschaftspolitik sei, gleichviel, wie man sich auch zu jener allgemeinen Theorie des Laissez-faire stelle. Er könnte dann das Schlagwort der Gegner sich zu eigen machen, dafs es in diesen Fragen überhaupt keine ewigen Kategorien, sondern nur wechselnde Bedürfnisse des Tages gebe.

Wir betrachten im folgenden zunächst die Argumente der englischen Freihändler und die hinter denselben stehenden Interessen.

Die Argumente der heutigen Freihändler bewegen sich im allgemeinen in den Bahnen der alten Lehre. Zweifellos ist es an der Zeit, gewisse längst gewonnene Erkenntnisse einer vergefslichen Gegenwart neu einzuprägen. Ich rechne hierzu den wichtigen Unterschied zwischen Handelsbilanz und Zahlungsbilanz, das Gesetz vom abnehmenden Bodenertrage, ferner die Einsicht in den Mechanismus des internationalen Zahlungsverkehrs, endlich die Lehre Ricardos von der internationalen Arbeitsteilung auf Grund der Verschiedenheit in den relativen (nicht absoluten) Produktionskosten[882]. Freilich kommen in England vielfach bei der Neuformulierung der alten Lehre gewisse Erscheinungen der neueren Entwicklung zu kurz, insbesondere die Probleme der Trusts und Kartelle, so dafs die Gegner nicht ohne allen Grund behaupten, während des letzten Halbjahrhunderts habe sich alles geändert, nur nicht die englische Nationalökonomie.

Auf der anderen Seite enthalten die Argumente der Schutzzöllner vielfach offenbare Übertreibungen und augenscheinliche Irrlehren. Die Überlegenheit der freihändlerischen Wortführer zeigt sich insbesondere bei der Erörterung von Englands Zahlungsbilanz. Das bekannte Blaubuch Cd. 1761 steht in dieser Frage durchaus auf ihrer Seite, wahrscheinlicherweise auch die gebildeten und denkenden Männer unter den Gegnern selbst, soweit sie sich nicht auf der öffentlichen Plattform befinden.

Zunächst wenden sich die Freihändler gegen die auch uns in Deutschland immer wieder aufgetischte Sinnlosigkeit, aus der passiven Handelsbilanz auf eine ungünstige Zahlungsbilanz zu schliefsen. Sie widerlegen diese Behauptung mit dem elementaren Hinweis auf die Wechselkurse und die internationale Edelmetallbewegung. So hat in den mit 1895 schliefsenden 15 Jahren England an Edelmetall für 77 Mill. £ mehr eingeführt als ausgeführt.

Demgegenüber pflegt der schutzzöllnerische Pessimismus sich auf die Behauptung zurückzuziehen, dafs Englands Zahlungsbilanz durch Effektenausfuhr aufrecht erhalten worden sei. England zehre von den Ersparnissen seiner Vergangenheit. Auch diese Meinung ist unschwer zu widerlegen[333]. Die sogen. unsichtbaren Exporte, wenn auch ziffermäfsig nur schätzungsweise zu fassen, genügen vollauf, um den Überschufs der Wareneinfuhr zu bezahlen. Ja, es ist höchst wahrscheinlich, dafs auf Grund dieser Einnahmequellen England alljährlich noch beträchtliche Kapitalien im Auslande neu anlegt.

Der Einfuhrüberschufs belief sich im Jahresdurchschnitt

des Jahrzehntes 1893—1902 auf 161 Millionen £. Demgegenüber wird der Reingewinn Englands aus Seefrachten allein von dem soeben angeführten Blaubuch auf 90 Millionen £ berechnet. Dafs England um diesen Posten seiner Zahlungsbilanz nicht besorgt zu sein braucht, ergiebt folgender Vergleich der wichtigsten Handelsflotten der Welt[334].

	1870 Tonnen	1901 Tonnen
Vereinigtes Königreich	5 690 789	9 603 420
Britisches Reich	7 149 134	11 120 388
Deutschland	982 355	2 093 033
Vereinigte Staaten (Seeschiffe)	1 516 800	889 129
Vereinigte Staaten (einschliefslich Binnensee- und Flufsschiffe)	2 677 940	4 635 089

Hierzu kommen die Zinsen und Dividenden, welche England aus seinen Kapitalanlagen im Auslande bezieht. Nur ein Bruchteil dieser Beträge wird als „Einkommen aus dem Auslande" von der Einkommensteuer unter Schedula C besonders ergriffen. Es ist dies das Zinseinkommen aus ausländischen Wertpapieren, welches an englischen Zahlstellen zur Auszahlung gelangt. Das Gesamteinkommen von ausländischen Kapitalanlagen, welches zum Teil unter Schedula D versteuert wird, zum Teil der Steuer entgeht, ist lediglich zu schätzen. Die sorgfältig gearbeiteten Traktate der Fabischen Gesellschaft veranschlagen dieses Einkommen für das Jahr 1901/02 auf 118 Millionen £, Sir Robert Giffen für 1898 auf mindestens 90 Mill. £, Sir Louis Mallet schon für 1883/84 auf 100 Mill. £. Jedenfalls greift man zu niedrig, wenn man diesen Betrag heute auf 100 Mill. £ ansetzt. Während sich in den Jahren von 1865—1898 das britische Volkseinkommen etwa verdoppelt hat, hat sich das „Einkommen vom Auslande" nach Giffen in dieser Zeitspanne verneunfacht[335].

Aber Englands Zahlungsbilanz wird noch aus anderen

Quellen gespeist, welche das angeführte Blaubuch mit Stillschweigen übergeht. Nicht enthalten sind in seinen Berechnungen zunächst die Handelsgewinne der im Auslande tätigen englischen Kaufleute, sodann die Gewinne, welche der in England domizilierte Handel vielfach vom Auslande einkassiert, aber als inländisches Einkommen versteuert. Beispielsweise denke man an den Liverpooler Kaufmann, welcher Baumwolle von New Orleans nach Bremen, Kaffee von Rio nach Genua verkauft. Nicht zu vergessen ist ferner der englischen Versicherungsgesellschaften, welche vielfach mit großem Erfolge im Auslande tätig sind[336].

Auch aus einer anderen Quelle sprudelt reichlicher Zufluß zur englischen Zahlungsbilanz: man denke an die **Gewinne der Londoner Bankwelt und Effektenbörse**, welche vielfach unter den Gesichtspunkt der sogen. „internationalen Dienstleistungen" fallen, aber als inländische Geschäftsgewinne versteuert werden. Betrachten wir diesen Posten etwas näher, weil er gerade auch für Deutschland von besonderem Interesse ist.

Erinnert sei zunächst an das Akzeptmonopol Londons, welches heute zwar durchbrochen ist, seitdem teilweise auch Mark- und Frankenwechsel den überseeischen Zahlungsverkehr mit dem europäischen Festlande vermitteln. Aber noch ist London weit bevorzugter Akzeptplatz und heimst als solcher noch heute sehr beträchtliche Provisionen vom Auslande ein. Insbesondere herrscht der £-Wechsel dort noch nahezu souverän, wo Länder minder gefestigter Währung mit der Goldvaluta Europas in Verbindung treten.

Beispiele dieser Art sind folgende: Noch wird der Chinese, der Tee nach Rußland oder Amerika — der Amerikaner, der Baumwolle nach Polen oder landwirtschaftliche Maschinen nach dem La Plata — der Italiener, der Schwefel an die Vereinigten Staaten verkauft, mit £-Wechseln bezahlt. Via London entschädigten die Vereinigten Staaten Spanien für Kuba; via London zahlte China die Kriegskosten an Japan, welches sein Londoner Guthaben grofsenteils in der Gestalt von Panzerschiffen abhob [337]. Dafs der internationale Geldverkehr sich vielleicht sogar noch zunehmend in London konzentriert, darauf deutet die Ausbreitung ausländischer Bankniederlassungen in London, gegen deren Akzepte sich Lombardstreet längere Zeit durch ungünstigere Diskontierung zu wehren suchte. Erst allmählich gelang es den gröfsten ausländischen Banken, wie z. B. der Deutschen Bank, die Akzepte ihrer Londoner Filiale auf die Höhe der allerbesten englischen Akzepte zu erheben [338].

Zu den Akzeptprovisionen kommen die Gewinne englischer Banken aus den Geschäften ihrer ausländischen oder kolonialen Filialen. Diese Gewinne treten nicht nur als englische Bankdividenden in Erscheinung, sondern auch als Depositenzinsen, welche englische Einleger von ihren Banken beziehen. Alle diese Einkünfte gelten für die Einkommensteuer als inländische, während sie tatsächlich ausländischen Ursprungs sind.

Sehr beträchtlich müssen ferner die Summen sein, welche Londoner Finanziers und Börsenhändler vom Auslande beziehen: Gründungs-, Kommissions- und Spekulationsgewinne. Insbesondere hat Deutschland durch sein Börsengesetz dazu beigetragen, die zentrale Stellung des Londoner Geldmarktes neu zu festigen.

Die Berliner Börse war früher allen übrigen Plätzen der Welt durch die Billigkeit ihrer Sätze und die Einfachheit ihrer Kursnotierung überlegen. Ihr flofs daher nicht nur das Kapital des damals noch armen deutschen Sparers, sondern auch das reicherer Nationen zu. Ein lebhaftes Termingeschäft bewirkte jene Erweiterung des Marktes, welche den Absatz der Effekten wesentlich erleichtert und damit die Grundlage eines blühenden Emissionsgeschäftes bildet. Auf der Berliner Börse schöpften nicht nur deutsche Industrien, sondern in vielen Fällen auch ausländische Staaten und Private. Die Vernichtung des deutschen Terminmarktes durch das deutsche Börsengesetz und die Überbesteuerung der deutschen Börse durch das Börsensteuergesetz haben den ausländischen Auftraggebern die Benutzung des deutschen Geldmarktes verleidet und sie vielfach nach London geführt. Aber auch die deutschen Kapitalisten machen ihre Geschäfte in wachsendem Mafse auf ausländischen Börsen, insbesondere in London. Das Spekulationsbedürfnis des deutschen Publikums wurde durch jene Gesetze keineswegs eingedämmt; aber es wandte sich dem gefährlicheren Londoner Markte zu. Dabei ist der festländische Sparer häufig um so vertrauensseliger, je weniger er die betreffenden Werte kennt. Noch erscheint ihm, je unerfahrener er ist, ein Geschäftsbericht in englischer Sprache mit dem Nimbus der Unanfechtbarkeit bekleidet[339]. London unterhält allenthalben auf festländischen Börsenplätzen Vertreter, welche die nichts ahnenden Schäflein in seinen Stall treiben. Die Zahl dieser sogenannten Remissiers stieg an der Berliner Börse von 25 im Jahre 1893 auf 79 im Jahre 1902, in Hamburg in gleicher Zeit von 5 auf 40. Durch derartige Mittel gelingt es Londoner Gründern und Spekulanten nicht selten, mancherlei „rubbish" dem Festlande aufzuhängen; denken wir z. B. an die berüchtigten Ashantiwerte, auf denen gewifs nicht wenige Festländer sitzen blieben — eine nicht gerade erfreuliche Verbesserung der englischen Zahlungsbilanz.

Angesichts der deutschen Börsengesetzgebung, welche geradezu auf Londons Machtstellung zugeschnitten erscheint, ist es unsinnig, wenn Engländer über illoyale Verletzung ihrer Interessen durch ausländische Gesetzgebung klagen. Was sie an anderer Stelle, etwa durch die Einfuhrzölle des Auslands, verloren, gewannen sie hier reichlich zurück. In dieser Beziehung stimmen deutsche und englische Sachkenner überein. Der leider zu früh verstorbene G. v. Siemens hat darauf hingewiesen, dafs der ungeheure Aufschwung der Londoner Börse sich vielfach auf Kosten des deutschen Publikums vollzogen habe[840]. Diese Tatsache wird von dem bekannten englischen Blatte „The Statist" mit folgenden Worten anerkannt: „Die Prolongationen der Engagements für Berlin, Frankfurt, Hamburg, Paris, Brüssel sind aufserordentlich an Umfang gewachsen, und zwar im Anschlufs daran, dafs durch die Börsengesetze in Deutschland, insbesondere durch den Differenzeinwand, das Spekulationsgeschäft dort nahezu erdrosselt worden ist und dafs infolge dessen die Übertragung desselben nach London sich jetzt in ungewöhnlichem Verhältnis vollzieht. Für die Londoner Stockexchange ist diese Auswanderung des Geschäfts von den grofsen kontinentalen Börsenplätzen ein aufserordentlicher Vorteil."

In letzter Linie verbessert auch der Fremdenverkehr die Zahlungsbilanz Englands. Yankees, welche die Londoner Season mitmachen, durch Mitgiften englische Adelsschilder vergolden und englische Landsitze erwerben, brauchen zwar nicht, wie man früher sagte, ein „grofses Portemonnaie", wohl aber ein dickes Scheckbuch. Für diese Schecks erholen sich die Londoner Banken durch Ziehungen oder durch Buchumschreibungen an ihren amerikanischen Geschäftsfreunden.

Alles in allem genommen braucht selbst dem ängstlichsten Patrioten um Englands Zahlungsbilanz nicht bange zu sein. Die Rückkehr amerikanischer Werte nach Amerika, in welcher die Schutzzöllner eine Verminderung des nationalen Kapitals erblicken, wird, wie alle Sachkenner übereinstimmend erklären, durch Anlagen in Afrika, Australien, in Indien und Südamerika mehr als ausgeglichen. Armitage Smith schätzt die Summe, die England jährlich im Auslande neu anlegt, auf 50 Mill. $\mathscr{L}$[841]. Diese Ziffer beruht nur auf Schätzung; aber jedenfalls steht die Tatsache fest: England läfst alljährlich einen Teil der ihm geschuldeten Zinsen im Ausland stehen und vermehrt damit seinen zinstragenden Auslandsbesitz.

Auf dem Boden einer überwiegend günstigen Zahlungsbilanz — so fahren die Freihändler fort — weist England in der zweiten Hälfte des 19. Jahrhunderts alle Anzeichen steigenden Wohlstands und sozialen Fortschritts auf. Sie übertreiben zwar, wenn sie diese Fortschritte ausschliefslich auf den Freihandel zurückführen; aber sicherlich hat der Freihandel in der Richtung des sozialen wie wirtschaftlichen Fortschritts mitgewirkt.

Da es sich in dieser Hinsicht um sattsam bekannte Tatsachen handelt, so sei hier nur das wichtigste angeführt. Wir greifen zunächst zu dem Berichte der „Inland Revenue Commissioners" für 1903 und entnehmen ihm folgende Ziffern:

	Bevölkerung in Millionen	Eingeschätztes Einkommen in Millionen £	Einkommen pro Kopf der Bevölkerung in £
1861	28,9	311,8	10,7
1871	31,5	445,6	14,1
1881	34,9	560,0	16,0
1891	37,7	678,1	18,0
1901	41,4	866,9	20,9

Der angeführte Bericht vergleicht die Zunahme des Volkseinkommens in den beiden letzten Perioden volkswirtschaftlicher Hochflut. Anfang der siebziger Jahre wirkten eine Reihe ganz aufsergewöhnlicher Umstände zu einem fabelhaften Aufschwunge zusammen: die Lahmlegung der festländischen Konkurrenz durch den deutsch-französischen Krieg und eine riesige Nachfrage der Vereinigten Staaten, welche sich nach dem Bürgerkrieg neu einrichteten. Ausgang der neunziger Jahre fehlten derartige antreibende Momente, ja, England befand sich damals in einem kostspieligen Kriege. Trotzdem ergiebt der Vergleich der beiden fünfjährigen Perioden kein unbefriedigendes Bild hinsichtlich der letzten Vergangenheit.

	Eingeschätztes Einkommen in £	Besteuertes Einkommen in £
1868—69	398 794 000	344 772 000
1875—76	544 376 000	474 740 000
Zunahme . . .	145 582 000 36,5 %	129 968 000 37,7 %
1894—95	657 097 000	475 680 000
1901—02	866 993 000	607 551 000
Zunahme . . .	209 896 000 31,9 %	131 871 000 27,7 %

Obgleich wiederholte Steuernachlässe in den unteren Steuerklassen vorgenommen wurden, stieg der Reichtum Englands im letzten Halbjahrhundert nach den Ergebnissen der Einkommensteuer ununterbrochen. Ich entnehme folgende Tabelle den Angaben von Inglis Palgrave.

Einkommensteuer 1843—1901.

Jahre	Ergebnis für 1 d im £ £	Verhältnis zum ersten Jahr 1843 = 100 %	Ergebnis pro Kopf der Bevölkerung in d	Unterschied in dem Ergebnis pro Kopf in + oder — in jedem Jahrzehnt d
1843	772 166	100	6,93	—
1851	786 886	102	6,90	— 0.03
1861	1 122 258	145	9,30	+ 2,40
1871	1 587 596	206	12,10	+ 2,80
1881	1 915 683	248	13,17	+ 1,07
1891	2 238 130	290	14,23	+ 1,06
1901	2 531 462	328	14,65	+ 0,42

Werfen wir sodann einen Blick auf die Ergebnisse der Erbschaftssteuer, welche Gladstone als den besten Maßstab des Volkswohlstandes anzusehen pflegte. Durch die „Estateduty", welche bekanntlich das ganze Reinvermögen des Nachlasses (ausschließlich der im Ausland gelegenen Grundstücke) erfaßt, wurden ergriffen:

1895/96 . . . 219 Mill. ℒ
1901/02 . . . 276 Mill. ℒ

Dabei ergeben die Ziffern sowohl der Erbschafts- wie der Einkommensteuer eine Verschiebung zu gunsten der unteren und mittleren Vermögensklassen. Die Vermögen unter 300 ℒ bildeten 1895/96 28,3%, dagegen 1901/02 29,5% aller von der Steuer ergriffenen Erbschaften, die Vermögen über 1000 ℒ 1895/96 34,2%, 1901/02 31,9%. Hinsichtlich der Einkommensteuer gibt Goschen folgende interessante Tabelle:

Zahl der besteuerten Individuen und Privatfirmen unter Schedula D (Trade and professions).

	1877	1886	Zu- und Abnahme in %
Einkommen zwischen 150 und 500 ℒ . .	285 754	347 021	+ 21,4
- - 500 - 1000 ℒ . .	32 085	32 033	—
- - 1000 - 5000 ℒ . .	19 726	19 250	— 2,5
- über 5000 ℒ	3 122	3 048	— 2,3

Kein Zweifel, daſs die Zunahme des Volkswohlstandes gerade den breitesten Schichten zugute gekommen ist. In seinem bekannten Aufsatz über den „Fortschritt der Arbeiterklassen" sagt Sir Robert Giffen hierüber zusammenfassend: „Was in den letzten 50 Jahren mit der Arbeiterklasse geschehen ist, ist nicht sowohl ein Fortschritt als eine Revolution zu nennen." „Während das Kapital gewachsen ist, ist das Einkommen vom Kapital nicht im gleichen Verhältnis gewachsen; die Zunahme des Einkommens ist fast ausschlieſslich den Arbeiterklassen zugute gekommen." In Übereinstimmung hiermit kam die Royal Labour Commission 1894 zu folgendem Ergebnis ihrer dickleibigen Untersuchungen: „Der Eindruck, welchen das Beweismaterial hinterläſst, ist der, daſs unter der seſshaften Bevölkerung gelernter Arbeiter während des letzten Halbjahrhunderts sich ein ununterbrochener Fortschritt der allgemeinen Lebensbedingungen vollzogen hat. — Die Erfahrung zeigt, dafs dieser Teil der Bevölkerung die Kraft der Organisation, Selbstregierung und Selbsthilfe in hohem Mafse besitzt. — Die unteren Klassen der Arbeiterwelt gewannen wahrscheinlicherweise nicht weniger als die gelernten Arbeiter von der gesteigerten Produktionskraft, den Vorteilen der Gesetzgebung, der Verbilligung von Nahrungsmitteln und Kleidung, der Eröffnung neuer Unternehmungsgebiete für Arbeit und Kapital. — Von der Masse der ungelernten Arbeiter ist ein Teil in die höheren Rangstufen der Arbeit aufgestiegen, während die Bevölkerung, welche lediglich den baren Lebensunterhalt verdient, prozentual beträchtlich zurückgegangen ist. — In den grofsen Städten findet sich ein zahlreiches Residuum, welches ein jämmerliches Leben führt, aber diese Schicht ist wahrscheinlich nicht nur relativ, sondern auch in absoluten Ziffern zurückgegangen."

Diese Aufstellung wird durch das öfters zitierte Blaubuch Cd. 1761 weiter bestätigt, dem ich noch folgende Ziffern entnehme:

	Öffentlich unterstützte Arme	Sparkasseneinlagen	Einlagen bei den Friendly Societies
		In Millionen £	
1861	1 054 099	41,5	—
1871	1 237 353	55,8	8,0
1881	1 010 473	80,3	13,9
1891	956 084	114,4	26,6
1901	979 166	192,3	43,2

	Öffentlich unterstützte Arme pro 1000 der Bevölkerung	Sparkasseneinlagen	Einlagen bei den Friendly Societies
		Pro Kopf der Bevölkerung in £	
1861	36	1,4	—
1871	39	1,7	0,2
1881	29	2,3	0,4
1891	25	3,0	0,7
1901	24	4,6	1,0

In letzter Linie entlehne ich dem Journal der Royal Statistical Society folgende Angaben, welche den wirtschaftlichen und sozialen Fortschritt der englischen Nation während des letzten Viertels des 19. Jahrhunderts nach den verschiedensten Seiten hin widerspiegeln[342]:

	Jahresdurchschnitt der Jahre				
	1876—80	1881—85	1886—90	1891—95	1896—1900
Bevölkerung des Vereinigten Königreichs in Millionen	33,9	35,5	36,9	38,5	40,4
Zahl der Eisenbahnpassagiere (ausschl. der Season tickets) in Millionen	563	671	759	845	1065
Gewicht der mit Eisenbahnen beförderten Güter in Mill. Tonnen	214	257	281	314	390
Einnahme aus Güter- und Personenverkehr pro engl. Meile Eisenbahn in 1000 £	3,5	3,6	3,6	3,8	4,3
Jahresumsatz d. Clearing house in Mill. £	5135	5963	6868	6748	8255
Gesamtbetrag der Einlagen bei den Postsparkassen am Jahresende in Mill. £	30	42	59	83	123
Gesamtbetrag der Einlagen bei den Trustee Savings Banks in Mill. £	44	45	46	43	50
Anzahl der Briefe pro Kopf jährlich	32	37	42	46	51
Auswanderer pro Jahr in Tausenden	87	186	159	90	56
Verurteilte Verbrecher in England u. Wales in Tausenden	12,1	11,2	10	9,4	8,8

Die sozialen Fortschritte, welche England in der zweiten Hälfte des 19. Jahrhunderts aufweist, sind weltbekannt und gerade auch in Deutschland mit besonderem Interesse verfolgt worden. Es ist daher überflüssig, weiteres Beweismaterial zu häufen.

Es ist kein Zweifel: im Spiegel der Statistik hat sich

das bestehende Freihandelssystem wohl bewährt. Aber grofse politische Kämpfe werden nicht mit statistischen Tafeln und wissenschaftlichen Argumenten entschieden. Die Freihändler wären verloren, wenn sie sich nicht auf gewichtige Interessen berufen könnten, welche nach wie vor hinter ihnen stehen.

Es ist bekannt, dafs es das **industrielle Ausfuhrbedürfnis** war, welches vor Jahren den Freihandel in England durchsetzte[343]. Der Freihandel bedeutet für die Exportindustrie eine Verbilligung ihrer Produktionskosten: billige Rohstoffe, billige Nahrungsmittel, damit gesteigerte Arbeitsintensität. Er vermehrt mit erleichterter Lebenshaltung der Arbeiter die Arbeitswilligkeit und Arbeitsgeschicklickkeit. Endlich führt der Freihandel in gewissen Grenzen auch zur Erweiterung auswärtiger Märkte. Zwar ist der Satz der älteren Nationalökonomie, dafs man nicht kaufen könne, ohne zu verkaufen, nur mit Einschränkungen richtig, welche sich aus den internationalen Verschuldungsverhältnissen ergeben. Aber immerhin bleibt der Satz wahr: indem man der Einfuhr die Tore öffnet, sorgt man zugleich für den Export. Der Reiz des Kaufens, der mit erhöhten Bedürfnissen sich einstellt, führt den Menschen zu Anstrengungen, um Verkaufsware zu schaffen.

Das industrielle Exportbedürfnis war im 19. Jahrhundert das leitende Interesse der britischen Volkswirtschaft. Bis in die siebziger Jahre war es eine rasch aufsteigende Gröfse. Seitdem hat sich das Tempo des Fortschritts verlangsamt. Die britische Industrie besitzt auf fremden Märkten nicht mehr die kühn vorstofsende Jugendkraft von ehedem. Pro Kopf der Bevölkerung ist die Ausfuhr britischer Produkte sogar zurückgegangen und hat selbst in den Jahren des Aufschwungs 1900 und 1901 nicht mehr Beträge erreicht, wie Anfang der siebziger Jahre. Ich verweise auf folgende Tabelle[344].

Durchschnitt der Jahre	Gesamtausfuhr aus dem Vereinigten Königreich	Ausfuhr von Fabrikaten und Halbfabrikaten	Ausfuhr pro Kopf der Bevölkerung in £
	In Millionen £		
1860—69	159,7	146,6	53 £ 10 sh 10 d
1870—79	218,2	196,2	66 £ 17 sh 3 d
1880—89	230,3	203,8	63 £ 18 sh 4 d
1890—99	235,9	202,5	60 £ 13 sh 3 d

Insbesondere verteidigen die grofsen Stapelindustrien Englands auf den internationalen Märkten nur noch ihren überkommenen Besitzstand, ohne mehr erobernd vorzudringen. Dies gilt von der Baumwoll-, Woll-, Leinen-, Eisen- und Stahlindustrie [345].

Immerhin ist die Bedeutung dieser Tatsachen nicht zu übertreiben. Es ist keine Rede davon, dafs Englands Ausfuhr im Rückgange begriffen sei, wie schutzzöllnerische Schwarzseher vielfach behaupten. Noch ist England der **erste Industriestaat der Welt**, noch besitzt es die bedeutendste Ausfuhrindustrie und noch sind für diese Ausfuhr die ausländischen Märkte wichtiger als die kolonialen. Nur etwa ein Drittel des englischen Exports geht nach britischen Besitzungen, und dieses Verhältnis ist, wenn wir von den Tagen des Burenkrieges absehen, seit etwa 40 Jahren mit geringen Schwankungen das gleiche geblieben [346]. Im Jahre 1905 erreichte die Ausfuhr Englands die ungeheure, alles bisherige weit überholende Ziffer von 330 Millionen £.

Insbesondere übt England die Vorherrschaft auf den tropischen und subtropischen Märkten, ausländischen wie kolonialen (mit Ausnahme etwa des den Vereinigten Staaten benachbarten Mexiko) [347]. Noch kauft England mit seiner Ausfuhr die Produkte der Tropen und verschifft sie in die Länder der gemäfsigten Zone, von denen es dagegen Nahrungsmittel, Rohstoffe und neuerdings auch Industrieartikel eintauscht. Die Erschliefsung der überseeischen Kontinente durch Eisenbahnbau und Festigung ihrer Währungsverhältnisse ist für Englands Ausfuhr von entscheidender Wichtigkeit.

Auch ist die schutzzöllnerische Behauptung unrichtig, daſs die englische Ausfuhr nach Europa sich durchweg im Niedergange befinde. Vielmehr weist die Ausfuhr nach der deutschen und nordischen Welt, einschlieſslich Ruſslands, seit den siebziger Jahren im allgemeinen eher eine steigende Richtung auf. Beispielsweise hat sich die Ausfuhr britischer Produkte nach den drei skandinavischen Ländern seit den siebziger Jahren ungefähr verdreifacht. Deutschland einschlieſslich Holland und Belgien, deren Einfuhr vielfach nach Deutschland weiter geht, ist bei weitem das wichtigste Absatzgebiet britischer Waren, weit aufnahmefähiger als Indien, Südafrika oder Australien.

Insbesondere ist Deutschland ein ausgezeichneter Markt nicht nur für britische Rohstoffe und Halbfabrikate, sondern gerade auch für hochwertige Industrieartikel, von denen England immer noch mehr nach Deutschland ausführt, als es von Deutschland einführt. Ich entnehme folgende Zusammenstellung einer interessanten Schrift des Lord Brassey [348]:

	Ausfuhr aus dem Vereinigten Königreich nach Deutschland im Jahre 1901 in £	Ausfuhr Deutschlands nach dem Vereinigten Königreich im Jahre 1901 in £
Baumwollwaren und -Garne . .	3 714 652	1 038 836
Wollwaren und -Garne	3 090 256	1 582 515
Maschinen	1 537 936	542 283
Schiffe	1 404 850	—

Solange diese Ziffern bestehen, ist das Angstgeschrei vor deutscher Konkurrenz wenig begründet. Das Interesse am deutschen Markt ist für England ein um so gröſseres, als Deutschland zwar nicht vom Vereinigten Königreich, wohl aber vom britischen Reiche im ganzen mehr einführt, als es dahin ausführt. Insbesondere ist der Handel mit Deutsch-

Berichtigung S. 259.

	Einfuhr nach dem britischen Reich	Ausfuhr von dem britischen Reich
	In 1000 £	
von Deutschland	43 473	nach D. 46 325
den Vereinigten Staaten	166 881	nach V.S. 73 907

land für das britische Reich vom Standpunkt der Handelsbilanz aus betrachtet günstiger, als der Handel mit den Vereinigten Staaten. Ich berechne folgenden Vergleich aus der englischen Statistik für das Jahr 1902, das letzte, für welches die betreffenden Ziffern mir zugänglich sind.

	Einfuhr von dem britischen Reich	Ausfuhr nach dem britischen Reich
	In 1000 £	
aus Deutschland	46 325	von D. 43 473
„ Vereinigte Staaten . .	166 881	„ V.S. 73 907

In der Tat entlehnen die Freihändler ihre besten Argumente der Struktur der britischen Volkswirtschaft, eines exportierenden Industriestaates. Auch heute noch steht die weit überwiegende Mehrzahl der britischen Industriellen auf dem von Cobden und John Bright festgelegten Boden. Sie fürchten, daſs die Finanzreform die Produktionskosten der Industrie verteuern und die Schutzzöllnerei der Welt weiter steigern würde. Sie miſstrauen der Entwicklungsfähigkeit der kolonialen Märkte angesichts der protektionistischen Strömungen in den angelsächsischen Neuländern.

Für weitsichtige Industrielle erhebt sich noch eine fernere Befürchtung. Nach grundsätzlicher Anerkennung der Gewerkvereine befinden sich viele englische Industrien zur Zeit in einem Zustande eines sog. „sozialen Friedens". Lohnfestsetzungen erfolgen vielfach auf dem Wege der Verhandlung zwischen den Vereinen der Arbeiter und Arbeitgeber, oft für längere Perioden. Nahrungsmittelzölle würden sofort zu Lohnforderungen der Arbeiter führen, denen die Industriellen nicht ohne weiteres nachgeben könnten. Es erhebt sich damit bei der starken Organisation der englischen Arbeiter die Gefahr wilder und kostspieliger Kämpfe auf dem Arbeitsmarkte.

Freilich ist nicht zu verkennen, daſs demgegenüber auch die Ausführungen der Finanzreformer ihren Eindruck auf die englische Geschäftswelt nicht gänzlich verfehlt haben. Hinter den alten Freihandelsvorstellungen stand in vielen Fällen stützend der Glaube an die Monopolstellung Englands, des auserwählten Industriestaates. Dieser Glaube ist in die Brüche gegangen. Der Freihandel wird nicht mehr wie ehedem durch versteckte Weltherrschaftsinstinkte getragen.

2. Das Gegenargument.

Angesichts der soeben mitgeteilten Tatsachen müssen die Vertreter der Finanzreform, soweit sie ernsthaft argumentieren, anerkennen, daſs Groſsbritannien auf dem Boden des Freihandels im letzten Halbjahrhundert sich als der erste Industriestaat der Welt behauptet hat. Sie können nicht leugnen, daſs neuerdings die britische Ausfuhr sogar einen nicht unbeträchtlichen Aufschwung genommen hat, wenn sie auch hierfür in gewissen auſsergewöhnlichen Ursachen, vor allem in der Teuerung der Rohstoffe Baumwolle und Wolle, den vorübergehenden Grund erblicken.

Ihr Hauptargument aber ist folgendes. Während England auf dem Weltmarkt seine früher eroberte Stellung behauptet, nähern sich ihm die Mitbewerber mit Riesenschritten. Englands relative Stellung im Welthandel ist zurückgegangen. Zum Beleg dieser Behauptung weisen die Finanzreformer auf den gewaltigen Aufschwung der industriellen Ausfuhr Deutschlands und der Vereinigten Staaten, auf die beachtenswerten Fortschritte des belgischen, schweizerischen, französischen und österreichischen Auſsenhandels.

Vergleich des Exports der vier wirtschaftlichen Groſsmächte in Millionen £.

	Im Durchschnitt der Jahre					Zunahme in %
	1880–84	1885–89	1890–94	1895–99	1900–04	
Groſsbritannien . .	234,3	226,2	234,4	239,6	289,2	23
Deutschland . . .	155,4	153,5	155,1	184,4	239,6	54
Frankreich	138,3	132,3	136,8	144,3	168,8	22
Vereinigte Staaten	165,4	146,2	184,7	212,6	292,3	76

Bestätigt wird diese Tabelle durch folgenden Vergleich, der gerade die letzten Jahre ungewöhnlich hoher Ausfuhrgrößen betrifft[349]:

	Ausfuhr			Einfuhr		
	1900	1905	Zunahme in %	1900	1905	Zunahme in %
	Millionen ℒ			Millionen ℒ		
Vereinigtes Königreich	291,2	330,0	13	523,1	565,3	8
Deutschland	230,5	279,2	21	288,3	336,5	17
Frankreich	164,3	192,0	16	188,0	190,6	1
Vereinigte Staaten	285,6	316,4	11	173,0	232,8	34

In der Tat ist die monopolistische Stellung der englischen Ware auf den Märkten der europäischen Kulturwelt, bis auf gewisse Spezialitäten (feine Tuche, Textilmaschinen usw.), heute gebrochen. Dagegen übt England noch die volle Vorherrschaft auf dem Boden des britischen Kolonialreichs. Auf dem erstgenannten Gebiete hat Deutschland dank seiner geographischen Lage England sogar weit überflügelt, wogegen es in den überseeischen Ländern britischer Flagge noch eine verschwindende Rolle spielt.

Die Ausfuhr des Vereinigten Königreichs und Deutschlands 1902 in Millionen ℒ:

	Vereinigtes Königreich	Deutschland
A. Nach Europa	96,5	188,3
Nach den Vereinigten Staaten	23,8	22,5
B. Nach Südamerika (soweit nicht britisch)	22,4	10,7
Nach Asien „ „ „	19,0	7,1
Nach Afrika „ „ „	12,7	2,2
C. Nach Indien und Ceylon	34,0	3,5
Nach Australien und Neu-Seeland	25,0	2,3
Nach Südafrika	24,0	1,9
Nach Kanada und Neu-Fundland	11,0	1,9
Nach Westindien	3,0	0,1
A. Nach den außerbritischen Schutzzollgebieten	120,3	210,8
B. Nach den außereuropäischen Rohstoffgebieten, sog. „neutralen Märkten"	54,1	20,0
C. Nach den britischen Besitzungen	109,0	10,8

Auch auf dem Gebiet der aufsereuropäischen Rohstoffgebiete sind die Mitbewerber im Vordringen, wie folgende, deutschen Quellen entnommene Statistik belegt:

Ein- und Ausfuhr Südamerikas in Mill. Mark.

	1900	Zunahme oder Abnahme gegen 1890
Grofsbritannien	968,6	+ 185,0
Deutschland	678,0	+ 238,8
Frankreich	501,2	— 75,4
Vereinigte Staaten	524,0	+ 21

Um so bedeutungsvoller ist demgegenüber die gewaltige Zunahme der britischen Ausfuhr nach den Ländern britischer Flagge, welche den Stillstand auf anderen Gebieten mehr als ausgeglichen und die britische Ausfuhr fortschrittlich erhalten hat. Ich entnehme dem öfters zitierten Blaubuch Cd. 1761 folgende Ziffern:

Ausfuhr britischer Produkte (ausschl. Schiffe) in 1000 £.

	Nach den Schutzzollgebieten	Nach den neutralen Märkten	Nach den britischen Besitzungen	Insgesamt
1870	94 521	53 252	51 814	199 587
1880	97 743	50 063	75 254	223 060
1890	107 640	68 520	87 371	263 531
1900	115 147	73 910	93 547	282 604
1902	100 753	69 095	107 704	277 552

Von diesen statistisch feststehenden Tatsachen ausgehend, kommen nun die Finanzreformer zur folgenden, gewifs höchst gewagten Beweisführung. Wenn England relativ in der Welt zurückbleibe, so beruhe dies nicht auf natürlichen Vorzügen des Konkurrenten, nicht auf ihrer technischen und kommerziellen Überlegenheit, sondern vielmehr in erster Linie auf ihrem Zollsystem. Die alte Lehre, welche Freihandel und Exportinteresse gleichsetze, sei unvereinbar mit dem Aufschwunge des Aufsenhandels gerade der grofsen Schutzzolländer. Vielmehr beweise das Beispiel der Vereinigten Staaten und Deutschlands, dafs ein hochgespannter Schutzzoll den Ausfuhrinteressen durchaus förderlich sei. Gegenüber den grofsen Mitbewerbern sei Englands Volkswirtschaft altmodisch und darum schwächer organisiert: sie entbehre jener mächtigen Cadres, der Trusts und Kartelle, deren sich die Gegner zu Verteidigungs- wie Angriffszwecken bedienen. Mit „aggressivem Schutzzoll" lege das Ausland breite Breschen in die britische Schlachtordnung. Nicht der „individualistische Geist", der dem Engländer keineswegs angeboren sei, sondern nur der veraltete Freihandel verhindere die Entwicklung ähnlicher Organisationen in England. Besäfse England erst seinen Zolltarif, so würde man Wunder der Trusts und Kartelle auf englischem Boden erleben: dem grofsen Revolver werde England mit dem gröfseren Revolver begegnen.

Es ist nicht zu verkennen, dafs in diesen Gedankengängen das Beispiel und die Schriften der Amerikaner, vor allem Carnegie, ihren Eindruck auf das volkswirtschaftliche Denken Englands nicht verfehlt haben. Die Beseitigung der Konkurrenz und die Errichtung des Monopols ist nach dieser Auffassung die Aufgabe desjenigen Geschäftsmannes, der auf der Höhe seiner Zeit steht.

Man übersieht dabei die durchaus eigenartigen Verhältnisse der Vereinigten Staaten, insbesondere den Freihandel innerhalb ihres Riesengebietes. Ein kulturell einheitliches Volk, welches einen ganzen Kontinent sein eigen nennt, entwickelt eine kolossale und gleichartige Nachfrage nach industriellen Massenprodukten; typische Warengattungen werden in Grofsbetrieben und mit hoch spezialisierter Maschinerie hergestellt. Gelingt es auf solchem Markte, die äussere Konkurrenz durch Zölle, die innere durch Trusts auszuschalten, so sind die Bedingungen gegeben, den Umfang der Betriebe in das Riesenhafte zu steigern. Damit tritt das die Industrie beherrschende Gesetz des zunehmenden Ertrages in Kraft: je gröfser die Produktion, umso geringer die Produktionskosten pro Produkt. Carnegie behauptet, Eisen in seinen Werken billiger herzustellen, als dies sonst irgendwo in der Welt möglich sei[350]. Auf dieser Grundlage mag es in gewissen Fällen rentabel sein, Eisen an das Ausland selbst unter den Produktionskosten zu verkaufen, sei es, um in Zeiten des Geschäftsniederganges den Betriebsumfang aufrecht zu erhalten, sei es, um die Produktionsmenge durch Zuhilfenahme des Exports grundsätzlich zu steigern. Die hierdurch im Inlande erzielten Gewinne können unter Umständen gröfser sein, als etwaige am Ausland erlittene Verluste.

Durch diese Riesenbetriebe erringen die Vereinigten Staaten die industrielle Vorherrschaft der Welt. Eine amerikanische Lokomotivenfabrik, ruft Carnegie aus, macht mehr Lokomotiven, als irgendein europäisches Land, eine amerikanische Maschinenfabrik mehr landwirtschaftliche Maschinen, als ganz Grofsbritannien. Gigantisch dehnen sich die Glieder des Sohnes, welcher heute, bei Lebzeiten der Mutter, seinen Erbanspruch erhebt. Carnegie rät den Engländern, wirtschaftlich zu Gunsten Amerikas abzudanken.

Aber noch sind seine englischen Leser und Hörer nicht kleinmütig genug, um diesen Rat für unvermeidlich zu halten. Näher liegt ihnen der Gedanke, die Methoden der Vereinigten Staaten nachzuahmen, und als solche scheinen Schutzzoll und Trusts im Vordergrunde zu stehen[351]. Sie vergessen dabei, dafs die Trusts die Riemen aus der Haut des Farmers schneiden und den Rahm jener landwirtschaftlichen Rentenbildung abschöpfen, die auf zunächst rentenlosem Neulande ungeheure Werte schuf und das Gegenstück zu dem Niedergang der agraren Grundrenten Europas bildet. Hierzu kommen die persönlichen Eigenschaften des amerikanischen Farmers, der dem europäischen Landwirt ein überlegener Mitbewerber war.

Er hat vor ihm nicht nur die niederen Bodenpreise, sondern auch gröfsere Rührigkeit, Marktanpassung und Maschinenanwendung voraus. Er ist der Abkömmling der unternehmensten Männer des alten Europa. Dadurch steht das ganze Problem für Amerika auf anderer Basis: Der Turmbau der Trusts ruht auf der Jungfräulichkeit der Prärie und der Intelligenz des Farmers. Der Farmer war es, welcher die Zeche bezahlte — und der Farmer war zahlungsfähig. Es ergibt sich hieraus, wie verkehrt es ist, wenn die britischen Schutzzöllner sich auf das durchaus anders gelagerte amerikanische Beispiel berufen.

Die heute weit verbreitete Kenntnis der deutschen Nationalökonomie übt eine ähnliche Wirkung auf das volkswirtschaftliche Denken Englands, wie die Schriften und das Beispiel der Amerikaner.

Dereinst haben der alte Rau und seine Genossen die englischen Klassiker vortrefflich kommentiert, ohne in England viel Beachtung zu finden; heute hat sich dieses Verhältnis nahezu in sein Gegenteil verkehrt. Allenthalben begegnet man in den Schriften der britischen Finanzreformer den Spuren eines Roscher, Schmoller, A. Wagner und „dii minorum gentium". Insbesondere erscheint Ashley, der hervorragendste Wissenschaftler unter den Finanzreformern, von Adolf Wagner stark beeinflufst. Die offizielle deutsche Handelspolitik wird eifrig studiert. Brentano, Lotz und Dietzel werden einfach mit der Bemerkung abgetan, dafs sie in ihrer eignen Heimat einflufslos seien.

Aber diejenigen Engländer, welche an eine Änderung ihrer heimischen Wirtschaftspolitik denken, sollten vor allem die Tatsachen der heutigen deutschen Volkswirtschaft des näheren zu ergründen suchen. Es ist dies um so empfehlenswerter, als ein agrar- und industriezöllnerisches England der deutschen Analogie weit näher läge, als der amerikanischen. Im vorliegenden Zusammenhang ist es daher nicht ohne

Bedeutung, einen Blick auf dieses deutsche Beispiel zu werfen.

Das heutige deutsche Zollsystem entsprang bekanntlich jenem Bündnis, welches man euphemistisch das Bündnis zwischen Industrie und Landwirtschaft genannt hat; tatsächlich war es das Bündnis zwischen ostelbischem Rittergut und rheinisch-westfälischem Hochofen.

Diese letzteren, sog. „schweren" Industrien sind es, denen der Löwenanteil des deutschen Zollschutzes, wie der mit dem Schutzzoll parallel gehenden preussischen Eisenbahntarifpolitik zufällt. Bei ihnen setzte auf dieser Grundlage die Kartellierung zeitlich am frühesten ein und erreichte hier ihre höchste Vollendung.

Die Kartelle der Rohstoffe und Halbfabrikate aber verteuern die Produktion aller nachfolgenden Verarbeiter. So hat Direktor Mannstädt-Kalk vor der deutschen Kartellkommission recht charakteristisch ausgeführt: „Jedes Kartell hat als Folge, die Produktion zu regulieren, als Zweck, höhere Gewinne zu erzielen, als solches im freien Wettbewerb möglich wäre. Das Kohlensyndikat erhöhte nun zunächst seine Preise in mafsvoller Weise. Die verlangten Mehrpreise wälzte das Kokssyndikat mit entsprechend höherem Gewinnzuschlag auf das Roheisenkartell ab. Dieses übertrug sie mit weiterem Zuschlag auf das Halbzeugsyndikat, um von diesem mit noch erheblicherer Steigerung auf die reinen Walzwerke übertragen zu werden." Die erhöhten Inlandspreise sind es, welche, wie Liefmann mit Recht ausführt, unter Umständen gemeinschädlich wirken können [352].

Zur Verteidigung gegen die von der „schweren Industrie" ausgehende Belastung haben auch die sog. „leichten Industrien", welche Rohstoffe und Halbfabrikate weiter verarbeiten, zum Mittel der Kartellierung gegriffen und monopolistische Preispolitik auf dem Inlandsmarkte versucht. Sie begegnen jedoch in dieser Hinsicht vielfältigen Schwierigkeiten.

Je weiter man in der Produktionsreihe aufsteigt, umso vielgestaltiger werden die Produkte der Industrie. Der einzelne Betrieb stellt häufig die verschiedenartigsten Waren her. Daher werden hier die Betriebe durch die Kartellierung eines ihrer Artikel stets nur teilweise erfaßt. Je wertvoller ferner die hergestellten Waren, destomehr zwingt die Rücksicht auf die Kaufkraft der Konsumenten zur Mäßigung hinsichtlich der geforderten Preise. In anderen Fällen ist wegen der Möglichkeit von Surrogaten, wegen häufigen Wechsels der Geschmacksrichtung usw. Kartellierung überhaupt ausgeschlossen. Inländische Preissteigerungen durch monopolistische Verabredung sind also in vielen Fällen unmöglich. Dagegen erhalten die ausländischen Konkurrenten die von ihnen verarbeiteten Rohstoffe von deutschen Rohstoffkartellen häufig zu herabgesetzten Auslandspreisen. Die Weltmarktpreise dieser Rohstoffe würden ohne das deutsche Angebot vielleicht höher stehen. Die weiter verarbeitenden Industrien Deutschlands werden daher — trotz alles Zollschutzes, der auch ihnen zugebilligt ist — durch das Kartellsystem in doppelter Richtung belastet und befinden sich in einer umso schwierigeren Lage, als sie vielfach auf Export angewiesen sind und in manchen Fällen mehr als 50 % ihrer Produktion ausführen[353].

Um diese letztere Schwierigkeit einigermaßen zu mildern, erfand man die privaten Exportprämien, welche Kartell an Kartell zahlt. Zugestandnermaßen sind jedoch diese Exportprämien ein unzureichendes Mittel, um die Nachteile auszugleichen, welche den leichten Industrien aus der Kartellierung der schweren erwachsen. Es wird dies selbst von weitgehenden Kartellfreunden, wie Liefmann, zugegeben. Die mächtigen Rohstoffkartelle betrachten ihre Abnehmer vielfach als „Almosenempfänger". Die Exportprämien werden als ein zu erbittendes Geschenk gewährt, weder in allen Fällen, noch in der vollen Höhe, in welcher die Rohstoffe verteuert worden sind. An einzelne Unternehmer werden solche Exportprämien überhaupt nicht gewährt, sondern nur von Verband an Verband, während den leichten Industrien eine Kartellierung in vielen Fällen schwierig, in manchen Fällen unmöglich ist. Dies gilt z. B. schon von der Kleineisenindustrie, welche derartige Ausfuhrprämien nicht geniefst und durch das Kartellsystem lediglich belastet wird[354]. Auch die Engländer wissen sehr wohl, dafs deutsches „dumping" nur bei groben Artikeln vorkommt. Ein Zeuge der Chamberlain'schen Tarifkommission erklärt Schleuderkonkurrenz dort für ausgeschlossen, wo es sich um verarbeitetes Eisen im Werte von mehr als 5 $\mathcal{L}$ 10 sh die Tonne handelt[355].

Am schwersten belastet endlich sind diejenigen Industriezweige, in denen Kartellierung begrifflich ausgeschlossen ist. Kartell bedeutet generelle Preisregulierung, ist also auf jenen obersten Stufen der Produktion unmöglich, wo das einzelne Produkt ein Individuum ist. Solche Verhältnisse herrschen vielfach im Maschinenbau, im Schiffsbau[356], in breiten Teilen des Luxusgewerbes, der Konfektion usw. Ihr Gebiet wird zwar durch die fortschreitende „Standardisierung" auf der einen Seite verengt, dafür durch die Verfeinerung des Verbrauchs auf der andern Seite erweitert. Individuelle Bedürfnisse des Abnehmers, individuelle Fähigkeiten des Herstellers spielen hier eine grofse Rolle, daneben die fortwährenden Veränderungen der Technik und der Mode. Alle diese Industrien werden, soweit sie überhaupt in gröfserem Umfange exportieren, durch das Zoll- und Kartellsystem lediglich belastet. Soweit sie auf den innern Markt angewiesen sind, können sie nur in seltenen Fällen den Schutzzoll voll ausnutzen.

Ist der wunderbare Aufschwung der deutschen Volkswirtschaft, den wir in den letzten beiden Jahrzehnten erlebten, durch das Schutzzoll- und Kartellsystem gefördert oder verlangsamt worden? Sachkundige Beurteiler beantworten diese Frage in entgegengesetztem Sinne[357]. Erst unsere Nachfahren werden in historischem Rückblick zu einer endgültigen Antwort befähigt sein. Tatsächlich steht folgendes fest.

Auf der einen Seite haben Schutzzölle und Kartelle die grofskapitalistische Entwicklung auf dem Gebiete der Rohstoffe und Halbfabrikate mächtig gefördert; sie haben die Gesamtproduktion und damit das Exportbedürfnis gesteigert; sie haben den Weg zu einer neuen, verbandsmäfsigen Organisation des Wirtschaftslebens gebahnt, welcher weit über den Einzelunternehmer hinausführt. Auf der andern Seite aber haben sie nicht minder hemmend gewirkt.

Indem man durch Industriezölle die Kartellierung der schweren Industrien förderte und damit Getreidezölle verband, belastete man die deutsche Wissenschaftlichkeit, welche in den leichten Industrien ihre Triumphe feiert. Nicht auf Exportprämien beruht ihre wachsende Ausfuhr, sondern auf Anpassung an fremde Bedürfnisse, auf verbesserten, technischen und kommerziellen Methoden, auf dem Studium der Märkte, auf der Sprachkenntnis ihrer Reisenden usw. Hierdurch sind diese Industrien in manchen Fällen über den britischen Mitbewerber emporgewachsen, wie ein englisches Blaubuch feststellt[358]. Sie sind ihm alsdann überlegen **trotz** der Belastung, welche die Kartelle der schweren Industrien ihren Schultern aufbürden. Wie Graf Posadowsky im deutschen Reichstage erklärte[359], besitzt z. B. die deutsche Textilindustrie keine Kartelle. Obgleich Kohlen-, Eisen- und andere Kartelle ihre Produktionskosten verteuern, ist sie einer der exportkräftigsten Zweige der deutschen Industrie, auf welchen mehr als ein Fünftel unserer Gesamtausfuhr kommt. Ähnliches gilt von der elektrischen und der chemischen Industrie, dem Maschinenbau, der Herstellung wissenschaftlicher Apparate usw. Des weiteren belasten die deutschen Nahrungsmittelzölle die Masse der Industriearbeiter, deren Reallohn sie herabdrücken und deren Fortschritt zur Arbeitsintensität sie verlangsamen. Es vermindert damit die Vorteile, welche Deutschland aus der nunmehr seit Generationen wirksamen allgemeinen Schul- und Wehrpflicht erwachsen.

Obwohl also eine nähere Untersuchung der amerikanischen wie der deutschen Verhältnisse zu mancherlei Zweifeln Anlafs geben könnte, so steht doch die Tatsache fest: das Beispiel der Vereinigten Staaten und Deutschlands, sowie die von beiden Ländern ausgehenden literarischen Einflüsse wirken in England überwiegend zu Gunsten eines Umschwungs der altüberlieferten Wirtschaftspolitik. Die vielverzweigte Bewegung der Finanzreform gipfelt in dem Satze: England bedarf der Industriezölle nicht nur als unvermeidlicher Ergänzung der imperialistischen Nahrungsmittelzölle, es bedarf ihrer nicht nur als vorübergehender Mafsregel zu Vergeltungszwecken, England bedarf der **Industriezölle** vielmehr als **dauernder Einrichtung, um durch Kartelle oder Trusts seine Volkswirtschaft zeitgemäfs umzubauen und seine Exportkraft neu zu beleben.** Ist diese Hoffnung begründet?

Zunächst steht die Tatsache fest, dafs auch in England trotz des „individualistischen Geistes" monopolistische Bestrebungen reichlich vorhanden sind[360]. Kartellartige Produzentenverbindungen bestehen auf dem Gebiete der englischen Textilindustrie in grofser Zahl. Ich erinnere an die English Sewing Cotton Company, welche 1897 zunächst von 15 Firmen gegründet wurde und seitdem eine tatsächliche Monopolstellung erobert hat. Von besonderer Bedeutung ist die Vereinigung der Kalikodrucker, welche 85 % der englischen Produktion vertritt, die gröfste monopolistische „Kombination" Englands[361]. Die Spinnerei feiner Baumwollgarne, die durch das Klima Lancashires und altererbte Arbeitsgeschicklichkeit gegen ausländische Konkurrenz geschützt ist, wird durch die Fine Cotton Spinners and Doublers Association beherrscht. Ähnliche, wenn auch nicht gleich starke Vereinigungen bestehen in der Spitzen- und Wirkwarenindustrie von Nottingham, in der Färberei von Bradford und Lancashire u. a.

Weniger entwickelt sind derartige Organisationen in der Metallindustrie; immerhin ist auch in ihr durch periodische Preisverabredungen der Konkurrenz längst die Spitze abgebrochen, und aufserdem sind Fusionen, die Vorläufer monopolistischer Trusts, in ihr an der Tagesordnung. Auch England kombiniert in wachsendem Mafse Kohlenbergbau, Eisenverhüttung und Schiffsbau. So war „Berwick", ein Kreuzer I. Klasse, welcher Oktober 1902 vom Stapel gelassen wurde, das erste in Schottland gebaute Kriegsschiff, das in allen Teilen von einer Firma hergestellt worden war. Die Eisenstadt Birmingham hat die sog. „Allianzen" erfunden: Fabrikantenverband und Gewerkverein verabreden untereinander „ausschliefslichen Verbandsverkehr" und suchen darauf eine monopolistische Stellung zwecks Preisregulierung zu gründen[362]. Des weiteren erinnere ich an den berühmt gewordenen Plan des Sir George Elliot, den englischen Kohlenbergbau unter Zuhilfenahme der Gewerkvereine zu einem Riesenunternehmen zusammenzuschmelzen und an dem Gewinn Arbeiter wie Konsumenten zu beteiligen.

Auch auf dem Gebiete anderer Industrien finden sich mehr oder minder straffe Organisationen, welche sich meist in der Richtung der amerikanischen Trusts („monopolistischer Fusionen") bewegen und vielfach wie diese an Überkapitalisation leiden. Die Zementindustrie, die Seifenindustrie, mehrere Zweige der chemischen, der Papier- und der Porzellanindustrie stehen auf der Stufe weitgehender Fusionen und erstreben Monopolien durch kartellmäfsige Verabredung mit den übrigen Firmen des Unternehmerzweiges. In einzelnen Fällen ist die Vertrustung für die Amerikaner ein Mittel gewesen, wichtige Zweige der englischen Volkswirtschaft ihrer Leitung zu unterwerfen; ich erinnere an den Tabaktrust und den Schiffahrtstrust[363]. Auf dem Gebiete des Eisenbahnwesens ist die Konkurrenz durch periodische Verabredung der Frachten unter den Eisenbahngesellschaften ersetzt.

Wenn also auch „eine stetige Bewegung zur Fusion, in letzter Linie zum Monopol" (Macrosty) in der britischen Industrie vorliegt, so steckt diese Entwicklung im Vergleich mit den Vereinigten Staaten und Deutschland doch noch in den Kinderschuhen. Kein Zweifel: sie würde durch Schutzzoll aufserordentlich gefördert werden. Monopolistische Steigerungen der Inlandspreise würden nicht ausbleiben. Trotzdem glaube ich behaupten zu dürfen, dafs durch dieses Mittel eine Neubelebung des britischen Industriestaates, insbesondere seiner Exportkraft, nicht herbeizuführen wäre. Ich stütze diese Meinung auf folgende Gründe.

Wenn man nicht ohne Grund behaupten kann, dafs Deutschlands Interesse „auf dem siegreichen Vordringen seiner Fertigindustrien" beruhe[364], so gilt dieser Satz — trotz gegenteiliger Behauptungen[365] — in noch höherem Mafse von England. In dieser Richtung deutet insbesondere die Verschiebung, welche in den letzten Jahrzehnten sich innerhalb der englischen Ausfuhr vollzogen hat. Betrachten wir die Ziffernreihen, welche die Statistical Abstracts in dankenswerter Ausführlichkeit und Vergleichbarkeit seit den siebziger Jahren geben. Wir können danach solche Produktionszweige unterscheiden, in denen — abgesehen von Einzelschwankungen — die Ausfuhr eine stabile oder leise abnehmende Tendenz aufweist. Hierzu gehören — wenn man von der Inflation der Rohstoffpreise der letzten Jahre absieht — die drei grofsen Textilindustrien. Insbesondere zeigt die Ausfuhr an Baumwollgarn eine nicht unbeträchtliche Abnahme. Dagegen hat die Ausfuhr von Konfektionswaren beträchtlich zugenommen. Für Eisen und Stahl begegnen wir stationären Ausfuhrziffern. Auch Bleche, Draht, Röhren und Halbzeug spielen keine sehr wesentliche Rolle mehr in der Ausfuhr, eher dagegen Lokomotiven, Schienen und Eisenbahnbedarf, Messer und Kurzwaren. Eine hervorragende Steigerung erfuhr ferner die Ausfuhr von Maschinen, welche sich von Anfang der achtziger Jahre bis Anfang des neuen Jahrhunderts einschließlich der Ausfuhr von Fahrrädern, Nähmaschinen, telegraphischen Apparaten ungefähr verdoppelt hat. Einen wichtigen Posten in der Ausfuhr bilden neuerdings die Seeschiffe, welche im wesentlichen hoch verarbeitetes Eisen darstellen. Auch die Chemikalien zeigen eine kräftige Zunahme der Ausfuhr. Mit allem Vorbehalt vergleiche ich die Ziffern von 1881 und 1901; beides waren Jahre des wirtschaftlichen Aufschwungs und verhältnismäßig hoher Ausfuhrziffern.

Ausfuhr des Vereinigten Königreichs in Mill. ℒ:

	1881	1901
Gesamtausfuhr an Waren heimischer Produktion	234,0	276,0
A. Abnehmende oder stabile Ausfuhr:		
Baumwollgarn (rohes, gebleichtes, gefärbtes) . . .	13,2	8,0
Wollgewebe	18,1	14,2
Baumwollgewebe	65,9	65,7
Leinengewebe	5,8	5,0
Eisen und Stahl	27,6	25,3
B. Zunehmende Ausfuhr:		
Konfektion	3,7	5,6
Maschinen (einschl. Fahrräder, Nähmaschinen, telegraphische Apparate)	11,9	21,4
Chemikalien (einschl. Farben, Medikamente) . . .	4,9	7,1
Schiffe	—	9,2
Fische	1,6	3,0
Kohlen und Koks	8,8	29,4

Aus diesen Ziffern ergiebt sich eine Tatsache auf das deutlichste: Englands Ausfuhr verschiebt sich in der Richtung auf die Fertigindustrien: vom Eisen zu Maschinen und Schiffen, vom Baumwollgarn zum Baumwollgewebe, innerhalb der Garne von groben zu feinen Nummern, vom Wollgewebe zu fertiger Kleidung, vom Warenexport auf Schiffahrt und Seefracht. Die steigende Kohlenausfuhr macht hiervon, wie wir sehen werden, nur eine scheinbare Ausnahme. Selbstverständlich liegt Englands Zukunft auf der Verfolgung des eingeschlagenen Weges. Schon Josiah Tucker verweist darauf, daſs mit dem wirtschaftlichen Fortschritt eines Landes mehr und mehr solche Waren hergestellt würden, an deren Herstellungskosten Arbeit und Kapital einen wachsenden Anteil hätten, während der Rohstoff zurückträte[366]. Auf Grund der in Deutschland gemachten Erfahrungen aber ist mit Sicherheit zu behaupten, daſs gerade diese Fertigindustrien am wenigsten in der Lage sind, sich des Schutzzolls zu Ausfuhrzwecken zu bedienen. Maschinenbau und Schiffsbau, diese blühendsten englischen Industrien der Gegenwart, produzieren vielfach sogar individuelle Erzeugnisse. Wenn ich z. B. einen Teppichwebstuhl bei meinem Freunde, Herrn Hall in Bury, bestelle, so wünsche ich wahrscheinlicherweise einen Gegenstand, der genau in derselben Art bisher überhaupt noch nicht hergestellt ist; ich wünsche ein Erzeugnis dieses und keines anderen Fabrikanten. In solchen Fällen wären monopolistische Organisationen ganz undenkbar.

Hierzu kommt ein weiterer Umstand: in England überwiegt das **Interesse der Ausfuhr** vielfach das Interesse am inneren Markte. Trusts und Kartelle aber brauchen einen breiten Inlandsmarkt, auf welchem sie Preissteigerungen vornehmen. England ist hierfür zu klein; seine Bevölkerungszunahme ist zu gering. England kann sich in dieser Hinsicht weder mit den Vereinigten Staaten noch mit Deutschland vergleichen. Letztere Länder besitzen die breitesten Inlandsmärkte der Welt. Insbesondere ermangelt England der bäuerlichen Bevölkerung, welche dereinst nicht etwa durch den Freihandel, sondern **vor** der Freihandelsära durch künstlich gesteigerten Getreidebau, durch Getreideausfuhrprämien und Getreidezölle dezimiert wurde.

In dieser Hinsicht ist Deutschland in einer günstigeren Lage. Deutschland besitzt eine ländliche, vorwiegend bäuerliche Bevölkerung von etwa 18 Millionen, deren Lebenshaltung sich langsam, aber sicher hebt. Noch viel günstiger freilich ist die Lage der Vereinigten Staaten. Die amerikanische Volkswirtschaft wird von einer breiten Grundlage kaufkräftiger Farmer getragen. Demgegenüber dürfte die Landbevölkerung Grofsbritanniens die Zahl von 5 Millionen nicht übersteigen; in ihr überwiegt die Unterschicht der Tagelöhner.

Die wichtigsten englischen Industrien sind über die Aufnahmefähigkeit des heimischen Marktes weit hinausgewachsen. Ihnen könnte die Monopolisierung des inneren Marktes nur wenig nutzen[367]. So spielt z. B. für die englische Eisenindustrie der Export eine weit bedeutsamere Rolle, als etwa für die deutsche. Von dem in England erzeugten Roheisen wurden 1902 4,9 Millionen Tonnen verarbeitet oder unverarbeitet ausgeführt, dagegen nur 3,8 Millionen Tonnen im Inlande verbraucht[368]. In noch höherem Mafse gilt das gleiche von der wichtigsten Ausfuhrindustrie Englands, der Baumwollindustrie. Herr Macara, der Vorsitzende der Master-Cottonspinners-Association, schätzt das Ausfuhrinteresse der Baumwollindustrie auf 80% der Gesamtproduktion[369].

Das Überwiegen der Fertigindustrien und der Ausfuhrinteressen würde England verhindern, einen Industriezoll in ähnlicher Weise auszunutzen, wie dies von Deutschland und den Vereinigten Staaten geschieht. Jugendlichen Industriestaaten mag der Schutzzoll ein Mittel sein, erobernd in den Weltmarkt einzubrechen. Reifen Industriestaaten auf der Höhe ihrer Triumphe eignet Freihandel, dessen internationale Gesinnung in diesem Falle nationale Weltherrschaft bedeutet. Alternde Industriestaaten mögen zum Schutzzoll zurückgreifen, um das Erworbene gegen jüngere Mitbewerber zu verteidigen; aber aus den dürren Ziffern des Zolltarifs quillt ihnen kein Jungbrunnen.

Ein Zollsystem, welches sämtliche Zweige der Volkswirtschaft in gleicher Weise begünstigte, ist eben noch nicht erfunden. Zwar kann die Gesetzgebung einen lückenlosen Zolltarif aufstellen, aber derselbe kommt niemals zu lückenloser Wirkung. Der ganze Sinn des Schutzzollsystems besteht vielmehr in einer Verschiebung des Volkseinkommens, und es fragt sich nur, ob diese Verschiebung nationalpolitisch und sozialpolitisch erwünscht ist oder nicht. Die Beantwortung dieser Frage hängt von den konkreten Verhältnissen der betreffenden Volkswirtschaft ab. Beispielsweise belastet das Zollsystem Australiens aus sozialpolitischen Gründen die Minen- und Herdenbesitzer des Innern, das der Vereinigten Staaten zu industriepolitischen Zwecken den exportierenden Farmer. Die belasteten Klassen sind in beiden Fällen kräftige Existenzen auf kolonialem Neulande. Das wirtschaftspolitische System des Zarismus ruht auf den Schultern des Mujik, für welchen es keinen Schutzzoll gibt; waffenlos muſs er auf den Weltmarkt hinaus, wo er kräftigeren kolonialen Mitbewerbern begegnet; sein Rücken krümmt sich unter der ihm auferlegten Bürde. Ganz anders Frankreich: die Last des kombinierten Agrar- und Industriezolles ruht hier auf den Schultern einer breiten Klasse kleiner und mittlerer Rentner, zugleich auf der Luxus- und Fremdenindustrie der Hauptstadt; auſserdem wird der französische Agrarzoll durch die zollfreie Einfuhr aus Nordafrika stark gemildert. Deutschland dagegen besitzt weder die breiten Rentnerklassen noch die Getreide produzierenden Kolonien wie Frankreich; es besitzt keine exportierende Rohstoffproduktion wie Australien, Amerika und Ruſsland. Sein Agrarzoll kommt, bei wachsender Volkszahl und beschränktem Areal, in den Preisen voll zur Wirkung. Die ganze Last des deutschen Zollsystems ruht auf den weiter verarbeitenden Industrien, den Arbeitern, dem landwirtschaftlichen Kleinbetrieb, welchem mit verminderter Kaufkraft der Arbeiter der Absatz seiner qualifizierten Produkte erschwert wird.

Wieder anders England. England hält heute etwa die Mitte zwischen Deutschland, dem jugendlichen, in raschem Umschwung befindlichen Industriestaat und dem wenig beweglichen Rentnerstaate Frankreich, während die Analogie der schutzzöllnerischen Rohstoffgebiete überhaupt nicht anwendbar ist. Die Last eines englischen Zollsystems würde auf den ausführenden Industrien, dem Zwischenhandel und der sonstigen internationalen Vermittlertätigkeit, ruhen; sie würde auch die Arbeiter beschweren, falls und soweit es nicht gelänge, ihre Belastung der Rentnerklasse zu überwälzen. Hierüber unten.

3. Belege.

Ehe wir zur Betrachtung dieser Frage übergehen, wollen wir das überwiegende Freihandelsinteresse der britischen Industrie durch einige Belege verdeutlichen.

Besonders charakteristisch für die Entwicklung Englands vom Halbfabrikat zum hochverarbeiteten Fertigfabrikat sind die Verhältnisse der englischen Eisenindustrie[370].

Während die Gesamtproduktion an Eisen und Stahl noch langsam wächst, ist die Ausfuhr seit den achtziger Jahren im wesentlichen stationär geblieben und nach den ausländischen Märkten sogar zurückgegangen. Die höchste Ausfuhrziffer war die des Jahres 1882. Dagegen ist die Einfuhr Englands an Eisen und Stahl ganz außerordentlich gewachsen. Es ergibt dies folgende Tabelle, welche die Perioden des Aufschwungs zu Beginn der achtziger Jahre und zu Beginn des neuen Jahrhunderts vergleicht[371].

	1881	1882	1901	1902
	In 1000 Tonnen			
Ausfuhr:				
An Roheisen	1 482	1 758	839	1 103
An verarbeitetem Stahl u. Eisen	2 767	3 079	2 466	2 964
An Kurz- und Messerwaren	108	117	102	107
An Maschinen	415	497	678	705
Einfuhr:				
An Eisen und Stahl	—	—	906	1 130
An Kurz- und Messerwaren	—	—	39	45
Gesamtausfuhr	4 772	5 451	4 085	4 879
Gesamteinfuhr	358	389	1 143	1 402

England führt heute mehr Eisen und Stahl ein, als irgend ein anderes Land der Welt. Auch in der Natur der Einfuhr hat sich eine bemerkenswerte Veränderung vollzogen. Bis 1885 bestand die Einfuhr überwiegend aus hochklassigem schwedischen Eisen, welches dem britischen Produkt nicht eigentlich Konkurrenz machte. Neuerdings besteht die Einfuhr gerade aus solchen Produkten, welche — wie z. B. Draht, Träger, Schiffsbestandteile — England früher für sich und die Welt nahezu monopolistisch herstellte. Zu gleicher Zeit ist Großbritannien gegen Ausgang des 19. Jahrhunderts in der Gesamtproduktion wie in dem Verbrauch pro Kopf von den Vereinigten Staaten und Deutschland endgültig überflügelt worden. Hierfür folgende Tabelle[372].

Durchschnittliche Jahresproduktion in 1000 Tonnen.

	Großbritannien		Vereinigte Staaten		Deutschland	
	Eisen	Stahl	Eisen	Stahl	Eisen	Stahl
1876—80	6 600	1 020	2 200	810	2 140	510
1881—85	8 100	1 970	4 260	1 650	3 340	1 070
1886—90	7 760	3 270	7 080	3 290	4 130	1 790
1891—95	7 040	3 080	8 130	4 670	4 990	2 780
1896—1900	8 890	4 660	11 490	8 450	7 310	5 520
1901	7 930	4 900	15 880	13 470	7 740	6 290
1902	8 680	4 850	17 820	14 940	8 260	7 650
1903	8 810	5 030	18 000	?	9 860	8 700

Eisenverbrauch pro Kopf in lbs:

	Vereinigtes Königreich	Vereinigte Staaten	Deutschland
1876—80	64	37	25
1881—85	124	66	50
1886—90	189	117	80
1891—95	171	150	117
1896—1900	258	247	216
1901	258	371	236
1902	253	404	282

Die in diesen Tabellen zum Ausdruck kommenden Verschiebungen beruhen auf äufserst verwickelten Kausalzusammenhängen, bei deren Abwägung die subjektive Auffassung des Beurteilers sich stets geltend machen wird. Jedenfalls ist es verfehlt, allein oder in erster Linie auf das Zollsystem der konkurrierender Länder den Nachdruck zu legen, wie die britischen Protektionisten heute zu tun pflegen. Andere Ursachen haben zweifellos mitgewirkt, um die Vereinigten Staaten und Deutschland über Grofsbritannien in die Höhe zu heben.

In der Natur der Sache lag es begründet, dafs die Vereinigten Staaten an die Spitze der Eisen- und Stahlproduktion der Welt treten mufsten[373]. Sie besitzen ausgezeichnete und massenhafte Erze, insbesondere am Lake Superior, welche durch billige Wasserstrafsen mit Kohle und Arbeit in Verbindung gesetzt sind. Ihr innerer Markt umfafst einen ganzen Kontinent. Ihre Schienenlänge übertrifft die ganz Europas zusammengenommen. Die Verdichtung ihres bisher noch immer weitmaschigen Eisenbahnnetzes erheischt alljährlich einen gewaltigen Eisenverbrauch. Ferner: die Anziehungskraft des landwirtschaftlichen Westens führte zu weitgehender Verwendung arbeitsparender Maschinen im Osten. Der Mangel an menschlichen Händen trieb den westlichen Farmer in gleicher Richtung. Die Vereinigten Staaten sind daher das Land der Maschinen und des Maschinenbaues. Endlich spielt die Eisenkonstruktion zu Bauzwecken in den Vereinigten Staaten eine weit gröfsere Rolle als in Europa. Die Vereinigten Staaten sind ihrer Natur nach daher die gröfsten Eisenverbraucher der Welt.

Hierzu kommt ein weiteres: gerade in der Eisenindustrie feiert der maschinelle Grofsbetrieb der Gegenwart seine höchsten Triumphe. Die neuzeitige Entwicklung dieses Gewerbes beseitigt völlig die Handarbeit; der Arbeiter wird mehr und mehr Beaufsichtiger nahezu automatischer Maschinen. Es wiederholen sich hier die Erscheinungen, welche ich anderwärts an der Hand der Baumwollindustrie darlegte[374]: dasjenige Land siegt im Konkurrenzkampfe, welches die gröfsten, schnellsten und modernsten Maschinen besitzt; es ist in der Lage, die Kosten der Arbeit pro Produkt herabzusetzen unter Steigerung der Tagesverdienste der Arbeiter. Hieraus ergibt sich ohne weiteres, dafs Amerika — das Land der Maschinen — gerade in der Eisenindustrie die Palme erringen mufste.

Nach Jeans produziert das gleiche Anlagekapital in England an Stahl und Eisen kaum die Hälfte dessen, was es in den besseren Werken der Vereinigten Staaten hervorbringt. Dabei benötigt es in England eine sehr viel gröfsere Arbeiterzahl. Obgleich die Wochenverdienste der amerikanischen Arbeiter die höchsten der Welt sind, belaufen sich die Kosten der Arbeit für eine gegebene Menge Schienen etwa nur auf 65 % der englischen Arbeitskosten[375].

Diese Gründe allein genügen, um den Aufschwung der amerikanischen Eisenindustrie zur Genüge zu erklären. Zweifellos wirkte die zielbewufste Schutzzollpolitik mit[376]. Es ist H. Levi darin recht zu geben, dafs die Zölle eine übermäfsig schnelle Entwicklung bewirkt, dadurch die Konjunkturschwankungen unter Umständen verschärft und die Ausfuhr forciert haben. Bei einzelnen Industrien läfst sich die Bedeutung des Schutzzolls unmittelbar nachweisen. So erwuchs die Weifsblechindustrie unter der Wirkung des Mac Kinley-

Tarifs in wenigen Jahren zu ansehnlichem Umfang. Die Zölle haben vielleicht ihre Wirkung heute so sehr getan, dafs ein überwiegendes Freihandelsinteresse vorliegt und mit dem Aufkommen einer Freihandelsbewegung zu rechnen ist.

Ebensowenig ist der Aufschwung der deutschen Stahl- und Eisenindustrie allein oder nur in erster Linie auf Deutschlands Zoll- und Kartellsystem zurückzuführen. Natürliche und technische Gründe stehen wahrscheinlich in erster Linie, haben sicherlich stark mitgewirkt.

In den achtziger Jahren haben die deutschen Eisenzölle überhaupt noch kaum gewirkt. Die deutschen Eisenpreise standen damals eher niederer, als vor Einführung der Eisenzölle 1879. Das Entscheidende war vielmehr die in demselben Jahre zum Abschlufs gelangte Erfindung der Engländer Thomas und Gilchrist, welche die Eisenindustrie revolutionierte. Die phosphorhaltigen Eisenerze, welche bis dahin nahezu wertlos gewesen waren, gelangten damit zu hohem Ansehen und wurden die Grundlage einer neuen Methode der Eisenherstellung, auf welche sich bald der Schwerpunkt der Industrie verschob. Deutschland besitzt, insbesondere in Lothringen, unermessliche Schätze augezeichneten phosphorhaltigen Eisenerzes. Carnegie meint, dafs Deutschland an derartigen Eisenerzen nicht nur weit reicher als England, sondern sogar besser als die Vereinigten Staaten ausgestattet sei. England dagegen ist mehr und mehr auf die Erzzufuhr aus dem Auslande angewiesen und hat zugleich den Ausbau des neuen Verfahrens vernachlässigt[377].

Die phosphorhaltige „Thomasschlacke" wurde zudem ein wertvolles Nebenprodukt der deutschen Hüttenwerke. Ihre Verwendung als Düngemittel, auf welche Hoyermann in Hannover zuerst aufmerksam machte, geht in letzter Linie auf die Entdeckungen Liebigs zurück. Bei dem Überwiegen des sauren Prozesses entbehren die englischen Hüttenwerke dieser Nebeneinnahme; auch findet phosphorhaltige Schlacke seitens der englischen Landwirtschaft weniger Nachfrage. Weiter: mehr und mehr schwindet auch in England das unbegründete Vorurteil, welches, insbesondere für Bauzwecke, das englische Bessemerprodukt vor dem basischen Stahl Deutschlands bisher bevorzugte; hierdurch mufs sich die Stellung des deutschen Stahls auf britischem Markte weiter verbessern[378].

Erst seit Ende der achtziger Jahre beginnen mit der Kartellbildung die deutschen Eisenzölle ihre Wirkung zu äufsern. Sie treiben nunmehr die Entwicklung vorwärts. Insbesondere führen sie zur Verbindung von Erz- und Kohlengruben, Hochöfen, Walzwerken, Giefsereien und damit zur Bildung kombinierter Riesenunternehmungen, deren Vorteile produktionstechnischer, verkehrstechnischer und kommerzieller Natur sind. Auch ein schutzzöllnerisches England würde mit dieser Entwicklung nicht mehr Schritt halten können.

Nimmt man alle diese Umstände zusammen, so erscheint eine teilweise Eisenversorgung Englands durch Deutschland heute als eine natürliche Arbeitsteilung. Der ausgezeichnete englische Eisenindustrielle Hugh Bell sagt ausdrücklich: gegen eine solche Entwicklung sich zu sträuben, sei nichts anderes, als zu verlangen, dafs der Schuster sein eigenes Leder gerbe. Eine derartige Arbeitsteilung ist für England jedenfalls umso unbedenklicher, als England gewisse Spezialitäten festhält. Das aus englischen Erzen erblasene Giefsereiroheisen wird in England noch immer billiger, als irgendwo sonst, hergestellt. Nach wie vor besteht Englands Suprematie in der Weifsblechindustrie von Süd-Wales und Monmouthshire.

Wichtiger noch als dies: England hat mit Erfolg seinen Schwerpunkt von der Eisenindustrie auf diejenigen Gewerbe verschoben, welche die intensivste Weiterverarbeitung des Eisens darstellen: auf Maschinenbau und Schiffsbau, in denen der Besitz hochgelernter Arbeit zu Gunsten Englands besonders in die Wagschale fällt[379].

Gegenüber der Stagnation in den unteren Stufen der Eisenverarbeitung, ist es von hoher Bedeutung, daſs der englische Maschinenbau seine Ausfuhr seit Ende der siebziger Jahre mehr als verdoppelt hat.

Maschinenausfuhr des Vereinigten Königreichs in 1000 £:

1877	. . . 6 723	1897	. . . 15 181
1878	. . . 7 498	1898	. . . 17 306
1879	. . . 7 279	1899	. . . 18 372
1880	. . . 9 264	1900	. . . 19 620
		1904	. . . 21 080

In einzelnen Zweigen des Maschinenbaus, z. B. in der Herstellung von Maschinen der Textilindustrie, steht England noch heute an der Spitze der Welt. Im Jahre 1904 wurden z. B. für 5 Millionen £ Webereimaschinen ausgeführt, wovon für je 1 Million nach Deutschland und Britisch-Indien gingen[380].

Erst seit den achtziger Jahren des neunzehnten Jahrhunderts zu einer Zeit, da die älteren Stapelindustrien Englands bereits ihren Höhepunkt erreicht, ja teilweise überschritten hatten, trat der englische Schiffsbau in eine Periode wunderbaren Aufschwunges. 90 % der Weltdampferproduktion entfielen gegen Ausgang der achtziger und zu Beginn der neunziger Jahre auf englische Werften. Englands Dampferflotte wuchs damals um eine Viertelmillion Tonnen im jährlichen Durchschnitt. Daneben baute England alljährlich an 100 000 Dampfertonnen für das Ausland, welches auſserdem 50—70 000 Tonnen pro Jahr von älteren englischen Dampferbeständen kaufte.

Ausgang der neunziger Jahre hatten zwar Deutschland und die Vereinigten Staaten groſse Fortschritte im Schiffsbau aufzuweisen, aber die absoluten Ziffern ihrer Produktion kamen gegenüber England immer noch wenig in Betracht. „Von den 1 bis 1½ Millionen Brutto Reg.-Tonnen, um die sich die auſserenglische Hälfte der Welthandelsflotte alljährlich vermehrt, stammt, wenn man den Ersatz der verlorenen und abgewrackten Schiffe nicht berücksichtigt, die Hälfte oder mehr noch immer von englischen Werften[381]." So hat z. B. Norwegen mit seiner bedeutenden Handelsflotte keine Werft von irgendwelcher Bedeutung. Folgende Tabellen geben ein Bild vom Wachstum dieses jüngsten Zweiges am Baume des englischen Industriestaates.

	Nettotonnage der im Vereinigten Königreich erbauten Schiffe		Nettotonnage der vom Vereinigten Königreich an das Ausland verkauften Schiffe, vermindert um die vom Ausland gekauften
	Für Briten	Für Ausländer	
1877	433 650	17 269	58 945
1878	428 245	42 474	55 584
1879	356 835	49 156	48 156
1880	403 841	69 055	63 914
1897	482 267	162 430	246 003
1898	695 997	174 611	375 662
1899	749 414	199 596	369 762
1900	736 906	207 361	370 818

Schiffsbauten in jüngster Zeit (Segler über 100 Tonnen netto, Dampfer über 100 Tonnen brutto):

	1894	1895	1899	1900
Grofsbritannien . . .	952 146	956 307	1 363 012	1 459 407
Vereinigte Staaten . . (inkl. Seenwerften)	55 159	97 339	207 345	297 931
Deutschland	123 676	80 430	227 898	211 850
Frankreich	17 257	22 757	69 933	101 318
Italien	4 552	2 494	33 542	54 382

Zu Beginn des Jahres 1906 waren an Dampfern in Bau auf britischen Werften für ausländische Handelsmarinen:

	Dampfer	Tonnen
Für Deutschland	8	55 370
Für Norwegen	8	29 137
Für Holland	5	24 140
Für Schweden	9	21 360
Für Dänemark	10	17 507
Für britische Kolonien	9	13 830
Für Österreich-Ungarn	3	11 087
Für Italien	1	4 500
Für Frankreich	3	840
Für Vereinigte Staaten	1	300

Gerade auf diesem Gebiete also steht wieder die deutschnordische Welt als Abnehmer englischer Erzeugnisse allen andern Ländern weit voran.

Der Aufschwung des englischen Schiffsbaus ging Hand in Hand mit dem Übergang vom Segelschiff zum Dampfschiff, vom Holzschiff zum Eisen- und Stahlschiff. Das moderne Eisen- und Stahlschiff repräsentiert eines der höchstverarbeiteten Produkte des menschlichen Gewerbfleifses: im Vergleich zu dem bei seiner Herstellung aufgewandten Quantum von Arbeit und Kapital treten die Kosten des Rohstoffes völlig in den Hintergrund.

Während noch im achtzehnten Jahrhundert Frankreich die hohe Schule der Schiffsbaukunst war und heute noch im Segelschiffsbau voransteht[382], spiegelt sich in der Statistik des Eisenschiffbaus der Besitz der Seeherrschaft, welche England heute ausübt.

Englands Stärke beruht zunächst auf langjähriger Arbeitserfahrung. England besitzt einen alt eingesessenen Arbeiterstamm, welcher in mächtigen und dabei nüchtern geschäftsmäfsigen Gewerkvereinen organisiert ist. Bestimmungen über Lehrlingszahl und Lehrzeit, welche den Zuzug jugendlicher Arbeiter zum Gewerbe abdämmen, gewährleisten die Heranbildung von ausgezeichneten Arbeitspezialisten[383].

Sodann befindet sich England im Besitze der Massenproduktion, welche ihm unter andern ermöglicht, Neuerungen im Maschinenwesen früher als anderwärts auszuprobieren. Ich erinnere an die Compoundmaschine, welche zu Beginn der siebziger Jahre den Engländern einen Vorsprung gab, sowie an die Turbineneinrichtung, welche in neuester Zeit zuerst von England in gröfserem Masstabe in die Praxis überführt wurde. Insbesondere ist England allen andern Ländern in der Massenproduktion mittlerer Frachtdampfer weit überlegen. Newcastle ist der Mittelpunkt des Dampfschiffbaues der Welt. Von 1870—1890 hat sich die Bevölkerung der Tynemündung um 60%, die Menge der jährlich dort vom Stapel gelassenen Tonnen um nahezu 100% vermehrt. Die internationale Arbeitsteilung deutet sich hier in der Richtung an, dafs Deutschland Schiffsbaumaterialien, insbesondere als Stahlgufsform und Schiffswellen nach Grofsbritanien ausführt und dafür Schiffe von dort in erheblichem Umfange kauft [384].

In engem Zusammenhang mit dem Schiffsbau steht der Aufschwung der englischen **Handelsschiffahrt**, deren Bedeutung für die britische Zahlungsbilanz wir oben berührten.

Während der britische Industriestaat von dem amerikanischen vielleicht schon überholt, von dem deutschen nahezu eingeholt worden ist, so ist Grofsbritanien gerade erst neuerdings — seit Aufhebung der Navigationsakte, seit dem amerikanischen Secessionskriege, seit Eröffnung des Suezkanals, seit Erfindung der Compoundmaschine, seit endgiltiger Niederlage des Seglers — **das Schiffahrtsland der Welt, der internationale Frachtführer**. Dafs es sich um eine erst neuerdings befestigte Vorherrschaft handelt, zeigt u. a. folgender Vergleich des Verkehrs in den Häfen desjenigen Landes, das neben Grofsbritanien den gröfsten Seeverkehr aufweifst, den Vereinigten Staaten [385].

	Gesamtseeverkehr der Ver. Staaten Reg.-Tonnen	Unter amerikanischer Flagge		Unter britischer Flagge	
		Reg.-Tonnen	%	Reg.-Tonnen	%
1860	17 065 125	12 087 209	70,8	4 067 632	23,8
1904	59 267 985	13 335 300	22,5	30 382 012	51,3

Der Tonnengehalt der britischen Handelsflotte ist gröfser als der aller übrigen Nationen zusammengenommen und der Aufschwung gerade in den letzten 15 Jahren kolossal.

Tonnengehalt der Handelsflotte in Br.-Reg.-Tonnen nach Lloyds.

	1870	1890	1905
Britisches Reich	7 149 134	9 688 088	17 009 720
Deutschland	982 355	1 433 413	3 564 798
Norwegen	1 022 515	1 705 699	1 776 218
Frankreich	1 072 048	944 013	1 728 038
Italien	1 012 164	820 716	1 189 066
Vereinigte Staaten im Überseeverkehr (ausschliefslich der grofsen Seen)	1 516 800	946 695	2 649 411

In nahezu allen nicht britischen Häfen überwiegt die britische Flagge jede andere fremde Flagge; in vielen Fällen überwiegt sie sogar die einheimische Flagge; in einigen Fällen überwiegt sie alle andern Flaggen, fremde wie einheimische zusammengenommen. Letzteres ist der Fall in Portugal, den Vereinigten Staaten, Uruguay, Australien, Britisch-Indien, Kanada und Kapland (1903). In den meisten überseeischen Häfen ist die britische Schiffahrt auch in den letzten Jahren noch in absoluter Ausdehnung begriffen, in einigen Länder drängt sie sogar noch relativ alle andern Länder zurück. So stieg von 1898 bis 1903 der prozentuale Anteil der britischen Flagge in Deutschland, Ungarn, Griechenland, Italien, Brasilien, Uruguay und Kapland. Die deutsche Flagge überwog 1903 die englische lediglich in den Häfen Schwedens, Finnlands und Dänemarks. Wenn der Morgantrust sich neuerdings fast alle englischen Reedereien von Bedeutung im nordatlantischen Verkehr, aufser der von der Regierung stark unterstützten Cunardlinie, unterwarf (nicht der britischen Flagge entzog), so waren doch die Ankaufspreise für Schiffe und Reedereien so hoch, dafs die aus der Ersparnis in der Verwaltung erzielten Gewinne überwiegend der britischen Volkswirtschaft zu Gute kommen. Nachdem der Leiter der White Star-Line Mr. Ismay in die Direktion berufen ist, kann man den Trust als ein amerikanisch-britisches Unternehmen ansprechen.

In diesem Zusammenhang ist auch der wachsenden Kohlenausfuhr zu gedenken. Viel angefeindet, ist die Kohlenausfuhr nichts als die notwendige Begleiterscheinung der Fortschritte der englischen Handelsschiffahrt.

	Kohlenproduktion	Kohlenexport	Wert der Gesamtausfuhr in Mill. £	Wert der Kohlenausfuhr	
	In Millionen Tonnen			Absolut in Mill. £	In % des Gesamtexports
1850	56,0	3,8	71,4	1,4	2,0
1860	80,0	8,4	135,8	3,7	2,7
1870	110,0	14,1	199,6	6,7	3,1
1880	147,0	23,9	223,0	10,8	4,8
1890	181,6	38,7	263,5	23,9	9,0
1900	225,2	58,4	291,2	48,3	16,6

Kohle ist der frachtzahlende Ballast der ausgehenden Schiffe. Dieser Ballast wird umso wichtiger, je mehr das Gewicht der sonstigen Ausfuhrware — hochverarbeiteter Industrieprodukte — zusammenschrumpft. 1900 belief sich das Gesamtgewicht der britischen Ausfuhr auf 55½ Millionen Tonnen, wogegen die Ausfuhr ohne Kohle das Gewicht von 7,7 Millionen Tonnen nicht ganz erreichte. Allein am Kohlentransport verdiente die englische Schiffahrt im Jahre 1900 an 20 Millionen £. Dieser Betrag müfste ohne die Kohlenausfuhr den Einfuhrfrachten zugeschlagen werden. Wenn die

Schiffe, welche Getreide, Baumwolle, Wolle, Holz, Erze u.s.w. hereinbringen, leer auszufahren hätten, so würden Nahrungsmittel und Rohstoffe in England verteuert und die industrielle Produktion des Landes belastet werden. Der Kohlenexport ist also ein unentbehrlicher Baustein in dem Gewölbe der englischen Handels- und Industriesuprematie.

Dabei erscheint es unpraktisch, sich über die künftige Erschöpfung der Kohlenvorräte schon heute Gedanken zu machen. Umschließt doch die künftige Entwicklung des technischen Gedankens unbegrenzte Möglichkeiten. Die königliche Kommission, welche im Jahre 1901 mit Untersuchung dieser Frage betraut wurde und 1905 berichtete, schätzt unter Zugrundelegung der heutigen Produktion die Dauer der englischen Kohlenvorräte auf 435 Jahre. Längst ehe der Abbau der Kohlenbergwerke vollendet ist, kann die Kohle aus ihren wichtigsten heutigen Verwendungsarten verdrängt sein. Man denke an die wirtschaftliche Umwälzung, welche die Umwandlung der Wasserkraft, zunächst der Ströme, später vielleicht der des Meeres, in elektrische Kraft mit sich bringen wird[386]. Der Mensch wird dadurch unabhängig von den immerhin nur beschränkt vorhandenen Aufspeicherungen der Sonnenwärme durch die Pflanzenwelt der Vorzeit, indem er die alljährlich neu herabstrahlende Sonnenwärme verwertet. Um etwas ähnliches handelt es sich bei der Spiritusgewinnung, welche die von der Kartoffel aufgefangene Sonnenwärme zu späterer Umsetzung in mechanische Kraft oder Licht aufspeichert.

In engem Zusammenhang mit der Schiffahrt steht ferner auch der Aufschwung der Fischerei und der Fischausfuhr, insbesondere seitdem kapitalistische Fischereigesellschaften den Fischfang mittelst Dampfern betreiben und die Ausladung, Konservierung und Weiterbeförderung der Fische im großen organisiert haben.

Es liegt weit über den Rahmen dieser Arbeit hinaus,

die hier berührten Gebiete des weiteren zu beschreiben. Eines steht fest: diese blühendsten Zweige der englischen Volkswirtschaft hätten vom Übergang zu einem kombinierten Agrar- und Industriezoll wenig zu hoffen, vieles zu fürchten. Zwar könnte man der Eisenindustrie den heimischen Markt sichern; man könnte ihr den Übergang zu monopolistischen Organisationen nach dem Beispiele der deutschen Kartelle und amerikanischen Trusts erleichtern; man könnte ihr vielleicht damit ermöglichen, „dumping" mit „dumping" zu vergelten. Aber weder der Maschinenbau, noch der Schiffsbau, weder die Handelsschiffahrt noch der Kohlenbergbau und der Fischfang könnten sich des aggressiven Schutzzolles bedienen. Kartellbildungen in den Rohstoffindustrien und Nahrungsmittelzölle würden sie lediglich belasten. Die Verteuerung seiner Baumaterialien würde den Schiffsbau auf den verhängnisvollen Weg der Subsidien, die Schiffahrt zu Navigationsakten drängen.

In ganz besonderem Maſse aber besteht ein Freihandelsinteresse bei demjenigen Gewerbe, an welchem im 19. Jahrhundert der englische Industriestaat in die Höhe stieg, und welches noch heute in gewissem Sinne sein Rückgrat bildet; ich meine die Baumwollindustrie Lancashires[387]. Noch heute ist Manchester die Hochburg des Freihandels. Es lassen sich hierfür folgende Gründe anführen:

Die Weltherrschaftsstimmung, welche im alten englischen Freihandel lebte, ist auch heute in Manchester nicht ausgestorben. Sie fand ihren Ausdruck in der durchaus ablehnenden Stellung der Handelskammer von Manchester sowie der leitenden Tageszeitung, des „Manchester Guardian", gegenüber den Vorschlägen der Finanzreformer. Manchester erklärt nach wie vor, in den breiten Stapelartikeln der Baumwollindustrie billiger zu produzieren, als alle Mitbewerber.

In erster Linie sind die Anlagekosten in Lancashire niederer als in den konkurrierenden Ländern. Baumaterialien aller Art werden durch Freihandel und Seenähe verbilligt

(Holz, Eisen, Ziegel usw.). Lancashire ist der Sitz einer alteingesessenen und hochspezialisierten Maschinenindustrie, welche Spinnmaschinen und Webstühle nach aller Welt exportiert, aber an die heimische Industrie die jeweils neuesten Maschinen zu den billigsten Preisen ohne Transport- und Zollspesen liefert. Die Baumwollindustrie Lancashires ist hoch spezialisiert: die verschiedenen Arten der Spinnerei und Weberei sind geographisch an besonderen Orten konzentriert. Die sachverständigen Vertreter von Lancashire betrachten diese Spezialisierung als einen überwiegenden Vorteil, obgleich sie auf der andern Seite erklären, dafs die auf dem Festland vorherrschende Kombinierung von Spinnerei und Weberei in manchen Fällen die Produktionskosten der fertigen Ware günstig beeinflusse.

Lancashire besitzt noch heute die geschicktere und trotz hoher Tagesverdienste billigere Arbeit. Die Lohnerhöhungen der letzten Jahrzehnte sind von vermehrter Produktivität der Arbeit begleitet, ja in vielen Fällen überholt worden. In dieser Hinsicht wirkt der Freihandel, welcher die Kaufkraft der Löhne erhöht, zweifellos günstig auf die Konkurrenzfähigkeit Lancashires. Von gröfster Bedeutung ist auch der Zustand des „sozialen Friedens", in welchen die Industrie nach Jahrzehnten erbitterter Arbeitskämpfe eingetreten ist: wohlgefestigte Vereine von Arbeitern und Arbeitgebern setzen in periodischen Beratungen die Arbeitsbedingungen an der Hand zum Teil höchst komplizierter Lohnlisten fest. Man marktet um so und soviel Prozent Lohnerhöhung oder Lohnherabsetzung im Vergleich zur Lohnliste. Streitigkeiten über die Anwendung dieser generellen Festsetzungen werden im einzelnen Fall durch die Schriftführer der beiderseitigen Vereinigungen meist friedlich und kurzerhand, im Notfall durch Schiedsgericht erledigt[888]. Die Baumwollarbeiter von Lancashire gehören zu den höchststehenden Arbeitern der Welt. Während in den Vereinigten Staaten die Löhne teilweise eine absteigende Tendenz haben und in den industriell heute emporkommenden Südstaaten durchaus proletarische Arbeiterverhältnisse herrschen, hat sich die Lage der Arbeiter von Lancashire ununterbrochen, wenn auch langsam, bis in die neueste Zeit gehoben. Von den „going-off clubs" der Arbeiter (Sparkassen für Ferienreisen) wurden im Jahre 1905 allein in der Stadt Oldham 150 000 £, d. h. 3 Millionen Mark gelegentlich der einwöchentlichen Fabrikferien ausgezahlt. Man konnte in diesen Tagen die „Baumwollhände" Lancashires in Irland Salmen fischen, auf den Pariser Boulevards flanieren, den Rigi mit der Zahnradbahn ersteigen sehen[889]. Die Steigerung der Arbeitsintensität führte zur Vergröfserung und Beschleunigung der Maschinen. 1875 hatte der durchschnittliche „Selfactor" 72 Dutzend Spindeln, Ausgang der neunziger Jahre 88[390].

In der Richtung der Herabdrückung der Produktionskosten wirken ferner die Verbilligung des Kapitals wie die Beschneidung des Unternehmerlohnes. Obligationskapital ist zu 3% erhältlich; auch die Dividenden der grossen Aktienunternehmungen, welche in der Spinnerei seit den achtziger Jahren vorherrschen, repräsentieren durchschnittlich geringe Verzinsungen des angelegten Kapitals, was Neugründungen zugute kommt[391]. Die Direktorengehälter sind in dem Mafse herabgegangen, als mit verbesserter technischer Bildung Intelligenzen aus den breiteren Schichten zu leitenden Stellungen sich anboten.

Auch hinsichtlich der Vorzüge der Handelsorganisation stimmen die Sachverständigen überein. Durch Vereinigung zur Cotton Buying Company sparen nach S. Andrew, dem langjährigen Vertreter der Oldhamer Arbeitgeber, die Spinnereien an Maklergebühr Beträge von der Höhe der Direktoren- und Beamtengehälter. Anders beim Absatz der fertigen Produkte. Hier herrscht hochgesteigerte Arbeitsteilung: der Absatz befindet sich in der Hand von Grofskaufleuten, welche ihre Agenten und Reisenden in aller Welt haben und den

Fabrikanten hinsichtlich der Geschmacksrichtung der Märkte Direktiven geben. Mit Stolz erklärte die Handelskammer von Manchester durch den Mund ihres Vorsitzenden vor einer königlichen Kommision 1898 irgendwelche staatlichen Mafsnahmen zur Förderung des Exportes für unnötig, ja für schädlich[392]. Staatliche Exportmuseen würden, so fürchtete sie, hinter den Privatlagern nachhinken; in letzteren stelle der Grofshandel von Manchester eine ungeheure Mannigfaltigkeit von Textilprodukten den Fabrikanten zur Einsicht. Ein staatlicher Nachrichtendienst könne nicht entfernt das leisten, was sachverständige Spezialisten, welche Manchester in allen Teilen der Welt unterhalte, in täglichen Berichten an praktischer Information zusammentrügen. Weit über seine eigene Sphäre habe Manchester hinausgegriffen: es besorge z. B. auch die Ausfuhr von Kleineisen und Kurzwaren aller Art aus den mittleren Grafschaften. In der Tat ist Manchester, nachdem es durch eigene Kraft den Grofsschiffahrtsweg angelegt hat und damit Seehafen geworden ist, zum Emporium ersten Ranges emporgestiegen, welches der Londoner City als Mittelpunkt des Warenhandels den Rang streitig macht. Ein stolzes „Laissez faire" klingt auch heute noch durch alle Äufserungen dieser Könige des Gewerbes und Handels.

In letzter Linie besteht Manchesters Stärke darin, dafs es trotz des Freihandels, in geeigneten Fällen die Konkurrenz sehr wohl durch Verabredung zu ersetzen verstanden hat. Das markanteste Beispiel hierfür ist der Nähfadentrust, welcher auf dem tatsächlichen, zum Teil klimatisch begründeten Monopol Englands für feine Baumwollgarne beruht. Dieser Trust (Paisley combine) ist eine internationale, von Engländern geleitete Organisation, welche die Preise ihrer Produkte monopolistisch festsetzt, im Auslande, wo es der Schutzzoll erfordert, Fabriken errichtet und dementsprechend Gewinne erzielt, die weit über dem Niveau der sonstigen Dividenden Lancashires liegen. „Die Stellung unserer Industrie ist so befestigt, dafs sie uneinnehmbar ist", sagt einer der von der Tariff Commission hierüber vernommenen Zeugen. Auf Grundlage solcher internationalen Machtstellung kann dieser Trust eine freihändlerische Stellung für England festhalten. Auch in der Baumwolldruckerei und Färberei bestehen Kartelle, insbesondere auf Grund von Wasserrechten, welche das Aufkommen von Konkurrenz erschweren und des Schutzzolls als Stütze nicht bedürfen.

Die Überlegenheit der Baumwollindustrie von Lancashire zeigt ein Vergleich mit den konkurrierenden Industrien der Welt. England hat noch immer beinahe ebensoviel Baumwollspindeln, wie die übrige Welt zusammengenommen. In dem Jahre 1904 und der ersten Hälfte 1905 wurden dem Spindelbestande Grofsbritanniens 4 775 000 Baumwollspindeln hinzugefügt, das ist mehr als die Hälfte des gesamten Spindelbestandes Deutschlands[893]. Die Weltstellung der Industrie Lancashires zeigt sich auf das deutlichste, wenn wir die in ihr beschäftigten Arbeiter mit der Arbeiterzahl der konkurrierenden Länder vergleichen, wobei zu berücksichtigen ist, dafs die englische „Baumwollhand" produktiver ist, als die aller konkurrierenden Länder, etwa mit Ausnahme von Massachusets[894].

	Arbeiterzahl
Baumwollindustrie Grofsbritanniens	606 200 (1901)
- der Vereinigten Staaten	331 473 (1900)
- Deutschlands	254 546 (1895)
- Rufslands	316 062 (1897)
- Frankreichs	186 900 (1896)
- Indiens	178 444 (1903)

Im Manchester Guardian vom 30. Dezember 1905 sind folgende bemerkenswerte Angaben über die Verteilung der Baumwollindustrie enthalten:

Land und Jahr	Spindelzahl	Webstühle	Verbrauch an Baumwollballen jährl.
Großbritannien, 1905	50 964 874	704 357	3 640 000
Ver. Staat., Nord., 1900	14 810 164	340 682	2 167 700
„ „ Süden, 1905	8 050 879	174 324	2 203 406
Rußland, 1904	6 554 577	154 677	1 177 000
Polen, 1905	1 268 547	?	325 000
Deutschland, 1905	8 832 016	211 818	1 761 369
Frankreich, 1903	6 150 000	106 000	840 000
Österreich, 1905	3 280 330	110 000	650 000
Schweiz, 1905	1 711 300	17 385	100 000
Italien, 1903	2 435 000	110 000	560 000
Spanien, 1896	2 614 500	68 289	330 000
Belgien, 1905	1 222 138	24 000	160 000
Indien, 1904	5 119 121	45 337	1 744 766
China, 1904	620 000	2 200	?
Japan, 1901	1 322 600	19 000	900 000
Canada, 1902	773 538	18 267	99 000
Mexiko, 1903	628 096	20 237	140 000

Durchaus irreführend ist es, wenn die Schutzzöllner sich darauf berufen, daß Großbritannien im Jahre 1889/90 40%, 1902/3 nur noch 26% des gesamten amerikanischen Gewächses einführte, überhaupt sein Anteil an der Baumwollerzeugung der Welt zurückgeht. Die Freihändler könnten hierauf mit Recht erwidern, daß England im Durchschnitt die feineren Garne spinne, d. h. mehr Arbeit und Kapital in das gleiche Quantum Rohstoff hineinsenke, was gerade seiner industriellen Vorherrschaft entspreche.

Die Überlegenheit Lancashires kommt zunächst darin zum Ausdruck, daß es auf heimischem Markte fremder Konkurrenz kaum begegnet. In dem Blaubuch C. 8983 erklärt der Präsident der Handelskammer von Manchester vielleicht etwas zu selbstbewußt: man habe Deutschland einige Kleinigkeiten überlassen, welche sich für Lancashire nicht gelohnt hätten — Spezialitäten, welche im Großen nicht herzustellen wären.

Was den Auslandsmarkt angeht, so reservieren die Länder europäischer Kultur durch zum Teil sehr hohe Zölle der eigenen Baumwollindustrie den heimischen Markt, weil man allenthalben gerade in der Baumwollindustrie eine erste und wichtige Stufe der industriestaatlichen Entwicklung erblickt. Insbesondere sind Rufsland und Frankreich der Stapelindustrie Lancashires nahezu verschlossen, während Deutschland immer noch als kaufkräftiger Abnehmer in Betracht kommt. Dagegen herrscht Lancashire fast unbestritten auf den neutralen, insbesondere den „farbigen" Märkten. Zum Teil ist allerdings diese Vorherrschaft durch den Aufschwung heimischer (indischer, japanischer) Industrien bedroht. Nur sehr langsam schiebt sich auf diesen Märkten die ausländische Konkurrenz vor, so Amerikaner in China und Japan, Deutsche und Österreicher in Indien, Italiener in der Levante. Ihr Mitbewerb ist in einigen Spezialitäten fühlbar, nicht in der eigentlichen Stapelware. Lancashire fürchtet, dafs die Eröffnung des Panamakanals und der Aufschwung der Baumwollindustrie in den Südstaaten der Union die Konkurrenzbedingungen Amerikas im fernen Osten verbessern werde. Schon heute geht mehr als die Hälfte der gesamten Ausfuhr amerikanischer Baumwollware nach China und dieser Handel gilt als fortschrittlich[395].

Die Überlegenheit Lancashires ist auch heute noch unerschüttert; aber sie befindet sich in einer Verteidigungsstellung. Folgende Ziffern, welche Professor Hewins der offiziellen Statistik entnimmt, machen den Eindruck eines fast stationären Zustandes dieser gröfsten und englischsten Industrie Englands. **Nettowerte der Baumwollfabrikate Grofsbritanniens, d. h. Bruttowerte, abzüglich des Wertes der Rohbaumwolle in Millionen $\mathcal{L}$:**

Durchschnitt der Jahre	Verbrauch des heimischen Marktes	Ausfuhr			Summe der Gesamtproduktion
		Gewebe, Wirkereien usw.	Garn	Summe	
1876—80	6,9	33,2	7,4	40,6	47,5
1881—85	8,0	35,1	8,3	43,4	51,4
1886—90	9,4	33,8	7,9	41,7	51,1
1891—95	9,5	32,9	7,4	40,3	49,8
1896—1900	10,8	34,2	7,4	41,6	52,4
1901—04	9,0	37,8	6,6	44,4	53,4
1904	7,7	39,5	6,8	46,3	53,9

Freilich hat demgegenüber gerade neuerdings die Zahl der Spindeln und Webstühle eine beträchtliche Vermehrung erfahren. Aber selbst den ungünstigsten Fall, den stationären Zustand, gesetzt, so wäre jedenfalls der Schutzzoll kein Mittel, die Expansivkraft der englischen Baumwollindustrie neu zu beleben. Es ergibt sich dies aus folgenden Gründen.

Zunächst steht, wie ein Blick auf obige Ziffern zeigt, der Auslandsmarkt so sehr an Bedeutung voran, daſs es unmöglich wäre, den Inlandsmarkt durch Kartelle für Ausfuhrzwecke zu besteuern. Es gilt dies um so mehr, als der heimische Verbrauch überhaupt eine abnehmende Gröſse ist, indem der wohlhabendere Konsument sich von der Baumwolle wertvolleren Textilstoffen (z. B. Wollstoffen) zuwendet. Hierzu kommt, daſs die Baumwollindustrie in der Richtung auf feinere und kompliziertere Produkte fortschreitet, bei welchen nur in Ausnahmefällen erfolgreiche Kartellierung möglich wäre. So haben sich neue Fabrikationszweige eröffnet, in denen die Baumwollindustrie die anderen Textilindustrien durch Surrogate angreift. Sie stellt in Nachahmung von Leinen Linelette her; sie beschneidet die Wollindustrie durch Herstellung von Baumwollflanell; sie „merzerisiert" Baumwollfäden und bringt dadurch Gewebe hervor, welche Seidenstoffen ähnlich sehen. Alle diese Erzeugnisse sind jedoch nicht eigentlich breite Stapelartikel; Mode und Tagesgeschmack bewirken hier fortwährende Veränderungen, welche gegen Kartellierung streiten. Ausdrücklich wird im Berichte der Tariff Commission hervorgehoben, daſs gemusterte Gewebe heute besser rentieren, als glatte. Die Vereinigten Staaten und Deutschland nehmen weit überwiegend nur noch solche Ware, bei denen der Geschmack und die Neuheit das entscheidende sind. So stützt sich Lancashire heute zum Teil auf den kunstgewerblichen Aufschwung des neuzeitigen England. Selbst Indien stellt mehr und mehr die gewöhnlichen Massenartikel selbst her, während England auf die verfeinerte Ware gedrängt wird.

Alle diese Umstände bewirken, dafs Lancashire sich gegenüber protektionistischen Plänen schroff ablehnend verhält. Nicht das Interesse am Schutz des heimischen Marktes, viel eher könnte das Verlangen nach indischen Vorzugszöllen das Vaterland des Freihandels einmal zur Finanzreform bekehren — obgleich auch hiergegen, wie wir sahen, nicht geringe Bedenken streiten. Der indische Markt bestimmt die Wirtschaftspolitik Lancashires, welches solange bimetallistisch war, als die indische Währung in Verbindung mit dem Wertgange des Silbers stand. Lancashire wird solange freihändlerisch sein, als es am Freihandel Indiens Interesse hat, was zur Zeit noch unbestritten der Fall ist.

4. Bundesgenossen.

Die Lage des britischen Freihandels erscheint zu Beginn des 20. Jahrhunderts in gewisser Hinsicht sogar günstiger, als vor 50 Jahren.

Die alte Freihandelsbewegung war ausschliefslich von den bürgerlichen Klassen getragen. Die Arbeiter hielten sich abseits von einem Kampfe, der ihrer Meinung nach lediglich die Unternehmer anging. Freihändlerische Arbeitgeber hofften, die Beseitigung der Getreidezölle zu Lohnherabsetzungen benutzen zu können. Cobden war durch eine unüberbrückbare Kluft von der aufsteigenden Gewerkvereinswelt getrennt.

Anders heute. Längst sind die gewerkschaftlich organisierten Arbeiter auf den Boden der praktischen Politik getreten. Die Erweiterung des Wahlrechtes machte sie zu Herren eines demokratisierten Staatswesens — dies um so mehr, als das Wahlrecht immer noch beschränkt genug ist, um die eigentlich proletarische Unterschicht fernzuhalten. Jede grofse politische Frage Englands wird heute in letzter Linie durch die Stellungnahme der organisierten Arbeiterschaft entschieden. Obgleich bislang verhältnismäfsig wenige Arbeiter persönlich im Parlament sind, so besitzen sie doch eine unvergleichlich viel gröfsere Macht im Staate, als etwa die deutsche Sozialdemokratie mit ihren 80 Reichstagssitzen und 3 Millionen Wählern. Sowohl für die Liberalen wie die Konservativen Englands stellt der Arbeiter das entscheidende Wählerelement, dessen Abfall die an der Regierung befindliche Partei zu unfehlbarer Niederlage führt.

Diese Machtstellung des Arbeiters ist für England ungefährlich. Denn in einem Halbjahrhundert gewerkschaftlicher und politischer Schulung hat der Arbeiter gelernt, sein Interesse mit dem seiner Industrie gleichzusetzen. Zwar tritt er in Fragen der Lohnhöhe, der Arbeitszeit u. Ä. dem Arbeitgeber entgegen; nach aufsen aber steht er mit dem Unternehmer vereint, wo immer das Interesse seines Gewerbes als solches in Frage kommt. Es ist nichts seltenes, dafs in volkswirtschaftlichen Tagesfragen Unternehmer- und Arbeiterverbände gemeinsam auftreten. Beispielsweise verfochten die Gewerkvereine Lancashires solange den Bimetallismus, bis die indische Währung auf Goldbasis gestellt war; heute beteiligen sie sich an den Bestrebungen, welche die Einführung der Baumwollkultur in Afrika bezwecken[896].

Das auch heute noch bestehende Freihandelsinteresse der englischen Industrie läfst es daher wohl begreiflich erscheinen, dafs die Arbeiter in ihrer grofsen Mehrzahl gegen die Finanzreform Stellung genommen haben. An ihrer Spitze stehen auch in dieser Frage die alten und bewährten Gewerkvereine der Baumwollspinner, der Maschinenbauer, der Bergleute, der Schiffsbauer usw. So hat der Gewerksvereinskongrefs des Jahres 1903 mit 458 gegen 2 Stimmen folgenden Beschlufs angenommen: „Der Kongrefs verurteilt entschieden den von Mr. Chamberlain vorgeschlagenen Wechsel unserer gegenwärtigen Handelspolitik als für die besten Interessen des Volkes dieses Landes höchst unheilvoll und gefährlich; er verpflichtet sich hierdurch und legt es allen anderen Arbeiterorganisationen ans Herz, alles aufzubieten, um eine solche Veränderung zu verhindern." Den gleichen Standpunkt vertrat der Genossenschaftskongreſs, welcher die gesamte obere Arbeiterschicht umfaſst. Die Parlamentswahlen des Jahres 1906 zeigten, wie tief der Freihandel in der englischen Arbeiterwelt wurzelt.

Die Gründe für diese Stellungnahme liegen auf der Hand.

Die Gewerkvereine haben bisher einen allgemeinen und nachhaltigen Einfluſs der fremden Konkurrenz in ihren Arbeitslosenkassen noch nicht zu fühlen bekommen. Die Beschäftigungstabellen, welche das Blaubuch on British and Foreign trade and industrial conditions Cd. 2337 für die wichtigsten gelernten Gewerbe gibt, zeigen zwar jähe Schwankungen; aber von einer allgemeinen Zunahme der Arbeitslosigkeit kann keine Rede sein[397]. Vielmehr scheint die Beschäftigung in einer Anzahl wichtiger Gewerbe neuerdings im Vergleich mit früheren Jahren sogar eine etwas stetigere geworden zu sein.

Zwar weist das wichtige Blaubuch Cd. 1761 für gewisse Berufe einen Rückgang in der Zahl der Beschäftigten auf. Hierzu gehören die Landwirtschaft und sämtliche Textilindustrien[398]. Jedoch wird dieser Abgang durch Zunahme an anderer Stelle mehr als ausgeglichen. Während des Jahrzehntes 1891—1901 hat sich die Arbeiterzahl in einer Reihe der wichtigsten Gewerbe bedeutend vermehrt; so im Baugewerbe, in der Schneiderei, Schuhmacherei, Kunsttischlerei, Glas- und Porzellanindustrie, auch in der Eisenindustrie, im Maschinen- und Schiffsbau. Ich entnehme dem Blaubuch folgende Tabelle.

	1851	1881	1891	1901
Landwirtschaft	1 904 687	1 199 827	1 099 572	988 340
Baugewerbe	398 756	686 999	701 284	945 875
Kohlenbergwerk	193 111	383 570	519 144	648 944
Baumwollenindustrie	414 998	551 746	605 755	582 119
Wollenindustrie	255 750	240 006	258 356	236 106
Seidenindustrie	130 723	64 835	52 027	39 035
Eisen und Stahlindustrie	95 350	200 677	202 406	216 022
Maschinen- u. Schiffsbauindustrie	80 528	217 096	292 239	—
Schneiderei	139 219	160 648	208 720	259 292
Schuhwarenindustrie	243 935	224 059	248 789	251 143
Buchdruckerei und -binderei	32 995	88 108	121 913	149 793
Kunsttischlerei	47 958	84 131	101 345	121 531
Porzellan- und Glasindustrie	46 524	68 226	82 760	92 556

Leider ist das Blaubuch aus Gründen veränderter Statistik nicht in der Lage, die Zunahme der Arbeiter im Maschinenbau und Schiffsbau ziffernmäfsig festzustellen. Oskar S. Hall, ein hervorragender Maschinenbauer Lancashires, schätzt diese Ziffer auf mindestens 100000[399]. Auch ist der Rückgang der Beschäftigungsziffer in der Baumwoll- und Wollindustrie unbedenklich, ja sozialpolitisch erfreulich; er beruht auf einer starken Abnahme der Kinderarbeit und einer leichten Verminderung der Frauenarbeit, der eine Zunahme der erwachsenen männlichen Arbeiter gegenübersteht.

Die angeführten Ziffern deuten offenbar auf eine erhöhte Lebenshaltung breiter Volkskreise. Die Zunahme der Arbeiterzahl im Baugewerbe läfst auf Verbesserung und Vermehrung der Wohnungen oder auf Erneuerung und Erweiterung der industriellen Werke des Landes schliefsen. Die Zunahme der Arbeiterzahl in der Schneiderei, Möbelfabrikation, Glas- und Porzellanindustrie weist auf erhöhten Komfort, die steigende Beschäftigungsziffer in Buchdruck und Buchbinderei auf vermehrte Bildung der Massen.

Wenn neuerdings die Frage der Arbeitslosigkeit sich in den Vordergrund der politischen Tagesdiskussion drängt, so beruht dies, wie mir John Burns sagte, weniger auf einer Zunahme der Arbeitslosigkeit, als auf einer Zunahme „der Sympathie mit der Arbeitslosigkeit." Es handelt sich überwiegend um eine Frage Londons und der proletarischen Unterschicht, welche politisch wenig in das Gewicht fällt[400].

Angesichts dieser Tatsachen sehen die oberen Schichten der englischen Arbeiterwelt zur Zeit keinen Anlafs zu tiefgreifenden Veränderungen der englischen Zollpolitik. Sie sind schutzzöllnerischen Experimenten umso abgeneigter, als der Schwerpunkt der imperialistischen Reformvorschläge auf Nahrungsmittelzöllen liegt. Die Arbeiter sind nationalökonomisch aufgeklärt genug, um zu begreifen, dafs die in

Aussicht gestellte Herabsetzung des Tee-, Tabak- und Zuckerzolls ihnen keinen genügenden Ersatz für den einzuführenden Getreidezoll bieten würde. Bei letzteren Zöllen als reinen Finanzzöllen hat der Konsument lediglich denjenigen Betrag aufzubringen, welcher dem Fiskus zufließt, bei dem Getreidezoll, als einem Schutzzoll, dagegen weitere sehr beträchtliche Summen zu Gunsten der heimischen und kolonialen Produzenten. Die Rücksicht auf das Gleichgewicht des Budgets würde es bei der Einführung eines Schutzzollsystems unmöglich machen, die bisherigen Finanzzölle soweit abzubauen, daß Belastung und Entlastung sich tatsächlich ausglichen. Hierzu kommt, daß Zollerhöhungen dem Konsumenten schneller überwälzt werden, als Zollherabsetzungen ihm in der Form von Preisabschlägen des Kleinhandels zu Gute kommen. Diese Gefahr wird durch das in England weit verbreitete Genossenschaftswesen zwar erheblich gemildert; aber sie bleibt für die proletarische Unterschicht, die „people on the margin" in Kraft. Schwere Schädigungen drohen auch in volkshygienischer Beziehung, wenn man die Reizmittel Tee und Tabak verbilligt und dabei die wichtigsten Nahrungsmittel, vor allem das Getreide verteuert.

Endlich werden industrieschutzzöllnerische Neigungen, welche in englischen Arbeiterkreisen hie und da lebendig sein mögen, durch den Gedanken gedämpft, daß die Ansprüche der Agrarier nur schwer abzuweisen wären, sobald der Grundsatz des Zollschutzes überhaupt wieder anerkannt würde. Der englische Arbeiter fürchtet die gegenseitige Garantie der schutzzöllnerischen Interessen, welche Zollerhöhung durch Zollerhöhung kompensiert; er fürchtet im Schutzzoll die Übermacht des in Trusts geeinten Großkapitals und die moralische Verschlechterung der Parlamente; er fürchtet die Bestechung einzelner Arbeiterverbände und Arbeiterführer durch schutzzöllnerische Extragaben und damit den Zerfall der bisher so wirksamen Solidarität der englischen Gewerkvereinswelt. Allen diesen Befürchtungen hat John Burns einen glänzenden Ausdruck verliehen[401].

Stehen also die leitenden Industrien Englands mit der organisierten Arbeiterschaft zur Verteidigung des Freihandels geeint, so schliefsen sich ihnen weitere Bundesgenossen an: die älteren Mächte der City, die Banken in engerem Sinn. Die City fürchtet, durch eine schutzzöllnerische Entwickelung Englands aus ihrer ertragsreichen Vermittlerstellung im internationalen Zahlungsverkehr verdrängt zu werden.

Wenn sich der internationale Zahlungsverkehr vielleicht noch in wachsendem Masse in London konzentriert, so kann der Grund hierfür nicht mehr in dem englischen Währungssystem liegen. Der deutsche Markwechsel repräsentiert ebenso sicher wie der $\pounds$-Wechsel eine unveränderliche Gewichtsmenge Goldes; ja die Sicherheit des Markwechsels ist vielleicht insofern die gröfsere als das System der deutschen Notendeckung dem englischen überlegen ist: das englische „Einreservesystem" erscheint grofsen Krisen gegenüber nicht unter allen Umständen gesichert. Der entscheidende Punkt liegt vielmehr in der gröfseren Marktgängigkeit des $\pounds$-Wechsels, welche auf dem internationalen Charakter des englischen Warenhandels beruht[402]. England unterhält mit den meisten, insbesondere den überseeischen Ländern einen gröfseren Warenhandel als irgend ein drittes Land. Der Kaufmann, welcher einen $\pounds$-Wechsel in Zahlung nimmt, ist daher überall sicher, einen Abnehmer zu finden, der für Zahlungen an England des $\pounds$ benötigt. Ich erinnere mich in Hamburg, z. B. $\pounds$-Wechsel gesehen zu haben, mit welchen deutsche Elfenbeinimporteure arabische Händler im Innersten Afrikas bezahlten; die Rückseite dieser Wechsel war mit arabischen Indossamenten bedeckt, für welche öfter noch sogenannte Allongen zu Hilfe genommen werden mufsten. Über Bombay wanderten diese Wechsel zum Verfallstage nach London und wurden im dortigen „clearing" erledigt, während der Hamburger Geschäftsmann auch meist wieder in £-Wechseln, die er in Deutschland kaufte, dem Londoner Akzepthause bezw. Domiziliaten Deckung übersandte.

Es wird damit verständlich, dafs die City zollpolitischen Plänen entgegentritt, welche den internationalen Charakter des englischen Warenhandels bedrohen[403].

Die internationale Stellung des £'s aber bringt nicht nur reichliche Provisionen nach London, sondern sie ist, wie die Dinge sich entwickelt haben, auch für den Bestand des ganzen englischen Kreditsystems, insbesondere in Tagen der Krisis von Bedeutung.

Der Diskontmechanismus funktioniert insofern für England in einseitiger Weise als englische Banken und Diskonteure ausländische Wechsel auch heute nicht zu halten pflegen, in der vor 50 Jahren richtigen Meinung, dafs England allein ein gefestigtes Währungssystem besitze[404]. Auch ein höherer Diskontsatz des Auslandes verlockt sie nicht, „in Währung zu gehen." Das dem Auslande sich zuwendende englische Kapital bevorzugt die festen Anlagen des Effektenmarktes[405]. Versteift sich der englische Geldmarkt, so fehlt daher die Möglichkeit, durch Abstofsung von Auslandswechseln sofortige Erleichterung zu schaffen. Dagegen hält das Ausland stets gewisse Bestände an £-Wechsel als sicherste und liquideste Anlage; es tut dies selbst dann, wenn, wie dies bisher überwiegend der Fall war, der englische Diskontsatz niederer als der ausländische ist[406]. Entwickeln sich die Wechselkurse gegen England und steigt der englische Diskontsatz über den festländischen, so füllen sich die ausländischen Portefeuilles um so eher mit Ziehungen auf London. Das Ausland gewährt kurzfristigen Kredit in der Form von Wechselanlagen, die es dann allmählich wieder abstöfst, wenn die Wechselkurse sich zu Gunsten Englands wenden. Nachdem grofse Auslandsbanken in der City Fufs gefafst haben, hat sich der „short loan market" Londons in das Internationale erweitert und es genügen einige Stunden, um riesige Summen nach London zu legen oder von London fortzuziehen[407]. Es handelt sich hierbei in letzter Linie um eine intertemporale Ausgleichung der internationalen Zahlungsbilanzen, bei welcher die Initiative vom Auslande ausgeht.

Diese Hilfe seitens des Auslandes ist für England heute nahezu unentbehrlich: die Reserve der Bank von England ist anerkanntermaßen so schwach, daß geringfügige Goldentnahmen die Bankrate bereits tiefgehend beeinflussen können. Diese Gefahren werden durch das bekannte „Einreservesystem" bedeutend verschärft. Zwar kann England als reiches Gläubigerland die Versteifung des Geldmarktes durch Effektenausfuhr mildern. Aber in Tagen politischer Krisen oder gar Katastrophen sind Effekten nur mit Verlust oder vielleicht überhaupt nicht verkäuflich. Die Aufnahme fundierter Anleihen auf fremden Märkten käme in solchen Augenblicken zu spät, da das Vertrauen in die Zahlungsfähigkeit der Bank von England nur wenige Tage, ja Stunden zu schwinden braucht, um die ganze Maschinerie des englischen Zahlungs- und Kreditsystems zu Fall zu bringen[408]. In solchen Momenten droht eine allgemeine Panik, welche England dadurch vermeidet, daß es mit unvergleichlicher Leichtigkeit vom Auslande Wechselkredit flüssig macht. Ein Beispiel dieser Zusammenhänge bot der südafrikanische Krieg, den England großenteils zunächst auf dem Wege des Wechselkredits finanzierte.

Dieser ganze Mechanismus beruht auf der internationalen Beliebtheit des $\pounds$-Wechsels, welche in der zentralen Stellung von Englands Warenhandel wurzelt. Diese Stellung aber würde, wie einer der ersten Männer der City, Felix Schuster, hervorhebt, ebenso durch Zölle, wie die damit verbundenen Zollplackereien gefährdet. Jede Maßregel, welche die internationale Vermittlerstellung Londons beschneidet, bedroht auch die internationale Weite des Londoner Geldmarkts.

5. Der Rentnerstaat.

Das England des neunzehnten Jahrhunderts war der Typus eines **exportierenden Industriestaates**. Mit Recht erklärte ein bekanntes Sprichwort: „was Manchester heute sagt, sagt London morgen."

Lancashire war die Wiege des modernen Fabriksystems welches, von dort ausgehend, England und die Welt umgestaltete. Auf dem Boden Lancashires erhob sich jenes neue industrielle Herrengeschlecht, welches die alte Landaristokratie entthronte; sein edelster Vertreter war Sir Robert Peel, Sohn und Enkel eines Baumwollspinners. In Manchester wurde der Freihandel geboren und von einem Cattundrucker zum Triumphe geführt. Lancashires Frauen- und Kinderarbeit lehrte der Welt die Notwendigkeit der Arbeiterschutzgesetzgebung, unter deren ersten Verfechtern Männer von Lancashire, der ältere Peel und John Fielden von Todmorden hervorragen.

In Lancashire lag der Schwerpunkt der Chartistenbewegung, welche durch politische Mittel die Lohnsklaverei der Fabrikarbeiter in ein Millenium zu verwandeln versprach. Von dem Ufer des Roch traten später die berühmten „Pioniere" ihren Siegeszug an, in der frohen Zuversicht, sicherer und tiefer wirkende Mittel der sozialen Reform gefunden zu haben als Barrikaden oder Stimmzettel. Aus diesem zarten Keim, der Lancashires Boden entsprofste, erwuchs der weltbeschattende Baum des Arbeitergenossenschaftswesens. Endlich erblühten auf dem Boden Lancashires jene mächtigen Gewerkvereine, welche wie die amalgamierten Spinner das stolze Wort der Selbsthilfe auf ihre Emblem gesetzt haben: „Gerechtigkeit ist Alles, was wir fordern." Inzwischen trugen die Maschinenfabrikanten Lancashires das Fabriksystem über die Welt: ihre Spindeln schwirren in Lodz und Moskau, in Bombay und Yokohama.

Durchaus selbständig, ohne Einflufs vom Auslande her,

ist Manchester nicht nur wirtschaftlich und technisch, sondern auch geistig das geworden, was es war und ist. In den Bahnen eines David Hume und Adam Smith weiter denkend, schuf Lancashire in der Manchesterlehre ein ethisches und politisches Ideal, welches wie jedes menschliche Ideal zwar undurchführbar, einseitig und widerspruchsvoll ist, aber doch ein Stück Ewigkeitsgehaltes in sich trägt. Auf dieses Vermächtnis des britischen Genius wird die Menschheit vielleicht einmal zurückgreifen, wenn der Streit unserer Tagespolitik längst verklungen sein wird.

Alle Nationen gingen in die Schule Lancashires. Bewundernd blickte der aufkeimende Kapitalismus des Kontinents auf jenes Unternehmertum gröfseren Stiles, das von Manchester aus Englands Staat und Englands Geistesleben eroberte. Die Verhältnisse Lancashires wurden von Marx unter dem Namen des Zeitalters der Bourgeoisie zur ewigen Kategorie der Gesellschaftsentwicklung erhoben.

Ich betrachte es als eine der günstigsten Fügungen meines Lebens, in diese Welt voll eingetaucht zu sein; in meinem „Grofsbetriebe" machte ich den schwachen Versuch, dieses englischste England, wenigstens nach einer Seite hin, im Bilde festzuhalten. — — —

Aber was Manchester gestern sagte, sagt London heute nicht mehr. Der wirtschaftliche Schwerpunkt Englands rückt von Manchester und den nordenglischen Industriegebieten nach London. Diese Verschiebung kommt in der Einkommensteuer zum deutlichsten Ausdruck. Das Einkommen aus Geschäftsunternehmungen und liberalen Berufen stieg in dem Jahrzehnt 1892—1902:

In London	City . . .	um 40,8 Millionen	ℒ
	Middlesex .	- 12,0 -	ℒ
In Lancashire		- 11,5 -	ℒ
In Lanark		- 8,4 -	ℒ
In Yorkshire		- 7,4 -	ℒ
In Durham		- 4,1 -	ℒ

London hat heute soviel Geschäftseinkommen, wie das ganze übrige England zusammen. In der gleichen Richtung liegt auch die Tatsache, dafs die Bankdepositen in London auch neuerdings eine Zunahme, die in der englischen Provinz und in Schottland eine Abnahme aufweisen[409].

Aber die City von heute ist etwas anderes, als jener alt vornehme Aufbau, in welchem Depositenbanken, Diskonthäuser und Akzeptfirmen, Warenhandel, Schiffahrt und Versicherungsgewerbe kunstvoll in einander griffen. In dieser Welt waren es die „merchant bankers," welche gegenüber der Routine der Banken das vordringende Element vertraten — Firmen meist deutscher Abstammung wie Baring, Rothschild, Huth, John Henry Schröder, Frühling und Göschen, Erlanger u. a. Der Schwerpunkt dieser Geschäfte lag auf Vermittlung des internationalen Zahlungsverkehrs und dem Wechselgeschäft. Erst in zweiter Linie stand die Emission auswärtiger Anleihen. In Verfolgung dieser letzteren Linie haben sich heute neue Gröfsen entwickelt, welche die City von gestern überschatten. Die Sonne der Gegenwart lächelt der Effektenbörse; sie scheint Gründern und Spekulanten; sie brütet die Kolosse weltumspannender Finanziers. Die Baumwollkönige Lancashires, von denen Karl Marx den Typus des Bourgeois ableitete, welche Cobden vertrat und welche der Chartismus bekämpfte, sie sind Kleinbürger im Vergleiche zu den Magnaten von Park Lane. Während noch im achtzehnten Jahrhundert Amsterdam der internationale Geldgeber war, so ist heute London nicht nur der gröfste, sondern auch der spekulativste Kapitalmarkt der Welt[410].

Diese Verschiebung zeigt sich in der neueren Entwicklung des englischen Bankwesens. Während die Landwirtschaft seit alters im englischen Kreditsystem zu kurz kommt, treten neuerdings auch die Grofsindustrie und der Warenhandel als Kreditnehmer der Banken in zweite Linie. Die der Industrie befreundeten Provinzbanken büfsen insbesondere durch Verschmelzung mit den hauptstädtischen Banken an Bedeutung ein. Der Wechsel als bankmäfsige Anlage tritt für die grofsen Londoner „Joint-stock"-Banken zurück, während in den Industriegrafschaften die Banken noch heute grofse Summen in Wechseln anlegen. Viel mehr ist es die Stockexchange, welcher die Banken in überwiegendem Mafse die riesigen und auch heute noch wachsenden Depositen der Nation zuleiten.

Durch verschiedene Kanäle fliefst dieses Depositenkapital nach der Börse. Einmal gewähren die Banken gegen Verpfändung von Wertpapieren Darlehen an die „jobbers", d. h. die Eigenmarkler, welche den innersten Kern der Börse ausmachen; sie ermöglichen ihnen dadurch zu jedem aufgegebenen Betrage auf eigene Rechnung zu kaufen und zu verkaufen. Ferner nehmen die „brokers", d. h. die Kommissionäre, welche die Aufsenwelt mit der Börse verbinden, von den Banken Vorschüsse, um die Spekulationsgeschäfte des Publikums zu prolongieren. Weiterhin legen die Banken selbst ihre überschüssigen Gelder auf der „Stockexchange" an, indem sie vielfach Wertpapiere Kassa kaufen und zugleich auf Termin verkaufen[411], so sich gegen Kursschwankungen sichernd. In letzter Linie akzeptieren die Banken Wechsel ihrer Kunden gegen Hinterlegung von Wertpapieren. Die Depositen der Nation kommen also in wachsendem Mafse der Spekulation zu Gute und ihren Gegenwert bilden als Aktiva der Banken mehr und mehr Effekten. Zwar sind diese Anlagen formell liquid, aber nur um deswillen, weil die kreditnehmenden Börsenhändler im Notfalle, d. h. wenn die Banken die Darlehen kündigen, bei der Bank von England gegen höhern Zins unter allen Umständen Kredit zu finden hoffen. Aber diese Hoffnung schafft die Tatsache nicht aus der Welt, dafs die alt vornehmen Banken Londons in Abhängigkeit von der Stockexchange geraten, deren Werte zu beleihen nunmehr ihre Hauptaufgabe wird. Das Gleiche gilt zum Teil auch von den Versicherungsgesellschaften.

Was früher die Börse von Manchester war, ist gegenwärtig die Londoner Stockexchange — der Kernpunkt der britischen Volkswirtschaft. In der vielgestaltigen Welt der Börse aber haben die exotischen Werte heute zugestandenermafsen die Führung: koloniale, indische, egyptische usw. Staats- und Kommunalanleihen, südamerikanische, insbesondere argentinische und japanische Anleihen, amerikanische und kanadische Bahnen, Kupferaktien, vor allem aber südafrikanische und westaustralische Goldminenshares, afrikanische Diamantaktien, Rhodesische Werte usw. Von diesen teilweise hochspekulativen Märkten gehen weithin belebende oder lähmende Wirkungen aus. So kann unter Umständen ein Sturz der Minenwerte sogar die Kurse der Konsols beeinflussen, indem die Spekulanten. welche keine shares verkaufen können, Konsols verkaufen, um sich Geld zu verschaffen.

Ein neuer Typus Mensch schiebt sich damit in den Vordergrund, und greift nach dem Steuer der britischen Volkswirtschaft. An Stelle des in der Heimat wurzelnden, mit Gebäuden und Maschinen beschwerten industriellen Unternehmers, tritt der **Finanzier**, welcher Werte schafft, um sie möglichst schnell wieder abzustofsen.

Die Unterschicht dieser Klasse bildet die Menge fragwürdiger Gründer und Spekulanten. Diesen Leuten liegt die produktive Seite des Unternehmens gewöhnlich durchaus fern. Es ist ihnen völlig gleichgültig, ob die Sandwüste oder die Grassteppe, auf welcher sie ihr papiernes Gebäude aufrichten, auch nur ein Körnlein des vielbegehrten gelben Metalls in sich birgt oder nicht, solange nur die „Berichte" günstig lauten. Längst ehe die ersten Stampfen in Tätigkeit treten, hoffen sie aus dem Geschäft ausgeschieden zu sein. Sollte diese Hoffnung fehlschlagen, so bleibt das beliebte Mittel der „Rekonstruktion," bei welcher die Gründer und Direktoren zwar Geschäfte machen, die Aktionäre aber mit Anteilen eines neuen, nicht minder faulen Unternehmens abgespeist werden[412].

Hoch über diesem Börsengelichter thronen die anerkannten Finanzgröfsen, unter ihnen Weltfirmen jüngsten Ursprungs aber ersten Ranges. Noch Anfang der neunziger Jahre galten die Wechsel eines Beit als fragwürdiges Finanzpapier. Auch diese Männer stehen der Produktion gemeinhin ferner, als die Fabrikanten alten Stiles. Draufsen weit über dem Weltmeer, besorgt die produktive Seite der Sache ein Stab geschulter Beamter, der im Transvaal eine hohe Stufe technischer Bildung einnimmt.

Die Aufgabe der leitenden südafrikanischen Firmen ist bekanntlich nicht etwa der Betrieb des Bergbaus, sondern die Entwicklung von Bergwerkseigentum, die Gründung von Bergwerksunternehmungen, die fortdauernde finanzielle und technische Kontrolle der gegründeten Gesellschaften, die Beherrschung des Minenmarktes. Man bedient sich hierzu der Form der Trustgesellschaften. Hinter ihnen schalten souverän wenige herrschende Persönlichkeiten. Diese Männer haben grofses für die Erschliefsung kolonialer Neuländer und damit für den britischen Imperialismus geleistet. Jedoch ist auf anderer Seite nicht zu verkennen, dafs auch ihnen Börsenmanöver in vielen Fällen näher liegen als industrielle und technische Aufgaben. „So soll es z. B. nicht ungewöhnlich sein, dafs man die Minenaktien zu hohem Kurse emittiert, dann den Kurs fallen läfst, wozu man ja die mannigfachsten Mittel in der Hand hat, und zu niedrigerem Preise zurückkauft und über kurz oder lang bei höherem wieder veräufsert [413]."

Der industrielle Unternehmer alten Schlages war gemeinhin nordenglischen Ursprungs, angelsächsischer Abstammung, vielfach ein Spröfsling sektiererischer Volksschichten, in seiner reinsten Verkörperung ein Kind quäkerischen Geistes. Anders der typische Finanzier. Um Mifsverständnisse zu vermeiden, bemerke ich ausdrücklich: unter „Typus" verstehe ich nicht den Durchschnitt oder die Mehrzahl, sondern ich denke an diejenigen Fälle, welche eine Kulturerscheinung am entschiedensten, sozusagen „mustergültig" vertreten. Der typische Finanzier ist deutschen Namens und jüdischer Abstammung; er hat in seiner Jugend eine deutsche Schulbank gedrückt und vereinigt jüdische Regsamkeit mit deutscher Arbeitsgewohnheit. Die gröfsere Leichtigkeit des Erwerbes hat ihn als hoffnungsvollen Jüngling nach London oder den Kolonien geführt, deren Boden er völlig mittellos betrat. Gehörte er zu den Lieblingen Fortunas, so machte er im Verlauf weniger Jahre eine fabelhafte Laufbahn. Wäre er in Deutschland geblieben, so würde ihm der Geheimrat und der Leutnant, der Regierungsreferendar und der Korpsstudent über die Schulter blicken, bis ihn — wäre er ein Genie — vielleicht der Kaiser beachtete. Wenn er seine Nation auszog, wie man einen Handschuh auszieht, so liegt eine Erklärung hierfür im Antisemitismus und in dem feudal-bureaukratischen Aufbau seiner Heimat, welche seinesgleichen zwar zum Gelderwerb, nicht aber zu den Höhen der Gesellschaft zuläfst. In London steht er in weltweiten Verhältnissen. Auch gesellschaftlich steigt er und mag sich oder die Seinen mit jener stolzen Aristrokratie verschwägern, die an Weltherrschaft gewöhnt, auf die kleinen Verhältnisse des deutschen Krautjunkers verächtlich herabblickt. Setzt er auf dem Parforcepferd über die englische Parklandschaft, oder wird er als grofsmütiger Donator in alt-ehrwürdigen Collegehallen gefeiert, so fühlt er sich als Vollengländer. Um dies zu betätigen, ist er Bewunderer und Geldgeber des Imperialismus — und zwar um so lieber, als ihm von seiner alten Heimat her eine gewisse Neigung für Staatsmacht im Blute liegt. An die tieferen Naturen unter diesen Neubriten deutscher Abkunft aber drängt sich die Frage, ob es schöner und gottgewollter ist, von der alternden Königin den Ritterschlag zu empfangen oder die jugendlich erblühende Bettlersmaid, die spätgekommene unter den Völkern, von ihren Fetzen zu befreien[414].

Bezeichnenderweise tragen die Angriffe der englischen Radikalen auf den Imperialismus nicht selten einen antisemitischen Anstrich. Ich erinnere an die Keulenschläge eines John Burns gegen die Plutokratie von Park-Lane und gegen das Parlament von Westminster, das sich „zur Magd des Judentums" erniedrigt habe[415]. Das australische Witzblatt Bulletin nennt Johannesburg „Jewsburg" und karrikiert den biederen John Bull als Mr. Cohen. Aber diese Radikalen vergessen eines: jene neuenglischen Finanzmagnaten bedeuten für England einen Zuwachs wertvollster Kräfte; sie sind heute vielleicht die lebensvollsten Zweige am Baume der englischen Volkswirtschaft — jedenfalls die einzigen Plutokraten diesseits des Altantik, die den Vergleich mit den Gröfsen von Wall Street aushalten.

Durch jüdische Einwanderung, die Ost-London überflutet, erhält diese neue Aristokratie steten Zuflufs von unten. Wer die Judenknaben von Whitechapel gesehen hat, wie sie soeben englisch lernen und doch schon auf ihr Engländertum stolz sind, wer ihre körperliche und geistige Gewandtheit bewundert hat, wer sich von ihrem Fleifs, ihrer Nüchternheit, ihrem unermüdlichen Streben nach oben hat erzählen lassen, der erkennt in ihnen und ihren Söhnen die künftigen Herren der City.

Wunderbar wie diese Elemente mit ihrem wirtschaftlichen Aufstieg sich in Lebensführung und Kleiderzuschnitt, in ihrer zweiten Generation merkwürdigerweise selbst im körperlichen Habitus dem Engländertum anpassen! Offen bleibt freilich damit die Frage, wie weit es ihnen möglich ist, an den innersten Kulturgehalt der britischen Welt Anschlufs zu gewinnen. Ist der Baum der angelsächsischen Religiosität noch jugendkräftig genug, um die Aufpfropfung eines derartig fremden Reises zu erlauben? Am ehesten scheint die ästhetisierende Romantik des Neuanglikanismus Anknüpfung zu ermöglichen (Disraeli!) — soweit der altersgraue Aufbau der kirchlichen Glaubenslehren vor der kritischen Schärfe modern jüdischer Geistesart stand hält. Jedenfalls liegt hier die letzte Lebensfrage jener neuen Finanzaristokratie, welche — von ihrem altnationalen Boden sich loslösend — ohne solche Neuwurzelung früher oder später jeden Lebensinhalt verliert. Eine endgültige Lösung dieses Problems, über der freilich Generationen vergehen mögen, scheint mir erst im deutschen Idealismus möglich — zunächst am leichtesten unter Anknüpfung an Goethe.

Äufserlich freilich vollzog sich der Zusammenschlufs von Finanzwelt und Nationalismus mit überraschender Schnelligkeit. Als Chamberlain in der City erschien, verhielt sich die Bankwelt ablehnend; aber auf der Stockexchange wurde er im Triumphe empfangen und Stockbroker spannten die Pferde seines Wagens aus. Suchen wir diese Tatsache ökonomisch zu begreifen.

Während des 19. Jahrhunderts hat England ungeheure ropäische Festland und die Vereinigten Staaten ausgeliehen. Diese Kapitalien gingen ins Ausland in der Gestalt von britischen Fabrikaten, insbesondere von Eisenbahnmaterialien und Maschinen. England hat dadurch die Produktivkräfte der Welt erschlossen und zunächst die älter besiedelten Länder der gemäfsigten Zone dem kapitalistischen Wirtschaftssystem eingegliedert. Auf dieser Grundlage beruht der riesige Aufschwung der englischen Ausfuhr seit 1850; z. B. belief sich die Ausfuhr an Eisen und Stahl 1863 auf 15 Millionen £, 1873 auf 38 Millionen £. Diese Kapitalanlagen, vielfach im Boden fixiert, sind mit dem wirtschaftlichen Aufschwung der Schuldnerländer vielfach wertvoller geworden. England nimmt damit an den steigenden Grundrenten der aufserenglischen Kulturwelt teil. Letztere zahlt in der Gestalt von Einfuhrwaren — von Rohstoffen und Nahrungsmitteln, aber in wachsendem Mafse auch von Fabrikaten — an England Zinsen, Gewinne, Grundrenten, neuerdings auch Amortisationsquoten. Sie beginnt allmählich die geschuldeten Kapitalien zurückzuzahlen; man denke an die Rückkehr amerikanischer Wertpapiere in ihre Heimat.

Heute handelt es sich um eine neue Aufgabe: die riesigen Ländergebiete der Halbkultur oder der völligen Barbarei, Länder tropischen oder subtropischen Charakters, sind dem kapitalistischen Wirtschaftssystem der Gegenwart einzugliedern, während zu gleicher Zeit sich ungeheure, neue Siedelungsgebiete der gemäfsigten Zone den Europäern auftun.

Es läfst sich heute naturwissenschaftlich belegen, dafs Friedrich List im wesentlichen recht hatte, die Tropen für die geborenen Rohstoffproduzenten der Zukunft zu erklären. Von ihrem natürlichen Reichtum wird die Kulturmenschheit der dichter besiedelten gemäfsigten Zone einmal zu leben haben. Folgende Tatsachen wirken in dieser Richtung.

In den Tropen ist die Sonnenbestrahlung pro Fläche eine viel gröfsere als jenseits der Wendekreise[416]. Hieraus folgt, dafs die Pflanzen dort ein beträchtlich energischeres Wachstum aufweisen, das zudem durch keine mehrmonatliche Winterpause gehemmt ist. Der Quadratmeter tropischen Bodens bringt also unter sonst gleichen Bedingungen eine sehr viel gröfsere Menge von Nahrungsmitteln und industriellen Rohstoffen hervor, als die gleiche Fläche in der gemäfsigten Zone. Es wird dies erst dann voll zutage treten, wenn die tropischen Pflanzen für menschliche Zwecke bewufst gezüchtet sein werden, so wie es heute die Kulturpflanzen der gemäfsigten Zone alle mehr oder minder sind, z. B. das Getreide, der Mais, die Zuckerrübe. Eine ungeheure Zukunft im besonderen hat die als Mehl aufbewahrbare und backfähige, jedenfalls durch Züchtung noch aufserordentlich zu verbessernde Banane[417], daneben Sorghum, Dattel, Reis u. a. Diese Produkte stehen in praktisch unbeschränkter Menge zur Verfügung, womit die alte Malthus'sche Vorstellung vom beschränkten Nahrungsspielraum über den Haufen geworfen ist und eine etwaige Erschöpfung der Getreideflächen ihren bedrohlichen Charakter verliert.

Demgegenüber steht fest, daſs in den Tropen die Arbeitsfähigkeit des Menschen, nicht nur die des Europäers, sondern auch die des Eingeborenen, herabgesetzt ist. Die physiologische Grundlage hierfür ist folgende: Bei übermittleren Auſsentemperaturen sinkt die Nahrungsaufnahme. Insbesondere vermindert der Körper die Aufnahme der Fette und Kohlenhydrate, um als Schutz gegen die Hitze des Klimas die Eigentemperatur herabzusetzen. Steigt der Wärmegrad der umgebenden Atmosphäre, so geht die Ernährung unter den Bedarf des schwach arbeitenden, zuletzt den des ruhenden Menschen herab. Unterernährung aus wärmeökonomischen Gründen ist die Ursache einer verminderten Arbeitskraft. Beim farbigen Menschen ist der „Temperaturspielraum" etwas höher, weil er länger als der Europäer durch gesteigerte Wasserverdunstung die erhöhten Auſsentemperaturen abwehrt, möglicherweise auch weniger von der in der Nahrung enthaltenen Energie in Wärme und mehr in mechanische Bewegung umsetzt[418]. Die gemäſsigte Zone besitzt daher einen Vorteil in der Herstellung arbeitsintensiver, also vor allem industrieller Produkte, die tropische Zone einen solchen in der Herstellung der Naturprodukte. Damit ist die Grundlage der wichtigsten Arbeitsteilung der Gegenwart gegeben.

Jedoch setzen jene Rohstoffgebiete der weltwirtschaftlichen Verflechtung Hindernisse entgegen, welche vorwiegend in politischen Zuständen begründet sind. Teils handelt es sich um bewuſste Ablehnung europäischer Wirtschaftsformen; häufiger noch liegen die Hemmnisse in dem Mangel an einer Rechtsordnung, welche Freiheit und Eigentum genügend sichert. Daher ist die politische Beherrschung und Verwaltung jener Gebiete durch die Kulturvölker die unentbehrliche Voraussetzung für eine wirkliche „Weltwirtschaft".

Hierzu kommt, dafs die farbige Menschheit, d. h. die grofse Menge der Menschheit überhaupt, sich den Zwecken der durch die Eiszeit gezüchteten, weifsen Aristokraten keineswegs freiwillig eingliedert. Die Erziehung zur Arbeit durch erhöhte Bedürfnisse wirkt bei dem farbigen so gut wie bei dem weifsen Arbeiter; aber sie wirkt für die Bedürfnisse des modernen Kapitalismus zu langsam. An Stelle des unmittelbaren Zwanges zur Arbeit durch die Peitsche des Sklavenhalters setzt das moderne Kolonialsystem den mittelbaren, aber nicht minder unausweichlichen Zwang durch Besteuerung und Landenge. Man mag die hiermit verbundenen Härten beklagen, aber in der freigebigen Natur des Südens hat sich der primitive Mensch bisher nie anders als durch äufseren Zwang zur Erhöhung seiner Arbeitsleistung über das Lebensminimum hinaus verstanden.

Hierin liegt die kulturgeschichtliche Berechtigung des neuzeitigen Imperialismus. Seine Gefahr besteht darin, dafs Europa unter Überspannung des politischen Herrschaftsverhältnisses die Arbeit überhaupt — zunächst die landwirtschaftliche und montane, sodann auch die gröbere industrielle Arbeit — auf die farbige Menschheit abschiebt und sich selbst in die Rentnerrolle zurückzieht, womit es vielleicht die wirtschaftliche und ihr folgend die politische Emanzipation der farbigen Rassen vorbereitet.

Als gröfstes Gläubigerland der Welt und im Besitz der aktionsfähigsten Börse geht England in der kapitalistischen Bearbeitung der tropischen und subtropischen Welt voran. Es ist zur Lösung dieser Aufgabe um so befähigter, als es die Seegewalt und eine alte Tradition in der Beherrschung farbiger Menschen besitzt. Ein bekannter Finanzier, dessen Kapital in allen Teilen der Welt arbeitet, sagte mir, man müsse mit eigenen Augen gesehen haben, was die englischen Soldaten und Beamten im Sudan geschaffen hätten; ihren Fufsstapfen folge das Kapital am liebsten; denn unter ihrer

Herrschaft finde es bei völliger Sicherheit des Eigentums die gröfste Bewegungsfreiheit.

Neben den tropischen Gebieten sind die noch unbesiedelten Neuländer der gemäfsigten Zone der Weltwirtschaft einzugliedern. Ihr Reichtum ist teils ein agrarer, teils ein montaner (Edelmetalle!). Von diesen europäerfähigen Auswanderungsgebieten — den letzten der Besiedelung offenstehenden — sind Kanada, Australien und Südafrika britischer Kolonialbesitz. Das südliche Südamerika, insbesonder Argentinien, findet sich in solcher finanzieller Abhängigkeit von London, dafs es fast als englische Handelskolonie zu bezeichnen ist. Nur Sibirien ist dem britischen System völlig entrückt.

Der politische Zusammenhang Südafrikas, Australiens und Kanadas mit dem reichsten Kapitalmarkt der Welt bedeutet für diese Gebiete einen wirtschaftlichen Vorsprung und ist ein „Band des Interesses", welches das britische Weltreich zusammenhält. Die englischen Geldgeber sind der Überzeugung, dafs britische Kolonien als solche vor gröbster Mifswirtschaft geschützt sind. England kann seine Kolonien nicht bankerott werden lassen. Es hat dafür den Vorteil, dafs die kolonialen Anleihen überwiegend in der Gestalt von Ausfuhrwaren hinausgehen und dafs finanzielle Abhängigkeit die kolonialen Märkte an den britischen Industriestaat fesselt. Ebensowenig widerstrebt der Schuldner einer politischen Verbindung, welche bei völliger Selbstverwaltung ihm billigen Zinsfufs gewährleistet. Ohne den Reichsverband würde Neu-Seeland 7 % Zins zu zahlen haben; als britische Kolonie erhält es Geld zu 3½ %. Die kolonialen Anleihen sind in England für mündelsichere Anlagen (trustee stock) erklärt worden. „Der Senior Partner kann des nervus rerum wegen nicht abgeschüttelt werden."

Aus dem Gesagten erklärt sich folgende Verschiebung in Englands Kapitalanlagen: die ausländischen Werte haben an Bedeutung eingebüfst; so gingen Amerikaner in ihre Heimat,

Russen nach Frankreich und Deutschland. Heute stehen koloniale Anlagen voran: Staats- und Kommunalanlehen, Eisenbahn- und Minenpapiere, Bankaktien usw. Für koloniale Staats- und Kommunalanlagen hat nach R. Klahre das britische Publikum in den letzten 25 Jahren über 650 Millionen ℒ aufgewandt, für Eisenbahnanlagen eine noch gröfsere Summe[419]. Allein die australische Staatsschuld, welche sich fast durchweg in englischen Händen befindet, belief sich 1901 auf 250 Mill. ℒ (einschliefslich Neu-Seeland), wozu noch 8 Millionen umlaufende Schatzscheine kamen. Die indische Staatsschuld betrug 1900 227 Millionen ℒ und ist in raschem Wachstum begriffen. Man denke ferner an die riesige Schienenlänge, die in Kanada, Indien, Afrika, Australien gegen Ausgang des 19. Jahrhunderts mit britischem Gelde gebaut wurde.

Schienenlänge in englischen Meilen:

	1895	1900
Grofsbritanniens	21 174	21 855
Der britischen Besitzungen	52 817	64 790
Deutschlands	28 071	30 562

Die Kapitalien, welche in kolonialen Minenwerten angelegt sind, veranschlagt Epstein[420] (1904) auf 500 Millionen ℒ; 1902 waren in südafrikanischen Minen- und Landgesellschaften allein 212 Millionen ℒ investiert. Welche Bedeutung die Minenanlagen besitzen, ergiebt folgender Vergleich, den ich aus dem „Economist" berechne: London emittierte in den neun Jahren 1895—1903:

an auswärtigen Anleihen . . für 118, 374, 500 ℒ
an kolonialen Minenwerten . - 126, 805, 900 ℒ

Zusammenfassend, wird man folgende Behauptung Klahres für begründet erklären: „Das ganze privatwirtschaftliche Finanzsystem der Kolonien beruht auf der bedingungslosen Voraussetzung der Elastizität des Londoner Geldmarktes."

Unter den ausländischen Anlagen aber stehen diejenigen voran, welche politisch abhängigen oder nächstverbündeten Ländern zuteil werden: England borgt an Ägypten, Japan, China, Südamerika. Seine Kriegsflotte ist hier im Notfall der Gerichtsvollzieher. Politische Macht schützt England gegen die Schuldnerempörung, welche schwache Gläubigerländer bedroht und z. B. Deutschland gegen Ausgang des Mittelalters ins Verderben hinabrifs[421].

Von ganz besonderer Bedeutung ist auch die Tatsache, dafs England in der kolonialen und exotischen Welt sich im Besitz der bankmäfsigen Kreditvermittlung befindet, was seinen Einflufs in die intimsten Vorgänge des Wirtschaftslebens hineinträgt. Die „kolonialen und Auslandsbanken", d. h. die von englischem Kapital gegründeten und von Engländern verwalteten Banken, welche teils in den Kolonien, teils im Auslande arbeiten, sollen 1904 ein Kapital von 437 Millionen $\mathcal{L}$ repräsentiert haben. Zu ihnen gehören die wichtigsten Bankinstitute in den Gebieten der Halbkultur; ich erinnere an die Bank of Egypt, in deren Lagerhäuser die Fellachen ihre Baumwollernte abliefern, an die Hongkong and Shanghai Banking Corporation, welche die Geschäfte der chinesischen und japanischen Regierung besorgt, an die London and River-Plate Bank, deren Noten in Argentinien das beliebteste Umlaufmittel sind, an die Imperial Bank of Persia und ähnliche. In Australien allein war 1904 ein Bankvermögen von gegen 160 Millionen $\mathcal{L}$ investiert.

Bekanntlich ist nichts schwerer zu schätzen als die Gesamtbeträge, welche eine Nation im Auslande angelegt hat. So gehen die Schätzungen des „Economist" und die des „Moniteur des interêts materiels" sogar hinsichtlich der alljährlichen Emissionsbeträge weit auseinander. Trotz dieser Unsicherheit über die in Betracht kommenden Summen steht die hier interessierende Tatsache fest: England führt zweifelsohne auch heute noch alljährlich mehr Effekten ein als aus;

es leiht mehr Kapital an neue Schuldner fort, als es von alten zurückerhält; es läfst einen ansehnlichen Bruchteil der ihm geschuldeten Zinsen als Neuanlagen im Auslande stehen und **wächst damit in den Charakter des Gläubigerstaates hinein.** Als Gläubigerstaat beruht es in **zunehmendem Mafse auf kolonialen, politisch mehr oder minder abhängigen Gebieten, auf einer „Neuen Welt".**[422]. Als Gläubigerstaat ist England unabhängig von dem Freihandelsinteresse des heimischen Industriestaats, dagegen unter Umständen an der Beschleunigung der kolonialen Entwicklung durch Finanzreform interessiert. Dies der innere Zusammenhang zwischen Stock-exchange und Imperialismus, zwischen der auswärtigen Politik und dem Gläubigerinteresse Grofsbritanniens.

Der Gläubigerstaat schiebt sich dem Industriestaat gegenüber allmählich in den Vordergrund. Jedenfalls übersteigt das Gläubigereinkommen Grofsbritaniens den Reingewinn des gesamten auswärtigen Handels bereits um das vielfache. 1899 schätzte Giffen bei einem Gesamtumsatz der Ein- und Ausfuhr von 800 Millionen £ den Reingewinn auf 18 Millionen £, wogegen nach vorsichtigster Schätzung auf Zinseinkommen vom Ausland bereits 90 bis 100 Millionen £ zu rechnen waren. Zudem ist letzteres Einkommen eine rasch wachsende Gröfse, während der auswärtige Warenhandel pro Kopf zurückgeht. Bedenkt man aufserdem, dafs Kriege und Kriegsentschädigungen, Annexionen und Konzessionen im Auslande die Emissionstätigkeit der inländischen Börsen anregen, dafs die leitenden Mächte der Finanzwelt einen grofsen Teil der Presse zur Verfügung haben, um imperialistische Stimmung zu fabrizieren, so ist über die wirtschaftlichen Grundlagen des Imperialismus kein Zweifel möglich. Man darf diese Zusammenhänge nicht unterschätzen. Trotzdem wäre es verkehrt, den politischen und kulturellen Gedankeninhalt des Imperialismus auf diese wirtschaftlichen Interessen restlos zurückführen zu wollen [423].

Besonders offenkundig ist die Abhängigkeit des wichtigsten und aktionsfähigsten Finanzinteresses der Londoner Börse vom politischen Imperialismus: die Südafrikaner heimsten in Gestalt der Chinesenarbeit einen Siegespreis ein, welchen sie weder dem alten Krüger, noch einem reformierten Volksraad hätten abringen können. Nichts ist ihnen unbequemer, als ein Gegner von der Wucht eines John Burns, welcher den Chinaman nach Hause schicken und Südafrika zur Pflanzstätte weißer Gewerkvereine machen möchte. Schon der Abgott der Südafrikaner, Cecil Rhodes, bevorzugte die unorganisierte schwarze Arbeit und soll weiße Angestellte, deren gewerkschaftliche Neigungen ihm bekannt wurden, in die Einsamkeit des Innern versetzt haben, wo sie ungestraft ihre Lehren Buschmännern und Zulus predigen mochten. Die Furcht vor einer weißen Arbeiterbewegung nach australischem Muster ist eine der Fesseln, welche die Minenmagnaten des Randes an den Wagen des politischen Imperialismus bindet [424].

Blicken wir zurück, so ermessen wir den weiten Weg, den England in einem Jahrhundert durchwandert hat: gegen Ausgang des achtzehnten Jahrhunderts war der leitende Mann der „Landlord" und hinter ihm der breitspurig behäbige „Farmer"; um die Mitte des neunzehnten Jahrhunderts war es der Fabrikant und hinter ihm der zum Gewerkschafter und Genossenschafter emporreifende Industriearbeiter; heute ist es der Finanzier und hinter ihm die breite Masse der Rentner. „Hat die Börse Geld, so hat's die ganze Welt," dahin kann man heute ein bekanntes Sprichwort für England abwandeln. In den Tagen des „boom" ergießt sich ein goldener Strom über die ganze Volkswirtschaft, der rasch versickert, wenn der „slump" seine grauen Schatten von Throgmorton Street aus über die Erde wirft [425].

Nachdem wir die Offiziere des Gläubigerstaates kennen

gelernt haben, werfen wir einen Blick auf die breite Masse seiner Soldaten.

Auch ziffernmäfsig tritt die Rentnerklasse stark in den Vordergrund. Man kann die Zahl der Rentner Grofsbritaniens auf rund eine Million schätzen. Diese Leute leben von ererbtem Besitz, von selbsterworbenem Kapital oder von staatlichen und ähnlichen Pensionen. Ein grofser Teil dieser Klasse lebt mittelbar oder unmittelbar von dem Schweifse farbiger Arbeit, die in politischer Unterwerfung zu halten ihr erstes Interesse ist. Den direkten Rentnern sind nicht nur ihre Familienangehörigen zuzurechnen, sondern auch der zahlreiche und wachsende Trofs des häuslichen Gesindes. Die grofse Zahl der Dienstboten fällt dem Festländer selbst bei einem flüchtigen Besuche Englands in die Augen. Besonders bezeichnend für den breiten Luxus ist die grofse Menge männlicher Dienerschaft. Wer seinem Hause den Anstrich vollendeter Vornehmheit geben will, welchen nur ein englischer „butler" zu verleihen vermag, hat diesem gentleman einen Unterbediensten anzustellen. Rechnet man hierzu alle diejenigen Berufe, die für das Leben und den Luxus dieser Menschen tätig sind, so wird man sagen können, dafs die Rentnerklasse mit ihrem Anhang schon heute einen starken und wachsenden Bruchteil der Nation ausmacht.

Höchst charakteristisch für diese Verschiebungen ist der Rückgang der produzierenden Arbeiter pro Kopf der Bevölkerung, wie folgende Ziffern ergeben[426].

	Bevölkerung von England u. Wales	Arbeiter in den Hauptindustrien	In % der Bevölkerung
1851	17 928 000	4 074 000	23
1901	32 526 000	4 966 000	15

Einzelnen Teilen Grofsbritaniens drückt der Gläubigerstaat bereits seinen breiten Stempel auf. Ist die Frage Freihandel oder Finanzreform in gewisser Hinsicht der Kampf zwischen Industristaat und Gläubigerstaat, so ist sie zugleich der Gegensatz zwischen der „Suburbia" Südenglands, wo gewerbliche und landwirtschaftliche Produktion in die zweite Linie gedrängt sind, zu den schaffenden Fabrikgegenden des Nordens. Auch Schottland ist grofsenteils von den Rentnerklassen in Besitz genommen und nach den Bedürfnissen von Menschen gestaltet, welche drei bis vier Monate im Jahre daselbst Golf spielen, Motor und Jacht zu fahren, Moorhuhn schiefsen und Salmen fischen. Schottland ist der aristokratischste „Playground" der Welt, es lebt, wie man übertreibend gesagt hat, von seiner Vergangenheit und Herrn Carnegie[427].

In engem Zusammenhang mit der Entwicklung des Gläubigerstaates steht endlich die zunehmende Bedeutung des **inneren Marktes**, wogegen die auswärtigen Märkte wenigstens relativ zurücktreten[428]. Die oben angeführten Beschäftigungsziffern liegen in dieser Richtung, insbesondere die gewaltige Zunahme der Arbeiterzahl im Baugewerbe. Man vergleiche auch folgende interessante Zusammenstellung der Handelskammer von Bradford.

Jahr	Die britische Ausfuhr von Wollen- u. Kammgarnwaren in Millionen £	Der britische Verbrauch an heimischer, fremder u. kolonialer Wolle in Millionen £
1877	17,3	373
1882	17,9	356
1887	20,6	392
1892	18,5	467
1897	17,9	470
1902	14,2	518 (Ziffer für 1901)

Es handelt sich hier um Tendenzen, die sich nur zu verstärken brauchen, um die Grundlagen des alten Freihandels völlig zu verschieben. Man kann theoretisch den

Fall konstruieren, daſs Englands Export pro Kopf weiter zurückgeht und der auswärtige Handel für England an Bedeutung verliert. Man kann sich vorstellen, daſs der industrielle Schwerpunkt der Welt über das groſse Wasser hinüberrückt und daſs trotzdem Englands Volkswohlstand nicht etwa zurückgeht, sondern weiter zunimmt. England würde lediglich einen Weg weiter verfolgen, welcher vom Halbfabrikat über das Fertigfabrikat zum unsichtbaren Export, von Industriestaat zum Gläubigerstaat führt. Auf Grund einer günstigen Zahlungsbilanz könnte sich England eine zunehmend ungünstige Handelsbilanz erlauben. Es könnte die heimischen Arbeiter in wachsendem Maſse für das heimische Bedürfnis arbeiten lassen, für den stark gesteigerten Verbrauch der Arbeiterklassen selbst, für den Luxus der Rentnerklasse. Unter diesem Gesichtspunkt bedeutet die Entwicklung des Rentnerstaates eine Abschwächung der freihändlerischen Energie.

In gleicher Richtung wirkt noch ein anderes kulturell, wie wirtschaftlich höchst bedeutsames Ergebnis des Rentnerstaates. Nur auf seinem Boden war der wunderbare Umschwung denkbar, welcher das bis dahin teils schmucklose, teils prunkhafte englische Heim mit künstlerischer Stimmung durchtränkte. Auf seinem Boden vollzog sich jener glänzende Aufschwung des englischen **Kunstgewerbes**, der auf der Grundlage der alten Stapelindustrien undenkbar war. Letztere, auf die Ausfuhr in ärmere Märkte angewiesen, haben nirgends ästhetisch aufgebaut, sondern vielmehr heimische Kunstformen, z. B. in Indien, brutal vernichtet.

Vorbereitet wurde dieser neuenglische Ästheticismus durch geistesgeschichtliche Verschiebungen: durch die Verdrängung des im Grunde doch industriestaatlichen und freihändlerischen Carlyle durch den Kapitalgegner **Ruskin**[429]. Der kapitalistische Geist mit seiner rationalistischen Lebensgestaltung ist, was Sombart nicht genügend hervorhebt, seinem Wesen nach unkünstlerisch, wie das Quäkerheim, die Pflanzstätte des englischen Kapitalismus, zwar komfortabel, aber schmucklos und nüchtern war. Seit und durch Ruskin ist die kulturelle Oberschicht des englischen Volks — dem wirtschaftlichen Typus des Rentnerstaates entsprechend — ästhetisch und damit antikapitalistisch gestimmt. Ruskin und die meisten seiner Freunde traten in das Leben als wohlhabende, dem wirtschaftlichen Kampf entrückte Rentner.

Hier am Ausgang des Industriestaates verdichtet sich das Wollen und Können des britischen Genius wiederum in einer überragenden Persönlichkeit. Unvergefslich ist der Eindruck eines William Morris auf jeden, der ihm persönlich nahe gekommen ist. Unvergefslich ist jene lebensvolle Gestalt mit breitem Nacken, flammendem Rotbart, trotzig aufsteigendem Haupthaar, unvergefslich vor allem das graublaue Auge, aus welchem der Künstler und der soziale Prophet hervorleuchteten. Morris war — neben und vor Cecil Rhodes — der erfolgreichste Engländer des letzten Menschenalters und führte den britischen Industriestaat auf die höchste und letzte Staffel seines Ruhmes. Kühnen Griffes entrifs er das Szepter der ästhetischen Gesetzgebung den alternden Händen Frankreichs und machte England zum Brennpunkt des europäischen Geschmackes — bezeichnenderweise selbständig, ja abwehrend gegenüber japanischem Einflufs. Weit entfernt, der Mode zu folgen, folgte er furchtlos dem eigenen Sterne und zwang — schöpferisch anknüpfend an die besten Perioden der britischen, wie der westeuropäischen Vorzeit — die Mode in seine Bahnen.

Morris erhob den Dekorateur zum Künstler und bebaute die breiten Gefilde des Kunstgewerbes als den Nährboden der hohen Künste. Ohne künstlerisch gestaltete Alltäglichkeit wurzelt nach Morris das grofse Kunstwerk in unfruchtbarem Boden; als höchste Blüte entfaltet es sich aus einer allgemein ästhetischen Lebensgestaltung, wie sie Ruskins Kapitel über Gothik in den „Stones of Venice," das Mittelalter idealisierend, geschildert hatten. Morris verurteilte allen Prunk, der den Schein erwecken soll, etwas gekostet zu haben; er predigte Klarheit der Struktur, Einfachheit der Formgebung, Schönheit in der Brauchbarkeit. Er folgte Ruskin in der Ehrfurcht vor dem Material und der Feindschaft gegen Surrogate. „Vergifs niemals, mit welchem Material du arbeitest, und suche es stets zu der Wirkung, die es am besten zu erfüllen vermag, zu benutzen." „Die Grenze, die ein besonderes Material den Eigenschaften des Werkes setzt, soll dir ein Vergnügen, kein Hemmnis sein." „Die Freude an den Eigenschaften und Verwendungsmöglichkeiten des Rohstoffes, die Befähigung, diese hervortreten zu lassen und eine Erinnerung an die natürliche Schönheit zu erwecken, keine Nachahmung derselben zu geben — das ist die raison d'être der dekorativen Kunst." Morris wollte im Kunstgegenstand die Freude des Arbeiters an der Kunstschöpfung wiederfinden; denn das künstlerische Schaffen stand ihm höher als das künstlerische Geniefsen[480]. Alles dies bedeutete höchste Qualität der Ware, hohen Standard des Arbeiters. Die Erzeugnisse eines Morris, wie die seiner Freunde, waren, wie er selbst zugab, teuer[481].

Ohne die wirtschaftliche Verschiebung, die wir oben geschildert haben, wäre die Kunst eines Morris brodlos gewesen. Nur die reichste Rentnerklasse der Welt besafs den Reichtum und die Musse, an die Verwirklichung der Forderung heranzutreten: „Kunst in allem, was uns umgibt." Sehr wider seinen Willen war Morris auf die Kaufkraft dieser von ihm verachteten Kreise angewiesen, als er in der halbverfallenen Abtei zu Merton seine malerische Werkstätte aufschlug, als er mit schöpferischer Kraft die alten Methoden der Teppichweberei, des Handdrucks für Stoffe und Tapeten, als er Gobelinindustrie, Buchbinderei und Glasmalerei neu belebte, als er endlich daran ging in der Kelmskott Press der Welt zu zeigen, „wie eigentlich ein Buch sein solle[482]."

Trotz dieser Abhängigkeit von der ästhetisch durchtränkten

Oberschicht hatte die Gedankenwelt eines Morris eine kapitalfeindliche Färbung. Er bekämpfte das System des modernen Kapitalismus, weil es der Verwirklichung seines Ideales feindlich schien. Denn Morris, wie sein geistiger Vater Ruskin waren Idealisten. Beiden schien das Leben dazu da, um für Kulturzwecke eingesetzt zu werden, unter denen ihnen die Kunst obenan stand. Für beide war die Kunst Herrin, nicht Dienerin, dem Luxus entgegengesetzt[433]. Die Kunst stand ihnen in unlösbarem Zusammenhang mit den übrigen idealen Gütern des Menschengeschlechts, mit Poesie, Ethik, Politik und Religion — ihnen allen Leben spendend und von ihnen Leben empfangend[434]. Die Kunst, weil ein innerster Ausdruck der Gesamtkultur, schien ihnen nur möglich als Volkskunst: Kunst vom Volke gemacht und vom Volk genossen. Volkskunst aber ist für Ruskin und Morris unmöglich auf dem Boden des Kapitalismus.

Morris betrachtete die Unterstützung, welche ihm die oberen Zehntausend reichlich zu teil werden liefsen, als kümmerlichen Notbehelf. Diese Klasse galt ihm im besten Falle als der Nährboden, in welchen die Keime der neuen Zeit einstweilen einzubetten sind. Die neue Zeit selbst aber schien ihm unmöglich mit den Reichen von heute, welche dem Prunk und dem Schein statt der Schönheit huldigen. Rücksichtslos prägt der Kapitalismus seine Umgebung nach den Zwecken des Gelderwerbs, rücksichtslos vor allem gegenüber den Forderungen der Schönheit. Schlote qualmen herab auf die Lieblichkeit der Landschaft; schreiende Reklame unterbricht dem Wanderer die stille Sprache der Natur; abgehetzte Fabrikarbeiter verbringen ihr Leben in Werkstätten und Behausungen, die jeder künstlerischen Gestaltung Hohn sprechen. Das Kapital schafft jenes grofsstädtische Residuum, den Schandfleck unserer Zeit, verwerflich vom ethischen, noch verwerflicher vom ästhetischen Standpunkt aus[435]. Die moderne Armut ist häfslich, während Lumpen den „Bettler an der Engelspforten" verschönen. Der schönheitsliebende Einsiedler, der sich auf seine eigene Welt zurückziehen möchte, wird bei jedem Schritt von seiner Umgebung vor den Kopf gestofsen.

Zu der brutalen und unheilbaren Häfslichkeit des modernen Wirtschaftssystems kommt die wahnsinnige Hast der Maschine, die immer schärfere Anspannung des menschlichen Gehirns, das Treiben und Jagen unter der Peitsche des Kapitalismus. Alles dies schien einem Morris unvereinbar mit der künstlerischen Durchdringung des äufseren und inneren Lebens, welcher er diente. Sein Ideal war die ruhige Beharrung des Kunstwerks, dessen Geschlossenheit er auf die menschliche Gesellschaft selbst übertragen wollte. Die „neue Zeit" sollte die einseitige Gehirnarbeit durch gesunde und womöglich künstlerisch gestaltende Handarbeit in das Gleichgewicht setzen und die Maschine auf mechanische und unangenehme Verrichtungen zurückdrängen[436]. Morris wollte den Weltmarkt, der seinen Plänen entgegenstand, beseitigen. Morris steht damit im Gegensatz zu den deutschen Sozialpolitikern unserer Tage, welche, soweit sie wie Naumann ästhetisch interessiert sind, Bewegung und Kampf bejahen und in der modernsten Technik die Möglichkeiten neuer Schönheit suchen. Bezeichnend genug: Morris erschaute die neue Themsebrücke seines utopistischen Zukunftsstaates aus Steinbogen „in der Art des Ponte vecchio zu Florenz" errichtet[437]. Naumann würde von feenhaft leichten Eisenkonstruktionen träumen, die alles heute vorhandene an Kühnheit und Grazie des Schwunges hinter sich liefsen. Naumann bejaht, Morris verneint den Industriestaat[438].

Für Morris ist die künstlerische Erlösung, nach der sein ganzes Wesen durstet, nicht zu erhoffen, ehe nicht das Volk von der Last der Sorge und der Hast des Gelderwerbs befreit ist, ehe nicht die Arbeiter jenes Mafs von Mufse und materieller Freiheit erobert haben, welches — wie Ruskin gelehrt hatte — dereinst das Mittelalter dem Volke gewährt hat. Nur auf dem Boden eines sozialen Beharrungszustandes ist für Morris heitere Sicherheit künstlerischen Schaffens und künstlerischer Lebensführung möglich [439]. Von hier aus wurde Morris ein begeisterter sozialer Reformer, Verfasser einer sozialistischen Utopie, Herausgeber einer linkssozialistischen Wochenschrift und kommunistischer Volksredner mit zeitweisen Anklängen an die „physical force chartists". Aus gleichem Grunde ist der beste Nachfolger eines Morris unter den Lebenden, Walter Crane, zum künstlerischen Verherrlicher der Pariser Kommune und des Arbeiterweltfeiertages geworden — ein ästhetischer Sozialist.

Auch hierin gingen Morris und seine Schule auf Ruskinschen Bahnen lediglich ein Stück über den Meister hinaus; schon Ruskin verlangte „ein Volk, das umringt ist von schönen Werken, und Mufse hat, sie zu betrachten"; er stellte es als Ziel auf, „das Land rein und seine Menschen schön zu machen" [440]. Ruskin hat als Nationalökonom mit Vorliebe das Verteilungsproblem behandelt. Er hat immer wieder erklärt, dafs den Reichtum vernünftig auszugeben, um das menschliche Leben harmonisch zu entwickeln, unendlich viel wertvoller sei, als Güter aufzuhäufen, wobei naiverweise der vorhandene Reichtum vorausgesetzt wird. In diesem Sinne ist der neubritische Ästhetizismus eine kapitalistische Zersetzungserscheinung.

Und doch hat diese innerlich kapitalfeindliche Geistesrichtung einen letzten, grofsen Habenposten dem Konto des britischen Industriestaates zugeschrieben. Die Erziehung zur Kunst, welche Ruskin verlangt hatte, ist bis zu einem gewissen Grade verwirklicht worden — soweit ideale Forderungen in dieser armen Welt überhaupt verwirklicht werden können. 1841 gab es in Grofsbritannien 19 Kunstschulen mit 3000 Schülern, 1897 281 Kunstschulen und 449 Kunstklassen mit 98000 Schülern [441]. Mit Recht konnte die Westminster Gazette 1897 sagen, dafs keine Nation in dieser Hinsicht mit

England wetteifern könne. Allenthalben in der Provinz erhoben sich Museen, deren erstes zu Sheffield von Ruskin begründet wurde — mit dem Zwecke praktischer Erziehung zur Kunst. Als Professor zu Oxford trug Ruskin ästhetisches Empfinden in die humanistische Geisteswelt der englischen Universitäten. Zu gleicher Zeit ging die Sonne einer grofsen Malerschule über England auf, welcher das zeitgenössische Europa nichts gleichwertiges zur Seite zu setzen hatte, welche an Schmelz der Koloristik überhaupt in der Kunstgeschichte ihresgleichen sucht. Der Technik des französischen Impressionismus setzte sie die Tiefe der seelischen Stimmung gegenüber[442]. Unter ihrem Glanze verwandelte sich das englische Heim.

Ph. Webb, Norman Shaw u. a. schufen das moderne englische Landhaus, an den Stil der Königin Anna und das flämische Bauernhaus anknüpfend[443]. Aus roten Ziegeln mit hohem Dach, unsymmetrisch, den bequemen Bedürfnissen der inneren Raumgebung sich anpassend, mehr malerisch als architektonisch gedacht, hebt sich dieses Rentnerheim behaglich ab von dem tadellosen Teppich wohlgepflegten Rasens und dem Hintergrunde mächtiger Baumriesen. Architektonische Gesichtspunkte gestalten den Garten und rücken die „Landschaft" vom Hause ab. In dem feuchtwarmen Klima Südenglands malt der Gärtner mit dem Blütenglanze aller Zonen.

In diesem Zusammenhang ist auch der Gartenstadtbewegung zu gedenken, jenes Protestes gegen die Häfslichkeit der Industriestadt. Durch Hinausverlegung der Industrie auf das Land und planmäfsige Städtegründung soll ein ästhetisch gestaltetes, Herz und Auge erfreuendes Heim auch dem Arbeiter zugänglich gemacht werden; der Städter soll in seinen Mufsestunden zum Lande zurückkehren. Es ist eine erfreuliche Seite des allgemeinen künstlerischen Aufschwungs, dafs erste Architekten Englands an den Entwurf von Arbeiterhäusern herangetreten sind; unter Anknüpfung an den ortsüblichen Landhausstil haben sie reizvolle Wirkungen mit bescheidenen Mitteln hervorgebracht — häufig mehrere Arbeiterhäuser unter einem Dach zu einer künstlerischen Gesamtwirkung zusammenkomponierend. Wie in andern modernen Entwicklungen ist auch hier Birmingham in der Gründung Cadburys zu Bournville vorangegangen.

Insbesondere kam die ästhetische Lebensstimmung der rentenverzehrenden Oberschicht der Möbelfabrikation zugute, in welcher Maschine und Großbetrieb sich der von Morris ausgehenden Anregung bemächtigten. Geradlinigkeit, Zurückhaltung in der Ornamentik, Ablehnung unnützer Schnitzerei, dagegen „Bequemlichkeit, Geschmack und Dauerhaftigkeit" hatte Morris gefordert und, ohne es zu beabsichtigen, damit die Linie angegeben, in der die Maschine künstlerische Wirkungen hervorbringen kann. Kein Zufall daher, daß die moderne englische Kunstschreinerei und Hausdekoration an die einfach vornehmen Formen des sog. „englischen Louis XVI." anknüpft, vor allem an Sheraton und Adams. Großunternehmungen, wie z. B. die von Waring und Gillows, statten Klubhäuser, Hotels, Theater und Privatwohnungen nicht nur in England, sondern in Melbourne, Kalkutta, Johannesburg und Karthum (Sirdar's Palace), sogar in Paris (Gaîté und Vaudeville Theater) aus und tragen diesen jüngsten Ruhm des britischen Genius in alle Welt. Das beste wird dort geleistet, wo die alten Traditionen modernsten Tagesbedürfnissen angepaßt werden, z. B. auf Luxusjachten; hier sind Baderaum und Ankleidezimmer Muster des Komforts, der Raumersparnis und der gediegenen Eleganz.

Morris und Walter Crane schufen das moderne Buch, in welchem die Lettern selbst dekorativ wirken und sich mit dem bildnerischen Schmuck zu einer ästhetischen Gesamtwirkung verbinden[444]. Ornamente und Illustrationen ordnen sich durch Vereinfachung und Stilisierung dem typographischen

Schönheitsideal unter. Mit dem Schriftgiefser und Illustrator vereinigen sich der Papierfabrikant und der Buchbinder zu einer künstlerischen Leistung, welche der freudigen oder ehrfurchtsvollen Hingabe des Lesers an den geistigen Inhalt des Buches einen sinnlichen Ausdruck verleiht.

Auf dem Gebiete der Herrenartikel und der Sportsausrüstung gibt England den Ton an. Zwar diente die leitende Stellung des früheren Prinzen von Wales in dem weiten Reiche der Mode kontinentalen Witzblättern öfters zum Gegenstand billigen Spottes; aber sie wurde im übrigen den festländischen Nachläufern nicht billig in Rechnung gestellt.

Wirtschaftspolitisch aber mündet die ästhetische Revolution im Protektionismus. Morris bekämpfte das „billig und schlecht", wo er konnte. Nicht im Preise wollte er den Konkurrenten unterbieten; überbieten wollte er ihn durch gediegenen Geschmack der Ware, zu dessen Verständnis die grosse Masse erst zu erziehen sei. Aber gerade das Ausland überflutet England mit billigen Massenartikeln und durchbricht jene ästhetische Erziehung, für welche Morris lebte. Für Waren aber, wie sie Morris und seine Geistesverwandten herstellen, kann England, wenn das Ausland ihrer begehrt, Monopolpreise verlangen. Es entstehen hier Ausfuhrinteressen, welche von der Frage, ob Freihandel oder Schutzzoll, unabhängig sind und den Bruchteil des Pfennigs nicht mehr ängstlich zu berechnen brauchen. Eine leise Änderung des Geschmacks und das nachhinkende Ausland ist für einige Zeit wieder mattgesetzt[445].

6. Kapitalistische Erschlaffung.

Auf den Höhen des Rentnerstaates hat England die schwebenden Gärten der Kunst errichtet. Unter „Sesam und Lilien" wandelte das wunderbare Proletarierkind, das Vorbild aller Beatricen Rosettis — märchenhaft, traumverloren, unmütterlich. Die Sonne der Spätkultur flammte in goldenem

Haar und verkündete der Welt einen hochverfeinerten, müden Schönheitstypus, welcher mit dem Frühreize des Quattrocento nur oberflächlich verwandt war [446].

In den quadergefügten Untergeschossen, auf denen der gewaltige Kulturaufbau ruht, nimmt unser Auge heute leise, aber doch verräterische Sprünge und Risse wahr.

Man wird sich zwar hüten müssen, in dieser Hinsicht zu übertreiben. Britische Patrioten pflegen die Farben düster aufzutragen, um ihre Landsleute anzuspornen. Mit Recht warnt Dietzel davor, von einer „Dekadenz Englands" zu sprechen, was heute noch fast ebenso irrig sei wie 1850, als Ledru Rollin ein Buch darüber schrieb — am Vorabend eines ungeheuren Aufschwungs.[447].

Immerhin dürfte doch soviel feststehen, dafs in mehreren der wichtigsten Industrien die Führung heute an andere Nationen übergegangen ist; Fortschritte, die früher von England ausgingen, werden heute vielfach von auswärts nach England gebracht. Zur Beleuchtung dieser Tatsache seien im folgenden einige einwandfreie Zeugen zum Worte zugelassen.

Dafs England auf dem Gebiete der Eisen- und Stahlerzeugung von den Vereinigten Staaten und Deutschland überholt worden ist, geht, wie wir oben sahen, in erster Linie auf gewisse natürliche und allgemein wirtschaftliche Verhältnisse zurück und bedeutet als Schritt in der Entwicklung vom Halbfabrikat zum Fertigfabrikat für England keinen Nachteil. Trotzdem dürfte auf seiten Englands auch ein gewisser technischer Konservativismus mitgespielt haben, dessen Wirkungen sich weithin lähmend geltend machen. So hängt England z. B. am veralteten Bessemerprozefs, während Amerika und Deutschland mittels des basischen Verfahrens und des Siemens-Martinschen Flammenofens die Führung an sich gerissen haben. Nichts hinderte England, diesen Fortschritt im grofsen Stile mitzumachen, da es vermöge seiner Seelage aus der ganzen Welt geeignete Erze billig beziehen konnte.

Von besonderem Interesse ist ein Bericht des sachverständigen Vertreters des Gewerkvereins der Eisen- und Stahlarbeiter, Herrn Cox, welchen der bekannte Millionär und Philanthrop Mosely zum Studium der amerikanischen Eisenindustrie 1902 nach den Vereinigten Staaten geschickt hat[448]. Lassen wir Herrn Cox selbst sprechen: „Zweifelsohne sind die leitenden amerikanischen Hüttenwerke den unsern an innerer Einrichtung weit voraus. Ich habe in unserem Lande nichts ähnliches gesehen, was arbeitsparende Maschinen angeht. Dem britischen Eisen- und Stahlarbeiter würde das Produktionsquantum dieser Hüttenwerke ganz unglaublich erscheinen. Ich denke an die Illinois Plate Mill in Südchicago, in der 318 Tonnen fertiger Platten in 12 Stunden gewalzt werden." In automatischer Weise wandern die schweren Platten von einem Ende des Werks zum andern. Elektrizität ist die bewegende Kraft. In ununterbrochener Weise werden die Werke vom Hochofen gespeist. „Der große Vorzug der amerikanischen Werke liegt im Material ... Sie fabrizieren ihren Stahl selbst — elastisch und gleichmäfsig; jeder Stab wird besichtigt, ehe er in das Walzwerk kommt und nur tadellose Stäbe werden verarbeitet, keine mit Sprüngen oder Rissen, ganz exakt in Breite und Dicke. Wir tun gerade das Gegenteil. Gleichmäfsigkeit ist bei uns unbekannt, aufser durch Zufall, und ein Nachsehen auf Sprünge und Risse würde man für ungeheuerlich halten. Rostige Blöcke sind hier ebenso an der Tagesordnung, wie sie in Vandergrift unbekannt sind, und dazu differieren unsere Blöcke manchmal bei demselben Auftrag um mehrere Pfund an Gewicht." Herr Cox bewundert die Lebenshaltung der in Vandergrift beschäftigten Arbeiter. „Über 80% derselben wohnen in eigenen Häusern, mit Veranden, drei oder vier Wohnzimmern, drei oder vier Schlafzimmern und Badezimmer. Die Häuser werden mit natürlichem Gas geheizt, das auch zum Kochen verwendet wird und sind elektrisch beleuchtet." Trotzdem erklärt Herr Cox, auf Grund der Aussagen des Colonel French, des Leiters der Republic Iron and Steel Company, dafs pro Tonne des Produktes die Kosten der Arbeit im Norden der Union nicht nur geringer seien als in England, sondern niedriger auch als in den Südstaaten, wo als Arbeiter der niedriggelohnte Neger überwiegt. Herr Cox beklagt, dafs im Vergleich mit Amerika die englischen Walzwerke mit veralteter Maschinerie überlastet seien: „viel besser wäre es, völlige Vernichtung nehme einen grofsen Teil unserer Walzwerke hinweg, womit eine neue lebende Kraft geschaffen werden könnte. Veraltete Knickerei schreit: nieder mit den Löhnen; zeitgemäfse Ausrüstung sagt: spare an Arbeit, vermehre die Produktivität, wodurch das Gewerbe nicht nur erhalten, sondern neu geschaffen werden kann".

Ein anderes Mitglied der Mosely Commission, Mr. Walls, bestätigt die Ausführungen seines Kollegen: „In den Walzwerken in Südchicago, Homestead usw. sind die Maschinen allem weit voraus, was ich auf derartigen Werken in unserem Lande gesehen habe."

Ein technischer Sachverständiger, H. B. Molesworth, schliefst sich der Meinung der genannten Gewährsmänner an; in einem Vortrage über die Brückenbauabteilung der Pencoydwerke bei Philadelphia vor der britischen Institution of Civil Engineers, beschreibt er: „wie mittels verschiedener elektrisch betriebener Hilfsmaschinen das Material bei jedem Prozefs selbsttätig durch die ganze Werkstatt weiter bewegt wird, bis das fertige Fabrikat an der entgegengesetzten Seite anlangt, an der der Stahl hereingekommen ist." „Die Zeichnungen werden in einer ganz vollkommenen Art und Weise hergestellt und geben viel mehr Aufschlufs, als dies gewöhnlich bei englischen Zeichnungen der Fall ist." „Englische Brückenbauanstalten sind häufig mit ihrem Raume beengt und mit altmodischen Maschinen beladen."

Carnegie weist in einem Briefe, in welchem er ein Geschenk von 50000 ℒ an die Birminghamer Universität ankündigt, darauf, daſs in England jene Klasse wissenschaftlicher Sachverständiger fehle, welche in den Vereinigten Staaten die technische Seite der Industrie in der Hand hätten. Den Vereinigten Staaten kommt in dieser Hinsicht wie Carnegie sich ausdrückt, ihre „britisch deutsche Zusammensetzung" zu Statten. Carnegie erzählt, wie er selbst zu Beginn seiner Laufbahn „einen bebrillten deutschen Chemiker" für 6300 Mk. jährlich in seine Dienste nahm und von ihm lernte, seine Erze nicht mehr nach dem Ruf der Grubenbesitzer, sondern nach dem Ergebnis der chemischen Analyse zu kaufen und zugleich aus den Schlacken den denkbar gröſsten Nutzen zu ziehen[449]. Demgegenüber hat es England nicht in gleicher Weise verstanden, die Nebenprodukte der Eisenerzeugung (Thomasschlacke) sowie der Koksbereitung (Ammoniak, Benzol usw.) zu verwerten. Ebenso ging es nur langsam daran, die Hochofengase zu fangen und als Kraftquelle zu benutzen.

In derselben Richtung äuſserte sich auch die Kommission, welche die British Iron Trade Association 1896 nach Deutschland und Belgien sandte. Danach bedeuten teure Eisenerze und ungünstige geographische Lage einen Nachteil der deutschen Eisenindustrie, welcher nur zum Teil durch billige Eisenbahntarife wieder gut gemacht wird. Demgegenüber weisen die sachkundigen Berichterstatter darauf hin, daſs Deutschland die neuen und effektvolleren Bessemerkonstruktionen besitze und den zukunftsvollen basischen Prozeſs mehr als England ausbaue. Sie bewundern die Disziplin, welche in den deutschen Eisenwerken jeden Mann an seinen richtigen Platz stelle, an welchem er zu gegebener Zeit und in genau vorgesehener Weise „wie ein Uhrwerk" tätig werde, „eine Folge der frühen militärischen Ausbildung der Arbeiter." Endlich erklärt der Bericht die bessere technische Schulung der Aufseher und des Beamtenpersonals als einen schwerwiegenden Vorteil der deutschen Konkurrenten[450].

Werfen wir einen Blick auf die Eisen verarbeitenden Industrien. Der obengenannte Herr Cox bewundert in den amerikanischen Messerfabriken (Edgar Thomsonwerke in Braddock) „die Promptheit, mit der alles erledigt wird, und die unglaublich geringe Menge von Handarbeit, die dort in Vergleich zu unseren Fabriken nötig ist. Alles greift zuverlässig in einander."

Im Maschinenbau ist Englands Position heute noch leitend. Jedoch greifen in einzelnen Zweigen auch dieser Industrie die Amerikaner nach der Palme. Ich verweise auf einen interessanten Vortrag des in beiden Lagern gleich sachkundigen Herrn H. F. L. Orcutt[451]. Der Amerikaner arbeite, so führt der genannte Gewährsmann aus, mit spezialisierten Maschinen, von denen jede nur eine Aufgabe, aber diese unübertrefflich erfülle. Der amerikanische Arbeiter sei Beaufsichtiger automatischer Maschinen. Demgegenüber besitze England einen alterfahrenen Arbeitsspezialisten, welcher seiner Geschicklichkeit vertraue, aber an Zuverlässigkeit mit der amerikanischen Maschine nicht wetteifern könne. Hierzu käme in vielen Fällen die Unwissenheit der englischen Unternehmer. Die Folge sei die, daſs die Anwendung der neuesten amerikanischen Methoden in England vielfach für unmöglich erklärt werde. Ferner sei es in Amerika allgemein üblich, die Rohmaterialien vor der Verarbeitung im Laboratorium einer Prüfung zu unterziehen. Der englische Unternehmer verlasse sich blind auf den Namen der liefernden Firma. Ein Hauptvorteil der Amerikaner beruhe endlich auf der sog. „Standardisierung". d. h. der Feststellung von Normaltypen für Maschinenteile, wodurch das Feld der Massenproduktion auſserordentlich erweitert werde. Herr Orcutt vermiſst in den englischen Fabriken gewisse in Amerika übliche Maschinen, z. B. die Revolverdrehbank; er beklagt das Überwiegen „billigster Maschinen, die nur knapp die Kraft hätten, die dazugehörige Bohrnummer zu drehen, ferner Bohreinsätze der geringsten Qualität, endlich den gänzlichen Mangel an Bohrgehäusen und passenden Nebenwerkzeugen."

In ähnlicher Weise äufsert sich der Vertreter der englischen Maschinenbauer, Herr Barnes, als Mitglied der Mosely-Commission: „Die unterscheidende Eigentümlichkeit der amerikanischen Industrie liegt in dem Streben nach neuesten Maschinen und besten Arbeitsmethoden. In Amerika sind Unternehmer wie Arbeiter viel mehr als bei uns von der Überzeugung durchdrungen, dafs heute das Gehirn mehr als der Muskel, die geistige mehr als die manuelle Behendigkeit entscheidet. Die amerikanischen Arbeitgeber sind geneigter als die unseren, erhöhten Lohn für persönliche Initiative und Energie zu zahlen."

Hinsichtlich des Lokomotivenbaues erklärt der schon oben angeführte Herr Walls von der Mosely-Commission: „Die amerikanische Lokomotivenfabrik in Shenectady besitzt eine Menge ebenso leistungsfähiger als sinnreicher Maschinen, deren jede ihre eigene spezielle Aufgabe zu erfüllen hat. Sie scheinen Eisen, Stahl und Messing so zu schneiden, wie ein Kunsttischler Holz schneidet. Man sagte uns, dafs sie in einem Tage 6 grofse Lokomotiven oder wöchentlich 35 herstellen können." In manchen Fällen haben britische Kolonialregierungen, trotz aller nationalpolitischen Gegenerwägungen, zu amerikanischen Lokomotiven greifen müssen, und zwar hauptsächlich wegen der kürzeren Lieferungsfristen der Amerikaner[452].

Ähnliches gilt von der elektrischen Industrie. Ihre Wiege stand in England, der Heimat eines Faraday und Davy. Heute äufsert sich darüber Professor Cormack in dem Bericht des Subkomittee des „Technical Education Board" 1903[453]: „Dr. John Hopkinson stellte die Prinzipien wissenschaftlicher Konstruktion (für Dynamomaschinen) auf. In Amerika und Deutschland fanden sich Männer, die fähig

waren, sie zu verstehen und mit solchem Erfolg anzuwenden,
dafs wir jetzt ihre Methoden und ihre Modelle kopieren
müssen." In demselben Sinne, nur noch schärfer, äufsert sich
Professor Ayrton.

Werfen wir einen Blick auf den Schiffsbau. Diese Industrie bedeutet einen der Höhepunkte des modernen Industriesystems. Das Stahlschiff ist ein höchst verarbeitetes Produkt, in dessen Wert der Rohstoff eine verhältnismäfsig geringe Rolle spielt; wegen der Schwere der zu bewegenden Massen wird die Handarbeit mehr und mehr beseitigt; der Mensch wird zum verantwortungsvollen Beaufsichtiger komplizierter und kostspieliger Maschinerie.

Auch hier dasselbe Bild. Noch spielt England im Schiffsbau die herrschende Rolle. Trotzdem droht ihm auch hier eine Konkurrenz von den Vereinigten Staaten, welche heute die Hälfte aller Segelschiffe hervorbringen und im Eisenschiffsbau neuerdings gewaltige Fortschritte machen. Noch besitzt England die gerade in dieser Industrie überaus wichtige Tradition, „die langjährige und vielseitige Erfahrung des Praktikers", Noch verfügt England über den höchstgelernten Arbeiterstamm, dessen Besitz das Ergebnis einer Erziehung durch Generationen ist. Aber keineswegs geht man mehr nach England, um die neuesten und vollkommensten Maschinen kennen zu lernen; man wendet sich hierfür nach den Vereinigten Staaten und teilweise nach Deutschland.

Ich zitiere hierfür folgende sachkundige Belege [454]. „Der Amerikaner pflegt eine nicht genügend leistungsfähig erscheinende Maschine ohne weiteres zum alten Eisen zu werfen und durch neue, bessere Modelle zu ersetzen, während der Engländer mit besonderem Stolz an seinen alten Maschinenmodellen festhält." „In mancher Beziehung, namentlich hinsichtlich der allerschwersten Maschinen, verzeichnet England immer noch die hervorragendste Leistung. In leichteren Maschinen ist die amerikanische Industrie nach jeder Richtung schon wesentlich im Vordergrund, so dafs man in England angesichts der technischen Überlegenheit dieser Fabrikate teilweise die Konkurrenz einzustellen beginnt." „In einem Punkte insbesondere ist Amerika fast vollständig ohne Konkurrenz, und zwar auf einem Gebiete, welches für die Weiterentwicklung des Schiffsbaues von mafsgebender Bedeutung ist, auf dem Felde der pneumatischen Werkzeuge." „Ebenso sind auf dem Gebiete der mechanischen Transportmittel für den inneren Werkbetrieb die Amerikaner bahnbrechend gewesen und die Deutschen weit rascher mit eigenen, selbständigen Konstruktionen vorgegangen als die Engländer." „Die überwiegende Mehrzahl der internen Transportmittel, ausgenommen in England, ist heute auf elektrischen Betrieb eingerichtet." „Auch hier werden in England die Hauptarbeitsleistungen vielfach auf handgezogenen oder -geschobenen zwei- und vierräderigen Wagen und Karren bewerkstelligt." „Am reichsten ausgestattet mit Schwimm- und Uferkrähnen sind die deutschen Werften, für welche die auf diesem Gebiet bahnbrechenden Werke in Benrath und Duisburg ganz neue allerzweckmäfsigste Modelle geschaffen haben. Insbesondere sind die kleineren Montagekrähne zurzeit allein in Deutschland zu finden." „In Amerika hat man von vornherein den Betrieb der Werkzeugmaschinen innerhalb der Werkstätten in weitem Umfange mittelst Elektrizität besorgt. In Deutschland und Frankreich hat man sich etwas langsamer auf den gleichen Standpunkt gestellt, insbesondere aber auch für die Arbeiten auf der Helling vielfach Motoren zum Antrieb transportabler Arbeitsmaschinen aufgestellt. In England dagegen beginnt man erst neuerdings mit der Einführung. Hier bildet vorläufig noch der Dampf unmittelbar die Hauptantriebskraft, selbst für die im Freien auf der Werft befindlichen Arbeitsmaschinen." „Meinte man vor kurzem in England, im hydraulischen Prozefs die besten Hilfsmittel für die Herstellung ganz grofser Schiffskörper zu besitzen, welche die anderen Länder übernehmen müfsten, so ist durch die Einführung der Druckluft als Arbeitskraft der Ausblick auf eine völlige Veränderung zahlreicher Zweige der Werftbetriebe eröffnet. Für Bohren, Versenken, Aufräumen, Nieten, Stemmen und Meifseln findet in Amerika das pneumatische Werkzeug bereits in weitem, auf einigen Werften sogar in überwiegendem Umfang Anwendung. Auch in Deutschland vergröfsert sich sein Arbeitsfeld rasch, während in England namentlich die Arbeiter eine noch scharf ablehnende Haltung ihm gegenüber einnehmen. Auf den neueren Werften findet man daher neben den alten Wellentransmissionen eine Kraftverteilung durch drei Übertragungsmethoden nebeneinander in Anwendung, die elektrische, die hydraulische, die pneumatische. Am weitesten ist man hierin in Amerika, indem man dort diese gesamten sekundären Kraftquellen von einer primären Zentralstation mit Dampfmaschinen antreibt. Auch in Deutschland ist man bestrebt, die in den einzelnen Betrieben zerstreut liegenden Betriebsmaschinen allmählich aufzubrauchen und in gleicher Weise durch Zentralen zu ersetzen. England ist in dieser Beziehung noch am wenigsten reorganisierend vorgegangen."

Im Schiffsbau droht die eigentliche Gefahr für England von seiten der Vereinigten Staaten, welche vor allem durch ihr die Produktion verteuerndes Hochschutzzollsystem noch gehemmt sind. Man scheint jedoch entschlossen, dieses Hemmnis durch das Mittel der Subvention zu beseitigen. Ja es besteht die Gefahr, dafs die Vereinigten Staaten die Prämienwirtschaft gerade hier auf die Spitze treiben. So sagte der Bericht der für diese Frage eingesetzten Senatskommission vom 20. Januar 1902: „es soll (durch Subventionen) den Vereinigten Staaten eine Hilfskreuzerflotte geschaffen werden, die nur der Grofsbritanniens nachsteht, ein Seepostdienst, der dem britannischen, französischen und deutschen in jeder Beziehung überlegen ist — — — es soll der Schiffsbau so ausgedehnt werden, dafs dessen Zentrum von Deutschland und womöglich auch von Grofsbritannien in die Vereinigten Staaten hinübergeschoben wird". — Kurz vor Schlufs der letzten Session des Kongresses wurde abermals eine Kommission eingesetzt, um über die Lage der Handelsflotte Reformvorschläge zu machen. In dem Berichte dieser Kommission heisst es: „Die öffentliche Stimmung ist in den Vereinigten Staaten so gut wie einmütig nicht nur in dem Wunsch, sondern vielmehr in der Forderung, eine amerikanische Handelsflotte auf dem Ozean zu haben, die von uns gebaut ist, die uns gehört, und deren Offiziere und, so weit es möglich ist, deren Mannschaft amerikanisch sind." Die Kommission empfiehlt Subventionen zur Errichtung zehn neuer Linien: „sieben davon sollen von verschiedenen amerikanischen Häfen nach Mexiko, Mittel- und Südamerika, eine nach Kuba und zwei nach Japan und China gehen. Endlich sollen die Schiffahrtsabgaben erhöht werden, und zwar wird dabei natürlich das Ausland besonders berücksichtigt werden". Diese Aussichten sind für England um so peinlicher, als die amerikanische Flagge zu führen nur solchen Schiffen erlaubt ist, welche in Amerika gebaut sind[455].

Demgegenüber ist das, was in Deutschland von staatswegen für Schiffsbau und Schiffahrt geschieht, geringfügig[456]. Deutschlands Interesse liegt viel eher in der internationalen Abschaffung aller Schiffsbau- und Schiffahrtssubventionen, eventuell auch in der internationalen Festsetzung einer Ladelinie — etwa nach dem Vorbilde der Brüsseler Zuckerkonvention. So erklärte sich der Verein Hamburger Reeder gegen Subventionen, weil sie diejenigen Faktoren abschwächten, von denen die Erreichung der normalen Rentabilität abhänge. Es liefse sich gerade auf diesem Gebiete in Zukunft eine Interessengemeinschaft zwischen England und Deutschland denken; denn auch England kann nicht wünschen, dafs sich die Schiffahrtsnationen der Welt gegenseitig mit Subventionen in die Höhe schrauben.

Wie dem auch sei, zurückblickend werden wir dem früheren Präsidenten des britischen Handelsamtes, Mr. Ritchie, recht geben, welcher in einer Rede zu Croydon am 22. November 1897 ausführte: „Obgleich wir den Mitbewerb Deutschlands zu fürchten haben, so haben wir zehnmal mehr den Mitbewerb der Vereinigten Staaten zu fürchten. Die Amerikaner führen Aufträge aus, welche in England hätten ausgeführt werden sollen. Beispielsweise erhielt eine amerikanische Firma den Zuschlag für die Untergrundbahn Londons, weil ihr Gebot niedrer und ihre Lieferungsfrist drei Monate kürzer war als die englischer Firmen. Manche wichtige Aufträge vom Kontinent, von Egypten und Japan sind nach Amerika gegangen, wo England hätte eintreten sollen. Der amerikanische Mitbewerb ist eine Tatsache von allergröfster Bedeutung für die Industriebevölkerung unseres Landes[457]." In ähnlicher Weise ist nach Drage z. B. auf russischem Boden die amerikanische Konkurrenz gerade in solchen Artikeln besonders fühlbar, welche früher die Spezialität Englands waren[458]. Zwischen England und den Vereinigten Staaten besteht eben ein gewisser Parallelismus der Produktion und damit eine unvermeidliche Rivalität. Die englische wie die amerikanische Industrie sind im wesentlichen angewandte Physik. Gegen den „angelsächsischen Bruder" hat England sein angestammtes Erbe in erster Linie zu verteidigen.

Zwischen England und Deutschland dagegen bahnt sich — trotz aller Konkurrenz in zahlreichen Einzelbranchen — viel eher eine Art von Arbeitsteilung an, welche auf Verschiedenheit in den geistigen Grundlagen zurückgeht. Die eigentlichen Triumphe des deutschen Industriestaates liegen auf dem Gebiete der **angewandten Chemie**.

Die Herstellung des Branntweins aus der Kartoffel, des Zuckers aus der Rübe ist von Deutschen erfunden und in Deutschland zuerst zu grofsen Industriezweigen entwickelt worden. Die Zuckerindustrie war im 19. Jahrhundert für

Deutschland eine der wichtigsten Trägerinnen des kapitalistischen Aufschwungs.

Justus von Liebig erhob die Landwirtschaft zur angewandten Chemie. Die früher verachteten Kalilager Deutschlands wurden damit zu wertvollsten Naturschätzen, ihre Ausbeutung und Verarbeitung zu einer wichtigen Industrie. Die phosphorhaltigen Schlacken wurden geschätztes Nebenprodukt der Eisenindustrie, deren Rentabilität sie verbesserten. Hier und in ähnlichen Fällen hat Deutschland Neues geschaffen, ohne England etwas zu rauben.

Aber den Gipfel auf dem Gebiete industriellen Könnens erstieg Deutschland erst, als es dem Dunkel des Kohlenteers den Zauber des Regenbogens entlockte. Der Vater dieser Industrie ist der berühmte deutsche Chemiker Hofmann, welcher von 1845 bis 1864 in London lehrte und eine Schar glänzender Schüler um sich sammelte. 1862 schrieb Hofmann: „England wird fraglos eines Tages in nicht zu ferner Zeit das größte farbenproduzierende Land der Welt werden, ja, infolge dieser seltsamsten aller Revolutionen wird vielleicht bald die Zeit kommen, wo es sein von der Kohle stammendes Blau nach dem indigobauenden Indien, sein destilliertes Karmoisin nach dem cochenillezüchtenden Mexiko und seinen mineralischen Ersatz für das Gelb der Färbereiche und des Färbersafrans nach China, Japan und den anderen Ländern liefern wird, von denen bis heute diese Artikel herkommen." Diese Prophezeiung ist buchstäblich erfüllt worden, wenn wir statt England das Wort Deutschland einsetzen.

Hofmann ging nach Deutschland zurück. Mit Hofmann, sagt Professor Ramsay, verließ die Industrie des Kohlenteers England. Aber dem Weggang eines einzelnen Mannes ist unmöglich eine solche Bedeutung zuzuschreiben. Das Entscheidende war vielmehr ein anderes: dieser Industrie liegen die schwierigsten Probleme der organischen Chemie zugrunde; sie bedarf zu ihrem Gedeihen einer „wissenschaftlichen

Atmosphäre", d. h. des Glaubens an die Wissenschaft auch in den geschäftlichen Kreisen des Volkes. Die englischen Industriellen halten, wie Sir Henry Roscoe ausführt, in ihrer grofsen Mehrzahl Wissenschaft für „Verschwendung"[459]. Dem jungen „Theoretiker" eröffnen sich in England geringe Aussichten geschäftlichen und gesellschaftlichen Aufsteigens. Der „praktische" Engländer verlangt „unmittelbaren Gelderfolg und hält die Kenntnis des Benzolmarktes für wichtiger, als die Benzoltheorie"[460].

Anders nach Sir Henry Roscoe in Deutschland, wo der Kapitalist an die Anwendbarkeit der Theorie glaubt und diesem Glauben durch kostspielige Laboratorien und Experimente Ausdruck verleiht. Der junge Akademiker besitzt mit seinem Doktortitel eine Einführung in die ersten Kreise der Industriestadt. Nach Green beschäftigten die sechs gröfsten Farbwerke Deutschlands 1900 gegen 500 studierte Chemiker, die gesamte englische Kohlenteerindustrie nur 30—40; in den Jahren 1886—1900 hatten die sechs gröfsten deutschen Firmen 948, die sechs gröfsten englischen Firmen nur 86 Patente für Kohlenteererzeugnisse genommen.

Der Verbindung von Wissenschaft und Industrie entsprang u. a. die Indigoindustrie, womit Deutschland eine Position der indischen Landwirtschaft und des britischen Handels in Besitz nahm. Die Entdeckung des künstlichen Indigo durch Professor von Baeyer war zunächst ein rein theoretisches Ereignis. Trotzdem zwei der gröfsten deutschen Fabriken sich sofort daran machten, die Baeyersche Erfindung zu verwerten, so war doch zunächst der Erfolg dieser Bemühungen gering, in welchen mehrere Millionen Mark investiert wurden. Erst nachdem zwei Fehlwege eingeschlagen waren, gelang es im Jahre 1900 die Carbonsäure aus Naphtalin und Schwefeltrioxyd so billig herzustellen, dafs man daran gehen konnte, Indigo für den Weltmarkt zu produzieren. Der Umschwung in den entscheidenden Jahren ergibt sich aus folgenden Ziffern

	Deutschlands Einfuhr	Ausfuhr an Indigo
1895	1 794 500 kg = 21,5 Mill. Mk.	658 000 kg = 8,2 Mill. Mk.
1902	3,7 - -	ca. 3 000 000 kg = 25,1 - -

Für Zwecke der Indigoherstellung wurde die Fabrikation der Schwefelsäure von Grund aus umgestaltet, und zwar durch Verbesserung des katalytischen Verfahrens, welches unter dem Namen Wincklers bekannt ist. Damit wurde der seit dem 18. Jahrhundert in England übliche sog. Kammerprozeſs über den Haufen geworfen.

Weder Schutzzoll noch natürliche Vorteile haben die Entwicklung der chemischen Industrie in Deutschland gefördert. Ursprünglich hatte Deutschland sogar die Rohstoffe einzuführen, so Teer, Naphtalin, Soda und Ammoniak. Ähnliches gilt von der optischen Industrie, deren enge Verbindung mit der wissenschaftlichen Mathematik Deutschland zu gute kam und in Abbe einen idealen Vertreter fand.

In derselben Richtung liegt auch die Tatsache, daſs Groſsbritanniens Beteiligung an den im Auslande erteilten Patentlizenzen gegenüber den Vereinigten Staaten und Deutschland zurücktritt. Es wurden Patente erteilt[461]:

	An Groſsbritannien	An Deutschland	An die Vereinigten Staaten
In Deutschland (1904)	574	—	474
In Frankreich (1904)	917	2248	1540
In Groſsbritannien (1903)	—	2751	3466
In Italien (1904)	337	1025	314
In Österreich-Ungarn (1904)	154	962	209
In Ruſsland (ohne Finnland) (1901)	146	438	196
In der Schweiz (1903)	164	897	198
In Kanada (1904)	310	185	4417
In den Vereinigten Staaten (1903)	1065	1053	

Gewöhnlich wird dieses Zurückbleiben Englands auf dem Gebiete industrieller Technik mit den Mängeln des englischen Erziehungswesens begründet.

Es fehle, so wird vielfach gesagt, die richtige Bildungsstätte für die künftigen „Hauptleute der Industrie". „Public schools" und Universitäten seien auf die Ausbildung von Parlamentariern, Kanzelrednern und Rechtsanwälten zugeschnitten, nicht auf Erfolge im industriellen Wettkampf. Der Grofsindustrielle fürchte — so führt Sir Henry Roscoe[462] aus — seinen Sohn durch Berührung mit höherer Bildung für das geschäftliche Leben zu verderben; er nähme ihn deshalb als Knaben bereits in die Fabrik und gäbe ihm eine „praktische" Schulung. Diese Gewohnheit habe sich solange bewährt, als blindes Proben und Experimentieren der Technik den Weg wies. Anders heute: heute bearbeite der Wissenschaftler die vom wirtschaftlichen Bedürfnis gestellten Probleme zunächst am Studiertisch oder im Laboratorium; auf Grund seiner Kenntnis der Naturgesetze ordne er die beherrschbaren Kausalien in der Weise an, dafs dadurch mit Sicherheit der gewünschte Erfolg erzielt werde und überführe sodann erst die gefundene theoretische Lösung in die Praxis.

Männer ersten Ranges, wie Sir Norman Lockyer und Lord Kelvin[463], beklagen, dafs die englischen Industriellen für diesen Wandel der Zeiten blind seien und der Wissenschaft, mit der sie in ihrem Leben innere Fühlung niemals gewonnen hätten, als einer brotlosen Kunst mifstrauten. Um ein neues Geschlecht industrieller Führer zu erziehen, verlangt man „technischen Unterricht", u. a., wie man sich ausdrückt, die Errichtung eines „englischen Charlottenburgs." Es ist kein Zweifel, dafs in dieser Richtung von England bereits vieles nachgeholt worden ist und viel mehr geschehen wird, nachdem die ersten Männer des Landes — ein Chamberlain, ein Lord Rosebery u. a. — diesem Punkt ihr Interesse zugewandt haben.

Aber wie wichtig die Sache des technischen Unterrichts sein möge, so halten sich doch diejenigen Beurteiler an der Oberfläche, welche vermeinen, mit Unterrichtsreformen Englands industrielle Vorherrschaft neu befestigen zu können. Dafs das Zurückbleiben auf dem Gebiete der industriellen Technik mit tiefer liegenden Ursachen in Verbindung steht, darauf weisen Parallelerscheinungen auf dem Gebiete der Schiffahrt, des Handels, des Bankwesens.

Bekanntermafsen hat neuerdings in den Kreisen der englischen Reederei eine protektionistische Stimmung Platz gegriffen, welche Rückkehr zu Navigationsakten verlangt. Die in den Jahren 1901 und 1902 über Schiffahrtsfragen tagende Parlamentskommission verstieg sich zu folgenden Vorschlägen: „es sollen Subventionen gewährt werden, um mit dem billiger arbeitenden Ausland auf gleichen Kostenpunkt zu kommen; die Schiffahrt zwischen Mutterland und Kolonien soll der englischen Flagge durch Gesetz vorbehalten bleiben." Diese Vorschläge sind umso schwerwiegender, als schon heute die britische Regierung nahezu das dreifache an Schiffahrtsubventionen zahlt, als die deutsche. Trotzdem sind die Seefrachten nach den britischen Kolonien von deutschen Häfen aus vielfach billiger, als von England. Während der Morgantrust den bei weitem gröfsten Teil der englischen Reedereien im nordatlantischen Verkehr unterwarf, kamen die deutschen Linien auf Grund gröfserer Solidarität zu einem günstigen Abkommen mit den Amerikanern, das ihre Selbständigkeit gewährleistete. Charakteristisch ist auch der Rückgang des britischen Elements in der Besatzung der britischen Kauffarteiflotte.

	1893	1903
Briten	186 628	176 520
Ausländer	29 549	40 396
Lascaren	24 797	41 021

Wir konstatieren diese Tatsachen, ohne in ihrer Beurteilung entfernt so weit zu gehen, wie Graf Hirosawa, der — weit übertreibend — behauptet, dafs die Engländer aufhörten, ein seefahrendes Volk zu sein[464].

Auch auf kommerziellem Gebiete zeigt sich eine gewisse Erschlaffung, für welche das Blaubuch „Trade of the Britisch Empire und foreign competition" Juli 1897 zahlreiche Belege enthält. „Die Deutschen bringen ihre Waren zum Käufer, während der britische Kaufmann darauf wartet, daſs der Käufer zu ihm kommt." Die britischen Agenten und Reisenden leben auf zu groſsem Fuſse. Der Engländer gestaltet die Verpackung vielfach zu schwer und solide, der Ausländer dagegen leicht und gefällig. Der Engländer vernachlässigt den von der Qualität unabhängigen „finish," insbesondere bei billigeren Gütern und geringeren Qualitäten. Er verlangt Zahlung und trägt der Kreditbedürftigkeit der überseeischen Kunden keine Rechnung. Er vermeidet den Detailhändler im Innern, den der Ausländer durch Geschäftsreisende bearbeiten läſst. Er vernachläſsigt die Reklame; seine Kataloge sind oft schwerverständlich; sie ermangeln genügender Preisangaben in ortsüblichem Gelde und Maſse. Die englischen Waren sind vielfach zu gut und zu teuer im Verhältnis zur Zahlungsfähigkeit der Kunden. Der Engländer nötigt seinen Geschmack dem Markte auf; er liefert vielfach entweder so, wie er es für richtig hält, oder gar nicht[465].

In letzter Linie sei auf eine gewisse Verknöcherung des englischen Bankwesens hingewiesen[466].

Die Bank von England beruft sich noch heute auf die Tatsache, daſs sie vor fünfzig Jahren die beste Notenbank der Welt war, und daſs sie seitdem ohne akute Krisis durchgekommen ist. Kein Sachverständiger zweifelt demgegenüber daran, daſs die Peelsche Bankakte überholt ist, nachdem ihre theoretische Grundlage, die Currency-Theorie, von Engländern selbst wie Tooke und Fullarton, sodann von Adolf Wagner und Nasse auf das gründlichste widerlegt worden ist. Zudem bietet die deutsche Reichsbank mit dem Prinzip der Wechseldeckung und der elastischen Notengrenze ein theoretisch einwandfreies, praktisch wohlbewährtes Muster. Noch heute begegnen wir bei englischen Bankschriftstellern einem häufigen

Mifsverständnisse dieser Grundgedanken der deutschen Notendeckung. So legen englische Beurteiler gewöhnlich das Hauptgewicht auf die Notensteuer, welche als Rest der Quantitätstheorie in das deutsche Bankgesetz hineinragt, aber gegenüber dem Prinzip der Wechseldeckung eine unwesentliche, wenn auch vielleicht nützliche Zutat bedeutet. Noch immer werfen manche Engländer „Wechsel und Effekten" (bills and stocks) als gleichartige Notendeckung durcheinander[467]. Selbst Inglis-Palgrave legt noch zu viel Gewicht auf die teilweise Bardeckung der deutschen Banknoten gegenüber der wichtigeren Wechseldeckung.

Die Neukonstruktion der Bank von England, an welche Goschen nach der Baringkrise herantrat, ist auch heute noch ein hoffnungsloses Unternehmen[468]. Selbst kleinere Misstände der inneren Verwaltung sind durch das Alter geheiligt, so der jährliche Wechsel des Präsidenten, welchen schon Bagehot tadelte, und der heute sinnlose Ausschlufs von Mitgliedern anderer Aktienbanken aus dem Aufsichtsrate, worauf Jaffé mit Recht hinweist.

Vor allem aber ist man sich heute über die Gefahren des **Einreservesystems** einig. Erste Sachverständige wie einst Bagehot, dann Goschen, neuerdings wieder Felix Schuster, erheben dagegen ihre warnende Stimme. Das Einreservesystem läfst sich mit kurzen Worten dahin schildern, dafs die englischen Depositenbanken mit ihren ungeheuren, stets fälligen Verbindlichkeiten überhaupt keine Reserve, selbst kaum den notwendigsten Kassenbestand halten, sondern ihre Kassenbestände und Reserven bei der Bank von England deponieren. Die grofse Masse der Zahlungen vollzieht sich durch Check und Clearing, wobei die Saldi unter den Clearinghouse Teilnehmern durch Umschreibung in den Büchern der Bank von England beglichen werden. Dieses ganze System hat zur Voraussetzung den Glauben an die absolute „Sicherheit des Zentrums"[469]. Man geht in diesem

Vertrauen sogar so weit, dafs man in den Bankbilanzen die Depositen bei der Bank von England mit dem in den Schaltern befindlichen „till money" als „Barbestand" (cash) zusammenwirft. Die Depositen bei der Bank von England sind demnach Reserve der Banken, sollten also nicht gleichzeitig als Reserve der Bank von England behandelt werden[470]. Da sie tatsächlich die offizielle Reserve der Bank von England sogar vielfach übersteigen, so ist die wirkliche Reserve der Bank von England (d. h. bank reserve — bankers deposits) gleich Null. Mit andern Worten: ziehen die Banken einmal in schwierigen Zeiten ihre Depositen zurück, so ist die Zahlungsfähigkeit der Bank von England erschöpft. Wenn nun auch im Fall der Krisis die Banken zunächst die Neigung haben, ihre Depositen zu vermehren, so liegt doch eine Zurückziehung der Depositen im Falle einer Panik nicht aufser dem Bereiche jeder Möglichkeit. Der glücklich beschworenen Baringkrisis kam die Heiterkeit des politischen Horizontes zugute. Unter dem Zusammentreffen weiterer ungünstiger Einflüsse, insbesondere vom Gebiete der auswärtigen Politik her, hätten die Dinge sich anders entwickeln können. Es brauchte nur allgemeines Mifstrauen gegen die Londoner Akzeptfirmen aufzuschiefsen und das Ausland etwa Miene machen, seine Forderungen gegen dieselben in Gold einzukassieren Als letzte Hilfe verbleibt der „Treasury letter", welcher die Peelsakte aufser Kraft setzt, aber stets — besonders in Zeiten politischer Verwicklungen — die Gefahr der Agioerscheinung in sich schliefst.

Die Gefahren des Einreservesystems haben sich neuerdings vermehrt. Zwar haben die Banken aufser ihren Depositen bei der Bank von England noch andere formell liquide Ausstände, auf welche sie im Notfall zurückgreifen können. Hierher gehören die ungeheuren Beträge, welche sie den „brokers" gegen Beleihung von Wechseln und Effekten ausgeliehen haben. Aber diese „brokers" können ihre Verpflichtung gegen die Banken nur dann erfüllen, wenn ihnen selbst ein

Dritter — in letzter Linie die Bank von England — das Geld leiht. Je mehr der billbroker hinter dem stockbroker zurücktritt, um so mehr werden der Bank von England Effekten — im Falle der Krisis also unverkäufliches oder schwerverkäufliches Material — als Sicherheit angeboten. Hierzu kommt, dafs sich die stets fälligen Verbindlichkeiten der Banken gerade noch neuerdings ganz aufserordentlich vermehrt haben. Das sich ausdehnende Netz von Bankfilialen (1872—2924 bank offices im U. K., 1903—7046) pumpt das zirkulierende Edelmetall immer mehr aus der Provinz. Von 1876 bis 1903 ist die Summe sämtlicher Depositen der englischen Banken um 340—350 Millionen £ gewachsen, die Reserve der Bank von England (Noten und Gold im bankdepartement) dagegen nur von 19,2 Millionen £ November 1876 auf 22 Millionen £ November 1903. Tatsächlich ist auch diese geringe Zunahme imaginär, indem 1876 das Kontingent ungedeckter Noten 15 Millionen £ betrug, 1903 dagegen durch den Rückgang der privaten Notenbanken auf 18,4 Millionen £ gestiegen war [471].

	Summe sämtlicher Depositen und umlaufende Noten in Millionen £	Reserve der Bank von England in Millionen £
1894	721,5	25,8
1903	885,4	22,0

Dieses Mifsverhältnis wird dadurch verschärft, dafs aufser ihren Edelmetallbeständen die Bank von England wenig liquide Aktiva aufweifst, insbesondere sehr geringe Wechselbestände. Gegenüber einem Wechselportefeuille von 50 Millionen £, über welches die deutsche Reichsbank am 31. Dezember 1901 verfügte, besafs die Bank von England am 6. Februar 1902 für 62 Millionen £ „securities" d. h. weit überwiegend Forderungen gegen die Regierung und verpfändete Effekten [472]. Die Gefahren des Einreservesystems sind heute auch insofern dringlicher geworden, als unter den Kunden der Banken, welche Depositen zurückziehen können, sich neuerdings starke ausländische Geldmächte befinden, z. B. die in der City ansäfsigen echten Auslandsbanken (im Gegensatz zu den früher sog. „foreign banks"), welche als Filialen von Aktienunternehmungen nicht mehr im Verlaufe einer Generation, wie ehedem die Privatfirmen, verengländern[473]. Hierzu kommt endlich, dafs neben den privaten Deponenten im Falle einer Panik auch die Regierung mit Ansprüchen an die Bank von England herantreten müfste. Die Einlagen des kleinen Sparers bei den Postsparkassen sind „money at call," dagegen hat die Regierung dieselben in staatlichen Schuldscheinen (1904 zirka 250 Millionen $\pounds$) angelegt, ohne eine liquide Reserve zu halten[474].

Angesichts aller dieser Tatsachen verstehen wir es, wenn ein weitsichtiger Patriot wie Goschen seinen Landsleuten, gelegentlich der Baring Krisis, das Bild einer künftigen Katastrophe vor Augen hielt, und wenn ein so ausgezeichneter Schriftsteller wie Lawson erklärt: „unsere Lage ist, was die Bankreserven angeht, heute entschieden schwächer als früher"; resigniert fügt Lawson hinzu: „es ist zunehmend schwieriger, die Aufmerksamkeit auf irgend etwas zu ziehen, was nicht ein Teil der gewöhnlichen Geschäftsroutine ist."

Die gemachten Reformvorschläge gehen aber nicht auf eine Neukonstruktion von Grund aus, unter Beseitigung der Peelsakte, sondern lediglich auf eine Vermehrung des Goldbestandes der Bank von England bezw. Anlage eines staatlichen Goldschatzes[475]. In dieser Richtung liegen z. B. die Forderungen Goschens[476], Sir Samuel Montagues[477], und neuerdings wieder die sehr dringlichen Mahnungen Felix Schusters[478]. Alle, so bemerkt Goschen, stimmen dahin überein, dafs mehr Gold gehalten werden sollte — „auf Kosten eines andern." Dafs der Kernschaden aber überhaupt nicht in der „zu schmalen Goldbasis" der Bank von England, vielmehr in dem Einreservesystem und der mangelhaften Liquidität ihrer übrigen Aktiva gelegen ist, ergibt die Tatsache, daſs das Verhältnis des Edelmetallbestandes der Bank zu ihren Verpflichtungen (liabilities and notes in circulation) sich nicht wesentlich verschlechtert hat (1844—42 %, 1900—42 %)[479].

Aber die Gefahren des Einreservesystems sind jedenfalls bisher noch nicht praktisch geworden. Dagegen macht sich ein anderer Miſsstand häufig in störender Weise geltend: die Bank von England ist in Zeiten der Krisis die Zuflucht der Banken, in Zeiten des gewöhnlichen Geschäftsverlaufes dagegen nicht mehr die Führerin, sondern eine und zwar nicht die gröſste Bank unter andern. Sie ist weit entfernt, über jene Machtmittel zu verfügen (via Giro und Wechseldiskont), durch welche die deutsche Reichsbank selbst den gröſsten Privatbanken Deutschlands überlegen ist. Sie ist infolgedessen auſserstande bald mäſsigend bald stützend auf den Geldmarkt und damit das Wirtschaftsleben der Nation einzuwirken.

Während 1848 die Bank von Eugland noch die Hälfte aller Diskonte besaſs, steht sie heute in gewöhnlichen Zeiten auf dem Diskontmark im Hintergrund. Von 1844—1877 herrschte nach Inglis Palgrave die offizielle Bankrate über den Diskontsatz; heute gehen die Billbroker und Jointstockbanken ihre eigenen Wege und diskontieren häufig weit unter dem offiziellen Diskontsatz, den die Bank von England selbst keineswegs innehält. Infolge dessen ist es der Bank von England erschwert, ihren Goldbesitz zu verteidigen. Der erhöhte Diskontsatz zieht öfters nur langsam und widerstrebend Gold an; z. B. erwies sich ein 6 % Diskont zu Beginn des südafrikanischen Krieges eine Zeit lang wirkungslos, weil er vom Geldmarkt nicht beachtet wurde[480]. Zu dieser mangelhaften Herrschaft über den Diskontmarkt gesellt sich die starre Notengrenze der Peelsakte, welche bewirkt, daſs jeder gröſsere Goldexport, der eine entsprechende Verminderung der zur freien Verfügung der Bank stehenden Notenmenge bedingt, Schrecken verbreitet. Beide Umstände vereint bewirken, daſs die Bank von England von Fall zu Fall laviert und sich von ängstlichen Rücksichten auf ihre Reserve leiten läſst, statt das Wirtschaftsleben weitschauend zu beeinflussen. Schon geringfügige Goldentnahmen verbreiten Beunruhigung, wobei es sich um Summen handelt, die gegenüber der Kapitalkraft Englands überhaupt nicht in Betracht kommen sollten. Sobald die Goldknappheit überwunden ist, dient die Bank wie Jaffé hervorhebt, dem Gewinninteresse ihrer Aktionäre, welches mit Erhöhung der Reserve in Widerspruch steht.

Zu diesen Mängeln des Zentralinstituts gesellen sich gewisse Schäden des privaten Kreditwesens. Ich rechne hierzu das Fehlen des Kleinkredits, insbesondere des landwirtschaftlichen Kredits, in welchem England heute sogar von Irland überholt wird, ferner die Bevorzugung der Effektenbörse gegenüber der Industrie durch die die Depositen der Nation verwaltenden Banken, endlich den vielfach spekulativen Charakter des Emissionswesens gegenüber der altvornehmen Solidität der Depositenbanken[481]. Unerfreulich erscheinen auch einige Fälle des kommunalen Sparkassenwesens: man lockte unter dem Versprechen überdurchschnittlichen Zinses die Spareinlagen kleiner Leute an, um kommunale Geldnot zu heilen, ohne für die Liquidität und Sicherheit jener Anlage Sorge zu tragen. Was würde Gladstone hierzu gesagt haben? frägt das Bankers Magazine.

Alles in allem genommen scheint das Urteil berechtigt, daſs England auf dem Gebiete des Kreditwesens heute nicht mehr so vorbildlich dasteht, wie etwa vor 50 Jahren, als es die hohe Schule des Bankfaches war.

Zur Erklärung dieser Erschlaffungserscheinungen auf dem Gebiete der Industrie, des Handels und des Bankwesens bedient man sich vielfach des Schlagwortes „Britischer Konservativismus". Aber dereinst hat der Brite die Welt revolutioniert.

Die britische Aufklärung hat das menschliche Denken

revolutioniert. Unvergängliche Denkmale dieser geistigen Umwälzung, die uns alle trägt, sind die Namen eines Bacon und Newton, eines Locke und Hume. Voltaire selbst erklärt mit Recht: „Ich gestehe, daſs die Philosophie in unserem Jahrhundert groſse Fortschritte gemacht hat; aber wem verdanken wir es? Den Engländern." Die Erinnerung Humes war es, welche Kant aus dem dogmatischen Schlummer erweckte und seinem Denken die entscheidende neue Richtung gab.

Weder der Name eines Darwin noch der eines Herbert Spencer ist in eine Linie mit jenen Briten allererster Menschheitsbedeutung einzurücken. In den Werken Herbert Spencers findet sich kein einziges Kapitel, daſs sich mit der Kritik auseinandersetzte, welche David Hume am Begriff der Substanz und der Kausalität geübt hat. Man kann daher nicht sagen, daſs das britische Denken in Herbert Spencer der Skepsis eines Hume Herr geworden sei. Charles Darwin dagegen war weit entfernt, Weltanschauung geben zu wollen. Die Deszendenzlehre, welche als selbstverständlicher Bestandteil in unsere Weltanschauung übergegangen ist, ist bekanntlich weit älter als Darwin. Unentbehrlich, um uns von dem Wunder der besonderen Schöpfung der einzelnen Arten zu befreien, liegt sie in der Richtung der von Kant geforderten kausalen Erklärung der organischen Lebensvorgänge. Schon Kant hat die Vermutung einer „wirklichen Verwandtschaft" aller Organismen auf Grund ihrer „Erzeugung von einer gemeinsamen Urmutter" aufgestellt. Er hat es als Aufgabe des vergleichenden Anatomen erklärt, ein System „dem wirklichen Erzeugungsprinzip nach" aufzufinden; er hat dem Geologen die Aufgabe gestellt, aus den übriggebliebenen Spuren früherer Schöpfungen die groſse Familie neu entspringen zu lassen[482]. Darwin brachte hierzu das Prinzip des „Kampfes ums Dasein" als ein Mittel, die Entstehung der Arten auf kausalem Wege zu erklären. Er entnahm diesen Gedanken, wie seine Selbstbiographie zeigt, der englischen Nationalökonomie. Ob dieses Prinzip ausreicht, alle organische Entwicklung kausal zu erklären, hierüber ist heute die Naturwissenschaft uneins.

Ähnliches gilt vom Gebiet des politischen Denkens. In britischem Boden wurzeln die revolutionären Ideen der Volkssouveränität und der Menschenrechte. Von den politischen Ideen Englands lebte der festländische Liberalismus seit den Tagen Montesquieus. Englische Ideen arbeiteten in der französischen Revolution, welche, wie Macauley in seinem Aufsatz über Walpole mit Recht sagt, der „Dolmetscher zwischen England und der Menschheit" war. Bewundernd erblickte unser Schiller und mit ihm die Welt in England „der Freiheit Paradies". Viele bemühten sich, es nachzuschreiben:

„Das stolze Blatt, das deine Könige zu Bürgern,
Zu Fürsten deine Bürger macht."

Und heute? Englands vielbewundertes Parlamentssystem besteht nur noch dem Namen nach: heute regiert das Kabinett und das Parlament sinkt zum bedeutungslosen Wahlmännerkollegium herab, welches zwischen souveräner Demokratie und Ministerium vermittelt. Der britische Imperialismus sucht politische Vorbilder in den bundesstaatlichen Einrichtungen Kanadas und der Vereinigten Staaten. In allgemeiner Schulpflicht und Arbeiterversicherung ging Deutschland voran.

Die Namen eines Adam Smith und Ricardo sind die Denkmäler einer anderen, unendlich bedeutungsvollen und dereinst nicht minder revolutionären Weltherrschaft des britischen Geistes. Heute hat die historische Behandlung volkswirtschaftlicher Probleme, welche von Deutschland ausging, sich auch in England so sehr durchgesetzt, daß es an der Zeit ist, gewisse unvergängliche Einsichten jener britischen Klassiker zu wiederholen.

Ebensowenig hat das Wort „Konservativismus" dereinst von England in wirtschaftlicher und technischer Hinsicht gegolten — von England, der Wiege des modernen Kapitalismus. Alle leitenden Erfindungen auf dem Gebiete der Eisenindustrie sind englischen Ursprungs, wenigstens seit dem 17. Jahrhundert, während im 16. Jahrhundert noch das Ausschmelzen der Eisenerze mittelst der Kohle sowie das Zerschneiden gewalzten Eisens zur Nagelfabrikation (slitting mills) von Deutschland nach England gebracht worden war[483]. Der Puddel- und der Bessemerprozeſs sowie das Entphosphorungsverfahren nach Thomas sind englischen Ursprungs. 1760 waren nach Baines die Werkzeuge der englischen Textilindustrie so einfach wie in Indien, 1768 errichtete Arkwright zu Nottingham die erste moderne Fabrik. Fabrikwesen aber und Eisenbahnen bewirkten die gröſste Umwälzung, welche die Wirtschaftsgeschichte seit dem Hereinbrechen der Geldwirtschaft verzeichnet — und beides waren britische Erfindungen.

England schuf die erste moderne Notenbank und baute später jenes hocharbeitsteilige Bankwesen aus, welches andere Nationen bewundernd anstaunten. England entdeckte die Goldwährung, welche seitdem jeder wirtschaftlich aufsteigende Staat anstrebt. Es formuliert ihre Grundlagen in einer Theorie, welche Gemeingut der Menschheit geworden ist.

Wahrlich: Konservativismus lag dereinst nicht im britischen Blute! Erst neuerdings ward aus dem kühn vorstürmenden Neuerer der beatus possidens.

Derjenige, welcher auf dem Boden des historischen Materialismus steht, wird die Neigung haben, alle in dieser Hinsicht aufgeführten Erscheinungen auf eine wirtschaftliche Ursache zurückzuführen. Der „expansive Industriestaat" von ehedem nähert sich „der stabilen Wirtschaft alter Kultur"[484]. Man könnte, hiervon ausgehend, dann etwa hinzufügen: Dem Rentnerstaate entspricht das Rentnerideal, das Ideal mühelosen Erwerbes durch Erbschaft, Spekulation oder Heirat, das Ideal groben oder verfeinerten Lebensgenusses. Aber indem man sich mit diesem „entspricht" begnügt, verdeckt man lediglich eine Lücke der Erkenntnis. Man konstatiert eine Parallelerscheinung, aber man gewinnt keinen Einblick in den Kausalzusammenhang.

Da vielmehr bei dem Aufbau der britischen Wirtschaftshegemonie geistesgeschichtliche Faktoren mächtig an der Arbeit waren, so liegt die Vermutung nahe, daſs die kapitalistischen Erschlaffungserscheinungen, die wir heute wahrnehmen, auf geistesgeschichtliche Zersetzungsvorgänge zurückzuführen sind. Der kapitalistische Geist — ein einmaliges Ergebnis äuſserst komplexer Ursachenreihen der westeuropäischen Geschichte — ist eben kein gesichertes Besitzstück der modernen Gesellschaft. Wir sahen oben, wie er aus der religiösen Vorzeit sich allmählich entrang und die religiösen Erinnerungen abstreifte, wie er auf dem Boden der diesseitigen Welt sein Heim errichtete, aber in dieses irdische Getriebe irrationale Elemente mit hinüber nahm: die methodische Lebensgestaltung auf dem Boden des Wahrheitswertes, welcher der naturwissenschaftlichen Erkenntnis beigelegt wird.

Der „Glaube an die Naturwissenschaft" verblaſst in dem Maſse, als der Wahrheitswert — dieses eigentümliche Erzeugnis protestantischer Geistesentwicklung — an zwingender Gewalt verliert. Aber auf der anderen Seite ist dieser Glaube gerade heute die Nährmutter alles industriellen Erfolges. Die „praktischen" Erfolge der Naturwissenschaft reifen nur langsam in Jahren harten theoretischen Ringens. Die gröſsten Siege sind, wie Helmholtz sagt, dort erfochten worden, wo reine Liebe zur Wahrheit erobernd in das Reich des Unbekannten vordrang.

Die methodische Lebensgestaltung aber sinkt, nachdem ihr religiöses Rückgrat gebrochen ist, unter den Streichen zweier Feinde: des Luxus und des Sports.

Die Puritaner hatten, unter Aufnahme altchristlicher Gedanken[485], die Forderung aufgestellt: „zu haben, als hätte man nicht." Ohne einem vernünftigen, die Lebenstätigkeit steigernden Komfort abhold zu sein, wandte sich der

Puritanismus gegen die Versklavung des Menschen durch den Luxus. Er hat so die Produktion vorwärts getrieben, die Konsumtion zurückgehalten. Mit Verfall der religiösen Unterlage sehen wir den „natürlichen" Menschen wieder seine Rechte bejahen. Er weigert sich, als Maschine der Reichtumserzeugung Zwecken zu dienen, die ihm persönlich fern liegen.

Zweifellos wächst im heutigen England der Konsum rascher als die Produktion. Schwarzseher behaupten, daſs er die Produktion bereits überholt habe, was bei den ungeheuren Rentenbezügen Englands nicht undenkbar wäre. Jedem Ausländer, der England neuerdings, auch nur in einer Zwischenzeit von 10 bis 15 Jahren, wieder bereist hat, muſs eine ungeheure Zunahme des Luxus auffallen. Obgleich auf dem Freihandelsboden Londons die meisten Warenpreise niedriger sind als irgendwo sonst, so ist das „Leben" doch nirgends teurer, insbesondere für den, der den Ehrgeiz hat, zur „Gesellschaft" mitzurechnen. Allein für Rennpferde und Fuchsjagden soll England alljährlich 14 Millionen £ ausgeben[486]. Auch in den breiten Mittelklassen und in der Arbeiterwelt nehmen zugestandenermaſsen verschwenderische Lebensgewohnheiten zu. Die Arbeiterfrau, welche den Konsum der groſsen Masse des Volkes leitet, ist keine „Hausfrau". Hören wir zu diesem Punkte zwei hervorragende Stimmen der City[487]: „Das schreiende Übel der Gegenwart ist die Verschwendung des Staates, der Kommunen, des Einzelnen. Auf allen Seiten wächst es in geometrischer Progression — mit dieser Verschwendung wächst der Wunsch nach weniger Arbeit und mehr Feiertagen." „Es scheint, als ob der voraussichtige und vernünftige Gebrauch des Geldes zur verlorenen Kunst in England wird." „Die arbeitenden Klassen scheinen die sparsamen Gewohnheiten eines einfacheren und härter arbeitenden Zeitalters zu verlieren."

Denken wir weiter an den Kampf, welchen der Puritanismus gegen den Sport geführt hatte; denken wir an den rasenden Widerspruch, welchen dereinst die Verlesung des „book of sports" von den Kanzeln hervorgerufen hatte. Heute siegt trotz Carlyle und Ruskin über die methodische Arbeit der triebhafte Lebensgenuſs, der im Sport seinen Ausdruck findet; über das kapitalistische siegt das sportive Interesse. „Athletische Auszeichnung" gilt dem Durchschnittsengländer von heute als Ziel des Lebens[488]. Dieses Ziel aber ist mit einem Leben der Arbeit unvereinbar. Wer Plebejer genug ist, um durch Arbeit irgendwelcher Art belastet zu sein, wird nie die Höhen des Sports erklimmen, auf denen der Liebhaber mit dem „professional" wetteifert.

Als Mittel für Stählung des Körpers und Disziplinierung des Geistes ist der Sport vortrefflich. Er befähigt, richtig benutzt, den Menschen, um so energischer kulturellen Lebenszwecken zu dienen, mögen diese nun wirtschaftlicher, wissenschaftlicher, künstlerischer oder politischer Natur sein. Viele ausgezeichnete Engländer sind auch heute hierfür Beleg. Ich erinnere u. a. an Arthur Balfour, einen vortrefflichen Golfer, einen hervorragenden Staatsmann, einen hochgebildeten philosophischen Kopf. Wo jedoch, wie bei vielen seiner Landsleute, der Sport zum Mittelpunkt des Lebens aufrückt, ist er kulturfeindlich[489]. Insbesondere ist er unvereinbar mit intellektueller wie kapitalistischer Geistesrichtung, welche der Sportsman als „ungentlemanlike" verachtet. In den Kreisen der M. J. R. C. (Members of the idle, rich class[490]) spielt der deutsche Bücherwurm eine gleich jämmerliche Rolle wie der höchstens als Schwiegervater brauchbare amerikanische Dollarkönig: wie verschieden sie beide sonst sein mögen, sie gehören zu den Dummen, welche arbeiten. Von dieser dereinst feudalen Auffassung ist heute die bürgerliche Oberschicht des englischen Volkes durchseucht[491].

Bezeichnenderweise tragen die beliebtesten Zweige des nationalen Sports einen stark plutokratischen Zuschnitt. Polo und Haustennis, Fuchshetze und Moorhuhnjagd, Motor- und

Jachtfahrt, Globetrotten und Hochwildschiefsen im Auslande, selbst das bescheidnere Golfsspiel erfordern in vielen Fällen zwar auch einen gewandten Körper, ein festes Auge, eine ruhige Hand, stets aber einen grofsen Geldbeutel. Sie setzen ein Aristokratengeschlecht voraus, das von der Arbeit des Negers, Chinesen und Hindu, von den Zinsen und Grundrenten aus aller Herren Länder lebt, und das den Boden des Mutterlandes nur mehr als Luxusgegenstand wertet.

Weithin aber nach unten in die breiten Schichten der Nation hinein wirkt der Sport kulturzersetzend. Ein Grofskaufmann, welcher in seinen überseeischen Kontoren Angehörige verschiedener Nationen beschäftigt, sagte mir kürzlich, dafs die Engländer hauptsächlich aus dem Grunde weniger brauchbar wären, weil bei ihnen sportive Neigungen nur allzu häufig das Interesse an der Berufsarbeit überwucherten. Für die breiten handarbeitenden Massen wird der Sport zum Professionalismus; das Publikum, und gerade auch das Arbeiterpublikum, wird zum untätigen, aber leidenschaftlich teilnehmenden Zuschauer[492]. Wenige Fragen interessieren den englischen Arbeiter mehr, als der Ausgang des Fufsballwettspiels zwischen England und Australien[493].

Alle diese geistigen wie wirtschaftlichen Verschiebungen vermindern die freihändlerische Energie des Industriestaates. Wenn es wahr ist, dafs Rentnerstaat und Rentnerideal aufsteigende Gröfsen sind, so gewinnt man hiermit ein neues Argument zu gunsten der Finanzreform. Ist nämlich die „Urbarmachung der Welt" im Fichte-Carlyleschen Sinne die Kulturaufgabe der Menschheit, so ist das Rentnertum an sich kulturlos. Es lebt von vergangner und fremder Arbeit und erstickt, wie W. Morris ihm vorwarf, im Luxus. Aber es ist ein ausgezeichnetes Belastungsobjekt zu gunsten solcher Kulturzwecke, die ihm von aufsen her aufgezwungen werden. Innerlich tief pessimistisch gestimmt hinsichtlich der kleinenglischen Zukunft, denkt mancher Imperialist etwa in folgendem

Gedankengang: nachdem England selbst den Kreislauf der politischen und volkswirtschaftlichen Entwicklung in grofsartiger Weise durchmessen hat, ist seine Hoffnung heute eine neue Jugend in seinen Kindern über See; sein altersmüder Reichtum befruchte ihre jungfräulichen Felder; seine Abendsonne sei die Morgenröte neuer angelsächsischer Kulturen. Von diesem Standpunkte aus kann man sämtliche Argumente der Freihändler für berechtigt anerkennen und doch einem handelspolitischen Umbau auf Kosten des Mutterlandes das Wort reden.

7. Sozialpolitische Verschiebungen.

Tief in der englischen Volksseele wurzelt das soziale Ideal, das Streben nach materieller und geistiger Hebung der unteren Volksklassen. Neben dem Imperialismus ist dieses Ideal die grofse bewegende Kraft der Gegenwart. Es ist sehr wohl denkbar, dafs die soziale Zielsetzung sich zeitweise wieder in den Vordergrund schiebt und die nationale verdunkelt.

England hat dem sozialen Ideal zuliebe die formale Freiheit der Manchesterlehre längst aufgegeben. Diese Wandelung des politischen Denkens tritt in der Selbstbiographie J. St. Mills deutlich zutage. England hat von allen europäischen Staaten heute die weitestgehende Arbeiterschutzgesetzgebung, die mächtigste Gewerkschaftsorganisation, für Irland wenigstens die tiefstgreifende Landgesetzgebung. Insbesondere ist die liberale Partei mit sozialen und sozialistischen Stimmungen reichlichst durchsetzt. Chamberlain hat als radikaler Reformer in einer Rede vom 28. April 1885 diesen sozialen Liberalismus mit folgenden Worten umschrieben: „Als die Staatsregierung nur die Autorität der Krone und die Ansichten einer besonderen Volksklasse repräsentierte, da war die Beschränkung ihrer Autorität und die Verminderung ihrer Ausgaben die erste Pflicht von Männern, welche ihre Freiheit schätzten. Aber jetzt ist das alles verändert. Jetzt ist die Regierung der organisierte Ausdruck der Wünsche und Bedürfnisse des Volks und unter diesen Umständen wollen wir aufhören, sie mit Mifstrauen zu betrachten. Jetzt ist es unsere Aufgabe, die Funktionen der Regierung auszudehnen und zu prüfen, in welcher Richtung ihre Tätigkeit in nützlicher Weise erweitert werden kann."

Dieser soziale Liberalismus knüpft innerlich an das ältere liberale Ideal an: er erstrebt eine materielle Freiheit und eine gröfsere Gleichheit der Konkurrenzbedingungen unter Beschneidung der formalen Freiheit dort, wo letztere zu ungunsten des Schwachen ausschlägt [494]. Auf diese Weise hat er die kapitalistische Gesellschaftsordnung, auf welcher er fufst, erfolgreich mit sozialem Geiste durchtränkt und auf dem Boden des Freihandels der Hebung der Arbeiterklasse gedient.

Gewisse Wandlungen, welche sich neuerdings unter der Oberfläche vollziehen, bedrohen dieses Bündnis, auf welchem alles beruht, was England in sozialer Hinsicht bisher erreicht hat.

Zwei Wege eröffnen sich auf dem Boden der heutigen Weltverhältnisse für die praktische Verfolgung des sozialen Ideals.

Der erste Weg — der des sozialen Liberalismus — ist folgender: man tritt entschlossen auf den Boden der internationalen Konkurrenz; man nimmt die modernste Technik zu Hilfe; man macht den Arbeiter zum Beaufsichtiger automatischer Maschinen; man steigert die Geschwindigkeit und die Gröfse der Maschinerie, sowie die Intensität der Arbeit. Es gelingt dadurch die Kosten der Arbeit pro Produkt herunterzudrücken, die Tagesverdienste der Arbeiter dagegen zu steigern und die Arbeitszeit zu verkürzen. Dieser Weg wurde bisher von der englischen Arbeiterschaft beschritten, und ihm verdankt die gewerkschaftliche Oberschicht ihre Erfolge. Solange der soziale Fortschritt sich in diesen

Bahnen bewegt, hat er die internationale Konkurrenz nicht zu fürchten. Unter steigender Produktivität des Arbeiters und verbesserter Maschinerie vermehrt er die sog. „nationale Dividende", d. h. das Jahresprodukt der Nation dividiert durch die Zahl der beschäftigten Arbeiter.

Aber immerhin bedarf es weitgehender Entsagung, um das auf diesem Wege Erreichbare überhaupt als Erfolg gelten zu lassen. Der soziale Fortschritt ist hiermit in eine enge Grenze gebannt, deren Überschreitung sich rächt. Erzwingt man einen höheren sozialen Standard als den, welchen Technik und Arbeitsintensität zurzeit rechtfertigen, so schwächt man sich für den internationalen Konkurrenzkampf. Technik und Arbeitsintensität aber sind nicht beliebig zu steigernde Gröfsen; ihr Gebiet ist nur allmählig zu erweitern. Zudem eignen diese Mittel des sozialen Fortschrittes zunächst nur einer oberen Arbeiterschicht. Die breiten unteren Massen folgen zögernd, am ehesten dadurch, dafs sich einzelne Kreise von ihnen ablösen, sich gewerkschaftlich organisieren und zur Oberschicht aufsteigen. Aber auch die Arbeiteraristokratie ist vor dem schlimmsten sozialen Übel, der Arbeitslosigkeit, keineswegs gesichert. Sie unterfällt den Konjunkturen des Weltmarktes. Arbeitsparende Maschinen depossedieren nur zu oft gelernte Arbeiter, welche in das Residuum herabsinken. Gewerkschaftliche Mafsnahmen können die Wirkungen der Arbeitslosigkeit im besten Falle doch nur abmildern. Sobald die eine soziale Aufgabe auch nur annähernd für einen beschränkten Kreis gelöst ist, eröffnen sich zehn neue Aufgaben. Indem man vorwärts schreitet, scheint das Ideal in immer weitere Fernen zu rücken.

Immer wieder legt sich daher die Menschheit die Frage vor, ob es ihr nicht gegeben ist, sich in kühnerem Fluge zu erheben. Statt der nie zum Ziele führenden Bewegung erstrebt sie einen Zustand, welcher dem Ideal grundsätzlich näherliegt, als alle Entwicklung auf dem Boden des Konkurrenz-

systems: eine wahrhaft „soziale Organisation der Arbeit".
Niemand stellte im neueren England diese Forderung leidenschaftlicher als etwa ein William Morris, welcher für Zwecke einer ästhetischen Lebensgestaltung die Maschine zurückdrängen wollte und in dem rücksichtslosen Streben nach Verbilligung der Produktionskosten den Kernpunkt alles sozialen Übels erblickte.

Sobald man im Dienste des sozialen Ideals einen Zustand der Beharrung erstrebt, so sind, wie schon Fichte erkannt hat, zwei Grundpfeiler unentbehrlich, auf denen dieses Gebäude zu ruhen hat: das „Recht auf Existenz" und das „Recht auf Arbeit". Hinter ihnen wollte Fichte, um die Tragfähigkeit des Aufbaues zu sichern, eine dritte Säule aufgerichtet wissen: das Eigentum der in einem bestimmten Gewerbszweige beschäftigten Arbeiter an diesem ihrem Gewerbe [495].

Diese drei Forderungen haben augenscheinlich eine gewisse Stabilität der Bevölkerung wie der Technik zur Voraussetzung; jeder Bevölkerungszuflufs, welcher die Aufnahmefähigkeit der vorhandenen sozialen Gefäfse überschritte, jede technische Revolution, welche diese Gefäfse über den Haufen würfe, müfste den ganzen Aufbau bedrohen.

Jene drei Grundrechte des sozialen Staates aber leben als Forderungen seit alters in der englischen Arbeiterwelt, zunächst als Erinnerungen an die zünftlerische Ordnung der Vergangenheit, später als die utopistischen Ideale einer politisch revolutionären Bewegung; heute erheben sie von neuem ihr Haupt als die Ziele einer praktisch-reformatorischen Arbeiterdemokratie.

Als ich in den achtziger Jahren England des öfteren bereiste, bekannte sich die offizielle Gewerkvereinswelt zur manchesterlichen Lehre. Dem Staate, der bis dahin Gegner gewesen war, sagte man: „Laissez faire" [496]. Viele der leitenden Arbeiterführer waren aufrichtig liberale Wirtschaftspolitiker.

Hinter ihnen erhob sich eine neue, damals noch unklare, vielfach in sich widerspältige Welle sozialistischen Denkens, in welcher die deutschen Marxisten einen Fischzug zu tun hofften. Diese Hoffnung ist fehlgeschlagen. Zwar fiel das Manchestertum, aber an seine Stelle trat keineswegs eine Sozialdemokratie nach deutschem Muster. Insbesondere wollte sich jene proletarische Stimmung internationalen Klassenkampfes nicht entwickeln, nicht jener überschäumende Utopismus, welcher die Jugendlichkeit der deutschen Arbeiterbewegung, aber auch ihre politische Machtlosigkeit heute noch kennzeichnet. Die liberalen Gedankengänge wurden in England von einem nüchternen Staatssozialismus abgelöst, der — von den Fabiern seit Jahren literarisch vorbereitet — sich auf dem Boden der bestehenden Ordnung sowie des nationalen Staates hält, der sich der demokratischen Einrichtungen schrittweise bedient und insbesondere in den Munizipalitäten handgreiflichen Erfolgen nachgeht.

Aber der Geist dieser Bewegung, wie er heute in der „Labour party" zum Ausdruck kommt, ist innerlich dem liberalen Wirtschaftssystem entgegengesetzt. Im Mittelpunkt dieser Gedankenwelt steht das „Recht auf Existenz" — Existenz auf dem Boden einer kulturell gesteigerten Lebenshaltung. Zur Verwirklichung dieses Gedankens fordert man den gesetzlich festzulegenden Minimallohn „living-wage", welcher den Arbeiter von den Konjunkturen des Marktes unabhängig machen soll. In einer offiziellen Erklärung des Jahres 1892 vertreten die föderierten Bergleute „das Lebensprinzip, daſs ein Mann imstande sein müsse, von seiner Arbeit zu leben". Trotz aller Lehren der Nationalökonomen, aller Dogmen von Angebot und Nachfrage gäbe es, so behaupten sie, eine gröſsere, sie alle überragende und besiegende Lehre, die Lehre der Menschlichkeit. Sie glauben, daſs „der Arbeiter seines Lebens wert" sei. Dieser „anständige Lohn" soll in einer „anständigen Arbeitszeit" verdient werden. Neben der

Forderung des „living-wage" steht die Forderung des gesetzlichen Achtstundentages. Das Recht auf Existenz äufsert sich für die arbeitsunfähigen Mitglieder der Gesellschaft in dem Rechte auf Unterhalt aus öffentlichen Mitteln. Man fordert unentgeltliche Ernährung der Schulkinder, auskömmliche Alterspensionen usw. Für die Arbeitsfähigen fordert man das „Recht auf Arbeit", welches in munizipaler oder staatlicher Beschäftigung der Arbeitslosen zutage treten soll.

In der Auffassung der Arbeitslosenfrage gehen Liberale und Labour Party unversöhnlich auseinander; für erstere betrifft sie einen vorübergehenden Misstand, der neuerdings durch den Burenkrieg verschärft wurde und durch Geschäftsaufschwung zu heilen ist; für letztere ist sie der Ausgangspunkt eines sozialen Neubaus[497]. Die Labour Party fordert, um die Arbeitslosigkeit zu bekämpfen, gesetzliche Verkürzung der Arbeitszeit. In Arbeiterkreisen ist man der Einführung arbeitssparender Maschinen vielfach abgeneigt und hat wohl gelegentlich einer Steigerung der Arbeitsintensität des einzelnen Arbeiters entgegengearbeitet[498]. Die liberalen Wirtschaftspolitiker betrachten diese Mittel, die Arbeitslosigkeit zu bekämpfen, für ruinös.

Hinter dem Rechte auf Existenz und dem Rechte auf Arbeit steht das Recht der organisierten Arbeiter auf ihr Gewerbe. Der Gewerkschaftler weigert sich mit Unorganisierten, sog. „Rauhbeinen" (blacklegs) zusammen zu arbeiten. Er verteidigt das eigene Arbeitsgebiet gegen angrenzende Gewerkvereine. In Fällen wichtiger Industrien werden Lehrlingsbeschränkungen mehr oder minder durchgeführt. In manchen Fällen tauchten Bestrebungen auf, welche Schliefsung des Gewerkvereines, d. h. Festlegung der Mitgliederzahl bezwecken. In höchst bezeichnender Weise äufsert sich einer der leitenden Gewerkvereine, der Verein der Maschinenbauer: „es ist unsere Pflicht mit derselben Sorge und Wachsamkeit unsere erworbenen Rechte zu schützen, wie der Arzt, der ein

Diplom besitzt, oder der Schriftsteller, der durch das Autorgesetz geschützt wird, die ihren schützen[499]." Dieses Recht auf das Gewerbe lebte in den sog. „Allianzen" auf, in welchen sich Arbeiter- und Arbeitgeberverband gegenseitig den Alleinbesitz des Gewerbes gewährleisten. Der Gedanke der Gewerkschaften als gesetzlicher Zwangskorporationen steht im Hintergrunde und hat in einem demokratischen Staatswesen wie England eine ganz andere Bedeutung, als er etwa in dem heutigen Deutschland noch haben würde.

So hat die englische Arbeiterdemokratie — soweit sie sich von dem sozialen Liberalismus losgelöst hat — die drei Grundforderungen des „sozialen Gesellschaftsaufbaus" auf ihre Fahne geschrieben, und diese Arbeiterdemokratie hat die Macht in der Hand, England nach ihrem Willen zu gestalten. Diese Macht mufs immer offenkundiger zu Tage treten. Noch hat der Gewerkschaftler nicht bewufst die Zügel der Regierung ergriffen: noch erlebten wir kein „Arbeiterkabinett" in Downing Street, wie das des Herrn Watson in Melbourne. Aber der Gedanke, reine Arbeitervertreter in das Parlament zu schicken, welche sich weder liberal noch konservativ zu nennen hätten, hat neuerdings unerwartete Erfolge errungen. Die Durchtränkung der liberalen Partei mit sozialistischen Ideen hat in der Berufung eines John Burns zu einflufsreichem Portefeuille ihren Ausdruck gefunden. Der Sozialismus des heutigen Englands unterscheidet sich von allen andern sozialistischen Bewegungen dadurch, dafs er sich an eine politisch herrschende Klasse wendet.

Ist der „sozialistische Zukunftsstaat" unter solchen politischen Bedingungung mit dem Worte „Utopie" ohne weiteres bei Seite zu schieben? Gewifs kann er nicht durch eine grofse Katastrophe „wie der Dieb über Nacht" hereinbrechen. Aber seit Jahren lehrt die Fabische Gesellschaft, dafs jenem Endziele auf dem Wege der schrittweisen Kompromisse näher zu kommen sei. Australien lieferte den praktischen Beleg dafür, daſs dem Meere der Utopie durch politische Kleinarbeit nicht unbeträchtliche Strecken festen Landes abzugewinnen sind. Das australische Beispiel hat das sozialpolitische Denken Englands tiefgreifend beeinfluſst[500].

Freilich müſsten die Verhältnisse Englands sich in ganz besonderer Richtung weiter zuspitzen, ehe daran zu denken wäre, den sozialen Aufbau der Antipoden an den Ufern der Themse und des Clyde nachzuahmen. Zwei Voraussetzungen müſsten zur Reife gelangen, für welche die Ansätze zweifellos vorhanden sind.

Eine erste Voraussetzung für jene grundsätzlich soziale Neuordnung der Gesellschaft ist, wie wir sahen, eine gewisse Festlegung der Bevölkerung. Solange das Maltussche Gesetz gilt, würde durch die Konkurrenz der Zugeborenen der soziale Standard immer wieder gefährdet und die Organisation der Arbeit durchbrochen. Mit der Trennung des Geschlechtstriebes vom Fortpflanzungstrieb, welche gegen Ausgang des 19. Jahrhunderts als „Neomalthusianismus" in der angelsächsischen Welt Platz griff, ist das Malthussche Gesetz aus dem Sattel gehoben[501]. Der Beginn dieser Entwicklung fällt zusammen mit der Konsolidation des Gewerkschaftswesens, sowie der Agitation eines Charles Bradlaugh und einer Annie Besant gegen Ausgang der siebziger Jahre[502]. Literarisch knüpft die Bewegung an John Stuart Mill an, welcher nicht nur, wie viele vor ihm, kleine Familien befürwortet, sondern zu diesem Zwecke — wovon bei Malthus noch nicht die Rede ist — den präventiven Geschlechtsverkehr empfohlen hatte[503]. Auch in dieser Hinsicht hat also Mill den Übergang vom liberalen und expansiven zum sozialistischen und stationären Gesellschaftszustand schriftstellerisch vorbereitet. Seitdem hat die „Neomalthusianische Liga" eine weittragende Propaganda entfaltet[504].

Gerade in der oberen gewerkschaftlich organisierten, „maſsvolle Politik" treibenden Arbeiterschicht haben ihre Bestrebungen die wärmste Aufnahme gefunden. Das Ehepaar Webb stellt fest, daſs die Elite der englischen Arbeiterschaft eine doppelt so starke Abnahme der Geburtenziffer, wie der Durchschnitt des Königreichs aufweise[505]. Auch in den breiten unteren Schichten, sogar auf dem Lande betreibt die Neomalthusianische Liga eine stille, aber andauernde und wirksame Aufklärungsarbeit. Ihre Mitglieder durchstreifen die Provinz, wie die hauptstädtischen Slums. Zu hunderttausenden verkauft sie ihre Broschüren, während Gummiartikel und Chininpräparate zur Empfängnisverhinderung millionenfache Abnehmer finden. Geschäftsinteresse verbindet sich mit der ehrlichen Begeisterung der Neomalthusianer, welche das einzig wirksame Mittel zur Abschaffung der Armut gefunden zu haben glauben (strike of a sex, grève des ventres!). Die Statistik gibt ein Bild von dem Erfolg der Bewegung[506]:

Geburtenziffer (Geburten auf 1000 Einwohner) in England und Wales:

Im Durchschnitt der Jahre				
1870—71—72	1880—81—82	1890—91—92	1900—01—02	1903
35,3	34,0	30,7	28,6	28,4

Fruchtbarkeitsziffer (Geburten auf 1000 Frauen im Alter von 15—45 Jahren):

| 153,7 | 147,7 | 129,7 | 114,8 | 113,8 |

	Prozentuale Abnahme im Zeitraum von		
	1870/72—1900/02	1880/82—1900/02	1890/92—1900/02
Geburtenziffer	19,0	15,9	6,8
Fruchtbarkeitsziffer .	25,3	22,3	11,5

Gegen Mitte des zwanzigsten Jahrhunderts dürfte Groſsbritannien nach Hobson zur stationären Bevölkerung gelangt sein[507], womit dem einst utopisch erschienenen „Rechte auf Existenz" die Wege geebnet wären. Jedoch müfste für seine Verwirklichung eine weitere Voraussetzung erfüllt werden: eine gewisse **Loslösung aus dem Nexus der internationalen Konkurrenz.** Es gilt dies sowohl hinsichtlich der Einfuhr, wie hinsichtlich der Ausfuhr.

Schon Fichte forderte den geschlossenen Handelsstaat zu sozialpolitischen Zwecken. In England hat Lecky längst auf diesen Zusammenhang aufmerksam gemacht: „unterwerfen wir alle englische Arbeit Gewerkvereinsregeln, so führt dies logischerweise zum Ausschlufs aller Waren, welche auf dem Kontinent unter anderen Bedingungen gemacht worden sind. Freie Arbeit und freier Handel sind eng verbunden[508]." Aus gleichem Gesichtspunkte sind bekannte Sozialisten wie R. Blatchford, B. Shaw, auch Charles Booth, offen für Schutzzoll eingetreten. Auch Chamberlain hat diesen Gedanken agitatorisch zu verwerten gesucht[509]: „Unser Bestreben die Schwachen zu schützen, den allgemeinen Lebensstandard zu heben, die Bedingungen des Gewerbes im Interesse des Arbeiters zu regulieren — alles dies ist ausgezeichnet, aber es ist unverträglich mit Freihandel. Ihr könnt nicht Freihandel in Waren haben und zugleich Schutzgesetzgebung für Arbeiter." „Ihr leidet an der uneingeschränkten Einfuhr fremder Waren, wie an der uneingeschränkten Einwanderung fremder Arbeiter." „Fremdeneinwanderung ist ein Teil des gröfseren Problems, des Problems der Beschäftigung unseres eigenen Volkes." Wenn Chamberlain bei den Wahlen 1906 unterlag, so geschah dies nicht in letzter Linie um deswillen, weil er diesem Grundsatz in der Transvaaler Chinesenfrage untreu geworden war.

Aber ein Staatswesen, welches ohne Rücksicht auf die internationalen Konkurrenzbedingungen dem sozialen Leitsterne folgt, hat unter Umständen auch mit dem Abbau seiner Ausfuhrinteressen zu rechnen. Es gilt dies dann, wenn der sozialpolitische Fortschritt nicht mehr von einer entsprechenden Steigerung der Arbeitsleistung begleitet ist; damit gehen die Kosten der Arbeit pro Produkt im Inlande über die entsprechenden Kosten des Auslandes in die Höhe. Es scheint als ob in England sich neuerdings eine solche Verteuerung der Arbeit vollzöge[510].

Nicht minder ist der rasend rasche Umschwung der modernen Technik unvereinbar mit einem grundsätzlich sozialen Gesellschaftsaufbau. Das Ehepaar Webb erklärt das „Recht auf das Gewerbe" für unmöglich, „wegen der fortwährenden Änderung der Verhältnisse." Aber es fragt sich gerade, ob das Tempo dieser Veränderlichkeit nicht zu verlangsamen wäre, wofür ja in England die Ansätze vorliegen. Unter solchen Entwicklungstendenzen aber ist die Ausfuhr, soweit sie nicht Spezialitäten, insbesondere kunstgewerbliche Spezialitäten betrifft, gefährdet. Bezeichnenderweise legen Radikale wie Sozialisten — ein Hobson wie ein Sidney Webb und Keir Hardie — allen Nachdruck auf den inneren Markt.

Aber liegt nicht gerade hierin die Utopie? Keine moderne Volkswirtschaft kann sich aus ihren weltwirtschaftlichen Beziehungen herausschälen, um unabhängig von der Aufsenwelt dem sozialen Ideale zu dienen. Australien mufs Zinsen zahlen; England bedarf der Einfuhr von Lebensmitteln und Rohstoffen. Australiens soziales System beruht auf der mächtigen Grundlage seiner trotz aller Sozialpolitik ausfuhrkräftigen Rohproduktion. Für England handelt es sich darum, ob der Nacken der Rentnerklasse stark genug sein wird, um das sozialpolitische Joch zu tragen, das der Sozialismus ihr auferlegen möchte. Besitzt das englische Rentnertum schon heute den Reichtum, um für die Ehre geschröpft zu werden, dafs es Produkte verzehrt, die von britischen Arbeitern im Achtstundentage und für den „living-wage" hergestellt sind? Wäre diese Frage zu bejahen, so wäre England für den sozialen Schutzzoll reif. Durch Schutzzoll könnte man alsdann den Rentner verhindern, für sich und den Trofs seiner Dienerschaft billige Auslandsware zu kaufen; man könnte ihm durch Zölle höhere Warenpreise abzwingen und zu seinen Lasten — ohne Rücksicht auf das Ausland — Lohnerhöhung und Verkürzung der Arbeitszeit vornehmen. In dieser Richtung liegen Äufserungen wie die folgende: Billigkeit der Warenpreise sei eine Rentnerforderung; für den Arbeiter falle Billigkeit mit Armut zusammen. Die Nation sei heute reich genug; das Problem der Gegenwart bestünde darin, wie der vorhandene Reichtum gerechter zu verteilen sei; da der Arbeiter alles produziere, aber nur einen kleinen Teil des Produktes konsumiert, so sei er überwiegend als Produzent an hohen Preisen interessiert[511].

Aber die Vertreter dieser Richtung vergessen häufig, dafs der Ausbau ihrer Gedanken in die blaue Luft hinein unmöglich ist. Möglich ist er vielleicht für das England des zwanzigsten Jahrhunderts auf der Grundlage eines Rentnertums, welches weite Rohstoffgebiete in Tributpflicht hält, Rohstoffe und Nahrungsmittel mit Zinscoupons und Dividendenscheinen bezahlt und durch den politischen Imperialismus sein wirtschaftliches Herrenrecht verteidigt. Wo immer man daran geht, den sozialistischen Zukunftsstaat aus den Wolken auf diese Erde herabzuholen, mufs sich zeigen, dafs dies allein auf dem Boden einer straff nationalen Organisation möglich ist. Dasjenige Land, welches der sozialen Utopie am nächsten gekommen ist, das australische Commonwealth, wäre verloren, wenn es mit einem: „Proletarier aller Länder, vereinigt Euch", den Kuli ans Herz drückte. Das England, wie es die Labour Party erträumt, ist keineswegs ohne weiteres als Utopie von der Hand zu weisen, aber es wäre ein künstliches Gesellschaftsgebilde und bräche mit einer Schuldnerempörung zusammen, welche der herrschende Gläubigerstaat mit politischen Machtmitteln zu bändigen nicht mehr die Kraft hätte[512].

Schluß.
Kulturzersetzung und Neubau.

Blicken wir zurück: auf Grundlage des Puritanismus und der Aufklärung errichteten nationalpolitische und kapitalistische Baumeister das Gebäude der britischen Weltmacht. Ihre Kräfte waren ebenso durch die religiöse, politische und wirtschaftliche Befreiungsbewegung gestählt, wie durch die sexuelle, staatliche und soziale Disziplinierung, welche vom religiösen Faktor ausging. Ihr Werk war das den Globus umspannende Reich, ihr Werk der englische Industriestaat — der früheste, zeitweise der herrschende, heute noch der gewaltigste Industriestaat der Welt. Auf seiner massiven Grundlage türmte ein späteres Geschlecht — Bauleute teilweise fremdländischen Ursprungs — die leichteren Obergeschosse des Gläubigerstaates, welcher weit über die kleinenglische Inselwelt hinaus heute das Reich überschattet. Sind die Bewohner des Industriestaates freihändlerisch interessiert, so sind die Insassen des Gläubigerstaates imperialistisch gestimmt. Zu diesen wirtschaftspolitischen Spannungen gesellen sich geistesgeschichtliche Mächte, welche von sich aus selbständig das Wirtschaftsleben zu formen beanspruchen: nationale, ästhetische, soziale Ideale. Gerade in der Vielheit der Gegensätze liegt der Reichtum dieser Kultur. Wahrlich eine überreiche Kultur, welcher die Menschheit unendlich vieles verdankt!

Der Zusammenhalt und die Stärke dieses himmelstürmenden Gebäudes beruht auf der Festigkeit seiner Fundamente: auf seiner verborgenen, aber doch tragkräftigen Weltanschauungsgrundlage. Steigen wir noch einmal hinab in die Tiefen jener Felsengewölbe, aber diesmal nicht an der Hand des biederen William Penn. Lassen wir uns die Leuchte von der „modernen" Literatur vorantragen, einer geistreichen und verführerischen Begleiterin. Da sehen wir, wie der Zahn der Zeiten an diesen für Jahrhunderte gefügten Wölbungen nagt, wie die Massen weich werden und teilweise bröckeln.

Etwas Gemeinsames besaſsen alle jene Gegensätze, deren Zusammenwirken die britische Kultur des neunzehnten Jahrhunderts ausmacht — etwas Gemeinsames ihre Träger, ob sie Geschäftsleute, Politiker oder Künstler waren. Etwas Gemeinsames verband einen Richard Cobden mit einem Cecil Rhodes und einem William Morris. Ihnen allen stand fest, daſs die Welt auf Grund gewisser Sollsätze zu bearbeiten, zu erobern, umzugestalten, zu verbessern sei. Mit anderen Worten: ihnen allen galten gewisse überindividuelle Normen, welche formal den Charakter der Pflicht an sich trugen, wie verschieden, ja gegensätzlich auch ihr Inhalt gestaltet sein mochte. Damit gewann ihr Leben eine gewisse Einheit und Zielstrebigkeit. Gerade hierin bewährte sich ihre gemeinsame Abstammung von einer religiösen Vorzeit, der das jenseitige Ziel des menschlichen Daseins die gewisseste aller Überzeugungen gewesen war — Leitmotive, die heute verklingen[513].

Die religiöse Zersetzung, sagt Hobhouse mit Recht, habe zunächst die humanitären Ideale der Aufklärung hinterlassen; diese aber erlägen heute dem Skeptizismus. Die innerlich unwahre Verkoppelung von Naturalismus und Ethik fällt eben stimmungsmäſsig heute für breite Kreise auseinander. Hoffnungslos ist das Bemühen des genannten Schriftstellers und vieler anderer, etwa der Entwicklung vom Instinkt zum

Verstand einen Mafsstab des Fortschrittes und damit ein ethisch-politisches Ideal zu entnehmen. Dieselbe Entwicklung brachte den Affen und die Auster hervor; warum ist jener wertvoller als diese? Dieselbe Natur arbeitet bald mit dem Instinkte, bald mit dem Verstande, mit ersterem oft wirkungsvoller als mit letzterem; warum ist der Verstand das höhere [514]?

Blicken wir demgegenüber auf die „Moderne", soweit aus ihr alle Nachwirkungen einstiger Weltanschauung hinweg getilgt sind; blicken wir, um mit Bernard Shaw zu reden, „auf den fortgeschrittenen Gedanken des Tages", dem die ganze westeuropäische Geistesentwicklung zustrebt. An Stelle der überindividuellen Werte tritt die wechselnde Laune, an Stelle der Lebensaufgabe die Stimmung des Augenblicks. Der Moderne, sagt Oscar Wilde mit Recht, ist sich „nie treuer, als wenn er inkonsequent wird". „Gebildete widersprechen andern, Weise sich selbst" — gerade hierin äufsert sich der Mangel jedweder Weltanschauung. Die Ideale sind tot. „Die città divina ist farblos, die fruitio dei leer geworden. Die Hallen der Stadt Gottes stehen uns nicht mehr offen. An ihren Toren steht die Dummheit Wache"[515]. Es handelt sich hier nicht um eine Umwertung, sondern um eine Zersetzung aller Werte.

Niemand hat diese Stimmung süfser und einschmeichelnder zum Ausdruck gebracht als Edward Fitzgerald. Seine Nachdichtung des Omar Khayyam wurde um deswillen das verbreitetste Buch in englischer Sprache, „gelesener als die Bibel", weil in ihm die Zeit sich selbst fand. Der Mensch — Natur, wie die Welle fliefsend, wie der Wind wehend, eine der Millionen Schaumblasen aus der Kelter des Lebens — er frage nicht: woher und wohin? Die einen sammeln den goldenen Weizen, die andern werfen ihn verschwenderisch in die Lüfte gleich Regen; die einen sorgen um den Ruhm dieser Welt, die andern um ein künftiges Paradies; der Weise nimmt bar

Geld und gibt nichts auf Kredit. „Das Heute ist der Halt eines Augenblicks; ein flüchtiger Trunk aus der Quelle — und das Phantom der Karawane hat das Nichts erreicht, von dem es auszog." Ist wirklich das „tote Gestern" und das „ungeborene Morgen" gleich nichtige Illusion, so fällt jede Kulturgebundenheit an die Vergangenheit, jede Kulturverpflichtung an die Zukunft.

Ähnlich wie die griechischen Sophisten nach Verfall der Volksreligion und der Naturmetaphysik die Allgemeingültigkeit der menschlichen Erkenntnis geleugnet, Wahrheit und Irrtum aber für gleichwertig erklärt hatten, so verflüchtigt sich auch für unsere Modernen der **Wahrheitswert**. Durchaus im Sinne dieser Sophisten erkärt Oscar Wilde „nichts für wahr" und ist „bereit, alles zu beweisen"; seine Paradoxa streifen an den Phänomenalismus eines Gorgias oder Protagoras, wenn er etwa die Lüge als das bunte Kind der Phantasie verherrlicht, deren Geschöpfe an Realität der langweiligen Aufsenwelt weit überlegen seien.

Daher Verfall zunächst des Wahrheitswertes der Religion, um den der Protestantismus gerungen hatte; anch Ablehnung der wissenschaftlichen Kritik in Religionssachen, da ein Glaube so wahr und so falsch ist wie der andere; unter Umständen selbst Hinneigung zu den ästhetisch anziehenden Formen des mittelalterlichen Kultus. Daneben steht der Verfall des Wahrheitswertes auch der Naturwissenschaft, deren letzte Entdeckung oder Hypothese „für wahr gilt". Wie schön läfst sich dieser Gedanke darwinistisch begründen: die Wahrheit von heute wie der Irrtum, der gestern Wahrheit hiefs, sind Anpassungserscheinungen, innerlich gleichwertig, zeitweise nützlich, beide vergänglich. Die reine Liebe zur Wissenschaft wird damit sinnlos. Da „das Denken ungesund" ist, so ist die krankhafte Vorliebe für die Wahrheit vielleicht schon Degenerationserscheinung [516].

Der Moderne spottet der naiven Pedanterie, mit welcher

ein Huxley und Haeckel aus der Naturwissenschaft eine neue und philiströse Religion herausdestillieren. Die Gelehrten kommen und gehen, sagt Omar-Fitzgerald; der Schüler verläfst sie, so klug wie er war. Aber der Weise verjagt die trockene Wissenschaft aus dem Bett und macht „die Tochter des Weinstocks" zur Lagergenossin. Aus den Worten, die Walter Pater dem Philosophen-Kaiser Marcus Aurelius in den Mund legt, spricht öfter David Hume, dieser schärfste aller britischen Köpfe, der unwiderlegliche Zerstörer aller Metaphysik, der spiritualistischen ebenso wie der materialistischen.

Aber „die Moderne" beseitigt auch die **sittliche Norm**, nicht nur das einzelne, etwa veraltete und zu erneuernde Sittengesetz, sondern die Unterscheidung von gut und böse schlechthin. „Nichts ist langweiliger als Menschen mit Prinzipien"[517]. Die Worte Schuld und Unschuld verlieren ihren Sinn; das Sittengesetz erscheint als der äufsere Zwang der öffentlichen Meinung, dem der Geschickte ausweicht, der Mutige Trotz bietet. „Der wissenschaftliche Grundsatz der Vererbung hat uns von der Last der Verantwortlichkeit befreit," sagt Oskar Wilde und mit ihm denken ähnlich viele andere Zeitgenossen.

Ähnlich fufst Bernard Shaw, jener einflufsreiche und als Dramatiker hoch bedeutsame Moderne, auf einer antimoralistischen Grundanschauung. Er verspottet England als „das moralische Gymnasium, ausdrücklich gebaut, um unseren Charakter darin zu stärken". Er zeichnet die Hölle als ein Vergnügungsetablissement, das der Teufel für diejenigen „organisiert" habe, die aus der Langweile des Himmels flüchten. Der Atheist bringt ein Opfer des eignen Lebens, um das Leben eines andern zu retten — nicht etwa aus Edelmut, wie die alten Aufklärer es dargestellt hätten, sondern aus Laune, die ihm im Moment durch den Kopf schiefst, wie der Dichter ausdrücklich feststellt[518]. Sein Held ist jener

Don Juan, „welcher begabt genug ist, um den Unterschied von gut und schlecht besonders klar zu erkennen, dabei seinen Instinkten folgt, ohne Rücksicht auf das gemeine und kanonische Recht, dadurch die Sympathie unserer rebellischen Instinkte erwirbt, in einen tödlichen Konflikt mit den bestehenden Institutionen gerät und sich durch List und Gewalt ohne Skrupel verteidigt, so wie der Farmer durch dieselben Mittel seine Ernte gegen das Ungeziefer schützt."

Mit dem sittlichen Wertunterschiede fällt notwendigerweise die Idee des Fortschritts. „Ruskin und Carlyle predigen den Herrn Smith und Brown um des Predigens willen, ebenso wie der heilige Franziskus den Vögeln und der heilige Antonius den Fischen predigte. Aber Smith und Brown wie die Vögel und Fische bleiben dieselben, die sie sind." „Jene Dichter, die Utopia planen, hätten besser ihren Atem gespart, um ihre Suppe zu blasen." Die vielgepriesenen politischen Fortschritte unseres Jahrhunderts sind so nichtig, dafs „kein vernünftiger Mensch eine Maus, geschweige denn einen König und eine Königin dafür hätte guillotinieren mögen." Sicherlich bedeutet das technische Können unserer Tage keinen Fortschritt. „Kann irgend jemand ernstlich glauben, dafs der Chauffeur, welcher seinen Motor von Paris nach Berlin führt, ein höher entwickelter Mensch ist als der Wagenlenker des Achilleus, oder ein moderner Premierminister ein erleuchteterer Herrscher als Cäsar, weil er seine Depeschen bei elektrischem Licht schreibt oder seinen Bankier durch das Telephon instruiert[519]?"

Dagegen ist es in diesem Gedankengang völlig unhaltbar, wenn Bernard Shaw und mit ihm viele andere Moderne in Anlehnung an Darwinismus und Nietzsche einen „Fortschritt" von der bewufsten und staatlich organisierten Züchtung des Übermenschen erhoffen[520]. Wer auf dem Gebiete der Landwirtschaftspflege einige Erfahrungen hat, der weifs, wie aufserordentlich schwierig es ist, über die „Zuchtrichtung" für irgend ein Haustier sich zu einigen; nur allzuhäufig kommen, nachdem man jahrelang auf gewisse Ziele zu gezüchtet hat, die Kritiker, um andere Merkmale des Fortschrittes aufzustellen. Aber bei dem Haustier steht doch wenigstens im allgemeinen der Zweck seines Daseins fest. Anders für den Menschen in einer Zeit, die über den Zweck des menschlichen Daseins völlig widersprechende Antworten gibt. Ist die „krankmachende" Verstandestätigkeit oder die sinnlich-gesunde Genufsfähigkeit durch Züchtung zu steigern? (brain oder animal?) Sollen wir Athleten oder Ästheten, Börsenjobber oder Heilige, sollen wir blonde oder brünette Mädchen züchten? Bei den Haustieren ist bekanntermafsen auch die Färbung Streitgegenstand unter den Züchtern. Der ganze Begriff der Züchtung ist ein teleologischer und nur auf dem Boden einer Weltanschauung durchführbar.

Wo die Ziele des menschlichen Lebens fraglich geworden sind, fällt die Möglichkeit der pflichtmäfsigen und zielbewufsten Tat. „Handeln ist etwas wesentlich Unvollkommenes, weil es vom Zufall abhängt und seine Richtung nicht kennt; denn ewig schwankt sein Ziel." „Fleifs ist das Asyl der Leute, die sonst nichts zu tun haben." „Nichts zu tun lebt der Auserwählte." Oskar Wilde ist hier wie so oft das Mundstück der ihn umgebenden Rentnerwelt, welche sich um deswillen mit solcher Prüderie von ihm wandte, weil er zu offen ihr innerstes Wesen kundtat. Es zerfällt die alte und einst so mächtige Berufsidee — das Vorurteil des „Fanatikers", dafs er dazu bestimmt sei, sich an einem bestimmten Punkte der menschlichen Gesellschaft „nützlich zu machen" und dabei „zum Blödsinnigwerden" arbeitet[521].

Während für den Puritaner die Welt ein zu verwirklichendes „Reich Gottes," die Gesellschaft einen Kosmos darstellte, dem der Mensch sich dienend einzugliedern habe, sind für den Modernen die Beziehungen der Menschen untereinander ein Gewebe von Lügen und Vorurteilen. „Jedermann lügt, als eine Sache des guten Geschmacks, über Gegenstände, welche er als ernsthaft betrachtet. In England ist eine ernste Gelegenheit einfach eine Gelegenheit, bei der niemand die Wahrheit spricht"[522]. „Der vulgäre Glaube an die Heuchelei und den Betrug der Zivilisation kann gegen ihre Mifserfolge und Skandale nicht mehr länger standhalten[523]."

Innerlich mit der Idee des Reiches Gottes verwandt, lebt von Aufklärungszeiten in unsere Tage hinein die Vorstellung der „Menschheit" als eines Gutes, dessen Erhaltung und Vervollkommnung dem Einzelnen obliege: das Humanitätsideal unserer Väter. Noch zahlen ihm Sozialdemokraten wie Nietzscheaner Tribut. Aber auch diesen Baustein vergangener Weltanschauung umspült die zersetzende Welle der Moderne. Wozu sich einer Gattung opfern, deren künftige Exemplare unbekannt und gleichgültig sind? Wozu dem homo sapiens das Dasein verlängern, der wie Saurier und Mastodonten doch einem sicheren Untergange verfallen ist? Weswegen ist dieser homo sapiens wertvoller als der Tuberkel- oder Cholerabazillus, dem er anheimfällt? Auch der letzere würde sich — wenn wir unsere Sinneswahrnehmungen nur entsprechend verschärfen könnten — als nicht minder komplizierten Aufbaues erweisen, denn der menschliche Körper, schon wegen der unbegrenzten Mannigfaltigkeit selbst des kleinstens Stückchens Materie[524].

Wenn ein Don Juan die Überlegenheit des Menschen im Verstande findet, der mit bewufstem Raffinement den Freudenbecher des Lebens leert, so wird der Zweifler einwenden, dafs dieser Becher ebenso oft oder öfters mit Wermut gemischt ist, dessen bitterer Geschmack mit gesteigertem Bewufstsein eben auch um so bitterer empfunden wird.

Solche „moderne" Anschauungen sind, solange sie auf einen literarischen Kreis beschränkt bleiben, verhältnismäfsig gleichgültig. Wenn sie sich dagegen, auch nur als halbbewufste Unterstimmungen, in weiteren Kreisen verbreiten, so hat dies eine weittragende wirtschaftliche Bedeutung. Sie bedeuten alsdann eine kapitalistische, eine bevölkerungspolitische, nationalpolitische und sozialpolitische Zersetzung.

1. Wo die überindividuelle Zielsetzung verblafst, ist die rationale Lebensgestaltung des kapitalistischen Geistes bedroht. Der Sklave der Buchbilanz erörtert rebellisch die Frage, ob er auf anderem Wege nicht „mehr vom Leben haben" könne. Der Kapitalismus macht Miene, in das Rentnerdasein umzuschlagen. Des weiteren: obwohl von der kaufmännischen Standesehre des Mittelalters bis zur Smartness des neuzeitigen Yankee ein weiter Weg ist, so beruht doch das ganze kapitalistische System auf der Anerkennung eines gewissen ethischen Minimalbestandes. Gerade heute, da mit der Ausdehnung der Riesenbetriebe, der Trusts, der korporativen und munizipalen Unternehmungen die Bedeutung des volkswirtschaftlichen Beamten als Verwalters fremder Gelder wächst, ist dieses moralische Inventar, wie bescheiden es sein mag, unentbehrlich. Das kapitalistische System versagt, wo mit Ausbreitung antimoralistischer Tendenzen der Kapitalist grundsätzlich zum Gauner und Betrüger aufsteigt und etwa die Konkurrenz nicht niederkonkurriert oder amalgamiert, sondern mit Dynamit in die Luft sprengt[525]. Aber auf die Dauer läfst sich diese Entwicklung nur hintenanhalten, solange der Kapitalist, wenn auch nur stimmungsmäfsig, seine Tätigkeit einem Ganzen eingliedert oder wenigstens noch gewohnheitsmäfsig unter dem Einflufs langsam absterbender Bindungen der Vorzeit steht.

Dieses „gute Gewissen des Reichtums" ist für die moderne Welt, insbesondere auch für England, im Schwinden. Bezeichnend hierfür ist, dafs sozialistische Stimmungen nicht etwa nur in der proletarischen Unterschicht, die der Kapitalismus zu Boden drückt, sondern gerade in der besitzenden Oberschicht um sich greifen: Gewissensbisse des Reichtums, der aufgehört hat im alten Sinne zu „arbeiten", sondern entweder stiehlt oder genießt.

Nach Bernard Shaw wegelagern Räuber und Gentleman in gleicher Weise auf Kosten der Gesellschaft. Der professionelle Boxer wie der Kapitalist „machen Geld, wie sie können". „Die Diebe hatten ihre Revanche, als Marx die Bourgeoisie des Diebstahls überführte." „Das Merkmal des heutigen Gentleman ist Parasitismus, für welchen keine physische oder moralische Vollkommenheit Genugtuung leisten kann."[526] Bernard Shaw spottet des kirchlichen und professionellen Humbugs, welcher dem stupiden System von Gewalt und Betrug, das sich modernes Wirtschaftsleben nennt, das Gesicht rettet. Auf dem Boden solcher Unterstimmung siecht der kapitalistische Geist.

2. Wo die Menschen nicht mehr instinktiv das Fortpflanzungsgeschäft besorgen, wo insbesondere das Weib sich nicht mehr aus Schwäche oder Gewohnheit dem Manne hingibt, ist die Fortpflanzung des Menschengeschlechtes bedroht. Sie ist heute um so bedrohter, als die Technik die Befriedigung des Geschlechtstriebes unter Beseitigung seiner Fortpflanzungsfunktion ermöglicht. Dieser Gefahr ist nur unter der Bedingung zu entrinnen, daß die Gatten über ihr Leben hinaus durch Kinderzeugung pflichtmäßig wirken, daß insbesondere das Weib wiederholte Schwangerschaften auf sich nimmt, um hierdurch ihrem Gott oder ihrer Nation oder dem vorwärtsstürmenden Heere der Menschheit Mitstreiter zu stellen. Aber gerade diese überlieferten Werte sind im Verfall, und damit verliert die Ehe jene innere Begründung, welche darin lag, daß durch den dauernden Zusammenschluß eines Mannes und eines Weibes die Aufzucht des jungen Geschlechtes am sichersten gewährleistet schien. Fällt diese bevölkerungspolitische Aufgabe der Ehe, so ist die Familie als Keimzelle der Gesellschaft und damit die Gesellschaft selbst in Frage gestellt. Bedroht sind insbesondere

diejenigen Kulturnationen und Kulturschichten, bei denen instinktive Gebundenheiten durch die Kritik des Verstandes beseitigt sind; begünstigt sind solche Nationen und Volksschichten, welche in ursprünglicher Dumpfheit noch dahinleben, so daſs die Kulturarbeit der Befreiung immer wieder von neuem zu verrichten ist. Es bewährt sich hier deutlicher als irgendwo sonst im Gesellschaftsleben der Satz, daſs die „leere Freiheit" sich selbst vernichtet.

„Die revolutionärste Erfindung des 19. Jahrhunderts", sagt Bernard Shaw mit Recht, „war die künstliche Sterilisation der Ehe." „Man hat die Frau gelehrt, ihre Jugend, Schönheit und Verfeinerung über alle Dinge zu schätzen. Das unvermeidliche Ergebnis ist, daſs der menschliche Wille zum menschlichen Verstande sagt: erfinde Mittel, welche mir erlauben, Schönheit, Romantik, Leidenschaft zu lieben ohne ihre Strafen, Ausgaben, Schmerzen, Krankheiten und Todesgefahren, ohne die Plackereien mit Dienstboten, Ärzten und Schulmeistern." Bernard Shaw nimmt den Tag in Aussicht, da nur noch „die sündhaft sorglosen Armen" oder die „dummfrommen Reichen" das Aussterben der Rasse verhindern werden, indem sie dieselbe degradieren; dagegen werden „die ehrgeizigen, die wirtschaftlichen wie die poetischen Naturen, die Verehrer von Erfolg, Kunst und Liebe der Lebenskraft den Entschluſs der Sterilität entgegensetzen."[527]

In wirtschaftlicher wie nationalpolitischer Hinsicht wirkt eine gewisse Verminderung der Geburtenziffer, soweit sie von einem Rückgang der Sterbeziffer begleitet ist, zunächst nicht ungünstig. Indem sie den Altersaufbau verbessert, vermehrt sie damit die Zahl der arbeitsfähigen, der wehr- und gebärfähigen Bevölkerung. Aber die Sterbeziffer nähert sich nach unten hin allmählich einer festen oder wenigstens immer schwerer zurückzudrängenden Grenze, um so mehr als mit abnehmendem Instinkte der Mütterlichkeit die Kindersterblichkeit unter Umständen wieder anzieht. Demgegenüber machen sich die Wirkungen der weiter zurückgehenden Geburtenziffer um so dringlicher geltend: sie liegen in der Richtung eines verminderten Bevölkerungszuwachses, in letzter Linie des Bevölkerungsstillstandes. Es bedeutet dies eine Lähmung der kapitalistischen Energie. Der Sohn setzt sich in das warme Nest des Vaters. Selbstverantwortlichkeit und kühn vorstoſsender Wagemut schwinden[528]. Alles tendiert auch von dieser Seite her zum Rentnerdasein.

Soweit in sexuellen Fragen lediglich der Verstand entscheidet, soweit insbesondere das Weib aufhört instinktiv oder pflichtmäſsig gebunden zu sein, bedeutet dies leicht eine Gynäkokratie, welche von der Befreiung des Weibes, die der deutsche Idealismus fordert, himmelweit verschieden ist. Da — rein sexuell betrachtet — der Mann des Weibes mehr bedarf als das Weib des Mannes, so wären alle Forderungen der Frauenrechtlerinnen ohne weiteres erreichbar, wenn alle Frauen einschlieſslich der Strafsendirnen auch nur 14 Tage streiken würden[529]. In nicht so drastischer Form scheinen doch in der angelsächsischen Welt gewisse Tendenzen in dieser Richtung wirksam. Jedenfalls ist nach B. Shaw die Weiberherrschaft das bezeichnendste Merkmal der angelsächsischen Moderne[530]. In Kreisen des high life soll es vorkommen, daſs die Frau bei Eheabschluſs dem Manne die Bedingung der Kinderlosigkeit auferlegt.

3. Aber auch die politischen Werte, für welche die Vorfahren in den Tod gingen, sind bedroht. Schützt die Eigentumsordnung wirklich überwiegend Diebe und Faulenzer, so besteht „kein Unterschied zwischen den staatlichen Machthabern, welche diese Ordnung mit Gewalt verteidigen, und den Dynamitarden, die ihre Auffassung von den Menschenrechten geltendmachen". Mit der antimoralistischen Grundanschauung fällt die Idee der Schuld, die Grundlage des Strafrechts. „Solange wir überhaupt Gefängnisse haben, ist es ganz gleichgültig, wer von uns drin sitzt."

Verblassen die staatlichen Werte, so fällt es den Männern schwerer als dereinst, ihr Leben — das einzige Gut, das sie kennen — auf dem Schlachtfelde zu riskieren. Diese Beobachtung haben britische Patrioten aus dem Burenkriege mit nach Hause gebracht[581]. Sie ist um so bedenklicher, als die Technik der modernen Bewaffnung den äußeren Zwang auf dem Kampfplatze vermindert, die Stoßstatik kompakter Massen, die früher den Soldaten mitriß, beseitigt, die Schützenlinien auflöst und den Einzelnen auf sich selbst stellt: alles hängt heute ab von dem ruhig besonnenen Willen des Kämpfers, der mit Vorsicht und Gewandtheit leidenschaftslose Todesverachtung verbindet[532]. Solche Eigenschaften wird nur derjenige aufweisen, der in fester Überzeugung überpersönlichen Werten dient; je mehr diese Werte dahinschwinden, je mehr auf der andern Seite die ursprünglichen Mannesinstinkte — Wildheit, Rauflust, brutale Draufdrängerei — im Kriege an Bedeutung verlieren, um so mehr sind die militärischen Vorzüge des Westeuropäers bedroht.

Ganz besonders bedroht aber ist die neuere und glänzendste Erscheinungsform des Staates, der Nationalstaat. Mit dem Verblassen der alten Zusammenhänge, welche auf Rasse und Blutsgemeinschaft zurückgehen, ist der Nationalstaat nur denkbar als Kulturgemeinschaft. Aber gerade die überlieferten Kulturwerte zerfallen: ein Trümmerfeld gleicht so ziemlich dem andern. Die angenehmen Anregungen, zu welchen die aufgespeicherten Kulturschätze gut sind, können nicht minder in der Betrachtung der ausländischen wie der vaterländischen Geisteswelt gefunden werden. Man kostet abwechselnd Orient und Occident, graues Altertum, neueste Neuzeit: Kosmopolitismus auf Grund nationaler Indifferenz.

Das Nationalgefühl, soweit es nicht mehr instinktiver Fremdenhaß ist, kann heute nur auf dem Glauben beruhen, durch die eigene Nation der Menschheit Großes zu leisten. Dieser Art war das Nationalgefühl der Puritaner, das britische

Nationalgefühl überhaupt. Seine tiefste Grundlage bestand in der stolzen Überzeugung, Freiheit und Selbstregierung besser als alle anderen Völker zu verwirklichen. Fällt der Glaube an den Fortschritt, so fällt auch der Glaube an die Nation als die Trägerin des Fortschritts. Insbesondere bezeichnend ist heute, nachdem die Demokratie voll erreicht ist, der Zweifel an ihrer Leistungsfähigkeit; sie verewigt nach Bernard Shaw die Mittelmäfsigkeit, organisiert die Intoleranz, entmutigt das Hervortreten ungewöhnlicher Talente; ihr Herrscher mufs es verstehen, die Wählerschaften zu unterhalten, zu betrügen, einzuschüchtern, zu faszinieren. Auf der andern Seite erscheint machtpolitische Selbstbehauptung und koloniale Ausdehnung als ein Kampf heimischer gegen fremde Ausbeuter, ein Kampf der Hunde um den Knochen. So bedroht Indifferenz gegenüber allen politischen Werten die Sache sowohl der Imperialisten, wie ihrer liberalen Gegner.

Mit dieser politischen Zersetzung sind abermals wichtige Grundlagen des kapitalistischen Wirtschaftssystems bedroht, dessen Entfaltung gerade auf britischem Boden die Kreuzung liberaler Befreiungsbewegung mit nationaler Machtpolitik zur Voraussetzung hatte.

4. In letzter Hinsicht bedroht ist das soziale Ideal, welches ohne den Glauben an ewige, der Natur überlegene Kulturwerte absurd ist. Das einzelne Glied der breiten „unteren" Massen ist ein gleichgültiges Nichts in dem natürlichen Entwicklungsprozefs[583]. Not und Elend des Schwachen sind Erscheinungsformen jener Auslese, welche die ganze organische Welt hervorgebracht hat und weiterbildet. Sie sind häfslich, weswegen der ästhetische Geist sich von ihnen abwendet[534].

Das soziale Ideal wurzelt demgegenüber in dem Glauben an einen absoluten Wert der menschlichen Seele, deren Aufgabe und Ziel allem natürlichen Geschehen unvergleichlich und überlegen ist. Nur auf Grund dieses Glaubens erscheint es als Pflicht, die Hindernisse zu bekämpfen, welche Armut und Unwissenheit, Trunk, Unterernährung und Kindersterblichkeit der Verwirklichung geistiger Werte in den Weg stellen. Ohne diesen Glauben ist das soziale Ideal eine schwächliche Sentimentalität, die der freie Geist überwindet.

Um Seelen aus Unwissenheit und Verkommenheit emporzuheben, wurden „die Kinder des Lichts, im Spott genannt Quäker" zu Vorläufern der späteren Sozialpolitik. Dem Sehnen nach Freiheit und Gerechtigkeit, dem Glauben an Menschheitsaufgaben entnahmen Radikale und Sozialisten den Schwung ihrer Bewegung. Verbleichen diese Werte, so verdiesseitigt sich das soziale Ideal. Das Himmelreich soll auf Erden errichtet werden. Essen, Trinken, Liebesgenuſs, Verminderung der Arbeit erscheint als sozialer Endzweck[535]. Aber demgegenüber erhebt sich die Frage Kants: wenn die im Genuſs glücklichen Bewohner der Insel Otaheite in ihrer Indolenz auch Tausende von Jahrhunderten dahingelebt hätten, wäre es nicht ebensogut gewesen, daſs diese Insel von glücklichen Schafen und Rindern besetzt gewesen wäre? Oder modern gesprochen: ist es denn wirklich all der Mühen des sozialen Kampfes wert, den Zustand etwa Australiens heraufzuführen: fünf Fleischmahlzeiten des Tags und des Nachts eine Begattung nach neomalthusianischem Rezept, als Inhalt des Arbeiterdaseins? „Der Überdruſs, den der denkende Mensch am zivilisierten Leben fühlt, wenn er dessen Wert lediglich im Genusse sucht," kann gegenüber solcher Zielsetzung nicht ausbleiben[536].

Eine weitere Zersetzungserscheinung auf sozialem Gebiet. Der ehrlich begeisterte Philanthrop als Vorkämpfer der sozialen Reform war eine der edelsten Blüten am Baume der britischen Kultur im neunzehnten Jahrhundert. Wie viele der besten Anregungen sind in England und weit über England hinaus von Männern wie dem Grafen von Shaftesbury und Arnold Toynbee ausgegangen! Das innerste Wesen dieses geistigen Typus ist heute bedroht. Philanthropie wird zum Sport für Müssiggänger, Sozialreform zum Thema für Schönredner geistlichen oder weltlichen Standes. In dem besten seiner Werke, das nach sachverständigem Urteil über Ibsen hinaus den Höhepunkt des modernen Dramas darstellt, in „Candida" schildert Bernard Shaw den sozialistischen Geistlichen, der in einem Anarchistenklub die beste Rede seines Lebens hält, während zur selben Zeit seine Frau von einem achtzehnjährigen Modernen Liebesanträge erhält; die kleine Sekretärin des Helden trinkt sich aus sozialer Begeisterung einen Champagnerrausch an; die Ehefrau aber bleibt ihrem Manne nur um deswillen treu weil dieser mehr Kind sei und eine Stütze und Lenkerin notwendiger bedürfe als der Liebhaber. —

Schlimmer noch als der Verfall des Philanthropen und die gröfste Gefahr für die soziale Bewegung überhaupt: je mehr die Arbeiterdemokratie politisch aufsteigt und in den kommunalen Körpern, zuletzt im Staate selbst das Heft in die Hand nimmt, um so eher kommen ihre Führer und Schmeichler zu Ruhm, Macht und, wenn sie ihren Einflufs genügend ausnutzen, zu Geld. Mit Schrecken bemerkt der Karrierist, dafs er als Reaktionär auf ein falsches Pferd gesetzt hat, und wird reformerischer als die Reformer. Ein Arbeiterführer übertrumpft den andern an Theaterpose und überschreit den schlichten Werkmann, der seinen Klassengenossen unangenehme Wahrheiten zu sagen sich nicht scheut. Gerät die Arbeiterbewegung in die Hand solcher Leute, so wird sie — politisch zur Herrschaft gelangt — sich nicht scheuen, ihre eigenen, kapitalistischen wie nationalpolitischen Grundlagen zu unterwühlen. „Après nous le déluge."

5. Was bleibt übrig? Zunächst, so scheint es, jene ideallose Selbstsucht, wie sie u. a. Bernard Shaw im „man of destiny" verherrlicht, in dem Manne, der den Mut hat, die Schlacht von Lodi „für sich selbst, nicht für sein Land" zu

gewinnen, der für Ruhm und Macht in heiterer Ruhe lügt und tötet und dabei den Becher der Liebe leert, wie er sich bietet. Ähnliche Typen zeitigt unsere Zeit in mannigfaltigem Gewande: den Gewaltmenschen, der farbige Bevölkerungen brutalisiert — den Börsianer, der vergnüglich seine Schäflein aufspeist — vielleicht bald auch den Arbeiterführer, der kühnen Griffes den Staat, diese „verfaulte schöne Galeere", kapert. Und doch kann auch dieser Typus dem Ansturm der Moderne auf die Dauer nicht standhalten. Denn auch in ihm steckt noch ein irrationales Element: die Idee des Ich, das auf Kosten der Aufsenwelt durchzusetzen sei, der Glaube an ein Morgen, dem das Heute zu dienen habe. Noch ist stimmungsmäfsig für den Nichtphilosophen, welcher Geschichte und Wirtschaftsleben macht, Humes „Vorstellungsbündel" nicht voll verwirklicht.

Erst wo die Identität des Ichs zerbröckelt und das Gestern und Morgen gegenüber dem allein sonnenbeschienenen Heute in Schatten sinkt, feiert die Moderne ihren letzten Triumph. Dies vergängliche Jetzt ist mit möglichstem Inhalt zu füllen. Der eine versucht es, indem er sich in die Arme der Laïs stürzt und die Freuden der Welt schlürft, der weisere, indem er seine Erlebnisfähigkeit steigert, alles Grofse, Edle, Schöne, was die Welt je hervorgebracht hat, mitempfindet und sich dorthin wendet, wo seiner intensive und verfeinerte Erregungen harren. Da die Ziele des menschlichen Lebens ungewifs sind, so sollen, meint Walter Pater, die Mittel wenigstens Endgültigkeit und Vollkommenheit an sich tragen. Marius, der durch ästhetische Erziehung genufsfähige Epikuräer, empfindet solche Augenblicke höchsten Erlebens in der quellenden Pracht des toskanischen Frühlings als rüstiger Wanderer oder als feinempfindender Tourist in der schon leise zur Ruine neigenden Weltstadt. Die Schönheit und das Wissen eines Jahrtausends ist in ihr vereinigt, und eine hochgebildete Zeit geniefst diese Schätze mit kritischem Verständnis, auch mit feiner Würdigung der Patina des Alters, welche die sichtbare wie die geistige Vergangenheit leicht zu überziehen beginnt[587]. Solche höchste Augenblicke geniefst Marius nicht minder angesichts der Schönheit des primitiven christlichen Gottesdienstes, der tiefsinnigen Poesie des Mefsopfers, der gesunden Lieblichkeit der christlichen Frau, welche von der Überkultur ihrer Zeit zur Natur zurückkehrt. Aus ästhetischen Gründen und Rousseauscher Natursehnsucht wird Marius Christ, nicht um des längst begrabenen Wahrheitswertes willen.

Ist unser Körper schon ein ewig wechselndes Zusammenfliefsen und Auseinanderfliefsen von Kräften und Stoffen, so ist unsere psychische Welt ein viel schnellerer Wirbel; unser Selbst ist ein Vorüberziehen von Bildern und Empfindungen, die Erfahrung ein Schwarm von Eindrücken und zwar eines isolierten Einzelwesens, das über sich selbst hinaus zur Allgemeingültigkeit nicht hindurch kann. Erfolgreich ist derjenige Mensch, welcher feinste Empfindungen gleichsam im Fluge erhascht, welcher den Sinn für den prachtvollen Reichtum der Erfahrung öffnet, sich „weder bei Comte noch Hegel beruhigt", sondern neue Eindrücke und neue Meinungen unaufhörlich sucht, kostet und wegwirft. Walter Pater predigt Kunstbetrachtung als Lebensinhalt, weil die Kunst die intensivsten und feinsten Erregungen auslöst. „Mit jeder Leidenschaft dahinzutreiben, bis dafs meine Seele eine gespannte Laute sei, auf der alle Winde spielen!" wünscht Oskar Wilde.

Wer die kunstgesättigte Atmosphäre der englischen Moderne atmet, der könnte meinen, dafs auf ihrem Boden eine neue ästhetische Kultur die politische und kapitalistische Kultur der Vorzeit zu überstrahlen im Begriff sei. In der Tat rechtfertigt ein Oskar Wilde die antimoralistische Tendenz seiner Schriften mit dem Hinweis auf den kunstfeindlichen Charakter aller Ethik. Der Verführer, vor dessen Augen das betrogene Mädchen sich tötet, darf durch moralische Skrupel nicht verhindert werden, diese Szene Shakespearescher Dramatik zu geniefsen. Die schöne nutzlose Erregung, welche die Kunst in uns wachruft, ist in den Augen der Gesellschaft „hassenswert". Aber „Ästhetik steht über Ethik."

Dennoch ist es eine trügerische Hoffnung, dafs aus diesem geistigen Boden eine neue Blüte künstlerischen Schaffens entspringen werde. Instinktiv haben dies die grofsen Künstler Englands im letztvergangenen Menschenalter gefühlt. Sie suchten Stimmungsinhalt und Stilgesetze — festes Land unter den Füfsen —, und diese fanden sie nicht auf dem schwankenden Boden der Moderne. Aber auch die Aufklärung und der Puritanismus — unkünstlerisch die eine, kunstfeindlich der andere — boten ihnen keine Anknüpfung. So flüchteten sie in das Mittelalter und die Frührenaissance, empfanden Wahlverwandtschaft mit den vorreformatorischen Zügen der anglikanischen Kirche und wurden „Präraphaeliten". Weder ein Ruskin, ihr geistiger Vater, noch ein D. G. Rosetti oder ein Burne-Jones sind „modern" im obigen Sinne.

Allerdings ist jene verfeinerte Erregungsfähigkeit eine eminent künstlerische Eigenschaft: jenes gesteigerte Sehen, jenes tiefere Empfinden, das neue Welten offenbart, jene geniale Erregung des göttlichen Wahnsinns. Aber für den schaffenden Künstler hat dieses innere Erleben mehr als einen nur subjektiven Annehmlichkeitswert. Er steht unter dem Zwang, das innere Erlebnis zu gestalten. Denn die Allgemeingültigkeit des ihm offenbar gewordenen Schönheitswertes kann sich nur im sichtbar gewordenen Kunstwerk erweisen. Dies ist das ästhetische Soll, welches mit dem moralischen Soll zwar nichts zu tun hat, aber dort, wo es empfunden wird, nicht minder zwingend auftritt wie letzteres. Je tiefer und grofsartiger die Inspiration war, um so gewaltiger das Ringen, desto gröfser die Tat etwa eines Michel Angelo, bis im fertigen Kunstwerk sieghaft die Spuren des Kampfes getilgt sind. Indem die Moderne die Allgemeingültigkeit aller Werte, also auch die des ästhetischen Wertes, leugnet, bedroht sie das Wesen des Künstlers an seiner Wurzel. Sie kann „Ästheten", „Kunstkritiker" hervorbringen, keine Herrschernaturen wie die grofser Künstler[588]. Bezeichnend genug: für Oskar Wilde steht der künstlerische Genufs über dem künstlerischen Schaffen. Der Künstler gehört zu den Arbeitssklaven, die der Lebensverfeinerung eines ästhetischen Rentnertums dienen. Das Zeitalter des Mark Aurel war reich an „Kennern", arm an Künstlern.

Noch eines: grofse Kunstperioden besitzen ihre Stilgesetze, denen der Künstler sich unterwirft, auch wenn er sie weiterbildet. In ihnen kommt die ganze Gesittung der Zeit, ihr technisches Können wie ihr geistiges Streben zum Ausdruck. Sie setzen einen Kulturbestand voraus, der willens ist, sich zu bejahen[539]. Der „Moderne" fehlt Einheitlichkeit und Bejahung. Sie kann den Stil jeder vergangenen Periode nachahmen, keinen eignen schaffen. Die oft täuschende Nachahmung längst vergangener Stilrichtungen ist der Durchsetzung eigenen Stilempfindens hinderlich.

Rückblickend können wir sagen: in Lebensstimmung und Lebenspraxis bewegt sich die angelsächsische Welt — soweit sie in der modernen Literatur zum Ausdruck kommt — dem Punkte zu, den sie theoretisch vor mehr als 100 Jahren in David Hume erreicht hatte. Nicht als ob wir das auch heute noch überaus reiche religiöse Erbteil und die sonstigen positiven Kulturbestände unterschätzten, welche sich in ungeheurer Fülle zu einem weltüberragenden Kuppelbau zusammenschliefsen. Aber seine Fundamente — so fest sie noch sein mögen — sind ihrem Wesen nach dem Ansturm moderner Zersetzung gegenüber widerstandsunfähig. Denn sie sind in sich selbst widerspruchsvoll. Die altüberlieferte Religiosität vergewaltigt das wissenschaftliche Denken des neuzeitigen Menschen. Religion wird heute zu einer Summe zweifelhaftester

Lehrmeinungen, während gesunde Religion die wenigen, gewissesten Sätze umfaſst, auf denen der Mensch fuſst. Die Naturwissenschaft erweist sich andrerseits unfähig, eine Ethik und Politik aus sich hervorzubringen, da sie sich mit einem überall gleichwertigen Sein befaſst. Endlich beide: die Wissenschaft der Aufklärung wie die Religion des Puritanismus leugnen den Wert der sinnlichen Einzelerscheinung. Beide sind unkünstlerisch [540].

Eine geistige Neuorganisation tut not, welche den wissenschaftlichen mit dem handelnden und beide mit dem künstlerischen Menschen versöhnt — eine Synthese, wie sie seit den Zeiten Dantes der europäischen Menschheit nicht mehr vergönnt war. Und doch, diese neue Synthese ist im Keime bereits vollzogen — vollzogen auf deutschem Boden in jener kurzen Frist zwischen dem Erscheinen der Kritik der reinen Vernunft und dem Tode Hegels (1781—1831). Eine gröſsere Synthese als die Dantes: denn während der Thomismus von Aristoteles abhängig war, ging der deutsche Idealismus über die bisherigen Grenzmarken der menschlichen Erkenntnis hinaus. Aber darin besteht die Ähnlichkeit beider Zeitalter, daſs in ihnen Wissen und Glauben, Wollen und Empfinden zu einer Einheit zusammenwuchsen. Sie alle stehen in letzter Linie doch geistig auf einem gemeinsamen Boden: die Kant, Fichte und Hegel, die Goethe, Schiller und Beethoven, die Stein und Scharnhorst und um sie herum jener vielgestaltige Reichtum groſser Mitarbeiter. In diesen Zusammenhang gehört auch Friedrich List, nicht als Schutzzöllner — er konnte je nach den Verhältnissen Schutzzöllner oder Freihändler sein —, wohl aber als der wirtschaftspolitische Weiterbildner Fichtes: zwischen dem Einzelnen und Menschheit steht die Nation — diesen Satz vereinigte List mit freiheitlicher Grundstimmung und weltwirtschaftlichen Endzielen [541].

Es handelt sich heute darum, die Schätze jener „armen

Leute" in gangbare Münze für die Gegenwart umzuprägen, die Ernte jenes wunderbaren Frühlingstages zu sammeln — Brot für ein reicheres und doch hungerndes Volk.

Über griechische Sophistik wie neueste Moderne hat allein jener tiefe und doch einfache Gedanke Gewalt, den Kant mit dem Worte „Primat der praktischen Vernunft" für alle Zeiten geprägt hat und der doch wohl als eigentlicher Kern dem ganzen deutschen Idealismus Einheit gibt. Die Tragweite dieses Gedankens geht weit über das praktische Gebiet im engeren Sinne hinaus und berührt gleicherweise auch das Gebiet der Wissenschaft wie das der Kunst. Jeder Mensch, groſs oder klein, Denker oder Täter, ist vor die Frage gestellt, ob er Werte anerkennt, die über sein eigenes enges Dasein hinausliegen, ob er Pflichten bejaht oder verneint, ob er dem Sein ein Soll überordnet, in dem der Zweck dieses Seins liegt. Hier gilt kein Beweis, sondern ein freier Entschluſs; hier entscheidet, um mit Schiller zu reden, nicht das Wissen, sondern das Gewissen. Bejaht der Mensch jene Frage, so ist er zur Tat berufen, die aus dem Chaos, das ihn umdrängt, den Kosmos gestaltet — den Kosmos der Erkenntnis, der Gesellschaft, des Kunstwerkes. Dann gilt für jeden in seiner Art und an seiner Stelle der Grundgedanke Fichtes und Goethes: „Des wahren Mannes echte Feier ist die Tat." Damit gewinnt auch der menschliche Körper dies bildsame und steigerungsfähige Werkzeug der Tat, eine unvergleichliche Bedeutung; Körperpflege und Sport treten in ihre Rechte und sind doch vor Entartung zum Selbstzweck geschützt.

Die erste Aufgabe, die uns gestellt ist, ist die Bearbeitung der wirr auf uns einstürmenden und unendlich mannigfaltigen Eindrücke nach den Gesetzen unseres Denkens zu einer zusammenhängenden und allgemeingültigen Erfahrung. Es ist dies eine unerläſsliche Aufgabe; denn die gemeinsame Sinnenwelt, die „Natur", ist die Voraussetzung aller weiteren

Betätigung. Wer sich dieser Aufgabe entzieht, z. B. die Anwendung der Kausalität verweigert, wird im Irrenhause interniert, das die „Moderne" in ihrem gesetzlosen Phänomenalismus nicht selten mit dem Ärmel streift. Wer dieser Aufgabe dient, dient der „Wahrheit".

Indem wir im Dienste der Wahrheit die Erfahrung durch begriffliche Bearbeitung vereinfachen, steigen wir zur **Naturwissenschaft** auf, welche die gesamte körperliche Welt als Mechanismus begreift und alle körperlichen Veränderungen als Bewegungen mathematischen Gesetzen zu unterwerfen sucht. Voraussetzung dieser Denkarbeit ist die Gesetzlichkeit der Natur, von der wir keinem andern Interesse zuliebe, auch nicht zu Gunsten der Religion, die geringste Ausnahme zulassen dürfen. Denn auch nur eine Ausnahme zugegeben und es fällt die Naturwissenschaft, dieses Kulturgut, zu dessen Pflege wir verpflichtet sind. Damit werden **Empirismus und mechanische Naturerklärung** — diese Grundpfeiler zunächst der britischen, dann aller Aufklärung — neu gesichert und tiefer begründet, als es die Aufklärung selbst je vermocht hatte. Aber auf der andern Seite ist die sinnliche Welt nicht Ding an sich, sondern Erscheinung, womit der Materialismus endgültig beseitigt und der Weg zu einer Welt übersinnlicher Werte freigelegt wird.

Da die monistisch erfaßte Natur als überall gleichwertiges Sein für Wertunterschiede keinen Platz hat, so führte auf dem Gebiete des praktischen Handelns die Anerkennung der Pflicht zum **ethischen Dualismus**. Das einzelne Sittengebot kann man in seiner Entstehung historisch begreifen und kausal erklären. Aber es verpflichtet nur den, der durch sein irdisches Handeln der Verwirklichung überirdischen Werte zu dienen glaubt. Ohne diesen Glauben ist Unterwerfung unter ein äußeres Gesetz entweder dumme Gewohnheit oder Furcht vor den unangenehmen Folgen der Übertretung. Jenen übersinnlichen Wert hat man von Kant bis Hegel als

„Freiheit" gefaſst. Ihre Verwirklichung suchten Kant und Goethe in der „Persönlichkeit", Hegel in der lebendwerdenden „Gattungsvernunft", im Staate. Beide Zielsetzungen stehen dort nicht im Widerspruch, wo der Einzelne sich freiwillig zum „Organ" des Ganzen macht [542].

Auf diesem Boden steht der historische Evolutionismus, welcher den Einzelnen der aufsteigenden Menschheitsentwicklung dienstbar macht und damit einem „Reich der Zwecke" einordnet. Jeder hat in dieser Entwicklung eine individuelle Aufgabe, die nur ihm und keinem andern obliegt — der Gröſste wie der Geringste. Hierzu tritt der religiöse Optimismus, der Glaube an eine objektive Macht des Guten in der Welt, um „die Achtung vor dem Sittengesetz nicht durch die Nichtigkeit seines Inhalts zu schwächen":[543] ich kann, denn ich soll.

Mit diesen Gedanken, und heute nur mit ihnen, sind die Grundpfeiler des Puritanismus neu zu festigen: die Zielrichtung des menschlichen Lebens auf das Jenseits, die Idee des Reiches Gottes und die göttliche Berufung zum irdischen Beruf. Nur mit den Mitteln des deutschen Idealismus ist also jene gesellschaftliche Disziplinierung fortzuführen, welcher der Puritanismus dereinst in so gewaltiger Weise gedient hatte — eine Disziplinierung heute für eine weitere und kulturellere Arena. Tiefer schürfend als irgendwelche Vorzeit, legte der deutsche Idealismus den Felsenboden bloſs, auf dem der politische wie wirtschaftliche Oberbau der neuzeitigen Welt sicher und dauerhaft zu gründen ist.

Welche sexuelle Disziplinierung liegt in dem Bewuſstsein, daſs der Einzelne für den Aufstieg der Menschheit selten eine wichtigere und verantwortlichere Pflicht zu erfüllen hat, als die der Fortpflanzung! Indem der deutsche Idealismus den Menschen über die Natur hinaushebt, heiligt er den Vertrag zwischen Mann und Weib, der die Fortpflanzung bezweckt. Indem er seinen Kulturzwecken mit freien und vollen Persönlichkeiten zu dienen den Anspruch erhebt, bewahrt er das Weib vor der Auslöschung ihres Selbst durch Herabdrückung zur Gebärmaschine. Den proletarisch hohen Geburtenziffern der Kulturlosigkeit ist er ebenso abhold wie den niederen Geburtenziffern der Kulturzersetzung. Er streitet gegen die Kindersterblichkeit, als die unvernünftige Hinwegtilgung zarter Keime, aus denen Persönlichkeiten — also ewige Werte — sich entfalten könnten und sollten.

Alles Nationalgefühl ist heute brutaler Instinkt, dumpfe Gewohnheit oder banale Phrase, das nicht bewufst oder unbewufst Fichtes und Hegels Gedanken aufnimmt: die Nation ist das in seiner Eigenart einzige, zwischen Menschen und Menschheit stehende Individuum, dem der Mensch in moralischer Überzeugung sich freiwillig unterordnet, und das in dem grofsen Kulturzusammenhang der Menschheit eine bestimmte Aufgabe zu erfüllen hat. „Jede Nation hat ihren Welttag." So gefafst ist die Idee der Nation weder der Freiheit der Einzelpersönlichkeit noch dem weltbürgerlichen Endziel feindlich, sondern bereichert den Inhalt dieser beiden Ideale und ist das Mittel ihrer Verwirklichung. Die Berechtigung nationaler Machtpolitik liegt in diesem Zusammenhange darin, dafs sie der Nation den Raum schafft, um ihren Charakter voll zu entfalten und der Menschheitsgeschichte einzuprägen.

Nur der deutsche Idealismus ist im Stande, das soziale Ideal vom Eudämonismus zu befreien, in dessen Lufthauch es verdorrt. Auch der Einzelne der breiten, gedrückten Unterschicht ist nicht nur gleichgültiges Glied der Masse, sondern mögliche Persönlichkeit. Er besitzt mit dem Menschenantlitz auch Menschenwürde, die uns zur Ehrfurcht nötigt. Deswegen ist die Bürde zu erleichtern, die seinen Geist zu Boden drückt und, wie Fichte so schön sagt, den Aufblick zum Himmel hemmt[544]. Je mehr die Arbeiterbewegung ihren instinktiven Charakter verliert, je mehr auch in ihr das moderne Individuum seine Rechte anmeldet, um so mehr bedarf es bei

Arbeiterführern wie aristokratischen Gewerkschaftsschichten ethischer Bindung, um die Solidarität mit der dumpfen, nachstrebenden Masse aufrecht zu erhalten. Rein eudämonistische Ziele, wie Lohnhöhe, Arbeitszeitverkürzung u. Ä., müssen in dieser Hinsicht versagen, wenn man nicht in ihnen Mittel für Kulturzwecke erblickt. Bisher borgte man in Arbeiterkreisen die alten Ideale der Aufklärung; aber diese sind, wie wir sahen, im Absterben begriffen. Die soziale Bewegung bedarf, um die in ihr lebende Begeisterung frisch zu erhalten, heute mehr denn je der Vermählung mit dem Idealismus.

Die wirtschaftliche Tätigkeit an sich erhebt den Menschen noch nicht über die „Tierheit"[545], vielmehr erst die Unterordnung des Wirtschaftslebens unter überwirtschaftliche Zwecke. Dadurch und nur dadurch wird der schlichte Werkmann wie der weltumspannende Gebieter im Reiche der Wirtschaft zum Kulturmenschen. Idealistische Bevölkerungspolitik, idealistische Nationalpolitik, idealistische Sozialpolitik erheischen eine breite wirtschaftliche Grundlage, welche sich damit dem „Reiche der Zwecke" eingliedert; sie erheben expansive Ansprüche, denen die stationäre und gebundene Wirtschaftsweise der Vorzeit nicht genügt. Um unseren Kulturaufgaben gerecht zu werden, bedürfen wir der breiten Schultern des vorwärts stürmenden Titanen, welcher moderner Kapitalismus heißt.

Der deutsche Idealismus gibt dem kapitalistischen Geiste Antwort auf das rebellische „Wozu?" Erhobenen Hauptes kehrt der Sklave der Buchbilanz auf seinen Kontorbock zurück. Indem er Ziffern an Ziffern reiht, dient er, wie sein puritanischer Vorfahr, höherer Berufung: er erweitert den Nahrungsspielraum für die überquellende Menschheit; er untermauert die Größe und Macht des Vaterlandes; er füllt mit Schätzen die Bastionen, welche die andrängende Arbeiterbewegung erobern wird. Der Kleinunternehmer dagegen bedeutet stationäre Bevölkerung bei hoher Sterbeziffer und Auswanderungszwang; er bedeutet kleinstaatliche Misere und soziale Hoffnungslosigkeit. Man mag ihn als Arbeitgeber auf den Kopf stellen; aus seinen Taschen fällt kein Goldstück heraus. Der Idealismus bejaht und fordert mit dem Kapitalismus die moderne Technik, deren ungeheure Perspektiven sich heute nach allen Seiten hin auftun, als Herrschaft des Menschen über die Natur; aber die Technik ist ihm kein Selbstzweck, noch weniger ein Maſsstab der Kultur.

Erinnern wir uns der ungeheuren Bedeutung, welche dem Puritanismus als dem Bildner der britischen Nation zur wirtschaftlichen und politischen Weltmacht zukam. Bedenken wir zugleich, daſs diese geistige Kraftquelle langsam, aber sicher versiegt. Alsdann erscheint das Urteil berechtigt, daſs den ungeheuren Oberbau nur eine Erneuerung der geistigen Fundamente erretten kann; diese, wie immer man an das Alte anknüpfe, kann nichts weniger als eine „Germanisation" bedeuten. Der Verfasser macht sich mit dieser Aufstellung keiner nationalen Überhebung schuldig — er, der einst Schüler A. Comtes und H. Spencers, durch Carlyle dieser Auffassung nahe gebracht wurde. Auch das Deutschland von heute bedarf dringlich dieser geistigen Germanisation; denn es wird von den nämlichen Mächten der Zerstörung bedroht, wie die angelsächsische Welt. De te fabula narratur, verehrter Landsmann! Aber frisch und ursprünglich sprudeln heute wieder die Quellen lebendigen Wassers — frisch wie zu Zeiten Dantes, in der Jugendzeit des Christentums, in den Tagen eines Sokrates und Platon. Diejenige Nation, welche aus diesem Jungbrunnen den vollsten Becher zu schöpfen wagt, wird — zum Heile der Menschheit und nach dem Willen Gottes — an die Spitze der Menschheit treten. Auch die groſsen wirtschafts- und machtpolitischen Streitfragen des Tages werden in letzter Linie auf dem Weltanschauungsgebiete entschieden.

Ein Prophet dieser Wiedergeburt war Carlyle. Aber die angelsächsische Welt bedarf eines gröſseren Erneuerers.

Carlyles Schwäche bestand hauptsächlich darin, dafs er den Puritaner in sich nicht völlig überwand und der ästhetischen Kulturaufgabe gegenüber versagte. Auf diesem Mangel vor allem beruht sein zugestandener Mifserfolg, dem neuerdings der Lord Chancellor in Royal Society of Litterature so drastischen Ausdruck verlieh. Carlyle ist für die britische Welt heute kein Prophet mehr. Künstlerisch gestimmte Geister suchen Nahrung in der Moderne, die ihnen Naschwerk statt Brot bietet; manche, von besserem Instinkt geleitet, flüchten unter Opfern des Intellekts in die anglikanische Kirche, manche unter Opfern an moderner Technik und Weltwirtschaft, wie Ruskin, in das Mittelalter.

Anders der deutsche Idealismus: er versöhnte nicht nur Aufklärung und Puritanismus, Wissen und Wollen zu höherer Einheit, sondern er verklärte zugleich das menschliche Leben durch die Sonne der Kunst, wie er denn selbst auf dem Gebiete zweier Künste — in Goethe und Beethoven — das denkbar Höchste erreichte.

Aber die Kunst ist ihm mehr als angenehme Zutat; sie ist ihm seit Schiller der unentbehrliche Ausdruck seines eigensten Wesens. Es offenbart sich ihm die „Gott-Natur" Goethes (ästhetischer Monismus). Nur im ästhetischen Zustande kommt die sinnlich-sittliche Natur des Menschen, kommt das wahrhaft Menschliche im Menschen zum harmonischen Ausdruck. Der Typus dieser Bildung ist Goethe. Wenn die Naturwissenschaft die Sinnlichkeit durch Verallgemeinerung auslöscht und die Einzelerscheinung nur als Fall des Gesetzes beachtet — wenn die Sittlichkeit das „nur" Natürliche entwertet und wenn wir diese Entfremdung von der Natur als Krankheit empfinden, so tritt im Schönen das Ideal heilend und versöhnend in die Erscheinung. Der Künstler bannt es durch die Gestaltung des formlosen Stoffes; Schiller hat bekanntlich mit dieser Aufgabe sowohl den „realistischen", wie den „idealistischen" Künstler betraut. Uns andere erlöst die Versenkung in die Schönheit für Augenblicke und gibt uns neuen Mut für die Kämpfe des Lebens. Diese „zweite Renaissance" ist, wie Windelband vortrefflich bemerkt, die Vollendung der ersten[546]. Auf dieser Grundlage sind, wenn die Zeit reif ist, grofse Künstler weil ganze und harmonische Menschen möglich, hinter denen die Wucht einer einheitlichen Kultur steht — moderne Künstler, keine Präraphaeliten, moderne Künstler, keine Ästheten. Denn darin dürfte Ruskin Recht behalten, dafs die Kunst nicht nur die Persönlichkeit des einzelnen Künstlers, sondern zugleich den ganzen Kulturinhalt der Zeit und des Volkes zum Ausdruk bringt, und dafs Perioden hoher Kunst eine gewisse Sicherheit und Geschlossenheit des Kulturhintergrundes zur Voraussetzung haben[547].

Der wahre Weltbürger hofft, dafs die Kultur der Menschheit vorwärts komme, gleichviel durch welches Volk. Er freut sich der gegenseitigen Förderung und Befruchtung der Nationen. Auf wirtschaftlichem Gebiete wünscht Hume „nicht nur als Mensch, sondern auch als britischer Untertan" die Blüte Deutschlands, „ja sogar Frankreichs"[548] — heute müfste der Satz umgekehrt lauten[549]. Wie viel mehr gilt dieser Satz von jenen geistigen Entwicklungen, die alles wirtschaftliche wie politische Werden tragen. Gerade auf diesem Gebiete scheinen Briten und Deutsche zu gegenseitigem Austausch besonders befähigt. Ein edler Wettstreit! „$\Lambda\alpha\mu\pi\acute{\alpha}\delta\iota\alpha$ $\check{\varepsilon}\chi o\nu\tau\varepsilon\varsigma$ $\delta\iota\alpha\delta\acute{\omega}\sigma o\nu\sigma\iota\nu$ $\alpha\lambda\lambda\acute{\eta}\lambda o\iota\varsigma$."[550]

Anmerkungen.

[1] Garvin, The Maintenance of the Empire. In „The Empire and the Century", London. J. Murray 1905, S. 69, the British Empire „represents an extent and magnificence of dominion beyond the natural." Nach Sir Robert Giffen, „The Relative Growth of component Parts of the Empire", Paper read before the Colonial Institute 1898 umfaſste schon damals das britische Reich an 400 Millionen Einwohner und 13 Millionen englische Quadratmeilen; hiervon wurde ein Drittel der Fläche, ein Viertel der Bevölkerung im letzten Menschenalter erworben. Hierzu kamen die afrikanischen Erwerbungen der letzten Jahre. Im Jahre 1900 umfaſste nach F. A. Hobson, Imperialism, London 1905, S. 17, das britische Kolonialreich 13,1 Millionen ☐M. und 367 Millionen Einw., wozu Fläche und Einwohner des Mutterlandes hinzuzurechnen sind.

[2] Vgl. L. Ranke, Englische Geschichte. Bd. IV, Leipzig 1870, S. 66, ferner Oppenheim, The Navy of the Commonwealth, English Historical Review, 1896, Bd. XI, S. 22. England „a power which, with far less at stake commercially, had for years been expending on its naval etablishments a sum which must have equalled or exceeded the total value of its merchant marine". Eine Depesche Colberts vom 21. März 1669 gab den Gesamtbetrag aller Handelsflotten auf 20 000 Seeschiffe an, wovon 15—16 000 auf Holland kämen. Wenige Jahre später äuſserte Temple, daſs der holländische Handel seinen Zenit überstiegen habe. Vergl. Roscher, Abhandlungen der k. sächs. Ges. der Wissenschaften, Leipzig 1857, S. 63.

[3] Seeley, Expansion of England. Vergl. das Kapitel: How we conquered India.

[4] Mahan, Der Einfluſs der Seemacht auf die Geschichte. Deutsche Übersetzung. Berlin, Mittler 1899. Bd. II, S. 559/560.

[5] Vergl. für den maritimen Kampf zwischen England und Frankreich Walter Frewen Lord, England and France in the Mediterranean. 1660—1830. London 1901. Vergl. ferner Roloff, Kolonialpolitik Napoleons I. München, Oldenbourg 1899. S. 199 ff. Vergl. endlich H. Taine, Les origines de la France contemporaine. Le régime moderne. Paris. Librairie Hachette. Neue Auflage 1899. I, S. 56—60, 122, 123, 125 und passim.

[6] Vergl. F. Naumann, Hilfe v. 4. Dez. 1898.

⁷ So Sering, Handels- und Machtpolitik. Stuttgart 1900. II, S. 7. Vergl. Mahan a. a. O. II, 571.

⁸ Vergl. Rickert, Die Grenzen der naturwissenschaftlichen Begriffsbildung. Tübingen 1902. Versus Sombart, Der moderne Kapitalismus. Leipzig 1902.

⁹ Leider fehlt hier jede zusammenfassende Vorarbeit. Mit Dank erinnere ich an den leider zu früh verstorbenen Adolf Held, den Verfasser der „Zwei Bücher zur sozialen Geschichte Englands". Leipzig 1882.

¹⁰ Vergl. das Gedicht des puritanischen Dichters George Wither, „Withers Motto", abgedruckt in Juvenilia. London 1622. Dort am Schluſs:

„My Minds my Kingdome: and I will permit
No others Will, to have the rule of it.
For, I am free; and no man's power (I know)
Did make me thus, nor shall unmake me now.
But, through a Spirit none can quench in me:
This Mind I got, and this, my Mind shall be."

¹¹ Archiv für Sozialwissenschaft und Sozialpolitik. XX. Bd. 1905 Max Weber, Die protestantische Ethik und der Geist des Kapitalismus. I u. II.

¹² So schon Calvin. Völlig zum Durchbruch aber kommt diese Auffassung erst in den über die Presbyterianer herausgehenden Independenten und erreicht ihren Höhepunkt in der Lehre der Quäker vom inneren Licht. Vergl. Milton, „Über das Verhältnis des Staates zu den kirchlichen Angelegenheiten" 1659: Die Interpretation der Bibel unterliegt der „Kraft der Erleuchtung des heiligen Geistes in uns". Wer „seinem Gewissen und seiner Fassungskraft folgend" selbst von „dem Dogma, welches die ganze Kirche angenommen hat, abweicht," darf nicht Ketzer genannt werden; Ketzer ist der, „welcher gegen sein Gewissen und gegen seine aus der Schrift geschöpfte Überzeugung der Kirche folgt."

¹³ Ein drastisches Beispiel dieser Loslösung von der religiösen Unterlage ist der „industrielle Missionar", der mit Christentum und Kaliko hausiert. Vergl. z. B. das Schreiben des Herrn Gates, des Privatsekretärs von Rockefeller, an seinen Meister, in welchem eine Gabe an den Mission Board der Congregational Church mit folgender Begründung empfohlen wird: „Quite apart from the question of persons converted, the mere commercial results of missionary effort to our own land is worth I had almost said a thousand fold what has been spent. For illustration: Our commerce today with the Hawaiian Islands, which are now Christianized and no longer take missionary money, is, I am told, $ 17 000 000 a year. Five per cent of that in one year would represent all the money that was ever spent in Christianizing and civilizing the natives. — Missionaries and missionary schools are introducing the application of modern science, steam and electric power, modern agricultural machinery and modern manufacture into foreign lands. The result will be eventually to multiply the productive power of

foreign countries many times. This will enormously enrich them as buyers of American products, and enormously enrich us as importers of their products. So I think the subject of foreign missions should command the interest of patriots and philanthropists, men of all creeds and of no creed, men of commerce, manufacture, finance, of bankers, importers and exporters of our country, and of all who have the wellbeing of their own country or of mankind at heart." In ähnlicher Weise spricht sich der britische Konsul in Canton aus. Vergl. J. A. Hobson, Imperialism. London 1905. S. 177, 178.

[14] Sir Horace Plunkett, Ireland in the New Century. London 1904. S. 54, 102.

[15] P. Hensel, Thomas Carlyle. Stuttgart 1901. S. 22 ff.

[16] Vergl. die Westminster Review. London 1824—1836, herausgegeben von J. Bowring and J. St. Mill. passim.

[17] Vergl. folgende Sätze aus den „Works of Jeremy Bentham", published by John Bowring. Edingburg 1843. Bd. I, S. 43:

„The dependence of man upon his fellowmen is the sole source of the extraregarding, as it is of the benevolent principle, for, if a man were wholly sufficient to himself, to himself he would be sufficient, and as the opinions and conduct of others towards him would by the supposition, be indifferent to him, no sacrifice would he make to obtain their friendly effection. In fact, such a sacrifice would be but a waste and such waste would be a folly."

„Happily for each, happily for all of us, the human being is differently constituted. Of man's pleasures a great proportion is dependent on the will of others and can only be possessed by him with their concurrence and co-operation. There is no possibility of disregarding the happiness of others without at the same time, risking happiness of our own."

„Dream not that men will move their little finger to serve you, unless their advantage in doing so be obvious to them."

Vergl. Leslie Stephen, The English Utilitarians. Vol. I. Bentham. London 1900, insbes. S. 235 ff.

[18] J. Bentham, Works a. a. O., Bd. III. Plan for Parliamentary Reform, insbes. S. 438 ff., 445 ff.

[19] J. St. Mill, Gesammelte Werke. Leipzig. Fues Verlag. 1869. Bd. I. Das Nützlichkeitsprinzip. S. 144/145.

[20] Bentham, Works a. a. O., Bd. II. S. 253. Auch hier ist Mill weniger folgerichtig, wenn er höhere und niedere Vergnügen unterscheidet (a. a. O. S. 136/37).

[21] Simmel, Philosophie des Geldes. Leipzig 1900. S. 194, 465, 466. „Für die gewöhnliche Anschauung ist das Ich im Praktischen nicht weniger als im Theoretischen die selbstverständliche Grundlage und das unvermeidlich erste Interesse; alle Motive der Selbstlosigkeit erscheinen nicht als ebenso natürliche und autochthone, sondern als nachträgliche und gleichsam künstlich angepflanzte. Der Erfolg davon ist, daſs das Handeln im selbstischen Interesse als das eigentlich und

einfach „logische" gilt. Alle Hingabe und Aufopferung scheint aus den irrationalen Kräften des Gefühls und Willens zu fliefsen, so dafs die blofsen Verstandesmenschen dieselbe als einen Beweis mangelnder Klugheit zu ironisieren oder als den Umweg eines versteckten Egoismus zu denunzieren pflegen." Hierzu gehört aber auch — worauf Sombart mit Recht aufmerksam macht — eine gewisse Entwicklungsstufe der Arithmetik. Die Namen des Leonardo Pisano und Luca Paciolo umgrenzen diese Entwicklung. Vergl. Sombart, Der moderne Kapitalismus. Bd. I, S. 392 ff.

[22] Vergl. David Ricardos Grundgesetze, Übersetzung von Baumstark. Leipzig 1837. Kap. 26, S. 380. „Für einen Einzelnen, welcher ein Kapital von 20000 £ besitzt, dessen Gewinnst 2000 £ jährlich beträgt, würde es höchst gleichgültig sein, ob sein Kapital 100 oder 1000 Menschen beschäftigt, ob das hervorgebrachte Gut um 10000 oder um 20000 £ verkauft wird, vorausgesetzt, dafs in keinem Falle sein Gewinnst unter 2000 £ herabginge. Ist nicht das wirkliche Interesse eines Volkes ein Gleiches? Vorausgesetzt, sein reines wirkliches Einkommen, seine Rente und sein Gewinnst seien dieselben, so ist es von gar keiner Bedeutung, ob das Volk aus zehn oder zwölf Millionen Einwohnern besteht. Sein Vermögen, seine Flotten und Heere und alle Arten von nicht hervorbringender Arbeit zu erhalten, mufs im Verhältnis stehen zu seinem reinen und nicht zu seinem rohen Einkommen. Könnten fünf Millionen Menschen so viel Nahrung und Kleidung hervorbringen, als zehn Millionen Menschen bedürfen, so wären Nahrung und Kleidung für fünf Millionen Menschen das reine Einkommen. Würde es für ein Land von irgend einem Nutzen sein, wenn zur Hervorbringung dieses nämlichen reinen Einkommens sieben Millionen Menschen erforderlich wären, d. h. wenn sieben Millionen Menschen anzuwenden wären, um genug Nahrung und Kleidung für zwölf Millionen Menschen hervorzubringen? Die Nahrung und Kleidung für fünf Millionen Menschen würde noch das reine Einkommen sein." Vergl. auch K. Diehl, David Ricardos Grundgesetze. Dritter Band. Erläuterungen. II. Teil. 2. Aufl. S. 461. „In allen diesen Fragen der Weltanschauung war Ricardo unbedingt von Bentham abhängig." Zweifellos sprechen Bentham wie Ricardo vielfach „im Namen der Humanität" (a. a. O. S. 464); aber diese Redewendung — so aufrichtig empfunden sie sein mag — scheint mir mit den Grundgedanken ihrer Weltanschauung in Widerspruch zu stehen.

[23] Auf die „baroniale" Grundlage der schottischen Reformation legt Nachdruck H. Delbrück, Anglicanismus und Presbyterianismus. Historische und politische Aufsätze. Berlin 1887. S. 65 ff.

[24] Buchananus, De iure regni apud Scotos dialogus. Vergl. etwa folgende charakteristische Stelle: „B. In rege creando quid potissimum spectarunt homines? M. Populi ut opinor utilitatem. B. Populus igitur rege praestantior. M. Necesse est. B. Rex igitur cum ad populi judicium vocatur, minor ad maiorem in ius vocatur." Vergl. auch John Knox, The Source and Bounds of Kingly power, in

History and Repository of Pulpit Eloquence, herausgegeben von Rev. Henry C. Fish. New York 1857. Vol. II, S. 206.

[25] Vorläufer der Independenten war Robert Brown, dessen Schrift „Life and Manners of all Christians", Middelburg (im britischen Museum nicht auffindbar), eine Theorie der Gewissensfreiheit enthält. Nach Gardiner sind die ersten, welche völlige Trennung des Staats von der Kirche fordern, die Baptistengemeinden, so schon 1612 und 1613 die englische Baptistengemeinde in Amsterdam. S. R. Gardiner, History of the great Civil. War. London, Longmans Green Co. 1886. I, S. 336. Die wichtigsten Schriften Miltons für die vorliegende Frage sind folgende: Doctrine and Principle of Divorce, 1641 (Ehe weltlicher Vertrag); Areopagitica, 1644 (Prefsfreiheit); The Tenure of Kings and Magistrates, 1648 (Volkssouveränität, Gewissensfreiheit, gegen Zehnten); Pro populo anglicano defensio, 1651 (Volkssouveränität); Treatise of Civil Power in Ecclesiastical Causes (Trennung von Staat und Kirche); Considerations touching the likeliest Means to remove Hirelings out of the Church (gegen Zehnten, für staatliches Unterrichtssystem). Die beiden letztgenannten Schriften erschienen 1658 unmittelbar nach Sturz der Protektoratsverfassung. Weitere Hauptvertreter des Toleranzgedankens waren Harrington und J. Taylor.

[26] So im wesentlichen die Auffassung S. R. Gardiners; vergl. desselben Oliver Cromwell, deutsch von Kirchner. München, Oldenbourg 1903. S. 48. S. 166 u. 173: Das kirchliche System des Protectorats war toleranter als die öffentliche Meinung und als die Parlamente jener Tage. Cromwells Parlament von 1654 ging daran, die Ketzereien aufzuzählen, welche unter Strafe gestellt werden sollten. Ranke, Englische Geschichte. Leipzig 1870. Bd. IV, 129. Hinsichtlich der Katholiken sind es politische Gründe, welche Cromwells Stellungnahme beeinflufsten. Vergl. O. Cromwell, Letters and Speeches. Edited by Carlyle. Neue Auflage. London 1897. Bd. II, S. 83. Dagegen hat Cromwell die Anglikaner geduldet: unter seiner Herrschaft wurde wieder öffentlich Gottesdienst der Episcopalen abgehalten; anders seit dem Empörungsversuch von 1655.

[27] Roger Williams, The bloudy tenent of Persecution for cause of conscience discussed (1644). Edited for the Hanserd Knollys Society by E. Beau Underhill. 1848. Vergl. auch The Controversie concerning liberty of Conscience in matters of religion, by John Cotton. Answer to some arguments to the contrary send unto him (von Roger Williams) London 1846. Ferner vergl. T. M. Merriman, Boston 1892. The pilgrims puritans and Roger Williams: „Decrease of Theocraty, Increase of religious Liberty". Vergl. auch The Roger Williams Calendar, herausgegeben von J. O. Austin. Providence. R. J. 1897, mit Schlagworten aus Roger Williams und gewidmet „to all who grant permission of differing consciences."

[28] Jellinek, Die Erklärung der Menschen- und Bürgerrechte. Leipzig 1895. S. 33/34 und passim. Gooch, History of English democratic Ideas, a. a. O. S. 142 43, 150 ff. Vergl. auch die geistvollen Be-

merkungen Leckys, Rationalism in Europe, S. 176, 190, wonach Freiheit und Religion in England zusammengehen, und Religionsverächter wie Hobbes und Bolinbroke Freiheitsfeinde gewesen sind; der Skeptiker Hume war ein Verherrlicher der Stuarts.

[29] A. Smith, Wealth of Nations. Viertes Buch, Kap. 4, gelegentlich der Getreideausfuhrprämien. Vergl. ferner die auch wirtschaftsgeschichtlich äufserst feinsinnige Stelle, drittes Buch, Kap. 4: „Durch Handel und Manufakturen ist Ordnung und ein regelmäfsiges Regierungssystem in die Staaten gebracht, und mit diesen ist Freiheit, Sicherheit der Person und des Eigentums den Einwohnern zuteil geworden; — Güter, die ihnen zuvor gänzlich fehlten, als sie noch mit ihren Nachbarn unaufhörlich im Kriege und von ihren Oberen sklavisch abhängig waren. Diese letzte Wirkung des Handels, ob sie gleich am wenigsten beachtet wird, ist doch die wichtigste unter allen. Ich weifs aufser Hume keinen Schriftsteller, der derselben gedacht hätte. — Die Sicherheit, womit nach britischen Gesetzen jedermann die Früchte seiner Arbeit geniefst, ist allein hinreichend, ein Land blühend zu machen, und diese Sicherheit wurde durch die Revolution fest gegründet. In Grofsbritannien geniefst die Betriebsamkeit alle mögliche Sicherheit; und ob sie gleich keine völlige Freiheit geniefst, so ist sie doch so frei oder noch freier, als in irgend einem Teile von Europa."

[30] Mit schönen Worten schildert Hettner, Geschichte der englischen Literatur von 1660—1770, Braunschweig 1856, S. 13 ff., die Bedeutung Newtons: „Eine Welt steht vor uns ohne Wunder und Willkür, ohne Zweck und Absicht, in ihren kreisenden Bahnen rein in sich selbst ruhend und sich durch sich selber erhaltend. — Aus einer phantastischen Traumwelt tritt der Mensch erst jetzt in die Wirklichkeit der Natur." Vergl. auch Windelband, Geschichte der neueren Philosophie, Leipzig 1899, Bd. I, S. 133—142, 294—300.

[31] Sehr gut charakterisiert Macaulay dieses technische Zeitalter, in welchem Gesellschaftsdamen von Luftpumpen und Teleskopen sprachen: „The spirit of Bacon was abroad, a spirit admirably compounded of audacity and sobriety. There was a strong persuasion that the whole world was full of secrets of high moment to the happiness of man and that man had by his maker been intrusted with the key which rightly used would give access to them." Th. B. Macaulay, History of England, Vol. I, Cap. III, Leipzig 1849, Tauchnitz, S. 402. Vergl. ferner Bentham, Chrestomatia. Works, Bd. VIII, S. 39.

[32] J. St. Mill, Autobiography, London 1873, Longmans Green, S. 132 ff.

[33] Leslie Stephen, The English Utilitarians, Vol. III, J. St. Mill, London, Duckworth, 1900, S. 385 ff. „The French philosophers of the eigtheenth century became his model — he never became a profound student of German litterature" (S. 12). Trotz des ungeheuren Einflusses französischer Denker hat der theoretische Materialismus in England keine Wurzel geschlagen.

³⁴ Mandeville, The Fable of the Bees. Erste Auflage 1714. Das Buch besteht aus einem Abdruck des 1706 gedruckten Gedichtes: „The grumbling hive" und zahlreichen Prosazusätzen. Inhalt: einseitigste Rückführung aller gesellschaftlichen Phänomene, insbesondere die der neueren handeltreibenden (kapitalistischen) Gesellschaft auf das Selbstinteresse; vorwärts treibende Bedeutung des Luxus. Mandeville lehnt Werturteile ab. Mandeville vergleicht den Moralisten mit dem Gärtner oder Maulwurfsjäger, sich selbst mit dem Naturforscher, den interessiert, was jene vertilgen. Vergl. Sakmann, Bernhard de Mandeville, Freiburg i. B. 1897. S. 105. Gegenüber der einheitlichen Erklärung des gesellschaftlichen Seins aus dem Selbstinteresse gilt das scharfe, aber treffende Urteil Humes als wahren Empirikers: „The love of simplicity which has been the source of much false reasoning in philosophy", schädigt auch die Theorien Sombarts: „The case is not the same in this species of philosophy as in physics." David Hume, Essays and Treatises. New Edition London 1788. Bd. II S. 323 (Of self-love).

³⁵ Jeder unbefangene Leser findet Wertungen, negative wie positive, in Sätzen, wie den folgenden (Sombart, Der moderne Kapitalismus. Bd. II S. 259, 294, 312, 349, 350 u. a.): „Schmucklos, nüchtern, banal, kümmerlich war alles, was zur Wohnung gehörte. Es hat in der Weltgeschichte nicht wieder eine Zeit so trauriger Reizlosigkeit und Armeleutehaftigkeit gegeben . . ." „Arm an materiellen Gütern, in einer armseligen Umgebung, machte man aus der Not eine Tugend, baute sich eine Welt der Ideale auf und sah mit Verachtung auf alle Sinnlichkeit und Körperlichkeit herab. Man übte Entsagung und Bescheidenheit, wie es Heine so schön ausgesprochen hat; man beugte sich demütig vor dem Unsichtbaren, haschte nach Schattenküssen und blauen Blumengerüchen, entsagte und flennte." „Ich sehe das kommende Geschlecht nach langen Jahrhunderten der Entbehrung endlich wieder ein Leben führen, das von Schönheit und Wohlbehagen durchtränkt ist. Ein Geschlecht wird erstehen, das aus der Fülle von Reichtum, die ihm in verschwenderischem Mafse zuwächst, eine Welt des Behagens und der schönen Formen wird hervorquellen lassen; Menschen, denen Genufs, denen Lebensfreude wieder zu selbstverständlichen Begleitern auf ihrer Erdenpilgerschaft geworden sind; Menschen mit verfeinerten Sinnen, mit einer ästhetischen Weltauffassung." „Der Kapitalismus vermehrt durch die Steigerung des Reichtumes die Zahl derjenigen Personen, die den oberen Zehntausend zeitweilig zur Erleichterung und Verschönerung des Daseins sich darbieten und die nach einigen Jahren des Dienertums sich als kleine Ladeninhaber soziale Selbständigkeit erringen: Domestiken, femmes entretenues, Kokotten."

³⁶ So David Hume in dem bewunderungswürdigen „Traktat über die menschliche Natur." Deutsche Übersetzung. Ausgabe von Lipps. Hamburg und Leipzig 1895. Bd. I S. 347/348. Vergl. auch die berühmte Stelle § 327 daselbst: „Der Geist ist eine Art Theater, auf

dem verschiedene Perzeptionen nacheinander auftreten, kommen und gehen und sich in unendlicher Mannigfaltigkeit der Stellungen und Arten der Anordnung untereinander mengen. Es findet sich in ihm in Wahrheit weder in einem einzelnen Zeitpunkt Einfachheit, noch in verschiedenen Zeitpunkten Identität; so sehr wir auch von Natur geneigt sein mögen, uns eine solche Einfachheit und Identität einzubilden. Der Vergleich mit dem Theater darf uns freilich nicht irre führen. Die einander folgenden Perzeptionen sind allein das, was den Geist ausmacht, während wir ganz und gar nichts von einem Schauplatz wissen, auf dem sich jene Szenen abspielten, oder von einem Material, aus dem dieser Schauplatz gezimmert wäre." Auf moralphilosophischem Gebiete verwirft Hume als Moralpsychologe bekanntlich den Versuch, den Egoismus als ausschliefsliches Erklärungsprinzip gelten zu lassen, sondern erkennt auf Grund der Erfahrung ein selbständiges Grundgefühl der Sympathie an. Windelband, Geschichte der neuen Philosophie. Leipzig 1899. II. Aufl., Bd. I S. 347/348.

[37] Vergl. die Werke S. R. Gardiners, dessen Lebensarbeit die Geschichtsschreibung dieser Epoche war. Thomas Carlyle gebührt das Verdienst, aus dem Staub der Archive, aus Mifsverständnissen und Entstellungen das Puritanertum wieder lebendig gemacht zu haben. Vergl. vor allem Oliver Cromwells Letters and Speeches with elucidations. In diesen Erläuterungen finden sich grofsartige Denkmale Carlyleschen Geistes. Vergl. einführungsweise zum folgenden auch H. Weingarten, Die Revolutionskirchen Englands, Leipzig 1888, sowie die einschlägigen Artikel in der Realenzyklopädie für Theologie und Kirche: Puritaner, Quäker, Methodismus, Heilsarmee, vor allem den ausgezeichneten Artikel von Tröltsch: Englische Moralisten. Max Webers Aufsätze im Archiv für soziale Gesetzgebung 1905 schildern den ethischen Typus des Puritaners auf Grund seltener Quellenkenntnis, in erster Linie unter Zugrundelegung von Baxter, Christian Directory; die Aufsätze Webers bilden ein bewunderungswürdiges Zeugnis deutscher Gelehrtenarbeit. Vergl. auch Fr. Engels, Neue Zeit 1892/1893, Bd. I S. 43/44: Das Dogma der Gnadenwahl „war dem kühnsten der damaligen Bürger angepafst."

[38] Die schottische Kirche hat stets das Recht in Anspruch genommen, sich aus sich selbst heraus weiter zu reformieren, aufserdem dem einzelnen Geistlichen eine weitgehende dogmatische und gottesdienstliche Freiheit zugestanden — im Gegensatz zur anglikanischen Kirche. Vergl. Robert Lee, Reform of the Church of Scotland. Part. I. Edinburgh 1866. S. 1—16. Vergl. auch Richard Jebb, Studies in Colonial Nationalism. London 1905. S. 190: „Scotch presbyterian influences — associated with commercial progress all over the empire."

[39] Milton bekennt sich in The doctrine and discipline of Divorce (1644) als Gegner des Arminius; seine Stellung zum Prädestinationsdogma ist im „Areopagitica" bereits zweideutig; dagegen wird dieses Dogma in der „Doctrina christiana" auf das entschiedenste verworfen.

Vergl. die Übersetzung von Sumner, Cambridge 1825, Buch I, Kap. 3: „Of the divine Decrees", und Kap. 4: „Of Predestination".

[40] Josiah Child, an sich Feind der Handelskompagnien, verficht in seinem New discourse of Trade, 1668, second edition 1694, das Monopol der ostindischen Kompagnie. Indem es die Schiffahrt fördere, diene es der Macht Englands und der Verteidigung des Protestantismus. „That trade constantly employs 25 to 30 sail of the most warlike ships in England."

[41] Über den Typus des Quäkers vergl. die anschauliche Schilderung bei Schneckenburger, Vorlesungen über die Lehrbegriffe der kleinen protestantischen Kirchenparteien 1863, S. 96. Vergl. ferner R. Barclaii, Theologiae vere Christianae apologia, Amsterdam 1676: einem jeden Menschen, Juden, Heiden oder Mohamedaner, hat Gott „mensuram quandam luminis filii sui" verliehen, „certum diem et visitationis tempus." Eine gute Orientierung auch über die Grundlehren des Quäkertums enthält Schneckenburger, a. a. O.

[42] Auch in seinem durchaus unhistorischen Charakter ist das Quäkertum der Aufklärung verwandt. Die historische Person Jesu kommt gegenüber „dem vom Anbeginn der Welt an geschlachteten Lamme" kaum in Betracht. Barclay, der Apologet des Quäkertums, lehrt, dafs die Erlösung nicht durch die Menschwerdung, sondern durch die innere Erleuchtung bewirkt werde; nur an letztere zu glauben, habe Christus die Menschen aufgefordert. Vergl. Weingarten, Die Revolutionskirchen Englands, Leipzig 1868, S. 375. Vergl. auch Schneckenburger a. a. O. S. 69.

[43] S. H. Curteis, Dissent in its relation to the Church of England, London 1872, Macmillan, S. 255: „Quakerism has been able with the most extraordinary success to infuse the spirit and essence of George Fox's teaching into the very veins of the modern world." Über Quäkertum vergl. C. L. Maynard, Society of Friends and its influence; Caroline Emelia Stephen, Quaker strongholds; John W. Graham, The Meaning of Quakerism; E. Grubb, Quakerism in England. Alle diese Bücher erschienen in London bei Headley Brothers. Ein neuerer Dichter, namens Whittier, schildert den alten Quäkertypus mit folgenden Worten:

> „The Quaker of the olden time,
> How calm and firm and true
> Unspotted by its wrong and crime
> He walked the dark earth through.
> The lust of power, the love of gain,
> The thousand lures of sin
> Around him, had no power to stain
> The purity within."

[44] William Penn, Some Fruits of Solitude. Neu aufgelegt Westminster bei Archibald Constable 1903. Mit Recht sagt Ranke in seiner englischen Geschichte von Penn: „Seine Religion reichte über den Begriff seiner Sekte hinaus." Vergl. Englische Geschichte, Bd. VI, S. 96 ff.

⁴⁵ Oliver Cromwells Letters and Speeches, edited by Carlyle, Letter 101 vom 13. August 1649. „As for the pleasures of life and outward business let that be upon the bye. Be above all these things, by faith in Christ; and than you shall have the true use and comfort of them."

⁴⁶ Charakteristisch für die Hinwegnivellierung überkommener Glaubensdifferenzen ist ein Artikel von J. Llewelyn Davis, The Church, Dissent and the Nation, National Review 1903, worin die Möglichkeit eines gemeinsamen, die Kirche und die wichtigsten Sekten umfassenden Katechismus ausgeführt wird.

⁴⁷ Vergl. Schneckenburger a. a. O. S. 103 ff. Ferner Max Weber a. a. O. S. 57, sowie den angeführten Artikel in der Realencyklopädie für protestantische Theologie über „Methodismus".

⁴⁸ General Booth, Religion for every day. Salvation Army book department 1902. Vgl. ferner in demselben Verlage: Orders and Regulations for Field Officers, sowie Religion for every day und Doctrines of the Salvation Army by the General.

⁴⁹ Lecky, The Rise and Influence of Rationalism in Europe. New impression. London 1900. Band II S. 178.

⁵⁰ Paley, Evidences of Christianity in Paley's Complete Works.- Ausgabe bei William Tegg, London 1877 S. 4 ff., sowie Th. R. Birks Modern Utilitarianism or the Systems of Paley, Bentham and Mill. London, Macmillan. 1874.

⁵¹ Overton, The Anglican Revival. London 1897.

⁵² Vergl. Nr. 33 Chronik der „Christlichen Welt", 1905. Manifest von elfhundert höhern und niedern Geistlichen der anglicanischen Kirche, dessen Hauptsätze also lauten:

„1. Wir fühlen, dafs sich mit der kritischen Diskussion der Gegenwart mannigfache und schwerwiegende Fragen für die Frömmigkeit verbinden, halten es aber für dringend notwendig, dafs die englischen Geistlichen mit dem ernsthaften Glauben an den heiligen Geist, der in alle Wahrheit leitet, das ebenso ernsthafte Bestreben verbinden, an der Lösung dieser Probleme mitzuarbeiten.

2. Wir wünschen, dafs die Geistlichkeit, aus deren Mitte schon viele zur Förderung des christlichen Glaubens und mit allgemeiner Zustimmung ihrer Vorgesetzten wichtige Ergebnisse zutage gefördert haben, die einer besonnenen, ehrerbietigen und fortschreitenden Kritik des Alten Testaments entspringen — jetzt auch als christliche Lehrer von bevollmächtigter Seite Ermutigung erhalten mögen, den kritischen Problemen des Neuen Testaments ins Auge zu sehen, mit voller Offenheit, mit Ehrfurcht vor Gott und seiner Wahrheit und in Treue gegen die Kirche Christi.

3. Wir fürchten, dafs die Ordination Männern verschlossen werde, die in besonnener ehrfürchtiger Weise die historische Methode auf die evangelischen Urkunden anwenden und dafs so eine wachsende Zahl von Männern ihrem Fühlen und Denken nach dem hohen Beruf verloren gehe.

4. Wir sind davon überzeugt, dafs eine schwere Verantwortung und Gefahr darin liegt, wenn einige von uns **den Glauben der Seelen in erster Linie auf Einzelheiten neutestamentlicher Erzählung aufbauen,** deren historische Gültigkeit im letzten Grunde doch von der wissenschaftlichen Forschung bestimmt werden mufs."

[53] A. F. W. Ingram, Work in great Cities. London, Gardner Darton Co. Charakteristisch für den Geist des Verfassers ist es, dafs er Predigten unter freiem Himmel aus dem Grunde empfiehlt, weil der gelangweilte Zuhörer ohne weiteres weitergehen könne. Das Buch ist, weil Londoner Verhältnisse behandelnd, für den Festländer besonders beachtenswert. Ein anderer Sozialpolitiker im besten Sinne des Wortes war u. a. auch Dr. Westcott, der Bischof von Durham. Vergl. B. F. Westcott, An Appreciation by Thomas Burt. M. P. Vor allem lag das Verdienst des Bischofs in der Förderung der Einigungsämter. Zu diesem Zwecke organisierte er den geselligen Verkehr zwischen Unternehmern und Arbeiterführern, indem er leitende Persönlichkeiten von beiden Seiten zu vierteljährlichen Konferenzen in den Bischofspalast einlud. Man wohnte im bischöflichen Palast, dessen Sehenswürdigkeiten der Gastgeber den Gästen zeigte, speiste an gemeinsamer Tafel und beriet auf Grund wohl vorbereiteter Referate soziale Fragen der Gegend; hier lernten sich Männer gegenseitig achten, die sich bisher leidenschaftlich bekämpft hatten.

[54] In dieser Beziehung war die anglicanische Kirche den Puritanern überlegen. Letztere erklärten, „that is was more agreeable to the rules of piety to demolish such old monuments of superstition and idolatry then to retain them." Dieser Bericht stammt allerdings aus einer nicht unparteiischen Quelle, W. F. Hook, Lives of the Archibishops of Canterbury. London. R. Bentley and Son. 1875. Vol. XI.

[55] Für die romantische Geistesrichtung Ruskins ist die Verherrlichung des alten Venedigs in den Stones of Venice ein weltbekannter Beleg. Marillier, D. G. Rosetti. London. Bell. 1899 S. 207: „Rosetti was medieval in his thoughts and tastes." Daselbst S. 111 über die im Texte genannte Firma. Burne-Jones war von Rosetti auf das stärkste beeinflufst. Über die romantische Grundstimmung eines Burne-Jones vergl. Memorials of Edward Burne-Jones, herausgegeben von Lady Burne-Jones: „I could not do without medieval Christianity. The central idea of it and all it has gathered to itself made Europe that I exist in. The enthusiasm and devotion, the learning and the art, the humanity and romance, the selfdenial and splendid achievement that the human race can never be deprived of except by a cataclysm that would all but destroy man himself — all belong to it." Vergl. daselbst eine charakteristische Stelle gegen das Utilitariertum I, S. 84.

[56] Vergl. Booth-Tucker, The Life of Catherine Booth. Band II S. 271 ff. Über die Bedeutung der Sonntagsschule vergl. When I was a Child, by an Old Potter. London, Methuen 1903. Lebenserinnerungen eines Arbeiters. S. 7, 8, 9, mit Einleitung von Dr. Robert Spence Watson:

„But what shall I say of the benefit I got from the Sunday school? To speak of the benefit it has been to this nation would be a joy and all I could say would fail to tell the measure of its beneficence and inspiration, especially to the children of the poor in those days. To me very soon it was a life within my life. In the midst of a life of hardship and temptation, this inner life shed a brightness and a sweetness which always gave me an upward look and an upward inspiration. Sunday was verily an oasis in the desert to me." — „The Sunday school, I know, leavened my life from my sixth to my tenth year and this determined all my future. I had temptations afterwards some of which I dare not name." — „It was not so much that I understood all the evil about me and saw into its baleful depths, as that I had an inward influence which gave me an opposite bias and always led me to think of the Sunday school. When this came round again, it was as if I had passed through a washing of regeneration."

[57] Für Disraeli charakteristisch ist besonders die Vorrede zum Lothair. Vergl. ferner Sichel, Disraeli. London 1904, S. 32, 146 ff. Für Gladstone vergl. das Standard Work von John Morley, The Life of William Eward Gladstone. London Macmillan. 1903. Den im Text hervorgehobenen Punkt betont Lotz, Gladstone als Finanzminister. Münchener Freistatt. 7. u. 21. Januar 1905. Vergl. folgende Stelle aus einem Briefe Gladstone's an Mrs. Gladstone, April 1874 (John Morley a. a. O. Band II S. 500): „I am convinced that the welfare of mankind does not now depend on the state or the world of politics; the real battle is being fought in the world of thought, where a deadly attack is made upon the greatest treasure of mankin, the belief in God and the gospel of Christ."

[58] A. J. Balfour, Die Grundlagen des Glaubens. Deutsche Übersetzung. Bielefeld 1896. Vergl. insbesondere das Kapitel: „Die philosophische Grundlage des Naturalismus", ferner das Kapitel „Naturalismus und Vernunft".

[59] Ray Lankester, Letter to the Times vom 15. Mai 1903. Vgl. auch die Worte Huxleys: „I have not the slightest objection to offer a priori to all the propositions in the three creeds. The mysteries of the Church are child's play compared with the mysteries of nature." Vergl. endlich Benjamin Kidd. London 1894. S. 190, 245, 246 und passim. „The peculiar feature in which human evolution differs from all previous evolution consists in the progressive development of the intellect, rendering it impossible that instincts should continue to act as efficient sanctions for altruistic conduct. Hence the characteristic feature of human evolution ever growing with the growth and developing with the development of the intellect and forming the natural complement of its growth and development: namely the phenomenon of our religions — the function of which is to provide the necessary controlling sanctions in the new circumstances." — „Through the operation of the law of natural selection the race must grow ever more and more religious."

[60] Vergl. auch Bernstein in der Geschichte des Sozialismus. Bd. I, erster Teil. Stuttgart 1895 S. 681. „Der Asketismus ist bürgerliche Tugend."

[61] Oliver Cromwells, Letters and Speeches, ed. by Carlyle. Neue Auflage. London 1902, by Chapman and Hall. Bd. I, Brief 41 an Bridget Ireton.

[62] Vergl. die Stelle in Miltons Verlorenem Paradiese, Buch IV Vers 720 ff. (dagegen Buch IX Vers 1000 ff.: Fleischliche Begattung nach dem Sündenfall). Desgl. vergl. Miltons Ehescheidungsschriften, insbesondere The doctrine and discipline of Divorce. 1643. Eine populäre Darstellung angelsächsischer Eheethik gibt der General Booth. Love, marriage and home. Salvation Army book department. Vergl. auch Book of Christian discipline of the religious Society of Friends. London. Samuel Harris. London 1833, S. 75 ff., 259 ff.

[63] Über Guli Springett vergleiche Ernst Bunsen, William Penn. Leipzig 1854, S. 64 ff., 125 und passim.

[64] Milton, Areopagitica. 1644. Neu veröffentlicht in English reprints edited by Edward Arber Birmingham. 1868. S. 60, 68, 69.

[65] So Max Weber a. a. O. II S. 92 nach Baxter.

[66] O. Cromwells Letter and speeches a. a. O. I 402 ff. Brief an Oberst R. Hammond vom 25. Nov. 1648.

[67] Oliver Cromwells Rede zum zweiten Parlament vom 20. Januar 1658. a. a. O. Bd. IV S. 144/145.

[68] Erich Marcks, Königin Elisabeth von England. Bielefeld und Leipzig. 1897. S. 51 ff.

[69] Jacob N. Bowman, The protestant Interest in Cromwells foreign relations. Vergl. auch Gardiner, Oliver Cromwell. München, Oldenbourg. 1903 S. 212.

[70] Über die Abhängigkeit der britischen Seemacht von dem freien Zugang zum baltischen Meere vergl. G. L. Beer, Cromwells Economic Policy. Political science Quarterly, ed. by the Faculty of political science of Columbia University. 16. Bd. 1901. S. 594.

[71] Literarischer Vertreter des gegen Spanien gerichteten Eroberungsgedankens war Thomas Gage. The English American or a new survey of the West Indies 1648. Dieses Buch ist Fairfax gewidmet und schildert das spanische Amerika als „Mahomets paradise"; grofse Städte und reiche Länder auf dem amerikanischen Festlande seien mit weniger Mühe zu erobern, als es Aufwendungen erfordere, um die englischen Pflanzungen auf den kleinen Antillen zu bestellen. Daneben klingt ein Ton protestantischer Politik. Vergl. die schwungvollen Verse in der Einleitung:

„Your well built ships, companions of the Sunn,
As they were chariots to his fiery beams,
Which oft the Earths circumference have runn,
And now lie moord in Severn, Trent, and Tems,
Shall plow the Ocean with their guilded Stems,
And in their hollow bottoms you convay,
To lands inrich'd with gold, with pearls and gems,

But above all, where many thousands stay,
Of wronged Indians, whom you shall set free,
From Spanish yoke, and Romes Idolatry."

Über die Bedeutung Westindiens in der damaligen Kolonialwelt vergl. Cunningham, Growth of English Industry and Commerce. Modern Times. I S. 473. Cambridge 1903.

[72] Ranke a. a. O. S. 64.

[73] Hutchinson, History of the Colony of Massachusets Bay. 1764. S. 183, 193, 194, 195, 517, 518. „Cromwell seems to have been the first who had a true sense of the importance of the colonies to their mother country." Unter Cromwell erfreuten sich die religionsverwandten Neuenglandkolonien des besonderen Vorteils der zollfreien Einfuhr ihrer Produkte nach England — ein Privileg, das bis zur Restauration fortbestand. Demgegenüber sagen sie auch zum Parlament 1651: „we have constantly adhered to you, not withdrawing ourselves in your weakest condition and doubtfullest times — — for which we have suffered the hatred and threats of other English colonies, now in rebellion against you." Cromwell hat bekanntlich trotz Friedens in Europa das nordamerikanische Siedelungsgebiet gegen Frankreich mit bewaffneter Gewalt ausgedehnt.

[74] F. W. Pain, Cromwell on Foreign Affairs. London, Clay and sons 1901. S. 2. Charakteristisch ist, dafs Cromwells Stimmung gegen die Niederlande vom Verfasser auf das heutige Deutschland übertragen wird. Vergl. auch Bischoffshausen, Die Politik des Protektors Oliver Cromwell. Innsbruck 1899, worin die Tätigkeit Thurloes besonders berücksichtigt wird.

[75] W. Michael in Beiträgen zur Beleuchtung der Flottenfrage. Fünfte Folge. München 1900. S. 23. „1652—1653 waren es 1400000 Pfd. St. von 2600000 Pfd. St., welche überhaupt ausgegeben wurden. Unter der Republik wurde mehr als die Hälfte der Staatseinnahmen für die Flotte allein verausgabt; die Regierung Viktorias hat demgegenüber niemals auch nur den vierten Teil der Einnahmen für den gleichen Zweck verwendet. Wir mögen noch hinzufügen, dafs nach einer wahrscheinlich nicht einmal ganz vollständigen Liste in den elf Jahren der Republik, 1649—1660, der Schiffsbestand der Kriegsflotte um 218 Fahrzeuge (die ganz kleinen nicht gerechnet) vermehrt worden ist, dafs von diesen 89 neu gebaut, 12 gekauft, die übrigen in den Seekriegen der Zeit erbeutet worden sind."

[76] Vergl. den interessanten Aufsatz von Oppenheim, The Navy of the Commonwealth, The English Historical Review. Longmans, Green Co. Band XI, 1896, S. 20 ff. Über die Disziplin in der Marine vergl. daselbst S. 29 — auf der andern Seite reichliche Verpflegung der Seeleute S. 26 — aber auch finanzieller Druck auf das Volk S. 44 — Unbestechlichkeit und Energie der Marineverwaltung: „the Commonwealt navy commissioners were the wrong men upon whom to try finesse" S. 51. — Kein unnützer Schmuck, S. 52. Dem Verwaltungsapparat wird ein Erfolg zugeschrieben, „never attained before and never equalled since" S. 58.

⁷⁷ Corbett, England in the Mediterranean. 1603—1713. London. Longmans Green Co. 1904. Bd. I, S. 198, 226.

⁷⁸ In äufserst scharfer Weise findet sich z. B. bei Josiah Child die Unterscheidung zwischen profit of the private merchant und gain of the kingdom, welche „so far from being always parallels that frequently they run counter one to the other." Diejenigen Zweige des Wirtschaftslebens sind zu fördern, welche dem politischen Endzweck dienen: „it is evident that this kingdom is wonderfully fitted by the bounty of God Almighty for a great progression in wealth and power." Nutzanwendung: die Navigationsakte nutzt privatwirtschaftlich nur den „owners of ships", welche wenig zahlreich sind; trotzdem ist ihr Interesse zu fördern auf Kosten der Allgemeinheit, weil Englands „force on sea" dadurch gefördert wird. Vergl. A new Discourse of Trade. Second edition. 1694. Preface, S. 114, 174 und passim.

⁷⁹ Deutlich tritt der machtpolitische Endzweck des Merkantilismus in ff. scharfsinnigen Ausführungen Defoes zutage. Die englischen Könige vertrieben die Hanseaten und verboten die Wollausfuhr nach Flandern. Die Engländer „tasted the sweets of commerce", „supplanted their supplanters." „The poor began to work not for cottages and liveries, but for money." Flämische Lehrmeister kamen für Geld und lehrten die Geheimnisse der Wollindustrie. „The vasalls got money by trade, and the villains by labour", „bring the lords to take money", d. h. kaufen sich frei. „The farmers of lands were now enabled to take them at a rent certain and the gentry got a revenue in money." Hohe Löhne steigern den Verbrauch, den Preis der Lebensmittel, die Grundrenten, die Steuereinnahmen. Damit wird der Endzweck erreicht: „where nations grow richer, they in proportion grow more powerful. Thus trade is the foundation of wealth and wealth of power." „The art of war is so well study'd and so equally known in all places, that 'tis the longest purse that conquers now, not the longest sword. Germans are to be hired for money alternately to fight for now one side, than another. — — be it for God or for Baal, as they're hired they go." Vergl. A Plan of the English Commerce. London 1728, S. 47 ff.

⁸⁰ Lindsay, The Interest of Scotland considered. Edinburgh 1733, S. 61.

⁸¹ Joshua Gee, Trade and Navigation of Great Britain. Vergl. die Vorrede zu der Ausgabe 1767 S. XX: „princes see the way to make themselves more considerable is to establish manufactures where their respective dominions produce materials for carrying them on: upon this basis is founded the power and strength of those empires that began to make so great a figure in Europe."

⁸² Cunningham, Growth of English Industry and Commerce. Modern Times. I, S. 184: „immense improvement in administrative efficiency."

⁸³ Cunningham a. a. O. 15/16. Vergl. auch Hewins, English Trade and Finance chiefly in the seventeenth Century. Methuen Co. 1892. Einleitung S. XXVI.

[84] Hewins a. a. O. S. 5, 6, 25, 26 ff. Cunningham a. a. O. S. 205 u. passim.

[85] Beer, Economic Policy of Cromwell. a. a. O. S. 593 ff.: nach Erlafs der Navigationsakte ist unvermeidlich entweder die Verschmelzung mit Holland oder Krieg gegen Holland. Vergl. Roscher, Zur Geschichte der englischen Volkswirtschaftslehre, in den Abhandlungen der Königlich sächsischen Gesellschaft der Wissenschaft. Leipzig 1857, S. 64. Vergl. L. S. Amery in The Empire and The Century. John Murray 1905, S. 176: „The real motive of the navigation laws was not shipping trade but naval ascendancy."

[86] R. Neufse, Die britischen Inseln als Wirtschaftsgebiet. Halle 1906. S. 27. Wenn der deutsche Schneider seinen Kunden einen Stoff ganz besonders anpreisen will, so sagt er wohl: „Und hier habe ich nun noch etwas Echt-Englisches, — wenn Sie so viel Geld anlegen wollen." Will der englische Geschäftsmann eine Ware besonders loben, so sagt er, sie sei „genuine English" oder „home-made" oder „British-made". G. Drage, Russian Affairs. London 1904, S. 636, 637. In drastischer Weise brachte Lord Durham das Gefühl des auserwählten Volkes zum Ausdruck, als er zu den französischen Canadiern sagte: „it is to elevate them that I desire to give to the Canadians our English character."

[87] Vergl. hierfür ein Wort Bismarcks. Baumgarten, Bismarcks Stellung zu Religion und Kirche. Tübingen 1900. S. 26, 28: „Das Pflichtgefühl des Menschen, der sich einsam im Dunkeln erschiefsen läfst, haben die Franzosen nicht. Und das kommt doch von dem Reste von Glauben in unserm Volke, davon, dafs ich weifs, dafs jemand ist, der mich auch dann sieht, wenn der Leutnant mich nicht sieht." Nach Bismarcks Ansicht ist diese Selbstverleugnung und Hingebung an die Pflicht gegen den Staat und den König eben nur der Rest des Glaubens der Väter und Grofsväter in verwandelter Gestalt, ‚unklarer und doch wirksam, nicht mehr Glaube und doch Glaube!'"

[88] S. Hartlieb, A Description of the famous Kingdom Macaria. London 1641. Diese keineswegs utopische Schrift verlangt in erster Linie zwangsweise Verbesserung der landwirtschaftlichen Kultur, obrigkeitliche Gesundheitspflege (the parson in every parish is a good physician) usw.

[89] P. Chamberlin, The poor Man's Advocate. London 1649. Plan einer inneren Kolonisation auf Kirchenland, Delinquentenland, Commons usw. „The poor the richest treasure of the nation if orderly and well employed."

[90] Die sozialpolitische Seite des Quäkertums schildern Bernstein, Die Geschichte des Sozialismus. a. a. O. Bd. I S. 663 ff., erster Teil, sowie Weingarten, Die Revolutionskirchen Englands, a. a. O. S. 364 ff. Vergl. auch Rowntree, Quakerism past and present. London 1859. S. 95, 102, 133 und passim, sowie Schneckenburger, Vorlesungen über die Lehrbegriffe der kleineren protestantischen

Kirchenparteien, herausgegeben von Hundeshagen. Frankfurt a. M. 1863, S. 99 ff.

[91] Diese Unterscheidung der Quäker gegenüber Puritanern und Independenten macht bereits William Penn, Select Works. London 1771, S. 771. Brief account of the rise and the progress of the people called Quakers.

[92] Uhden, Das Leben des William Wilberforce. Berlin 1840. S. 1, 13 ff., 28. Schon Wycliffe war ein entschiedener Gegner der Sklaverei. Vergl. Lecky, Rationalism in Europe. New impression London. 1900. Vol. II S. 173.

[93] Vergl. John Bellers, Proposals for raising a colledge of industry for all useful trade and industry. 1695. Essays about the poor, manufacture, trade plantations, immorality and of the Excellency and the Divinity of the inward light. 1699. Bei John Bellers liegt die religiöse Wurzel der sozialpolitischen Stimmung klar zutage; er beginnt seine höchst merkwürdigen Essays about the poor mit folgenden Worten: „It is afflicting to consider that the Bodies of many poor, which might and should be temples for the Holy Ghost to dwell in, are the receptacles for so much vice and vermine." Grundlage alles sozialen Fortschrittes ist ihm eine intensivere Landwirtschaft, auf produktivgenossenschaftlicher Grundlage: „without improving our husbandry (by improving our land) we cannot increase our manufactures, by which we should increase our trade." Grundlage der Mehrwertlehre: „Men in proper labour and imployment are capable of earning more than a living — — there is not above two thirds of the people or families of England that do raise all the necessaries for themselves and the rest of the people by their labour." „Land, cattle, houses, goods and money are but the carcass of riches, they are dead without people, men being the life and soul of them. Double our labouring people and we shall be capable of having double the noblemen and gentlemen." „Land is the foundation and labour the great raiser of riches." In seinem Essay towards the improvement of Physick London 1714 empfiehlt Bellers verstaatlichte Gesundheitspflege in öffentlichen Hospitälern, mit folgender Begründung: „Every able industrious labourer that is capable to have children who so untimely dies may be accounted 200 £ loss to the kingdom; as for our nobility and gentry I leave their valuation to themselves." Da der Staat sozialen Vorschlägen unzugänglich ist, wendet er sich „to the children of light in scorn called quakers" behufs Verwirklichung seiner Gedanken im engeren Kreise der Sekte.

[94] Dieses Wort in seiner Anwendung auf England entstammt, soviel ich sehe, einer berühmten Parlamentsrede Lord Palmerstons vom 25. Juni 1850.

[95] A. Harnack, Lehrbuch der Dogmengeschichte. 3. Aufl. 1894. I, 306, 315. „Die katholische Dogmatik, wie sie sich auf Grund der Logoslehre entfaltet hat, ist das vom Standpunkt der griechischen

Philosophie aus begriffene Christentum. Dieses Christentum hat die alte Welt erobert." „Jahrhunderte lang hat sich die Menschheit mit dieser Formel begnügt."

[96] So der Skeptiker Hume: „the Christian Religion was not only at first attended by miracles, but even at this day cannot be believed by reasonable people without one." Vergl. David Hume in Essays and treatises den Abschnitt On miracles. Interessant die gewundene Stellung des reinen Empirikers gegenüber dem Wunder.

[97] Holland, Imperium et libertas S. 278 spricht von einem „universal decay of any form of religion" hauptsächlich in den Großstädten. Ein interessanter Artikel von W. H. Mallock im Nineteenth Century. September 1904, S. 386/387 klagt über wachsende Indifferenz in Laienkreisen infolge einer „profession of beliefs, which they and the clergy deny."

[98] Arthur James Balfour, The foundations of Belief. London. Longmans Green. Achte Auflage 1901. In deutscher Übersetzung: Die Grundlagen des Glaubens. Leipzig-Bielefeld 1896, S. 76/78.

[99] F. J. Schmidt, Kapitalismus und Protestantismus. Preußische Jahrbücher. Band 122, St. 2, S. 222: „Die Nachfahren haben Luthers Pfund vergraben."

[100] So bringt es ein Darwinist fertig, auf dem Boden der Naturwissenschaft es als „ernste Pflicht" zu erklären, den Armen und Elenden beizustehen: A. Ladenburg, Über den Einfluß der Naturwissenschaft auf die Weltanschauung. Leipzig 1903, S. 35.

[101] Die ganze Stelle lautet in den „Pamphleten des jüngsten Tages": „In dem weitreichenden Strudel der Kantschen Philosophie, die bald in eine Fichtesche, Schellingsche, Hegelsche usw. überging, ist der Ausgang sichtbar genug, nämlich der, daß der Skeptizismus und der Materialismus, an und für sich notwendige Erscheinungen in der europäischen Kultur, verschwinden und ein Glaube für den wissenschaftlichen Geist wieder möglich, ja unvermeidlich geworden ist und das Wort Freigeist nicht mehr den Leugner oder Grübler, sondern den Glaubenden und den bedeutet. der zum Glauben bereit ist. Ja, in der höheren Literatur Deutschlands liegt schon für den, der sie lesen kann, der Anfang einer neuen Offenbarung des Göttlichen. Bis jetzt ist es noch nicht von der großen Masse anerkannt, aber es wartet auf Anerkennung und wird diese sicherlich finden, wie die geeignete Stunde kommt. Dieses Zeitalter ist auch nicht ganz ohne seine Propheten." Vergl. Schulze-Gävernitz, Carlyles Welt- und Gesellschaftsanschauung. Neue Auflage. Berlin 1897. S. 184.

[102] In dieser Richtung gehen die Unitarier voran, deren Begründer in England Priestley war, der berühmte Entdecker des Sauerstoffs. Vergl. z. B. Rede des Professors H. H. Wendt in Essex Hall vor der Unitarian Association, Bericht der „Times" vom 25. Mai 1904. H. H. Wendt, The Idea and Reality of Revelation. London, Philipp Green. 1904.

¹⁰³ In der philosophischen Welt Englands ist Herbert Spencer „tot"; zur Zeit hat das idealistische System von F. H. Bradley, Appearance and Reality, London, Swan Sonnenschein. Second edition 1902, enormen Einfluſs. Vergl. daselbst: S. 265 ff. „The physical world is an appearance, it is phenomenal throughout. It is the relation of two unknowns. — — The physical world is an abstraction, which for certain purposes is properly considered by itself, but which if taken as standing in its own right, becomes at once selfcontradictory." 293: „In its isolation from whole of feeling and experience it is an untrue abstraction." 302 ff.: „The soul is a feeling whole which is considered to continue in time and to maintain a certain samenes." By its relations and connections of coexistence and sequence and by its subjection to „laws" it has raised „itself into the world of eternal verity. But to persist in this process of life would be suicide." „Hence on the other side the soul clings to its being in time." „It is an arrangement natural and necessary but for all that phenomenal and illusive, a makeshift valuable, but still no genuine reality." 443: „Faith is practical. — — Its maxim is: Be sure that opposition to the good is overcome and nevertheless act as if it were there" — diese und ähnliche Sätze weisen auf die Kantische Grundlage dieses interessanten Werkes, welches von dieser Grundlage durch den Zwischenbau der neueren Psychologie getrennt ist. Daneben wird vielfach auf Hegel zurückgegangen. Vergl. Mc Taggart, Studies in Hegelian Dialectic. Cambridge 1896. Studies in Hegelian Cosmology. Cambridge 1901. Vergl. die Zeitschrift: The Mind (edited by Professor G. F. Stout), Vertreterin einer wahren „Kulturgemeinschaft" englischen und deutschen Denkens. Hobhouse, Democracy and Reaction. London 1904, S. 77: „The Rhine has flowed into the Thames"; H. bekämpft von der alten Aufklärungsgrundlage aus „the Germanisation of the intellectual world." S. 83.

¹⁰⁴ Vergl. das Standardwork: John Morley, Life of Cobden. Jubilee Edition. London, Fisher Unwin, 1896. Vol. I, S. 86, 106, 230. Vol. II, 119, 120, 133, 208, 209, 470. Vergl. auch R. Cobden „von einem Freihändler und Friedensfreunde". Bremen, 2. Aufl., 1876. S. 90/99 u. S 133 (Abrüstungsvorschlag), sowie den interessanten Aufsatz Nasse's Entwicklung und Krisis des wirtschaftlichen Individualismus in England, in den preuſsischen Jahrbüchern Band 57, Heft 5 S. 445 und passim. Besonders bezeichnende Worte Cobdens:

„The Colonial system, with all its dazzling appeals to the passions of the people, can never be got rid of except by the indirect process of Free Trade, which will gradually and imperceptibly loose the bands which unite our Colonies to us." — —

„Is it possible that we can play the part of despot and butcher there (in Indien) without finding our character deteriorate at home?" — —

„We have to pull against wind and tide in trying to put down the warlike spirit of our country men. — A ruling class has reaped all the honours and emoluments, while the nation inherits the burdens and responsibilities." — —

„It would be just as possible for the United States to sustain Yorkshire in a war with England, as for us to enable Canada to contend against the United States." — —

„In my opinion it is for the interest of both, (England und Canada) that we shall as speedily as possible sever the political thread, by which we have been connected and leave the individuals on both sides to cultivate the relations of commerce and friendly intercourse as with other nations. . . . . . I have felt an interest in this confederation scheme, because I thought it was a step in the direction of an amicable separation."

[105] Vergl. Adam Smith, The Theory of moral Sentiments. London 1792. 7. Auflage. S. 190, 167, 267:

„Self preservation and the propagation of the species are the great ends, which Nature seems to have proposed in the formation of all animals. Mankind are endowed with a desire of those ends and an aversion to the contrary, with a love of life and a dread of dissolution, with a desire of the continuance and perpetuity of the species and with an aversion to the thoughts of its entire extinction. But though we are in this manner endowed with a very strong desire of those ends, it has not been intrusted to the flow and uncertain determinations of our reason to find out the proper means of bringing them about Nature has directed us to the greater part of these by original and immediate instincts. Hunger, thirst, the passion which unites the two sexes, the love of pleasure and the dread of pain, prompt us to apply those means for their own sakes, and whithout any consideration of their tendency to those beneficient ends, which the great Director of nature intended to produce by them." — —

„Every part of nature, when attentively surveyed, equally demonstrates the providential care of its Author; and we may admire the wisdom and goodness of God even in the weakness and folly of men."

[106] C. A. Vince, John Bright (Victorian Era Series. London, Blackie and Son), S. 62, 63.

[107] So mit Recht Walther Lotz, Gladstone als Finanzminister 1859—1866. Freistatt. 7. u. 21. Januar 1905.

[108] Es bedeutet einen Fortschritt des Denkens, dafs diese Einsicht jetzt gelegentlich auch von deutschen Sozialdemokraten ausgesprochen wird; vergl. z. B. einen Aufsatz der Leipziger Volkszeitung, abgedruckt in der Mannheimer „Volksstimme" vom 21. Februar 1905:

„Denn je mehr die Wissenschaft fortschreitet, desto mehr vermehrt sie allerdings unsere Kenntnisse. Aber desto mehr erkennen wir auch, wie ungeheuer grofs der Umkreis der Dinge ist, die wir vermöge unserer menschlichen Beschränktheit niemals zu wissen imstande sein werden. Sobald einmal festgestellt ist, dafs der allergröfste Teil des Weltganzen unserm Wissen ewig unerreichbar bleibt, so folgt daraus, dafs uns die Wissenschaft allein niemals die unerschütterliche Gewifsheit geben kann, dafs die Welt „gut" eingerichtet ist, das heifst so, dafs sie dem Denken und Fühlen, dem Sinnen und Streben des Menschen günstig ist.

Diese Gewifsheit aber braucht der normal veranlagte Mensch. Kein Mensch kann in seinem Innern auch nur der aschgrauen Möglichkeit Raum geben, dafs am Ende vielleicht all unser Hoffen und Streben, all unser Ringen und Kämpfen schon deshalb vergeblich sein möchte, weil die Einrichtung der Welt die Verwirklichung nicht gestattet. In diesem Sinne religiös sind schlechterdings alle Menschen. Auch wir Sozialdemokraten. Auch wir zweifeln keinen Augenblick daran, dafs alles, was wir grofs, edel und schön finden, alles, wofür wir kämpfen und dulden, erreichbar ist. Das also wäre das Bedürfnis, das alle Menschen haben: sicher zu sein darüber, dafs die Welt „gut" ist, das heifst so eingerichtet, dafs sie mit ihrem Hoffen und Streben hineinpassen, dafs ihre Ideale verwirklicht werden können......

Die Wissenschaft liefert nur Tatsachen. Was der einzelne mit diesen Tatsachen anfängt, insbesondere was für eine Anschauung über Gott und die Welt er sich daraus aufbaut, das ist Sache seines Innenlebens und hat mit Wissen oder Nichtwissen, mit Bildung oder Unbildung nichts mehr zu tun. In der Tat gibt es ja auch zahlreiche hochgebildete Leute, die mit aller Inbrunst religiös sind."

[109] Hilsenbeck, Die Deckung der Kosten des Krieges in Südafrika. Stuttgart 1904. S. 56, 67 ff. Sir Robert Giffen, Economic enquiries and studies. London. G. Bell. 1904. Bd. I. Mr. Gladstones work in finance. S. 229.

[110] Greswell, Growth and Administration of the British Colonies London. Blackie and Son. 1898. Vergl. auch die berühmten Lord Grey's Letters on the Colonial Policy of Lord John Russell 1846—1852. 2 Bde. Bentley 1853, in welchen die Vorstellung bekämpft wird, dafs die Kolonien ein Besitz des Mutterlandes zu Gewinnzwecken seien, und gegenseitige freie Loyalität zur Grundlage des Verhältnisses beider gemacht wird. Seitdem hat „das Band des Gefühls" zugenommen, in dem Mafse, als das Band des Rechts gelockert wurde.

[111] Holland, Imperium and libertas. London, E. Arnold. 1901. S. 130, 150 ff., 163. L. T. Hobhouse, Democracy and Reaction. London. Fisher Unwin. 1904. S. 13 ff., macht zahlreiche Angaben über die ältere liberale Kolonialpolitik. Vergl. insbesondere den berühmten Durham Report on Canada, interessante Äufserungen Gladstone's zur Kolonialpolitik usw.

[112] Auf diese Zusammenhänge zwischen älterem und neueren Imperialismus verweist mit Recht Marcks, Die imperialistische Idee in der Gegenwart. Dresden 1903. Vergl. Arthur James Balfour, Cobden und die Manchesterschule, in der Zukunft von M. Harden. III. Jahrgang. 1895. S. 251/252.

„Grofsbritannien mag dazu bestimmt sein, sich zwischen seinen vier Meeren einzuschliefsen; und es ist nicht unbedingt unmöglich, obgleich im höchsten Grade unwahrscheinlich, daſs selbst unter diesen Bedingungen die Einnahmen unseres Handelsdepartements derartig sein werden, daſs sie dem britischen Finanzminister das Herz im Leibe lachen machen. Wer aber die Folgen eines solchen Umschwunges einzig und ausschlieſslich nach Zahlen zu messen versucht, der ist nicht der rechte Mann, sie überhaupt abzuschätzen. Die Gefühle, mit denen der Engländer das britische Weltreich betrachtet, sind weder ein kleiner noch ein unedler Teil der Gefühle, die ihm als einem Mitglied dieses Staates überhaupt eigen sind. Wenn es daher diesem Reiche bestimmt ist, sich aufzulösen, wenn der Brite auf seinen Inseln künftig seinen Blick einzig nach innen, auf sich selbst und auf seine Lokalangelegenheiten richten soll; wenn England zu Ausländern oder zu Abkömmlingen seiner eigenen Rasse, die auf anderen Festländern leben, nur noch solche Beziehungen haben soll, die sich in doppelter Buchführung ausdrücken und ins Hauptbuch eintragen lassen, — so mag Groſsbritannien infolge dieses Umschwunges reicher oder ärmer werden: jedenfalls ist es Torheit, behaupten zu wollen, damit sei nur über Reichtum oder Armut des Landes entschieden. Damit wäre vielmehr dem nationalen Leben ein Element entzogen, das vielleicht nicht ganz frei ist von schlechtem Gehalt, das England aber doch nicht so leicht missen möchte und das man zuerst verstehen muſs, wenn man es kritisch zergliedern will."

[113] R. Kipling, The seven seas. London, Methuen 1896. The native born. S. 46.

[114] L. Brentano, Cobdens Argumente gegen Flottenvermehrungen. Nation 13. und 20. Januar 1900.

[115] Mit dieser Auffassung stimmt überein W. Wetz, Grenzboten I, 1899, S. 16 ff. Auch Kiplings tiefste Töne entstammen dem religiösen Zentrum; z. B. „a song of the English", in The seven seas.

[116] Vergl. die Ansprache des Lord Rosebery im National Liberal Club, Juli 1897 an die Premierminister der Kolonien. Vergl. ferner De Thierry, Imperialism. London, Duckworth. 1898. S. 32 ff.

[117] T. Wemyss Reid, Life of William E. Forster. II. Bd. London, Chapman and Hall. 1888.

[118] Man vernachlässige jedoch auch nicht die liberale Kritik des Imperialismus: insbesondere J. A. Hobson, Psychology of Jingoism. London, Grant Richards. 1901. J. A. Hobson, Imperialism. London, J. Nisbet. 1902. Revised edition. 1905. L. T. Hobhouse, Democracy and reaction. Fisher Unwin. 1904. G. P. Gooch, The heart of the Empire. London. Fisher Unwin. 1902. Vergl. daselbst das Kapitel „Imperialism." Vom darwinistischen Standpunkt aus verteidigt den Imperialismus K. Pearson, National life from the standpoint of science. Black 1901. Vergl. auch Earl Grey, Memoir of Hubert Hervey. Arnold. 1899. „The rivalry of the principal European countries in extending their influence over other continents should lead naturally to the evolution of the highest attainable type — —." Diese Darwinisten berühren überhaupt nicht die Hauptfrage, ob die im Kampfe

um das Dasein nützlichen Eigenschaften Kulturwerte darstellen, und verfehlen so den Imperialismus zu rechtfertigen, so weit derselbe eine Kulturbewegung sein will.

[119] Edinburgh Review, November 1902, S. 464: „The empire and the colonies" über den Mißerfolg der Colonial Conference 1902. Vergl. ferner R. Jebb, Studies in colonial nationalism. London, E. Arnold. 1905. S. 200, 272 und passim.

[120] Garvin, The maintenance of the Empire, in the Empire and the Century. 1905. S. 137. Sogar für das Landheer zahlt Großbritannien 29,4, der deutsche Militärstaat nur 28,9 Millionen £!

[121] Froude hat diesen Ausdruck volkstümlich gemacht, vgl. „Oceana or England and her Colonies", 1886. Der Name knüpft augenscheinlich an die bekannte republikanische Staatsdichtung „Oceana" von James Harrington 1656 an.

[122] Mahan, National Review. Mai 1902. S. 404/405. Vergl. auch die Erklärung der Australier auf der Colonial Conference 1902 (Cd. 1299) S. 13.

[123] Nähere Ziffern über das Wachstum des britischen Reiches gibt Sir Robert Giffen, „The relative growth of the component parts of the empire". Vortrag vor dem Colonial Institute Januar 1898. Nach Hobson, Imperialism a. a. O. S. 15/16 hat das britische Reich im letzten Menschenalter zugenommen um 4754000 Quadratmeilen und 88 Millionen Untertanen.

[124] Über das Wachstum der Militär- und Flottenausgaben vergl. Sir Robert Giffen, A financial Retrospect 1861—1901. Journal of the Royal Statistical Society 31 März 1902, S. 52 ff. Das englische Marinebudget ist nicht ganz durchsichtig, indem neben dem Hauptbudget weitere Marineausgaben auf Grund von Spezialgesetzen seit 1895 bewilligt werden (naval works acts). Übereinstimmend mit Campbell Bannerman (Budgetsrede vom 16. Mai 1904) berechnet ein flottenfreundlicher Artikel des Nineteenth Century April 1904 die Flottenausgabe des Budgetjahres 1904/1905 auf 43662848 £. Vergl. ferner Times vom 22. März 1904 und Lord Brassey, Naval strength and naval estimates. Nineteenth Century. Oct. 1904. S. 597.

[125] Sir Charles Dilke im House of Commons am 16. Mai 1904:

„He quite admitted that the increased expenditure which had taken place upon the Fleet was for a National cause. As long as the Kaiser was telling the world that he was trying to knock us off our perch, and was making offers to two other Powers to join against us, he thought the course taken by the Government with regard to Naval expenditure was one which they could not have avoided."

Wie unbegründet die dem deutschen Kaiser hier untergeschobenen feindlichen Absichten sind, ergibt ein Blick auf die niedern Flottenausgaben Deutschlands im Vergleich zu Großbritannien, Frankreich und Rußland.

[126] Vergl. W. R. Lawson in The bankers magazine. Oktober 1904, S. 447/448 u. Nov. 1904, S. 554 ff. über die Zunahme der schwebenden Schuld. Vergl. ferner H. Birchenough, Free trader, aber Anhänger indirekter Besteuerung, auch protektionistisch wirkender, zu Rüstungszwecken. Journal of the Royal Statistical Society. 31. März 1901, S. 83/84.

[127] Sir Michael Hicks Beach, Finanzminister während des südafrikanischen Krieges und Finanzautorität, äufserte sich in einer Ansprache an den Premierminister am 10. Dezember 1904 als Führer einer Deputation des Imperial Federation Defence Committee, wie folgt: „It was his deliberate conviction, looking at the enormous efforts now being made in all parts of the world by great Powers in increasing their Naval strength, that without recourse to a system of borrowing for current expenditure, which would be deeply injurious to the credit of this country, and which would deprive us of the resources necessary for carrying out any great war — without such recourse, it would be impossible for the taxpayers of the United Kingdom to continue to bear alone this vast and ever-increasing burden of the Naval defence of the Empire. What they asked that day was that this subject might receive the consideration which its enormous and urgent importance demanded in their view, and that it might be more earnestly pressed on the Colonies in the future than it had been in the past."

J. L. Garvin, der geistvolle Herausgeber des Outlook, betont in The Empire and the Century a. a. O. S. 72/73 diesen Zusammenhang; er fordert Präferentialzölle für die Kolonien, um denselben finanzielle Beteiligung an der Flottenlast annehmbar zu machen, ohne welche die britische Seeherrschaft unhaltbar sei.

Vergl. ferner „Memorandum on Sea Power", vorgelegt von der Admiralität auf der Kolonialkonferenz von 1902, Blaubuch Cd. 1299, S. 54 ff. Vergl. dagegen für die kolonialen Bestrebungen das Material bei Jebb, Studies in colonial nationalism a. a. O. S. 174 ff.

Vergl. endlich L. S. Amery, Imperial defence and national policy. C. Bellairs, The navy and the Empire. Sir Edward Hutton, The bond of military unity; alle diese Aufsätze in the Empire and the Century. London, J. Murray Sons. 1905. Die extremen Imperialisten z. B. des Outlook sprechen von dem „one million standard" des Landheeres, welcher dem „two powers standard" der Flotte zur Seite zu stellen sei. Vergl. auch ad Coloniale Milizen und ähnliche Fragen: das soeben zitierte Blaubuch Cd. 1299, S. 33, 44 ff., 74, 77.

[128] Vergl. Holland a. a. O. S. 256 ff.

[129] Vergl. Sir Horace Plunkett, „Ireland in the New Century". London, John Murray 1904. Vergl. auch Moritz J. Bonn, Problem of Ireland. Standard. Januar 22, 1906, sowie die sonstigen daselbst zitierten Schriften dieses Gelehrten zur irischen Frage.

[130] Vergl. Blaubuch C. 1299. Colonial Conference, 1902.

¹³¹ Sir Frederick Pollock, Imperial Organisation. Letter to the Times. Oct. 17th, 1904. W. P. Reeves, British Empire Review. Februar 1905. Dagegen treten extreme Federationspolitiker, z. B. Sir Frederic Young, sehr energisch für ein Reichsparlament „Imperial senate" ein, auf Grund der Vorschläge von Mr. Granville Cunningham, eines kanadischen Staatsmannes. Vergl. Journal of the Royal colonial Institute. May 1905. S. 404. Wie weit einzelne Imperialisten gehen, um die Kolonien zum Anschluſs zu bewegen, hierfür vergl. z. B. Moreton Frewen, About thinking imperially. Monthly Review. April 1905: Vorschlag einer Konsolidation der britischen und kolonialen Staatsschuld. S. 98 u. 102. Geoffrey Drage, Letters to the Times vom 9. Juni 1900, und vom 13. Juni 1905, und Fortnightly Review. Dezember 1905.

¹³² Buchan, The law and the Constitution. In the Empire and the Century. S. 48.

¹³³ Vergl. Doeckes-Boppard, Die Verfassungsgeschichte der australischen Kolonien. München 1903. S. 269—280, 307—324. Krauel, Die Entstehung und Bedeutung des australischen Staatenbundes. Preuſsische Jahrbücher. Band 109. S. 16 ff. Vergl. ferner F. Freiherr v. Oppenheimer, Englischer Imperialismus. Wien 1905. S. 19.

¹³⁴ Dieser Ausdruck wird von einem britischen Imperialisten gebraucht: „As long as we have only five or six millions on our side of those 4000 miles of frontier and the United States have seventy, so long our Empire exists only on sufferance." L. S. Amery in Empire and Century. a. a. O. S. 188.

¹³⁵ Chamberlain zu Toronto am 30. Dez. 1897: „Ich weigere mich, irgendwelchen Unterschied zu machen zwischen den Engländern von England, Canada und den Vereinigten Staaten. Wir sind Zweige einer einzigen Familie." Vergl. George Harvey im Nineteenth Century, April 1904, sodann W. F. Stead, Die Amerikanisierung der Welt, besonders das Kapitel „Heirat und Gesellschaft." Auch in radikalsozialistischen Kreisen glaubt man an eine politische Vereinigung mit den Vereinigten Staaten, deren Mittelpunkt Washington sein werde. Vergl. z. B. Morrison Davidson, Bluffing the foreign devils. Nr. 1 der Serie Fiat Lux. London, Francis Ridell Henderson. „That Canada should hoist the Stars and Stripes and that England, Scotland, Ireland and Wales should follow suit, is the best imaginable solution of the all round Home rule problem." S. 27.

¹³⁶ Vergl. z. B. die Zeitung: The Gaelic American, New York. Über diese und ähnliche Blätter sagt der in Calcutta erscheinende „Amrita Bazar Patrika" (!) mit Recht:

„Millions of Irishmen emigrated to America. They form now one of the strongest communities in their new home. They left everything behind them when they emigrated, they carried only their hatred of England with them. In this art of inspiring hatred Englishmen, it appears, beat every nation hollow. These Irish-Americans are in America these hundred of years, yet they do not seem to have forgotten even the smallest portion of the hatred that they bore to the country which ruled their old home. This is seen in the papers issued by Irishmen in America. And what do these papers published in American contain? Not much of American matters, but only abuse of Englishmen! The intensity of hatred betrayed to Englishmen amazes us."

Vergl. den Bericht des „Gaelic American" über eine in New York gehaltene Protestversammlung gegen ein englisch-amerikanisches Bündnis vom 18. November 1905. Daselbst wurde folgende Resolution angenommen:

„King Edward's action in personally urging on M. Delcassé, the Foreign Minister of France, now happily retired from office, a policy leading directly to war with Germany during the recent differences over Morocco and making promises of military support which he is notoriously unable to fulfill, demonstrates that he is a disturber of the world's peace.

England's alliance with Japan guarantees Japanese aid to enable her to hold India in subjection, and she seeks American help to keep Ireland and South Africa down. American help to England for such a purpose would be an eternal disgrace, and no combination between the two countries for any military purpose could fail to act injuriously on the races she holds in subjection, and whom she plunders by exorbitant taxation and unfair trade discrimination. The alliance she now seeks is aimed directly at Germany, and would commit this country to a war that would be disastrous to humanity and fraught with the gravest peril to the United States.

We, therefore, pledge ourselves to resist to the death any and every attempt to involve the United States in any alliance or understanding with England looking to joint action in any international matter whatever; we deny the right of any public functionary to make any understanding whatever with any foreign power, except through the means expressly provided in the Constitution, and we pledge our energetic and strenuous support to the policy of „No Entangling Alliances" which George Washington bequeathed to the American people, and under the beneficient influence of which the Republic has become the greatest power on earth, needing no foreign aid to protect its interests and amply able to defend them."

[137] Hugo Münsterberg, Die Amerikaner. Berlin 1904. Bd. II S. 4 ff., 188 ff. u. passim.

[138] Max Weber, Die protestantische Ethik und der Geist des Kapitalismus. Archiv für Sozialwissenschaft. XX. Bd. Heft 1. S. 12 ff.

[139] Henry George, Progress and Poverty. Vergl. bes. Buch IV cap. 2, 3 u. 4. „Das Interesse des Grundbesitzers dem aller andern Bevölkerungsklassen entgegengesetzt" ist das Leitmotiv Ricardos wie H. Georges. „If the corrupt governments of our great American cities were to be made models of purity and economy, the effect would simply be to increase the value of real estate, not to raise either wages or interest."

[140] Vergl. insbesondere Theodore Roosevelt, American Ideals. New York 1897. Vergl. etwa S. 11, 239, 241, 337. „It is an admirable thing to possess refinement and cultivation, but the price is too dear if they must be paid for at the cost of the rugged fighting qualities which make a man able to do a man's work in the world and which make his heart beat with that kind of love of country which is shown not only in readines to try to make her civic life better, but also to stand up manfully for her when her honor and influence are at stake in a dispute with a foreign power." Vergl. ferner Adresses and Presidential Messages 1902—1904. New York, Putnam's Sons, 1904. S. 31 u. 323: „The good work of building up the navy must go on without ceasing, — — This means, there must be a constant replacement of the ineffective by the effective. — — Our navy is now efficient; but we must be content with no ordinary degree of efficiency." S. 109 ff. über die Bedeutung des Methodismus für die Vereinigten Staaten. S. 363 über die Organisation der Philippinen.

[141] Andrew Carnegie, Rectorial address. Edinburgh. 1902. S. 20—22.

[142] Kuczinski, Die Einwanderungsfrage und die Bevölkerungspolitik der Vereinigten Staaten. Berlin, Simion 1903. Zwischen 1819 und 1902 betrug die Einwanderung aus Deutschland zirka 5, die aus Großbritannien zirka 7 Millionen; von letzterer Ziffer kommt jedoch ein sehr beträchtlicher Bruchteil auf Irländer.

[143] Über die Bedeutung des Deutschtums für Amerika schreibt mit bemerkenswerter Sachlichkeit der Franzose André Brissé in der Pariser „Revue de Géographie", 1904. Brissé rühmt dem deutschen Einwanderer nach, daß er seinem neuen Vaterlande wirtschaftlich und kulturell ganz besondere Dienste leiste. Er spricht von dem neuerdings erwachten Bestreben, den Zusammenhang mit der deutschen Kultur aufrecht zu erhalten — eine Aufgabe, welcher u. a. der deutschamerikanische Nationalbund dient. In ähnlicher Richtung soll das an der Nordwestlichen Universität in Chicago gegründete „American Institute of Germanics" wirken. Der Präsident der Chicagoer Universität, Edmund J. James, führt in der Ankündigung dieses Institutes aus, „daß der hauptsächliche Zweck des Instituts darin bestehen werde, die genauere Kenntnis und Wertschätzung der intellektuellen, moralischen und ästhetischen Errungenschaften des deutschen Volkes zu vermitteln und zu pflegen, dem Studenten die Gelegenheit zu bieten, in angemessen kurzer Zeit einen Überblick über die gesamte Kultur zu erlangen, wie sie während aller Zeiten durch die Bemühungen und Arbeiten der deutschen Gelehrten, Dichter, Künstler, Autoren und Staatsmänner geschaffen wurde. Es soll für das amerikanische Volk als ein Denkmal der glorreichen Errungenschaften einer verwandten Rasse jenseits des Meeres dastehen und eine lebendige Inspiration und eine Quelle der Macht und des Einflusses für die große deutsche Bevölkerung bilden, die mit den Lebensbedingungen und der Geschichte dieses Landes so eng verbunden ist. Es wird auch den Stolz der Kinder der Deutsch-

Amerikaner auf die Rasse, der sie entsprungen sind, erregen und für alle anderen Amerikaner ein nachahmenswertes Beispiel jener Ehrlichkeit, Treue, Redlichkeit, des Idealismus und der Gründlichkeit geben, die eng mit dem deutschen Namen verbunden sind. — Solch eine Anstalt wird ein Wallfahrtsort für den jungen amerikanischen Studenten werden, der das Tiefste deutschen Lebens und deutscher Macht ergründen will, ein Ort, wo die Nachkommen der Deutsch-Amerikaner einen Funken der Begeisterung empfangen können, die aus dem Studium der Geschichte ihrer Vorfahren in der grofsen Welt jenseits des Meeres entspringt."

[144] Vergl. The President of the American bankers association at Denver 1898. zitiert bei Hobson, Imperialism a. a. O. S. 70. Vergl. ferner George Peel, Friends of England. London 1905. S. 199, 203: eine Methode, die Leitung der Welt zu erwerben, bestehe für die U. S. darin, das britische Reich zu absorbieren, zunächst Canada.

[145] Sir F. Younghusband, Our true relationship with India, in the Empire and the Century, S. 603: „because we believe in ourselves, the people believe in us." Geoffrey Drage, Eton and the empire. Eton 1890, S. 11. Herbert Samuel, The Cobden Centenary: Die liberale Partei sei, entgegen Cobden, zur Kolonialpolitik bekehrt; denn „british administration among the backward races is philanthropic." „To combine the commercial with the imaginative" war der Schlüssel der Politik eines Cecil Rhodes; in einigen Fällen führt diese Mischung zu einem „christlichen Imperialismus". Vergl. Hobson, Imperialism., S. 302 ff.

[146] Sir Charles Crosthwaite, India Part Present and Future in Empire and the Century, S. 641. Ad indische Bewässerungen vergl. die interessanten Mitteilungen des Statistical Abstract relating to British India. 1903. S. 146.

[147] Lord Cromers Report on the Finances, Administration and Condition of Egypt and the Soudan in 1903. White paper issued April 1904. Cd. 1951. Vergl. insbesondere über Erziehungswesen, S. 60 ff. Vergl. auch Sir A. Milner, England in Egypt. London 1899, S. 187, 233 ff. Sir Eldon Gorst, Lord Cromer in Egypt, in the Empire on the Century. S. 761 ff.

[148] Ch. Pearson, National life and character. London 1894, S. 80. „In India for one war that we waged we have prevented twenty by the mere establishment of a central authority. Accordingly the population of India has increased four fold, probably five fold, within a century."

[149] Vergl. die Rede Lord Curzon's in der „City", vom 20. Juli 1904: „If you want to save your Colony of Natal from being overrun by a formidable enemy, you ask India for help, and she gives it; if you want to rescue the white men's Legations from massacre at Pekin, and the need is urgent, you ask the Government of India to despatch an expedition, and they despatch it; if you are fighting the Mad Mullah in Somaliland, you soon discover that Indian troops and Indian Gene-

rals are best qualified for the task, and you ask the Government of India to send them; if you desire to defend any of your extreme outposts or coaling stations of the Empire, in Mauritius, Singapore, Hong-Kong, even Tien-tsin or Shan-hai-kwan, it is to the Indian Army that you turn; if you want to build a railway in Uganda or in the Soudan you apply for Indian labour."

Im Budgetjahre 1901/1902 erforderte bei einer Gesamtnettoausgabe von 38,8 Mill. ₤ der indische Militäretat allein 15,7 Mill. ₤, hierzu kamen 1,16 Mill. ₤ Zinsen unproduktiver Staatsschuld, welche sich grofsenteils aus der Zeit des indischen Aufstandes herschreibt. Vergl. Statistical Abstract relating to British India. Cd. 1801, 1903. Für das Budgetjahr 1905/06 waren 22¼ Million ₤ Militärausgaben vorgesehen — lawinenhaftes Wachstum! Vergl. G. P Gooch, The heart of the Empire. 3. edition. London. Fisher Unwin. 1902. S. 331.

[150] Dies der Grundgedanke von Schulze-Gaevernitz, Volkswirtschaftliche Studien aus Rufsland. Leipzig 1899. Vorrede und passim. Vergl. auch Karl Elstaetter, Indiens Silberwährung. Stuttgart 1894, über die Herrschaft der Gewohnheit in Indien und die sie durchbrechenden „outsiders", den Kornhändler, Geldleiher u. ä. S. 41. Daselbst über den Druck des Militärbudgets S. 70, 71. „Die Haupteinnahmequelle ist die Grundsteuer." S. 72. Ihr Erträgnis belief sich im Voranschlag des Jahres 1905/06 auf zirka 20 Millionen ₤. Über Herabsetzungen dieser Steuer vergl. Sir John Strachey, India. III. Aufl. S. 125. Abbruch der Dorfgemeinschaft, von der noch Sir C. Metcalfe (letter to the board of revenue April 1838, zitiert bei Hobson, Imperialism., S. 258) gesagt hatte: „Dynasty after dynasty tumbles down, but the village communities remain the same" — „little republics having nearly everything they can want within themselves." Die britische Regierung versetzte dieser Dorfgemeinschaft den Todesstofs, indem sie statt der Gemeinde den einzelnen Bauern als Steuerträger erfafste.

[151] Vergl. Statement exhibiting the moral and material progress and condition of India during the year, 1902—1903. Cd. 186. Capitel XIII. Education, Literature and Press. Über den oppositionellen Ton der indischen Presse vergl. Meredith Townsend, Asia and Europe. 3. ed. 1905. S. 109. Ad Indische Kunst vergl. Meredith Townsend, Asia and Europe, S. 102, und Hobson, Imperialism., S. 255 ff. Die einheimische Architektur, die einheimischen Kunstgewerbe (Weberei, Metallindustrie und Töpferei), ja sogar die einheimische Dichtung stirbt ab unter dem Anssturme Europas.

Vergl. ferner Edwyn R. Bevan in der „National Review", September 1903: Klagen der Missionare über den Einflufs H. Spencers, Huxleys, Zolas auf die gebildeten Klassen Indiens. „Rationalism of the west acting like a chemical agent of vast corrosive power upon the venerable body of Eastern religion." S. 115.

[152] Vergl. das ausgezeichnete Werk des Sir William Hunter, The Indian Empire. 3. Aufl. S. 510. Ad Selbstverwaltung S. 499, 503, 540, 541. Vergl. auch das soeben zitierte Statement exhibiting the moral and material progress. Vergl. endlich Sir Charles Crosthwaite, India, past, present and future, in The Empire and the Century. S. 634.

[153] Sir Eldon Gorst, Lord Cromer in Egypt, in The Empire and the Century. a. a. O. S. 767.

[154] Younghusband, Our true relationship with India, in the Empire and the Century. a. a. O. S. 613. Über den Boycott vergl. Theodore Morison, im Outlook vom 28. Oktober 1905.

[155] Vergl. F. E. Younghusband, Monthly Review, 17. Februar 1902. „There are 23000 miles of railway running through India, and telegraphs to every corner of the peninsula; now, since the Suez Canal has been cut, and since our steamers have so increased in speed and in numbers, and our whole organisation of Empire so improved that we could more easily place 200000 white troops in India in 1902 than we could 20000 in 1857, how could it (ein Aufstand) succeed when all these troops would be accompanied by the most modern artillery, while the natives would not have even the obsolete artillery which they possessed in 1857?"

[156] Pessimistische Auffassungen hinsichtlich der Zukunft des indischen Reiches sind in England weit verbreitet; vergl. z. B. folgende Worte von Meredith Townsend, eines der besten Kenner Indiens, in „Asia and Europe". Third edition. London, Archibald Constable. 1905. „It is a structure built on nothing, without foundations. . . . Banish those fifteen hundred men in black, defeat the slender garrison in red, and the Empire has ended. . . . It is the active classes who have to be considered, and to them our rule is not and cannot be a rule without prodigious drawbacks . . . of which the last and greatest one of all is the total loss of the interestingness of life. . . , The catastrophe in India will arrive either in some totally unforeseen manner, or through a general insurrection aided by a voluntary transfer of power from European to Asiatic hands. The insurrection will recur within a month of our sustaining any defeat whatever severe enough to be recognised as a defeat in the Indian bazaars. . . . The Peninsula might be reconquered. , . . Still an uneasy tranquillity might continue for a generation, to be broken again after thirty or forty years by a third uprising."

Vergl. das Kapitel „Will England retain India", S. 82 ff. Vergl. auch daselbst S. 109: „We have been in India as rulers for 130 years and by testimony of all competent observers the chasm between the colours is deeper than ever. The objection to intermarriage is stronger than of old, the intercourse of the races is more strictly confined to business." Das bekannte Buch von Charles H. Pearson, National life and character. London, Macmillan, 2. Auflage, 1894, vertritt ganz allgemein den Standpunkt, dafs die Europäer nur die vorübergehenden

Organisatoren der farbigen Rassen seien, welche gerade durch Europas Institutionen gestärkt und zur gesitteten Selbstregierung erzogen würden. „The general law is that the lower race increases faster than the higher, since it has become impossible to deny inferior races the protection of law in civilised communities." Vergl. auch S. 89/90 daselbst.

[157] Sir Henry Cotton und Lord Reay im National liberal Club gegen die Verwaltung Lord Curzons: „The Viceroy was unpopular with the people, because he had shown no willingness to advance the wishes of India in regard to self-government. His lordship had the interests and welfare of India as much at heart as anyone, but he saw from a different standpoint to that of the Indian people. We had reached the parting of the ways in India. **Education had been infused among the people, and it was impossible that we could go on without according to them the concessions they demanded.**"

[158] W. E. Postnikoff, Südrussische Bauernwirtschaft. Moskau 1891. S. 308. Ich denke bei den gröfseren Betrieben nicht an die niedergehende Adelswirtschaft, sondern an reiche bäuerliche und bürgerliche Elemente, die landsammelnde Tätigkeit des Kulaken usw.

[159] Vergl. auch Schulze-Gaevernitz, Volkswirtschaftliche Studien aus Rufsland. Leipzig 1899. S. 161, 165, 363, 368 u. passim. Geoffrey Drage, Russian Affairs. J. Murray. 1904. S. 497, 601.

[160] Hartmann, Rigas Butterexport. (Freiburger Dissertation.) 1905.

[161] Vergl. die vielleicht übertreibende, aber doch sehr zu beherzigende Äufserung des Grafen Hirosawa im Standard vom 27. Nov. 1905: „It is quite possible that in ten years time Japan will be in a position to build a Chinese fleet. By the time the anniversary of Waterloo has arrived we may be on the road to build 100 battleships for ourselves and China." Vergl. auch die Ausführungen in der Vorrede zur dritten Auflage von Meredith Townsend, Asia and Europe. London, 1905. Über die wirtschaftlichen Gefahren, welche England von Japan drohen, sagt Garvin in „The Maintenance of the Empire" (Empire and the Century, a. a. O. S. 99/100): „Her object must be to obtain the same commercial predominance in the Middle Kingdom which we formerly possessed upon the European continent. — — Japan is about to create industries just as she creates battleships. She is about to purchase and construct the economic apparatus of a great power." Besondere Gefahr für Lancashires Baumwollindustrie! „Japan after her war of existence stands where Germany did in 1871."

[162] Über den durchaus militaristischen Zuschnitt Bulgariens und des bulgarischen Budgets vergl. Alfred Stead, Bulgaria, im Outlook vom 25. Nov. 1905. Vergl. ferner die von einem sachkundigen Diplomaten herrührenden Ausführungen in Odysseus Turkey in Europe. E. Arnold, 1900. Vergl. endlich G. Drage, Russian Affairs, S. 620.

[163] Vergl. den Artikel „Mr. Balfour and imperial defence" im Outlook 13. Mai 1905, sowie das Kapitel von G. Drage, a. a. O. über Persian Questions, S. 526.

[164] Colonel Sir Thomas Holdich, The frontier Question, in The Empire and the Century a. a. O. S. 651 ff. Vergl. auch Sir Howard Vincent, Russia and India in 1903. London, King and Son. 1903. — ad Rufsland und England vergl. auch George Peel, Enemies of England. London 1902. S. 215 ff.

[165] J. A. Balfour im Unterhause am 17. Mai 1904 und wiederholt.

[166] Dieser Meinung ist auch L. Brentano in der „Nation" vom 13. Januar 1900, S. 208. Auch auf liberaler Seite finden sich Stimmen für die allgemeine Wehrpflicht. Vergl. z. B. J. S. Phillimore in den Essays in Liberalism by six Oxfordmen.

[167] So weist auf deutsche Wehrpflicht u. a. J. L. Bashford, The German army system. Nineteenth Century and after. Oct. 1904. Ähnlich sagte der „Outlook" vom 7. Januar 1905 hinsichtlich der deutschen Verhältnisse: „The young man held back a little from immediate labour in order that discipline, punctuality, and alertness may be implanted in him, becomes for the rest of his life a more productive worker than, in the average case, he would otherwise have been."

[168] Vergl. A. Bérard, L'Angleterre et l'impérialisme. Paris 1901. S. 298, über den wirtschaftlichen Nutzen des deutschen Militarismus. Vergl. überhaupt das ganze interessante Kapitel „Le rationalisme allemand", S. 289 ff.

[169] Bekanntlich hat auch der Report of the Royal Commission on the Militia and Volunteers (Cd. 2062, 1904) die allgemeine Wehrpflicht nach kontinentalem Muster empfohlen: „The principles, which have been adopted after the disastrous failure of older methods by every great state of the European continent.", S. 15.

[170] Nach Clausewitz ist die Ausbildung der soldatischen Persönlichkeit, welche Kühnheit mit Selbstbeherrschung verbindet, für den Erfolg des Waffenhandwerks entscheidend. „Ein starkes Gemüt ist nicht ein solches, welches blofs starker Regungen fähig ist, sondern dasjenige, das bei den stärksten Regungen in Gleichgewicht bleibt, so dafs, trotz den Stürmen in der Brust, der Einsicht und Überzeugung wie der Nadel des Kompasses auf dem sturmbewegten Meere das feinste Spiel gestattet ist." Hierin knüpft Clausewitz unmittelbar an Kant an. Vergl. Vom Kriege. I. Buch. 3. Kap.

[171] Es ist das Verdienst von Wetz zu einer Zeit, da Cecil Rhodes bei vielen seiner Landsleute, um so mehr noch in Deutschland, lediglich als skrupelloser Glücksritter angesehen wurde, in ihm den Typus des Imperialisten erkannt zu haben. Vergl. Wetz, Grenzboten, 1899. Die neueren zahlreichen Veröffentlichungen bewahrheiten diese Auffassung. Da Rhodes nichts für den Druck schrieb, auch nicht korrespondierte, so sind die Hauptquelle seine zahlreichen Reden, welche in einem Bande von 864 Seiten gesammelt (London, Chapmann and Hall, 1900) vorliegen. Vergl. ferner Cecil Rhodes by Imperialist and Dr. Jameson. 1897, sodann Cecil Rhodes by Howard Hensman, William Blackwood and Sons Edinburgh and London. Sidney Goldmann unter dem Pseudonym Africander: Cecil Rhodes Colonist and

Imperialist. Contemporary Review, März 1896. Vergl. auch, um das Gegenbild zu sehen, die höchst amüsante Schmähschrift Mr. Magnus, London, Fisher Unwin, 1896, insbesondere S. 51 ff., 167 ff., 238 ff. Ich selbst bin in der glücklichen Lage, vieles im Text gegebene auf mündliche Auskunft südafrikanischer Geschäftsmänner und Politiker aufbauen zu können.

[172] Die Hauptquelle für die Südafrikanische Diamantindustrie ist das ausgezeichnete Werk von Gardener W. Williams, dem langjährigen Direktor der De Beers, „The diamond mines of South Africa". New York u. London, Macmillan. 1902. Interessantes Material enthält auch Sidney Goldmann, South African Finance and mining. London Johannesburg, 1895/96. Vergl. auch Hjalmar Schacht, Die südafrikanische Diamantindustrie. Preufsische Jahrbücher. 1903. Bd. 114. S. 295 ff.

[173] „Claim", Minieranspruch, sowie der Teil des Grubenfeldes, auf den sich der Anspruch erstreckt, unabhängig vom Eigentum des Grund und Bodens auf Grund prinzipiellen Bodenregals der Regierung, tatsächlicher Bergbaufreiheit erworben.

[174] Seit 1878 gehörte Julius Wernher, seit 1886 Alfred Beit, der Firma Julius Porges & Co. als Teilhaber an. Zu 1889 zog sich Porges von der Firma zurück, die von da ab Wernher Beit & Co. hiefs.

[175] C. Rhodes kommt auf diesen Punkt in seinen Reden öfters zu sprechen, vergl. a. a. O. S. 749, 753, 795, 802, 807. Vergl. auch Mr. Magnus a. a. O. S. 52.

[176] Über den südafrikanischen Bergbau besteht weit ausgedehnte Literatur; vergl. u. a. das zitierte Werk von S. Goldmann, South African finance and mining. Ferner Curle, The gold mines of the world. London 1902, eine auf Grund zahlreicher örtlicher Beobachtungen gemachte Arbeit. W. S. Welton, Practical Goldmining. London 1902. M. Epstein, Die englische Goldminenindustrie. Dresden, Böhmert, 1904. Von besonderem historischen Interesse ist: Schmeifser, Über Vorkommen und Gewinnung der nutzbaren Mineralien in der südafrikanischen Republik unter besonderer Berücksichtigung des Goldbergbaues, Berlin 1894; veranlafst durch den preufsischen Handelsminister, der sich darüber unterrichten wollte, ob eine Abnahme der Goldgewinnung in naher Aussicht stünde, wie von bimetallistischer Seite auf Grund der Ausführungen des Geologen Süfs (Zukunft des Goldes) behauptet wurde. Vergl. auch Jörgens, Finanzielle Trustgesellschaften. Stuttgart und Berlin 1902. S. 53 ff.

[177] Vergl. Mermeix, Le Transvaal et la Chartered. Paris 1897. S. 217, 218, 239, 246, sowie S. Goldmann a. a. O. Band I, Einleitung, S. V.

[178] Vergl. Sidney Goldmann im „Nineteenth Century", Mai 1904, S. 849. Der zeitweise Rückgang der Goldproduktion nach dem Kriege beruhte auf Schwierigkeit der Arbeiterbeschaffung sowie Verteuerung der Produktionskosten durch vermehrte Besteuerung infolge Kriegsverschuldung. Die Schuld Transvaals belief sich vor dem Kriege

auf 14 Millionen £, nach dem Kriege 61½ Millionen £. Vergl. ferner Lionel Philipps, Some aspects of the mining industry of South Africa, in The Empire and the Century, S. 587 ff. Danach war am 1. Januar 1905 erst 4,279 % der goldhaltigen Lager abgebaut und diese Berechnung wird als eine höchst vorsichtige bezeichnet. Die Produktion Transvaals 1904 übertraf bereits die höchste Produktionsziffer vor dem Kriege.

1898	....	16,044 135	£
1901	....	1,014 687	„
1904	....	16,054 809	„

[179] Über die Kurswerte der Transvaaler Minen vergl. Epstein a. a. O. S. 223.

[180] Vergl. Mermeix a. a. O. S. 218, 219.

[181] Reichstagsrede vom 7. Juni 1900. G. v. Siemens war früher ein Gegner der kleinen Aktie, hat aber angesichts der englischen Entwicklung diese Meinung zurückgenommen und die Einführung kleinerer Aktien auch in Deutschland befürwortet.

[182] So Joseph Kitchin, Manager von Goerz u. Co. in London. Vergl. über rhodesische Gründungen S. Goldmann a. a. O. II, S. 66/68: „Most of the said companies and syndicates are formed only for the purposes of developing and reselling claims", ferner Vindex, C. Rhodes. S. 227, 251.

[183] C. Rhodes, Reden, a. a. O. S. 313. Vergl. auch das berühmt gewordene Wort S. 340: „I was fortunate in being in that position which falls to few: to have one idea, and to be able to call upon funds in support of that idea. I remember full well my various discussions with General Gordon and I remember saying to him: It is of no use our having hazy ideas; it is of no use our giving vent to our imaginations; if we have imaginative ideas we must have pounds, shillings and pence to carry them out."

[184] Durchgehend englische Vorstellung, wurzelnd in der puritanischen Idee des „erwählten Volkes". So sagte Lord Rosebery: „The British Empire the greatest secular agency for good the world has ever seen." Ähnliches sagte Chamberlain: „The Anglo Saxon race is infallibly destined to be the predominant force in the history and civilisation of the world."

[185] Imperialist a. a. O. S. 346: „I will stop where the Country has been claimed." Vergl. Giddings Democracy and Empire, Kapitel über „Imperialism": „expansion is as certain as the advent of spring after winter" — unvermeidliches Naturgesetz. Vergl. dagegen Hobson, Imperialism., a. a. O. S. 81. „The same ‚choice of life' confronts the nation as the individual — — it is the question of intensive versus extensive cultivation." Die ganze Stelle atmet den für das heutige England so bezeichnenden antikapitalistischen Geist.

[186] Rhodes, Reden a. a. O. S. 52, 358 u. passim. Imperialist S. 50, 343.

[187] Rhodes, Reden a. a. O. S. 130, 226.

[188] Als 1842 die Briten Natal besetzten, war dieses Land so gut wie menschenleer (5 Bewohner auf die Quadratmeile), 1891 hatte Natal 481 000 Einwohner, darunter nur 36 000 Europäer. Sofort mit Aufrichtung einer weifsen Herrschaft begann die Einwanderung der Schwarzen nach Natal. „In their own expressive way of speaking they could sleep without fear under the shield of the white man." Vergl. Pearson, National Life and Character. London, Macmillan. 1894. S. 40. Rhodes, Reden, S. 365: „The natives are children and we ought to do something for the minds and the brains the Almighty has given them. I do not believe they are different from ourselves." Nicht so weitgehend Archibald R. Colquhoun. London, J. Murray, 1906. The Africander Land, welcher gegen den Ausspruch Rhodes' „equal rights for every civilised man south of Zambesi" polemisiert.

[189] So auch Sidney Goldmann, Nineteenth Century. Mai 1904, S. 853: „The greater the increase of pay, the shorter the period of work." Ähnlich schon Lord Brassey in dem bekannten Buch „Work and ways." London 1872. S. 88. „The Hindoo workman as soon as he has provided for the necessities of the day", auf Grund der Erfahrungen des älteren Brassey beim Eisenbahnbau in Indien. Zum Glen Grey Act vergl. auch Hobson, Imperialism., a. a. O. S. 236 ff.

[190] Gardener S. Williams, The diamand mines of South Africa, a. a. O. S. 580 „über 200 000 £."

[191] C. Rhodes, Reden, a. a. O. S. 631 ff.

[192] Vergl. auch G. M'Call Theal, South Africa. London, Fisher Unwin. Vierte Auflage, 1897, S. 396. „The German protectorate, owing to the dryness of its air, is extremely favorable to the health of Europeans."

[193] Rhodes, Reden, a. a. O. S. 740.

[194] Rhodes, Reden, S. 676, 683.

[195] Über diese Bergwerke macht interessante Angaben Lincoln Tangye, In new South Africa. London, Horace Cox. 1896. S. 260 ff. Die alten Schachte weisen auf eine höhere Technik als die der heutigen Eingeborenen. Gänge von mehreren 1000 Fufs Länge und bis zu 100 Fufs Tiefe kommen vor; ihre Urheber sind unbekannt.

[196] Vergl. Sidney Goldmann, South African Mining and Finance. Band II, S. 66. Daselbst der Bericht des Bergingenieurs Hammond.

[197] Rhodes, Reden, a. a. O. S. 716, 717, 735, 792. J. P. Fitz Patrick, The Transvaal from within. London 1900. Einleitung. S. XXI.

[198] Zu diesem Punkte schreibt mir ein sachkundiger Südafrikaner: „Mit Truppen der Chartered Co. unternahm der Administrator der Chartered Co. den verräterischen Einfall in die Transvaal-Republik. Wäre er geglückt, dann hätte der Erfolg Rhodes Recht gegeben, dann wäre vielleicht das goldreiche Transvaal mit dem goldarmen Rhodesia amalgamiert und unter die britische Charter genommen worden. Die

Chartered Co.'s Shares wären ins Fabelhafte gestiegen und die Angehörigen des Reichs, in dem die Sonne nicht untergeht, hätten am Ende des letzten Jahrhunderts dem Triumphator zugejubelt wie keinem zuvor im ganzen Säculum."

[199] R. Kipling, Five nations. Tauchnitz edition. 1903. S. 84 ff.

[200] J. Churton Collins, The Rhodes bequest. Nineteenth Century and after. Band 56. 1904. S. 974. Seine Absicht drückte Rhodes selbst in seinem Testament mit folgenden Worten aus: „Encouraging and fostering an appreciation of the advantages, which will result from the union of the English-speaking peoples throughout the world and to encourage in the students of the United States of North America who will benefit from the American scholarships, an attachment to the country from which they have sprung, whitout withdrawing them or their sympathies from the land of their adoption or birth."

[201] Über die Goldproduktion Rhodesias vergl. E. H. Smith Wright, Railways in Rhodesia Ferner Lionel Phillips, Some aspects of the mining industry in South Africa, in Empire and the Century. Daselbst S. 590 folgende Ziffern:

Goldproduktion Rhodesias

Jahr endend 31. März	1902	650 752 £
" " "	1903	713 909 "
" " "	1904	851 807 "
" " "	1905	1 120 528 "

Vergl. auch Annual Report of the Rhodesia Chamber of Mines.

[202] Owen Thomas, Landsettlement and Colonization in South Africa, in Empire and Century, S. 569 erklärt Rhodesia für den geeignetsten Teil Südafrikas zur Ansiedlung weifser Ackerbauern, ein fruchtbares Hochland mit üppigen Weiden, Weizen-, Tabak- und Baumwollboden.

[203] Rhodes, Reden, a. a. O. S. 657, 659.

[204] Im Standard vom 6. Juni 1904 findet sich folgender Bericht aus Pretoria: „Having had private access to the returns of births and deaths in the Burghers' Land Settlements last year, I am able to state that the birth rate was 48 per 1000, and the death rate 9.10 per 1000. These figures are probably in excess of the normal rates, but very slightly, and the increase of population among the rural Dutch in the Transvaal would show a greater proportion of births to deaths. This morning I saw verbatim copies of sermons in possession of the Government, in which the preachers exhort their flocks to marry early, and to increase and multiply, so that the Dutch may again occupy the land."

[205] Hobson, Imperialism., a. a. O. S. 312. Vergl. hierzu den entgegengesetzten Standpunkt vertreten A. R. Colquhoun, The Africander Land. J. Murray. 1906: „South Africa is no ordinary colony. It is a strategic position essential to the Empire, and we have bought every inch of it with our money and our blood. The Africander must not forget that the Imperial Government has rights in South Africa, the

rights of the conqueror, just as he himself has rights — the rights of citizenship and occupation."

[206] Balfour im House of Commons am 21. März 1904: „What is the difficulty of the relatively insignificant negro population in the United States of America compared with the difficulty which will present itself to South African Statesmen, when they have got to face this enormous black population and when you have a community of whites of all classes who are, as it were an aristocracy over a proletariat class.? I do not envy those who have to deal with that situation in the future." Vergl. über die Schulung des amerikanischen Negers: Uplifting the submerged masses by W. J. Edwards of Snow Hill, Ala. with Introduction by Edward Atkinson of Boston, Mass., Boston 1905, Geo. H. Ellis Co., 272 Congress Street.

[207] Vergl. Sir Godfrey Lagden, The native question in South Africa, in The Empire and the Century, S. 539 ff., und Roderick Jones, The black peril in South Africa. Nineteenth Century, May 1904, S. 715.

[208] Schon Bartle Frère erkannte die Bedenklichkeit der „School Kaffirs". Vergl. J. Martineau, Life and Correspondence of Sir Bartle Frère. London, Murray. Bd. II, S. 215.

[209] Vergl. das Blaubuch Labour in The Transvaal Mines, 1905. Cd. 2786. Danach waren am 30. Juni 1904 beschäftigt in den Transvaaler Minen: 16989 Weifse, 104902 Eingeborene, 41340 Chinesen. Der Chinese ist ein besserer Arbeiter wie der Schwarze; er soll bis zu 100" pro Tag bohren, der Schwarze nur 32". Die Auffassung der Minenmagnaten spiegelt folgende drastische Äufserung des Lord Harris, Chairman of the Consolidated gold fields of South Africa, in der Generalversammlung der Gesellschaft am 21. Nov. 1905: „He felt justified in regarding the time when dividends from Gold Field shares would be very much better as very close indeed (hear, hear). He thought they ought to be receiving half a million of money from their investments in South African shares—he would not pledge himself to next year, but in 1907 (hear, hear). There must be a cause for these economical improvements, and, in his opinion, it was due to the abundance of cheap and efficient labour. If the importation of Chinese was interfered with, it might jeopardise the loyalty of the South African Colonies to Great Britain." Vergl. für Milner's Standpunkt u. a. F. Edmund Garret, Rhodes and Milner, in Empire and the Century, S. 506. Ferner Rede des Sir Arthur Lawley, Lieutenant General at Pretoria als Antwort auf eine Deputation, welche unter Führung des General Botha Abschiebung der Chinesen verlangte, im angeführten Blaubuch Cd. 2786, S. 15 ff.

[210] Vergl. Hobson, Imperialism., a. a. O. S. 244: „The legitimate and wholesome means of developing a country is utilising the labour power of its inhabitants, inducing them by ordinary economic stimuli to settle where remunerative employment is afforded." Über die Wirkung des Arbeitermangels auch den bekannten Mr. Creswell von

Village Main Reef: „Wenn wir Überfluſs an farbiger Arbeit hätten, dann würde kein Bedürfnis nach Verbesserung der Goldgewinnungstechnik entstehen, und dann fehlte es auch an einem Ansporn für die Technik. Wenn wir nun billige Arbeit in ausreichender Menge nicht bekommen können, so wird nichts anderes übrig bleiben, als eine gründliche Revision der bisherigen Technik." Nach R. W. Schuhmacher (Partner von Messrs. Eckstein Co.) ist im ganzen genommen der Kaffer der bessere Arbeiter. Derselbe Gewährsmann schätzt die Kosten des Kaffern pro Schicht (Lohn, Behausung, Anwerbung usw.) 2 s. 7 d., die des Chinesen 2 s. 11 d. Vergl. Westminster Gazette. 9. Januar 1906.

[211] W. Sombart, Der moderne Kapitalismus. Leipzig 1902. Band II, S. 312 und passim. Derselbe, in der Broschüre: „Warum interessiert sich heute jedermann für die Fragen der Volkswirtschaft und Socialpolitik?" Leipzig 1904, S. 11.

[212] Vergl. Windelband, Praeludien. II. Auflage. 1903. S. 195.

[213] Übrigens doch auch nur mit sehr markanten Ausnahmen. Solche Ausnahmen aber sind in diesem Falle das „typische", weil sich in ihnen die Bestrebungen des Zeitalters besser verkörpern als im Durchschnitt. Vergl. z. B. W. v. Siemens. Dieser Bahnbrecher des groſsindustriellen Deutschlands arbeitete keineswegs unter dem Zwange des kapitalistischen Geistes. Vergl. Lebenserinnerungen. Berlin, J. Springer. 1901. S. 297. „Dabei kann ich mir selbst das Zeugnis geben, daſs es nicht Gewinnsucht war, die mich bewog, meine Arbeitskraft und mein Interesse in so ausgedehntem Maſse technischen Unternehmungen zuzuwenden. In der Regel war es zunächst das wissenschaftlich technische Interesse." Der ganze Habitus des Mannes belegt die Wahrheit dieses Selbstbekenntnisses.

[214] Arnold Toynbee, Industrial Revolution. Vergl. das Kapitel: Industry and Democracy.

[215] „Fair trade Bewegung" der achtziger Jahre; vergl. K. J. Fuchs, Die Handelspolitik Englands und seiner Kolonien. Leipzig 1893. S. 162 ff. Vergl. ferner die Schriften von K. Rathgen: Über den Plan eines britischen Reichszollvereins. Marburg 1896. Die Kündigung des englischen Handelsvertrags. Schmollers Jahrbuch. N. F. Bd. XXI, 4. Heft. Die englische Handelspolitik am Ende des 19. Jahrhunderts. Schriften des Vereins für Sozialpolitik. Bd. 91. Leipzig 1901. Vergl. auch den interessanten historischen Abriſs, welchen Chamberlain selbst in seiner Rede zu Tynemouth am 21. Oktober 1903 gab.

[216] Über Colonial Preference berichtet ein Blaubuch von 1841: Ausländischer Kaffee wurde nach dem Kap verschifft, um von dort als kolonialer Kaffee nach England importiert zu werden; steigende Kaffeeausfuhr aus der Kapkolonie, die überhaupt keinen Kaffee hervorbringt. Vergl. J. St. Loe Strachey, Free trade and the Empire in the Empire and the Century. S. 144 ff.

[217] Lord Dunraven im House of Lords am 12. Februar 1891.

[218] Sir R. Giffen, The Dream of a British Zollverein. In Enquiries and Studies. 1904. Vol. II S. 388 ff.

[219] Vergl. ferner Rathgen, Die englische Handelspolitik am Ende des 19. Jahrhunderts, a. a. O. S. 157.

[220] Ausführlich dargelegt wurde dieses Programm zuerst in der Arbeit des kanadischen Beamten J. G. Colmer, erschienen als Supplement zum „Statist" vom 2. Mai 1896. In dieser Arbeit werden Vorzugszölle für 18 Artikel vorgeschlagen, darunter nicht nur Weizen und Fleisch, sondern auch Wolle, Hanf und Flachs.

[221] Der Standard gab in naher Übereinstimmung mit den Daily News folgende Ziffern, bei denen die Stimmen der irischen Nationalisten unberücksichtigt geblieben sind:

Unionists	2 194 000	or 44 per cent,	returning	141	members
Liberals	2 377 000	„ 47 „ „	„	342	„
Labour	443 000	„ 9 „ „	„	44	„
Total	5 014 000	or 100 per cent.,	returning	527	members.

[222] Balfour im House of Commons 1. August 1904.

[223] Chamberlain auf dem Festessen, das die unionistische Partei Chamberlain zu Ehren seines 68. Geburtstages gab. 8. Juli 1904.

[224] Sir Robert Giffen z. B. im Nineteenth Century. Juli 1903. S. 13: „There must be no absolute refusal to discuss the matter, no determination to insist that the Empire is to be united on an ideal and symmetrical free-trade basis or not to be united at all. The nearer to free-trade the arrangement approaches, the more likely it will be to have permanent success; but a partial departure is not to be rejected, however little when great objects in the political sphere are to be attained."

[225] W. A. S. Hewins, Der Imperialismus und seine voraussichtliche Wirkung auf die Handelspolitik des Vereinigten Königreichs. Schriften des Vereins für Sozialpolitik. Leipzig 1901. S. 111. „Unter ‚konstruktivem Imperialismus' verstehe ich eine Staatspolitik, welche in planmäfsiger Weise an Stelle des Vereinigten Königreichs das Imperium sich als Hauptzweck setzt und welche insbesondere die Wirtschaftspolitik nicht wie bisher durch das Interesse der Konsumenten, sonderndurch die des Imperiums bestimmen läfst."

[226] Chamberlain zu Liverpool am 28. Oktober 1903.

[227] Vergl. Oppenheimer, Britischer Imperialismus. Wien 1905. S. 39.

[228] Vergl. Canadian Gazette vom 4. Januar 1906.

[229] K. Rathgen, Englische Auswanderung und Auswanderungspolitik im 19. Jahrhundert. Schriften des Vereins für Sozialpolitik. Leipzig 1895, insbesondere S. 61, 77, 132, 179.

[230] Garvin, The principles of constructive Economics. S. 35/36.

[231] H. Levi, Landarbeiterfrage und Landflucht in England. Archiv für soziale Gesetzgebung und Statistik. 1903. S. 501 ff.

[232] P. Dehn, Weltwirtschaftliche Neubildungen. S. 136, 137: „Die grofse Mehrzahl der Eingewanderten," so äufsert sich ein in Kanada angesiedelter Engländer in einer Zuschrift an die „Times", „ist für die Landwirtschaft unbrauchbar. Die Engländer können sich nicht an die einfachen Verhältnisse der kanadischen Landwirtschaft gewöhnen. Sie vermissen die Bequemlichkeiten ihrer alten Heimat und begreifen nicht, wie ein wohlhabender Farmer von 300 bis 500 acres Land in Arbeiterkleidern umhergehen und in einem Hause wohnen kann, dem jede Bequemlichkeit abgeht."

[233] R. Cobden, Brief aus dem Jahre 1842, zitiert in Morley, Leben Cobdens. Bd. I, S. 230.

[234] Schmoller, Künftige englische Handelspolitik. Im Jahrbuch für Gesetzgebung usw. 1904. Heft 3, S. 18. Dagegen weit übertreibend Garvin in the Empire and the Century, a. a. O. S. 67 „The British Empire is rapidly becoming a self-sufficient commercial state".

[235] Diese Gedankengänge bilden das Leitmotiv der von Garvin herausgegebenen Zeitschrift: The Outlook. Vergl. auch Garvin, „The Maintenance of the Empire" in the Empire and the Century. S. 73 ff., 109 ff., 118. Vergl. den Antagonisten Garvins J. A. Hobson, sachlich dahin übereinstimmend: We are losing that superiority in finance which made it feasable for us to maintain a naval armament superior to any European combination." Imperialism. S. 121.

[236] z. B. W. H. Mallock, The great Fiscal Problem. Nineteenth Century. September 1903.

[237] Hobson, Imperialism a. a. O. S. 87. „To support Imperialism by direct taxation of incomes and property would be impossible."

[238] Vergl. Fuchs a. a. O. S. 180.

[239] C. Rhodes, Reden, a. a. O. S. 266, 280, 435, 653, 698.

[240] Lord George Hamilton in einer Rede zu Ealing am 22. Oktober 1903: In seinem interessanten Artikel „The Economics of the Empire" in der National Review Dezember 1903, S 35/36 deutet Garvin auf einen Baumwollzoll, um die Abhängigkeit Lancashires von den Vereinigten Staaten zu brechen. Vergl. auch G. H. Perris, The protectionist peril. London, Methuen 1903. S. 58: „Food is the chief of raw materials — the raw material of Labour."

[241] Vergl. H. Dietzel, Die Theorie von den drei Weltreichen. Berlin, Hermann 1900. S. 19. Eine detaillierte Statistik über die Einfuhr Grofsbritanniens an Nahrungsmitteln aus den Kolonien und aus dem Ausland gibt L. G. Chiozza, British Trade and the Zollverein Issue. London, Fourth Edition 1903. S. 32 ff.

[242] Dieser Meinung sind auch die 14 englischen Nationalökonomen, welche — als Anhänger des Freihandels — den „Letter to the Times" vom 15. August 1903 unterzeichneten.

[243] Armitage-Smith in seinem Buche: The Freetrade Movement and its Results, London, Blackie and Son 1903, S. 117 leugnet diese Möglichkeit, S. 47, 117, Garvin bejaht sie im Anhang zur National Review. Dezember 1903, S. 50. Vergl. von deutschen Beurteilern der

Wirkung britischer Präferentialzölle Schäffle, Zukunft, vom 12. Mai 1894, S. 253, ferner Bonn in der Nation vom 10. Oktober 1903 Chamberlains Motive S. 23 ad Abnahme der Getreideausfuhr der Vereinigten Staaten. Vergl. auch Marie Schwab, Chamberlains Handelspolitik. Berlin 1905. S. 73.

[244] Service, der frühere Premier von Südaustralien, schätzt diese Zeit (bis zur Selbstversorgung des Reiches mit Getreide) entschieden bedeutend zu kurz, wenn er von ein oder zwei Jahren spricht. Vergl. Empire Review Dezember 1903, S. 483 „Imperial Fiscal Union". Über die konkurrierende Vieh- und Fleischeinfuhr Englands aus den Kolonien und dem Auslande vergl. Marie Schwab, Chamberlains Handelspolitik, a. a. O. S. 97 ff.; Garvin in The Empire and the Century, S. 122. Sehr wohl hören läfst sich folgendes Argument Garvins, im Anhange zur National Review, Dezember 1903, S. 37: Zur Zeit bestehe die Gefahr der Cornerung des Getreides durch die Vereinigten Staaten, wie das Experiment Leiters gezeigt habe; diese Gefahr wäre dann beseitigt, wenn England aus verschiedenfachen, darunter kolonialen Quellen seinen Bedarf schöpfen könne.

[245] Jebb, a. a. O. S. 7 ff., 124.

[246] Outlook. 17. Juni 1905: Canada in World Politics.

[247] Blondel, La politique protectioniste en Angleterre, Paris 1904, S. 86/87, woselbst Reden kanadischer Staatsmänner zitiert werden.

[248] B. Sulte, The French Canadians and the Empire, in the Empire and the Century, S. 420. Statistical Abstract for the several Colonial and other possessions of the United Kingdom. 1887—1901, S. 188.

[249] Vergl. die extreme Stimme von Edward Farrer, The next colonial conference, a Canadian opinion, in der Fortnightly Review, Dezember 1905.

[250] Vergl. die Rede von Mr. Maclean im Canadischen House of Commons, verbat im citistim Standard vom 3. April 1905. Vergl. auch K. Rathgen, Die englische Handelspolitik am Ende des 19. Jahrhunderts. Leipzig 1901. S. 160. Report of the Tariff Commission, Bd. I, S. 574, wo bereits von „dumping" kanadischen Eisens mittelst Ausfuhrprämie auf englischen Markt die Rede ist.

[251] Blaubuch: Colonial Conference 1902, Bd. 1299, S. 84 ff., 114, 117, 118/119. Martin, Eisenindustrie. Leipzig 1904. S. 287. „Wahrscheinlich wird in einigen Jahrzehnten die Eisenindustrie Kanadas gröfser sein wie die von Grofsbritannien." Vergl. ferner B. Braude, Die Grundlagen und die Grenzen des Chamberlainismus. Zürich 1905. S. 20 ff., 35 ff. Von weiterem offiziellen Material kommt in Frage: „Trade between the United Kingdom, Canada and Germany," dem Parlamente vorgelegt am 12. August 1903 und „Preferential Tarif for Goods from the United Kingdom", Parlamentspapier vom 3. August 1903.

[252] Sir Thomas Shaughnessy, Präsident der Canadian Pacific Railway Company, veröffentlicht in der New-Yorker Daily News einen Aufsatz, in dem es heifst: „Die Hochflut der Einwanderung wendet sich von den Vereinigten Staaten auf Kanada und schreitet durch den

grofsen Nordosten mit einer für Kanada überraschenden Schnelligkeit vorwärts. Städte und Dörfer haben sich erhoben, wo nur wenige Monate vorher nichts weiter als leere Ebenen und Wälder zu finden waren. So sind während des Jahres (1903) 32 000 Heimstätten im Nordwesten aus der Erde gewachsen, und eine gleiche Zahl Farmen ist angelegt und für ihre Besitzer nutzbringend bewirtschaftet worden. Kanada ist auf dem Wege einer der gröfsten, wenn nicht der gröfste landwirtschaftliche Mittelpunkt der Welt zu werden. Und dadurch, dafs die Kanadier ihr Land zu einem grofsen landwirtschaftlichen Zentrum machen, hoffen sie, es auch zu einem grofsen industriellen Zentrum zu entwickeln." Diefse Äufserungen werden ergänzt durch Zahlen, die J. F. Ellis, der Präsident des Toronto Board of Trade, zum Beweise der kanadischen Prosperität kürzlich erbracht hat. Über die Rede berichtet der in Toronto erscheinende „Globe" u. a. folgendermafsen: „Der Gesamthandel der Dominion of Canada belief sich im letzten Fiskaljahre (1903) auf über 467 Millionen Dollars, wovon 241 Millionen auf den Import und 226 Millionen auf den Export entfielen. Dieses Ergebnis ist der Höhepunkt einer fortlaufenden Reihe von Zunahmen. Die Gesamtzahl des Jahres ist mehr als doppelt so grofs, wie die von elf Jahren vorher und 29 Millionen Dollars gröfser als die des vorletzten Jahres, die ebenfalls einen Rekord darstellte."

[253] William Saunders, Director of the Dominion experimental farms. Canadian Magazine. April 1904. Statistical Abstract for the Colonial and other possessions. Cd. 1325, S. 240/241. Annual Report of the Departement of the Interior, 1902. William S. Fielden, Finanzminister, Budget Speech vom Juni 1904. Vergl. ferner ad hochentwickeltes landwirtschaftliches Unterrichtswesen Kanadas: James W. Robertson in Empire and the Century, S. 385. Vergl. Western Canada, information as to the resources and climates, Ottawa 1899, Ausgabe des Ministeriums des Innern. The statistical Yearbook of Canada, issued by the Department of Agriculture. Ottawa. Geography of the Dominion of Canada, issued by direction of Hon. Clifford Sifton, Minister of the Interior. Ottawa. Vergl. endlich die in London veröffentlichte Wochenschrift Canadian Gazette, eine Zeitschrift für Auswanderung und Kapitalanlagen nach Kanada. Zu einem einschränkenden Urteil hinsichtlich der unerschlossenen Getreideflächen Kanadas kam James Mavor, Professor der Nationalökonomie in Toronto in einem Blaubuch des Board of Trade. Report on the North West of Canada 1904, with special reference to wheat production for Export Cd. 2628.

[254] Monthly Review. April 1905. S. 102. Vergl. auch den interessanten Aufsatz von Robert Machray „The Granary of the Empire". Nineteenth Century and After. August 1903.

[255] Vergl. die Rede des Kolonialministers Littleton zu Manchester am 14. Oktober 1904, ferner Garvin in dem Anhange zur National Review. Economics of the Empire, S. 60, Dezember 1903, und derselbe, The Principles of constructive Economics, S. 42/43.

²⁵⁶ Auf diese Schwierigkeiten macht aus reicher Erfahrung aufmerksam der frühere Finanzminister Ritchie in einer Rede zu Croydon am 9. Oktober 1903, sowie Sir Henry Fowler zu Glasgow am 12. Oktober 1903.

²⁵⁷ Vergl. Economist 1902, S. 1562. The American Invasion of Canada. „Whilst we are dreaming of closer union — — natural forces are drawing an opposite way."

²⁵⁸ So mit Recht Moreton Frewen in der Monthly Review. April 1905, S. 99.

²⁵⁹ Die im Text gegebenen Statistiken beruhen auf den ausgezeichneten Arbeiten der Regierungsstatistiker von Neu-Südwales T. A. Coghlan und zwar auf folgenden: Coghlan, The Decline in the Birth-Rate of New-South-Wales, 1903; The Seven Colonies of Australasia, 1899—1900; A Statistical Account of Australia and New-Zealand, 1902—1903; Statistics of six States of Australia and New-Zealand, 1861—1903; Statistics of the Seven Colonies of Australasia, 1861—1899, sodann auf Ziffern des Statistical Abstract und des Australian Handbook. Vergl. ferner den höchst interessanten Bericht der Royal Commission on the Decline of the Birth-Rate and on the Mortality of Infants in N. S. W. Report I, 1904. Vergl. hierzu die Ziffern aus der Statistique Annuelle du mouvement de la population, 1903. Paris. Imprimerie nationale. Für Mitteilung dieser Literatur bin ich Herrn Dr. P. Mombert-Karlsruhe verpflichtet.

²⁶⁰ Über den Altersaufbau Australiens vergl. folgende Ziffern:

	Im Jahre 1901 standen von 1000 der Bevölkerung im Alter von Jahren			
	unter 15	15—40	40—60	über 60
New-South-Wales	360	424	159	56
Victoria	341	426	152	80
Queensland	369	423	160	48
South-Australia	356	415	165	63
Western-Australia	290	525	152	32
Tasmania	371	419	149	61
Common-Wealth	352	429	157	62
New-Zealand	334	439	159	68
Australasia	349	430	157	63

²⁶¹ Stead, Amerikanisierung der Welt. Deutsches Verlagshaus 1902, S. 88.

²⁶² Die Abnahme der Geburtenziffer hat neuerdings die Royal Commission in Neu-Südwales beschäftigt; dieselbe konstatierte einen Rückgang der Geburtenziffer von 1886—1901 um nahezu ein Drittel (33,9—23,5). Als Grund wird die Überhandnahme von Präventivmitteln im Geschlechtsverkehr angegeben, daneben Abtreibung; als Motiv der Geburtenbeschränkung führt die Kommission Furcht vor Schwanger-

schaft und Neigung zu Bequemlichkeit und Luxus an. Als Abhilfemittel wird u. a. ein Verbot des Verkaufs von Präventivmitteln empfohlen, eine Mafsregel, deren Erfolg mir mehr als zweifelhaft erscheint. Vergl. auch den Bericht des Lancet über Neu-Seeland Januar 7 1905, S. 36 ff. Vergl. folgende Stellen aus dem angeführten Bericht der Royal Commission: „The decline in average issue has been greater in the marriages in which the wife was born in New South Wales than in the marriages in which the wife was born in England, Scotland or Ireland" (56) „the decline in birth rate has not yet reached its lowest point" (63). Vergl. auch Coghlan, The decline in the birth rate. Sidney 1903, S. 3.

[263] Bebel, Die Frau und der Sozialismus (Zehnte Auflage, Stuttgart 1896, S. 371/372) bekämpft die Besorgnisse der Malthusianer und ist der Meinung, dafs mit verstärkter Nahrungszufuhr die Fruchtbarkeit abnimmt, „ohne gesundheitsschädliche Enthaltsamkeit und ohne widerliche Präventivmafsregeln".

[264] Tom Mann (früher englischer, nach Australien ausgewanderter Arbeiterführer). The Situation in Australia. Nineteenth Century. September 1904. Vergl. ferner Sir John A. Cockburn, Imperialism and Australian Conditions in Empire and the Century, S. 455/456. Vergl. weiter Pearson, National Life, a. a. O. S. 22. Ferner Henry Demarest Lloyd. Newest England. London, Gay and Bird 1902, woselbst eingehendere Angaben über Minimallohnfestsetzungen Victorias und die zwangsweise Arbitration in Neuseeland, staatliches Bankwesen, staatliche Farmen für Arbeitslose, staatliche Altersversicherung usw. Von deutschen Schriften vergl. Schwiedland, Behördliche Mindestlohnfestsetzung in Australien, auf Grund reicher offizieller Literatur. Schmollers Jahrbuch 1902, S. 597. Ruland, Achtstundentag und Fabrikgesetzgebung in Australien, Zeitschr. für Staatswissenschaften. April 1891.

[265] Oswald P. Law, W. T. Gill, A white Australia, what it means. Nineteenth Century. Januar 1904, S. 148.

[266] In humoristischer Weise erwidert ein Japaner in einem offenen Brief an den Premierminister Watson: „Ihr macht grofse Anstrengungen, Handel zu treiben; Eure Parlamente borgen grofse Summen, um Docks, Werftanlagen, Leuchttürme usw. zu bauen, und überall habt Ihr Handelsagenten — auch bei uns. Dann aber erlafst Ihr Gesetze, wodurch Ihr diejenigen ausschliefst und beschimpft, die Ihr eben eingeladen habt. Ihr gebt Euren Kindern Pennies für die Missionsbüchsen zur Bekehrung der „Heiden", zu denen nach Eurer Ansicht alle Farbigen gehören. Aber selbst wenn sie „bekehrt" sind, betrachtet Ihr ihre Anwesenheit als entehrend und als eine Gefahr. Alle Christen beten: „Dein Reich komme"! Keiner bestreitet, dafs die Heilsbotschaft an alle Menschen gerichtet ist. Darnach ist den Farbigen wohl der Zutritt zum Himmel, aber nicht zu den Ländern des australischen Bundes gestattet. Wir werden für würdig erachtet, mit Gott, allen Engeln und Erzengeln in der glorreichen Gesellschaft der Propheten und Apostel

zu sein, aber nicht wert gehalten, mit Mr. Watson und seiner Arbeiterpartei den australischen Kontinent zu bewohnen." Vergl. dagegen die amerikanische Zeitschrift „The Public" vom 13. Mai 1905 über das Vordringen japanischer Obstfarmer und Schuhmacher in Kalifornien. Vergl. Robert Schultze, Die gelbe Gefahr in Australien. Nation vom 11. März 1905. Vergl. auch Prof. Herbert A. Strong, A white Australia, im Outlook, April 1905, S. 483/484.

[267] Über australische Handelspolitik vergl. das Juniheft 1904 der Volkswirtschaftlichen Chronik in Konrads Jahrbüchern, S. 420, sowie B. Brande, Die Grundlagen und die Grenzen des Chamberlainismus. Zürich 1905, S. 45 ff.

[268] Vergl. The Empire and the Century, a. a. O. B. R. Wise, Australia and its Crisis, S. 438.

[269] Vigelans sed aequus. German Ambitions. London. Smith Elder 1903, S. 104/105. Vergl. daselbst die Äußerungen von Sir William M'c Millan über das Wachstum der australischen Ausfuhr in das nicht britische Ausland.

[270] Jebb, a. a. O. S. 207 und P. Dehn, Weltwirtschaftliche Neubildungen, 1904, S. 129/130.

[271] C. Reyer, Kulturentwicklung Australiens. Deutsche Rundschau. Januar 1894, S. 115/117.

[272] Coghlan, a. a. O. S. 473.

[273] Vergl. H. Demarest Lloyd. Newest England. London 1902. S. 158 ff., sowie in the Empire and the Century, a. a. O. W. P. Rewers, New-Zeeland today, S. 468.

[274] Coghlan, a. a. O. S. 512. C. Kinloch Cooke, Imperial fiscal union: trend of colonial opinion. The Empire Review. Dezember 1903. S. 474 ff., 483 über die Möglichkeit der Steigerung der Weizenproduktion.

[275] Der Statistical Abstract for the several Colonial and other possessions of the United Kingdom. 1902, Cd. 1325, S. 73 ff., 106 ff., 241. Folgenden bedeutenderen Ausfuhrposten würden die geplanten englischen Vorzugszölle zu Gute kommen:

		Ausfuhr 1901 in 1000 £
Neusüdwales	Fleisch	910
	Weizen	788
	Butter	500
Victoria	Weizen	1444
	Butter	1244
Südaustralien	Weizen	840
Tasmania	Früchte	331
Queensland	Fleisch	1321
Neuseeland	Fleisch	2341
	Hafer	922

[276] Ad Südafrikanischen Zollverein vergl. Arnold R. Rennebarth, Deutsche Wirtschaftspolitik. April und August 1903. Henry Birchenough, Report on the present condition and future prospects of

British trade in South Africa. 1904. Cd. 1844. Vergl. ferner das Interview des derzeitigen Premierministers der Kapkolonie Dr. Jameson im Standard, 15. Januar 1906. Vergl. Statistical Abstract for the Colonial and other possessions. 1902. Cd. 1325, S. 106 ff. Vergl. weiter den soeben angeführten Bericht von Birchenough, S. 43 und passim, sowie „A descriptive and statistical statement of the Goldmining Industry in the Witwatersrand", Anhang des Berichtes der Transvaaler Minenkammer, 1902, ein Bericht, welcher Chamberlain auf seiner Reise überreicht wurde. Auf die Bedeutung der Emissionsstelle für die Bedarfsbeschaffung, insbesondere exotischer Eisenbahnen und Bergwerke hat G. v. Siemens wiederholt hingewiesen.

[277] Statistical Abstract relating to India. 1903. Cd. 1801, S. 151. So Sir Robert Lethbridge, India and the fiscal policy. Outlook, 13. Mai 1905.

[278] Lord Northbrook im Hause der Lords am 10. Juli 1903.

[279] Sir John Strachey, India. Dritte Auflage. London 1903, S. 174 ff. über die Aufhebung der indischen Zölle auf Baumwollgewebe und den erzwungenen Übergang Indiens zum Freihandel.

[280] Sir Roper Lethbridge, India and preferential tariffs. Asiatic Quarterly Review, Januar 1904, insbesondere S. 6—14. Sir Charles A. Elliot, India and preferential tariffs. Empire Review, Dezember 1903. Des weiteren vergl. die ausgezeichnete Rede von Lord George Hamilton zu Ealing vom 22. Oktober 1903. Ferner das Blaubuch East India tariffs [Cd. 1931], in demselben vor allem die sachkundigen Ausführungen von Sir E. F. G. Law, Financial member of the council of India.

[281] So der Outlook vom 10. Dezember 1904. Indian Army Reforms.

[282] Vergl. für Chamberlains Zollplan aus protektionistischen Gründen Sir Edward Sassoon, India and tariff reform. Im Nineteenth Century and After. March 1904. Vergl. daselbst die Worte eines angesehenen Indiers: „What is it that we want? Nothing more than freedom to shape our fiscal policy according to the requirements of the country." Vergl. auch Romesh Dutt, Economic History of British India Cap. XV über den Niedergang der indischen Textilindustrie: „In India the manufacturing power of the people was stamped out by protection against her industries and then free trade was forced on her so as to prevent a revival."

[283] G. P. Gooch, Imperialism in The Heart of the Empire. London. 3. Aufl., 1902, S. 348/349: „Outside Bengal and the North West provinces it would not be untrue to say that the British demand is on the whole higher than the peasantry can meet — work as hard as they will — without getting into debt."

[284] Gooch a. a. O. S. 351.

[285] In ausgezeichneter Weise faßt Lord George Hamilton diese Bedenken zusammen in einer Rede am 30. Januar 1905 in der East India Association: „The position of India is a very remarkable one, because her agriculture and her fortunate conditions of climate

and soil enable her to produce very cheaply a gigantic amount of food and raw material. ... Her ability to borrow money from this country for the purpose of improving railway communication has increased the quantity of raw material she can export, of which this country cannot take much more than one-fourth, and the excess she sells to other countries. Every year the balance of trade between England and India is against India, inasmuch as we export to her more goods than we import, and every year she has to meet heavy obligations to this country, and this she effects by her sales of raw material to other countries. Just conceive what the effect would be if, by a clumsy effort to improve our fiscal system, we upset this great system." Vergl. ferner Blaubuch Cd. 1931 Views of the Governement of India on the Question of preferential Tariffs, 1904. Mit Recht sagt Alfred Weber, Deutschland und der wirtschaftliche Imperialismus. Preußische Jahrbücher, 1904, Bd. 116, S. 323: „Ostindien, durch einen Hochzoll für England zu reservieren, käme dem Versuch einer Schlange gleich, statt eines Kaninchens ein Kamel zu verspeisen."

[286] Lethbridge, a. a. O. S. 6. Vergl. über die Verteilung der Weizenproduktion auf die verschiedenen Provinzen das Blaubuch East India Progress and Condition. 1904. Cd. 186, S. 106.

[287] Den Ausbau des indischen Industriestaates befürwortet bezeichnenderweise vom militärischen Standpunkte aus L. S. Amery, Imperial defence and national policy, in Empire and the Century, S. 187.

[288] Nähere Ziffern bei Chiozza, British Trade and the Zollverein Issue. London 1902, S. 59 ff.

[289] Garvin, Maintenance of the Empire in the Empire and the Century, S. 52/53: Der Handel beeinflußt durch „sentiments, prejudices, fashions".

[290] Ich entnehme obige Ziffern den ausführlicheren Angaben Garvins in der National Review. September 1903. Special Supplement: The Economics of the Empire, S. 40/41, vergl. Sir Robert Giffen, Imperial Policy and Free Trade. Nineteenth Century. Juli 1903. Auf die fortschreitende Tendenz der kolonialen Märkte gegenüber den ausländischen wies zuerst A. Wagner, Agrar- und Industriestaat, Jena 1901, hin, vergl. auch M. Schwab, Chamberlains Handelspolitik, a. a. O. S. 81.

[291] Vergl. den oben angeführten Bericht von Birchenough, Present conditions and future prospects of british trade in South Africa. Cd. 1844, S. 40 ff., insbesondere 46.

[292] Hobson, Imperialism, a. a. O. S. 30/31. Vergl. auch folgende Statistik:

Koloniale Ausfuhr 1890 und 1900

	nach dem Vereinigten Königreich	nach britischen Besitzungen	nach dem Ausland
1890 ...	85 Mill. £	34 Mill. £	68 Mill. £
1900 ...	108 " "	43 " "	87 " "

293 Vergl. A. Wagner, Vorwort zu Marie Schwab, Chamberlains Handelspolitik. Jena 1905.

294 So mit Recht G. H. Perris, The Protectionist Peril. Methuen Co. 1903, S. 35, ferner Jebb, a. a. O. S. 274, welcher die nationale Seite des kolonialen Zollsystems betont. Der gegenwärtige australische Premier Mr. Deakin erklärt in einem Schreiben an den Führer der Arbeiterpartei, Mr. Watson, als einen seiner Programmpunkte: Allgemeine Erhöhung der Zölle, also auch gegen England, und dann Vorzugszölle für England durch weitere Zollerhöhungen gegen das Ausland. Vergl. Tägliche Rundschau vom 24. August 1905. Sir Robert Giffen, Protection for manufactures in new countries. In Enquiries and Studies. Bd. II, S. 160. Giffens Haupteinwand (die Beschränktheit des heimischen Marktes) galt gegenüber den einzelnen australischen Kolonien nicht mehr gegenüber der Commonwealth.

295 J. S. Leo Strachey in the Empire and the Century, a. a. O. S. 148. Beispiel: Ausländischer Kaffee geht über Kapstadt als kolonialer Kaffee nach England. Die Kaffeeausfuhr des Kaps wächst von 189 Pfd. 1830 auf 6 149 189 Pfd. 1842, obgleich Südafrika keine Bohne Kaffee hervorbrachte.

296 Der Wortlaut dieses Schreibens war interessant genug: „We believe that you have never understood what a tax on food would mean to us or that Mr. Chamberlain wrongs you when he tells us that you ask for it. We lost half of our Colonial Empire in the eighteenth century because we claimed and tried to enforce a right to tax the Colonies for our benefit. We are now told that we shall lose you unless we consent to tax ourselves for your benefit. Our action in the eighteenth century was not just to our Colonies, and it brought to us its due penalty. What would be the result if we yielded now to what we are told is your demand? The process of exaction would be reversed, but would it be more just?" Unterzeichnet ist das Schreiben von bekannten Gewerkschaftern wie: W. Abraham, Bell, Broadhurst, Burns, Burt, Cremer, Crooks, Fenwick, Keir Hardie, Arthur Henderson, Pickard, Shackleton, John Wilson.

297 Nicht ohne Grund bezeichnete John Morley in einer Rede zu Manchester am 19. Oktober 1903 die finanzreformerische Bewegung als „the back-wash of the war".

298 Vorgearbeitet hat das bekannte Buch: E. E. Williams, Made in Germany, 1896, die Bedeutung der deutschen Einfuhr weit übertreibend. Ein extremer Vertreter: G. Byng, Protection, the views of a manufacturer. London. Eyre and Spottiswoode 1901; ein gemäßigter und nationalökonomisch durchgebildeter Schutzzöllner ist W. J. Ashley, The Tariff Problem. London, King and Son 1903. Letzterer steht auf den Schultern der deutschen Nationalökonomie, insbesondere Schmollers und Adolf Wagners.

299 Chamberlain zu Liverpool, 27. Oktober 1903. Vergl. Schwab, Chamberlains Handelspolitik. Jena 1905, S. 69/70.

[300] Großbritanniens Ausfuhr   Einfuhr
       von Fabrikaten in Million £

Jahr	Ausfuhr	Einfuhr
1872	236	35
1882	217	52
1890	230	63
1902	229*	99

(* exkl. der Ausfuhr neuer Schiffe 5,9 Million £).

Vergl. Blaubuch. British and foreign trade and industrial conditions. Cd. 1761, S. 95. Sir Robert Giffen, Economic enquiries and studies. 1904, Bd. I, 430. Armitage Smith, The Free Trade Movement. London 1903, S. 124.

[301] So der Freihändler Armitage Smith, a. a. O. S. 164. Weitere Ziffern finden sich zusammengestellt bei Kropotkin, Fields, Factories and Workshops. London. Swan Sonnenschein. 4. Volksausgabe 1904, S. 43 ff. In vortrefflicher Weise faßt die neuere Agrarliteratur Englands zusammen Hermann Levi, vergl.: Die Not der englischen Landwirte zur Zeit der hohen Getreidezölle. Stuttgart und Berlin 1902. Der Untergang kleinbäuerlicher Betriebe in England. Jahrbücher für National-ökonomie und Statistik, 1903, S. 145 ff. Die Lage der englischen Landwirtschaft in der Gegenwart. 1903, S. 721 ff. Landarbeiterfrage und Landflucht in England. Archiv für soziale Gesetzgebung und Statistik. 1903, S. 483 ff. Endlich: Entstehung und Rückgang des landwirtschaftlichen Großbetriebes. Berlin. Springer 1904.

[302] Marx, Kapital, I. „Es ist Tatsache, daß ein Stück Bergland in Jagdung umgelegt in vielen Fällen ungleich profitabler ist denn Schaftrift." Vergl. den Aufsatz „The reflow from town to country" in der Independent Review November 1904: „The country house instead of being a centre of local interest, is now an appendage of the capital: a living piece of London transferred in the late summer and autumn to a more salubrious air and the adjacency of the coverts. Rural England appears as slowly passing into gardens and shooting grounds with intervening tracts of sparse grass-lands, committed to the rearing of cattle and of pheasants, instead of men." Ähnlich faßt John Burns sein Agrarprogramm dahin zusammen: „more peasants, less pheasants."

[303] Kropotkin, a. a. O. S. 47/48.

[304] Vergl. Benjamin Taylor, Revival of Navigation Laws. Nineteenth Century, September 1904, S. 418 ff.

[305] Vergl. Cecil Rhodes, Reden, a. a. O. S. 316, 318, 650, 652, 701, 702. Übrigens sind die Mißerfolge monopolistischer Kolonialpolitik bekannt genug. Poultney Bigelow zeigt in seinem „The Children of the Nations", in Deutsch unter dem Titel: Die Völker im kolonialen Wettstreite, Berlin, Reimer 1902, S 263 ff., am Beispiel Frankreichs, wie Kolonialpolitik nicht betrieben werden soll.

[306] Vergl. das angeführte Blaubuch Cd. 1761, S. 133 ff., 167 ff. 185 ff. Ad Kanada vergl. Perris, The Protectionist Peril. London 1903, Methuen Co., S. 114, sowie die Truth vom 23. Juni 1903. Ferner die ausführlichen Mitteilungen über das deutsch-kanadische Verhältnis bei

B. Braude, Die Grundlagen und die Grenzen des Chamberlainismus. Zürich 1905, S. 20 ff. Zur Rechtfertigung des deutschen Standpunktes schreibt die Norddeutsche Allgemeine Zeitung vom 3. Juni 1903: „Einer ausdrücklichen Handelsvertragsbestimmung bedarf es auf jeden Fall, um eine Abweichung von den Regelsätzen des autonomen Tarifes zu rechtfertigen. Wollte das Deutsche Reich einseitig und nach Belieben einem einzelnen Lande die niedrigeren Sätze ohne handelsvertragsmäfsige Verpflichtung einräumen, so würde das nicht nur eine Änderung des gesamten deutschen Systems bedeuten, sondern auch den übrigen Ländern, welche die Zölle des deutschen autonomen Tarifes zahlen, weil sie keinen Tarif- oder Meistbegünstigungsvertrag mit dem Deutschen Reiche besitzen, zu berechtigten Beschwerden Anlafs bieten."

[307] Vergl. Blaubuch Cd. 2414, New German Tariff as modified by treaties, 1905, und W. A. S. Hewins, Influence of the New German Commercial treaties on British Industries. National Review. Juni 1905, S. 695 ff., insbesondere S. 699. Ferner Tariff Commission Memorandum on the new German commercial treaties. 1905, sowie The new continental Tariffs. 10. März 1906.

[308] K. J. Fuchs, a. a. O. S. 40 ff., 60 ff., in ähnlichem Sinne auch Garvin in The Empire and the Century, S. 91 ff. Vergl. Lord Selbon am 18. Februar 1904 im Hause der Lords: „When Continental nations made their commercial treaties the last country they thought of was the United Kingdom. The extreme subdivision and classification of manufactured goods which prevailed troughout the Continent made it perfectly possible, while this country was given the advantage of the most-favoured-nation clause, for a country to make a treaty which was only of advantage to the countries that were parties to that special treaty."

[309] So auch deutsche Stimmen. Vergl. Liefmann, Schutzzoll und Kartelle, S. 17: Verkauf ohne Gewinn an das Ausland einem Stillliegen der Werke vorzuziehen.

[310] So auch Liefmann, Kartelle und Trusts. Stuttgart 1905, S. 88.

[311] Report of the Tariff Commission Vol. I. The Iron and Steel trades. London 1904. Vergl. insbesondere S. 62, 63, 70, 73, 260, 376, 378, 382, 492, 541, 722 u. a. Martin, Eisenindustrie. Leipzig 1904, S. 324.

[312] Chamberlain zu Liverpool am 28. Oktober 1903.

[313] Lyttleton in Manchester am 15. Oktober 1903. Vergl. Alfred Weber, Deutschland und der wirtschaftliche Imperialismus. Preufsische Jahrbücher. Bd. 116, S. 317. Für die Exportpolitik deutscher Eisenkartelle bringt der englische „Ironmonger" instruktive Zahlenangaben. Vergl. Deutsche Wirtschaftspolitik vom 20. April 1904.

[314] Martin, Eisenindustrie, a. a. O. S. 23 ff.

[315] H. Dietzel, Vergeltungszölle. Berlin. Simion 1904.

[316] Westnik Finanzoff vom 30. Juni 1902; auszugsweise in der Kölnischen Volkszeitung vom 20. Juli 1902 wiedergegeben. Dieselbe Möglichkeit wurde weiter erörtert in der Verhandlung des deutschen Reichstags, Session 1900—1903, Bd. VII. Vergl. S. 6103 und 6114 ff.

Vergl. des weiteren zu dieser Frage Drage, Russian Affairs, S. 240, 638. Gothein in der „Nation" vom 19. April 1902. Vergl. ferner „Deutsche Wirtschaftspolitik" vom 20. September 1904. Die internationale Regelung der Eisenzölle.

[317] R. Dönges, Die handelspolitische Bedeutung der Ausfuhrprämien. Frankfurt a. M. 1902, S. 42, 55, 56.

[318] J. Kollmann, Die Schädigung der Maschinenindustrie durch die Kartelle. Nation 10. September und 12. September 1904.

[319] Baron d' Aulnis, Vertreter der Niederlande auf der Brüsseler Konferenz. Conrads Jahrbücher für Nationalökonomie, 1903, S. 330.

[320] Liefmann, Schutzzoll und Kartelle, a. a. O. S. 17.

[321] Marquis of Landsdowne am 16. Oktober 1902 im Hause der Lords. Derselbe Staatsmann erklärte als Minister des Auswärtigen ausdrücklich an Rufsland, dafs er durch Anwendung des Strafparagraphen der Brüsseler Zuckerkonvention den Meistbegünstigungsvertrag von 1859 nicht für verletzt halte.

[322] Vergl. Arnold N. Rennebarth in der Deutschen Wirtschaftspolitik vom März 1903.

[323] Liefmann, Schutzzoll und Kartelle, a. a. O. S. 53.

[324] Brückner, Zuckerausfuhrprämien und der Brüsseler Vertrag. Conrads Jahrbücher für Nationalökonomie. 1902, S. 470.

[325] Zitiert nebst anderen in gleicher Richtung gehenden Zeitungsstimmen in der Frankfurter Zeitung vom 2 August 1897, gelegentlich der Kündigung des dentsch-englischen Handelsvertrags.

[326] Diese Möglichkeit fafst in das Auge Lujo Brentano im Hamburger Korrespondenten vom 13. Juni 1903. Eingehend begründet diesen Vorschlag Gothein in der Revue economique internationale 15. August 1904 „Les droits de douane sur les fers". Auch Liefmann, ein prinzipieller Anhänger der Kartelle, empfiehlt zollpolitische Mafsregeln als Mittel gegen die Auswüchse der Kartelle und internationale Festlegung der Zölle der wichtigsten kartellierten Stapelartikel. Schutzzoll und Kartell, S. 57 ff. Zeitschrift für Volkswirtschaft, Sozialpolitik und Verwaltung. Bd. XIII, S. 461. Vergl. denselben Verfasser in Conrads Jahrbüchern für Nationalökonomie und Statistik. Dritte Folge. Bd. XXIV, S. 786 ff. „Was kann heute den Kartellen gegenüber geschehen?" Auch M. Schwab hält bei durchaus schutzzöllnerischer Grundstimmung gegenüber englischer „Retaliation" ein Entgegenkommen Deutschlands für unerläfslich. Chamberlains Handelspolitik, a. a. O. S. 122.

[327] Mit Recht sagte Lord Hugh Cecil in einer Zuschrift an die Times vom 18. Oktober 1904: „Es kann zwar gesagt werden, dafs Chamberlain und Balfour gemeinsam die Einführung der Fiscal Retaliation in England bezwecken. Aber der Ähnlichkeit der Worte geht ein riesiger Unterschied des Zweckes parallel." Neuerdings hat sich Balfour näher an Chamberlain heranbewegt.

[328] Blaubuch East India (tariffs) Cd. 1931. Lord George Hamilton zu Acton November 1904. „Retaliation only to be used to promote free trade."

[329] An eine Bekehrung der Liberalen scheint Brentano zu glauben, vergl. Freistatt, Nr. 41, 1903: „Soweit ich die Verhältnisse beurteilen kann, ist die Entrüstung über die amerikanischen und deutschen Trust- und Kartellausfuhrprämien in England so grofs, dafs trotz aller entgegenstehenden freihändlerischen Bedenken eine grofse Anzahl im übrigen überzeugter Freihändler sich zu Retorsionszöllen bekehren wird." Vergl. auch die Rede Haldanes, eines alterprobten Liberalen, welcher am 14. Oktober 1904 zu Glasgow Retaliation gegen einzelne, handelspolitisch besonders gegnerische Staaten zuliefs. Vergl. Dietzel, a. a. O. S. 14: Verkehrsfreundliche Endabsicht Voraussetzung jedes Erfolges der Retorsion; Beispiel Caprivi. Dagegen wiederholt der Outlook immer wieder die Irrlehre: „There can be no retaliation without a general tariff upon manufactured imports." Vergl. u. a. Outlook vom 11. November 1905.

[330] Goethe, Wilhelm Meisters Lehrjahre. Erster Teil. 17. Kapitel. „Das Gewebe dieser Welt ist aus Notwendigkeit und Zufall gebildet; die Vernunft des Menschen stellt sich gleichsam zwischen beide und weifs sie zu beherrschen; sie behandelt das Notwendige als den Grund ihres Daseins; das Zufällige weifs sie zu lenken, zu leiten und zu nutzen, und nur, indem sie fest und unerschütterlich steht, verdient der Mensch ein Gott der Erde genannt zu werden."

[331] Hobhouse, Democracy and Reaction, a. a. O. S. 209 ff.

[332] Dieser Aufgabe wird Brentano gerecht. Vergl. Das Freihandelsargument, 1901, sowie „Über Ausfuhrprämien", Patria. 1904. Beide im Verlag der „Hilfe", Berlin-Schöneberg.

[333] Sir R. Giffen, Enquiries and Studies. Bd. II. London 1904, S. 278. Are we living on capital?

[334] Vergl. das wichtige Blaubuch: On British and Foreign trade and industrial conditions. London 1903, Cd. 1761.

[335] Vergl. Fabian tract, Nr. 7, Capital and Land. S. 7 u. 8. Sir Louis Mallet, National income and taxation, Broschüre des Cobden Clubs, schätzt das Einkommen aus foreign investments schon für 1880 auf 100 Mill. £; Garvin, Imperial Reciprocity articles from the Daily Telegraph für 1902 auf 120 Mill. £. Vergl. Blaubuch, Cd. 1761, S. 103. Die als Einkommen aus „Investment of capital abroad" versteuerten Beträge stiegen nach den Angaben der Commissioners of inland revenue von 1897 zu 1903 von 56 auf 63 Mill. £. Diese Ziffern liegen natürlich weit unter den tatsächlichen Beträgen. So besteht bei steigendem Steuerfufs eine Tendenz, die Coupons im Auslande zu inkassieren, um der Besteuerung des Einkommens an der Einkommensquelle zu entgehen. Vergl. The Bankers Magazine. Oktober 1904, S. 475. Sir Robert Giffen schätzt schon 1882 das Einkommen Englands aus ausländischen Anlagen (in Übereinstimmung mit Sir L. Mallet) auf 75 bis 105 Mill. £ und erklärte, dafs England jährlich 40—60 Mill. £ neu anlege. Vergl. Robert Giffen, The Use of import and export Statistics in Essays in finance. Second series. 3. Auflage 1890, S. 194. Vergl. auch Sir R. Giffen, Economic Enquiries and Studies. London 1904. Bd. II, S. 412.

³³⁶ Felix Schuster, Foreign Trade and Money Market. London 1904, S. 15.

³³⁷ Felix Schuster, a. a. O. S. 6 u. 7. R. H. Inglis Palgrave, Bank Rate and the Money Market. 1903, S. 18: Die chinesische Kriegsentschädigung an Japan wurde nicht in bar abgehoben, sondern in Wechseln, welche vorwiegend zur Bezahlung von Kriegsschiffen und anderem Kriegsmaterial in England dienten.

³³⁸ Edgar Jaffé, Das englische Bankwesen. Leipzig 1905, S. 69, 174.

³³⁹ Eine augenscheinlich sachkundige Feder schreibt in der Berliner „Nationalzeitung" vom 29. Januar 1904: „Es ist ein psychologisches Rätsel, wieso ein gut abgefasster englischer Prospekt genügen kann, um das rückhaltlose Vertrauen von Leuten zu erwerben, die häufig ihrem Nachbar keinen Groschen kreditieren würden, und denen das leiseste Gerücht über Schwierigkeiten eines gutfundierten einheimischen Unternehmens einen panikartigen Schreck einjagen kann. Aber die Tatsache ist nicht wegzuleugnen, daſs in jedem Monat mehr deutsches Kapital durch englische Outsidebrokers verschlungen wird, als in einem Jahre an einheimischen Konkursen verloren geht. Es gibt derzeit an dreiſsig Londoner Outsidebrokers, die das deutsche Publikum mit Marktberichten überschütten. In anscheinend sachlicher Weise werden hier die Marktlage und die Aussichten einzelner Geschäfte behandelt, aber alles ist darauf angelegt, das Spekulationsfieber zu schüren, und zwischen den sachlichen Mitteilungen finden sich dann die kleinen Notizen eingestreut, mittels deren die Aufmerksamkeit darauf gelenkt wird, daſs die Firma „in der Lage war, unter der Hand" einen Posten von diesen und jenen aussichtsreichen Aktien zu billigem Preise zu erwerben, die sie dann, natürlich aus allgemeiner Menschenfreundlichkeit, an ihre Kunden fast verschenkt. Meist handelt es sich hier um sogenannte Optionen. Promotors, die zu ihren Gründungen aus zum Teil sehr leicht begreiflichen Gründen kein Vertrauen haben, gewähren solche Optionen auf grofse Beträge den Outsidebrokers, von denen sie wissen, daſs die von ihnen unterhaltene „kontinentale Organisation" es ihnen ermöglicht, grofse Posten dem kontinentalen Publikum anzudrehen. Solche Optionen werden in England auch im grofsen Stil an Journalisten vergeben. Es wird diesen dann einfach gesagt: „Wir halten einen Posten von den Shares der X.-Gesellschaft zu dem und dem Kurs für Sie zur Verfügung", oder — bei Emissionen — „Wir beteiligen Sie zu dem und dem Kurs". Der Empfänger der Option hat dann natürlich das Interesse, die Kurse nach Möglichkeit zu treiben, denn die Gesellschaft zahlt ihm die Differenz zwischen dem Optionskurs und dem Verkaufskurs bar aus. Mit solchen Journalistenoptionen wirtschaftete in vorher kaum dagewesenem Umfange Whitaker Wright. Vergl. auch A. Weber, Depositen- und Spekulationsbanken. Leipzig 1902, S. 183, 185 u. passim. Vergl. ferner M. Jörgens, Finanzielle Trustgesellschaften. Stuttgart 1902, über Emissions- und Spekulationstätigkeit dieser ursprünglich zu Anlagezwecken gegründeten Gesellschaften, welche den Gründern öfters Gewinne von 6000 bis 10 000 % ihres Kapitals in den Schofs warfen. S. 30 ff.

[340] Vergl. die sachkundige Rede von G. v. Siemens im deutschen Reichstage vom 8. Juni 1900, die Denkschrift des Zentralverbandes des deutschen Bankiergewerbes, Dezember 1903, ferner die Äußerungen des Reichsbankdirektors Koch in der Kommission des deutschen Reichstags zur Beratung des Börsengesetzes Mai 1904.

[341] Armitage Smith, Free Trade Movement. a. a. O. S. 106. Inglis Palgrave, Enquiry into the economic conditions of the country. London 1904, S. 10.

[342] Vergl. hierfür und für das Vorhergehende die Statistical Abstacts, ferner Reports of the Commissioners of her (his) Majestys Inland Revenue. Vergl. auch Paul Jason, Die Entwicklung der Einkommensverhältnisse in Großbritannien. Heidelberg 1905, S. 40 u. passim. Ferner R. Giffen, The progress of the working classes. 1883. Neu abgedruckt in Economic Enquiries and Studies. London 1904. Bd. I, S. 382; und G. J. Goschen, The increase of moderate incomes im Journal der Royal Statistical Society 1887, S. 589—612. Vergl. auch R. Giffen, Gross and net gain of rising wages (1889), hochoptimistisch: „steadiness of improvement from generation to generation" a. a. O. Bd. I, S. 98. Vergl. ferner Journal der Royal Statistical Society vom 30. September 1903. Interessantes Material enthält auch Lord Brassey, Fifty years of Progress. London. Longman Green Co. 1904.

[343] Die Gründe hierfür setzt treffend, wie immer, auseinander Erwin Nasse, Entwicklung und Krisis des wirtschaftliche Liberalismus in England. Preußische Jahrbücher, Bd. 57, Heft 5, S. 440 ff.

[344] Diese Tabelle ist aus dem mehrfach zitierten Blaubuch, Cd. 1761, sowie aus den Stat. abstracts berechnet, teilweise auch Ashley, The tariff problem, King Son. 1903, S. 65 ff. entnommen.

[345] So A. Wagner, Agrar- und Industriestaat. 2. Aufl. Jena 1902. S. 194 u. 200.

[346] Die Steigerung der Ausfuhrziffern für 1904 beruht auf einer Verteuerung der Baumwollfabrikate infolge Verteuerung des Rohstoffes. Im Vergleich zu 1903 stieg der Wert der Einfuhr von Rohbaumwolle um 9,8 Mill. £, der Wert der ausgeführten Baumwollfabrikate um 10,4 Mill. £.

[347] So Dietzel, Weltwirtschaft und Volkswirtschaft, Dresden 1900, S. 77, ähnlich Brentano, Über Ausfuhrprämien, Patria, Berlin-Schöneberg 1904, und G. H. Perris, The protectionist peril, Methuen Co., London 1903, S. 20. Mit Recht warnt Dietzel davor, allgemein von einem wirtschaftlichen Rückgang Englands zu sprechen. Vergl. Dietzel, Vergeltungszölle. Berlin 1904.

[348] Lord Brassey, Our fiscal policy and the trade of the empire. London. Spottiswoode 1903, S. 9/10, 19.

[349] Outlook vom 3. März 1906. Vergl. J. L. Garvin, The Economics of the Empire. Special Suplement to the National Review. September 1904. S. 44, 45, 85, 93. Vergl. ferner diesen höchst geistvollen Vertreter der Finanzreform in zahlreichen Aufsätzen des Outlook, sowie in den Aufsätzen über Imperial Reciprocity im Daily Telegraph,

endlich in dem interessanten Beitrag zu The Empire and the Century: The Maintenance of the Empire. Ich entlehne diesen Arbeiten die im Texte gegebenen Ziffern.

[350] A. Carnegie, Rectorial adress. Edinburgh 1902. Nach Gothein in der Revue économique, 15./20 August 1904, S. 501, dürften die deutschen Produktionskosten in vielen Fällen nicht über den amerikanischen stehen. Daselbst zitiert Direktor Schmieding, der in der Kartellenquête erklärte, dafs kein Land in der Welt imstande sei, Eisen so billig wie Deutschland zu produzieren. Ähnlich Kestner, Die deutschen Eisenzölle. Leipzig 1902. S. 117.

[351] Der Bericht der Tariff Commission, Vol. I. London 1904, rekuriert vielfach auf amerikanische Auffassungen, z. B. auf die Äufserung des Herrn Schwab vor der United States Industrial Commission on the Jron and Steel Industries. Vergl. 724 ff, ferner 628. Demgegenüber viel bescheidener als Carnegie der bekannte Deutschamerikaner J. Schoenhoff, welcher im „Forum", März 1901, der Weltstellung Englands gerecht wird. „The lion is not by any means dead."

[352] Liefmann, Schutzzoll und Kartell. Jena 1903. S. 46 u. passim.

[353] Vergl. Lotz, The Effect of Protection on some German industries. Economic Journal. Dezember 1904. S. 5. Vergl. ferner Liefmann, Kartelle und Trusts. Stuttgart 1905. S. 93. Vergl. auch Brentano, Die beabsichtigte Neuorganisation der deutschen Volkswirtschaft„ Süddeutsche Monatshefte 1904. München. S. 224 ff.

[354] Vergl. folgenden Fall: „Beispielsweise sind Schlofsfabriken, welche einen umfangreichen Export haben, meist nicht imstande, sich die Exportvergütung zu verschaffen, da die Eisenwaren oft aus den verschiedensten Eisensorten, aus Blechen, Stabeisen, Draht usw. fabriziert und bei einem Exportnachweis nicht auseinander zu halten sind. Aus diesem Beispiel ist ersichtlich, dafs die Rohstoff- und Eisenverbände durch Gewährung einer Exportvergütung nur denjenigen Verbrauchern einen Dienst leisten können — und dies geschieht bekanntlich auch nur unter harten Bedingungen —, welche die Eisenmaterialien im Zustande halber Bearbeitung in das Ausland führen." Vergl. auch den Bericht des britischen Generalkonsuls zu Frankfurt a. M. F. Oppenheim über die Schädigung der Fertigindustrien Deutschlands durch Kartelle, abgedruckt in der „Independent Review" Oktober 1903, S. 62/63.

[355] Report of the Tariff Commission. S. 581.

[356] T. Schwarz und E. v. Halle, Die Schiffsbauindustrie. Berlin. Mittler 1902. I, S. 183, 187, 188. „Schiffe sind im allgemeinen keine Massenprodukte, sondern ganz individuelle Erzeugnisse; in ‚Kundenproduktion', nicht in ‚Marktproduktion' werden sie überwiegend hergestellt." „Standardising, the king of cheap and rapid methods, will come as the demand for new ships increases —." Dafür kommen neue Spezialitäten auf, die zunächst als Individuen begehrt werden.

[357] In negativem Sinne beantworteten Dietzel und Lotz diese Frage auf der Tagung der British Association zu Cambridge 1904.

Vergl. die Rede von Prof. Lotz am 19. August 1904: „By favouring agriculturists and the producers of bulky industrial articles partly manufactured, the countries of old civilisation deprive their best champions, the manufacturers of finished articles which would flourish under Free Trade, of the indispensable advantage of buying in the cheapest market. Considered from an evolutionist point, the present state of Protection of bulky and syndicated industries tends to deprive Germany and other countries in an analogous position of the best natural advantage which they possess in competition with the other parts of the world—i. e., of superiority in the cheap and skilful production of finished articles." Dagegen als gemäfsigter und sachkundiger Vertreter des entgegengesetzten Standpunkts Liefmann, Schutzzoll und Kartelle, a. a. O. S. 16, 37/38.

[358] Opinions of H. M. Diplomatic and Consular Officers on British trade methods. 1898. C. 9078.

[359] Graf v. Posadowsky-Wehner in: Stenographische Berichte über die Verhandlungen des Deutschen Reichstags, 10. Legislaturperiode, 2. Session. 4. Bd., S. 3160. Dieser Satz ist jedoch nur mit Einschränkungen richtig; vielmehr hat der Verband deutscher Baumwollgarnspinner öfters Garne an das Ausland billiger verkauft als an die deutschen Weber und dadurch die holländische Weberei künstlich gefördert. Vergl. Dönges, Die handelspolitische Bedeutung der Ausfuhrprämien. Frankfurt. Knauer. 1902. S. 122/123.

[360] Vergl. Raffalowich, Trusts, Cartels et Syndicat, Paris 1903. S. 69 ff., und Liefmann, Schutzzoll und Kartelle, S. 8 ff., 65. Vergl. auch H. W. Macrosty, Trust and the State, London, Richards 1901, S. 147 ff., endlich Benjamin Kidd, Imperial Policy and free trade. Nineteenth Century and After, Juli 1903, S. 17 ff. Vergl. auch den Artikel der „Times" vom 12. Januar 1889, in welchem von Kartellierungsversuchen der achtziger Jahre gesprochen wird (Salt trust). E. Vansittart Neale, der alte Vorkämpfer des Genossenschaftswesens, empfahl schon damals Genossenschaft gegen Kartell. Vergl. Neale, The effect upon agriculture of commercial rings, trusts, syndicates. London 1889.

[361] The Bankers Magazine, Oktober 1901, klagt in einem Artikel „Combination in the textile trade" über schlechte Resultate wegen Überkapitalisation. Vergl. endlich die Worte des Präsidenten der Handelskammer von Manchester, zitiert im Textile Mercury vom 5. Ma 1900.

[362] Liefmann in Conrads Jahrbüchern, III. Folge, Bd. 20, S. 433 ff.: „Die Allianzen, gemeinsame monopolistische Vereinigungen der Unternehmer und Arbeiter in England".

[363] B. Kidd, a. a. O. S. 45: „The centre of the combine gravitates towards the U. S." E. Jaffé, Das englische Bankwesen. Leipzig 1905. S. 56.

[364] Brentano, Die beabsichtigte Neuorganisation, a. a. O. S. 277.

[365] Die Behauptung, dafs Englands Ausfuhr vom hochverarbeiteten Fabrikat zum Halbfabrikat sich zurückentwickelt, z. B. bei Oppen-

heimer, Englischer Imperialismus, Wien 1905, S. 28, und sonst vielfach von Schutzzöllnern vertreten, beruht auf einer verfehlten Beurteilung der steigenden Kohlenausfuhr.

[366] Schulze-Gaevernitz, Der Großbetrieb. Leipzig 1892, S. 8.

[367] Ich stimme in dieser Hinsicht im wesentlichen mit Goldstein überein in der Kartellrundschau, 1904, Heft 4, S. 3. „Was kann den Unternehmern ein nur den Absatz im Inlande regulierendes Kartell nützen, wenn sie $5/6$ oder gar $6/7$ ihrer Produktion nach dem Auslande bringen, wobei dieser Export in großen Quantitäten nach zahlreichen, in jedweder Hinsicht stark voneinander differierenden Ländern geht?" Ähnlich Lotz, The effect of protection on some German industries. Economic Journal. Dezember 1904.

[368] Report of the Tariff Commission I, a. a. O. 195.

[369] Matthew White Ridley, Cotton, Cobden and Chamberlain. National Review. Januar 1904.

[370] J. S. Jeans, Statement on the conditions in the Iron and Steel Trades. Submitted May 5th 1904. Offices of the British Iron Trade Association. Strand 165, S. 33 ff. Report of the Tariff Commission. I.

[371] Report of the Tariff Commission I, a. a. O. S. 195.

[372] Report of the Tariff Commission I, Table 1 u. 9.

[373] Edward Atkinson, The future of the principal iron production of the world. Baltimore 1890. Schon damals betrug der Eisenverbrauch der Vereinigten Staaten 40% der Weltproduktion.

[374] Schulze-Gaevernitz, Der Großbetrieb. Leipzig 1892. 112 ff.

[375] J. S. Jeans, a. a. O. S. 22.

[376] H. Levi, Die Stahlindustrie der Vereinigten Staaten. Berlin. Springer 1905.

[377] Fritz Kestner, Die deutschen Eisenzölle 1879—1900. Leipzig 1902, S. 118, sowie passim.

[378] Gothein, Revue économique internationale. August 1904. Hugh Bell, Protection and the Steel Trade. Independent Review. Oktober 1903, S. 61—71.

[379] Sir R. Giffen, Enquiries and Studies, a. a. O. II S. 144. „If the hold of an old country like England on certain staple industries of the world is less firm than it was — then we should make assurance doubly sure that the country is really developping in new directions — we must make sure of the skill and the best conditions of existence of the concentrated population."

[380] Marie Schwab, Chamberlains Handelspolitik, a. a. O. S. 34.

[381] T. Schwarz und E. v. Halle, Die Schiffsbauindustrie. Berlin 1902. Bd. I, S. 81 und 87, ferner S. 59, 60 und passim.

[382] W. H. Renwik, Free trade and British shipping. Nineteenth Century. Februar 1904, S. 325.

[383] Sidney and Beatrice Webb, The history of Trade Unionism. London 1894, S. 415—418. Dieselben, Industrial Democracy. London 1898, S. 392 ff., 509 ff. Vergl. auch Asquith, Rede zu Newcastle on Tyne am 24. Oktober 1903.

[384] Schroedter, Die englische Handelsschiffahrt. Berlin 1906, S. 26—30. Martin, a. a. O. S. 67. Der Direktor der Palmer Shipbuilding and Iron Company zu Newcastle sagt: „Hinsichtlich der Frage der Preisschleuderei der deutschen Fabrikate muſs ich gestehen, daſs wir Schiffsbauer an der Nordostküste uns gratulieren können, Gelegenheit zu haben, das beste Material in der Welt billig kaufen zu können, und trotzdem wir in unserem Interesse als Stahlblechfabrikanten, die wir selbst Bleche und Winkeleisen fabrizieren, dagegen sein müſsten, daſs Bleche und Winkel verschleudert werden, müssen wir doch dem Auslande als Schiffsbauer sagen: Schleudert, solange ihr könnt."

[385] C. Schroedter, Die englische Handelsschiffahrt. Berlin 1906, S. 40.

[386] D. A. Thomas, Growth and Direction of our foreign Trade in Coal. Journal of the Royal Statistical Society, 1903, S. 454, 455. Vergl. ferner den Bericht der Royal Commission on coal supplies. First report, 1903, Cd. 1724, 1725. Final report, 1905, Cd. 2353—2365. Vergl. General Report: 41. „We look forward to a time, not far distant, when the rate of increase of output will be slower, to be followed by a period of stationary output and then a gradual decline." 126. „The cost of working has steadily increased in the United Kingdom thus affecting our competitive power." Der Bericht empfiehlt Ersparnis an Kohle; Anlage von Zentralkraftstationen in der Nähe der Gruben, Fortleitung der elektrischen Kraft, Übergang zur Zentralheizung der Wohnhäuser, Verwendung des Kohlengases für Heizzwecke unter Ausnutzung der Kohlenabfälle, Ausnutzung der noch vielfach verschwendeten Teer- und Ammoniakstoffe. Vergl. auch The Scientific American vom 4. Februar 1905: Die Niagara Falls Power Company verfügt zur Zeit über 105000 Pferdekräfte, die im Bau begriffenen Werke Canadian Niagara Power Company werden über 110000 Pferdekräfte verfügen.

[387] Vergl. hierfür vor allem Report of the Tariff Commission Vol. II, eine ganz ausgezeichnete Arbeit des Generalsekretärs der Tarifkommission, Professor Hewins. Auch Gegner geben zu, daſs den Tatsachen in unparteischer Weise nachgegangen worden ist. Vergl. z. B. die Besprechung dieses Bandes von Professor S. J. Chapman (Freihändler) im Manchester Guardian vom 6. Juni 1905. Im wesentlichen bestätigt der Bericht der Tariff Commission die Darstellung meines „Groſsbetriebs" (Leipzig 1891), welche in Oscar S. Hall, Webstuhlfabrikanten zu Bury, einen sachverständigen Übersetzer fand, der seinerseits einige interessante Anmerkungen beifügte. The Cotton Trade in England and on the Continent. Manchester 1895. F. Pennefather, The relative Progress of the Cotton Industries of the World. 1903.

[388] Vergl. Conciliation in the Cotton Trade. Marsden Co. Manchester 1901.

[389] Vergl. den Artikel „Oldhams Carnival" in der Manchester Evening News vom 25. August 1905.

[390] Samuel Andrew, The Oldham Cotton Trade. A quarter of a century experience. 1900.

[391] Samuel Andrew, a. a. O. schätzt die Dividenden der Oldhamer Aktienspinnereien in dem letzten Viertel des 19. Jahrhunderts auf 3%. Hiermit stimmen die Äufserungen des Herrn Baynes vor der Tariff Commission überein.

[392] Über das Freihandelsinteresse Lancashires, insbesondere in Rücksicht auf die Handelsorganisation, vergl. das feuilletonistische, aber anschauliche Kapitel Victor Bérard, L'Angleterre et l'Impérialisme. II éd. Paris. Armand Colin, S. 179 ff. Ferner vergl. Report upon dissemination of commercial information. Blaubuch 8963, insbesondere die Aussagen der Zeugen G. Behrens und E. Helm.

[393] Vergl. Tatersall im Manchester Guardian vom 27. September 1905. Die stark fortschrittliche Baumwollindustrie der Vereinigten Staaten hat demgegenüber vom 1. September 1904 bis 1. September 1905 ihrem Bestande nur 600 000 Spindeln zugefügt.

[394] Vergl. Schulze-Gaevernitz, Volkswirtschaftliche Studien aus Rufsland, vergl. das Kapitel über die Moskau Wladimirsche Baumwollindustrie. Ich entnehme die Ziffern der Arbeiterzahl dem Blaubuch British and Foreign trade. Second series. Cd. 2337, S. 440 ff. Vergleiche auch F. Pennefather, Relative Progress of the Cotton Industries. London. Woodrow Co., 1903, S. 12.

[395] Vergl. The Manchester Guardian vom 8. Juni 1905: „The opening of the Panama Canal will bring New Orleans nearer to the Far East, and surely cotton factories located here at tide-water and able to load their products into ships that need not break bulk until they arrive in China will have a vast advantage over all competitors as soon as the Canal is built." Aber fügt derselbe Artikel selbstbewufst zu: „The capture of markets is a slow process, and in the cotton trade Lancashire has a good start."

[396] E. Bernstein, „Die britischen Arbeiter und der zollpolitische Imperialismus" im Archiv für Sozialwissenschaft und Sozialpolitik. Bd. XIX, S. 134.

[397] Dieser Meinung ist auch Sidney Webb, Labour in the longest reign. Fabian tract. S. 12. S. 9 erklärt er ausdrücklich: „It would be incorrect to assume that irregularity of employment is any new thing, or even that it is greater now than sixty years ago."

[398] Vergl. das Blaubuch 1761 S. 362.

[399] Oscar S. Hall, Dumping and the Unemployed. Reply to the Rev. W. H. Howlett. Bury 1904. passim.

[400] Vergl. Board of Trade. Labour Gazette, Dezember 1905, S. 355. November 1905 standen 24 077 Arbeitslosen in London 12 354 Arbeitslose im übrigen England und Wales gegenüber.

[401] John Burns, M. P., Labour and free trade. London. Kent and Mathews, 1904, S. 15.

[402] „Our oversea trade is valued at 800 000 000 £ of which 600 000 000 £ is transacted with foreign nations and 200 000 000 £ with British Possessions." L. G. Chiozza, British Trade and the Zollverein Issue. London 1902, S. 55.

⁴⁰³ Felix Schuster, Foreign trade and the money market. London. Blades, East and Blades, 1904, S. 7. S. 22: „we are the financial centre of the world because we are the centre of its commerce."

⁴⁰⁴ Das Verhältnis der vom Ausland auf England zu den von England auf das Ausland gezogenen Wechseln ist gleich 9:1. Vergl. E. Jaffé, Das englische Bankwesen. Leipzig 1905, S. 125, 142, 172 und passim.

⁴⁰⁵ H. Inglis Palgrave, Bankrate and money market. London 1903, S. 212/213.

⁴⁰⁶ Vergl. The Bankers Magazine, März 1901, S. 379: „momentary increase or contraction of supply of bills", ferner daselbst November 1902, S. 609, Oktober 1903, S. 445, 495, sowie März 1904 (W. R. Lawson, Money market and fiscal reform). Vergl. endlich Felix Schuster, Report of the halfyearly meeting of the Shareholders of the Union Bank of London. 16. Januar 1901. Wenn das „Bankers Magazine" sich beklagt, dafs das Ausland dadurch die Macht gewinne, den englischen Geldmarkt mehr als die Bank von England selbst zu beeinflussen, so ist dem entgegenzuhalten, dafs Banken Forderungen zwischen Ländern nicht selbsttätig schaffen, sondern nur zeitlich vorwegnehmen können (intertemporale Ausgleichung der Zahlungsbilanz), was ihnen allerdings zeitweise grofsen Einflufs auf den Geldmarkt, die Zahlungsbilanz und die nationale Reserve verleiht.

⁴⁰⁷ Vergl. The Bankers Magazine, November 1902, S. 609: „It has always been an easy matter to purchase bills on England in foreign markets, but with those banks, which have branches here, facilities are obtained, which have far-reaching effects. With all their ramifications they can either place in London or take away from London bills or gold in sufficient quantities materially to affect the situation in whatever manner desired." Interessante Ausführungen hierzu enthält auch G. Clare, A. B. C. des changes étrangers. Paris 1894, Cap. XIV, S. 113 ff., insbes. S. 127, 133. Vergl. R. Giffen, Enquiries. II S. 413 ff. Interessantes über den Shortloanmarket.

⁴⁰⁸ Vergl. u. a. Bankers Magazine, Oktober 1903: „The bank reserve and the rate of discount." E. Jaffé, Die Arbeitsteilung im englischen Bankwesen. Heidelberg 1902, S. 73.

⁴⁰⁹ Forty seventh Report of the Commissioners of his Majesty's Inland Revenue. Cd. 2228, S. 203/204. Vergl. Bankers Magazine. April 1904. Aufsatz von Lawson. S. 516, 522, 523 über Zunahme der Bank Depositen.

⁴¹⁰ Carl Peters, England und die Engländer. Berlin. Schwetschke 1904, S. 55.

⁴¹¹ E. Jaffé, Das englische Bankwesen, S. 144, 83—85. Derselbe, Die Arbeitsteilung im englischen Bankwesen, S. 56, 60, 79. A. Weber, Depositen- und Spekulationsbanken. Leipzig 1902, S. 96, 110 ff., 176 ff.

⁴¹² Hobhouse, Democracy and Reaction, a. a. O. S. 66: the true leaders of the middle classes — financiers who show them how to get

more than 3%. Vergl. Epstein, Die englische Goldminenindustrie. Dresden 1904, S. 85, sowie Curle, The Gold Mines of the World. London. Waterlow Sons, 1902. Vergl. insbesondere das interessante Kapitel: Floating Mines and choosing managers, S. 337 ff. „The company promoter and his myrmidons who in their turn control a large section of the financial press have in these days effected an organisation for the fleecing of these thousands of greedy, credulous gamblers, which is not only complete but marvellously successful." „Shares being subject to the manipulation of one man only they can be raised just as quickly or as slowly as the operator wishes." „If they know that they are expected to cable home good assays, they do so whether the ore assayed is found on their own property or elsewhere."

[413] M. Jörgens, Finanzielle Trustgesellschaften. Stuttgart und Berlin 1902, S. 58.

[414] Ich denke an ein berühmtes Gemälde von Burne-Jones.

[415] John Burns Rede am 26. März 1904 über Chinese Labour Question im Hyde Park.

[416] Auf die hier in Betracht kommenden naturwissenschaftlichen Gesichtspunkte machte mich mein Freund Dr. med. Edward Rumely, Portland Indiana, U. S., aufmerksam; eine eingehendere Bearbeitung derselben wäre sehr erwünscht. Vergl. über die theoretische Wärmestrahlung Arrhenius, Lehrbuch der kosmischen Physik. Leipzig 1903. Bd. II, S. 508 und Tabelle S. 516. Beobachtungen über die empirischen Strahlungssummen, welche wegen der atmosphärischen Absorption von den theoretischen Wärmemengen abweichen, sind erst an wenigen Orten gemacht. Vergl. Hann, Lehrbuch der Meteorologie. Leipzig 1905, S. 32.

[417] Dr. med. Hildebrandt, Eine deutsche Militärstation im Innern Afrikas. Wolfenbüttel 1906, erzählt von Waheia am Westufer des Nyanza: „Die Leute sind schön und begabt, friedliebend, freundlich, sie leben sorglos in ihren Bananenhainen, bauen sich aus Rohr und Gras schöne Häuser mit Bogengängen und zierlichen Säulenportalen, Lauben und Fensternischen. Ihre Arbeit besteht fast nur darin, soviel reife Bananentrauben abzuschneiden, als gewünscht werden. Dann werden die Bananen gebraten, gebacken, gekocht, getrocknet, zu Mehl zerstampft und als Brot verbacken, kurz alle erdenklichen Speisen werden daraus hergestellt, vor allem aber Bananenwein, und der wird tagaus, tagein getrunken." Vergl. Scientific American. 28. Januar 1905, S. 80. Durch Trocknung wird die in unerschöpflicher Menge und mit geringfügiger Arbeit zu produzierende Banane, zu Mehl verarbeitet, aufbewahrbar und backfähig.

[418] Vergl. medizinische Wochenschrift vom 10. Januar 1905. Ranke, Über die Abhängigkeit der Ernährung vom Wärmehaushalt, unter Bezugnahme auf Rubner, Lehrbuch der Hygiene.

[419] Rudolf Klahre, Deutsche Wirtschaftspolitik vom 5. Mai 1904. Diese Ziffern stehen in ungefährer Übereinstimmung mit den Angaben der Statistical Abstracts, denen die im Texte gegebenen Ziffern der

Eisenbahnlänge entnommen sind. Vergl. insbesondere Statistical Abstract for Colonial and other possessions 1902. Cd. 1325, S. 18.

[420] Max Epstein, Die englische Goldminenindustrie. Dresden. O. V. Böhmert 1904, S. 28, 81.

[421] Über die Gefahr der Schuldnerempörung Oldenberg, Verhandlungen des achten evangelisch-sozialen Kongresses. Göttingen. Vandenhoeck & Ruprecht 1897, S. 92—94. Vergl. Ehrenberg, Zeitalter der Fugger, I, S. 185, II, S. 154 ff.

[422] Höchst charakteristisch hierfür ist die Tabelle auf S. 199/200 des Reports der Commissioners of his Majestys Inland Revenue. Cd. 2228. An Einnahmen von fremden Staatsanleihen wurden 1902/1903 von der Einkommensteuer ergriffen: Einkommen von kolonialen und indischen Staats- und staatlich garantierten Eisenbahnanleihen 21,4 Millionen £, Einkommen von ausländischen Staatsanleihen 7,56 Millionen £, darunter Europa 1,48 Millionen £.

[423] Vergl. J. A. Hobson, Psychology of Jingoism. London. Grant Richards 1901, S. 113. Derselbe, Imperialism, a. a. O. S. 48—54.

[424] Vergl. den Brief von Mr. Percy Tarbutt an Mr. Creswell in Hobhouse. Democracy and Reaction, a. a. O. S. 43, 44. „I have consulted the Consolidated Goldfields people, and one of the members of the Board of the Village Main Reef has consulted Messrs. Wernher, Beit & Co., and the feeling seemes to be one of fear, that if a large number of white men are employed on the Rand the same troubles will arise as are now prevalent in the Australian Colonies, i. e. that the combination of the labouring classes will become so strong as to be able more or less to dictate, not only on questions of wages, but also on political questions, by the power of their votes, when a representative Government is established."

[425] Karl Peters, England und die Engländer. Berlin, Schwetschke, 1904, S. 56.

[426] Nach dem Fabian tract No. 5, London, Juni 1904, betrug 1901 auf Grund des Zensus die Zahl der erwachsenen Männer über 20 Jahre, welche ohne irgendwelchen Beruf waren, im Vereinigten Königreich 663656; hierzu kommt die Zahl der Frauen, welche beruflos eigene Rentenbezüge aufweisen, womit die Ziffer von 1 Million leicht erreicht sein dürfte. Dabei sind aufser Ansatz geblieben die ungeheuren Zinsbezüge derjenigen Klasse, welche vorwiegend von Zins lebt, aber daneben irgendwelche berufliche Tätigkeit ausübt, von dem Premierminister abwärts. Ferner bleiben aufser Ansatz alle diejenigen, welche nur einen Scheinberuf ausüben, „sleeping partners", „briefless barristers" u. s. w. Vergl. auch R. Blatchford: Britain for the British. London, Clarion Press, 1902, S. 63.

[427] Malagrowther, National Review. August 1905. Is Scotland decadent? Hobhouse, Democracy and Reaction, a. a. O. S. 68. Hobson, Imperialism, a. a. O., S. 321/322, welcher auf das Beispiel des kaiserlichen Italiens verweist, wo eine geldausleihende Aristokratie die

Italiener in die Städte schob und selbst von den Provinzen lebte. Aber Abnahme der produktiven Arbeiter pro Kopf der Bevölkerung. (S. 30. Inglis Palgrave, Enquiry, London 1904.)

	Bevölkerung von England und Wales	Arbeiter in der Hauptindustrie	% der Arbeiter zur Bevölkerung
1851	17 928 000	4 074 000	23
1901	32 526 000	4 966 000	15

[428] Hierauf weist Brentano in Naumanns Patria, 1904, S. 69. Vergl. auch Brentano in der Münchener Freistatt 1903, No. 41, S. 807: „Die Volkszählungen seit 1861 zeigen, dass in dem Mafse, in dem die Passivität der britischen Handelsbilanz zugenommen hat, die Zahl der Personen in England und Wales, welche, statt für die Ausfuhr zu produzieren, für die Befriedigung der Bedürfnisse der Einheimischen arbeiten, stärker zugenommen hat, als der Zunahme der Bevölkerung an sich entsprechen würde".

[429] Vergl. Clemen, Zeitschrift für Kunstgeschichte 1900. John Ruskin. S. 161 ff. Auch in Ruskin äufsert sich bereits eine gewisse Müdigkeit, der das Nichtstun „göttlich" erscheint. „What a busy place must be hell". Ruskin — Vater des Praeraphaelismus.

[430] William Morris im Vortrag „The Lesser Arts": „The only real help for the decorative arts must come from those who work in them." Vergl. auch den Vortrag „Making the Best of it": „real art is cheap even at the price that must be payd for it".

[431] Vergl. W. Morris im Vortrage „The Beauty of Life": „Never forget, when people talk about cheap art in general, by the way that all art costs time, trouble & thought and that money is only a counter to represent these things.

[432] Lewis F. Day, The Art of William Morris, 1899, S. 27, Jean Lahor, W. Morris. Genf 1897. S. 30 ff.

[433] William Morris im Vortrage: The Art for the People, sowie im Vortrage: Making the Best of it.

[434] William Morris im Vortrage: The Art for the people.

[435] William Morris im Vortrage: The Aims of Art.

[436] W. Morris, News from Nowhere, London, 2. Aufl. 1891, S. 201 ff.: „machine after machine was quietly dropped under the excuse that the machines could not produce works of art and that works of art were more and more called for."

[437] Ruskin hafste die Eisenkonstruktion und nannte den Kristallpalast verächtlich ein „Gewächshaus für Gurken". Vergl. Clemen, a. a. O. S. 192. Früher hatte er im Oxforder Museum selbst noch schmiedeeiserne Säulen verwendet. Vergl. Broicher, Ruskin und sein Werk. Leipzig 1902, S. 66. Zu einer Auseinandersetzung mit den Sozialistenführern von Sheffield kam er im altmodischen Postwagen mit gallonniertem Postillon angefahren, — nur um die Eisenbahn zu vermeiden.

[438] Die Bezugnahme auf das Mittelalter findet sich bei Morris z. B. in dem Vortrage: The Aims of Art.

⁴³⁹ W. Morris, Making the Best of it: „Der Typus des Arbeiters der Zukunft, welcher, der Sorge um das tägliche Brot enthoben, in einer durch Kunst verschönten Wohnung und Umgebung Mufse zum Denken und Lesen besitzt, der, von der geisttötenden Arbeitsteilung befreit, bei jedem neuen Stück, das er herstellt, neue Vollkommenheit anstrebt." Vergl. auch W. Morris, News from Nowhere, London 1891, S. 216/217: „it takes time and leisure and minds not overburdened with care to make beautiful dwellings". Vergl. endlich den Vortrag: Architecture in Civilisation: „leisure from toil and truce with anxiety" als Vorbedingung des Kunstbedürfnisses.

⁴⁴⁰ Vergl. vor allem die Schrift Ruskins: „Unto this last". Über die Sozialpolitik Ruskins vergl. die gut orientierende Darstellung von Sam. Saenger: John Ruskin, Strafsburg, E. Heitz, S. 179 ff., ferner Jacob Feifs, Wie wir arbeiten und wirtschaften müssen. Gedankenlese aus Ruskin, Strafsburg, Heitz.

⁴⁴¹ Ich entnehme diese Ziffern: Bardoux, Mouvement idéaliste et sociale dans la littérature anglaise au 19. siècle — Ruskin. (Ohne Jahreszahl.) S. 521 ff.

⁴⁴² Vergl. die treffenden Ausführungen B. Ruettenauers, Symbolische Kunst. Strafsburg 1900, S. 177.

⁴⁴³ Walter Shaw Sparrow, The Modern House, Hodder and Stoughton. London. Waring and Gillow, Decorative Interiors, für die Ausstellung in St. Louis 1906. Vergl. ferner „The furnishing of a country house" in Country Life. October 15th 1904.

⁴⁴⁴ Die leitenden Kunstschöpfungen waren W. Morris' Folioausgabe von Chaucers Werken und Walter Cranes Ausgabe von Spencers Fairie Queene.

⁴⁴⁵ Zur Bedeutung der ästhetischen Vorherrschaft für das Gewerbe des betreffenden Landes vergl. bereits Joshua Gee, Trade and Navigation of Great Britain, über die Zeit Karls II: „our fashionmongers were obliged to go to France several times in the year to see what was fit for the court and Quality to wear, which occasioned the laying out of large sums of money in the rich manufactures of that kingdom. As soon as those silks came over our weavers got the fashion and made silks to the French patterns; but before they could dispose of them, the French invented other new-fashioned silks and discouraged the English manufactures by changing fashions so often — —". Vergl. Ausgabe von 1730 S. 30/31.

⁴⁴⁶ Über Mifs Siddal vergl. Marillier, D. G. Rosetti. London, Bell 1899, S. 38 ff.: „Das Vorbild aller seiner Beatricen". Einflufs Rosettis auf Burne-Jones daselbst, S. 208.

⁴⁴⁷ Dietzel, Vergeltungszölle. 1904. S. 49.

⁴⁴⁸ Die ersten Anzeichen industrieller Stagnation — welche jedoch als rein temporär aufgefafst wurde — stellte die Royal Commission on Depression of Trade 1885/1886 fest. Vergl. ferner Report of the Mosely Industrial Commission. London 1903. Dieser Bericht

ist leider vergriffen; daher die Ausführlichkeit der zum Abdruck gebrachten Zitate.

[449] Carnegie, Rectorial Adress. Edinburgh 1902. S. 21/22. Sir Henry Roscoe in der Monthly Review, Mai 1901, S. 46. The Outlook for British Trade. P. Dehn, Weltwirtschaftliche Neubildungen, Berlin 1904, S. 217/218.

[450] Iron and Steel Industries of Belgium and Germany. Report of the delegation organised by the British Iron Trade Association. London. King and Son. 1896.

[451] H. F. L. Orcutt, „Modern Machine Methods", Vortrag in der Sitzung der Institution of mechanical Engeneers in London vom 17. Januar 1902.

[452] Bérard, L'Angleterre et l'Impérialisme. S. 274: „partout où les commandes pressent, s'adresse-t-on de préférence aux Américains".

[453] Vergl. Report of the Subcomittee of the Technical Education Board für 1903 des Londoner County Council (vergriffen), in welchem eine Anzahl hervorragender Naturwissenschaftler zu Worte kommen. Zahlreiche Auszüge hieraus finden sich in dem interessanten, aber übertreibenden Artikel von Rothstein in der „Neuen Zeit" vom 10. Oktober bis 5. Dezember 1903, „Der Niedergang der britischen Industrie", auch erschienen in dem Londoner sozialdemokratischen Organ „Justice".

[454] P. Schwarz und E. v. Halle, Die Schiffsbauindustrie in Deutschland und in dem Auslande. Berlin 1902, S. 130, 132, 133, 145 ff.

[455] K. Thiefs, Zeitschrift für Sozialwissenschaft. VII. Jahrgang, 1904, S. 484 ff.: Was in Deutschland von Staatswegen für die Handelsmarine aufgewandt wird, ist geringfügig gegenüber den Aufwendungen Englands in Gestalt von Postsubventionen, Schiffahrtsprämien und Schiffsbaugeldern. 1900/01 zahlte Grofsbritannien an derartigen Subventionen mehr denn 20 Millionen Mark, einschliefslich der kolonialen Regierungen sogar 24 Millionen Mark, Deutschland dagegen nur 9,6 Millionen Mark. Die deutschen Reedereien, weit entfernt, Schofskinder des Staates zu sein, erscheinen vielmehr als „die mindestfordernden Unternehmer für die staatlichen Wohlfahrtsabsichten", welche auf prompte Post-, Passagier- und Warenbeförderung gehen. Bekanntlich haben der Norddeutsche Lloyd und die Ostafrika-Linie bei den Reichspostverträgen sogar zeitweise zugezahlt.

[456] Vergl. auch Schroedter, Die englische Handelsschiffahrt. Halle a. S. 1906. S. 17.

[457] Die Rede Ritchies finde ich zitiert nebst ähnlichen Äufserungen bei J. S. Jeans, Manchester Trade Journal. 29. Januar 1898.

[458] G. Drage, Russian Affairs, a. a. O. S. 249/250.

[459] Sir Henry Roscoe in der Monthly Review, a. a. O. S. 43/44. W. H. Mallock, Nineteenth Century. September 1903. S. 363.

[460] Arthur G. Green, The relative progress of the coaltar industry, S. 69. Vortrag auf der Versammlung der British Association. Glasgow 1901.

[461] Ich entnehme diese Ziffern Dr. Neukamp, Die Gesetzgebung der Staaten des Erdballes über das gewerbliche Eigentum. Köln 1905.

[462] Sir H. Roscoe, Monthly Review, a. a. O.

[463] Sir Norman Lockyer, Presidential Adress to the members of the British Association at Southport, 9. September 1904. Lord Kelvin in einer Rede zu Cardiff vom 12. November 1903.

[464] Hirosawa, Brief an den Standard vom 27. November 1905. Vergl. auch E. Jaffé in Schmollers Jahrbuch 1900, S. 1047 ff.

[465] Braude, Die Grundlagen und Grenzen des Chamberlainismus, a. a. O. S. 80 ff.

[466] Hierfür vergl. The Bankers Magazine in zahlreichen Artikeln, sowie R. H. Inglis Palgrave, Bank Rate and the Money Market. Neue Auflage 1903. Jaffé, Das englische Bankwesen, a. a. O. S. 170 ff.

[467] Vergl. z. B. F. E. Steele, Bankers Magazine, Oktober 1903. S. 722/723. Inglis Palgrave, a. a. S. 84: „amount of specie — — the first point." Vergl. dagegen Charles Gairdner, Mr. Goschens Scheme for the Reform of the Bank Act, Glasgow 1902, „I believe the German system to rest on sounder principles".

[468] G. J. Goschen, Address of the London Chamber of Commerce on the metallic base. 1891.

[469] G. J. Goschen, Speech at Leeds. 1891, S. 20.

[470] Inglis Palgrave, a. a. O. S. 39.

[471] Bankers Magazine, Januar und April 1904. Artikel von Lawson, Progress of Banking. Vergl. insbesondere Januar S. 25 ff., April S. 511 ff.

[472] Inglis Palgrave, a. a. O. S. 207.

[473] Bankers Magazine. März 1901, S. 380.

[474] Bankers Magazine. Februar 1904, S. 162.

[475] G. J. Goschen in der soeben zitierten Ansprache an die Londoner Handelskammer.

[477] Über den Vorschlag Sir Samuel Montagues vgl. den Aufsatz von G. L. Ayre, Our national Gold Reserves im Bankers Magazine, S. 599.

[478] Felix Schuster, The Bank of England and the State. Paper read before the Victoria University November 14th 1905.

[479] Inglis Palgrave, a. a. O. S. 15 Colonne 45.

[480] Für weitere Beispiele vergl. Glauert in Conrads Jahrbuch für Nationalökonomie 1894, S. 805 ff.

[481] Hierüber vergl. Adolf Weber, Depositen- und Spekulationsbanken. Leipzig 1902.

[482] Kant, Kritik der Urteilskraft. 2. Teil. 380.

[483] W. A. S. Hewins, English Trade and Finance in the seventeenth Century, S. 13 u. 16.

⁴⁸⁴ Diese glückliche Gegenüberstellung findet sich bei H. Sieveking, Auswärtige Handelspolitik. Sammlung Göschen 1905, S. 111.

⁴⁸⁵ I. Cor. 7, 29. H. H. Wendt auf dem evang.-sozialen Kongrefs. 1897. Bericht über die Verhandlungen, S. 17; vergl. insbesondere die dort mitgeteilten Stellen aus Clemens Alexandrinus. „Der Besitz sei einem Instrumente vergleichbar, das Gott dem Menschen gegeben habe; der Mensch könne es schlecht, könne es auch gut gebrauchen. Wer seine Besitztümer, Gold und Silber und Häuser als Geschenke Gottes betrachtete, wer sie in den Dienst Gottes zum Heile der Menschheit stelle, wer wisse, dafs er sie mehr um der Brüder als um seiner selbst willen bekommen habe, wer innerlich nicht Sklave der Güter sei, sondern auch ihren Verlust freudig tragen könne, der gehöre zu den vom Herrn selig gepriesenen geistlich Armen."

⁴⁸⁶ So R. Blatchford, Britain for the British. Clarion Press. 1902, S. 66.

⁴⁸⁷ J. Spencer Phillips (Lloyds Bank) Rede vom 2. November 1904 auf der Sitzung des Institute of Bankers. Vergl. ferner: W. R. Lawson, The Bankers Magazine. Oktober 1904, S. 444, 453.

⁴⁸⁸ A. C. Benson. The Schoolmaster, London 1903, S. 57, 58, 97. „Athletic distinction is the one thing worth living for." Ähnlich Hobhouse, Democracy and Reaction, S. 175: Sportives Interesse überwiegt alles andere.

⁴⁸⁹ Vergl. hierzu Ruskin, Fors clavigera. Letter XXIV: „Fox hunting wastes the time, misapplies energies, exhausts the wealth and abates the honour of the upper classes". Die Gegenausführung bei Waldstein, Work of John Ruskin, 1894, S. 178, ist keineswegs überzeugend.

⁴⁹⁰ Bernard Shaw, Man and Superman. London. Archibald Constable, 1905, S. 177.

⁴⁹¹ Vergl. hierzu nach Max Weber a. a. O. S. 39/40 auch die thomistische Auffassung, nach welcher die Arbeit nur „naturali ratione" für notwendig erklärt wird.

⁴⁹² Hobson, Imperialism, a. a. O. S. 188.

⁴⁹³ Vergl. den Aufsatz: Gentlemen and Games im Outlook vom 10. Februar 1906. „Football organisation is a piece of almost national machinery, wide-spreading, rich, popular and powerful. Under it are a number of different Leagues, each of which includes a score or so of organisations separately registered as limited companies. The weekly expenditure of some of the richest of these clubs—which are supposed to pay their players a maximum salary of 4 £ a week—must amount to not less than £ 200. Some of them pay high dividends. Seeing football and reading of it are established for the time being as the stand-by of mental recreation for a very large part of the population."

⁴⁹⁴ Vergl. das charakteristische Wort von Hobson, Imperialism, a. a. O. S 152: State socialism „admits on more equal terms (z. B. durch unentgeltliche Erziehung) a larger number of competitors, furnishes a more liable selection of the fittest". Fabian Tract, Nr. 116, Fabianism

and the Fiscal Question. London 1904, S. 12. Auf diesem Standpunkte steht u. a. auch Sir Robert Giffen, Inquiries, a. a. O. Bd. I, S. 97: „more vigour".

[495] Vergl. Marianne Weber, Die rechtsphilosophischen Voraussetzungen von Fichtes Sozialismus. J. C. B. Mohr, 1900, S. 45.

[496] S. and B. Webb, History of Trade Unionism. London 1894, S. 360: „Laissez-faire was the political and social creed of the Trade Union Leaders of this time." Dieselben: Theorie und Praxis der englischen Gewerkvereine, Deutsche Ausgabe, Dietz. Stuttgart 1898, Bd. II, S. 125, 132.

[497] Vergl. den wichtigen „Fabian tract" by Sidney Webb: Twentieth Century Politics, dessen Mittelpunkt die Idee des „national minimum" ist. Vergl. auch u. a. R. S. Suthers „My right to work" in einer Artikelserie des Clarion, Januar 1906. Vergl. ferner J. Keir Hardie, The Labour Party and the coming Parliament. Outlook, 28. Oktober 1905. Über dasjenige, was gesetzlich in der Arbeitslosenfrage erreicht ist, vergl. Keir Hardie, The Unemployed Bill. Tracts for the Times, Nr. 9, 1905.

[498] Vergl. die Aufsätze der Times: „Die Krisis der englischen Industrie", welche von v. Reiswitz unter dem Titel Ca'canny in deutscher Sprache herausgegeben wurden. Berlin. Elsner, 1902. Diese Anklageschrift ist natürlich mit äufserster Vorsicht zu benutzen. Ihr Wert besteht im Abdruck einzelner Bestimmungen aus Gewerkvereinsstatuten, die im wesentlichen mit dem Material des gewerkvereinsfreundlichen Ehepaares Webb übereinstimmen. S. 23/23, 25, 73. Vergl. aus den Satzungen der „Kesselmacher-Genossenschaft" von 1901. Absatz 2: Alle Nietmaschinen müssen dort, wo Stückarbeit geliefert wird, von der „vorschriftsmäfsigen" Anzahl von gelernten Nietern bedient werden, die Mitglieder der Gewerkschaft sein müssen. Jedes mit unvorschriftsmäfsigem Eifer arbeitende Mitglied sowie das Mitglied, welches mit einem Nichtorganisierten zusammenarbeitet, zahlt hierfür in jedem einzelnen Falle 5 sh. Strafe. Aus den Sonderbestimmungen eines Bezirksausschusses des „Friendly Society of Iron founders of England, Ireland and Wales". § 7. „Sollte irgendein Mitglied der Ansicht sein, dafs einer seiner Kollegen eine Arbeit in kürzerer Zeit erledigt, als es bis dahin Usus war, oder wenn es sich um Stückarbeit handelt, dafs er solche für weniger Geld leistet, als man früher für die gleiche Arbeit erhielt, so soll es gehalten sein, jenen auf die Folgen dieses Vorgehens hinzuweisen, widrigenfalls es selbst mit einer Strafe von 2 sh 6 d belegt wird." Bemerkung eines fleifsigen Arbeiters, „er fühle sich wie ein Verbrecher, wenn er mit Aufgebot aller Kräfte arbeite, da er hierdurch andern das Brot vom Munde wegnehme".

[499] S. und B. Webb, Theorie und Praxis der englischen Gewerkvereine. Bd. II, S. 58.

[500] Auf diesen Einfluss machte ich aufmerksam in meinem Buche: Zum sozialen Frieden. Leipzig 1890. II. S. 499. In England wurde das australische Beispiel zuerst volkstümlich gemacht durch das

bekannte Werk von Sir Charles Dilke: The Problems of Greater Britain. Vergl. u. a. auch H. D. Lloyd, Newest England. London 1902.

[501] A. Wagner, Agrar- und Industriestaat, a. a. O. S. 53 ff. setzt noch günstige Erwerbsgelegenheiten gleich hoher Geburtsziffer. Vergl. dagegen den oben zitierten Bericht der Royal Commission of New South Wales on Birth rate, S. 13: „the lowest point not yet reached".

[502] Ch. Bradlaugh, Fruits of Philosophy, 1877; derselbe, Jesus, Shelley and Malthus, 1877. Annie Besant, The Law of Population, 1878. Vergl. für die naturalistisch-utilitarische Weltanschauungsgrundlage Ch. Bradlaugh, Plea for Atheism, 1877, und Annie Besant, The Gospel of Atheism: „man product of circumstances; make circumstances good, the result will be good."

[503] J. St. Mill, Political Economy, Bd. II, Kap. 13, § 2. Derselbe: On Liberty, Kap. 5: „The fact itself, of causing the existence of a human being, is one of the most responsible actions in the range of human life. To undertake this reponsibility— to bestow a life which may be either a curse or a blessing—unless the being on whom it is to be bestowed will have at least the ordinary chances of a desirable existence, is a crime against that being. And in a country either overpeopled, or threatened with being so, to produce children, beyond a very small number, with the effect of reducing the reward of labour by their competition, is a serious offence against all who live by the remuneration of their labour." Vergl. Annie Besant, The Law of Population, S. 47: „John Stuart Mill took part in disseminating scientific checks". Vergl. dagegen über Malthus R. Ussher, New-Malthusianism. London 1898, S. 14.

[504] Vergl. die Monatsschrift „The Malthusian", 7 and 9 Finsbury Street. London E. C.

[505] S. Webb, Theorie und Praxis der englischen Gewerkvereine. Bd. II, S. 168. Schon K. Marx, Kapital I, 3. Aufl. 1883, S. 648, lehnt das Malthussche Gesetz ab: „jede besondere historische Produktionsweise hat ihre besonderen Bevölkerungsgesetze".

[506] Aus zuverlässiger Quelle werden mir folgende Ziffern mitgeteilt:
Bradlaugh, Fruits of Philosophy, verkauft in 250 000 Exemplaren,
A. Besant, Law of Population, „ „ 200 000 „
Albutt, Wife's Handbook „ „ 400 000 „

Mein Gewährsmann setzt hinzu, jedes Buch sei „a potential centre of information." Ein Fabrikant (keineswegs der einzige) verkaufe jährlich 1¼ Million Condoms und 2½ Million Chinin und ähnliche Präparate. Vergl. hierzu Geschäftsannoncen wie folgende: „The act of copulation completed without the slightes loss of pleasure on either side." „Secret appliance if desired can be used without the knowledge of the husband." Vergl. die medizinische Zeitschrift Lancet, 18. November 1905, S. 1495. Vergl. auch Anzeigen zu vermietender Arbeiterwohnungen wie folgende: „only clean and respectable people with small families and good references."

⁵⁰⁷ Sixty sixth annual Report of Registrar General 1905 Cd. 2197 S. XVII u. XVIII. Unter der Überschrift „Social Suicide" faſst im Journal of the Royal Statistical Society vom 31. März 1906 Arthur Newsholme M. D. sein Ergebnis dahin zusammen: „We have no hope that any nation — in the absence of strong and overwhelming moral influences to the contrary — will be permanently left behind in this race to decimate the race. We must look — failing the possibility indicated in this last sentence — for an increasing practise of artificial prevention of childbearing — —"

⁵⁰⁸ W. Ed. H. Lecky, Democracy and Liberty. Longmans, Green and Co. London 1899, II, S. 466. Vergl. auch Pearson, National Life and Character, a. a. O. Cap. II: Socialism gleich protection.

⁵⁰⁹ Chamberlain im Eastend von London 15. Dezember 1904.

⁵¹⁰ Das Newyorker Arbeitsamt (Bureau of Labour) veröffentlicht eine vergleichende Statistik über die Arbeitslöhne in Deutschland, Amerika und England von 1890 bis 1903. Die Statistik erstreckt sich über 13 der wichtigsten Arbeitszweige und zeigt, daſs der englische Arbeitgeber für die ihm geleistete Arbeit ungefähr 50 v. H. mehr als der deutsche und 191 v. H. mehr als der amerikanische zahlt. Der Bericht ist mir leider nur aus Zeitungsnachrichten bekannt gewesen. Vergl. Tägliche Rundschau 31. März 1906.

⁵¹¹ Fabian Tract 116, Fabianism and the Fiscal Question, S. 10. R. Blatchford im Clarion, Artikel vom 9., 16., 30. Oktober 1903. R. B. Suthers im Clarion, Artikelserie My right to work. Januar 1906. Artikel IX the Free Trade and Protection Frauds. H. M. Hyndman, Manifest des sozialdemokratischen Bundes zu Chamberlains Zollplänen.

⁵¹² Den Zusammenhang zwischen Sozialismus und Jingoismus verkörpert H. W. Hyndman, speziell gegen Deutschland gerichtet. Vergl. Justice, 10. Dezember 1905: „It is safe to say that there is not a single great Power which does not feel uneasy at the military barbarism, diplomatic brutality and general arrogance, to repeat the words I used in the ‚Courrier Européen', which now dominate Germany and the Germans. — — It is our duty to take time by the forelock and settle with the German fleet, while we are able to crush it with comparatively little difficulty. That is the old State policy of England adapted to modern conditions. Meanwhile, England is in the way of Germany everywhere and all over the world. On our side, though there is no wish to attack, it cannot be denied that even many who thought no evil until lately are changing their minds in view of recent events."

⁵¹³ William Barry, Agnosticism and national Decay. National Review March 1905. Charakterisiert recht gut die Atmosphäre von anarchic individualism." Die Maxime praktischer Lebensführung werde mehr und mehr: „my pleasure to me." Daher „gambling" mehr beliebt als „working".

⁵¹⁴ Hobhouse Democracy and Reaction a. a. O. S. 76, 77, 90—108.

⁵¹⁵ Oscar Wilde, Intentions. Kritik als Kunst. Zweiter Teil.

Vergl. auch Lehren und Sprüche für die reifere Jugend, sowie Bildnis des Dorian Grey: Konsequenz ist „Geständnis des Mifserfolges".

[516] Oscar Wilde, Intentions. gegen Beginn: „Es gibt nichts Ungesunderes als das Denken." Ähnlich im Bildnis des Dorian Grey.

[517] Oscar Wilde, Lady Windermeres Fächer. „Es ist lächerlich, die Leute in gut und böse einzuteilen. Die Leute sind entweder unterhaltend oder langweilig."

[518] Bernard Shaw, Three Plays for Puritans. Einleitung.

[519] Bernard Shaw, Epistle dedicatory von Man and Superman. Bernard Shaw, The Revolutionists Handbook. IX. The Verdict of history.

[520] Bernard Shaw, The Revolutionists Handbook. I u. II. On good breeding. Property and marriage. „If the Superman is to come he must be born of Woman by Mans intentional and wellconsidered contrivance."

[521] Oscar Wilde, Intentions. „Jeder Beruf ist ein Vorurteil."

[522] Bernard Shaw, Note on modern pricefighting. Anhang zu Cashel Byrons profession.

[523] Bernard Shaw, The Revolutionists Handbook in Man and Superman. IX. Verdict of history.

[524] Rickert, Die Grenzen der naturwissenschaftlichen Begriffsbildung. Tübingen 1902, S. 34/35, S. 726. Der Mensch besitzt als Gattungsexemplar eines naturwissenschaftlichen Begriffes überhaupt keinen Wert.

[525] Vergl. eine Dynamitepisode aus Rockefellers Leben in Ida M. Tarbells Darstellung der Laufbahn dieses Magnaten in Mc. Clures Magazine 1905.

[526] Bernard Shaw, The Revolutionist Handbook. The perfect gentleman.

[527] Bernard Shaw, Man and Superman. Akt III. Im Zwischenakt „die Hölle", sowie Bernard Shaw, The Revolutionist Handbook. Marriage.

[528] Debury, Pays de Célibataires et de fils uniques. Paris. Denty.

[529] G. N. Miller, The Strike of a Sex. A Novel. London. W. H. Reynolds, 1891.

[530] Bernard Shaw, Letter dedicatory zu Man and Superman.

[531] Outlook vom 7. Januar 1905, S. 6.

[532] Vergl. General v. Lichtenstern, Psychologisches aus dem russisch-japanischen Kriege. Vortrag vom 9. Februar 1905.

[533] R. Blatchford, Britain for the British, a. a. O. S. 18. Vom natürlichen Standpunkt aus sei die Auslese der Starken und die Vernichtung der Schwachen notwendig und nützlich; aber sie werde als „insult" empfunden. Warum?

[534] Oscar Wilde, Lehren und Sprüche für die reifere Jugend. „Wären die Armen nur nicht so häfslich, dann wäre die soziale Frage leicht gelöst." Derselbe, Das Bildnis des Dorian Grey. „Ich habe für alles Mitgefühl, nur nicht für das Leiden. Es ist zu häfslich, zu

schrecklich, zu betrübend. Man sollte für die Farbe, für die Schönheit, für das Leben fühlen. Je weniger man vom Dunkel des Lebens redet, um so besser."

[535] Verwechslung von Kultur und Genufs ist hierfür bezeichnend, Vergl. W. Sombart, Sozialismus und soziale Bewegung: „Natürlich nimmt diese Forderung: das Himmelreich auf Erden zu errichten, verschiedene Formen an. Heute heifst es meistens: alle Menschen sollen an den Segnungen der Kultur teilnehmen können oder ähnlich. Aber der Sinn bleibt derselbe."

[536] Kant, Rezension von J. G. Herders Ideen usw., sowie Kant, Mutmafslicher Anfang der Menschengeschichte.

[537] Vergl. Walter Pater, Marius the Epicurean. Das Buch erschien schon 1885, erlebte aber erst seit 1898 alljährliche Neuauflagen. Vergl. ferner das Schlufswort zu Walter Pater, Renaissance.

[538] Treffend sagt Carl Cornelius in Böklin und der Impressionismus, Vortrag in der Aula des Basler Museums vom 6. Februar 1906: „Der Künstler will der Innenwelt seiner Empfindungen und Gedanken das Daseinsrecht in der Aufsenwelt erobern, er will die Menge zwingen, mit seinen Sinnen die Dinge zu erfassen, er will gewissermafsen, dafs die Menschen nur auf seine Weise selig werden. Er ist im Grunde ein Tyrann: er will herrschen, alleinherrschen und alleinlehren, er glaubt an die alleinseligmachende Sendung seiner Kunst, er mufs daran glauben, wenn er will, dafs seine Welt den Sieg gewinne, den Sieg über die Welt der Wirklichkeit, der Gewöhnlichkeit."

[539] J. Cohn, Allgemeine Ästhetik. Leipzig 1901, S. 122.

[540] Charles Darwin, Autobiographie. London 1892, S. 51. Über den unästhetischen Charakter naturwissenschaftlicher Arbeit: „my mind seems to have become a kind of machine for grinding general laws out of large collections of facts." Hieraus schreibt sich Goethes leidenschaftlicher Widerspruch gegen Newton.

[541] Diese Grundgedanken sind in Fr. List schon vor seinem amerikanischen Aufenthalt vorhanden. Vergl. Eheberg, Das nationale System der politischen Ökonomie von Friedrich List. Stuttgart 1883, S. 122.

[542] Vergl. neben vielen anderen Formulierungen dieses Grundgedankens des Faust z. B. Goethe an Willemer 10. Februar 1832: überall gilt es „dem Dulden sogleich eine Tätigkeit entgegenzusetzen".

[543] Berühmte Formulierung Goethes in den Wanderjahren: Der Beste, wenn er eins tut, tut er alles. Vergl. hierzu die wundervolle Stelle über den moralischen Atheisten in Kants Kritik der Urteilskraft, § 87: Von dem moralischen Beweise des Daseins Gottes.

[544] Über die Formulierung des sozialen Ideals bei Fichte vergl. Marianne Weber, Die rechtsphilosophischen Voraussetzungen von Fichtes Sozialismus. Tübingen, 1900, S. 38 ff.

[545] Vergl. Kant, Kritik der praktischen Vernunft. Von dem Begriffe eines Gegenstandes der reinen praktischen Vernunft.

[546] Windelband, Die Blütezeit der deutschen Philosophie. 2. Aufl. Leipzig 1899, S. 260.

⁵⁴⁷ Vergl. vor allem Ruskins berühmtes Schlufskapitel der Stones of Venice. Eckert über Ruskin in Schmollers Jahrbuch 1902, S. 359/360. Broicher, John Ruskin und sein Werk. Leipzig 1902, S. 227/228. Vergl. die Worte Ruskins: „Ein dauernd lasterhaftes Leben, das nur dem Genufs frönt, macht im Verlauf bestimmter Generationen alle Kunst unmöglich. Die Menschen lassen sich durch die Langmut der Naturgesetze täuschen; sie halten die Folgen der Tugenden ihrer Vorfahren für den Lohn ihrer eigenen Sünde."

⁵⁴⁸ David Hume, Nationalökonomische Abhandlungen. Ausgabe von Niedermüller. Leipzig 1877, S. 58.

⁵⁴⁹ Die Bedeutung der wirtschaftlichen Interessengemeinschaft zwischen England und Deutschland wird heute vielen Engländern durch die absurde Meinung verdunkelt, dafs Deutschlands Flottenentwicklung gegen England gerichtet sei. Der gerecht denkende Teil der englischen Nation möge folgendes überlegen: Die zweite Seehandelsmacht der Welt mufs, wenn sie des Namens einer Nation würdig sein will, sich in ihren wichtigsten Lebensinteressen von der Gnade des Auslandes unabhängig erhalten, d. h. sie mufs eine Seekriegsmacht aufbauen, welche ausländischen Mächten den Gedanken verleidet, Deutschlands Seehandel durch den Seekrieg zu brechen. Während die französische, die russische, sogar die nordamerikanische Kriegsflotte der Entwicklung der zu schützenden Wirtschaftsentwicklung weit voraneilte, ist Deutschlands Seemacht auch heute noch der Bedeutung seiner Seeinteressen unangemessen. Deutschland — ein schmales Areal mit 61 Millionen Einwohner — kann nur durch überseeischen Handel, durch Ausfuhr und Kapitalunternehmungen im Auslande seine Bevölkerung ernähren. Deswegen sind die überseeischen Interessen für Deutschland ganz anders Lebensinteressen als etwa für Frankreich oder Rufsland. Stimmen, welche diese Einsicht vertreten, sind auch in England nicht ganz vereinzelt: vergl. z. B. W. T. Stead in der französischen Zeitschrift „La Revue" Juli 1905. W. H. Bennet in der „Morning Post" August 1905. Das Nineteenth Century, November 1905, enthält sehr vernünftige Ausführungen über den deutschen Flottenbau von Karl Blind.

⁵⁵⁰) Aus Platons Republik: „Die Fackeln, die sie in der Hand tragen, werden sie einander weitergeben."

Reprint Publishing

Für Menschen, Die Auf Originale Stehen.

Bei diesem Buch handelt es sich um einen Faksimile-Nachdruck der Originalausgabe. Unter einem Faksimile versteht man die mit einem Original in Größe und Ausführung genau übereinstimmende Nachbildung als fotografische oder gescannte Reproduktion.

Faksimile-Ausgaben eröffnen uns die Möglichkeit, in die Bibliothek der geschichtlichen, kulturellen und wissenschaftlichen Vergangenheit der Menschheit einzutreten und neu zu entdecken.

Die Bücher der Faksimile-Edition können Gebrauchsspuren, Anmerkungen, Marginalien und andere Randbemerkungen aufweisen sowie fehlerhafte Seiten, die im Originalband enthalten sind. Diese Spuren der Vergangenheit verweisen auf die historische Reise, die das Buch zurückgelegt hat.

ISBN 978-3-95940-202-6

Faksimile-Nachdruck der Originalausgabe
Copyright © 2016 Reprint Publishing
Alle Rechte vorbehalten.

www.reprintpublishing.com

www.ingramcontent.com/pod-product-compliance
Lightning Source LLC
Chambersburg PA
CBHW080722230426
43665CB00020B/2578